既未集

宋史研究诸层面续编

北京大学历史学系 ◎编
北京大学中国古代史研究中心

方诚峰 ◎主编

北京大学出版社
PEKING UNIVERSITY PRESS

图书在版编目（CIP）数据

既未集：宋史研究诸层面续编 / 北京大学历史学系，北京大学中国
古代史研究中心编；方诚峰主编. -- 北京：北京大学出版社，2025. 6.
ISBN 978-7-301-25550-6

Ⅰ. K244.07-53

中国国家版本馆CIP数据核字第20257K4J47号

书　　　名	既未集：宋史研究诸层面续编
	JIWEIJI：SONGSHI YANJIU ZHU CENGMIAN XUBIAN
著作责任者	北京大学历史学系 北京大学中国古代史研究中心　编
	方诚峰　主编
责任编辑	武　芳
标准书号	ISBN 978-7-301-25550-6
出版发行	北京大学出版社
地　　　址	北京市海淀区成府路 205 号　100871
网　　　址	http://www.pup.cn　新浪微博：@北京大学出版社
电子邮箱	编辑部 dj@pup.cn　总编室 zpup@pup.cn
电　　　话	邮购部 010-62752015　发行部 010-62750672
	编辑部 010-62756449
印 刷 者	北京中科印刷有限公司
经 销 者	新华书店
	787 毫米 ×1092 毫米　16 开本　40.75 印张　679 千字
	2025 年 6 月第 1 版　2025 年 6 月第 1 次印刷
定　　　价	156.00 元

In Honor of Professor Deng Xiaonan

Song studies became international in 1954 when Ettiene Balasz organized the International Song Project. Today, with Deng Xiaonan's retirement, Beida is losing a professor. But retirement is no obstacle to her continuing to be a treasured international leader of this generation. A beloved teacher, an influential scholar, an effective organizer, and a person of the highest integrity, Professor Deng has been a friend and mentor to scholars across the world.

We are not in the best of times. A pandemic caught us all, East and West, unawares. direct, in-person scholarly communication came to a halt. Nationalistic hubris and pride has turned governments away from thinking about how to deepen cooperation and mutual understanding. It is at this moment let us all turn to Professor Deng for an example of what can be and what should be. She has, throughout her career, brought scholars together across national boundaries. In her role as founding director, she made the Center for Humanities and Social Science Research an international center of the first order, bringing together scholars in wide variety of fields from across China and across the globe. Let us do our best to follow in her footsteps.

Peter K. Bol
Carswell Professor of East Asian Languages and Civilizations
Harvard University

致邓小南教授荣休（中译）

包弼德

自 1954 年白乐日教授发起国际宋代研究计划，宋代研究方成为国际性之学问。今天，邓小南教授虽从北大荣休，但她依然是这代学人所敬重的、国际性的引领者。她是一位受人爱戴的教师、有影响力的学者、卓有成效的组织者，还是一个无比真诚正直的人。对世界各地学人来说，邓小南教授都是朋友和导师。

我们正处在多事之秋。"新冠"无情地影响了全世界所有人，直接的、面对面的学术交流不得不中止。傲慢与偏见使各国无意于深化合作、相互理解。如此时刻，我辈能做什么、应做什么？此实应以邓教授为榜样——她在学术生涯中始终致力于汇聚各国学者之志。身为北京大学人文社会科学研究院的创始院长，她已使文研院成为国际学术交流的一流机构，来自世界各国的、各领域的学者咸集其中。让我们追随着她，勉力而为。

卸下压力，享受人生

——贺邓小南老师荣退

黄宽重

　　小南老师在众多门人祝福和不舍的心情中荣退，虽然只是形式上角色的调整，但在我的眼中，却是告别压力，追寻欢愉人生的起点，祝福她！

　　我和小南老师结识三十四年。因为个性的关系，我们除对教学和研究兴趣浓厚，也都担任些学术行政和服务的职务，并以促进学术交流为职志，一起推动或参与不同的合作项目，互动密切，相互支持，称得上患难之交，故自忖对她在学术服务和研究中扮演的角色和贡献有相当的认知。

　　小南老师各方面的成就事实彰著，不过有人在肯定她的成就之余，也不免以为这些荣耀或与她的家世或父亲的庇荫有关。实际上，她承受的压力，远非外人所能了解。这一点，我长期从外部的观察，感受最深。由于她个性内敛，惜口如金，外人只能看到某些表象，我则从陶晋生先生和她的身上，知道父亲的盛名让他们承受的压力比一般人大。于此同时，因恭三先生的盛名，缠绕身边的学术乃至俗务多且复杂，相伴而来的是非必多，若非她沉稳、理性应对，谨守分际，绝不能像目前一样，获得各方的尊崇。尤有甚者，我们这一代的学术成长夹在新旧更替之际，在学习的过程中虽全力以赴，但总处于被评为旧学不实、新知不足的窘境；对学生的训练，不论是实证式或视野的培养，也常招来不同的评价，乃至于和学生相处，如何把握原则，分际拿捏，均令人烦心；特别在现实环境变迁中推动国际交流合作时的角色扮演和尺寸的把握，尤非旁观者所能想象。

　　从我自身的经验和侧面的观察，小南老师承受着巨大的压力，若非坚忍沉稳且高度包容的个性,辅以宽广的视野及卓越的能力,实难承继并发扬北大和恭三先生学风。今天她的角色调整,相信对她和守候身旁的林先生而言,是告别压力,追求欢愉人生的起点,值得庆贺!不过,这一来,如何让老师、师丈快乐生活,更要承继发扬北大的荣光,是各位弟子接下来更重要的使命,相信压力不比邓老师低吧!限于时间,仅略记数言,作为恭贺小南老师荣退的献言。

2023.8.28

目 录

前　言

1970年，邓小南师在黑龙江雁窝岛三队小学开始了她的教学生涯，迄今已55年。在这样一个时刻出版这本论文集以为她荣休的纪念，再恰当不过了。

2022年12月，邓师正式从北京大学教师岗位退休。2023年8月28日，北京大学历史系、中国古代史研究中心举办了简短却隆重的荣休仪式，同事们谈了诸多感言，包弼德(Peter K. Bol)、黄宽重两位先生得知消息后也发来贺信。受业弟子们也齐聚中心，在荣休仪式后就教学、研究进行交流，持续到8月29日。按照以往的惯例，为保证交流效果，当时只是从30余篇作品中选择了10篇进行讨论，后续又在互联网上开展了一些沙龙。延续《宋史研究诸层面》初集的经验，本论文集就是系列讨论的结果，其中半数论文是首次发表，其余发表过的论文在收入本集时也都有修订。

本集内容大体分为四组，一是对五代、两宋政治制度的研究，二是对澶渊之盟、绍述、宋金和议、端平入洛等两宋重大历史事件的再探，三是宋史、宋学相关重要文献文本的分析，四是关于宋代财政、军政、社会、徐谓礼文书的学术史梳理。与《宋史研究诸层面》初集比较起来，专题研究主题更加多元，学术史回顾则更为具体，希望仍能对读者有所助益。

无论是初集还是这本续集，作者们都面临共同的挑战：怎样在既有基础之上有所创新，实现有意义的学术推进？回顾邓师的教诲，首先浮现在众人脑海中的必然是"问题意识"一词。"问题意识"就是指研究者通过感受与思考而提出问题、把握问题、回应问题，以直指中心的一系列问题来引导并组织自己的研究过程。持续的积累、执着的思索，提出有深度的问题，也就蕴含着创新，也就是推进了学术前沿。邓师经常说起的另一个词则是"标准"，或者说是"判断"——学术的标准是什么、如何判断是非高下？当下学术成果井喷，新论迭出，学人各有所尚。邓师经常提醒我们心中要有标准，不可"手滑"，要想着著述在多年以后是否经得起再读；即使一时无法写出有质量的作品，也要有判断力，知是非高下。在一次发言中，她说，学术研究要有力度、厚度和深度。对于参与过两集的所有同仁来说，此"三度"不是现实，而是需要不断追求的目标。

2023 年 8 月那两天，来自各地的弟子们在中国古代史研究中心的报告厅进行学术讨论，在厅外的树荫下谈论各种正经与不正经的话题，其情景恍若当年众人在邓师门下求学之时。北大中古史中心景色清华，一向可叹可爱，然若无良朋以共之，亦足怅然。在过去的几十年间，邓小南师以及中心的诸多师长不但传道授业解惑，更是致力于建设一个价值观趋近、有凝聚力、可共情的学术共同体。邓师荣休时刻的良景良朋，正是岁月的留痕。

邓师出生于 1950 年，本来想成为作家，而人生的轨迹却在"文化大革命"中被骤然改变。1968 年 7 月，初中毕业的她作为知青的一员，去了黑龙江生产建设兵团，正赶上了当年的麦收。此后她在那里劳动、教小学，一直到 1977 年 4 月在知青大返城前"提早"回京——得以"提早"的一个原因是她在农场时左膝受了伤。回到北京后，她先在 172 中学（今人大附中）任政治课的代课教师，1978 年考入北京大学历史系。推动她参加高考的因素之一，是当年她在雁窝岛教过的一个孩子已经成为"文革"后的第一届大学生。1985 年邓师硕士毕业，留校任教，一直到 2022 年冬退休。

在经历了青年时代的波折与压抑之后，燕园是邓师身心的归宿。她学于斯、教于斯、生活于斯，朗润园与静园二院，是她留下身影最多的地方。学生们怀着梦想与期待步入位于朗润园的中古史中心，成为邓师的学生。而她给予学生的，则是不放过一个标点的手把手指导。邓师从未将学生的研究方向部署在她个人的学术计划之中，但她用自己的标准与实践塑造着一群人的共同精神气质。2016 年，北京大学人文社会科学研究院成立，邓师成为首任院长，而文研院就在静园二院，原历史系办公楼。她退休后出版了一部杂文集，其中许多篇章与文研院有关，书名"追寻希望"。这个名字大概说明了邓师暂时放下个人研究去组织学术交流平台的根本原因:她历经坎坷走到燕园,回首长路,而今再难的处境也远比当年的无从选择更有希望。

学术共同体不是封闭的宗门,过去二十余年间受业于邓师的学子们,毋宁说只有执着追问、坚持标准、心怀希望才互为良朋。

《周易》最终两卦为既济、未济。万事皆济,故名既济,邓师荣休正所谓诸事已成,各得其正。未济,则指物未穷、事未成,正是我辈的处境。《象》曰:"未济,君子以慎辨物居方。""既未集"这个书名,不但是对邓师荣休的致敬,也是提醒我辈应如何面对未来无穷的挑战。

本集得到北京大学历史学系、中国古代史研究中心的资助,也得到北京大学出版社的鼎力支持,深表谢忱!

方诚峰敬识

2025 年 5 月

中央与地方军制的互动：五代前期禁军编制新论 *

闫建飞

唐末五代是中国政治、社会剧烈变动的时期，也是一个破坏、杂糅、整合的时期。它自唐后期藩镇割据局面脱胎发育而来，同时又为打破长期僵局之局面创造着条件；在"礼崩乐坏"的同时，又在整理旧制度、建设新局面[①]。军制是其中变化最剧烈的制度之一。南宋大儒吕祖谦很早就注意到："朱全忠以方镇建国，遂以镇兵之制用之京师。"[②] 指出五代中央禁军军制实由唐末地方藩镇军制发展而来。五代尤其是后梁、后唐禁军与唐末藩镇军制的延续性，学界研究也给予了充分重视，细致考察了后梁、后唐中央禁军诸番号[③]

＊ 本文系国家社科基金项目"宋夏对峙格局下的陕西军政研究"（项目号：20CZS028）阶段性成果。文章修改过程中蒙张祎、方诚峰、张卫忠、陈希丰、尹航等师友及匿名评审专家惠赐宝贵意见，谨致谢忱。

① 邓小南：《祖宗之法：北宋前期政治述略》（修订版），北京：生活·读书·新知三联书店，2015年，第81页。

② 吕祖谦：《丽泽论说集录》卷9《门人所记杂说一》，黄灵庚等主编：《吕祖谦全集》，杭州：浙江古籍出版社，2008年，第2册，第239页。

③ 番号指按照部队的性质、编制序列授予的部队名号。本文特指五代北宋以汉字（多为美称）命名的军队名号，如捧日、天武、控鹤之类。

的藩镇兵源头和禁军统辖机构侍卫亲军司、殿前司的形成过程[①]。不过,中央与地方军制互动的丰富层面,既有研究并未完整呈现,禁军编制就是其中尚待进一步探讨的重要问题。

所谓军队编制,指"军队各级各类建置单位的机构设置和人员、装备编配的规定"[②]。五代北宋禁军编制为厢、军、指挥、都四级。《武经总要》言:"大凡百人为都,五都为营,五营为军,十军为厢。"[③]营即指挥[④]。都级编制百人,分马军和步军,马军都长官为军使和副兵马使,步军都长官为都头和副都头。一指挥辖五都,编制五百人,长官为指挥使和副指挥使。但一军所辖指挥数并不固定,或五或十,长官为军都指挥使(简称军主)、都虞候。都、指挥、军名称均以数字序号排列。厢分左、右,所辖军数亦不固定,或三或五或十,长官为厢都指挥使(简称厢主)、都虞候,少数番号军有左右厢都指挥使、都虞候。番号军并非编制,其长官即厢都指挥使等。四级编制缘起及情况,齐勇锋、王曾瑜均有论述[⑤]。不过他们的研究主要基于后晋至宋初的禁军情况,对禁军体制形成的关键时期后梁、后唐禁军编制并未正面讨论,所论都之变化亦有不

---

① 堀敏一:《五代宋初における禁軍の發展》,《東洋文化研究所紀要》第4卷,1953年,第83—151页。菊池英夫:《五代禁軍に於ける侍衛親軍司の成立》,《史淵》第70辑,1956年,第51—77页;《五代後周に於ける禁軍改革の背景——世宗軍制改革前史》,《東方学》第16辑,1958年,第58—66页;《後周世宗の禁軍改革と宋初三衙の成立》,《東洋史学》第22辑,1960年,第39—57页。富田孔明:《五代侍衛親軍考—その始源を求めて—》,《東洋史苑》第29号,1987年,第1—32页;《後梁侍衛親軍考—その構成に関する諸説の矛盾を解いて—》,《竜谷史壇》第92号,1988年,第32—49页。齐勇锋:《五代禁军初探》,《唐史论丛》第3辑,西安:陕西人民出版社,1987年,第157—230页。张其凡:《五代禁军初探》,广州:暨南大学出版社,1993年。杜文玉:《五代十国制度研究》,北京:人民出版社,2006年,第372—450页。范学辉:《宋代三衙管军制度研究》,北京:中华书局,2015年,第38—63页。

② 辞海编辑委员会编:《辞海》(第六版彩图本)"军队编制"条,上海:上海辞书出版社,2009年,第1193页。

③ 曾公亮编:《武经总要·前集》卷1《军制》,《景印文渊阁四库全书》,台北:台湾商务印书馆,1986年,第726册,第245页。

④ 《武经总要·前集》卷2《日阅法》云:"国朝军制,凡五百人为一指挥,其别有五都,都一百人,统以一营居之。"《景印文渊阁四库全书》第726册,第259页。

⑤ 齐勇锋:《五代禁军初探》,《唐史论丛》第3辑,第185—191页。王曾瑜:《宋朝兵制初探》,北京:中华书局,1983年,第24—32页;《宋朝军制初探》(增订本),北京:中华书局,2011年,第30—42页,下文仅引用增订本。

确之处。另外他们利用的史料主要为传世文献,对更有价值的五代武将墓志重视不够。因此笔者欲在前贤研究基础上,参以新出墓志,重新勾勒五代前期禁军编制的形成过程,并就唐末五代中央与地方制度的互动略作申论。

首先要交代的是,文中"五代前期"指后梁、后唐两朝。两朝均由唐末方镇发展而来,是五代诸多制度的奠基时期,与晋汉周三朝的建国道路、政治格局等有明显差异[①]。另外,五代禁军军职名称高度类似(如指挥使以上军职均称都指挥使),史料中又大量使用简称(如左右厢常省略"厢"字)、俗称(如不同语境中厢、军、指挥均可称为"军"),一一解释太过繁琐,为便于理解,笔者将在引文中以【】的形式略作补充释读。引用的墓志名称则以《某某墓志》等形式简单标注。不当之处,尚祈方家惠正。

一、唐末五代的百人都

关于都的产生、含义、变化,学界已有不少研究[②]。总体而言,学界提及的唐末五代初年之都分两种,一是番号军,这类都人数不定,差别巨大。较大者如淮南节度使高骈的左右莫邪都,每都万人[③];魏博节度使杨师厚的银枪效节都,"皆天下雄勇之士,……仅八千人"[④]。较小者如天平军节度使朱瑾的雁子都、宣武军节度使朱温的落雁都,仅数百人[⑤]。二是编制单位,每都千

---

① 闫建飞:《走出五代:十世纪藩镇研究》,成都:四川人民出版社,2023 年,第 13—88 页。

② 如曾我部静雄:《关于中国军队的编制名称——都与指挥》,收入宋史座谈会编辑《宋史研究集》第 5 辑,台北:中华丛书编审委员会,1970 年,第 329—339 页;赵雨乐:《唐末北衙禁军的权力基础——神策五十四都的活动试析》,收入中国唐代学会编辑委员会编《第三届中国唐代文化学术研讨会论文集》,台北:中国唐代学会,1997 年,第 523—538 页;王曾瑜:《宋朝军制初探》(增订本),第 40—42 页;陈妙:《唐末后梁时期中央禁军体制研究》,西北大学硕士学位论文,2022 年,第 10—22 页等。

③ 司马光:《资治通鉴》卷 254《唐纪七十》,唐僖宗中和二年四月,北京:中华书局,1956 年,第 8267 页。

④ 薛居正:《旧五代史》卷 38《唐书·明宗纪四》,天成二年四月庚寅条,北京:中华书局,2015 年修订本,第 596 页。

⑤ 《旧五代史》卷 64《唐书·朱汉宾传》,第 995 页。

人，如唐末"杭州八县，每县召募千人为一都，时谓之'杭州八都'"①；中和元年（881），宦官杨复光"分忠武八千人为八都，遣牙将鹿晏弘、晋晖、王建、韩建、张造、李师泰、庞从等八人将之"②，即忠武八都；唐僖宗在蜀期间，宦官田令孜"招募新军五十四都，都千人，左右神策各二十七都，分为五军"③。千人都亦多有番号，如神策五十四都番号包括天威、捧日、登封、扈跸、耀德、宣威等④。

齐勇锋、王曾瑜均认为番号都和千人都在五代地位下降，后唐始居于指挥之下，演变为五代北宋禁军编制中的百人都⑤。这一看法并不准确。就三种都而言，番号都、千人都均有番号名，百人都则以数字序号命名，不论命名形式还是所辖军队数量均差别明显。另外，唐末不同势力的军队编制有别，其他势力的军队编制也并不一定会被后梁、后唐禁军采用。实际上，朱温、李存勖军队中百人都始终存在，并非番号都和千人都演变而来。

朱温军队中，除前引落雁都外，还有厅子都："梁祖之镇汴也，选富家子有材力者置之帐下，号曰厅子都。"⑥二者皆为番号都。厅子都下另有都的设置。宋铎自乾宁元年（894）六月廿日，"在梁王充马随身厅子左一都"⑦，梁王即朱温。光化四年（901），朱温以李仁钊"英仪越众，勇敢出人，遂补署

① 《旧五代史》卷133《钱镠传》，第2056页。
② 《资治通鉴》卷254《唐纪七十》，唐僖宗中和元年五月，第8252页。
③ 刘昫：《旧唐书》卷19下《僖宗纪》，光启元年四月乙卯朔条，北京：中华书局，1975年，第721页。神策军五十四都与藩镇军制的渊源关系，参赵雨乐：《唐末北衙禁军的权力基础——神策五十四都的活动试析》，《第三届中国唐代文化学术研讨会论文集》，第523—538页。
④ 《资治通鉴》卷258《唐纪七十四》、卷259《唐纪七十五》，唐昭宗大顺二年十二月戊子条，景福二年闰五月、六月，第8421—8422、8444—8445页。
⑤ 齐勇锋：《五代禁军初探》，第189—191页；王曾瑜：《宋朝军制初探》（增订本），第40—42页。
⑥ 《旧五代史》卷64《王晏球传》，第991页。
⑦ 赵藏之：《宋铎墓志》，录文见仇鹿鸣、夏婧辑校：《五代十国墓志汇编》后梁贞明005，上海：上海古籍出版社，2022年，第36页；拓片见洛阳古代艺术馆编，陈长安主编：《隋唐五代墓志汇编·洛阳卷》，天津：天津古籍出版社，1991年，第15册，第122页。墓志作者自言为"天水郡藏之"，天水郡为赵氏郡望，故补其姓为赵。

厅子弟六都头"①。厅子都作为富家子弟充任的亲军,人数不会太多,其下又分马、步军,马军分左、右,其下辖都,故宋铎之马军左一都、李仁钊之第六都应为百人都。其他军队也有百人都设置。开平二年(908)十月,朱温"以右天武【第某】都头韩瑭为神捷指挥使,左天武第三都头胡赏为右神捷指挥使"②。韩瑭、胡赏均升指挥使,说明二人原为百人都头。后唐建国前后亦有百人都设置。如柏乡之战后,李存勖在太原新设匡卫军,相里金"自副兵马使充匡卫指挥使"③,副兵马使为马军百人都副长官。同光初年(923),徐铎"补充左羽林效义指挥第二都军使"④,军使为马军百人都长官。可见匡卫军、左羽林军指挥之下均有百人都。

综上,唐末之都包括番号都、千人都、百人都三类,前两者均有番号,百人都名称则以数字序号排列。以往学者因未注意到百人都,才出现误判。五代北宋禁军源自后梁、后唐禁军,厅子马军左一都、厅子第六都、左天武第三都、左羽林效义指挥第二都等才是五代北宋百人都的真正源头。

二、后梁禁军之军、指挥、都三级编制

后梁禁军编制史籍记载不详,幸好出土墓志可供参考。《宋铎墓志》载志主历任记云:

> 君自乾宁元年六月廿日,在梁王充马随身厅子左一都。至光化三年十一月内,煞蕃戎获功,转充右控弦弟二都散将;当年十二月,又加同十将。至天复二年四月内,煞凤翔军得功,加衔前虞候;当年七月,

---

① 庞纬:《李仁钊墓志》,录文见仇鹿鸣、夏婧辑校《五代十国墓志汇编》晋·后唐同光013,第116页;拓片见章红梅《五代石刻校注》052,南京:凤凰出版社,2017年,第165页。

② 《旧五代史》卷4《梁书·太祖纪四》,开平二年十月,第73页。

③ 李象:《相里金神道碑》,录文见陈尚君辑校《全唐文补编》卷100,北京:中华书局,2005年,第1246页;拓片见北京图书馆金石组编《北京图书馆藏中国历代石刻拓本汇编》第36册,郑州:中州古籍出版社,1989年,第71—72页。

④ 赵延龄:《徐铎内志》,录文见仇鹿鸣、夏婧辑校《五代十国墓志汇编》后蜀007,第540页;拓片见章红梅《五代石刻校注》309,第979页。

加讨击副使；当年十一月内，抽充亲从右突阵军将押直。至天祐元年闰四月内，加六军讨击使，充右神武马军都头。至天祐四年二月内，捉到人马，加散兵马使、工部尚书。至开平元年五月内，抽充开封府散兵马使，充右耀德军将都头；当年六月内，加衙前兵马使。至开平二年八月内，抽充护国军衙前兵马使；当年十一月内，加吏部尚书。至开平三年十月内，补充 滑 州左肋马军指挥使。至四年九月内，转充左先登马军指挥使；当年十一月内，抽充天雄军押衙，充右雄勇军将指挥使。开平五年三月内，魏府墙南连夜斫起蕃军寨。四月内，加□□ 指 挥使、户部尚书。至乾 化 元年十月内，抽管右匡卫第二指挥使。至二年七月内，转充第□□指挥使；八月内，补充六军押 衙 ，管左匡 卫 第二指挥使，加兵部尚书。至乾化三年五月内，袭趁逆臣刘重遇，至淮口捉得，加左仆射；当年十二月内，转充左匡卫第一指挥使。至乾化四年十二月内，抽充滑州左先锋马军都指挥使兼左开化军将指挥使、银青光禄大夫、检校司空、兼御史大夫、上柱国宋铎。[1]

宋铎历任记对于我们理解后梁军队（包括禁军和藩镇军）编制有重要价值。宋铎虽在禁军和藩镇军往复调动，但基本沿着都、指挥、军三级迁转。天祐元年（904），宋铎第一次升任右神武马军都头，之后为右耀德军将都头，是为都级。开平三年（909）升为滑州左肋马军指挥使，在指挥使一级又迁转六次，先后为滑州左先登马军、天雄军右雄勇军将、右匡卫第二、右匡卫第□□、左匡卫第二、左匡卫第一指挥使。乾化四年（914）升至滑州左先锋马军都指挥使兼左开化军将指挥使，即军级。

相比宋铎，张进的仕宦经历稍微简单，但同样沿着都、指挥、军升迁：

开平四年，转左崇武弟二都头。至乾化二年，加右平敌指挥使，又加左怀顺，转十内衙，专以夹马之雄，冠以控鹤之位，不离数任，皆董锐师。至龙德二年，授右广胜军使。未几，改左右雄威都指挥使，赏用命

---

[1]　赵藏之：《宋铎墓志》，录文见仇鹿鸣、夏婧辑校：《五代十国墓志汇编》后梁贞明 005，第 36 页；拓片见陈长安主编：《隋唐五代墓志汇编·洛阳卷》，第 15 册，第 122 页。

也。①

张进从军十余年后，开平四年升左崇武第二都头。乾化二年升指挥使，又改左怀顺、内衙②、夹马、控鹤指挥使。龙德二年（922）升右广胜军使，不久改雄威左右军都指挥使。

从宋铎、张进的迁转可知，后梁禁军为军、指挥、都三级编制。指挥、都以数字序号排列，且左高于右。同一级别不同番号军亦有高下之别，张进先后在平敌、怀顺、内衙、夹马、控鹤五军为指挥使，后者高于前者。控鹤军为后梁宫城守备禁军，最为亲要③。需要说明的是军级。后梁番号军分左右，长官为军使（非后唐以降马军都长官之军使）。如后梁开平元年五月丙申，朱温"宴犒诸军使刘捍、符道昭已下，赐物有差"④。同年九月，"置左右天兴、左右广胜军，仍以亲王为军使"⑤。左、右军使与后唐以降的左、右厢都指挥使，名异实同，而非四级编制下以数字序号编列的军级。后梁末年亦偶见厢都指挥使，如陆思铎曾为拱宸左厢都指挥使⑥。多支部队长官则称"都指挥使"，如张进的"左右雄威都指挥使"，朱友珪所任"左右控鹤都指挥使"⑦，以及行营、各州镇的马步军都指挥使、马军都指挥使、步军都指挥使等。只不过此已非禁军常规编制罢了。

需要说明的是六军编制。唐宋六军即左右羽林、左右神武、左右龙武军⑧，惟后梁改龙武为龙虎。六军为李唐北衙禁军，但唐后期随着神策军的崛起已逐渐边缘化。天复三年（903），朱温从李茂贞手中夺回唐昭宗，随后

① 王虚中：《张进墓志》，录文见仇鹿鸣、夏婧辑校：《五代十国墓志汇编》后晋天福034，第261页；拓片照片蒙湖北大学硕士生陈桂萍惠赠，谨致谢忱。

② 乾化二年二月己巳："内衙十将使以十指挥兵士至于行在。"（《旧五代史》卷7《梁书·太祖纪七》，第120—121页）说明内衙军有十指挥，故称"十内衙"，统帅称"内衙十将使"。

③ 穆静：《五代控鹤军考》，《史学集刊》2008年第6期，第105—109页。

④ 《旧五代史》卷3《梁书·太祖纪三》，第56页。

⑤ 王溥：《五代会要》卷12《京城诸军》，上海：上海古籍出版社，1978年，第205页。

⑥ 《旧五代史》卷90《晋书·陆思铎传》，第1382页。

⑦ 《旧五代史》卷12《梁书·友珪传》，第188页。

⑧ 部分史料以神策军取代神武军，其误唐长孺已辨。见唐长孺：《唐书兵志笺正（外二种）》卷3，北京：中华书局，2011年，第118页。

诛杀宦官,放散神策军,唐廷中央军事力量荡然无存。不久,宰相、判六军诸卫事崔胤奏请招募军队充实六军,引起朱温警惕,"阴使麾下壮士应募以察其变"。次年,崔胤被杀,朱温"兼判左右神策及六军诸卫事"。昭宗东迁洛阳后,朱温"征武宁留后朱友恭为左龙武统军,保大节度使氏叔琮为右龙武统军,典宿卫"①,开始以汴军汴将充实唐廷六军。开平元年(907)四月,朱梁代唐后,"改左右长直为左右龙虎军,左右内衙为左右羽林军,左右坚锐、夹马、突将为左右神武军"②,进一步以宣武镇军强化六军。因此,唐末后梁六军完全是由藩镇军充实而来,基层编制与其他源于藩镇军的番号军一样,亦为都、指挥,如宋铎曾任右神武马军都头。但其长官统军,则系六军旧称。如贞明四年(918)十月,梁末帝以姚勍为左龙虎统军,董璋为右龙虎统军③。其他例子甚多,不备举。

三、后唐禁军厢、军、指挥、都四级编制的形成

唐庄宗灭梁后,在河东、河北诸镇军基础上,又整合了后梁禁军,建立起后唐禁军。军队来源的复杂导致后唐禁军番号众多④,不同番号军人数、编制也不尽相同。唐明宗长兴三年(932),对禁军编制进行了大规模整顿。七月,枢密使范延光奏:"昨并省军都,自捧圣、严卫(相)、羽林已下,逐厢都指挥使新定名管禁兵五千人。"⑤可见此次整合的重点在于厢级定编五千人。不过,本次整顿中六军与捧圣等番号军情况略有不同。

据范延光所言,捧圣、严卫每厢五千人,左右两厢共万人。长兴末年,康

---

① 《资治通鉴》卷264《唐纪八十》,唐昭宗天复三年末,天祐元年三月丁未、四月戊申条,第8624、8629、8631页。

② 《五代会要》卷12《京城诸军》,第205页。

③ 《旧五代史》卷9《梁书·末帝中》,贞明四年十月辛丑条,第156页。

④ 杜文玉《五代十国制度研究》罗列的后唐禁军番号有四十多个,第394—404页。

⑤ 王钦若等编:《宋本册府元龟》卷508《邦计部·俸禄四》,北京:中华书局,1989年影宋刊本,第1282页。"相"字当为衍文。

进海为"二十捧圣左右都指挥使"①。"二十捧圣"指捧圣军有二十指挥，"左右"即左右厢，每厢十指挥五千人，与范延光之言相应。又黄甲军。后唐建立前，张廷蕴为"帐前黄甲二十指挥步军都虞候"②；同光四年四月丁丑朔，从马直指挥使郭从谦兵变，"与黄甲两军【即左右两厢】引弓射兴教门"③。两相结合，知黄甲军亦为左、右两厢二十指挥，每厢五千人。捧圣、严卫、黄甲军编制均为厢、指挥、都三级。

同光元年（923）四月，李存勖登基后，以帐前亲军为基础建立天子六军。长兴三年，唐明宗整顿六军。《五代会要》：

> 后唐长兴三年三月敕："卫军神威、雄威及魏府广捷已下指挥宜改为左右羽林，置四十指挥，每十指挥立为一军，每一军置都指挥使一人，兼分为左右厢。"应顺元年三月，改左右羽林四十指挥为严卫左右军【即左右厢】，龙武、神武四十指挥为捧圣左右军。④

据长兴三年敕文，羽林军共四十指挥，编为四军、左右两厢，即编制为厢、军、指挥、都四级。四军名号亦有记载。同光二年相里金"改补充右羽林第二军右帐前指挥使兼充左右帐前都虞候"⑤。清泰元年（934）五月戊申，唐末帝"以羽林右第一军都指挥使、春州刺史杨思权为邠州节度使"⑥。说明羽林四军名号为左羽林第一军、第二军和右羽林第一军、第二军。四军名号唐庄宗时已存在，因此唐明宗只是以神威、雄威、广捷军充实羽林四军，而非新建四军。

长兴三年整编仅提及左右羽林军，左右神武、左右龙武军情况不详。王

---

①　李绲：《康君墓志》，录文见仇鹿鸣、夏婧辑校：《五代十国墓志汇编》后周广顺001，第354页；拓片见洛阳市文物考古研究院编：《洛阳市文物考古研究院藏石集粹：墓志篇》第125，郑州：中州古籍出版社，2020年，第270页。墓志未提及康进海之名，考证见下文。

②　欧阳修：《新五代史》卷47《张廷蕴传》，北京：中华书局，2015年修订版，第600页。

③　《旧五代史》卷34《唐书·庄宗纪八》，第546页。

④　《五代会要》卷12《京城诸军》，第205页。

⑤　李象：《相里金神道碑》，录文见陈尚君辑校：《全唐文补编》卷100，第1246页；拓片见北京图书馆金石组编：《北京图书馆藏中国历代石刻拓本汇编》第36册，第71—72页。

⑥　《旧五代史》卷46《唐书·末帝纪上》，第729—730页。

思同同光年间"以功迁神武十军都指挥使"①，十军即十指挥，神武应指左、右神武军其中一支，而非神武两军②。从应顺元年（934）四军共四十指挥来看，四军应均为十指挥。其编制为军、指挥、都三级，军级五千人，等同于捧圣等军之厢。

由上可知，六军基层编制与其他番号军一致，均为指挥、都。六军亦有统军，长兴三年八月，唐明宗受册尊号，遍赐诸军，其中"六军统军李从昶已下六人各赐钱二十千"③。不过与后梁不同，后唐统军似仅为虚职，六军实际长官为源于藩镇军制的都指挥使、都虞候。如前引杨思权之"羽林右第一军都指挥使"，王思同之"神武十军都指挥使"，又，张廷蕴在庄宗灭梁后"改帐前都指挥使兼左右羽林都虞候"，同光二年平潞州之乱后"改左右羽林都指挥使"④；相里金天成元年四月"转充左右羽林都虞候"⑤；长兴元年四月，唐明宗"遣左右羽林都指挥使张从宾率宿卫兵七指挥赴河中"⑥。与后梁六军相比，后唐六军的藩镇军制色彩更为浓厚。

唐朝左、右羽林军本为两支独立部队，但从前引"兼分为左右厢"以及诸多将领担任左右羽林都指挥使、都虞候看，后唐实际上合为一军，左右羽林军即羽林左右厢，相里金职衔中的"右羽林【军】"等同于杨思权的"羽林右【厢】"。左右神武军、左右龙武军亦如此。不过六军实力并不平衡，羽林有四军，神武、龙武只有左右两军，故只有羽林军建立起四级编制。

综上可知，除羽林军因军队数量最多为四级编制外，后唐禁军普遍为三级编制，捧圣等军为厢、指挥、都，神武、龙武军则为军、指挥、都。《康君墓志》是后唐三级制下禁军迁转的重要史料：

---

① 《新五代史》卷33《王思同传》，第407页。

② 左右厢、左右军都指挥使高于普通厢都指挥使，新旧《五代史》均未见省略"左右"之例。

③ 王钦若等编：《册府元龟》卷81《帝王部·庆赐三》，北京：中华书局，1960年影明刊本，第948页。

④ 《旧五代史》卷94《晋书·张廷蕴传》，第1451页。

⑤ 李象：《相里金神道碑》，录文见陈尚君辑校：《全唐文补编》卷100，第1246页；拓片见北京图书馆金石组编：《北京图书馆藏中国历代石刻拓本汇编》第36册，第71—72页。

⑥ 《册府元龟》卷123《帝王部·征讨三》，第1476页。

天祐季年……遂起家为[右]武安军弟一都将虞候，赏其劳也。俄又
□奉圣弟三都副将，相次□昭化弟三都副兵马使、铁笠子弟二都军使。
明宗朝，又迁契丹直指挥使、捧圣弟[四]指挥使、绣州刺史、捧圣右【厢】
弟三指挥使、捧圣左【厢】弟三指挥使、捧圣右【厢】弟二指挥使、捧圣左
【厢】第二指挥使、捧圣右厢厢主【厢主即厢都指挥使】、捧圣左厢厢主、
二十捧圣左右【厢】都指挥使。……未几，拜曹州牧。①

墓志未载康君之名，据《册府元龟》，清泰元年五月唐末帝赏凤翔之功时，以
"捧圣都指挥使、绣州刺史康进海为曹州刺史"②。与志主任官一致，知康君即
康进海，因在凤翔城下临阵倒戈拥立李从珂改曹州刺史。康进海从普通士
兵起家，先后迁都将虞候、副将、副兵马使、军使（马军都长官）。明宗朝升契
丹直指挥使，又在捧圣军指挥使一级迁转五次后，升捧圣右厢都指挥使，最
后迁捧圣左右厢都指挥使。

　　后唐禁军三级编制并未延续下去，后唐末年羽林之外的其他番号军亦
出现四级编制。石仁赟"当晋高祖潜跃之际，以宗属授突骑右【厢】第三军
【第某】指挥使。及刺京邑，累迁至兴顺右【厢】第一军都虞候"③。"刺京邑"
指石敬瑭清泰元年五月为北都留守、河东节度使，表明当时后唐突骑、兴顺
军厢、军两级编制齐备，加上指挥、都，共四级编制。又《刘汉遇墓志》云：
"天福二年七月中，改充奉国左【厢】弟一军弟二指挥军头。"④军头为副兵马
使、副都头以下低级军官⑤。奉国军由后唐严卫军发展而来，为后晋步军主
力部队。后唐严卫军编制为厢、指挥、都三级，后晋初年奉国军已转变为厢、

　　① 李绲：《康君墓志》，录文见仇鹿鸣、夏婧辑校：《五代十国墓志汇编》后周广顺001，第
353—354页；拓片见洛阳市文物考古研究院编：《洛阳市文物考古研究院藏石集粹：墓志篇》125，
第270页。
　　② 《册府元龟》卷128《帝王部·明赏二》，第1545—1546页。
　　③ 赵逢：《石金俊及妻元氏合祔墓志》，录文见仇鹿鸣、夏婧辑校：《五代十国墓志汇编》后周
显德019，第407页；拓片见北京图书馆金石组编：《北京图书馆藏中国历代石刻拓本汇编》，第36
册，第131页。
　　④ 王载：《刘汉遇墓志》，拓片及录文见洛阳市第二文物工作队、乔栋、李献奇、史家珍编著：
《洛阳新获墓志续编》280，北京：科学出版社，2008年，第281、528页。
　　⑤ 王曾瑜：《宋朝军制初探》（增订本），第42页。

军、指挥、都四级。

从三级制到四级制，是五代禁军编制的重大变化，可惜其间关节点史未明言。揆诸情理，当为前引应顺元年（934）三月的军制改革：

> 改左右羽林四十指挥为严卫左右军，龙武、神武四十指挥为捧圣左右军。①

左右军即左右厢。捧圣二军每厢原为十指挥五千人，得到羽林等军的充实后，膨胀为每厢三十指挥，级差过大。这时采用羽林军的四级编制，将羽林四军之军确定为厢以下之军级，缩小级差，合情合理。由此，禁军厢、军、指挥、都四级编制正式确立。六军则兵力尽失，基本不再有军事意义。

不过，胡三省曾质疑这次禁军改编的时间："按是年帝（按唐明宗）殂，明年正月闵帝改元应顺，四月潞王入立，改元清泰。数月之间，乃宋、潞二王兵争之际，何暇改屯卫诸军号乎！是必改于天成、长兴之间，《会要》误也。"②然其质疑并无史料依据。《五代会要》外，此次禁军改革同时见于《旧五代史·唐书·闵帝纪》、宋白《续通典》等③，亦契合当时的历史背景。应顺元年二月己卯（初九日），枢密院宣授凤翔节度使李从珂移镇，李从珂惧离镇被杀起兵。丁酉（二十七日），闵帝以王思同为西面行营都部署，讨李从珂。三月十六日，凤翔行营兵溃，李从珂遂整众东向洛阳。为迎击李从珂之军，癸亥（二十三日），闵帝以康义诚为凤翔行营都招讨使，同时将羽林等军编入严卫、捧圣军，集合阙下全部军力，意图阻击李从珂。然康义诚率军投降，闵帝只得被迫逃离京师④。因此应顺元年三月之军制改革，颇合清理，胡三省之质疑并不成立。

《刘汉遇墓志》《袁彦进墓志》是禁军四级制确立后，禁军兵将拾级而上的绝佳史料。先说刘汉遇：

---

① 《五代会要》卷12《京城诸军》，第205页。

② 《资治通鉴》卷278《后唐纪七》，唐明宗长兴四年九月胡三省注，第9088页。

③ 《旧五代史》卷45《唐书·闵帝纪》，应顺元年三月癸亥条，第712页；《资治通鉴》卷279《后唐纪八》，潞王清泰元年二月辛卯条胡三省注引宋白《续通典》，第9106页。

④ 以上史事参《旧五代史》卷45《唐书·闵帝纪》，第710—713页。

天福二年七月中，改充奉国左【厢】第一军弟二指挥军头，授银青光禄大夫、检校国子祭酒。又转充弟四都头。相次又转弟三都头、检校礼部尚书、兼御史大夫。天福八年，转充弟二都头、检校刑部尚书。逾月，改授兴国右【厢】第一军弟五指挥使。……开运三年，转充第四指挥使，授忠卫功臣，又充奉国右【厢】第六军弟三指挥使。蕃戎奔北，汉祖征南，……转充弩手都虞候。大周广顺元年，授效忠保节功臣、检校兵部尚书、兴国都指挥使。寻改虎捷左【厢】第八军都指挥使、检校尚书右仆射。……转充左【厢】第七军都指挥使，兼奖州刺史。逾年，转左【厢】、右【厢】弟五军。显德初，移授左【厢】弟三军都指挥使。世宗篡位，淮甸不庭。……迄至寿春向化，升府从风，……授检校司空、守虢州刺史。①

后晋天福二年（937）七月，刘汉遇升奉国左厢第一军第二指挥军头，又升第四都头，成为都长官。在都头一级迁转两次，天福八年升为兴国右厢第一军第五指挥使。在指挥使一级迁转两次，后汉时改弩手都虞候，成为军级长官。后周时先后任兴国某军、虎捷左厢第八军、左厢第七军、右厢第五军、左厢第五军、左厢第三军都指挥使。周世宗即位后，刘汉遇参与攻取淮南的战争，显德五年（958）"寿春向化，升府从风"即南唐归降后，外放为虢州刺史，没有机会升任厢都指挥使。

《袁彦进墓志》云：

（天福）二年四月十九日，准宣自奉德衙队都军使转授指挥使。……至八年八月日，转授忠贞保卫功臣、护圣右【厢】第六军都虞候、检校户部尚书。又至开运元年七月日，转授殿前散员散指挥使、左右厢都虞候、检校兵部尚书。同年，授武卫都指挥使。同年十一月日，转授护圣左【厢】第五军都指挥使、使持节勋州刺史。二年六月日，转授右护（按，即护圣右厢）四军都指挥使、检校尚书右仆射。同年十月廿

① 王载：《刘汉遇墓志》，拓片及录文见洛阳市第二文物工作队、乔栋、李献奇、史家珍编著：《洛阳新获墓志续编》280，第281、527—528页，原书录文小有讹误。

六日,转授左【厢】第四军都指挥使。又天福十二年,大汉初立,⋯⋯九月日,改授忠贞佐圣功臣、右【厢】第三军都指挥使、检校司空、使持节饶州刺史、濮阳县开国男,食邑三百户。同年十二月日,超授左【厢】第二军都指挥使。又乾祐元年正月日,汉少主登先帝之位,⋯⋯公三月日转授右厢都指挥使、检校司徒、使持节果州防御使、开国子,食邑五百户。二年九月日,转授左厢都指挥使、检校太保、使持节阆州防御使。又广顺元年,大周丕构,⋯⋯同年四月日,改授输诚效义功臣,除左骁卫大将军。①

袁彦进天福二年自奉德衙队都军使(马军都长官)转指挥使。天福八年升护圣(马军主力部队)右厢第六军都虞候,成为军级长官。在军都指挥使一级迁转七次,其间先后遥领勋州、饶州刺史。乾祐元年(948)迁护圣右厢都指挥使,遥领果州防御使;次年迁左厢都指挥使,遥领阆州防御使。完整经历了从都级到厢级的迁转过程。

不过需要说明的是,后唐以降并非所有番号军都具备四级编制,禁军中有军无厢甚至厢、军皆无的番号军,亦所在多见,编制层级取决于军队规模。五代番号军多随事而设。如后周禁军中,效顺军,"显德初,⋯⋯因以高平阵所得降卒数千,署为效顺指挥,命【唐】景思董之,使屯淮上"②。怀恩军、怀德军,显德二年十二月,"以新收复秦、凤州所擒获川军,署为怀恩军。四年四月,以先降到江南兵士分为六军,共三十指挥,赐号为怀德军"③。清塞军,"周立,指挥二。其一北蕃归附之众,营寿州;其一破淮南紫金山砦所得骑军,营延州"④。效顺、怀恩、怀德军分别源于北汉、后蜀、南唐降兵,清塞军亦有部分为南唐降兵。置军缘起不同,规模也相差巨大,效顺军有数千人,怀德军有三十指挥,清塞军仅二指挥。军队规模之别自然会影响编制:怀德军有军无厢,清塞军厢、军皆无。可见唐明宗长兴三年厢级定编五千人的做法

---

①　韩桂:《袁彦进墓志》,录文见仇鹿鸣、夏婧辑校:《五代十国墓志汇编》后周显德030,第424—425页;拓片见陈长安编:《隋唐五代墓志汇编·洛阳卷》,第15册,第181页。

②　《宋本册府元龟》卷389《将帅部·请行》,第986页。

③　《五代会要》卷12《京城诸军》,第206页。

④　脱脱等:《宋史》卷187《兵志一》,北京:中华书局,1985年,第4592页。

此后并未延续,主力部队之外的多数番号军也不具备四级编制。北宋依然如此。五代北宋禁军不同番号军的规模和编制参差不齐,只有指挥、都两级编制普遍存在。

这一情况的出现涉及多方面因素,仅从禁军编制的角度而言,是因为当时禁军地方屯驻、行营征战的基本单位并非厢、军,而是指挥。每指挥五百人为额,人数适中,自后梁以降就是禁军调动的基本单位。如乾化二年(912)二月,朱温北征,己巳,"内衙十将使以十指挥兵士至于行在"①。天成二年(927)三月:"出奉节等九指挥三千五百人,使军校龙晊部之,戍芦台军以备契丹。"②长兴三年、应顺元年的禁军改革,同样以指挥为单位。后晋行营大军,亦以指挥计。如天福六年十二月,成德节度使安重荣起兵反,石敬瑭"乃遣〔护〕圣、奉国、宗顺、兴国、威顺等马步军三十九指挥击之"③。禁军以指挥为基本单位调动,插花式分布,意味着这些指挥与其上级厢、军实际上脱离统辖关系,厢、军两级实际统兵意义下降,禁军番号整合甚至厢、军两级编制维系的必要性下降,由此禁军编制失去整齐化动力,后唐以降很少有大规模整合禁军番号之举。五代北宋禁军不同番号军数量和编制参差不齐的状况遂长期得以延续④。

结　语

五代前期禁军编制发展的主要方向是整齐化。后梁、后唐均为"方镇为国",建国过程中吸纳了不同藩镇的军事力量。唐末不同势力军制相差颇大,如唐末见于神策军、忠武军、浙西军的千人都制,在朱温、李存勖军队并不存在。为了整合源于不同藩镇的军事力量,提高军队战斗力,首先要做的就是禁军编制的整齐化。五代前期,指挥、都两级编制基本稳定,禁军编制

---

① 《旧五代史》卷7《梁书·太祖纪七》,第120—121页
② 《资治通鉴》卷275《后唐纪四》,第9003页。
③ 《册府元龟》卷123《帝王部·征讨三》,第1478页。"护"字原阙,据《资治通鉴》卷282《后晋纪三》,晋高祖天福六年十二月壬辰条补,第9231页。
④ 禁军编制与禁军屯驻、行营之关系及其在北宋的演变,笔者拟另文撰述,此不申论。

的变化主要为厢、军两级的形成。后梁时期禁军为军、指挥、都三级编制,军使与后唐以降的厢都指挥使名异实同。唐明宗长兴三年整顿禁军,厢级定编五千人,除羽林军为四级编制外,其他番号军普遍为三级编制,捧圣等军为厢、指挥、都,神武、龙武军则为军、指挥、都。应顺元年六军编入捧圣、严卫两军,为减少级差,二者编制合流,禁军厢、军、指挥、都四级编制正式形成。

禁军编制整齐化的另一动力是中央军制与地方军制的互动,后梁、后唐六军尤其如此。六军本为李唐中央军制,唐末已有名无实,朱温、李存勖建国后,均以藩镇亲军充实六军,因此六军的基层编制与其他藩镇军演变而来的禁军一致,均为指挥、都两级。但后梁仍以统军为六军之长,后唐则以源自藩镇军制的都指挥使、都虞候为其长,统军仅为高阶武官虚职,六军的藩镇军制色彩更为浓厚。唐闵帝应顺元年,六军整体编入捧圣、严卫二军,基本丧失军事意义,但羽林四军之军级则进入禁军四级编制。中央六军与地方藩镇军制的交错融合,最终形成五代禁军之制。

唐末五代中央与地方制度的互动,并不限于军制。如五代北宋,与中书门下对掌文武大权的枢密院,其掌军政的职能源自河东藩镇中门使,掌枢密、以皇帝亲信充任则是唐后期以来一直延续的政治传统[1]。又财政制度。后梁在保留李唐宰相判三司旧制的同时,亦先后设建昌宫使、国计使,统辖朱温建国前兼领的宣武、宣义、天平、护国四镇兵甲财赋。唐庄宗时宰相判三司制度,与由魏博镇支度务使演变而来的租庸使亦一度并存。同光二年正月,租庸司兼并三司,五代前期中央财政二元结构方才终结。天成元年四月,唐明宗废租庸司,复置三司。因此,五代北宋的三司,既继承了李唐中央三司制度,更源于地方藩镇财使[2]。枢密院、三司、军制之外,五代北宋其他诸多政治制度,亦多是李唐中央旧制与地方藩镇制度融合而来。藉由中央与地方制度互动的视角,会使我们对五代北宋的政治体制获得更丰富的认识。

---

[1]　李全德:《从宦官到文臣:唐宋时期枢密院的职能演变与长官人选》,《唐研究》第 11 卷,北京:北京大学出版社,2005 年,第 423—457 页。

[2]　陈明光:《五代财政中枢管理体制演变考论》,《中华文史论丛》2010 年第 3 期,上海:上海古籍出版社,第 101—136 页;张亦冰:《唐宋之际财政三司职掌范围及分工演进考述》,《唐史论丛》第 28 辑,西安:三秦出版社,2019 年,第 1—26 页。

五代侍卫亲军名号起始及其与六军地位的升降

张卫忠

唐宋之际,社会变革剧烈。20世纪以来,在内藤湖南"唐宋变革说"的引领和启发之下,唐宋之间政治、经济、文化、军事各方面的差异与延续都得到了学界充分的关注和研究。而作为连接唐宋的五代,在唐宋变革期的地位和作用也愈发凸显。具体到军事方面,由于五代军制在承唐启宋方面的重要性,以及军事力量在"兴亡以兵"的五代政权更迭中的关键作用,20世纪50年代以来,五代军制的研究已积累了丰硕成果[1],但在一些非常基础而核心的问题上,却还存在着争议和有待深入辨析的空间。本文欲就五代侍卫亲军名号起始的时间与学界已有研究进行商榷,并讨论五代侍卫亲军与天子六军地位的升降过程。不当之处,尚祈指正。

---

[1] 可参见曾瑞龙、赵雨乐:《唐宋军政变革史研究述评》,包伟民主编:《宋代制度史研究百年(1900—2000)》,北京:商务印书馆,2004年,第165—228页;陈峰、沈琛峥、王军营:《2000年以来唐宋军政变革研究概述》,李华瑞主编:《"唐宋变革"论的由来与发展》,天津:天津古籍出版社,2010年,第114—170页。

一、侍卫亲军名号起始考

关于五代禁军的演变,欧阳修曾做过考述:

> 呜呼!五代为国,兴亡以兵,而其军制,后世无足称焉。惟侍卫亲军之号,今犹因之而甚重,此五代之遗制也。然原其始起微矣,及其至也,可谓盛哉!当唐之末,方镇之兵多矣,凡一军有指挥使一人,而合一州之诸军,又有马步军都指挥使一人,盖其卒伍之长也。自梁以宣武军建国,因其旧制,有在京马步军都指挥使,后唐因之,至明宗时,始更为侍卫亲军马步军都指挥使。当是时,天子自有六军诸卫之职,六军有统军,诸卫有将军,而又以大臣宗室一人判六军诸卫事,此朝廷大将天子国兵之旧制也。而侍卫亲军者,天子自将之私兵也,推其名号可知矣。天子自为将,则都指挥使乃其卒伍之都长耳。然自汉、周以来,其职益重。汉有侍卫司狱,凡朝廷大事皆决侍卫狱。是时,史弘肇为都指挥使,与宰相、枢密使并执国政,而弘肇尤专任,以至于亡。语曰:"涓涓不绝,流为江河。荧荧不灭,炎炎奈何?"可不戒哉!然是时,方镇各自有兵,天子亲军不过京师之兵而已。今方镇名存而实亡,六军诸卫又益以废,朝廷无大将之职,而举天下内外之兵皆侍卫司矣。则为都指挥使者,其权岂不益重哉!亲军之号,始于明宗,其后又有殿前都指挥使,亦亲军也,皆不见其更置之始。今天下之兵,分属此两司矣。①

洋洋洒洒五百余字,其所述脉络颇为清晰。即后梁建国后,宣武军(今河南开封)升为国都,原宣武军之镇兵变身为中央禁军,然仍沿原来一州诸军卒伍之长称马步军都指挥使的惯例,于在京禁军中置在京马步军都指挥使一职。后唐之初仍称在京马步军都指挥使,但到明宗时则改称侍卫亲军马步军都指挥使。当时,天子既有代表国兵的六军诸卫,又有作为私兵的侍卫亲军。六军诸卫最高统帅为判六军诸卫事,而天子本人则为侍卫亲军统帅,侍卫亲军马步军都指挥使只是侍卫亲军中职位最高者。历经后汉、后周,侍卫

---

① 欧阳修:《新五代史》卷27《康义诚传》,北京:中华书局,1974年,第297—298页。

亲军马步军都指挥使一职日益重要,后汉时更有侍卫司狱,专决朝廷大事。当时史弘肇以侍卫亲军马步军都指挥使的身份与宰相、枢密使共掌国政,而权力更大。侍卫亲军马步军都指挥使、侍卫亲军的名号,始于明宗。

叶梦得所论和欧阳修大致相似,但对于侍卫司的形成描述较欧阳修稍详:

> 都指挥使本方镇军校之名,自梁起宣武军,乃以其镇兵,因仍旧号,置在京马步军都指挥使而自将之。盖于唐六军诸卫之外,别为私兵。至后唐明宗,遂改为侍卫亲军,以康义诚为马步军都指挥使,秦王从荣以河南尹为大元帅,典六军,此侍卫司所从始也。及从荣以六军反入宫,义诚顾望不出兵,而侍卫马军都指挥使朱弘宝[实]击败之,其后遂不废。①

即在肯定侍卫亲军得名始于明宗时的同时,更近一步明确指出侍卫司成立的标志是康义诚任侍卫亲军马步军都指挥使。及侍卫马军击败随秦王从荣反乱的六军而立功,侍卫司"遂不废"。

欧阳修认为"五代礼乐文章,吾无取焉"②,但却特意指出侍卫亲军之制在"兴亡以兵"的五代的重要性及对后世的影响,并对之进行了细致考辨,应当说其结论是很难轻易被否定的。

然而,清代学者吴光耀对这一结论提出了质疑,其在《五代史记纂误续补》"论亲军之号始于明宗"条中考辨称:

> 《刘捍传》"元从亲军都虞候"。《王镕传》"亲军皆惧"。《刘知俊传》"其弟知浣为亲军指挥使"。《霍彦威传》"况尔天子亲军"。《吴世家》"常以为亲军"。薛史《梁太祖本纪》"开平三年六月辛亥,敕'刘知浣,逆党之中最为头角;龙虎军,亲兵之内实冠爪牙'"。《末帝本纪》"岩(赵岩)时典禁军,洎还洛,以谋告侍卫亲军袁象先","龙德元年五月丙戌朔,制'侍卫亲军及诸道行营将士等第颁赐优赏,已从别敕处分'"。

---

① 叶梦得撰,侯忠义点校:《石林燕语》卷6,北京:中华书局,1984年,第80—81页。
② 《新五代史》卷58《司天考第一》,第669页。

《刘捍传》"以捍为亲军指挥"。《袁象先传》"寻授左龙武统军兼侍卫亲军都指挥使"。《通鉴》"天成二年十月,遣御营使石敬瑭将亲兵"。注：自梁以来,有侍卫亲军、侍卫马军、侍卫步军,此谓始于明宗,非也。[1]

其考辨思路乃是列出关于后梁的有"亲军""亲兵""侍卫亲军""侍卫亲军都指挥使"等文字的史料,得出自后梁即有亲军、侍卫亲军、侍卫马军、侍卫步军的结论,以否定欧阳修和叶梦得关于侍卫亲军之号始于明宗的说法。

不难看出吴光耀对欧阳修的意思理解有所偏差。欧阳修所谓"亲军之号,始于明宗"乃是指"侍卫亲军"之号。"亲军"之号,不仅后梁时有,唐代天子和方镇已是皆有亲军。如唐昭宗天复三年(903)二月"以宰相崔胤守司徒兼侍中、判六军十二卫。四月,崔胤奏六军十二卫名额空存,实无兵士,京师侍卫亦藉亲军,请每军召募一千一百人,共置六千六百人。从之"[2],可见六军属于皇帝亲军。而方镇更是广设亲军,如唐僖宗光启三年(887)"镇海节度使周宝募亲军千人,号后楼兵,禀给倍于镇海军;镇海军皆怨,而后楼兵浸骄不可制"[3]。所以能对欧阳修和叶梦得的结论形成质疑的只是有"侍卫亲军""侍卫亲军都指挥使"等文字的关于后梁的史料。

当代也有一些学者对这一问题进行了考辨[4],这些考辨除了更多地搜讨史料外,无一例外地都延续了吴光耀的考辨思路,所以得出的结论也都和吴光耀一样,即认为侍卫亲军之号实始于后梁。较近的研究是徐莹秋和曾育荣的《五代宋初侍卫亲军制度相关问题探讨》,他们仍延续了相同的研究思路,肯定了后梁时期"侍卫亲军"之称已经出现,但因为注意到了现存史籍中未发现后梁时以"侍卫(亲军)马军""侍卫(亲军)步军"名目单独出现的任何记载,所以推测为"后梁时期的侍卫亲军制度尚处于发轫、草创阶段",

---

[1]　吴光耀：《五代史记纂误续补》卷 2,上海：上海古籍出版社,1996 年,影印清光绪十四年刻本。

[2]　王溥：《唐会要》卷 71,北京：中华书局,1985 年,第 1289 页。

[3]　司马光：《资治通鉴》卷 256,光启三年三月壬辰条,北京：中华书局,1956 年,第 8345 页。

[4]　如张其凡：《五代禁军初探》,广州：暨南大学出版社,1993 年；杜文玉：《五代十国制度》,北京：人民出版社,2006 年；穆静：《五代兵制考》,任爽主编：《五代典制考》,北京：中华书局,2007 年；徐莹秋、曾育荣：《五代宋初侍卫亲军制度相关问题探讨》,《信阳师范学院学报(哲学社会科学版)》,2009 年第 6 期。

实际是对于两种不同结论稍作折中。

　　从吴光耀以来的这种考辨思路存在一个明显的漏洞，即忽略了欧阳修和叶梦得对侍卫亲军名与实，或者说号与职的区分。唐代负责拱卫京师、侍从天子的一类军队从职能上可泛称为"侍卫诸军"，如"（通王滋）昭宗乾宁三年，领侍卫诸军"①，而其将领可泛称"侍卫军将"，如"唐宰相崔胤潜使人以帝密旨告于侍卫军将孙德昭已下，令诛左右中尉刘季述、王仲先等"②。朱温在称帝前即有亲军之设，《旧五代史》载其"率亲军讨之"③，"领亲军屯于单父"④。其称帝后，这些负责侍卫的亲军应可以泛称为"侍卫亲军"，如胡三省所说"控鹤，梁之侍卫亲军"⑤，"梁以侍卫亲军为控鹤军"⑥。并非说控鹤军同时又有"侍卫亲军"的名号，而是控鹤军职责在侍卫天子，性质为亲军，故可泛称为侍卫亲军。

　　下面我们来分析这些学者们搜讨到的质疑史料。首先来看有"侍卫亲军都指挥使"或"侍卫亲军马步军都指挥使"作为头衔的三个例子。第一个是袁象先，《旧五代史》载袁象先"寻授左龙武统军兼侍卫亲军都指挥使。乾化三年，与魏博节度使杨师厚合谋，诛朱友珪于洛阳。梁末帝即位，以功授检校太保、同平章事，遥领洪州节度使、行开封尹、判在京马步诸军，进封开国公"⑦，"夏四月癸未，以西京内外诸军马步军都指挥使、检校司徒、左龙虎统军⑧、濮阳开国侯袁象先为特进、检校太保、同平章事，充镇南军节度、江南西道观察处置等使、开封尹、判在京马步诸军事，进封开国公，增食邑一千户"⑨。第二个是刘鄩，刘鄩"开平元年，授右金吾上将军，充诸军马步都指挥

---

① 欧阳修、宋祁：《新唐书》卷82《通王滋传》，北京：中华书局，1975年，第3635页。

② 薛居正：《旧五代史》卷2《梁书·太祖本纪二》，北京：中华书局，1976年，第27页。

③ 《旧五代史》卷1《梁书·太祖本纪一》，第12页。

④ 《旧五代史》卷1《梁书·太祖本纪一》，第16页。

⑤ 《资治通鉴》卷275，后唐明宗天成元年六月注，第8986页。

⑥ 《资治通鉴》卷268，后梁太祖乾化二年六月丁丑条，第8759页。

⑦ 《旧五代史》卷59《唐书·袁象先传》，第797页。

⑧ 唐代避李渊祖父李虎之讳，改龙虎军为龙武军。后梁又改为龙虎军。但在史料中，两者常被混用。

⑨ 《旧五代史》卷8《梁书·末帝本纪上》，第117页。

使。其年秋，与诸将征潞州，迁检校司徒。三年二月，转右威卫上将军，依前诸军马步都虞候。五月，改左龙武统军，充侍卫亲军马步军都指挥使"①。第三个是刘捍，刘捍"太祖受禅，授左龙虎统军(《新五代史》作左天武指挥使)兼元从亲军马步都虞候"，"车驾还京，授捍侍卫亲军都指挥使"②。

如果以袁象先为例分析的话，首先，应该注意到《旧五代史》对袁象先诛朱友珪之时的身份记载是"左龙武军统军兼侍卫亲军都指挥使"，但《旧五代史》中他处提到此时的袁象先尚有"侍卫""侍卫亲军""侍卫军使"等称谓。这些不同的称谓提醒我们，这里的"侍卫亲军"当时并非一确定的军队名号，而主要指一种职能军队的泛称，即这类军队负责侍卫皇帝，因为是皇帝亲军，所以既可称为"侍卫""侍卫亲军"，又可称为"侍卫军"。其次，《新五代史》对袁象先当时的记载是"太祖即位，累迁左龙武统军、在京马步军都指挥使"③，和《旧五代史》"左龙武军统军兼侍卫亲军都指挥使"的记载不同。前引欧阳修对五代禁军的概括史料明确指出后梁建国后设"在京马步军都指挥使"，所以可判定袁象先当时实际身份应是"在京马步军都指挥使"而非"侍卫亲军都指挥使"。另外，从其升迁来看，由"在京马步军都指挥使"升为"判在京马步诸军(事)"亦较为合理。欧阳修和叶梦得都指出后梁以原宣武镇兵为在京马步军，这是作为天子私兵区别于标志天子国兵的六军诸卫系统的。后唐仍将天子私兵作为在京马步军，到后唐明宗时正式改为侍卫亲军的名号。可见后唐确定名号的侍卫亲军和后梁的在京马步军有着直接的继承关系。《旧五代史》的撰写者可能正是因此而忽略了对这两个名号进行细致区分。而《新五代史》中后梁部分的史料便未曾出现"侍卫亲军"，表明欧阳修确实是对侍卫亲军这一名号始于明宗的结论极其自信并很好地贯彻在了他的书写中，前举他的考述或许跟纠正薛史在这一问题上的含糊不清相关。《新五代史》仅载刘郭、刘捍两人所任"左龙武(虎)统军"一职正表明了欧阳修在这一问题上的谨慎。

---

① 《旧五代史》卷23《梁书·刘郭传》，第309页。此处"诸军马步都指挥使"疑为"诸军马步都虞候"之误，否则后面"依前诸军马步都虞候"便不可理解。

② 《旧五代史》卷20《梁书·刘捍传》，第272页。

③ 《新五代史》卷45《袁象先传》，第494页。

再来分析《旧五代史》所载"龙德改元德音"中的"侍卫亲军及诸道行营将士等第颁赐优赏,已从别敕处分"①。一般改元德音皇帝会对军队普施恩赏,此处诸道、行营将士包括藩镇军队和出征的将士,剩下的则是留在京城的军队,按照前引欧阳修和叶梦得的说法,后梁时在京城的军队既有作为天子私兵的在京马步军,又有标志天子国兵的六军诸卫,这些军队都有拱卫京师、侍卫天子的职责,因此统称侍卫诸军应更为合理。事实上五代史料在涉及所有京城军队的时候,都用侍卫诸军代指。如长兴四年八月"己酉,赐侍卫诸军优给有差"②。又如天福七年六月因晋少帝即位,"丁卯,赐侍卫诸军将校钱一百贯下至五贯,以初即位示赉也"③。又显德五年"五月辛巳朔,上御崇元殿受朝,仗卫如式。诏:'侍卫诸军及诸道将士,各赐等第优给。应行营将士殁于王事者,各与赠官,亲的子孙,并量才录用,伤夷残废者,别赐救接……'"④故"龙德改元德音"中的"侍卫亲军"应为"侍卫诸军"之误。

质疑者还常举一些史书对侍卫亲军的论述。如张其凡曾举宋人黄履翁的论述"尝考二司之颠末,溯三衙之源委而熟知其故矣。侍卫司始于梁,其名易世而后定,而都指挥则方镇之军校号也"⑤,认为较接近五代的情况,但如仔细推敲的话,则黄履翁强调的正是侍卫司的得名在后唐时期,"始于梁"应该指其作为天子私兵的性质继承了后梁。徐莹秋和曾育荣以《景定建康志》载"侍卫马军司盖创于后梁,至后唐为侍卫亲军"⑥和胡三省为《资治通鉴》所作注文"侍卫亲军都指挥使之下,又有侍卫马军、步军二都指挥,此皆梁、唐所置"⑦为例,认为这说明后梁时期,侍卫马、步军的建制已趋完备,但又对这些说法表示怀疑。其实胡三省之所以笼统地说"此皆梁、唐所置",本身就表明其建制的完成在后唐时期。而《景定建康志》作为一部方志书,其

　　①《旧五代史》卷10《梁书·末帝本纪下》,第148页。

　　②《旧五代史》卷44《唐书·明宗本纪十》,第606页。

　　③《旧五代史》卷81《晋书·少帝本纪一》,第1068页。

　　④《旧五代史》卷118《周书·世宗本纪五》,第1572页。

　　⑤ 黄履翁:《古今源流至论·别集》卷8《将权》,影印文渊阁《四库全书》本。

　　⑥ 马光祖修,周应合撰:《景定建康志》,《宋元方志丛刊》,北京:中华书局,1990年,第1762页。

　　⑦《资治通鉴》卷289,后汉隐帝乾祐三年十一月辛未条注,第9428页。

对五代制度沿革的记载是否可信且不论，单就字面来看，其亦未说"侍卫亲军"之号后梁已有。

概言之，虽然关于后梁的史料中有"侍卫亲军""侍卫亲军马步军都指挥使""侍卫亲军都指挥使"等文字，但不能仅仅据此判定后梁时即已有了"侍卫亲军"的名号。必须具体去考察这样的文字记载究竟是否可靠，而且要特别注意名与实、号与职的区分，辨析这些文字究竟是一类职能军队的泛称，还是一种军队名号的专称。通过具体的个例分析，可以看出，这些文字或是一类职能军队的泛称，或是可能存在记载的失误，这些都不能推翻欧阳修感于五代"兴亡以兵"的乱象，对五代禁军制度演变所做的考察和结论，即"侍卫亲军"之号始于后唐而非后梁。

二、（在京马步军）侍卫亲军与六军地位的升降

欧阳修对侍卫亲军的评价是"原其始起微矣，及其至也，可谓盛哉"，并对其发展过程做了描述。当代学者谈到五代禁军制度时，多对侍卫亲军的地位评价甚高。如杜文玉即认为"在五代禁军中最重要的应是侍卫亲军，至于六军是无法与其相提并论的"[①]，穆静亦认为"侍卫亲军是五代禁军中最为重要的一支，在后周殿前军迅速兴起以前，整个五代军事史就是一部侍卫亲军发展、演进的历史"[②]。但从未对六军和（在京马步军）侍卫亲军的地位升降做过对比与过程梳理。下面笔者将就这一目标略作考察。

在朱温代唐之前，以六军为代表的唐朝北衙禁军已经逐步被驱散殆尽。据《新唐书》所载，虽然崔胤曾奏请募兵充实六军，但"全忠阴以汴人应之。胤死，以宰相裴枢判左三军，独孤损判右三军，向所募士悉散去。全忠亦兼判左右六军十二卫。及东迁，唯小黄门打球供奉十数人、内园小儿五百人从。至谷水，又尽屠之，易以汴人，于是天子无一人之卫。昭宗遇弑，唐乃亡"[③]。所以在后梁建国之初，即重新充实了六军，据《五代会要》记载：

①　杜文玉：《五代十国制度研究》，第 379 页。

②　任爽主编，赵旭副主编：《五代典制考》，第 204—205 页。

③　《新唐书》卷 50《兵制》，第 1336 页

梁开平元年四月,改左右长直为左右龙虎军,左右内卫为左右羽林军,左右坚锐夹马突将为左右神武军。①

从张其凡以来的研究者都对左右长直、内卫、坚锐、夹马、突将的战斗力进行过考察,指出这几支军队都是在朱温争霸混战中发展起来的,极富战斗力。这说明此时朱温对六军的实力、地位和功能还是颇为重视的,但第二年朱温即对六军重新做了调整,史载:

十二月,改左右天武为左右龙虎军,左右龙虎为左右天武军,左右天威为左右羽林军,左右羽林为左右天威军,左右英武为左右神武军,左右神武为左右英武军。(前朝置龙虎六军,谓之卫士。至是以天武、天威、武英等六军,易其军号,而任勋旧焉。)②

对于这段话的理解,从张其凡以来的研究者都认为是将左右天武、天威、武英扩入六军之中,即此时六军包括左右龙虎、羽林、神武、天武、天威、武英六个军号,十二支军队,并认为这种调整“打破了唐朝六军之传统模式,无疑是军事上的创新”③。但核其文意,并看不出其中有将左右天武、天威、武英扩入六军之中的意思,而只是说和原来六军互换军号,且前引欧阳修论述中明确说“六军有统军”,而左右天武、天威、武英并无统军之职,其最高指挥官皆为军使,可证其非为六军无疑。

那么改军号的意义又何在呢? 后梁虽然建国,但仍是战争频仍,尤其是和李克用、李存勖父子的征战愈演愈烈,以至于不得不将大量精锐部队投入战争。原来充实到六军中的左右长直、内卫、坚锐、夹马、突将都是后梁最精锐的部队,而据张其凡等人的统计,换军号前的左右天武、天威、武英很少参战记录,应是战斗力相对较弱的原因。而六军主要职责在于拱卫京师、侍卫皇帝,所以以战斗力相对较弱的左右天武、天威、武英换成左右龙虎、羽林、神武的军号充作六军,而将战斗力较强的军队改换军号后主要用于征战,应

---

① 王溥:《五代会要》卷 12,北京:中华书局,1998 年,第 156 页。

② 王溥:《五代会要》卷 12,第 156 页。

③ 任爽主编,赵旭副主编:《五代典制考》,第 201 页。

是当时的合理选择。改易军号之后的六军"任勋旧"的特点也说明了战斗力不再是六军的主要追求，而是主要用来安置"勋旧"了。改易军号前的天武军战斗力也自不俗，这或许和六军中也要保留一支战斗力较强的军队有关。而改为龙虎军以后，其地位一直非常特殊，不仅皇帝经常驾幸赐宴[1]，而且其统军袁象先、刘捍、刘郭等还兼侍卫亲军马步军都指挥使（在京马步军都指挥使）之职。朱温在诏书中亦称龙虎军"亲军之内，实冠爪牙"[2]。而正是由于龙虎军的协助，朱友珪才成功地发动了杀朱温篡位的宫廷政变。左右龙虎军的特殊地位和作用说明，开平二年十二月调整以后，六军的整体战斗力虽然有所下降，但其地位仍然很重要。

后梁禁军除六军之外，还有在京马步军。据张其凡等人的统计，后梁的在京马步军主要有左右龙骧、天兴、广圣、神捷军，这涵括了后梁建国前已有的大部分军队，这四支队都是精锐之师，多有参战记载。但开平"三年十月，置左右军巡使。（以段明远为左军巡使，邓成为右军巡使。时以迁都之始，凡吾河南尹、侍卫诸军，虽合差人巡警京都，往往滥发，分曹异职，多扰于民。乃置左军巡管水北，右军巡管水南，各置巡院，罢诸军巡检人员，仍令判六军诸卫张宗奭都管辖）"[3]。将原来侍卫诸军（包括在京马步军）的职责收回，专门设立机构，由判六军诸卫管辖，说明尽管在京马步军战斗力胜过六军，但地位仍在代表天子国兵的六军之下。

后唐庄宗时期六军与在京马步军的关系难以详考，中央禁军的大规模调整是在明宗时期。后唐长兴三年三月，"敕卫军神威、雄威、〔雄〕英、魏府广捷已下指挥宜改为左右羽林，置四十指挥，每十指挥立为一军，每一军置都指挥使一人，兼分为左右厢"[4]。这次调整，充实了六军中的左右羽林军。虽未提到龙武和神武军的情况，但从应顺元年三月"改左右羽林四十指挥为严卫左右军，龙武、神武四十指挥为捧圣左右军"[5]这一记载来看，整个六

---

① 参见《旧五代史》卷 6《梁书·太祖本纪六》，第 91—102 页。

② 《旧五代史》卷 4《梁书·太祖本纪四》，第 69 页。

③ 王溥：《五代会要》卷 24，第 296—297 页。

④ 王溥：《五代会要》卷 12，第 156 页。

⑤ 王溥：《五代会要》卷 12，第 156 页。

军在明宗时应该都是得到了加强。这一时期判六军诸卫事一职的地位亦可反映出此点,如《资治通鉴》载秦王从荣"为人鹰视,轻佻峻急;既判六军诸卫事,复参朝政,多骄纵不法。初,安重诲为枢密使,上专属任之。从荣及宋王从厚自襁褓与之亲狎,虽典兵,常为重诲所制,畏事之。重诲死,王淑妃与宣徽使孟汉琼宣传帝命,范延光、赵延寿为枢密使,从荣皆轻侮之,河阳节度使、同平章事石敬瑭兼六军诸卫副使,其妻永宁公主与从荣异母,素相憎疾。从荣以从厚声名出己右,尤忌之"①。《新五代史》亦载从荣"长兴元年,拜河南尹,兼判六军诸卫事。从璟死,从荣于诸皇子次最长,又握兵柄……自将相大臣皆患之,明宗颇知其非而不能裁制"②。在两书所述中,"典兵""握兵柄"的判六军诸卫事一职都成为从荣骄横难制的主要原因,这应和此时六军得到充实,六军地位重新受到重视有关。

侍卫亲军之号在后唐时期正式出现,侍卫亲军的实力、地位和组织亦获得快速发展。据《旧五代史》载,天成二年十月"癸卯,以权知汴州事、陕州节度使石敬瑭为汴州节度使、兼六军诸卫副使、侍卫亲军马步都指挥使"③。而《新五代史》亦载,石敬瑭天成二年十月"从幸汴州,为御营使,拜宣武军节度使、侍卫亲军马步军都指挥使,六军副使如故"④。可见至晚在天成二年十月,已经有了"侍卫亲军马步军都指挥使"这一职衔,进而可判定此时已正式有了"侍卫亲军"之号。石敬瑭一身兼侍卫亲军马步军都指挥使与六军诸卫副使,亦可见此时侍卫亲军地位仍在六军之下。

天成三年四月乙酉,明宗又"以随驾马军都指挥使康义诚为侍卫亲军马步军都指挥使"⑤。先后任侍卫亲军马步军都指挥使的石敬瑭和康义诚实是明宗最亲信和当时最有声望的将领。石敬瑭不仅和明宗为翁婿之亲,更兼在明宗以兵变得位中起了关键作用。《旧五代史》载明宗犹豫不决时,石敬瑭进言:

---

① 《资治通鉴》卷278,长兴三年十月壬申条,第9078—9079页。

② 《新五代史》卷15《秦王从荣传》,第163页。

③ 《旧五代史》卷38《唐书·明宗本纪四》,第529页。

④ 《新五代史》卷8《晋本纪》,第78页。

⑤ 《旧五代史》卷39《唐书·明宗本纪五》,第537页。

> 犹豫者兵家大忌，必若求诉，宜决其行。某愿帅三百骑先趋汴水，以探虎口，如遂其志，请大军速进。夷门者，天下之要害也，据之可以自雪。安有上将与三军言变，他日有平手乎！危在顷刻，不宜恬然。①

明宗遂决其志。而康义诚亦为明宗心腹，且在明宗得位兵变中明确站在明宗一面，《旧五代史》载其：

> 同光末，从明宗讨邺城，军乱，迫明宗为主，明宗不然。义诚进曰："主上不虑社稷阽危，不思战士劳苦，荒耽禽色，溺于酒乐。今从众则有归，守节则将死。"明宗纳其言，由是委之心膂。②

到了长兴三年，"会契丹欲入寇，上命择帅臣镇河东，延光、延寿皆曰：'当今帅臣可往者独石敬瑭、康义诚耳。'"③。将领的地位和被倚重的程度也反映了侍卫亲军在此时期的重要性，这和后梁时期侍卫亲军之号尚未正式出现之时袁象先"未尝有战功，徒以甥故掌亲军"④的情形是很不一样的。长兴三年八月庚戌，明宗以受册尊号赏赐臣僚，"侍卫指挥使康义诚已下三人、六军统军李从昶已下六人各赐钱二十千"⑤，在赐予恩泽方面，侍卫亲军指挥使和六军统军地位相当。至长兴四年八月"制以从荣为天下兵马大元帅"⑥，九月"秦王从荣请严卫、捧圣步骑两指挥为牙兵，每入朝，从数百骑，张弓挟矢，驰骋衢路"⑦。据张其凡等人研究，捧圣、严卫正分别为侍卫亲军马、步军的主力部队，从荣以天下兵马大元帅、判六军诸卫事之尊却要请侍卫亲军为牙兵，说明此时侍卫亲军之战斗力已经完全在六军之上了。从荣为天下兵马大元帅后，"大宴元帅府，诸将皆有颁给：控鹤、奉圣、严卫指挥使，人马一匹、绢十

---

① 《旧五代史》卷75《晋书·高祖本纪一》，第980页。

② 《旧五代史》卷66《唐书·康义诚传》，第897页。

③ 《资治通鉴》卷278，长兴三年十月壬申条，第9079页。

④ 《新五代史》卷45《袁象先传》，第495页。

⑤ 王钦若等编纂，周勋初等校订：《册府元龟》卷81《帝王部》，南京：凤凰出版社，2006年，第889页。

⑥ 《资治通鉴》卷278，长兴四年八月辛未条，第9087页。

⑦ 《资治通鉴》卷278，长兴四年九月癸未条，第9088页

匹;其诸军指挥使,人绢十匹;都头已下,七匹至三匹"①。控鹤、捧圣、严卫三军指挥使礼遇在诸军指挥使之上,足证此时以捧圣、严卫为主力的侍卫亲军地位有了进一步提高。

叶梦得将天成三年四月康义诚任侍卫亲军马步军都指挥使视为侍卫司成立的标志,不知依据何在。但把侍卫司因而不废的原因和从荣之乱时侍卫亲军马军的表现联系起来却是颇有见地。天兴四年十一月壬辰,从荣率军反,"自河南府拥兵千人以出"②,事前侍卫亲军马步军都指挥使康义诚即首鼠两端。关键时刻,侍卫亲军马军起到了平乱作用,史载从荣所派人:

> 于门隙中见捧圣指挥使朱弘实率骑兵从北来,即驰告从荣。从荣惊惧,索铁厌心,自调弓矢。皇城使安从益率骑兵三百冲之,从荣兵射之,从益稍却。弘实骑兵五百自左掖门出,方渡河,而后军来者甚众,从荣乃走归河南府。③

从荣以判六军诸卫事的身份叛乱,以及平乱中侍卫亲军马军的表现,使得此后六军的实力被削弱,地位不断下降,而侍卫亲军地位渐超越六军。如应顺元年正月"壬午,侍卫亲军马步军都指挥使、河阳节度使康义诚加检校太尉、兼侍中,判六军诸卫事"④,原来石敬瑭以侍卫亲军马步军都指挥使兼六军诸卫副使,康义诚以侍卫亲军都指挥使判六军诸卫事,足证此期间侍卫亲军地位不断上升与六军地位之衰落。至三月,"改左右羽林四十指挥为严卫左右军,龙武、神武四十指挥为捧圣左右军"⑤,更是将六军兵力来充实侍卫亲军。到后晋时刘知远"加检校司空,充侍卫马步都指挥使,权点检随驾六军诸卫事"⑥,表明侍卫亲军地位已完全跃居六军诸卫之上了。天福三年十一月,杨光远"守太尉、洛京留守,兼河阳节度使,判六军诸卫事"⑦,已经是现存史籍

---

① 《新五代史》卷15《秦王从荣传》,第164页。

② 《新五代史》卷15《秦王从荣传》,第166页。

③ 《新五代史》卷15《秦王从荣传》,第166页。

④ 《旧五代史》卷45《唐书·闵帝本纪》,第615—616页。

⑤　王溥:《五代会要》卷12,第156页。

⑥ 《旧五代史》卷99《汉书·高祖本纪上》,第1322页

⑦ 《旧五代史》卷77《晋书·高祖本纪三》,第1021页。

中出现的最后一位任判六军诸卫事者了，此后此职的废置或不授人标志着六军已经成了一种政治象征和摆设，侍卫亲军无论在实力还是地位上都全面高于六军。

概言之，后梁之初，六军尚颇有战斗力，但其战斗力很快遭到削弱，唯其龙虎一军一直实力不俗，地位特殊，六军的地位也在在京马步军之上。后唐明宗时期，"侍卫亲军"之号正式出现，明宗一度加强了六军的实力，但这一时期侍卫亲军的发展更为明显。秦王从荣以六军叛乱，而侍卫亲军马军在平乱中立功，成为侍卫亲军实力大获发展、六军被削弱的转折点。后唐闵帝时的调整是直接以六军兵力充实侍卫亲军，到后晋时期，侍卫亲军已经在地位上超越了六军。

三、余论

中国古代历史的记注和编纂之学固然源远流长，秉笔直书的良史传统与追求也承续不绝，但这并不足以保证历史记载的准确。古代史官与史家受政治局势、阶层立场、知识水平甚至时俗用语等多方面的影响，其对历史的记载往往与历史本身存在偏差，用定型后的制度名称去指称之前具有相似功能的事物和现象也并不罕见。因此，对历史文本进行分析便成为历史研究的第一步工作。借助搜索软件，以关键词为主导的史料搜集过程方便而迅捷，但对于史料中名同而实异的现象，研究者更需要警惕与留意，不加分辨、不还原语境的列举式研究只能导致似是而非的结论。

清代以来的一些学者注意到了记载后梁的史料中有"侍卫亲军""侍卫亲军马步军都指挥使""侍卫亲军都指挥使"等文字，对欧阳修等五代"侍卫亲军"之号始于后唐的结论提出质疑，这本身是值得肯定的学术进步。但缺乏对这些文字的具体分析，其结论便难以确立。只有通过具体分析，我们才可以看出相同文字在不同记载中有表示名与实、号与职的区分，仅靠文字相同得出五代"侍卫亲军"之号始于后梁的结论是无法成立的，研究和结论在否定之否定中也才能更加充分和富有价值。

比拟律令职官：五代宋初特定使职的品官化

陈文龙

引　言

　　唐前期实行律令体制,律令中的职官都是有官品的,官员享有的待遇和特权依据律令即可确定。唐开元以后至宋元丰改制前,使职差遣盛行。使职是律令外职官,如何确定使职在整个官僚等级制度中的地位,亦即使职享有的待遇和特权如何规定,是这一时期需要解决的问题。唐五代的使职差遣,北宋前期的官与差遣分离,都是学界非常关注的话题。北宋前期官与差遣分离的源头在唐后期,这也成为常识[①]。贯通唐宋官制的研究,重点多放在"设官分职"职位层面,缺少对官僚等级制度长时段变化的考察。任何官制的研究,都应该涵盖职位与品位两个层面[②],本文研究使职加入固定官僚等

---

① 邓小南:《宋代文官选任制度诸层面》(修订本),北京:中华书局,2021年,第1—34页。

② 中国古代官制研究中的品位与职位,见阎步克:《品位与职位:秦汉魏晋南北朝官阶制度研究》,北京:中华书局,2002年,第2—17页。

级序列的过程,能弥补此前研究的不足。设置使职是中国历史上经常出现的现象,其中不少使职最后亦成为固定制度的一部分,唐宋之际的使职多,相关记载较为丰富,能清晰呈现使职加入体制时的诸多细节,可丰富我们对历史上类似现象的宏观认识。

同为使职差遣盛行的时代,唐后期、北宋前期官僚等级制度却有一个差别,唐后期官僚等级制度基本由有官品的职官构成,北宋前期则包括有官品的职官和使职两部分。这个差别是如何形成的呢?

官僚等级制度的涵盖面非常广,需稍作区分。如果在某项等级制度中,绝大多数官僚都可享有该等级待遇和特权,可称之为普惠性等级制度。唐宋之际的告身、俸料(或衣赐)、班位是普惠性等级制度,大多数官僚都享有这些待遇特权。其他一些等级制度,如恩荫、叙封、赠官等,只有一定地位的官员才可享有,不具普惠性。下面比较唐后期、北宋前期官僚等级制度,重点考察告身、俸料和班位三项。

先看唐后期的情况。元丰五年(1082)详定官制所云:"唐制,内外职事有品者给告身,其州、镇辟置僚佐止给使牒。"[1] 唐代"有品者"即有官品的律令职官除授藩镇使职用使牒,其他使职应该用敕牒。除晚唐时期少数使职外,唐后期大部分使职都是用"牒"除授,而不是用告身。俸禄中的俸料,唐大历十二年(777)定京百司文武官及京兆府县官料钱,贞元四年(788)定京文武官及京兆府县官料钱[2],有俸料的都是有官品的职事官。《新唐书·食货志五》记会昌(841—846)百官俸钱,主体也是有官品的职官,再加藩镇使职[3]。贞元二年九月定"文武官百官朝谒班序",一品班至九品班的组成都是有官品的职官。加入的使职主要有藩镇使职,以及内供奉、里行者,排班规

---

① 李焘:《续资治通鉴长编》(以下简称《长编》)卷325,元丰五年四月甲戌,北京:中华书局,2004年,第7826页。藩镇任命幕职官后,会向朝廷奏请朝衔(如试官、检校官、宪衔等),除授朝衔要用告身。见刘后滨:《唐宋间选官文书及其裁决机制的变化》,《历史研究》2008年第3期,第126页。

② 《唐会要》卷91"内外官料钱上",上海:上海古籍出版社,2006年,第1964—1967页、1971—1973页。

③ 《新唐书》卷55《食货志五》,北京:中华书局,1975年,第1402—1405页。藩镇使职俸钱,可能是欧阳修据其他资料增补,不是直接源自会昌时期的制度规定。

则是"在正官之次"或"从本官班序"①。总之,唐后期的告身、俸料和班位,主要取决于有官品的职事官,晚唐时期的藩镇使职(特别是藩镇长官)也部分享有这些待遇特权,绝大多数使职无法依据使职本身享受上述待遇特权。

再看北宋前期的情况。北宋前期实行"品官给告身"制度②,用告身除授的职官,既有《官品令》中的职官,也有无官品的使职;另外,从官、职、差遣分类角度看,品官中既有文武本官阶,也有职名和差遣。俸料(或衣赐)、班位都是以品官为基准制定的,品官包括有官品的职事官和特定使职③。

特定使职加入官僚等级序列,这是北宋前期官僚等级制度的重要特点,本文将使职加入官僚等级序列的现象称为"使职的品官化"。使职品官化是理解唐宋之际官僚等级制度变化的重要概念,进入讨论之前,先对核心概念进行界定。先看使职。使职是相对律令职官而言的,律令之外的职官都是使职,使职没有官品④。律令职官、使职这一分类适用于唐代,同样也适应于北宋前期。康定二年(1041)十月定诸臣朝服,礼院奏上的规定,"准《官品令》"之后所列职官都是律令职官,"准《阁门仪制》以下所列为使职⑤。此处可明显看出律令职官、使职的区分。唐后期、北宋前期的使职都是律令之外的没有官品的职官,但唐后期的使职大多为差遣,有实际职务;北宋前期的使职

①　《唐会要》卷25 "文武百官朝谒班序":"留守、副元帅、都统、节度使、观察使、都团练、都防御使,并大都督、大都护、持节度者即入,班在正官之次。余官兼者,各从本官班序。(御史在六品班之后也。)诸使司下无本官,准授内供奉、里行者即入,班亦在正官之次;有本官兼者,各从本官班序。"第560页。

②　《长编》卷325,元丰五年四月甲戌,第7826页。

③　北宋前期俸料(或衣赐)、班位制度的简要情况,参看:《宋史》卷171《职官志十一》,北京:中华书局,1977年,第4101—4109页;同书卷168《职官志八》"建隆以后合班之制",第3987—3991页。俸料(或衣赐)、班位制度,除了有官品的职事官,还包括宰相、枢密使、三司使、诸学士、带职等职名、武官高阶、武选官、幕职官等,这些从源头都可纳入使职范畴。

④　唐后期以降使职差遣的性质,学界有很多讨论,代表性的论著参看砺波护:《律令官制と令外の官》,氏著《唐の行政機構と官僚》,东京:中央公论社,1998年,第25—32页;赖瑞和:《唐代使职的定义》,《史林》2012年第2期,第46—50页。

⑤　《宋史》卷153《舆服志四》,第3551—3553页。北宋前期的《官品令》大体沿袭唐开元二十五年(737)《官品令》,个别地方略有增损,见李昌宪:《宋朝官品令与合班之制复原研究》,上海:上海古籍出版社,2013年,第1—19页。

高度分化，有同中书门下平章事、枢密使等差遣，有节度使、武选官等武官官阶，也有诸学士、待制等职名。从源头上看，"准《阁门仪制》"后所列职官都是使职，这是没疑问的。由于使职在北宋前期业已分化，不可将使职等同于差遣①。

再看品官化概念。使职的品官化，指没有官品的使职逐渐加入各种官僚等级序列，成为稳定制度的固定组成部分。曹魏时期官品制度建立，此后的官僚等级制度大多都和官品有关。北宋前期的特殊情况是，使职没有官品，但很多官僚等级制度中都有大量使职。品官化就是描述使职加入官僚等级序列的过程。品官化要与两个概念区分开来。首先，品官化不等于阶官化。唐后期出现职事官阶官化现象，这些职事官在北宋前期大多成为本官阶；五代宋初，诸司使副等武选官、刺史至节度使等武官高阶也先后阶官化，成为武官高阶②。使职品官化后，部分使职成为阶官，武选官、武官高阶即是；还有些使职品官化后成为职名、差遣。阶官化只是品官化的一部分。其次，使职品官化并不是使职成为有官品的职官。使职加入官僚等级序列，多是比拟有官品的职事官，使职品官化后有比品、视品，比视品和正式官品有差别。

使职品官化后，大多数官僚等级序列都可以看到这些使职。普惠性等级制度具有指标意义，使职是否成为品官，重点看告身、俸料（或衣赐）和班位，前两者是品官必备，加入合班之制的职官都是品官③。

以前讨论北宋前期官僚等级制度，受"官以寓禄秩、叙位著"一语的影响，容易认为官僚等级制度都是由本官阶决定的，这个认识与北宋前期实际情况不吻合。学界已有不少研究指出这一点。汪圣铎指出，宋朝文官俸禄

---

① 我们将律令外的职官都称为使职，差遣主要指有实际职务而言。

② 相关研究分别参看张国刚：《唐代阶官与职事官的阶官化论述》，《中华文史论丛》1989 年第 2 期，上海：上海古籍出版社，第 79—88 页；赵冬梅：《文武之间：北宋武选官研究》，北京：北京大学出版社，2010 年，第 117—151 页。

③ 所有品官都用告身除授，所有品官都有俸料或衣赐中的一项（大多数品官同时有俸料和衣赐，少数品官只有俸料、衣赐中的一种），班位制度稍显特殊，加入合班之制的都是品官，但并不是所有品官都有独立班位。

体现了注重差遣的倾向①。任石认为，文官冠服等级与合班之制一样，"不局限于本官一个序列，差遣、职名、武阶、环卫官、班官等其他不系品秩的各类官职，也相继被纳入到等级体系之中"②。文官本官阶、环卫官为有官品职官，差遣、职名、武阶和班官都没有官品③，实际都是使职。这些使职纳入等级序列的缘由，赵冬梅、李昌宪的研究也有揭示。赵冬梅指出，五代后晋至宋初，武选官通过"比其品数"的方式成为衡量职官高下的通用标尺，伯牧之官也逐渐阶官化，成为武官高阶④。李昌宪指出文学侍从和武臣因有比视品从而加入合班之制⑤。

这些研究揭示的现象更接近北宋前期官制实际，我们不能再据"官以寓禄秩、叙位著"一语，简单认为北宋前期官僚等级制度都由本官阶决定。赵冬梅的研究已揭示了使职纳入官僚等级序列的机制和过程，本文第二节征引的史料大多是赵冬梅首次展开详细分析。笔者认为，加入北宋前期官僚等级序列的，不仅仅是武选官和武官高阶。应以史料为基础，全面研究哪些职官加入官僚等级序列。另外，可能受限于官与差遣分离的叙述模式，此前研究倾向于将使职加入官僚等级序列看作阶官化进程。加入等级序列的使职，确实有不少是纯粹的阶官，但阶官不是此时期等级序列的全部。讨论北宋前期官僚等级制度，不能将视线完全集中于阶官。品官化后的使职是否与具体职事脱离，不同职官的情况并不相同。诸司使副和武官高阶、班官等成了相对彻底的阶官，与具体差遣无涉；而两府正副长官及其僚属、三司职官、翰林学士、幕职官等品官化后并未与具体职事脱离，他们是兼具品位与

① 汪圣铎：《宋朝文官俸禄与差遣》，氏著：《宋代社会生活研究》，北京：人民出版社，2007年，第158—172页。关于宋代俸禄的最新研究成果已吸收这一说法。龚延明认为，北宋前期俸禄是以本官定禄为主、差遣俸禄为辅，见龚延明：《两宋俸禄制度通论》，高翔主编：《中国历史研究院集刊》2020年第2辑，北京：社会科学文献出版社，第63—68页。

② 任石：《宋代文官的冠服等级——兼谈公服制度中侍从身份的凸显》，《文史》2019年第4期，北京：中华书局，第200页。

③ 班官指昭宣使、宣政使等宦官迁转高阶，参看龚延明：《宋代官制辞典》（增订本）"班官"词条，北京：中华书局，2017年，第656—657页。

④ 赵冬梅：《文武之间：北宋武选官研究》第三章，第117—151页。

⑤ 李昌宪：《宋朝官品令与合班之制复原研究》，第27—34页。

职位功能的职官①。

本文正文共三节，首先在赵冬梅论著的基础上系统讨论哪些使职品官化了，接着以翰林学士和藩镇使职为例，说明使职逐步品官化的具体过程。

一

唐后期至北宋前期使职差遣制度盛行，使职是律令外职官，没有官品。在唐后期等级制度，并行两套系统，官僚的诸多法定特权待遇与散官、职事官挂钩，使职系统主要和实际职务有关，后来使职内部也逐渐形成一套等级序列，可以依据使职等级享有一定的经济待遇等，但使职在官僚系统中的地位没法由使职独立决定。一是官员的恩荫、官当、朝班、服色以及告身等主要依据散官或职事官②；其次，调离使职系统担任律令职官时，使职不能作为"通用尺度"，中央的使职多带发挥本官作用的职事官，地方使职则带检校官、试官等带职③，当他们调任律令职官时，职事官或带职发挥通用尺度的作用。唐后期的官僚等级制度不是一个一元体系，场合不同，发挥作用的职官类型不同。五代北宋前期的官僚等级制度沿袭了唐后期的基本面貌，同时也有不同，最大的变化是特定使职逐渐品官化，成为重要等级序列的一部分。

后晋天福六年（941）五月讨论官员当赎之法，《旧五代史·刑法志》云：

> 尚书刑部员外郎李象请："今后凡是散官，不计高低，若犯罪，不得当赎，亦不得上请。"详定院覆奏："应内外文武官，有品官者自从品官

---

① 除了品官化使职，官僚等级序列中的不少有官品职官，也是兼具职位和品位性质，如御史台有官品职官、州县官等，这些职官偶尔也用作阶官，大多数时候有具体职掌。

② 唐后期宰相"同平章事"也是使职，宰相的朝班应该是据差遣，后来也有了专门的宰相俸钱，但大多数使职的待遇和特权依附于散官或职事官。

③ 藩镇幕职所带带职，参看冯培红：《论唐五代藩镇幕职的带职现象——以检校、兼、试官为中心》，高田时雄主编：《唐代宗教文化与制度》，京都：京都大学人文科学研究所，2007年，第133—210页。正员官、带职和使职的关系，参看赵冬梅：《试述晚唐的两种品位标志与官僚生态》，北京大学中国古代史研究中心主编：《邓广铭教授百年诞辰纪念论文集》，北京：中华书局，2008年，第865—876页。

法；无品官有散、试官者，应内外带职廷臣、宾从、有功将校等，并请同九品官例。其京都军巡使及诸道州府衙前职员、内外杂任、镇将等，并请准律，不得上请当赎。其巡司、马步司判官，虽有曾历品官者，亦请同流外职。准律，杖罪以下依决罚例，徒罪以上仍依当赎法。"①

从李象奏议可见，此前官员犯罪时可依规用散官当赎，李象建议废止之，详定院认可了这一建议。依附在散官上待遇、特权的消失是一个漫长过程，后晋时散官才彻底失去重要性，仅与官员服色有关。原来散官发挥的作用，要由新的职官替代。详定院制定的新当赎法，有品官"从品官法"，这里的品官应指有官品的职事官；无品官仅有散官或试官的，可比照"九品官例"当赎。

"内外带职廷臣"之"廷臣"，《宋本册府元龟》作"庭臣"②，二词意思可通。"内外带职廷臣、宾从、有功将校"，"带职"不仅修饰"廷臣"，也修饰"宾从"和"有功将校"。"廷臣"主要指内职，"宾从""将校"分别指幕职官、军职。

内职带检校官比较常见。广义的内职为"枢密、宣徽、三司使副、学士、诸司而下"③，后晋时期带职的内职至少包括枢密、宣徽、三司和诸司使副。天福十二年（947）后汉高祖刘知远即位后，"以蕃汉兵马都孔目官郭威为权枢密副使、检校司徒，以河东左都押衙扈彦珂为宣徽南院使、检校司徒，以右都押衙王浩为宣徽北院使、检校司徒，以两使都孔目官王章为权三司使、检校太保"④。枢密使、宣徽使、三司使带检校官，是后唐以来的传统，后晋也如此。诸司使副带职，赵冬梅有讨论⑤。

---

① 《旧五代史》卷147《刑法志》，北京：中华书局，点校本二十四史修订本，2015年，第2298页。

② 《宋本册府元龟》卷613，北京：中华书局，1989年，第1909页。

③ 《宋史》卷161《职官志一》，第3769页。

④ 《旧五代史》卷99《汉书·高祖纪一》，第1551页。

⑤ 赵冬梅：《文武之间：北宋武选官研究》，第126—130页。还可举一个诸司使副带职的典型例子。后唐明宗之孙李俊，天成二年（927）任六宅副使、检校右散骑常侍；三年，迁绫锦使、检校左散骑常侍；长兴元年（930），为六宅使、检校工部尚书；后改任军职，为右捧圣第四指挥使；三年，授宫苑使、检校兵部尚书；此后担任诸卫官和地方官，见《李俊墓志》，仇鹿鸣、夏婧辑校：《五代十国墓志汇编》开运012，上海：上海古籍出版社，2022年，第301—302页。

幕职官加带职唐后期即如此，"内外带职廷臣"的"外"字显示这部分职官包括地方官。可比拟有官品者当赎的是"有功将校"。军职是五代时期新建立的禁军系统，如侍卫司以及后周时期建立的殿前司职官，此时新设职官都是律令外的使职。军职带职比较常见，但不是所有的军职都有带职。带武官高阶的军职有带职更为普遍。比如，唐明宗时期梁汉璋为突骑奉德指挥使，后晋天福二年遥领刺史，三年加检校司空，改护圣都指挥使，多次升迁后在晋少帝时任检校太保、郑州防御使、充侍卫马军都指挥使[①]。也有不带武官高阶的军职有带职，天福二年王在璋为"检校司徒、护圣左第二军都虞候、兼御史大夫"[②]。不带武官高阶的军职加带职，可能是有特别军功。

新的当赎规定，"无品官有散、试官者，应内外带职廷臣、宾从、有功将校等，并请同九品官例"，除意义已不大的散官、勋官，以及少数地位较高官员会有爵位外，带职是"廷臣、宾从、有功将校"官衔中唯一有官品的职官。当赎规定的细节已不得而知，笔者推测，带职在具体当赎规定中发挥替代"通用尺度"的功能，内职、幕职官、军职等无品职官可享受当赎特权，但不是使职在直接发挥作用。

后周时期，幕职官、军职、诸司使副的当赎特权又有新规定，《旧五代史·刑法志》云：

> 至周显德五年七月新定《刑统》：今后定罪，诸道行军司马、节度副使、副留守，准从五品官例；诸道两使判官、防御团练副使，准从六品官例；节度掌书记、支使[③]、防团判官、两蕃营田等使判官，准从七品官例；诸道推巡及军事判官，准从八品官例。诸军将校、内诸司使、副使[④]、供奉、殿直，临时奏听敕旨。
>
> 由是内外品官当赎之法，始有定制焉。[⑤]

①《旧五代史》卷95《晋书·梁汉璋传》，第1471页。

②《王在璋墓志》，仇鹿鸣、夏婧辑校：《五代十国墓志汇编》乾祐015，第338页。

③"支使"二字原无，据《宋刑统》卷2（薛梅卿点校，北京：法律出版社，1999年，第33页）补。

④"副使"原作"使副"，依理改。参看赵冬梅：《文武之间：北宋武选官研究》，第130页注1。

⑤《旧五代史》卷147《刑法志》，第2298—2299页。

新定《刑统》，详细规定了幕职官的当赎之法，军职和内职的当赎之法则需"奏听敕旨"。后者规定不够具体，思路却很清楚，没有官品的使职可据使职本身享有法定当赎特权。这些措施写入《刑统》，意味着特定使职享有的待遇和特权得到了国家基础法律的肯定，成为固定制度。

与后晋时期做法相较，后周的做法又进一步，使职可直接当赎，不需要借助带职。"诸军将校"前没有"有功"二字，加入等级序列的军职范围进一步扩大。这个新规定是原来制度的一个突破。在律令体制下，有官品的职官享有律令规定的待遇和特权。唐后期使职差遣盛行，只有个别类型的使职逐步享有一定的律令职官才享有的待遇和特权，比如宰相和藩镇长官等。后晋天福六年（941），一批没有官品的使职借助带职享有律令职官才享有的当赎特权，后周时期特定使职可据使职本身享有当赎权，自此使职差遣制度进入一新阶段，新的等级制度开始由有官品的职官和特定使职两部分构成。

上引《旧五代史》的最后一句值得注意。在天福六年和显德五年相关规定后，又云："由是内外品官当赎之法，始有定制焉。"天福六年详定院覆奏有"有品官者自从品官法"，可以认为"内外品官"指有官品的职官。这个解释符合同一词语前后文意思相同的原则。不过如此理解，这句话实际没法涵盖前面的新规定。两次定当赎之法，都不是局限于有官品的职官。笔者倾向于认为，"内外品官"包括两部分，有官品的职官，以及比照官品享受当赎之法的使职。

北宋前期，特定使职进一步有了明确身份，相关规定更为具体。乾德二年（964）定百官相见仪 ①，诏云：

> 国家职位肇分，轨仪有序，冀等威之斯辨，在品式之惟明。矧著位之庶官，及内司之诸使，以至轩墀引籍、州县命官，凡进见于宰司，或参候于长吏，既为总摄，合异礼容。稽于旧仪，具无定法。或传兀揖之制，或有没阶之趋。既位貌之相殊，复典章之舛异。若以内司诸使承前规

---

① 刘琳、刁忠民等点校：《宋会要辑稿》仪制 3 之 2 记此事在二月一日（上海：上海古籍出版社，2014 年，第 2329 页），同书仪制 5 之 1 系于九月十二日（第 2381 页），《宋史》卷 118《礼志二十一》不记月份（第 2788 页）。

例,则朝官拜揖之制不同;若以《仪制令》遵守而行,则古今沿革之制不等。晋天福、周显德中,以庭臣内职①、宾从将校比其品数,著为纲条,载于《刑统》,未为详悉。宜令尚书省集台省官、翰林学士、秘书监、国子司业、太常博士等详定内外群官、诸司使副、供奉官、殿直及州县官等见宰相、枢密使及所总摄正一品、二品官,东宫三师、三少、内外所属长官及品位相隔者,以前后编敕故事,参定仪制以闻。②

在等级官僚制社会,不同级别官僚之间必须尊卑有序。此前的等级秩序是由不同系列规则组成的,内诸司使之间有"规例",与外朝官的参拜规矩不同。唐开元时期的《仪制令》,因古今沿革不同,也不能满足当今需求。诏令对前面梳理的后晋、后周做法有个总结,"以庭臣内职、宾从将校,比其品数,著为纲条,载于《刑统》"。后晋、后周时期,内职、幕职官和军职通过比照官品的方式,获得相对固定的地位,这些规定都记在《刑统》中。新定百官相见仪主要包括两部分,百官途中相见仪式,以及公参之礼。《宋会要辑稿》仪制5之2云:

> 公参之礼,列拜于堂上,位高受参者答焉。四赤令初见尹,趋庭,受拜后升厅如客礼。上将军在中书侍郎之下,大将军在卿监之下,将军在少监之下,太子诸卫率府率在东宫五品官之下。内客省使视七寺卿,客省使视三监,引进使视左右庶子,判四方馆事视少卿,阁门使视少监,诸司使视郎中,客省、阁门、引进副使视员外郎,诸司副使视太常博士,供奉官视诸卫率,殿直视副率,枢密承旨视诸司四品常参官,副承旨视六品丞,诸房副承旨视南省七品都事。凡视朝官者序于本品之下,视京官者在上。

以上规定由两种不同格式构成。在唐代即有官品的职官,对职官地位的描述采用了"在某官之下"的方式,而没有官品的诸司使副则为"视某官",所

---

① 庭臣,《宋史》卷118《礼志二十一》引此诏令作"廷臣"。如上文所述,"庭臣""廷臣"二词意思可通。

② 《宋会要辑稿》仪制5之1,第2381页。

视之官都是有官品的。最后一句,关于诸司使副和所视有品官的关系,《宋史·职官志八》作"凡内职,视朝官者在其下,视京官者在其上"①。这里的内职是狭义内职,主要指诸司使副,再加枢密院职官。显德五年,内职当赎需"临时奏听敕旨",此时相关规定更为具体了。这里对职官高下的规定,不仅影响百官相见仪,对等级制度的影响是全方位的,其他各类常见等级制度,都可参照百官相见仪中的次序来制定相关规则。

以上是后晋至宋初,特定使职品官化的过程。上面讨论的核心史料,赵冬梅均有引用,见《文武之间:北宋武选官研究》第三章第一节。笔者认为品官化的不止内诸司使副,内职、幕职官和军职作为一个整体都品官化了。

从具体的等级制度,可看出天福六年至乾德二年系列做法的影响。乾德四年告身制度,是史料所记最早的宋代特色的等级制度,用告身除授的都是品官,包括有官品的职官和品官化的使职,如告身制度第六等:

> 祭酒、庶子、诸卫大将军、<u>内诸司使</u>、<u>副使</u>、<u>禁军都虞候</u>、起居郎、侍御史、少卿监、少詹事、司业、率更令、郎中、员外、太常博士、两京少尹、四赤令、<u>诸州行军副使</u>、<u>节镇马步军都指挥使</u>,用大绫纸,大锦褾,大牙轴。②

笔者加下划线的职官是品官化的使职,包括内职、军职和幕职官,其他为有官品职官。

特定使职品官化,相关规定北宋前期一直在调整、完善中。宋太宗太平兴国五年(980)四月,"命有司定品官赎罚之令";淳化四年(993)六月,"尚书省重定内外官参集仪制及比视品秩以闻,诏付有司颁行"③。宋真宗咸平二年(999)正月,"定诸司使以下至三班使臣有罪比品听赎"④。品官制度在真宗朝定型,此后只有细节的增补,如新设职官进入品官序列。

---

① 《宋史》卷168《职官志八》,第4000页。

② 《宋会要辑稿》职官11之60,第3346页。

③ 《长编》卷21,太平兴国五年四月丁酉,第475页;《长编》卷34,淳化四年六月甲戌,第751页。

④ 《宋史》卷6《真宗纪一》,第108页。

　　后晋以降，内职、幕职官和军职逐渐品官化。使职的范围非常广泛，除了内职、幕职官、军职，还有哪些使职品官化了呢？品官的具体构成，考察北宋前期的告身制度即可知晓，而文武官、内职、军职这一职官分类是理解告身制度的关键①。使职品官化主要是这三类职官中的使职品官化了。下面以翰林学士和藩镇使职为例，考察使职品官化的具体过程以及品官化的表现。

二

　　先看翰林学士。学界成果已简要提及唐宋翰林学士的变化，如杨果认为唐代与翰林学士有关的各项制度渐次形成，翰林学士逐渐由天子私臣向国家正式职官过渡；宋代翰林学士院职官已不是一个随意性很强的内侍群体，已成为国家政权组织中的一个正式职官机构②。从品官化视角出发，可将唐后期至北宋前期翰林学士的变化梳理得更清晰。

　　翰林学士唐代中期设置，唐后期翰林学士在政治和社会上都有较高地位。但翰林学士作为律令外使职，它的特殊地位并未体现在诸多官僚等级制度。李肇《翰林志》云："凡学士无定员，皆以他官充，下自校书郎，上及诸曹尚书皆为之，所入与班行绝迹，不拘本司，不系朝谒。……兴元元年，敕翰林学士朝服序班，宜准诸司官知制诰例。……凡内宴，坐次宰相，坐居一品班之上。"③序班准知制诰，有学者认为此时翰林学士在朝廷上有班列④。元稹

---

　　① 通过告身制度分析品官构成，以及对文武官、内职、军职三类职官的具体分析，笔者会另文讨论。品官化的内职是广义的内职，不仅仅是武选官；文武官的核心构成是有官品的职事官，文武官中的使职主要是同机构有有官品的职官，如侍御史知杂；或者同类职官是有官品的，如幕职官，州县官有官品，幕职州县官是同一类职官。

　　② 杨果：《中国翰林制度研究》，武汉：武汉大学出版社，1996 年，第 24 页、88—90 页。毛蕾认为，唐德宗时期翰林学士朝服班序依知制诰，以及内外制分工格局的形成，"意味着翰林学士已由临时差遣性质转化为固定的职能机构，并被纳入现行职官序列"。见《唐代翰林学士》，北京：社会科学文献出版社，2000 年，第 182 页。任石也简要梳理了唐宋时期翰林学士班位的确立过程，见《分层安排：北宋元丰改制前文官班位初探》，《中国史研究》2018 年第 2 期，第 170—171 页。

　　③ 洪遵：《翰苑群书》卷 1，傅璇琮、施纯德编：《翰学三书》，沈阳：辽宁教育出版社，2003 年，第 4—5 页。

　　④ 毛蕾：《唐代翰林学士》，第 54—56 页。

《承旨学士院记》云："旧制，学士无得以承旨为名者，应对顾问，参会旅次，班第以官为上下。宪宗章武孝皇帝以永贞元年即大位，始命郑公絪为承旨学士，位在诸学士上，居在东一阁。"①永贞元年（805）以前，翰林学士班位是"以官为上下"，这与兴元元年（784）翰林学士有独立班次的说法矛盾。欧阳修《新唐书·百官志一》云：

> 凡充其职者无定员，自诸曹尚书下至校书郎，皆得与选。入院一岁，则迁知制诰，未知制诰者不作文书。班次各以其官，内宴则居宰相之下，一品之上。宪宗时，又置"学士承旨"。②

"班次各以其官"，这是宪宗以前的制度，还是唐朝通制？抑或有其他理解？景祐四年（1037），赵良规上奏称："又按唐朝故事，翰林学士有不知制诰者，并无别占压著位，只是与今来直馆事体一般。"③如此看来，翰林学士没有独立班位，主要指不带知制诰的翰林学士。兴元元年翰林学士有独立班位的说法大体可信，只是仅限于大朝会④。翰林学士承旨高璩撰《白敏中墓志》云翰林学士"非大朝会，不得与外廷通"⑤。大朝会的功能是礼仪性的，频率很低。内宴的频率比大朝会高，在这种相对私密的场合，翰林学士才有特别的座次，这与它的内职属性有关。在唐代，翰林学士的俸钱、恩荫、叙封等，都是和本官挂钩。

重要的转变在后唐时期。后唐同光二年（924）正月，中书门下奏称，"准本朝故事"，除授翰林学士用官告⑥。"本朝"即唐朝，唐朝确实存在除授翰

---

① 洪遵：《翰苑群书》卷2，《翰学三书》，第8页。

② 《新唐书》卷46《百官志一》，第1184页。

③ 《宋会要辑稿》仪制8之5至6，第2451页。

④ 据《通典》卷75，贞元二年规定，文官充翰林学士、皇太子侍读不常朝参，"其翰林学士，大朝会日，准兴元元年十二月敕，朝服班叙，宜准诸司知制诰例"。北京：中华书局，1988年，第2046页。大朝会仅在元日和冬至举行，参杨希义：《唐代君臣朝参制度初探》，杜文玉主编：《唐史论丛》第十辑，西安：三秦出版社，2008年，第61—78页。

⑤ 胡可先、杨琼编著：《唐代诗人墓志汇编（出土文献卷）》，上海：上海古籍出版社，2021年，第375页。

⑥ 王溥：《五代会要》卷14"吏部"，上海：上海古籍出版社，1978年，第233页。

林学士用告身的做法。《文苑英华》卷384集中了若干与翰林学士有关的制词，制词分两类。一是翰林学士迁职事官，或翰林学士与职事官同时除授，除授有官品的职事官用告身很容易理解。还有一类是单独除授翰林学士，萧寘、曹确、宇文临、沈询、韩偓、崔凝、沈仁伟、李昌远、陆扆等人均是"守本官、充翰林学士"[①]，这些是唐宣宗以降的翰林学士[②]。晚唐单独除授翰林学士用告身，后唐继承了这个做法。

天成元年（926）五月下诏："文武百僚正衙常参外，五日一度内殿起居。"[③]五日内殿起居是重要制度创新，此前不参加常参的使职，都有可能参加内殿起居并拥有独立班位。后周显德年间提到旧制："翰林院学士与常参官五日一度起居。"[④]这个旧制始于天成元年。天成二年正月敕："端明殿学士宜令班在翰林学士上。"[⑤]枢密直学士"班次在翰林学士之下"[⑥]，这些规定也应形成于五日起居仪成立之后。内职诸学士可参加五日内殿起居，并有了独立班位[⑦]。天成三年下诏："今后翰林学士入院，并以先后为定。"[⑧]翰林学士本身可以决定其在学士院的先后次序，表明使职在官僚排序中的重要性超过了本官。

《宋会要辑稿》仪制3之1云：

> 太祖建隆三年三月十八日，诏翰林学士班位宜在诸行侍郎之下；如官至丞郎，即在常侍之上；至尚书者依本班。故事，翰林学士侍从亲密，

① 李昉等编：《文苑英华》卷384《中书制诰·翰苑》，北京：中华书局，1966年，第1959—1961页。

② 以上翰林学士的履历，参看傅璇琮：《唐翰林学士传论·晚唐卷》，沈阳：辽海出版社，2018年。

③ 《旧五代史》卷36《唐书·明宗纪二》，第568页。

④ 《旧五代史》卷149《职官志》，第2324页。

⑤ 《五代会要》卷13"端明殿学士"，第225页。

⑥ 苏易简：《续翰林志下》，《翰苑群书》卷8，见傅璇琮、施纯德编：《翰学三书》，第66页。

⑦ 建隆三年三月，有司上《合班仪》，除前任、现任节度使外，均为有官品的职事官，见《宋史》卷168《职官志八》，第3998页。为何建隆三年的《合班仪》呈现如此面貌，值得研究。或许建隆三年《合班仪》仅反映外朝班位，参与五日大起居的职官还没加入《合班仪》。

⑧ 《旧五代史》卷149《职官志》，第2324页。

不列外朝。每五日起居，班于宰相之后，会宴即座一品之前，合班在尚书之上。至是，陶谷以尚书居学士之首，同列王著、李昉官并未至丞郎，谷欲自尊大，以轧著等，乃因事白太祖，故有是诏。①

这里所提"故事"分两部分，翰林学士"不列外朝"，此为唐以来传统；每五日起居仪始于五代后唐时期，"合班在尚书之上"或许就是天成时期确立的翰林学士班位。建隆三年（962）翰林学士班位新规，是在个人恩怨引起的政争背景下产生的，本官影响翰林学士班位，显示翰林学士距离彻底品官化还有距离。据《金坡遗事》记载，在建隆三年之前，"学士班旧例，虽遗补府参军，亦在丞郎之上"②。这与上引翰林学士"合班在尚书之上"的记载矛盾，有可能后唐之后翰林学士班位有变化。

淳化五年六月，翰林学士班位稳定下来，朝廷下诏云：

　　翰林、枢密直学士职参内禁，礼绝外司，况品秩以既殊，在等威而宜峻，顷有改易，深未便安。宜申明于旧章，用遵行于故事。自今序立班位，宜依旧在丞郎之上。③

翰林学士正式确立班位在丞郎之上，此后翰林学士班位就不再有反复，翰林学士班位已与其所带本官没有关系。

翰林学士俸料依本官，但有独立的春冬衣赐。《宋史·舆服志五》云："宋初因五代旧制，每岁诸臣皆赐时服，然止赐将相、学士、禁军大校。建隆三年，太祖谓侍臣曰：'百官不赐，甚无谓也。'乃遍赐之。岁遇端午、十月一日，文武群臣将校皆给焉。"④学士有衣赐，五代时期即如此。

翰林学士用告身除授，有独立班位和衣赐，意味着翰林学士已品官化。淳化五年（994）是翰林学士班位固定时期，后唐时期翰林学士五日起居即有独立班位，翰林学士在后唐时期就是品官。

---

① 《宋会要辑稿》仪制 3 之 1，第 2329 页。
② 江少虞：《宋朝事实类苑》卷 29，上海：上海古籍出版社，1981 年，第 372 页。
③ 《宋会要辑稿》仪制 3 之 4，第 2331 页。
④ 《宋史》卷 153《舆服志五》，第 3570 页。

使职品官化后，使职的诸多待遇和特权就不再与本官挂钩。天禧四年（1020）三月诏云："翰林学士至龙图阁直学士已上母、妻，令尚书司封并依给、谏例拟封。"①"依给谏例拟封"，即上一年规定的给谏"母封郡太君，妻封郡君"。大中祥符八年（1015）新定荫补恩例，翰林、资政殿、翰林侍读、侍讲、龙图阁、枢密直学士"子授右侍禁，弟、侄、孙右班殿直"②。

使职品官化，意味着使职有了准官品。景祐四年（1037）三月，赵良规云："谨按国朝故事及令敕仪制，则别有学士、知制诰、待制、三司副使著位视品，即与前朝制度不同，固无在朝叙职、入省叙官之理。"又云："唐朝故事，翰林学士有不知制诰者，并无别占压著位，只是与今来直馆事体一般。若国朝学士、知制诰、待制，则显有著位，与唐朝不同。"③北宋前期的诸学士有了独立的班位，同时有了视品，这和唐代翰林学士决然不同。

唐、宋翰林学士的上述差别，对职官选任影响巨大。治平三年（1066），宋英宗因在藩邸就听闻苏轼的大名，"欲以唐故事召入翰林，便授知制诰"。宰相韩琦反对这么做，认为朝廷应该逐步培养苏轼，"今骤用之，恐天下之士未必皆以为然，适足累之也"。英宗听从韩琦的意见，召试苏轼，让他充任普通馆职直史馆④。苏轼当时的本官阶是殿中丞，已属朝官之列。按照"唐故事"，苏轼确实有资格充任翰林学士，白居易的经历就是最好的对比。白居易贞元十六年（800）进士及第，十九年书判拔萃登第，授校书郎；元和元年（806）中制科，授盩厔县尉；次年十一月任翰林学士⑤。白居易从入仕任校书郎到担任翰林学士，首尾仅用了三年的时间，任翰林学士时的本官才县尉而已。白居易生活的时代，翰林学士使职的特点非常明显，只要有足够的才能和声誉，任官资历很浅也能任翰林学士，此时的翰林学士在法定的等级制度中并无确定地位。而到了北宋治平年间，翰林学士早已品官化，它是侍从的一部分，进入侍从等级，有严格的资序要求。

---

① 《宋会要辑稿》职官9之3，第3272页。

② 《长编》卷84，大中祥符八年正月己丑，第1912页。

③ 《宋会要辑稿》仪制8之4至6，第2451页。

④ 《长编》卷207，治平三年二月乙酉，第5039页。

⑤ 朱金城：《白居易年谱》，上海：上海古籍出版社，1982年，第20、25、35—38页

翰林学士品官化，有了视品，但这和正式官品不同，北宋前期的《官品令》不会有翰林学士。嘉祐元年（1056），范镇上奏建议："见任学士、正任团练使以上，比唐三品得荫曾孙。"[①] 学士只能"比唐三品"，说明学士本身没有官品。

元丰五年（1082），详定官制所将北宋前期职官分为品官、无品及一时差遣两类[②]。除了品官外，还有大量无品及一时差遣。作为使职的翰林学士，为何能品官化呢？从上一节梳理可知，后晋开启的使职品官化进程，主要是文武官、内职、军职三类职官中的使职品官化。自唐代以来，翰林学士一直是内职[③]，《宋史·职官志一》对内职的定义是"枢密、宣徽、三司使副、学士、诸司而下"，翰林学士属内职学士之列。上引赵良规奏议称"学士、知制诰、待制、三司副使"有视品，除知制诰外，其他均为内职。

从翰林学士品官化过程可见，使职品官化意味着使职有了比视品，诸多待遇和特权（如俸禄、班位、恩荫、当赎等）可据使职本身享有。下面再以武官高阶、幕职官品官化过程为例，说明这一点。

三

北宋前期武官高阶包括节度使、节度观察留后、观察使、防御使、团练使和刺史；幕职官原是藩镇僚属，包括节度等判官、推官以及节度掌书记、观察支使等。除了刺史外，其他均为律令外使职。武官高阶和幕职官的研究成果都很多[④]，这里重点从使职加入等级序列的视角讨论问题。

---

①　范镇：《上仁宗论荫补旁亲之滥》，赵汝愚编，北京大学中国中古史研究中心点校整理：《宋朝诸臣奏议》卷74，上海：上海古籍出版社，1999年，第810页。

②　《长编》卷325，元丰五年四月甲戌："本朝亦以品官给告身，无品及一时差遣，不以职任轻重，皆中书门下给黄牒，枢密院降宣。"第7826页。

③　唐代翰林学士为内职，参看王鸣盛著，黄曙辉点校：《十七史商榷》卷76《新旧唐书八》"内职"，上海：上海书店出版社，2005年，第659页。《旧五代史》卷149《职官志》"内职"条包括翰林学士，第2323—2324页。

④　赵冬梅：《文武之间：北宋武选官研究》第三章第二节"以伯牧之官为序迁之宠"，第135—151页。闫建飞：《走出五代——十世纪藩镇研究》第二章第三节、第三章第二节，成都：四川人民出版社，2023年，第134—155页、187—219页。

藩镇长官自设置之初，即享有崇高地位，藩镇长官及其僚佐的品官化在唐代就开始了。一些地方的节度使及其僚佐有了朝廷认可的俸料。大历十二年（777）五月，厘定观察使、团练使及判官料钱，以往研究对此已有论述①。此前理解小有误差，需再讨论：

> 观察使（令兼使不在加给限。）每月除刺史正俸料外，每使每月请给一百贯文，杂给准时价不得过五十贯文。都团练副使每月料钱八十贯文，杂给准时价不得过三十贯文。观察判官（与都团练判官同。）每月料钱五十贯文，支使每月料钱四十贯文，推官每月料钱三十贯文，巡官准观察推官例，已上每员每月杂给准时估不得过二十贯文。如州县见任官充者，月料、杂给减半。刺史知军事，每人除正俸外，请给七十贯文，如带别使不在加限，杂给准时估不得过三十贯文。②

观察使俸禄，包括请给100贯、杂给50贯，实际还包括刺史正俸80贯。对观察使僚佐料钱亦有具体规定，同时又规定："如州县见任官充者，月料、杂给减半。"此时的俸禄制度仍是双轨制，如果是刺史、州县官任使职，实际是以刺史、州县官为本官，拿本官料钱，同时使职又有补充。没有刺史、州县官本官的，团练副使以下才有独立料钱和杂给。

会昌六年（846）八月规定：

> 夏州灵武振武节度使宜每月各给料钱、厨钱共三百贯文，监军每月一百五十贯文，别敕判官每月五十贯文，节度副使每月七十贯文，判官、掌书记、观察判官每月各五十贯文，推官四十贯文。……其所给料钱等，并以户部钱物充。③

---

① 陈明光：《唐代财政史新编》，北京：中国财政经济出版社，1991年，第222页。冻国栋：《中晚唐至五代时期的俸禄制度》，黄惠贤、陈锋主编：《中国俸禄制度史》，武汉：武汉大学出版社，1996年，第217页。

② 《唐会要》卷91"内外官料钱上"，第1968页。

③ 《册府元龟》卷508《邦计部·俸禄四》，周勋初等校订，南京：凤凰出版社，2006年，第5777页。

边地职官以户部钱支给俸料，并无普遍意义①。不过节度使料钱等共 300 贯文，《新唐书·食货志五》记会昌俸钱"节度使三十万"，两者一致。唐武宗会昌以后，藩镇使职有了独立俸料钱，这是可信的。

后唐同光二年正月，宰府提到"本朝故事"，任命诸道节度、观察、团练、防御、留后等用官告②。唐后期任命藩镇长官，一般会加检校官、宪衔，或者同时带大都督、都督、刺史、大都督府长史等衔，这些都是有官品的，自然会用到告身。晚唐出现了单独任命藩镇长官的制词，封敖撰《授王宰、高承恭、田牟三道节度使制》云："宰可本官、充陈州节度使，承恭可检校工部尚书、充邠宁节度使，牟可守本官、充鄜坊节度使。"《授崔元式太原节度使、石雄河中节度使制》云："元式可检校礼部尚书、充太原节度使，雄可守本官、充河中节度使、仍晋绛行营诸军征讨等使。"③ 封敖为唐武宗朝翰林学士，王宰、田牟、石雄都是单独除授节度使而用告身④。后唐藩镇长官用告身除授，沿袭了晚唐以来的做法，后梁时期即是如此。

长兴三年（932）四月定藩镇长官立班规则：

> 诸道节度、都护、防御、团练等使及刺史到朝廷，未有班位定规。起今后，不带使相节度使班位，可取使相班为例，据检校官高者为上，如检校同，即以先授者为上。其诸州防御、团练使、刺史亦准此，仍前资居见任之下。⑤

长兴三年正月，中书门下奏议称使相"向来班序皆在见任宰臣之下"⑥。这个做法应很早就存在。藩镇长官立班"取使相班为例"，同一级别的藩镇长官据检校官、除授时间安排班位。

---

① 李锦绣：《唐代财政史稿》，第五册，北京：社会科学文献出版社，2007 年，第 247—248 页。

② 《五代会要》卷 14 "吏部"，第 233 页。

③ 《文苑英华》卷 455《翰林制诏·节镇》，第 2311 页、2312 页。

④ 中唐时期也有单独除授藩镇长官的制词，如建中四年（783）《浑瑊京畿金商节度使制》，见《陆贽集》卷 9，北京：中华书局，2006 年，第 265—266 页。早期大概只是偶尔出现，晚唐变得更多见。

⑤ 《册府元龟》卷 61《帝王部·立制度二》，第 652 页。

⑥ 《五代会要》卷 6 "亲王与朝臣行立位"，第 103 页。

　　从告身、俸料、班位三个标准看，后唐时期藩镇长官已成为品官。幕职官品官化稍微滞后。唐会昌俸钱制度中即有幕职官。后唐同光三年二月，定四京及诸道幕职官员数及俸料、春冬衣赐，这些幕职官包括节度副使、节度、观察判官、掌书记、推官、观察支使等，"如本处更妄称简署官员，即勒本道节度使自备请给，不得正破系省钱物"①。朝廷规定俸料的幕职官，均由朝廷除授或藩镇奏荐，不包括藩镇自辟的僚属②。至宋乾德二年，"幕职悉由铨授"，幕职官的俸料和春冬衣赐均由朝廷规定和发放，这是很自然的事。

　　幕职官用告身除授与拥有独立班位的时间不详③。五代时期幕职官地位还非常不稳定。清泰二年（935）制定若干任官规则，其中一条云：

　　　　诸道宾席未曾升朝者，若官兼三院御史，即除中下县令；兼大夫、中丞、秘书少监、郎中、员外郎，与清资初任升朝官；检校官至尚书、常侍、秘书监、庶子，升朝便与少卿监。④

幕职官如果没有担任过常参官，幕职卸任后，要根据带职等级除授其他职官。

　　后晋、后周时期，幕职官可比照有品官当赎，已见前述。乾德二年三月，"幕职悉由铨授"；七月，新定《少尹幕职官参选条件》⑤，同年又新定百官相见仪。幕职官和州县官的等级管理逐步趋同，后周时期出现的"幕职州县官"一词⑥，稍后正式进入等级序列。乾德四年四月告身制度，最后两等分别

————————

　　① 《五代会要》卷27"诸色料钱上"，第438页。

　　② 五代幕职官的除授方式包括朝除、藩镇奏荐以及藩镇自辟，见闫建飞《走出五代——十世纪藩镇研究》，第199—205页。

　　③ 天成元年，中书门下上奏有"使府判官、州县官告身、敕牒"的说法，见《五代会要》卷14"吏部"，第234页。这里使府判官告身，应指幕职官授朝衔时用到的告身，不是除授幕职官本身用告身。

　　④ 《旧五代史》卷149《职官志》，第2329页。

　　⑤ 《长编》卷5，乾德二年三月丁丑、七月庚寅，第123、129页。

　　⑥ 广顺元年二月戊申诏有"幕职州县官"一词，见《旧五代史》卷111《周书·太祖纪二》，第1711页。

出现了幕职州县官带检校官、幕职州县官无检校官①，幕职州县官因是否带检校官而分作两等，依然有前朝制度的余绪，幕职州县官作为一个整体出现在等级序列中却是新做法。淳化四年（993）六月定朝班，有"奉职、借职在幕职官上"的规定②，说明此前幕职官的班位已确立，幕职官班位确立的初始时间应比这早。可以认为，乾德二年幕职官已成为品官。

综上，藩镇长官和幕职官都经历了从使职到品官的变化。藩镇长官较早成为品官，至少在后唐时期这一过程已完成。后晋、后周、北宋乾德时期，幕职官通过"比其品数"的方式成为品官。五代宋初，藩镇长官和幕职官逐渐品官化，他们在官僚序列中的位置，以及他们享有的等级特权和待遇，使职本身即可决定，不再需要借助使职之外的品阶。

结　语

唐前期，律令规定了官员享有的待遇和特权。唐后期至北宋前期，使职差遣盛行，这对原有律令体制形成冲击。使职是律令外职官，没有官品，如何确定使职的待遇和特权，唐后期与北宋前期的做法不同，变化发生在五代宋初。唐后期，除少数使职外，大部分使职享有的特权和待遇需通过散官、本官阶或带职确定，此时期的官僚等级序列是二元体制。五代时期，特定使职逐渐品官化，亦即带这些使职的官员可据使职本身享有俸禄、班位、荫补、当赎等特权和待遇，使职也成为衡量职官高下的"通用标尺"。品官化使职主要是文武官、内职、军职三类职官中的使职。宋初沿袭五代做法，使职品官化进一步发展，并逐渐形成固定做法。北宋前期的官僚等级序列，大多由有官品的职官和品官化使职共同构成。

使职的品官化对认识北宋前期官僚等级制度至关重要。一方面，此时期的等级序列由有官品职官和品官化使职共同组成，有官品职官基本沿袭唐朝旧制，这可看出北宋前期制度对唐制的明显继承。另一方面，品官化使

---

① 《宋会要辑稿》职官11之60，第3346页。标点本在两处"幕职州县官"后都加了顿号，不从。

② 《宋会要辑稿》仪制3之4，第2330页。

职是官僚等级制度的固定组成部分,这是五代北宋前期官制的新发展。品官化使职的出现,使得唐后期官僚等级制度和五代北宋前期制度有较大差别,这也是北宋前期官僚等级制度最具特色的地方。

官与差遣分离是认识北宋前期官制的重要视角,以上对翰林学士及藩镇使职品官化过程的考察显示,考察五代北宋前期官僚等级制度,不能局限于本官阶。构成此时期官僚等级序列的,既有本官阶,也有特定的"职"和差遣。从官、职、差遣分离的视角看,北宋前期官僚等级制度确实混乱,但这种"混乱"只是特定视角下的局部真实,转换观察视角,我们认为给北宋前期官制贴上"混乱"标签非常不合适。北宋前期官僚等级序列由有官品的职官和品官化使职组成,这一现象的出现可从历史进程中得到合理解释,这套等级制度在现实运行中以精密著称。

本文原载《学术月刊》2023 年第 11 期,收入本集时有细微修订。

嵌入以代监临：宦官在北宋前期军政体系中的位置

丁义珏

作为帝王家奴，宦官是否介入军政、如何介入军政，是衡量一朝宦官权力幅度的两个主要指标，更是观察一朝皇权盈缩的关键问题。被视作无"阉祸"的宋朝，在各个战区都能看到宦官身影，更有李宪、童贯等知名宦官武将。这种历史事实与认知的反差曾是现代宋代宦官研究的起点。

20 世纪 40 年代，身处抗战之中的柴德赓发表《宋宦官参预军事考》。他质疑宋人之"本朝宦官不领兵，不预政"的说法，历数宋廷令大珰领兵、监军及任走马承受公事三类做法，证明"天水一朝重用宦者"，认为北宋"军政之坏，殆由于此"[①]。此后的宦官研究，也是从他打破宋人"祖宗叙事"为逻辑起点的。然柴氏之研究暗含两个问题须正视，一为唐宋比较之视角，二为宦官即弊政之预设。

首先，柴氏注意到宋人的本朝历史观对后世影响过大。柴文云"苟不细考，鲜不为其所惑"，"宋代宦官之与政治，举凡国计民生治河决狱之事，巨细

[①] 柴德赓：《宋宦官参预军事考》，原刊《辅仁学志》第 10 卷第 1、2 合期（1941 年 12 月），后收入氏著《史学丛考》（增订本），北京：商务印书馆，2017 年，第 56—100 页。

莫不与闻"，要将宋代宦官参预军政始末"表而出之"①。实际上，柴氏的分析明显受了赵翼的启发，要以宋代史事回应《廿二史札记》中"唐代宦官之祸""中官出使及监军之弊"两条②，说明北宋同样存在唐之弊政。但他无意进一步辨析唐宋间的差别。此后学界涉及宋代宦官与军政研究者，或聚焦宦官个案，或聚焦军政本身，也未进一步深究宦官在系统中处于何种位置，与唐代宦官参预军政有何本质区别。③ 而本文也沿续唐宋比较的视角，旨在说明：唐代中后期除了在中央建立由宦官专掌的军队，在地方宦官也以外部监临的方式监督或介入藩镇事务；相比之下，宋代是在军政体系内部为宦官设立固定职位，使其以专业将领的身份、嵌入内部的方式参预军事。这套体制自宋太祖开始酝酿，经太宗、真宗两朝的调试而最终形成。

其次，唐代阉祸之巨深刻影响了后世的历史观与政治观。故古今议论宦官与军政问题者常有预设前提——宦官即弊政。柴氏在抗战中借古喻

---

①　柴德赓：《宋宦官参预军事考》，《史学丛考》（增订本），第 57—58 页。

②　赵翼论唐代宦官之祸，本于宦官承旨、掌兵、出使与监军四项。参见赵翼著、王树民校证：《廿二史札记校证》卷 20，北京：中华书局，第 424—429 页。而柴氏全文分五部分，分别为一叙论、二北宋领兵大珰、三宦官监军、四宦官走马承受公事、五南宋宦官不预军事。实际上，北宋领兵宦官与监军之角色并无截然分别，刻意区分显然是受唐制影响。柴文在叙述中多处回溯唐制，总体上仍以北宋"宦官监军，则本唐、五代以来之惯习"。参见柴德赓：《宋宦官参预军事考》，《史学丛考》（增订本），第 56 页。

③　关于宋代宦官的研究，陆续有王明荪：《谈宋代的宦官》，《东方杂志》第 50 卷第 5 期，1981 年；张其凡：《宋代宦官对军队的监督与指挥概述》，《中州学刊》1992 年第 3 期。张邦炜有《两宋无内朝论》，《河北学刊》1994 年第 1 期；《北宋宦官问题辨析》，原刊邓广铭、漆侠主编：《国际宋史研讨会论文集》，保定：河北大学出版社，1992 年，增补后收入氏著《宋代皇亲与政治》，成都：四川人民出版社，1993 年，又收入氏著《宋代政治文化史论》，北京：人民出版社，2005 年。21 世纪以来有钱俊岭：《"阉将"与北宋皇权》，河北大学硕士学位论文，2007 年；田杰：《北宋宦官群体研究》，西北大学硕士学位论文，2009 年。何冠环则以重要的宦官人物为中心，陆续出版了《宫闱内外：宋代内臣研究》（台北：花木兰文化事业有限公司，2018 年）、《拓地降敌：北宋中叶内臣名将李宪事迹考述》（台北：花木兰文化事业有限公司，2019 年）、《功臣祸首：北宋末内臣童贯事迹考》（台北：花木兰文化事业有限公司，2020 年）。他将北宋重要的宦官武将——秦翰、李宪、童贯等人的事迹进行了细致梳理，为进一步贯通理解宋代宦官制度和军事制度的演进提供了坚实基础。涉及宦官及北宋统兵制度的研究主要有王曾瑜：《宋朝兵志初探》（增订本），北京：中华书局，2011 年；赵冬梅：《文武之间：北宋武选官研究》第二章、第五章，北京：中华书局，2010 年；陈峰：《北宋武将群体与相关问题研究》，北京：中华书局，2004 年；陈峰：《宋代军政研究》，北京：中国社会科学出版社，2010 年等。

时,指出宋军事失败的原因之一就是宦官领兵。实际上,南宋人也常常从反思北宋军事失败的角度认识宦官与军政问题。《朱子语类》曾记录了朱熹与门人的一段对话：

> 问："唐之人主喜用宦者监军,何也？"曰："是他信诸将不过,故用其素所亲信之人。后来一向疏外诸将,尽用宦者。本朝太宗令王继恩平李顺有功,宰相拟以宣徽使赏之。太宗怒,切责宰相,以为太重,盖宣徽亚执政也,遂创'宣政使'处之。朝臣诸将中岂无可任者,须得用宦者！彼既有功,则爵赏不得吝矣。然犹守得这些意思,恐起宦者权重之患。及熙丰用兵,遂皆用宦者。李宪在西,权任如大将。驯至后来,遂有童贯、谭稹之祸。"[1]

朱熹并没有回避宦官曾领兵甚至担任过主帅的事实,但重点是通过北宋前、中、后期三位宦官的比较,称赞太宗给宦官升迁设置天花板,叹惜这样的"祖宗家法"没能在神宗之后得到坚持,间接造成徽宗朝童贯专军之弊政和王朝倾覆。朱熹的议论与柴德赓的研究都是基于宦官即弊政的价值判断展开,因而他们的焦点始终在于君主是否"重用"宦者于军事,是否担任主帅。这背后存在着一个更大的预设,即皇帝个人意志是宦官任帅、发挥影响力的决定因素。关于这一点,容笔者稍作展开。

北宋前期,知名的阉将还有张继能、秦翰等,但通常只有王继恩会被认为担任过主帅。北宋中期宦官以将帅知名者有神宗朝的李宪、王中正等。李宪率熙、秦两路军收复兰州,实为方面大帅。北宋后期有徽宗朝的童贯、谭稹等人。童贯在极盛时不仅同时担任陕西、河东、河北三路宣抚使,还破天荒地领枢密院事。宦官在北宋军政中的位置至此达到顶点,随即在钦宗朝迅速跌落。进入南宋后,宦官基本不直接参预军事。顺着这条线索看,以王继恩、李宪和童贯三个人物为代表,宦官在北宋军政系统中的位置是线性抬升的。这一叙事逻辑是在暗示神宗之后皇权逐渐膨胀,不能执守"家法",

---

[1] 黎靖德编,王星贤点校：《朱子语类》卷128《本朝二·法制》,北京：中华书局,1986年,第3077页。

才最终导致北宋亡国。

但实际上，北宋中后期虽间或有宦官为帅，却并没有改变主帅之下的中层武将的构成。简言之，北宋前期形成的边防统兵体系本就是由军职、武选官、宦官与文官共同构成。宋初宦官并非没有扮演过督责将帅的监军、"空降"主帅统领全军等外部监临者的角色，但他们主要是以专业武将的方式嵌入军政体系，成为其中的常备成员。阉将在北宋中后期为帅，不能仅被视作神宗、徽宗父子对"祖宗之法"的突破，也是北宋前期制度自然演进的可能结果之一。

本文的目标是呈现北宋前期制度演进的过程。至于宋代宦官与军政的关系与唐代中后期有何区别，在结论处再做展开。细分之，这一制度演进过程又包含三个子问题：首先，宋初为何会重新启用宦官，并令宦官参预军政？其次，宦官在军中主要扮演什么角色、承担什么任务？这些角色又是如何稳定下来的。第三，这一制度结构下，宦官起到了怎样的作用。以下以时间顺序为纲，结合宦官职能展开论述。

一　侍卫、营建、传旨与督战：宦官在宋太祖朝的重获任用及职事范围

宦官弄权被认为是导致唐朝灭亡的重要原因之一。"阉祸"之痛，间接促成晚唐五代对宦官的两次屠杀。以往学者大多不太关心已遭遇两次屠杀的宦官为何在宋初重获启用。柴德赓就认为"宦官监军，则不过是唐、五代以来的惯习，行之不着痕迹"[①]。只有柳立言指出，自后唐明宗屠杀阉宦之后，史料中便见不到宦官监军和领兵的记载，故宋太祖在三十多年后重新用宦官于军事是值得注意的现象。他在分析宋初三朝君臣之言动后指出，"以阉为将"才是宋太祖、太宗与真宗三朝的共识[②]。柳立言指出的问题极有洞见，

---

①　柴德赓：《宋宦官参预军事考》，收入氏著《史学丛考》（增订本），第56—100页。

②　柳立言：《以阉为将：宋初君主与士大夫对宦官角色的认定》，收入《宋史研究论文集》第二十六辑，台北：台湾编译馆，1996年，第256—257页。

但"以阉为将"的概括似乎欠妥①。

实际上，从"亲随"集团演进的视角进行稍长时段的观察，宋太祖的用人方式便不难理解。晚唐、五代经历了国家权威下降，以至兵戎迭起、政权频替的历史过程。从宫廷到藩镇的各个政治团体中，人际纽带也发生了剧烈变化。因长期侍奉或护卫，与主人建立信赖甚至人身依附关系的"亲随"在政治生活中发挥越来越大的作用。细分之，君主或藩将的亲随主要由三类人构成：宦官、侍卫亲将、亲吏。五代后期，供奉官、殿直和承旨等后来被称为"三班官"的群体活跃起来，且多由侍卫亲将出身者充任，全面走向武化。宦官群体此时与三班同隶于宣徽院，相互混融，共具武人气质。另一方面，宋太祖发动陈桥兵变，依靠的是自己的亲随集团。他们要么来自禁军中的故旧，要么来自藩府亲吏。何冠环就曾将宋太祖的从龙功臣分两类，第一是太祖在禁军中亲善之高级将领，或追随太祖之心腹将校，包括慕容延钊、韩令坤、石守信、王审琦、高怀德等；第二是太祖领节度使时之幕府僚佐，包括赵普、李处耘、吕余庆、刘熙古、沈义伦、王仁赡等②。而宋太祖在黄袍加身之后频繁用兵，既想要借重原禁军将领，又力图纠正他们的跋扈、贪暴，只能以原藩府亲吏防范这些故旧亲将。如讨伐湖南之役，慕容延钊为主帅，李处耘为都监；灭后蜀之役，王全斌为主帅，王仁赡为都监，均为显例。

然而，这些藩府亲吏很快就获得外朝职位，多进入枢密院，甚至最终拜相。因此，太祖不得不寻觅位阶稍低的官员为其搜集情报、传递信息、监督将帅和抚绥新宇。三班官，以及与三班关系近密的宦官同时成为太祖的重

---

① "以阉为将"之说不见于时人议论。柳文中"以阉为将"的含义究竟是当用阉人为将，还是阉人只可为将，亦不明确。柳文以《旧五代史》和《旧唐书》对宦官的褒贬作为当时士大夫的主流意见。但对宦官个体的道德褒贬与对宦官群体、宦官制度的态度不可等量齐观。在五代末至宋初的武人社会中，士人意见恐难左右君主的用人习惯。宦官在唐末五代两次被屠，虽各有具体动因，也有相似的政治情绪推动，但这种情绪是否在五代后期已经被逐渐逆转，并沉淀进入史书编纂？史书编纂能否体现士人群体的观念变化？士人观念又能否影响君主用人？这三个逻辑环节都难以坐实。

② 何冠环：《攀龙附凤：北宋潞州上党李氏外戚将门研究》，香港：中华书局，2013年，第16页。

要选择。这便是宋太祖重新启用宦官的动因^①。然而，很多宋太祖亲自从三班系统拔擢的武官，走向外朝担任固定实务后，又会变成宦官监督的目标^②。而宦官具备天然的家奴属性，又没有进入禁军系统任职的机会。这成为宦官继续维持与皇帝亲随纽带的最大优势。

宦官在宋太祖朝从事军事活动的范围较为有限，与五代后期三班官的主要活动范围相似。赵雨乐曾对五代后期三班官的主要职责做过归纳，分为六大类、十一小类^③。实际上，我们可以从扮演的角色出发将他们简单分为两组。一是真正作为帝王亲随所从事的工作，比如暗杀、传旨（以及外交出使、劝降等）、探听、监军、押赐礼物、抚恤流民、祈雨等事务，均须以帝王个人代表的身份进行。其中暗杀、传旨、探听与监军四项，尤需近密亲随方能完成。第二组则是低阶武官就可以参与的日常性事务，包括在地方担任巡检、监当、捕蝗等事。宋太祖朝宦官扮演的也就是君主个人的代表、地方专项杂务的处理者两个角色，所涉事务不出以上范围。统兵作战并非他们的主要工作。以下着重就侍卫、工程及专项事务工作、传旨、监军四个方面讨论太祖朝的宦官活动。

首先，与武化的三班官类似，太祖朝常有宦官担任侍卫之职。尚武的宋太祖，身边聚集了一批武艺高强的勇士，其中也包括很多宦官。如《事实类苑》卷1记载：

> 太祖善御豪杰，得人之死力。……左右内侍数十人，皆善武艺，优健，人敌数夫，骑上下山如飞。其慰抚养育，无所不至，然未尝假其威

---

① 丁义珏：《中晚唐至宋初的亲随迭代与宦官升沉》，《苏州大学学报（哲学社会科学版）》2022 年第 5 期，第 181—195 页。

② 如田仁朗以恩荫为供奉官，在宋初因军功渐得宋太祖信任，经内染院使迁内藏库使（《宋史》卷 275《田仁朗传》，第 9379 页）。然在内藏库使任上受宦之谮，引得宋太祖大怒（《长编》卷一四，开宝六年十月乙巳条，第 310 页）。

③ 第一类：代表帝王耳目之特务活动。（一）暗杀与处决行动；（二）外间军政之探报。第二类：代表中央对外之建交活动。第三类：战时之军事行动。（一）领兵与战斗；（二）监军；（三）宣命论降。第四类：战时之抚恤活动。（一）押赐军物与劳军；（二）安抚流民。第五类：地方性质治安工作（主要有巡检等）。第六类：地方性杂务之维持，如捕蝗、祈雨等。参赵雨乐：《唐宋变革期军政制度研究（一）——三班官制之演变》，台北：文史哲出版社，1993 年，第 30—53 页。

权。泗洲槛生虎来献，上令以全羊臂与之。虎得全肉，决裂而食，气甚猛悍。欲观之也，俄口呿不合，视之，有骨横鲠喉中。上目左右，内侍李承训即引手探取无所伤。尝因御五凤楼，有风禽胃东南角楼鸱尾上。上顾左右曰："有能取之否？"一内侍，失其姓名，摄衣攀屋栿以登缘，历危险，取之以献，观者胆落，盖试其趫捷也。①

柳立言认为这是五代军阀培养亲兵的继续，太祖当了皇帝后着意培养宦官的武艺②。

其次，太祖朝前期的作战中，常用宦官负责造船、运输等专项事务，事毕则罢。如征南唐时有石全振、王继恩与窦神兴等。石全振受命"往荆湖造黄黑龙船数千艘"③。督造战船的石全振多参与河政④，并长期"领护河堤"⑤。王继恩"与窦神兴等部禁兵及战船抵采石"⑥。所谓"部禁兵"是指部送禁军赴采石加入进攻南唐的行营，不能看作两名宦官直接为将统兵。而且，此后也都没有任何参与作战的记录。

第三，个别太祖的贴身近密宦官，则随事为其出使，或传宣诏旨，或督军攻战，但并非在军中统兵。如据《宋史》卷466，《李神祐传》：

（李）神祐初以父任授殿头高品。太祖将纳孝章皇后，命神祐奉聘礼于华州。乾德五年，征太原，负御宝从行。开宝二年，又从征太原，时有诏缘边和市军储，车驾在潞州闻之，且虑扰民，令神祐驰驿止之。时诏下已五日，神祐一夕而及晋阳。一日，甲士既阵，贼潜纵火焚梯冲，亟命神祐部卫兵为援，斩贼甚众，余悉溃去。王师伐广州，随军赏给。刘鋹平，先部帑藏之物赴京师。及土寇周琼等叛，又副尹崇珂讨平之。六

---

①　江少虞：《事实类苑》卷1，上海：上海古籍出版社，1993年，第9页。

②　柳立言：《以阉为将：宋初君主与士大夫对宦官角色的认定》，《宋史研究论文集》第二十六辑，第99页。

③　《宋史》卷478《李煜世家》，北京：中华书局，1985年，第13859页。

④　如《宋史》卷94《河渠志》，端拱元年议开荆南漕河等事，并石全振往视之，第2345页。

⑤　《续资治通鉴长编》（简称《长编》）卷25，雍熙元年三月己未条，北京：中华书局，2004年，第575页。按"石全振"原作"石金振"。

⑥　《宋史》卷466《王继恩传》，第13602页。

年,随曹彬南征。克关城,擒伪将朱令赟,命神祐驰入献捷书,赐锦袍、
金带。①

李神祐是太祖的贴身宦官,其养父李继美是后唐的宦官。乾德五年(967)
"征太原,负御宝从行"之事当系于开宝二年(969)②。"负御宝从行"是随太
祖贴身而行,便于其随事承受诏旨,传达皇命,并非携御宝随军督将③。而开
宝二年追还诏书一事,也与太祖的出令有关。已下五日的诏书,李神祐一夕
追回。而"部卫兵为援"则是北汉兵突纵火,令其临时带卫兵救援。可见,
此时李神祐是作为贴身的宦官,行传宣诏命与保护皇帝之责。伐南汉时,李
神祐"随军赏给";尹崇珂平叛时,《宋史》此处说其"副尹崇珂",但按《长
编》的记载,则是"上遣中使李神祐督战"④,所以也都是作为太祖的代表,在
外部监督主将,而本身并不领兵。

最后,宋太祖重视都监、监押等具有"监军"意味的职位,非亲信不任。
上文已经提到,宋太祖在陈桥兵变后,每逢用兵就以原藩府亲吏监督和控扼
原心腹亲将。宋太祖讨李重进,以马步军副都指挥使石守信为行营都部署,
殿前都指挥使王审琦为副,又以自己节度府时的亲吏李处耘为都监⑤。乾德
元年讨张文表,慕容延钊为行营都部署,也是以李处耘为都监⑥。开宝三年九
月伐南汉时,以潘美为贺州道行营都部署,尹崇珂为副帅,都监则是外戚王
继勋⑦。太祖初年,行营都监既是监军,有在行营的参议权,同时也已有统兵
之实⑧。但我们在太祖朝很少看到宦官担任都监和监押。唯一疑似担任过都
监的是张屿。乾德四年,震动全川的全师雄兵变尚未平息。太祖"以客省使

---

①　《宋史》卷 466《李神祐传》,第 13606 页。据《长编》卷 13,开宝五年八月己亥条,第 288
页:"周琼"作"周思琼"。

②　乾德五年,宋与北汉间并无大的战事。太祖娶孝章宋皇后在开宝元年(968)二月,行聘
礼当在此之前。可能是李神祐乾德五年行聘礼,开宝二年征太原"负御宝从行"。

③　如柳立言《以阉为将:宋初君主与士大夫对宦官角色的认定》即作此解,第 99 页。

④　《长编》卷 13,开宝五年八月丙申条,第 288 页。

⑤　参见《长编》卷 1,建隆元年九月戊申条,第 24—25 页。

⑥　参见《长编》卷 4,乾德元年正月庚申条,第 81 页。

⑦　参见《长编》卷 11,开宝三年九月己亥条,第 249 页。

⑧　秦克宏:《宋代走马承受公事研究》,北京大学博士学位论文,2012 年,第 15 页。

丁德裕为西川都巡检使，与引进副使王班、内班副都知张嵎同领兵数千人赴西川"①。这支偏师在蜀地屯戍了约四年②，但没有作战的记录。张嵎此时的实际差遣不明，或许他作为使者可负责与中央的信息通报，兼有行营内的参议权，但无法确证其具备统兵之权③。

总之，宋朝自太祖开始即用宦官于军事。但太祖朝宦官基本没有领兵之权，多承担侍卫、信息传递，或督造战船等专项事务。

二　战时入将：太平兴国四年战事与宦官为将过程

宋太宗用人有两个特点，一是提拔文臣，二是任人惟亲。太宗在军政方面尤重外戚与潜邸旧臣。如果说宋太祖在派军出战时以原亲吏监督原亲将，那么宋太宗就是以外戚、潜邸亲信和宦官等去监督、掣肘甚至替换太祖留下的军将。故宦官在太宗朝更为活跃，活动范围更广。但他们是作为太宗亲随集团的一分子发挥作用，并无更高的地位、拥有更多的宠信。

宋太宗于太平兴国四年（979）亲征北汉，五月下太原，随即攻辽南京。七月，大败于高梁河。九月，辽军南下反扑，宋军于徐水阻击，遂有满城大捷。这由攻转守、纵横激荡的一年，悄然酝酿出后来的边防统兵体系。而宦官也逐渐确立在体系中的位置，特别是开了直接担任统兵官的先例。

太平兴国四年初，宋太宗亲征北汉。此前宋太祖多次围攻太原不果的教训已说明时间是获胜的关键。围城阻援的宋军，须一边拖住辽军的增援，一边迅速拿下太原。宋太祖因爱将惜兵常错失机会。而宋太宗则采取不计成本的急攻战术。随军宦官的工作包括统领工程兵和传旨、督战等，都

---

① 《长编》卷7，乾德四年正月丁亥条，第166页。

② 开宝二年张嵎、丁德裕、王班等人与后任西川兵马都监的张延通陆续归阙。张嵎因丁德裕的攻讦而流放。事见《宋史》卷274《张延通传》，第9355页。

③ 《宋史》卷2《太祖本纪》云："（开宝二年十月）癸卯，西川兵马都监张延通、内臣张嵎、引进副使王珏为丁德裕所谮，延通坐不逊诛，嵎、珏并杖配。"（第30页）但据上下文意，似不能认为张嵎直接担任的是西川兵马都监。又据《册府元龟》卷435，张嵎在长兴二年（931）即有自对辽前线归阙通报军情的记载。

是协助太宗执行这一战术。李神祐此时即领工徒随军修补军器[①]。围攻太原城时，太宗曾在各路分派专人统领工程部队。如西面"直北汉主宫城，尤险恶"，专遣"八作使郝守濬充西面壕寨都监"[②]。而另一主攻方向，"主城南洞屋"的即是宦官张继能[③]。攻城之际，太宗亲自于各阵间往来督战，与之偕同的宦官也频繁穿梭。李神福"攻城之际，往来梯冲间宣传诏命"[④]，蓝继宗"传诏营阵间"[⑤]，卫绍钦"督诸将攻城"[⑥]。窦神宝甚至"擐甲登城，中流矢"[⑦]。

五月初，北汉降。太宗决定，不做修整，直接进攻辽燕京。辽方准备不足，宋军乘胜急进。此次进军途中，宦官的角色发生转变，有宦官开始担任副将。战役初期，宋军进展顺利，迅速包围燕京。六月下旬，宋军开始攻城。与围攻太原相似，太宗分设东西南北四支攻城部队：

> （太平兴国四年六月）二十五日，命诸将分兵攻城。定国军节度宋延渥部南面，尚食使侯昭愿副之；河阳节度崔彦进北面，内供奉官江守钧副之；彰信军节度刘遇东面，仪鸾副使王宾副之；定武军节度孟玄喆西面，闲厩副使张守明副之。[⑧]

四路之中，北面崔彦进所领的军队以宦官江守钧为副官，亦即是明确的统兵官。此事亦见于《宋史·崔彦进传》[⑨]。其他三路军队依然任用武官。从所处位置考虑，江守钧所在的北面军不可能是宋太宗的行营所在。又据曾瑞龙先生的考证，宋太宗的指挥部在城西华严寺[⑩]。因此江守钧必定不是卫戍部

---

① 《宋史》卷466《李神祐传》，第13606页。

② 《长编》卷20，太平兴国四年正月庚寅条，第443页。

③ 《宋史》卷466《张继能传》，第13620页。

④ 《宋史》卷466《李神福传》，第13605页。

⑤ 《宋史》卷467《蓝继宗传》，第13633页。

⑥ 《宋史》卷466《卫绍钦传》，第13624页。

⑦ 《宋史》卷466《窦神宝传》，第13600页。

⑧ 刘琳等校点：《宋会要辑稿》兵7之8，上海：上海古籍出版社，2014年，第8737—8738页。

⑨ 《宋史》卷259《崔彦进传》："晋阳平，从征幽州，又与内供奉官江守钧率兵攻城之西北。"第9006—9007页。

⑩ 参见曾瑞龙：《经略幽燕：宋辽战争军事灾难的战略分析》，香港：中文大学出版社，2003年，第五章注51，第160页。

队的副官，而是指挥实际攻城战的统兵官。四路之外，又有两支预备队。其中，曹翰与米信率军屯东南，"以备非常"。而另一支，就有李神祐受命"与刘廷翰统精骑为大阵之援"①。

攻城战开始后，太宗再次在各军中往来督战②。不期与城外的辽军在高梁河遭遇。宋军大败，宋太宗中箭南逃。七月十日，太宗溃退至定州，才对北边防务重做布置。据《长编》卷20，太平兴国四年七月庚寅条：

> 命崔翰及定武节度使孟玄喆等留屯定州，彰德节度使李汉琼屯镇州，河阳节度使崔彦进等屯关南，得以便宜从事。上谓诸将曰："契丹必来寇边，当会兵设伏夹击之，可大捷也。"是日车驾发定州。③

三支军队，分屯三处，不设主帅。契丹来袭，却又要"会兵"而击，所谓"便宜从事"根本是空言。九月辽军反扑，与宋军于满城会战。当时，镇州都钤辖刘廷翰（又作刘延翰）先于徐水设阵；崔翰与李汉琼率定州与镇州主力至满城；而屯关南的崔彦进则以偏师出黑庐堤北，缘长城口绕到辽军后方。在这之前，太宗已经派张绍勋率军屯定州以作预备④。

习惯于亲征并直接指挥战事的太宗，在高梁河一战负伤，但却没有放弃遥控战局的念想。他不得不寻找其他的方法，比如直接给前线下阵图。太宗本打算使用八阵法，外戚李继隆（李处耘之子、太宗李皇后弟）主张临阵当适变，不肯奉命，愿意承担战败的责任。崔翰等人才下定决心，为前后二阵出战，最终取得满城大捷。太宗只得"手诏褒之"⑤。又如，太宗派遣更多宦官出入军中，甚至直接担任各军的正式都监。这也意味着宦官开始正式进入统兵官的序列。派宦官任各路都监正与下阵图的做法相表里。杨亿在李继隆墓志中记述此事时就说：

> 先是，朝廷图阵形，规庙胜，尽授纪律，遥制便宜。主帅遵行，贵臣

---

① 《宋史》卷466《李神祐传》，第13607页。

② 参见《长编》卷20，七月辛巳条、癸未条，第456—457页。

③ 《长编》卷20，太平兴国四年七月庚寅条，第458页。

④ 参见《长编》卷20，第461—462页。

⑤ 参见《长编》卷20，太平兴国四年十月丙午条，第462—463页。

督视。公独陈应变之略,不以新书从事,违诏之罪誓独当之,果成茂勋,
天子嘉叹。①

"贵臣"即暗指军中的宦官。在这四支军队中,可考的就有多名宦官都监。
张继能时为"高阳、镇、定路先锋都监"②,但他本人可能正随崔彦进部"战长城
口"②;崔彦进部还专有宦官秦翰任都监③;他们应该都是太宗在满城会战前
新设的。而作为战役后备派往定州的张绍勃部,则有李神祐、刘承规同往。

总之,自高梁河之役至满城战役之间的节点上,亦即太宗遭遇重大军事
挫折、宋辽攻守之势倒转之际,宦官们直接进入了统兵官的序列。而这一安
排,是宋太宗委任亲信为将帅,逐步替代太祖朝禁军旧班底的一部分。

三　仓促为帅:王继恩为主将入蜀平乱事件考析

宋太宗以王继恩为主将平西川是赵宋王朝任命宦官为主帅的开端。这
不符合后世士人眼中的"祖宗"形象,我们很少看到士人直接议论太宗的选
择。笔者无意窥伺太宗心理,但复盘事件过程,我们会发现这项任命与其说
是制度演进的自然结果,毋宁说是他一时应激的选择。而且,王继恩的"帅
位"也未必明确。各类史料中对王继恩的功过评价也不统一。一方面,如
上文引用的朱熹的议论,他们对王继恩平西川的功绩基本肯定。另一方面,
《长编》等材料又突出王继恩在成都逗挠不进、日夜宴饮等负面事迹。明确
他的实际权限后,我们或能对他有更公允的评价。

太平兴国四年的下半年,在宋方由攻转守的同时,宦官明确进入了统兵

---

①　杨亿:《武夷新集》卷 10《宋故推诚翊戴同德功臣、山南东道节度管内观察处置桥道等使、
特进、检校太尉、同中书门下平章事、使持节襄州诸军事、行襄州刺史、判许州军州事、上柱国、陇西郡
开国公、食邑一万四百户、食实封三千二百户、赠中书令、谥曰忠武、李公墓志铭》,第 288—289 页。

②　《宋史》卷 466《张继能传》,第 13620 页。

③　《宋史》卷 466《秦翰传》:"太平兴国四年,崔彦进领众数万击契丹,翰为都监,以善战
闻。"(第 13612 页)何冠环曾就此推断秦翰早在伐太原与燕京时就在崔彦进军中任都监(参见何冠
环《宋初内臣名将秦翰事迹考》,《中国文化研究所学报》第 55 期,2012 年 7 月,第 26 页)。但上文
已经提到攻燕京时崔彦进部的副官是宦官江守钧。上文还提到张继能在攻太原时"主城南洞屋"。
所以,他们应该都是太宗在满城会战前新设的都监。

官的序列。随后几年间战事不断，时见宦官以都监等身份参与其中。宋太宗在河北与河东屯重兵防御，宦官也随各军主将统兵于边境。如太平兴国五年十月，宦官仪鸾副使江守钧就与米信等同护兵屯定州①。而张继能则又从关南都部署崔彦进战于唐兴口②。雍熙三年（986），宋太宗再兴北伐，三路大军也都没有以宦官统兵。只有王继恩曾率师屯易州，但并未参战。北伐失败后，北宋转入全面战略防御。辽军在当年十月和端拱元年（988）的十月两次南下，遭宋军阻击。此后十多年间，河北与河东前线始终处在紧张备战状况中。总之，以宦官统兵并未成为通则。

正当此时，西北党项与蜀地迭起波澜。从雍熙元年（984）到至道三年（997）太宗去世，西北与西川的战事是交迭发生的。宋廷无法在防备契丹的重压下，再同时应付西北与西川两场战事。在王小波、李顺起义发生的当口，太宗正在对李继迁用兵，且主帅是他当时最为倚仗的外戚——李继隆。选派王继恩入蜀是在突发且窘迫的情势下发生的。下面着重梳理平西川过程中的情报传递与太宗决策之关系。

淳化四年（993），王小波起义，十二月即战死，妻弟李顺继为首领。次年正月，起义军逼近成都，太宗才以王继恩为主帅率兵平叛。宋廷当时的注意力在西北救灵州、剿灭李继迁，对西川的起义明显准备不足。北宋占领蜀地后，经济上持续盘剥，政治上采取歧视和高压的政策，此前已有部分士人发出过民变预警，却并未引起重视③。当起义爆发后，宋廷情报滞后，对起义强度又有低估。新任知成都府郭载上任途中已闻日者言"成都必陷"④，而开封的主流意见仍不是派兵镇压，而是"遣大臣慰抚"⑤。直至正月二十日，"上始闻李顺攻劫剑南诸州，命昭宣使、河州团练使王继恩为西川招安使，率兵讨

---

① 参见《长编》卷21，太平兴国五年十月甲午条，第480页。"江守钧"原作"江钧"。又据《长编》卷23，太平兴国七年八月甲戌条，有"仪鸾副使江守钧决杖，为降高品"，当为同一人，且曾从征燕京。

② 参见《宋史》卷466《张继能传》，第13620页；卷259《崔彦进传》，第9007页。

③ 参见吴天墀：《王小波李顺起义为什么在川西地区发生？》，《四川大学学报》1979年第3期，第31—48页。

④ 《长编》卷35，淳化五年正月戊午条，第766页。

⑤ 《长编》卷36，淳化五年八月癸卯条，第792页。

之。军事委继恩制置，不从中覆。"① 实际上，李顺已攻下成都四天了。

宋太宗给王继恩的头衔值得辨析与玩味。上引《长编》的记载为"西川招安使"。同书八月甲午条记为"剑南招安使"②。《宋史·王继恩传》记为"剑南两川招安使"③。乾德三年，宋平后蜀，设西川路。开宝六年又分设峡路④。"西川"是以转运使路名之，"剑南两川"是以唐代道的概念名之，两者在地理概念上并不冲突。值得细品的是"招安使"。首先，"招安"之名暗示王继恩最初的职能并不一定是组建大军平叛，反而含着谈判和招安的期待。太宗命王继恩军事"不从中覆"，更令其"诸州系囚，非十恶、正赃，悉得以便宜决遣"⑤。其次，当时行营主帅的常用名是"都部署"。如太宗在半年后派赵昌言取代王继恩时，给的头衔是"川、峡两路都部署"⑥。太宗显然没有给足王继恩主帅的名分。

军事一切委任于王继恩，"不从中覆"，与太宗习惯遥制将帅的寻常作风也不符。这未必体现了太宗对王继恩的全面信任。更可能是太宗对这次蜀乱有所轻视，并没有全套的准备与部署，态度在招安与讨伐之间摇摆，希望王继恩见机行事。王继恩直接有功于太宗的即位⑦，在出师前已至昭宣使、河州团练使。昭宣使就是淳化四年二月为王继恩专设的官衔⑧。也可能是太宗希望王继恩能借戡乱树立更大威望。

二月一日，成都府沦陷的消息传到了开封，太宗大惊，下诏罪己，说"岂料贼势猖炽如此⑨"！遂再命雷有终、裴庄为峡路随军转运使，尹元帅兵由峡

---

① 《长编》卷 35，淳化五年正月癸酉条，第 767 页。

② 《长编》卷 36，淳化五年八月甲午条，第 792 页。

③ 《宋史》卷 466《王继恩传》，第 13603 页。

④ 周振鹤主编，李昌宪著：《中国行政区划通史·宋西夏卷》，上海：复旦大学出版社，2007年，第 78 页。

⑤ 《长编》卷 35，淳化五年正月癸酉条，第 767 页。

⑥ 《长编》卷 36，淳化五年八月癸卯条，第 793 页。

⑦ 太祖驾崩之日，宋皇后使王继恩招赵德芳，而王继恩"径趋开封府"请太宗入主。参见《长编》卷 17，开宝九年十月癸丑条，第 380 页。

⑧ 参见《宋会要辑稿》仪制 3 之 4，第 2330 页。

⑨ 《长编》卷 35，淳化五年二月丙申条，第 772 页。

路以进；刘锡、周渭为陕府西至西川随军转运使；王杲率兵趋剑门[①]。王杲与尹元两路军并受"王继恩节度"[②]。表面看来，王继恩似乎掌握了三路军队的指挥权。但以史事分析，王继恩并无主帅之实。

尹元由峡路入蜀，至少在当年五月还与起义军纠缠在梁山一线[③]，离王继恩的本路军过远，根本不在一个战区。四月时，王继恩部的战报与"峡路行营"的战报是分别到达中央的[④]。五月，王继恩困于成都，也完全没有参与峡路战事的迹象。起义军攻夔州，太宗又遣白继赟为"峡路都大巡检"[⑤]。所以，尽管名义上尹元军归王继恩节制，但与之不属同一行营，缺乏受其节制的条件。至于王杲，他是由陕经剑阁入蜀，和王继恩相距不远[⑥]，王继恩似有节制王杲的条件。但《长编》只记录了王杲和尹元的官阶，却没有领兵的头衔。《宋史·王杲传》记载，王杲与尹元的头衔都是"西川招安使"[⑦]。这样，两人的头衔都与王继恩相同。综合来看，与其说王继恩是平叛主帅，毋宁说太宗才是三路大军的指挥者。

王继恩军初期进展顺利，四月二十日下剑州[⑧]，五月二日下绵州[⑨]，五月五日攻克成都[⑩]。但攻下成都后，王继恩似乎就失去了战略目标。按《长编》的说法，他"握重兵，久留成都，专以宴饮为务"，而"余贼并伏山谷间，郡县有复陷者"[⑪]。但《宋会要》中也有他打下成都后"因留镇守"，"遣部下诸黄门分兵讨击"的记录[⑫]。

---

① 参见《长编》卷35，淳化五年二月甲申条，第772页。"王杲"原作"王果"，据《宋史》卷280《王杲传》改，第9504—9505页。

② 参见《长编》卷35，淳化五年二月甲申条，第772页。

③ 参见《长编》卷36，淳化五年五月纪事条，第788页。

④ 参见《宋会要辑稿》兵14之10，第8884页。

⑤ 参见《长编》卷36，淳化五年五月纪事条，第788—789页。

⑥ 王继恩由小剑阁入蜀，下剑州。参见《长编》卷35，淳化五年四月壬寅条，第780页。

⑦ 《宋史》卷280《王杲传》，第9505页。

⑧ 参见《长编》卷35，淳化五年四月壬寅条，第780页。

⑨ 参见《长编》卷36，淳化五年五月甲寅条，第784页。

⑩ 参见《长编》卷36，淳化五年五月丁巳条，第784页。

⑪ 《长编》卷36，淳化五年八月癸卯条，第792—793页。

⑫ 《宋会要辑稿》兵11之4，第8818页。

遣"诸黄门"不是偶然的。王继恩部的将领确以宦官为主。阎承翰为其都监①。已为入内内侍副都知的韩守英,以及邓守恩等也在军中②。在攻下成都后,他派石知颙领兵解梓州之围③。又有宦官王文寿奉命攻遂州,岂料"御下严急,士卒皆怨",引发张嶙兵变。王文寿被杀,张嶙投靠起义军④。只有初期攻剑州时,用非宦官的马知节为前锋。但史载:

> (马)知节将家子,每以方略自任,继恩挟势骄倨,恶知节不附己,群
> 小从而间之。继恩遣知节守彭州,配以羸兵三百。彭之旧卒,悉召还成
> 都,知节屡乞师,继恩弗听。贼十万众攻城,知节率兵力战,自寅至申,
> 众寡不敌,士多死者,逮暮,退守州廨,慨然叹曰:"死贼手,非壮夫也!"
> 即横槊溃围而出,休于郊外。黎明,救兵至。遂鼓噪以入,贼众败去。
> 上闻而嘉之,曰:"贼盛兵少,知节不易当也。"授益州钤辖。⑤

马知节以"将家子"的身份,不附王继恩,群小又"从而间之",透露出普通武将与宦官们的紧张关系。结合上述材料我们会发现,王继恩本部军中宦官武将的数量远过寻常,而军中普通武将也并未对王继恩与众宦官心悦诚服。自太祖至太宗,历次用兵无论胜败,行营的人事配备都尽可能齐整、周全。唯独太宗遣王继恩平叛一役,头衔、职权、武将配备均十分反常。我们有理由推断,宋太宗派遣王继恩的任务最初只是招安,并未展开大规模军事行动的预备。整个行营班底也是仓促搭建。王杲和尹元是在成都陷落的情报抵达开封后再受命出征,不受王继恩节制。王继恩能在如此情势下收复成都,已算立了大功。这也是王继恩的功绩被后世肯定的原因。

但王继恩久留成都,也引起太宗的疑虑。八月,他以参知政事赵昌言

---

① 据《宋史》卷466《阎承翰传》:"李顺乱蜀,命为川峡招安都监",第13610页。

② 韩守英事见《宋史》卷467《韩守英传》,第13632页;邓守恩事见《宋史》卷466,第13627页。

③ 《长编》卷36,淳化五年五月己巳条,第786页。

④ 据《宋会要辑稿》兵11之4:"王文寿御下严急,士卒皆怨,一夕,文寿卧帐中,指挥使张嶙遣卒数辈持刀排阃径入,斩文寿首而出。夜昏墨,嶙犹疑其非是,然火照之,曰:'是也。'时贼帅张余众万人劫掠蜀县,嶙因率部下卒五百人与之合,贼势益盛。"第8819页。

⑤ 《长编》卷36,淳化五年五月纪事条,第788页。

"为川、峡两路都部署，自（王）继恩以下并受节度"①，复又反悔，使其留凤州，另遣内侍押班卫绍钦赍手诏往指挥军事。至于太宗不用赵昌言的原因，《涑水记闻》有两种说法，李焘亦在《长编》中有讨论，在此不赘②。卫绍钦的头衔是"同招安使"③。王继恩军中多用宦官，再遣同为宦官的卫绍钦，也便于节制。九月，张詠知益州④。据张詠墓志记载：

> 时关中率民负粮以饷川师，道路不绝。公至府，问城中所屯兵尚三万人，而无半月之食。公访知盐价素高，而廪有余积，乃下其估，听民得以米易盐。于是，民争趋之，未逾月得米数千万斛。军中喜而呼曰："前所给米，皆杂糠土不可食，今一一精好，此翁真善干国事者。"公闻而喜曰："吾令可行矣。"时益虽收复，诸郡余寇尚充斥。继恩恃功骄恣，不复出兵，日以娱燕为事，军不戢，往往剽夺民财。公于是悉擒招安司素用事吏至廷，面数其过。将尽斩之，吏皆股栗求活。公曰："汝帅聚兵玩寇不肯出，皆汝辈为之，今能亟白乃帅分其兵，尚可免死。"吏呼曰："唯公所命，兵不分，愿就戮。"公释之。继恩即日分兵邻州，当还京师者悉遣之。不数日，减城中兵半。既而诸军请食马刍粟，公命以钱给之。继恩诟曰："马不食钱，给钱何也？"公闻，召继恩谓曰："今贼余党所在尚多，民不敢出。招安使顿兵城中不即讨。刍粟，民所输，今城外皆寇也，何由得之？"继恩惧，即出城讨贼。公计军食有二岁备，乃奏罢陕西运粮。上喜曰："向益州日以乏粮为请，咏至方逾月，已有二岁备。此人何事不能了？朕无虑矣。"公以顺党始皆良民，一旦为贼胁从，复其间有疲弱偶挂盗籍者，当示以恩信，许其自新，即揭榜谕之。已而首者相踵，公皆释其罪，使归田里。一日继恩械贼数十人请公行法，公询之，悉皆前所自首者，复纵之。继恩恚而问公，公曰："前日李顺胁民为贼，今日仆

---

① 《长编》卷36，淳化五年八月癸酉条，第793页。

② 参见司马光撰，邓广铭、张希清点校：《涑水记闻》卷2，北京：中华书局，1989年，第24—25页；《长编》卷36，淳化五年九月，第796页。

③ 韩琦：《安阳集》卷50《故枢密直学士礼部尚书赠左仆射张公神道碑铭》，《北京图书馆古籍珍本丛刊》影印明刻本，北京：北京图书馆出版社，1989年。

④ 参见《长编》卷36，淳化五年九月纪事条，第798页。

化贼为民,不亦可乎?"①

这段褒贬分明的叙述,将平叛不力的主要责任归咎为王继恩的"日以娱燕为事",不事征讨,且御下不严,军纪不整。但有一些细节值得我们留意。首先,在张詠到任前,城中已"无半月之食"。宋初军事行动中,随军转运与统兵主将一向是分任的。军储不足不能算是王继恩的责任,却正是王继恩无法继续出兵平乱的客观原因。张詠以盐易粮之计,以最快的速度解决军粮问题,实是此后王继恩出兵的关键。其次,张詠作为文臣与王继恩关系紧张。尤其张詠作为文臣,更善御民之道,对良民为贼裹挟者,"示以恩信,许其自新",反与王继恩发生了冲突。宦官行事苛急的问题集中暴露。上文提及的宦官王文寿,正是"御下严急",引发兵变。

当年底,太宗又派枢密直学士张鉴、西京作坊副使冯守规入蜀。"(张)鉴与(张)詠部戍兵处境",王继恩则与其手下也陆续东还,为期一年多的民变逐渐平息。

通过梳理这一年的军事活动我们发现,宋太宗遣王继恩入蜀的同时正在陕西对李继迁用兵,同时河北边防也较紧张。宋廷对这次起义的严重性估计不足,毫无准备。王继恩是在太宗对前线情况不明时仓促受命。太宗的应对方略并不明确,又前后摇摆。二月,成都沦陷消息传到开封后,太宗才加派两路兵马分别由剑阁和峡路入蜀。虽然史料有载王继恩可节度这两支军队,但从实际情况看,他的指挥权并不明确,实际上只能统领本部兵马。即便在其本部兵马中,王继恩也多调遣宦官作战。

王继恩在占领成都后半年的表现遭到诸多诟病。但宋廷还是肯定他攻克成都的功绩。近八十年后,宋神宗与王安石议论是否遣李宪辅佐王韶时还说道:"人亦无方类,如王继恩平蜀,岂可以宦官不用。"②而且,后世论及王继恩,焦点在于即便以王继恩之大功,太宗亦不赏宣徽使之名号。据《长编》卷36,淳化五年八月:

> 以剑南招安使、昭宣使王继恩为宣政使、顺州防御使。先是,继恩

①《安阳集》卷50《故枢密直学士礼部尚书赠左仆射张公神道碑铭》。
②《长编》卷250,熙宁七年二月辛卯条,第6101页。

有平贼功，中书建议，欲以为宣徽使。上曰："朕读前代史书多矣，不欲
令宦官干预政事。宣徽使，执政之渐也。止可授以它官。"宰相恳言继
恩大功，非此不足以赏。上怒，深责宰相等，因命翰林学士张洎、钱若水
议别立宣政使名，序立在昭宣使上，以授之。①

这件事作为祖宗故事，时常被后来的士人引述。除了上文提到的朱熹，还有
孙抃、司马光以及吕中等。《宋史·宦者列传序》也提及此事。

王继恩入蜀毕竟是宋代君主提拔宦官用于军事的突破。在此之前，我
们几乎没有看到宦官在军中受到明显抵制。但王继恩入蜀却爆发了宦官与
武将、宦官与文官的激烈冲突。王继恩部主要依靠宦官为将作战。而宦官
行事苛急，又不得士心的缺陷，在准备仓促、统辖不明、调运不力的军事活动
中被放大。此后近八十年时间，我们看不到宋廷再以宦官为主帅，未尝不是
王继恩入蜀的教训所带来的结果。宦官在统兵系统中的位置最高就稳定在
钤辖、都监等职位。如果我们对比北宋中期李宪为帅的状况会看到，北宋中
期的宦官已长年与武将协同共事，宦官与武官之间的矛盾不再突出，受到的
抵制主要来自于朝廷的文官②。

四　真宗初年各路阃将与宦官走马承受职事的定型

真宗朝，宦官在军中位置的演进呈现两条线索。一方面，真宗即位时外
交与军政环境依然险恶。河北、西北与四川地区均有大规模战事。无论是
攻是守，在行营中安插宦官担任统兵职位已成为定势。另一方面，太祖以来
派往军中收集情报、传递信息及监督将帅的使者，在真宗朝凝集为走马承受
一职。真宗曾一度在两者之外再派督责将帅的专职宦官监军，但并未持久。
于是，宦官在边防统兵体系中的位置基本被固定了下来。

咸平二年（999）九月，辽圣宗下诏攻宋。这是宋真宗即位后第一次面

---

① 《长编》卷36，淳化五年八月甲午条，第792页。

② 相关研究可参考何冠环：《拓地降敌：北宋中叶内臣名将李宪事迹考述》，台北：花木兰文
化事业有限公司，2019年。

对辽朝的大规模入侵。据《长编》卷45,咸平二年七月：

> 上闻契丹将入寇,甲申,以马步军都虞候、忠武节度使傅潜为镇、定、高阳关行营都部署,西上阁门使、富州刺史张昭允为都钤辖,洛苑使、入内副都知秦翰为排阵都监,莱州防御使田绍斌为押先锋,崇仪使石普同押先锋,单州防御使杨琼为策先锋。①

在宋真宗的布置中,傅潜以禁军将领的身份出任主帅,武官张昭允次之,而秦翰以宦官位在行营的排阵都监。九月,宋辽在保州廉良河、遂城交战②。十一月,南郊后不久真宗决定亲征,他对行营的布置是：

> 宣徽北院使周莹为随驾前军都部署,邕州观察使刘知信副之;内侍都知杨永遵为排阵都监;保平节度使、驸马都尉石保吉为北面行营先锋都部署,磁州防御使康廷翰副之,洺州团练使上官正为钤辖。③

十二月,真宗驻跸澶州。屯重兵于定州的主将傅潜畏战不出。"朝廷屡间道遣使,督其出师,会诸路兵合击,其都监秦翰及定州行营都部署范廷召等屡促之,皆不听。"④最后,辽军由于受到宋军在冀州和莫州的阻击而退兵。此后双方摩擦加剧,战事在逐步升级。

咸平六年四月,辽军再次南下,宋军在定州望都战败。真宗就此对边防做出了非常全面的部署。我们从中可以看到真宗任宦官于军中统兵的思路。据《长编》卷54,咸平六年六月：

> (上)御便殿,内出阵图示辅臣,曰："今敌势未辑,尤须防遏。屯兵虽多,必择精锐先据要害以制之。凡镇、定、高阳三路兵悉会定州,夹唐河为大阵。量寇远近,出军树栅。寇来坚守勿逐,俟信宿寇疲,则鸣鼓挑战,勿离队伍,令先锋、策先锋诱逼大阵,则以骑卒居中,步卒环之,短兵接战,亦勿离队伍,贵持重,而敌骑无以驰突也。

---

① 《长编》卷45,咸平二年七月甲申条,第955页。
② 参见《长编》卷45,咸平二年九月癸卯条,第963—964页。
③ 《长编》卷45,咸平二年十一月乙未条,第969页。
④ 《长编》卷45,咸平二年十二月丙子条,第972页。

　　"又分兵出三路，以六千骑屯威虏军，魏能、白守素、张锐领之；五千骑屯保州，杨延朗、张延禧、李怀岊领之；五千骑屯北平寨，田敏、张凝、石延福领之，以当敌锋。始至，勿与斗，待其气衰，背城诱战，使其奔命不暇。若敌南越保州，与大军遇，则威虏之师与延朗会，使共腹背受敌，乘便掩杀。若敌不攻定州，纵轶南侵，则复会北平田敏，合势入北界邀其辎重，令雄霸、破虏以来互为应援。"

　　"又命孙全照、王德钧、裴自荣领兵八千屯宁边军，李重贵、赵守伦、张继旻领兵五千屯邢州，扼东西路，敌将遁，则令定州大军与三路骑兵会击之。又令石普统兵万人于莫州，卢文寿、王守俊监之。俟敌北去，则西趋顺安军袭击，断其西山之路。如河冰已合，贼由东路，则命刘用、刘汉凝、田思明领兵五千会石普、孙全照犄角攻之。自余重兵，悉屯天雄，命石保吉领之，以张军势。朕虽画此成谋，以授将帅，尚恐有所未便，卿等审观可否，更共商榷。"①

在真宗的部署中，镇、定、高阳关三路的守军集中于定州列为大阵。而主帅是定州路驻泊行营都部署王超。殿前都虞候王继忠为定州路副都部署，内侍右班副都知阎承翰代入内都知韩守英为钤辖②。另加派三路骑兵分别屯于威虏军、保州与北平寨。其中，屯保州的三将中，李怀岊确定为宦官，他是李神祐之子③；北平寨三将中，石延福可确定是宦官④。又，在宁边军、邢州与莫州各屯一军。其中，屯邢州一路的三将中，赵守伦是宦官⑤；莫州一路，卢文寿是宦官⑥。

---

①　《长编》卷 54，咸平六年六月己未条，第 1195—1196 页；又见《宋史》卷 324《石普传》，第 10472—10473 页。

②　参见《长编》卷 52，咸平五年六月乙亥条，第 1137 页。阎承翰代韩守英事见《长编》卷 55，咸平六年六月丙戌条，第 1204 页。

③　参见《宋史》卷 466《李神祐传》，第 13607 页。

④　《宋史》卷 63《五行志》："（大中祥符六年）七月，内侍石延福登兖州寿丘，获芝一本，贯草而生，又旁得三十本。"第 1391 页。

⑤　据《长编》卷 36，淳化五年十二月辛巳条："初内侍赵守伦请于诸州牧龙坊畜牝马万五千匹，逐水草放牧，不费刍秣，所生驹子可资军用，诏从之。"第 802 页。

⑥　李攸：《宋朝事实》卷 7，北京：中华书局重印《国学基本丛书》本，第 117 页。

可见，在每一路至少安插一名宦官作为副将已是固定程式。而且，韩守英、阎承翰分别为定州路钤辖，地位高于一般的都监。两人分别为入内都知与内侍副都知，都属于宦官系统的首脑，故重任之。

雍熙、端拱间形成的都部署体制，是宋廷对辽转为战略防御，不得不在沿边屯驻大量禁兵的客观情势下形成的，却也明显便于君主将从中御。简言之，这套体制在横向上形成分路把守，各路直属中央的态势；纵向上形成都部署、钤辖、都监、巡检等统兵层级；除此之外，还将宋初往来于军中与地方的使者整合进体制之中。下文将宋代君主专职使者的演变稍作溯源。

首先，北宋自太祖开始，就对军情的及时传报、指令的准确下达表现出紧张与渴求。王禹偁曾说："太祖经营四方，有澄清天下之志，励兵谋帅之外，所难者乘使车传密命之人矣。"① 宋太祖承袭五代的做法，多用三班使臣传递军情，如翟守素、郭守濬、郭守文等②。也有宦官参与其中，如开宝八年（975）攻南唐，金陵城破之前，"时内侍使军中者十数辈，皆伺城陷献捷，会有机事当入奏，皆不愿行"③。可以说，宋初军情传报、指令下达的工作由宦官与三班使臣一同担当。

其次，赵宋因政变而得国，五代嬗递频仍的教训又在眼前，故在军政以外的领域，针对文臣、武将以至百姓的情报搜集与监察都不曾松懈。按照司马光后来的说法："祖宗开基之始，人心未安，恐有大奸，阴谋无状，所以躬自选择左右亲信之人周流民间，密行伺察。"④ 宋初专职探事的机构是武德司，太平兴国六年（981）改名为皇城司。起初皇城司的探事范围可遍布京城与地方，天禧五年（1021）之后被限定在都城开封⑤。除此之外，太祖还专用一些禁军亲校为其刺探，"周知外事"，如史珪、石汉卿等⑥。太宗则更大

① 《小畜集》卷28《宣徽南院使镇州都部署郭公墓志铭》，《四部丛刊》本。
② 相关研究参见秦克宏《宋代走马承受公事研究》，第16页。
③ 《宋史》卷257《李继隆传》，第8964页。
④ 司马光撰，何清谷校点：《温国文正公文集》卷21《论皇城司巡察亲事官札子》，《儒藏》（精华编二一〇），北京：北京大学出版社，2011年，第398页。
⑤ 《长编》卷97，天禧五年二月戊辰条，第2243页。
⑥ 相关研究参见《宋代走马承受公事研究》，第16页。

幅度地遣使按问地方。雍熙二年（985）四月，"遣使行江南诸州，振饥民及察官吏能否"①。八月，又"遣使按问两浙、荆湖、福建、江南东西路、淮南诸州刑狱，仍察官吏勤惰以闻"②。尹洙曾说："是时（雍熙中），太宗皇帝喜询外事，凡内臣使还，见便坐与语数刻。或以应对敏给，亟被恩宠；妄者颇摭细微事，期以中伤人。"③则太宗所遣之使包含了大量的宦官。王钦若任亳州防御推官时，适逢"著作佐郎直史馆曾会、中使李知信察近郡风俗"，吏民状其政迹上之，而让王钦若得太宗赏识④。

总之，宋初的探事使者遍布于军政与民政各领域。"走马承受公事"最初也分为转运司路承受公事与都部署司路承受公事。但真宗即位后，民政方面的探查工作收敛。据《长编》卷41，至道三年五月壬申：

> 罢江淮发运使、诸路转运使司承受公事，朝臣、使臣悉召归阙。上初听政，务从简易也。⑤

真宗至道三年三月即位，不及两月即有此诏，也可见当时厘革之心切。咸平三年（1000）又罢于襄、寿等州巡视茶盐的宦官⑥。但又于若干路分设"体量公事"⑦。军政方面的探事工作则随着走马承受之职进一步发展。

在至道设立之初，走马承受主要的职能还在于传递军情，但咸平二年"康保裔事件"后，加强了监督将帅的权力⑧。真宗景德时曾说："朝廷置此职，

<hr>

① 《宋史》卷5《太宗本纪》，第75页。

② 《宋史》卷5《太宗本纪》，第76页。

③ 尹洙：《河南先生文集》卷14《故供备库使、银青光禄大夫、检校尚书兼御史大夫、知霸州军州兼管内劝农事、上骑都尉、南阳郡开国公、食邑三千八百户张公墓志铭》，《四部丛刊》本。

④ 夏竦：《赠太师中书令冀国王公行状》，收入《全宋文》第17册，上海：上海辞书出版社，合肥：安徽教育出版社，2006年，第277页。

⑤ 《长编》卷41，至道三年五月壬申条，第865页。

⑥ 《长编》卷46，咸平三年二月癸丑条，第991页。

⑦ 《宋会要辑稿》职官52之9，第4449页。

⑧ 咸平二年九月，辽圣宗下诏攻宋，河北边防再次吃紧。主帅傅潜闭门怯战，在当年十二月于莫州伏击辽军时，没有及时出援军，致使高阳关路都部署康保裔战死。然康保裔战死的消息竟然拖延二十余日没有上达，战死的真正原因也被傅潜等人隐瞒。河北诸路走马承受竟然无一上报。直至次年正月，真宗以潜邸亲信夏守赟调查，真相才"水落石出"。实际上，按辽方记载，康保裔是被俘投降。

欲令视军政,察边事。"① 按照《两朝国史志》的说法,"走马承受以三班使臣及内侍充"②。这也与宋初以来派遣传递军情使臣的来源相同。秦克宏指出,真宗时期见于记载的走马承受,三班使臣比内侍更多一些,但随着时间的推移,皇帝对内侍走马承受愈加倚重③。这主要是因为宦官有条件直入禁中向皇帝报告,也更敢于言事。

除了让宦官领兵、搜集及传递军情以外,在战事紧要时遣宦官至军中监察,甚至直接督责将帅,也是自太祖以来就有的做法。如上文提及讨南汉旧地叛乱,即以李神祐督战。太宗征河东,内侍韩守英"数奉诏至石岭关督战"④。但这都是皇帝临时的遣使活动。高梁河之战后,宦官逐步进入统兵官序列担任都监甚至钤辖,改变了前线将领的构成,已经让皇帝能更直接掌握指挥权,而固定的走马承受公事也能帮助实现这一目的。从制度设计来看,另派专职督责将帅的宦官监军已非必要之举。

然而,真宗仍曾专遣宦官为监军。雍熙北伐失利后,宋对辽的攻守之势倒转。辽圣宗与萧太后数度南侵。双方虽互有胜负,但战场毕竟在宋境,战事升级,威胁日甚。咸平六年望都之败后,宋真宗对北边局势更显焦虑。统兵宦官出现在每一路军中。而到了景德元年正月,还出现了这样一件事：

> 莫州路掌御剑中使冯仁俊与本路部署石普互相论奏,事多琐细。上曰："独罪仁俊,恐将帅骄恣,亦不必推穷之也。"丁未,遣使代仁俊归阙。⑤

冯仁俊"掌御剑"是奉真宗命,行"临阵赏罚之令"。虽然表面目的是为了严明军令,但是直接派遣宦官掌御剑执行,不仅侵夺了统兵官行使军令之权,更使得所派宦官成为了督责将帅的监军。但监军设置没多久就与都部署路长官发生冲突。从"独罪仁俊,恐将帅骄恣"的担心,可以推测这次冲突应

---

① 《长编》卷63,景德三年七月癸卯条,第1410页。

② 参见《宋会要辑稿》职官41之123。

③ 秦克宏：《宋代走马承受公事研究》,第35—36页。

④ 《宋史》卷467《韩守英传》,第13632页。

⑤ 《长编》卷56,景德元年正月丁未条,第1227页。同事又见《宋史》卷324《石普传》,第10474页。

该是冯仁俊挑起的事端。但真宗不愿深究，只是将冯仁俊召回。

石普与冯仁俊的争端绝不是偶然与特例。虽然宦官在边防统兵体系中与普通将领间必然存在着张力。都部署司长官不能如节制普通将领那样节制宦官，任何在军中的宦官实际上都能起到监督、探事的功能。但直接领兵作战的都监、钤辖，以及专职搜集、传递情报的走马承受公事，都被编织入日常军政事务体系之中，既为同僚，也是内部监督者。而专职宦官监军则不同，是日常事务之上的外部监督者。若受任宦官稍有桀骜跋扈者，很容易引发宦官与将领间的对立。

冯仁俊与石普的不睦或许给真宗敲了警钟。景德元年九月，正在辽方大举南下的前夕，真宗召回了沿边都部署司路的掌御剑内臣。据《长编》卷57，景德元年九月：

> 先是，遣中使赍御剑赴北面诸路，以严军令。九月癸未，悉诏归阙，以剑付部署司，有犯者施行讫，具事奏闻。①

景德元年的战事没有持续很久，当年十二月双方订立了"澶渊之盟"。北边战事方罢，真宗调整河北军政，罢"北面部署、钤辖、都监、使臣二百九十余员"②，还专门"遣内殿崇班杨保用往河北诸州取所颁御剑"③。

五　阉将在对党项战事中的外交功能

随着宋太祖有限度起用宦官，太宗进一步使之统兵、作战，到了雍熙之后，一个宦官将领群体渐渐形成。除了秦翰以外，张继能、韩守英、张崇贵等均活跃在太宗、真宗两朝的各个战场④。这个群体有三个特点：

第一，他们虽性格各异，但大都是在太宗朝的军事战争中获得带兵经验才成长起来，最终在真宗朝成为各个战区主要将领。

---

① 《长编》卷57，景德元年九月癸未条，第1255页。

② 《长编》卷59，景德二年正月乙卯条，第1309页。

③ 《长编》卷59，景德二年正月丁卯条，第1312页。

④ 王继恩的主要角色是有功于太宗继位、地位最高的宦官，而非武将了。

第二，他们始终兼具君主使者与领兵将领的双重角色。但在宋太宗后期，他们专业将领的成色愈发浓重，有些甚至能在一路独当方面。这种微妙的转变，改变了地方统兵体系的将领构成。当安插进军政系统的君主亲信，成长为主要将领，太宗就完成了对后周世宗和太祖以来军中班底的洗牌。

第三，他们被分散安插在各个行营或战区，主要与其他武将、官僚产生职务联系，或者直接与君主沟通。宦官相互间的业务协作反倒不多见。由于彼此间缺乏稳定的上下级和前后辈关系，他们没有形成有向心力的利益团体。

我们需要借助个案研究才能细致观察宦官在统兵体系中发挥的作用。何冠环先生长期从事宦官人物研究。他曾选择北宋前、中与后期三位宦官将领的代表——秦翰、李宪与童贯，分别写就长文或者专著①。毫无疑问，北宋前期最具代表性，士大夫群体中最有口碑的武将确为秦翰。本文则聚焦同时期另一位武将——张崇贵，通过他在西北战场的表现，探讨宦官在边防统兵体系中担任都监、钤辖时实际发挥的作用。叙述相关史事时，涉及同时期秦翰、张继能等事迹，亦会捎带提及，以作参照。

张崇贵、张继能、秦翰都在太祖时崭露头角。张崇贵因武艺受太宗的赏识，授带御器械。太平兴国四年征太原与幽州时，张崇贵在崔彦进部承担过侦查工作。张继能则统工程部队，"主城南洞屋"②。秦翰曾任崔彦进部都监。

张崇贵在征讨李继迁的战争中快速升迁。宋初与定难军李氏维持君臣关系。节度使李继筠去世后，弟李继捧继任节度留后，家族出现内乱。太平兴国七年，太宗谕令李继捧入朝，想趁机控制夏州地区。没想到李继捧族弟李继迁纠集部众，不奉宋命。雍熙元年（984），战事起。二年四月，李继迁设计伏击宋将曹光实，并攻占银州。四月，太宗命李继隆、田仁朗、王侁等"驰传发边兵数千击之"③。李继隆当时的头衔是"银、夏都部署"，而宦官张继能

---

① 参见《宋初内臣名将秦翰事迹考》，收入何冠环：《宫闱内外：宋代内臣研究》；以及《拓地降敌：北宋中叶内臣名将李宪事迹考述》《功臣祸首：北宋末内臣童贯事迹考》（上下）。

② 《宋史》卷466《张继能传》，第13620页。

③ 《宋史》卷275《田仁朗传》，第9380页。

即任其监军①。此役,李继迁战败,并退出银州。雍熙三年,他投靠辽朝,受封
为定难军节度使②。宋太宗行"驱虎吞狼"策,命李继捧为定难军节度使,使
其控制银、夏地区,反制李继迁。张继能"授入内殿头",被派往李继捧身边。
李继捧为了取信于太宗,特意"荐其有才",请太宗让张继能与他"同经略其
事"③。但不知何故,张继能未久即还。情势随之恶化。淳化元年(990),李继
迁被辽封为夏国王,又一面假意归宋,一面勾结已归顺的夏州李继捧围攻灵
州。"驱虎吞狼"之策变成了虎狼合流,反噬其主。复盘后,我们不难发现,
张继能实为"驱虎吞狼"策失败的重要一环。假定张继能一直留在李继捧
处作为监军或和太宗之间的联络人,李继捧或许不会轻易投靠李继迁,驱虎
吞狼策或能得计亦未可知。淳化三年后,张继能任灵州都监,一直在灵州、
清远军一线活动④。

　　淳化五年正月,太宗又遣李继隆为河西兵马都部署,尹继伦为都监,发
兵攻讨李继迁⑤。而在此之前,宋太宗先派张崇贵往延州招纳藩部,并掌管鄜
延路本部屯兵。故李继隆出兵后,张崇贵受命统本路兵马成犄角之势,协同
进讨⑥。李继隆进展顺利,攻陷夏州并生擒李继捧,李继迁引众遁去。时四川
地区王小波、李顺起义爆发,故李继隆并未继续追讨,只是隳掉夏州旧城,将
各部人口迁往绥州后班师。而张崇贵则留守绥州,安抚所迁藩部人众,并挫
败李继迁后续的报复性袭击⑦。

　　因李顺起义尚未平定,太宗不得已将注意力转向西川,对李继迁转用招
安策。李继迁也试探宋太宗的态度,派手下赵光祚、张浦往绥州见张崇贵。
双方会于石堡砦。张崇贵"椎牛酾酒犒谕,仍给锦袍、银带"。双方确认意

---

①　《宋史》卷 466《张继能传》,13620 页。

②　《辽史》卷 11《圣宗本纪》,北京:中华书局,2016 年,第 127 页。

③　《宋史》卷 466《张继能传》,第 13620 页。

④　张继能与另一名宦官白承睿运粮至灵州,适逢李继迁进攻。太宗便命张继能与"知灵州
侯延广领骁卒五千,同主军务,俄留为本州都监"。参见《宋史》卷 466《张继能传》,第 13620 页。

⑤　参见《长编》卷 35,淳化五年正月癸酉条,第 767 页。

⑥　参见《宋史》卷 466《张崇贵传》,第 13617 页。

⑦　参见《宋史》卷 466《张崇贵传》,第 13617 页。

向后，李继迁才派其弟正式奉表待罪①。当时，知延州的王显代表西北前线上奏，称李继迁"翻然改图，怀音向化"，只要"备御有素，又奚能为患"，当前应"速期荡平"蜀地的叛乱，谨防生出更大的祸乱②。这份上奏，既符合太宗的心意，又能代表西北前线的看法，有助于太宗在朝堂上统一意见。而在前线代表太宗直接与李继迁交涉的则是张崇贵③。此后，张崇贵常驻鄜延，沟通宫禁，备御李继迁，安抚各藩部。然李继迁或许只是想通过归顺重新获得对横山地区的控制权。当看到归顺得不到实际利益，叛心又起。见张崇贵等人在绥州、延州一线的守备无机可乘，李继迁转而攻灵州、清远军一线。

至道元年（995）六月，李继迁正式拒绝宋太宗的和谈条件，随后陆续袭击清远军及运往灵州的辎重④。至道二年四月，太宗再次以李继隆为环庆灵州、清远军都部署，范廷召为副都部署，组成行营进讨李继迁⑤。李继迁则包围灵州，双方展开第一次灵州保卫战。李继隆到前线后，逗挠不进。而灵州围急，粮草不济，太宗一度想要放弃。李华瑞认为宋太宗晚年的政策转向保守内倾，有意识提倡清静无为的学说，产生放弃对李继迁削藩的念头⑥。值用兵之际，忽然改辙，面对巨大决策风险，太宗却开始问起文官的意见。宰相吕端未置可否，参知政事张洎却看准太宗的摇摆，上言放弃灵州之便。宰相称张洎不过"揣摩陛下意"。双方在朝堂争执起来。据《宋史》卷267《张洎传》：

> 翌日，（张）洎上疏引贾捐之弃珠崖事，愿弃灵武以省关西馈运。上尝有此意，既而悔之，洎果迎合，览奏不悦。既以疏付洎，谓之曰："卿所陈，朕不晓一句。"洎惶恐而退。上召同知枢密院事向敏中等谓曰："张

---

① 参见《长编》卷36，淳化五年八月乙巳条，第793页；《宋史》卷四六六《张崇贵传》，第13618页。

② 《长编》卷36，淳化五年八月乙巳条，第793页。

③ 李继迁奉表请罪后，张崇贵代表宋太宗"赐器币、茶药、衣物"。《宋史》卷466《张崇贵传》，第13617页。

④ 参见《宋史》卷5《太宗本纪》，第98页；《宋史》卷259《皇甫继明传》，第9009页等。

⑤ 《宋史》卷5《太宗本纪》，第99页。

⑥ 李华瑞：《宋夏关系史》，北京：中国人民大学出版社，2010年，第21—22页。

洎上言,果为吕端所料,朕已还其疏矣。"①

显然,宋太宗有放弃灵州的念头在先,有意问计于文臣在后。张洎主动迎合,呈上长篇议论,阐发弃守之明。因表演痕迹过重,反被太宗嫌弃。更关键的是宋太宗本人改了主意。是什么让宋太宗"既而悔之"呢? 据《宋史》卷 466《张崇贵传》:

> 贼围灵州急,太宗将弃之,廷议未决,命(张)崇贵与冯讷乘传往议其事,乃益兵固守,就命为灵环庆州、清远军路监军,又为排阵都监。②

与收复夏州后便兵罢班师的李继隆不同,张崇贵多年留守前线,与李继迁及各藩部交涉周旋,最了解对方情报。冯讷是李继隆行营中的"护军",可以向太宗反映前线宋军的情况。结合两人的一手情报,宋太宗较能预估战役的胜算。亦即,当时前线的详细情报是太宗"继而悔之",决定死守灵州的决定因素。反观张洎,所陈不出伦理、典故及推论,被太宗斥责"卿所陈,朕不晓一句",也便不难理解。

故七月,宋太宗派曾为潜邸亲卫的王超担任夏、绥、麟、府州都部署③,统夏、绥一线的军队配合进讨。这样,王超成为张崇贵的直属长官。至九月,太宗将从中御,制定五路合击的方案,命李继隆、范廷召、丁罕、王超、张守恩等分别进军,于乌白池合击。虽只有两路兵马到达乌白池,仍斩首五千余级,生擒二千余人。第一次灵州保卫战结束④。五路兵未及时会合,且李继迁逃脱,这次会战未达到太宗预期战果,甚至再次出现李继隆临阵不奉命的状况⑤。宋太宗为绝后患,次年再组行营进讨。这次他放弃李继隆,选择了潜邸旧人、此前一直在河北驻守的傅潜为延州路都部署;王昭远为灵州路都部署,分别组成行营。更有意思的是,这次他加派几名文官,"知制诰张秉、冯

① 《宋史》卷 267《张洎传》,第 9214 页;同事又见《长编》卷 39,至道二年五月,第 835—838 页。

② 《宋史》卷 466《张崇贵传》,第 13618 页。

③ 《宋史》卷 5《太宗本纪》,第 98 页;《宋史》卷 278《王超传》,第 9465 页。

④ 《宋会要辑稿》兵 8 之 19,第 8765 页。

⑤ 《宋会要辑稿》兵 8 之 19,第 8765 页。

起,翰林侍读吕文仲持节督之"①。但至道三年三月太宗突然去世,作战终止。

　　当月,真宗即位。张继能"迁崇仪使、灵环十州军兵马都监兼巡检安抚使"②。由于原本的延州路都部署傅潜、灵州路都部署王昭远均被调回河北③,张崇贵在真宗即位后,被短暂调往并州,咸平元年后就又回到延州,受命"管勾鄜延屯兵,泊延安,改驻泊都监,又为钤辖"④。咸平三年,蜀地又爆发王均之乱,张继能又被调离。张崇贵担负对李继迁的防御与交涉工作。总之,从真宗即位至咸平三年四月李继迁再叛,三年多时间里张继能和张崇贵没有受到真宗清洗王继恩、李昌龄行动波及,而是以兵马都监、驻泊都监、钤辖的身份负责对李继迁的防御与交涉。

　　咸平三年五月开始,李继迁再叛,陆续袭击麟州、灵州⑤。河北战场的将领裴济、杨琼被调入西北战场,分别担任知灵州兼都部署、灵环十州军副都部署兼安抚副使⑥。最后,灵州陷落,裴济战死。而李继迁得以灵州为基地向西发展。

　　灵州陷落的同时,契丹对河北边防施加的压力加剧,加上朝堂弭兵反战的意见逐渐占据上风,宋真宗渐渐倾向于对党项和谈。不久,机会降临。景德元年(1004)李继迁遇袭身亡,其子李德明代之统领部众。宋真宗随之与李德明达成了和平协议,真宗授李德明为定难节度使、西平王。李德明转而向西发展,东向则与宋维持和平将近三十年时间。对于宋真宗来说,这是他对外弭兵绥靖政策在西北的实践;对北宋前期国势而言,这次和议的重

---

① 《宋会要辑稿》兵8之20,第8766页;《长编》卷41,至道三年正月辛卯条,第860页。

② 《宋史》卷466《张继能传》,第13688页。

③ 据《宋史》卷279《傅潜传》:"至道中,(傅潜)出为延州路都部署,改镇州。"第9473页。《宋史》卷276《王昭远传》:"真宗即位,(王昭远)徙定州行营都部署。"第9408页。

④ 《宋史》卷466《张崇贵传》,第13618页。

⑤ 《长编》卷47,咸平三年五月癸未条,第1016页;九月纪事条,第1026页。

⑥ 据《宋史》卷308《裴济传》:"咸平初,李继迁叛,以(裴)济领顺州团练使、知灵州兼都部署。至州二年,谋缉八镇,兴屯田之利,民甚赖之。其年,清远军陷,夏人大集,断饷道,孤军绝援,济刺指血染奏,求救甚急,兵不至,城陷,死之。上闻嗟悼,特赠镇江军节度。"灵州陷于咸平五年,裴济"至州二年",因此是在咸平三年到任。据《宋史》卷280《杨琼传》:"四年,召还,以鄜州观察使充灵、环十州军副都部署兼安抚副使。"第10144、9501页。

要性仅次于澶渊之盟。阉将张崇贵在促成并维持这次和议方面发挥了核心作用。

首先，这次和议显然是宋方先提出的。李焘在《长编》也做过考证，对此毫不讳言，不再赘述①。

其次，按史书记载，推动和议的是张崇贵。听闻李继迁的死讯后，张崇贵并没有将它作为覆灭李氏家族势力的可乘之机，而是视为重启和谈的机会。一方面，他立刻向真宗汇报，请朝廷派重臣来陕西。据《长编》卷56，景德元年五月甲申条：

> 张崇贵屡请遣大臣至边议赵德明事。五月甲申朔，以兵部侍郎、知永兴军府向敏中为鄜延路缘边安抚使。崇贵筑台于保安北十里许，召戎人所亲信者与定盟约，经置大小，皆出崇贵，而敏中实总其议焉。

《宋会要辑稿》职官41之82亦载：

> 景德元年五月一日，以兵部侍郎、知永兴军向敏中充四路沿边安抚使。先是，贼迁死，延州路钤辖张崇贵言，乞自朝廷遣使吊问，仍望遣大臣至边上召贼所亲信张浦定议，故命敏中经度之。②

另一方面又给李德明去信"移书谕朝廷恩信"③。《宋史·张崇贵传》还详细记录了双方讨价还价的过程。真宗本来以放开青盐之禁为条件换取李德明归还灵州、送子弟为人质，但被李德明拒绝④。在真宗《赐赵德明诏》中，也在结尾处提及"余事已令张崇贵与汝期约商议"⑤。总之，整场和谈是由张崇贵主持、联络两方才得以完成。

但我们也要合理怀疑，无论《宋史·张崇贵传》还是《长编》《宋会要辑稿》都刻意突出张崇贵的主动性，未必不是官方记载有意为之。真宗即位

---

① 参见《长编》卷56，景德元年五月甲申条小注，第1236页。
② 《宋会要辑稿》职官41之82，第4040页。
③ 《宋史》卷466《张崇贵传》，第13618页。
④ 详见《宋史》卷466《张崇贵传》，第13618页。
⑤ 《宋大诏令集》卷233《赐赵德明诏》，北京：中华书局，1962年，第906页。

后,咸平年间契丹在河北方面施加的军事压力越来越强,宋方不具备再次大举深入的条件。真宗事先指示张崇贵在延州私下寻求与党项的和谈是很有可能的。而李继迁遇袭而死,给了实现和谈最好的时机。

第三,和议完成后,真宗很放心地将对李德明的各项事务交由张崇贵负责。景德四年,双方开榷场也是由张崇贵促成①。《宋史》卷466《张崇贵传》结尾说:

> 崇贵久在边,善识羌戎情伪,西人畏服。每德明有所论述及境上交侵,皆先付裁制。夏州趣边有二路,其文移至环庆者,皆付延州议焉。尝请置缘边安抚使,如北面之制。上曰:"西鄙别无经营,苟德明能守富贵,无虑朝廷失恩信也。增置署局,徒为张皇,不若委卿静制之。"

因此,虽然张崇贵并非鄜延路长官,但发挥的作用与澶渊之盟后河北方面的李允则相亚。

梳理自李继迁叛至李德明和谈的历史,若我们将宦官所参与的史事拼接起来就会发现,在宋方组成行营主动征讨时,宦官通常不是主将,而是协同配合的次级武将;但在时战时和的复杂局面下,派驻前线的宦官武将既可以领兵作战,绥靖方面,更能搜集情报、向君主通进信息;甚至直接居中斡旋,为君主达成隐秘的外交目标。

六　结论

赵翼论唐代宦官之祸,本于宦官承旨、掌兵、出使与监军四项②。与军政相关者,在掌兵与监军两项。唐代在中央建立由宦官独掌的神策军,在地方由监军使控扼、监督藩镇节度使。相较于宋代,这都是在既有军事体系的外部另立班子。宋代并无由宦官专掌的独立编制的军队,宦官甚至无缘进入禁军体系,而是在地方统兵体系中,以专业武将的身份成为体系内部的成员。

---

① 《宋会要辑稿》食货38之27,第6841页。

② 赵翼著,王树民校证:《廿二史札记校证》卷20,北京:中华书局,2013年,第424—429页。

通常认为，唐代宦官监军制度源于御史监军，唐玄宗开元二十年后才逐渐有宦官监军[①]。但近来学者们指出，开元天宝时代也曾经历过御史监军与宦官监军并行的时期，且宦官是以传宣诏旨、慰劳诸军的"宣慰使"名义出使，而非径称"监军"[②]。安史之乱后，宦官监军才逐渐从权宜之制变为普遍制度[③]。德宗贞元四年（788），"时天下军镇诸使皆以内臣一人监之，谓之监军使"[④]。张国刚指出，唐代的宦官监军，自成一个体系，自成一套机构，完全不隶属于节度使府[⑤]。方镇常设监军院，监军使以下还有副使、判官、小使等[⑥]。监军使的基本职责是"监视刑赏，奏察违谬"，消弭兵乱，稳定军情[⑦]。因此，尽管监军使已经"在镇化"且深度介入藩镇事务，但无论从组织机构的独立性还是他们的身份看，都是代表皇帝与中央的外部监临者。若与北宋相比较，唐代宦官监军的这一特点会显得更加突出。

宋代的宦官机构本就不是唐代内侍省的重建，而是从三班群体分化而来。宦官最初与三班官一道成为太祖、太宗可资利用的亲随武将或使者。他们在太祖朝主要从事侍卫、营建、传旨与督战等事务，鲜有直接用为将领者。宋太宗为了在军中安插更多亲信，增加了宦官参预军事的机会，并在太平兴国四年由攻转守的过程中，逐渐用宦官为将。在平定王小波、李顺起义时，太宗因对战况不明，在镇压与招安摇摆中选择王继恩为帅。但因仓促任

[①] 杜佑撰，王文锦等点校：《通典》卷29《职官·监军》："至隋末，或以御史监军事。大唐亦然。时有其职，非常官也。开元二十年后，并以中官为之，谓之监军使。"北京：中华书局，1988年，第804页。

[②] 参见黄楼：《神策军与中晚唐宦官政治》第四编《宦官集团与地方政局》，第343、357页。宋欣昀《唐代宦官官僚化新论》则梳理了自"监军御史"至"监军中使"的发展过程（复旦大学硕士学位论文，2024年，第53—60页）。

[③] 黄楼：《神策军与中晚唐宦官政治》，第363页。

[④] 王钦若等编纂，周勋初等校订：《册府元龟》卷665《内臣部·总序》，南京：凤凰出版社，第7665页。

[⑤] 张国刚：《唐代藩镇研究》第九章《唐代藩镇宦官监军制度》，北京：生活·读书·新知三联书店，2023年，第104页。

[⑥] 《全唐文》卷821有吴蛻《镇东军监军使院记》；《文苑英华》卷802有《淮南监军使院厅壁记》。

[⑦] 张国刚：《唐代藩镇研究》，第107—113页。

命，又统领不明，导致潜在矛盾暴露且放大，受到了其他武将与文臣的一致抵制。此后，宦官在军中的位置就稳定在都监、钤辖上。另一方面，宋朝君主常用宦官探事与监察。军政方面的探察与信息沟通到真宗朝被整合在走马承受公事一职上。真宗曾试图在都监、钤辖及走马承受之外另派专门的监军，却因边将的抵制作罢。可以说，宦官以专业将领的方式嵌入军政体系，也是君主与外朝臣僚、将领间不停试探妥协的结果。而宦官长期在地方担任统兵官形成惯例后，他们与普通将帅逐渐磨合，获得了统兵将领的合法身份与专业地位。而他们又有更多为君主搜集情报、通进信息甚至斡旋外交的自由度，能够在和战不定的西北战场发挥更大的作用。张崇贵在真宗与李德明和议中的作用即为显例。北宋前期的制度安排经长时间沉淀，使得普通武将与宦官武将既相互区隔，又日渐磨合。李宪在神宗开边时担任方面帅臣，顺利建立以普通武将为基础的西征班底，其制度基础实在于此。

北宋中期的编校所与编校官

李全德

前　言

北宋仁宗嘉祐时期(1056—1063)开始的南北朝七史校正这一文献学重要事件在某一时刻与《通鉴》纂修发生了重叠。司马光修《资治通鉴》之成功,离不开刘攽、刘恕、范祖禹等三人在《通鉴》长编分修上的协助,如胡三省所说:"各因所长属之,皆天下选也。"[①]学界关于《通鉴》长编分修问题尽管议论不一,但都必须考虑"各因所长属之"这个重要因素。然而三人之长又有不易确定之处,比如三人分修《通鉴》长编外,还共同担任过《魏书》的校正工作,而《通鉴》纂修中魏晋南北朝部分的长编作者归属恰是长编分修中分歧最大的问题[②]。《魏书》校正又是开始于嘉祐六年的南北朝七史校正

① 司马光编著,胡三省音注,标点资治通鉴小组点校:《资治通鉴·新注序》,北京:中华书局,1956年,第29页。

② 《通鉴》长编分修问题自北宋后期晁说之借司马康之口提出后,中经胡三省、全祖望,至现代学者陈垣、翦伯赞、曹家琪、王曾瑜、仓修良、梁太济、姜鹏等诸多学者的讨论,迄无定论。

工作之一部分。在追索《通鉴》长编分修以及嘉祐校史诸臣的过程中，发现学界关于七史校正中校史人员、校成时间等最基本的问题上的讨论多有未惬人意之处。其原因除了相关史料确实不足外，主要在于对嘉祐时期开始的历经仁宗、英宗、神宗三朝的编校所制度的忽略。宋仁宗嘉祐四年于崇文院内设专门校勘三馆秘阁书籍之编校所，至神宗熙宁八年（1075）罢局。编校所设有编定官与编校官，南北朝七史的校正一开始即是由编校官负责。本文首先考察编校所的设置及员额、人选、迁转等相关制度，然后稽考全部编校官人选的任职时间与替补情况。七史校正过程、校正人员等问题将另文讨论。限于史料之不足，推论、臆测之处或不能免，敬请方家指正。

一、嘉祐校书中的编定官与编校官

（一）编定所与编定官

嘉祐四年（1059），右正言、秘阁校理吴及上疏言及馆阁藏书存在的问题，主要指出两点：一是近年用内臣监馆阁书库，借出书籍，亡失已多；二是简编脱略，书吏补写不精，非国家崇尚儒学之意。因此他提出挑选馆职分馆阁校书，并禁止私借图书，以及访求遗书等建议。二月，仁宗从其建议，三馆、秘阁设置"编定书籍官"四人编定四馆书籍，此为编校所，或称编校局设置之始。

编校局（所）不见于《宋史·职官志》，龚延明先生编《宋代官制辞典》也不曾收录。局、所之称，今可考者，只有寥寥数例。如熙宁七年时，成都府进士郭有直、郭大亨父子献书 3779 卷，"命三馆秘阁编校所看详"①。元丰元年十二月七日，秘阁校理苏舣上疏论崇文院校书事，其中有言"昨因置编校所，逐馆出借书籍供应校证"云云②。编校局之称见于沈括《梦溪笔谈》："嘉祐

---

① 马端临撰，上海师范大学古籍研究所、华东师范大学古籍研究所点校：《文献通考》卷 174《经籍考一·总叙》，北京：中华书局，2011 年，第 5207 页。

② 刘琳、刁忠民、舒大刚等校点：《宋会要辑稿》职官 18 之 4，上海：上海古籍出版社，2014 年，第 3473 页。

中,於崇文院置编校局。"①编校所或以执政为提举,如嘉祐七年三月时,欧阳修就是以参知政事"提举三馆、秘阁写校书籍"②。

　　编校所先是设置编定书籍官,此后又设编校官,"分昭文、史馆、集贤院、秘阁书而编定之"③。校、写书籍,是编校所的最主要职能,校正之事由编定、编校官负责,抄写则有书吏。编校所所统之书吏,沈括说是"给吏百人",而元祐二年秘书省论校书事,曾提到旧制云:"旧编校所楷书五十人。"④编定、编校官,率领吏人,分馆校书,"然后别用黄纸印写正本,以防蠹败"⑤。按照沈括的说法则是"杂儹四馆书,给吏百人,悉以黄纸为大册写之"。因为是黄纸、大册,私家不敢辄藏,也减少了馆阁藏书被据为私有的情况⑥。

　　除了编校四馆原有藏书外,编定、编校官也负责编定国家开献书之路后民间所进之书,选择其可取者校正、写定。如嘉祐五年八月下求书诏,所进书"令编校所看详"⑦,十二月又诏"两制看详天下所上应募之书择其可取者,付编校官覆校,写充定本。编校官常以一员专管勾定本"⑧。熙宁五年,王安国"奉诏定蜀民所献书可入三馆者",发现后蜀时花蕊夫人诗。熙宁七年,编校所看详郭有直及其子大亨所献书3779卷,得秘阁所无者503卷⑨。熙宁八年二月,"编校四馆书籍毕"⑩,编校所罢局,共存在了17年。

　　嘉祐四年二月所设置编定书籍官初选四人为秘阁校理蔡抗、陈襄,集贤

---

①　沈括撰,金良年点校:《梦溪笔谈》卷1《故事一》,北京:中华书局,2015年,第7页。

②　《宋会要辑稿》崇儒4之8,第2820页。

③　《宋会要辑稿》崇儒4之7、8,第2819页。《续资治通鉴长编》(简称《长编》)卷189,嘉祐四年二月丁丑条,北京:中华书局,2004年,第4551页。

④　《宋会要辑稿》职官18之8,第3475页。

⑤　《长编》卷189,嘉祐四年二月丁丑条,第4551页。

⑥　沈括撰,金良年点校:《梦溪笔谈》卷1《故事一》,第6页。

⑦　司义祖整理:《宋大诏令集》卷158《求遗书诏》,北京:中华书局,1962年,第596—597页。《宋会要辑稿》亦载此诏(第2826页),不全。

⑧　《宋会要辑稿》崇儒4之19,第2826页。

⑨　《文献通考》卷174《经籍考一·总叙》,第5207页。

⑩　《长编》卷260,熙宁八年二月丙寅条,第6332页。

校理苏颂,馆阁校勘陈绎①,皆为专职,"不兼他局,二年一代"②。按照这个制度,则此四人当于嘉祐六年初任满出局,另选替人。蔡抗等四人任满以后可考知的情况,大略如下。

蔡抗在嘉祐七年十月为广东转运使③。据《宋史》本传,蔡抗"迁太常博士、通判秦州,为秘阁校理,乞知苏州……徙广东转运使"④。据明正德元年刻本《姑苏志》,蔡抗"嘉祐六年自通(州)[判]秦州"除知苏州。其前任王彦臣"嘉祐中以都官员外郎知州事,六年四月在官",下一任鞠真卿"嘉祐八年以集贤校理知州事"⑤。可知蔡抗当是嘉祐六年中出馆知苏州。

陈襄从一开始就宁求闲曹也不愿任编定之职,上书宰相富弼求辞,虽未能如愿,两年任满后,出知常州⑥。

苏颂在皇祐五年时召试,充馆阁校勘。嘉祐二年改集贤校理,四年编定集贤院书籍,"前后在馆九年",嘉祐六年三月出知颍州⑦。

陈绎于嘉祐二年十一月召试,为馆阁校勘。任编定官后,负责"刊定前汉书","居母丧,诏即家雠校",英宗时同判刑部,为实录院检讨官⑧。则嘉祐

---

① 《宋会要辑稿》崇儒4之7、8,第2819页。《长编》卷189,嘉祐四年二月丁丑条,第4551页。

② 《宋会要辑稿》崇儒4之8,第2819页。

③ 《长编》卷197,嘉祐七年十月甲午条,第4783页。

④ 《宋史》卷328《蔡抗传》,北京:中华书局,1985年,第10577页。

⑤ 明正德元年刻本《姑苏志》卷3《古今守令表中》,叶六。

⑥ 陈晔编,吴洪泽点校:《古灵先生年谱》,收入吴洪泽、尹波主编《宋人年谱丛刊》第3册,成都:四川大学出版社,2003年,第1603页。

⑦ 苏颂召试馆阁校勘时间,据《宋会要辑稿》为至和元年七月八日(选举31之33),然邹浩撰《故观文殿大学士苏公行状》及曾肇撰《赠司空苏公墓志铭》,皆为皇祐五年,又云共"在馆九年",则当以皇祐五年为是。苏颂出知颍州的时间,据苏颂《颍州谢上》云:"昨奉敕差知颍州军州,即以三月五日到本任赴上讫。"(苏颂著、王同策、管成学、严中其等点校:《苏魏公文集》卷37,北京:中华书局,1988年,第560页)又,苏颂《本草图经序》末署衔:"嘉祐六年九月日,朝奉郎、太常博士、充集贤校理、新差知颍州军州兼管内劝农及管勾开沼沟洫河道事、骑都尉、借紫臣苏颂谨上"(曾枣庄主编:《宋代序跋全编》卷11《本草图经》序,济南:齐鲁书社,2015年,第277—278页)。颜中其《苏颂年表》认为是嘉祐五年八月求外补,差知颍州,六年三月五日到任(《宋人年谱丛刊》第4册,成都:四川大学出版社,2002年,第2124页)。按:嘉祐六年正月十四日,苏颂尚与陈襄一起考试本年知贡举官员亲戚举人(《宋会要辑稿》选举19之13,第5627页),则颍州之命当在六年。

⑧ 《宋会要辑稿》选举31之34,第5859页;《宋史》卷329《陈绎传》,第10614页。

后期,可能正是陈绎居丧之时。

根据以上考察,嘉祐四年所选的四位编定官,在两年任满之后,除了陈绎居丧外,其他三位都是出为外官。据《宋会要辑稿》:"馆职旧例,校理以上到馆二年与通判,三年与知州。"[1] 编定官二年一代,出为知州,优于此制。

尽管有"二年一代"的制度,实际上,四位之外,未见替人。可以断定,编定官之制只存在于嘉祐四年至六年的两年间,人选也只是初选的四人。

编定官制度仅仅两年之后便告终结,其原因当与在编定官之后四个月所新设的编校官有关。

(二)编校官的设置与员额变化

嘉祐四年六月七日,在"编定书籍官"之下,增设"编校书籍官"。编校书籍官同编定官一样,都是以"编校某某书籍"为称,其设置员额与最初的人选,史籍记载不一。李焘《长编》在嘉祐四年六月记此事云:

> 太子中允王陶、大理评事赵彦若、国子博学傅卞、於潜县令孙洙并为馆阁编校书籍官。馆阁编校书籍[官]自此始。三馆秘阁凡八员,诏及二年者,选人、京官除馆阁校勘,朝官除校理……(彦若已见应制,时每馆各二员,此据《会要》,《会要》有太常博士陈洙姓名,而《实录》无之。按本志云:又选京朝官、州县官四人编校。所称四人,盖王、赵、傅、孙也,今依《实录》,不书陈洙。《会要》傅卞除编校在八月十八日。)[2]

李焘此条记事,兼采《会要》《实录》。据《宋会要辑稿·选举》:"六月七日,太常博士陈洙、太子中允王陶、大理评事赵彦若、杭州於潜县令孙洙并充馆阁编校书籍。编校自是始置。"[3] 李焘说"馆阁编校书籍自此始",有学者

---

① 《宋会要辑稿》职官18之5,第3473页。

② 《长编》卷189,嘉祐四年十月己巳条,第4569—4570页。"国子博学傅卞",当为"国子博士"(《宋会要辑稿》选举33之9,第5884页);"彦若已见应制,时每馆各二员",当为"彦若已见应制时。每馆各二员"。所谓"已见应制时"指赵彦若在《长编》中初见于皇祐五年应制举。据《长编》卷175,皇祐五年八月辛酉,"御崇政殿,策试贤良方正能言极谏太常寺太祝赵彦若。彦若所对疏阔,下有司考,不中等而罢之"(第4230页)。

③ 《宋会要辑稿》选举33之9,第5884页。

认为与其在熙宁八年二月所注"嘉祐四年二月丁丑，初编校四馆书"矛盾①，其实是将编校书籍官与编校四馆书籍之事相混。李焘所谓"自此始"，即是《会要》所说"编校自是始置"，是指编校官之置，不是指编校四馆书籍之事始。又，《宋会要辑稿·崇儒》："六月，又益置编校官，每馆二员。"②《会要》载三馆、秘阁各二员编校官，共八人。据《实录》则是各一员。《会要》载初除四人为陈洙、王陶、赵彦若、孙洙，《实录》载初选四人则有傅卞，无陈洙③。李焘折中《会要》《实录》，员额之制采《会要》，初选四人取《实录》之说，涉及编校官制度的三个问题：员额、人选、迁转。

《会要》《实录》所载员额、人选的两种说法皆有疑问。为何《会要》说是每馆各二员，共八人，却又只记载了初选四人呢？当然存在一种可能性是初设此职时有此制度规定，一开始并没有满额除授，以后会续补四人，但我们在史料中并没有见到续补的四人名单。一直到嘉祐六年底才有了七人同时在馆的记载④。《实录》说是各一人，其所载名单中，有傅卞，无陈洙。编校官初除四人是在六月七日，而据《会要》，国子博士傅卞编校集贤院书籍是在八月十八日，而且在傅卞之前一月多的七月九日，屯田员外郎、知渠州龚鼎臣编校史馆书籍⑤。龚鼎臣系景祐元年进士，其编校史官书籍一事，亦见于刘挚所撰龚鼎臣《墓志铭》⑥，以及《宋史》本传⑦，事无可疑。《会要》所记初选四人，不涉及龚、傅的问题，而《实录》所记初选四人名单，一则并非同日除授，二则何以取傅卞，而不取更早一些的龚鼎臣呢？

---

① 汝企和：《北宋官府之综校四部群书》，收入缪其浩主编：《网络时代的图书馆：理论学术年刊》，上海：上海科学技术文献出版社，2004年，第306页。

② 《宋会要辑稿》崇儒4之8，第2819页。

③ 据王应麟《玉海》："《实录》：各一员，王陶、赵彦若、傅卞、孙洙。"参见王应麟撰，武秀成、赵庶洋校证：《玉海艺文校证》卷18《书目·嘉祐编定书籍·昭文馆书》，南京：凤凰出版社，2013年，第876页。

④ 《宋会要辑稿》崇儒4之8，第2819页。

⑤ 《宋会要辑稿》选举33之9，第5884页。

⑥ 刘挚撰，裴汝诚、陈晓平点校：《忠肃集》卷13《正议大夫致仕龚公墓志铭》，北京：中华书局，2002年，第264页。

⑦ 《宋史》卷347《龚鼎臣传》，第11012页。

　　更为直接的证据是陈洙本人的经历。陈洙,建州建阳人,庆历二年进士。嘉祐六年陈洙卒,其墓志铭,陈襄作,其中有云:"会朝廷建局,编定馆阁所藏书,召入,隶昭文馆编校书籍,迁屯田员外郎,未几擢为御史里行。"① 陈襄与陈洙共事于昭文馆,一为编定昭文馆书籍,一为编校昭文馆书籍,陈襄所记自是可信。足见《会要》所载定有所据,而《实录》所记初选四人与《会要》不同,亦必别有原因。

　　根据《会要》的记载,嘉祐四年六月七日初补编校官陈洙等四人;七月九日,龚鼎臣编校史馆书籍;八月十八日,傅卞编校集贤院书籍。那么七、八两月龚、傅的除授,是在补足"三馆秘阁凡八员"之数吗? 果如此,则证明《会要》关于员额的记载也是准确的。实际并非如此。

　　六月七日,王陶之除编校官,《会要》《实录》记载一致,然而不足一月,王陶即已改命。据《长编》,秋七月丙申(四日),以御史中丞韩绛推荐,太子中允王陶为监察御史里行②。王陶本来的分工是编校史馆书籍③,在馆不足一月即出,五日后龚鼎臣入,显然是补王陶之阙。而次月傅卞之入,只能是补陈洙之阙④,四馆依然保持四员之额,实际上两月间人员已变更其半。《实录》记载初选四人同《会要》相比有陈洙、傅卞之异,原因在此。

　　从嘉祐四年间编校官六人的除授过程看,实行的是每馆一人、有阙即补的制度。《会要》崇儒门所载编校官"每馆二员"之说有误。

　　每馆两人,亦可以理解为含编定官、编校官在内,一共两员。《宋会要辑

---

　　① 陈襄:《殿中御史陈君墓志铭》,曾枣庄、刘琳主编:《全宋文》第50册,上海:上海辞书出版社,合肥:安徽教育出版社,2006,第243页。

　　② 《长编》卷190,嘉祐四年七月丙申,第4577页。

　　③ 程俱《麟台故事》载王陶是与赵彦若一起编校昭文馆书籍(程俱撰,张富祥校证:《麟台故事校证》卷1上《选任》,北京:中华书局,2000年,第247页)。四库馆臣据此以为可补《宋史》王陶本传之缺(永瑢等撰:《四库全书总目》卷79"麟台故事"条,北京:中华书局,1965年,第683页)。《宋史》卷329《王陶传》不载编校馆阁事,《东都事略》卷85《王陶传》则载有编校史馆书籍事。更重要的是范镇所作王陶《墓志铭》,王陶"编校史馆书籍。韩丞相为御史中丞,辟公监察御史里行"(范镇:《王尚书陶墓志铭》,曾枣庄、刘琳主编:《全宋文》第40册,第314页)。

　　④ 据此亦可推知陈襄在《陈洙墓志铭》所载陈洙"未几擢为御史里行"的具体时间当为八月。

稿·崇儒》外,还有两处记事涉及编校之设,系同一事而文字繁简不同。《宋会要辑稿·职官》:

> (嘉祐)六年十二月二十三日,赐辅臣、两制、馆阁官宴于崇文院,宰臣韩琦以下刻石记于院之西壁。先是,诏置编定编校一员,据崇文院《总目》刊正补写。至是写校毕,凡黄本六千四百九十六卷,白本二千九百五十四卷,上之。①

编定官、编校官为同时存在的两职,无共置一员之理,"置编定编校一员"这句话显然有误,可能的原因有二:一是"置"或"一"之前漏"各"字;一是"一"当为"二"。无论何种情况,编校官都只能是一员。《宋会要辑稿·礼》记同一事,误系于天圣六年,作"先是,崇文院白本书岁久多蠹,又散失不完,乃诏馆阁各置编定编校官一员"②。在"置编定编校"前果然有"各"字。故"每馆二员"只有在合编定、编校而言时才是正确的,单指编校则误。

嘉祐四年初,陈襄除为编定书籍官后,不乐于职事之繁,曾上书于宰相富弼,另求闲曹。其中谈到四库书籍浩博,又多讹谬,无有善本,须一一校正,然后传写,"然非一二人之力所能成就",又说:"今昭文楷书自有二十余人,惟编定、编校二员独当其事,早入夜归,应副不逮。"③陈襄所言是指自己所负责的昭文馆而言,他说"惟编定、编校二员",只能作合编定、编校二职总共二员理解。编定、编校,分而言之是每官一员,合而言之是每馆二员,陈襄的信可与《宋会要辑稿·礼》之记载相互印证。可知嘉祐四年二月、六月,三馆、秘阁各置编定官、编校官,彼时之制是每官一员,四馆总八员。

但每馆两人之说并不仅仅见于《会要》。欧阳修在为曾经做过编校秘阁书籍的丁宝臣所作《墓表》中也说:"天子患馆阁职废,特置编校八员,其选

---

① 《宋会要辑稿》职官 18 之 53,第 3502 页。

② 《宋会要辑稿》礼 45 之 34,第 1750 页。

③ 陈襄:《与富丞相书》,曾枣庄、刘琳主编:《全宋文》第 50 册,第 142—143 页。

甚精"①。治平三年(1066),欧阳修上疏论馆阁取士,其中也说道:"新制,馆阁共置编校八员。"②沈括《梦溪笔谈》中亦有"嘉祐中,置编校官八员"的记载③。欧阳修、沈括所言都没有错,因为他们所说的的是当时之制,而非事始。编校所员额有一个从四员到八员的发展过程。那么什么时候编校官的员额定为八员呢?

欧阳修的奏疏已经揭示出编定编校官演变的一些重要信息。他说"天子患馆阁职废",因而"特置编校",却没有提编定官的设置,又说八员之制,乃是"新制"。四馆编校共置八员的新制是与编定官的走向有关联的。嘉祐六年初,初选的四员编定官二年任满。编校所并没有在编定官任满外补后,像最初设定的那样"二年一代",另补四位编定官以代其职,而是取消此职,增四员编校官,仍是保持每馆两员,四馆合计八员之制。此即欧阳修所说的"新制"。丁宝臣编校秘阁书籍是在嘉祐八年九月④,沈括编校昭文馆书籍在治平二年九月,欧阳修论馆阁取士是在治平三年十一月,都是在此"新制"之后。

根据以上分析,《会要》所载"六月,又益置编校官,每馆二员"之说是错误的,其初选四人名单则是准确的;《实录》的"各一员"之说准确,其初选四人名单则有误。李焘《长编》折中两说,各取了《会要》《实录》记载错误的一面。编定官之存废,编校官员额的变化,有一个过程,其重要时间节点是嘉祐六年。《麟台故事》云:"四年,三馆、秘阁各置官编校书籍,率常除足。"⑤其率常除足,在嘉祐六年之前是四人足额,在六年以后是八人足额。

嘉祐六年首批编定官四人二年满任后,编定官不再除授,而以其员额归编校官是合理的。编定所的建立,编定、编校官的设置,除了有勘正图书的实际职事外,也有储才的意图。嘉祐四年所选的编定官同编校官,皆是进士

---

① 欧阳修著,李逸安点校:《欧阳修全集》卷25《集贤校理丁君墓表》,北京:中华书局,2001年,第391页。

② 《欧阳修全集》卷114《又论馆阁取士札子》,第1729页。

③ 沈括撰,金良年点校:《梦溪笔谈》卷1《故事一》,第6页。

④ 《宋会要辑稿》选举33之9,第5884页。

⑤ 程俱撰,张富祥校证:《麟台故事校证》卷3《选任》,第126页。

出身,职能也完全相同。官称两等也不体现在本官高低上。如编校官中,陈
洙、王陶、龚鼎臣、傅卞四人任编校时,分别是太常博士、太子中允、国子博
士、都官员外郎,都已是朝官。而四位编定官中,蔡抗是度支员外郎,官与龚
鼎臣同。苏颂在任编定后才迁为太常博士。陈襄在嘉祐六年时方迁祠部员
外郎。陈绎在熙宁四年正月时,还只是度支员外郎。其差别在于四位编定
官皆已是馆职,以正式馆职的身份担任校勘的工作,而编校官低馆职一等,
工作两年后方有升馆职资格。不论是从职事,还是从养才角度看,编定、编
校官之区分,都没有必要,故而嘉祐六年初选编定官四人任满,不再另选替
人,名额拨归编校官是理之必然。

(三)编校官的选任与管理

编校官名额增为八员不久,其选任资格也发生了变化。此前编校官人
选不限本官高低,京朝官、选人俱可为之。嘉祐四年先后任职的六员中,陈、
王、龚、傅等四人皆朝官,京官、选人各只有一人,即赵彦若、孙洙。嘉祐六至
八年间,以朝官为编校者有二三人,到了治平三年时,欧阳修与英宗论进贤
路狭,其中有云:“新格:置编校官八人,皆用选人。”[①]欧阳修说“皆用选人”
稍有夸大,治平三年时在馆八人中,丁宝臣是唯一的例外。在事后奏进的论
馆阁取人的札子中,欧阳修重新表述为“选新进资浅人”[②],则准确得多。治
平年间的编校官,丁宝臣之外,其他都是京官、选人,以选人为主。从制度设
置之初的六人中选人只有一位,到治平时八人中其七为选人,编校官确是成
了选人晋身馆阁的最主要的途径。

编校官供职两年后,可得馆职。《宋会要辑稿》选举门在记编校始置后,
续云:“须供职二年,即奏取旨后,皆充馆阁校勘。”[③]《宋会要辑稿》崇儒门,
在编定官之后载编校官之设,“及二年者,选人、京官除馆阁校勘,朝官除校
理”[④]。嘉祐四年初选四编校,朝官二,京官、选人各一,本官不同,任职二年后

①　《长编》卷208,治平三年十月甲午条,第5065页。

②　《欧阳修全集》卷114《又论馆阁取士札子》,第1728—1729页。

③　《宋会要辑稿》选举33之9,第5884页。

④　《宋会要辑稿》崇儒4之8,第2819页。

所获馆职也不同,而据《宋会要辑稿·选举》则一律为馆阁校勘,显然错误。《宋会要辑稿·崇儒》所记的根据本官高下,可得校勘或校理等不同馆职应该是最初的制度设计。等到编校官"皆用选人",则二年后升校勘就成为常制了,这就是欧阳修所说的"选新进资浅人,令久任而专一校读。所以先令作编校二年,然后升为校勘(未是正馆职)。为校勘四年后,升为校理(始是正馆职)。为校理又一年,方罢编校,别任差遣"①。

嘉祐四年所除六员编校官,两年后尚在任的只有赵彦若、孙洙。赵彦若不知何故,直到嘉祐八年五月,方为馆阁校勘。孙洙则在嘉祐六年的十一月为馆阁校勘,成为从编校官升校勘的第一人,李焘《长编》云:"编校书籍二年得补校勘自洙始。"②《长编》又说孙洙之为校勘是"从新制也",似二年补校勘是嘉祐六年末方才制定的新制,与《宋会要辑稿》所云不同,可备一说。

孙洙、赵彦若之外,编校官补馆职,《会要》所见有如下数例:嘉祐八年五月,孟恂、孙思恭,并充秘阁校理;嘉祐八年九月,钱藻充秘阁校理,曾巩充馆阁校勘。嘉祐八年九月,丁宝臣为编校秘阁书籍,治平三年五月,充秘阁校理。治平二年九月,林希编校集贤院书籍,沈括编校昭文馆书籍。此后沈括、林希分别于熙宁元年八月、三年五月充馆阁校勘。治平四年七月,梁焘编校秘阁书籍,熙宁二年二月充馆阁校勘③。

以上诸人,仁宗时期,孟恂、孙思恭、钱藻等三人得校理,曾巩得校勘,皆遵循了"及二年者,选人、京官除馆阁校勘,朝官除校理"的规定。丁宝臣得校理,在任职二年半以后。其他几位,沈括得校勘在任职近三年后,而林希则是四年半多。梁焘为编校在神宗即位后,得校勘仅用一年半时间。大体上,仁宗、英宗时期编校官基本上是遵循制度迁补。神宗即位以后,则迟速不同,不次用人的特点突出。

---

① 《欧阳修全集》卷 114《又论馆阁取士札子》,第 1729 页。

② 《宋会要辑稿》选举 33 之 9 载嘉祐八年五月十五日,赵彦若、孙洙"并充馆阁校勘"(第 5884 页)。然《宋会要辑稿》崇儒 4 之 8 载嘉祐六年十二月孙洙已经是馆阁校勘(第 2819 页)。孙洙为校勘,《长编》系于嘉祐六年十一月(《长编》卷 195,嘉祐六年十一月辛未,第 4731 页),当以《长编》为是。

③ 《宋会要辑稿》选举 33 之 9、10,第 5884—5885 页。

编校书籍官制度的厘清,对于我们考证嘉祐时期编校官的人员变动及其在四馆中的分工等有重要作用。

二、嘉祐至熙宁时期之编校官人员考

《宋会要辑稿》崇儒门载有嘉祐六年十二月时,三馆、秘阁同时在馆之编校官7人:孟恂、赵彦若、窦卞、曾巩、钱藻、孙洙、孙思恭。另有"校定小学"太常博士张次立,不在编校官之列。又载有自置局以来,"历差"之人计16人:

> 太常博士陈洙、太子中允王陶、国子博士傅卞、都官员外郎龚鼎臣、国子监说书郑穆、屯田员外郎王猎、宣州太平县令孙觉、屯田员外郎丁宝臣、扬州司理参军沈括、宣州泾县主簿林希、国子监直讲顾临、秘阁校理李常、史馆校勘王存、著作佐郎吕惠卿、知睦州寿昌县事梁焘、崇文院校书王安国,亦造补四馆之职。[①]

《宋会要辑稿》选举门中记载了陈洙、王陶等11人任编校的时间以及王安国任崇文院校书之年,还记载了孟恂、曾巩等5人充馆职之年[②],我们可以根据任满两年得馆职之制,大致推算出其初任之年。不计王安国,合计史料中所见之编校官共22人,其中没有入馆或升馆职记载的6人(窦卞、郑穆、王猎、孙觉、李常、王存),而所有编校官的出馆之年则均无记载。故以下对编校官的考证主要在于其入馆、外补之年,以及各自所分工之馆阁。

现有史料中关于编校官初置时四人之间分工的记载有差异。《会要》和《实录》载初置事,皆不言分工,其排序为:陈、王、赵、孙。《实录》排序为:王、赵、傅、孙。根据墓志资料,陈洙、王陶,分别主昭文馆、史馆。嘉祐四年中所除授诸人中,到嘉祐八年尚在馆的只有赵彦若和孙洙。据《会要》,嘉祐八年五月十五日,"大理评事编校昭文馆书籍赵彦若、杭州於潜县令编校秘

阁书籍孙洙并充馆阁校勘"①。根据以上记载,则四年六月时所除授四人中,编校昭文馆书籍有陈洙、赵彦若两位,而编校集贤院书籍则付诸阙如。这实际上是极不合情理之事,但后人浑然不悟。程俱《麟台故事》载此事云:"嘉祐中,以太子中允王陶、大理评事赵彦若编校昭文馆书籍,国子博士傅卞编校集贤院书籍,杭州於潜县令孙洙编校秘阁书籍;其后又以太平州司法参军曾巩编校史馆书籍。"②程氏不载陈洙,故而出现了王陶与赵彦若并为编校昭文馆的记载,又在四人之后特别地记载了曾巩,其意是补足所缺之史馆之数,却不知王陶本来就是编校史馆书籍,亦不知龚鼎臣之补王陶,根本不必等到两年之后才由曾巩来补足史馆之阙。

《实录》中四人排序与《会要》的共同之处是孙洙排最后,且王、赵、孙的次序相同。其中原因是孙洙是编校秘阁书籍。《会要》记编定、编校官并非随意,而是有特定次序。编定官之设置,蔡抗、陈襄等人"分昭文、史馆、集贤院、秘阁书而编定之",是按照昭文、史馆、集贤、秘阁之序排列③。在嘉祐六年十二月,仁宗赐宴崇文院,以嘉奖馆阁工作之勤,宰臣韩琦以下刻石记于院之西壁,四馆编定官7人次序亦是按照昭文、史馆、集贤、秘阁之序罗列。编校官之设置后于编定官两个月,其诸馆排序原则应该与编定官相同,陈洙、王陶、赵彦若、孙洙当是"分昭文、史馆、集贤院、秘阁书而编校之"。故赵彦若不当与陈洙一起编校昭文馆书籍,而是编校集贤院书籍。七月王陶出馆,龚鼎臣补。八月傅卞入,只能是补陈洙出馆之阙。可能正是在这个时候最早入馆的赵彦若改编校昭文馆书籍,而傅卞则充编校集贤院书籍。

总之,嘉祐四年八月时,最早的两位编校官陈洙、王陶已经外补,在馆的四位编校官是:赵彦若、龚鼎臣、傅卞、孙洙。嘉祐五年,不见有编校官出入记录。但到了嘉祐六年十二月时,四馆编校官7人,分别为:

昭文馆:职方员外郎孟恂、大理评事赵彦若;

① 《宋会要辑稿》选举33之9,第5884页。

② 程俱撰,张富祥校证:《麟台故事校证》卷三《选任》,第127—128页。

③ 《会要》载四馆编定官分工,以蔡抗居首,而据陈襄《与富丞相书》(《全宋文》第50册,142—143页),陈襄当是分管昭文。陈襄的六世侄孙陈晔编《古灵先生年谱》亦载襄是编定昭文馆书籍(吴洪泽、尹波主编:《宋人年谱丛刊》第3册,第1603页)。

史馆：集贤校理窦卞、太平州司法参军曾巩；

集贤院：国子监直讲钱藻；

秘阁：馆阁校勘孙洙、国子监直讲孙思恭。①

两相比较，赵彦若、孙洙依旧，补龚鼎臣、傅卞之阙及新增者5人。有待讨论的问题有二：一是新增补之人的入馆时间；二是根据前文所述，嘉祐六年始，编校官员额定制8人，每馆两人，何以年底名单中只有7人，其中集贤院只有一人？

上列7人中，赵彦若、孙洙两旧人之外，窦卞彼时已是集贤校理，其余孟恂、孙思恭、钱藻、曾巩等四人分别于嘉祐八年五月、九月得校理、校勘等馆职②。根据任职两年后，"选人、京官除馆阁校勘，朝官除校理"的制度，可知孟恂、曾巩等新增诸人是在嘉祐六年的五月至九月间入馆。因为彼时名额已增为每馆二人，可知昭文馆中，孟恂为新增；史馆中，窦卞、曾巩，一为补龚鼎臣之阙③，一为新增；集贤院中，钱藻为新增或者补傅卞之阙；秘阁，孙思恭为新增。

《会要》崇儒所记六年十二月7人名单，是以官、职之高低，记"历差"则是以入馆之先后。故《会要》记"历差"诸人，虽无入馆时间，先后次序却是可靠的。其中在龚鼎臣之后、丁宝臣之前，列有三人：国子监说书郑穆、屯田员外郎王猎、宣州太平县令孙觉，其入馆时间亦当以此为序。

王猎之进与孟恂同时，俱在嘉祐六年。据《长编》，吴奎在翰林，荐王猎可任经筵文馆之职，宰相韩琦说"惟此人与孟恂不通私谒，足见其有守"。王猎遂与孟恂并除编校书籍。嘉祐六年底名单中无王猎，是因为在十月时，王猎已出为宗正寺伴读④。

郑穆，福州侯官人，皇祐五年（1053）进士。据范祖禹《宝文阁待制郑

---

① 《宋会要辑稿》崇儒4之8—9，第2819—2820页。

② 《宋会要辑稿》选举33之9，第5884页。其中孙洙为校勘时间，如前所论，当从《长编》。

③ 龚鼎臣在嘉祐六年七月前已为同知谏院，见《长编》卷194，嘉祐六年七月己亥条，第4692页。

④ 《长编》卷195，嘉祐六年十月癸巳条，第4728页。按：据《会要》，孟恂初为编校，当为员外郎，非为郎中。

公(穆)墓志铭》,郑穆初仕为河南府寿安主簿,有诏待任满以后为国子学官。久之,以前诏"召为国子监直讲,除编校集贤院书籍。岁满[充]馆阁校勘,累迁太常博士"①。郑穆以国子监直讲除编校集贤院书籍,岁满后得馆阁校勘,则其在馆时间至少在两年以上。据《会要·选举》,嘉祐七年正月八日,"馆阁校勘郑穆"与孙洙等人一起考试国子监举人②。郑穆在七年正月已经是馆阁校勘,再据《会要》所记"历差"次序其入馆又在王猎、孟恂之前,可知其入馆任编校官必在嘉祐四年底之前,如此则是替傅卞之阙。《墓志铭》续云郑穆"改集贤校理。求外补,得通判汾州"。据文意,其集贤校理亦是得自编校任上。又据曾巩《相国寺维摩院听琴序》,治平三年夏,与同舍之士听琴于"相国寺之维摩院",同舍之士,"丁宝臣元珍、郑穆闳中、孙觉莘老、林希子中,而予曾巩子固也"③,则治平三年时郑穆尚在馆。综上,郑穆可能是在嘉祐四年底前入馆编校集贤院书籍,替傅卞,约在熙宁初出馆。嘉祐六年底,《会要》所载12月的八人名单中失载,可能当时不在馆,别有他故④。确定了郑穆在嘉祐六年时为编校集贤院书籍,且孟恂编校昭文馆,则知与孟恂同进的王猎,当时是编校史馆,替龚鼎臣阙,及王猎出,窦卞补。

孙觉,高邮人,皇祐元年(1049)进士。《宋史》本传载:"嘉祐中,择名士编校昭文书籍,觉首预选,进馆阁校勘。"⑤所谓"首预选",自是夸大之言。其所分工之馆,《宋史》本传所载为昭文馆,然据《会要》则是史馆。王安石作有孙觉迁著作佐郎制词,编入文集时,定名为《奏举人编校昭文馆书籍孙觉著作佐郎制》,首云"先帝置校雠之官,所取皆天下望士"⑥,则其时在安石嘉祐八年八月去职之前。又据《会要》,英宗治平元年七月十七日,"直集贤院

———————————

① 范祖禹:《宝文阁待制郑公墓志铭》,曾枣庄、刘琳主编:《全宋文》第99册,第24页。

② 《宋会要辑稿》选举19之13,第5627页。

③ 曾巩撰,陈杏珍、晁继周点校:《曾巩集》卷第13《相国寺维摩院听琴序》,北京:中华书局,1984年,第212页。

④ 嘉祐以后之编定、编校官中,陈绎、林希、沈括等人都有在职时期丁忧的明确记载,郑穆之事或许类此。

⑤ 《宋史》卷344《孙觉传》,第10925页。

⑥ 王安石:《奏举人编校昭文馆书籍孙觉著作佐郎制》,王水照主编:《王安石全集》第6册,上海:复旦大学出版社,2016年,第959页。

韩维、秘阁校理文同、钱藻、编校史馆书籍孙觉考试国子监举人"①，根据此两条记载，孙觉在治平元年时尚未进馆阁校勘，前推两年，则其为编校官必在嘉祐七年。如果孙觉是编校昭文馆，则当是替孟恂，若是编校史馆，则是替窦卞。孟恂事迹无考。窦卞自编校史馆出知绛州，治平三年时已为开封府推官。考窦卞为嘉祐二年进士第二人，嘉祐六年四月学士院召试，为太子中允、充集贤校理②，其编校史馆时已经是朝官、校理，无久任编校之理，其出外必早。再则，《南齐书》校正目录序中，孟恂、孙觉俱列名其中，知孙觉曾与孟恂共事，则孙觉应该是替窦卞为编校史馆书籍，《会要》所载得实。

《会要》载"历差"诸人中有秘阁校理李常、史馆校勘王存两人。李、王两人曾任编校书籍官的记载，《会要》中仅见此处，在《宋史》《东都事略》《长编》等资料中均无记载。李常，皇祐元年进士，他曾经为编校史馆书籍亦见于秦观所撰《行状》以及苏颂撰《墓志铭》③。王存，庆历六年进士，据曾肇撰《王学士存墓志铭》，他是因赵康靖公（赵㮣）荐，召试，擢秘书省著作佐郎、馆阁校勘，"校集贤院书籍"，不云"编校集贤院书籍"④。

按照《会要》记"历差"编校官的次序，李常、王存在顾临之后，吕惠卿之前。顾临何时任编校官也没有记载，据《会要》，熙宁元年九月二十九日，大理寺丞、编校秘阁书籍顾临充馆阁校勘⑤。如果按照任满两年迁校勘的旧规，顾临大致是在治平三年九月编校秘阁书籍。若比照比顾临早一个月充馆阁校勘的沈括，则其时约在治平二年九月。治平初编校秘阁的有孙洙、丁宝臣两人。孙洙至治平二年时，已经在馆满七年，且丁宝臣四年初尚在馆，故顾临极可能是在治平二年任编校官，替孙洙。丁宝臣卒于治平四年四月。七月十九日，试秘书省校书郎、知睦州寿昌县梁焘编校秘阁书籍，著作佐郎、充

---

① 《宋会要辑稿》选举 19 之 14，第 5628 页。

② 《宋会要辑稿》选举 31 之 35，第 5859 页。

③ 苏颂著，王同策、管成学、颜中其等点校：《苏魏公文集》卷 55《龙图阁直学士知成都府李公墓志铭》，第 841—842 页。秦观：《故龙图阁直学士中大夫知成都军府事管内劝农使充成都府利州路兵马钤辖上护军陇西郡开国侯食邑一千一百户食实封三百户赐紫金鱼袋李公行状》，曾枣庄、刘琳主编：《全宋文》第 120 册，第 166—167 页。

④ 曾肇：《王学士存墓志铭》，曾枣庄、刘琳主编：《全宋文》第 110 册，第 126 页。

⑤ 《宋会要辑稿》选举 33 之 10，第 5885 页。

三司检法官吕惠卿编校集贤院书籍①。梁焘显然是补丁宝臣之阙。治平四年初编校集贤院书籍有林希、郑穆两人。林希一直到熙宁八年尚在职②，则吕惠卿编校集贤院书籍极可能是替已在馆八年多的郑穆。吕惠卿编校集贤院书籍直到熙宁二年十月③，其间王存一直在馆，因此若此前王存入馆为编校集贤院书籍，则集贤院就有三员编校之额，此不合制度，亦不合情理。李常、王存为编校官的真实性存疑。

李常入馆之时已经是秘阁校理，王存已是史馆校勘。他们两人馆职之获得是缘于治平四年闰三月的学士院召试。神宗即位初的这次召试，是英宗治平三年末一次未完成的较大规模召试的后续。

治平三年十月，欧阳修上疏论馆阁取士，认为馆阁取人，旧有三路，已塞其二，"自置编校后，适值馆阁取人之路渐废，今议者遂只以编校为取士新格"，且"今编校限以八员为定，以此待天下之多士，宜其遗材于下矣。八员之内，仍每七年方遇一员阙而补一人，以此知天下滞材者众矣"。编校官之制成为入馆必经之路，"此外未尝有所擢用"。欧阳修提出的办法是"编校八员自可仍旧，每有员阙，令中书择人进拟"，同时复馆职召试之制，"牢笼天下英俊之士……悉召而且置之馆职，养育三数年间，徐察其实，择其尤者而擢用之"④。英宗从其言，令宰执韩琦、曾公亮、欧阳修、赵槩等四人各举五人，共举蔡延庆、夏倚等 20 人，李常、王存、刘攽、安焘等人皆在其中。所举 20 人皆令召试，因为人多，分批进行。治平三年十一月六日，召试权提点陕西刑狱、度支员外郎蔡延庆等十人，余须后试。自治平三年十一月至熙宁五年十月，经过先后六次召试，试毕全部 20 人，其中除了夏倚、章惇外，其余 18 人

---

① 《宋会要辑稿》选举 33 之 10，第 5885 页。

② 林希在治平四年因祖母去世当解官持服，但保留其职，参见曾巩撰、陈杏珍、晁继周点校：《曾巩集》卷 45《天长县君黄氏墓志铭》，第 609 页；林希：《谢馆阁校勘启》，收入吕祖谦编、齐治平点校：《宋文鉴》卷 122，北京：中华书局，1992 年，第 1713 页。

③ 熙宁二年十月甲午朔，著作佐郎、编校集贤书籍吕惠卿为太子中允、崇政殿说书。后九日，又加集贤校理（杨仲良：《皇宋通鉴长编纪事本末》卷 61《吕惠卿奸邪》，《续修四库全书》386，上海：上海古籍出版社，2002 年，第 515 页）。

④ 《欧阳修全集》卷 114《又论馆阁取士札子》，第 1728—1729 页。《长编》卷 208，治平三年十月甲午，第 5065 页。

皆得馆职 ①。

由此可见，治平四年吕惠卿、梁焘两人的编校书籍，遵循的就是欧阳修所说的"编校八员自可仍旧，每有员阙，令中书择人进拟"。所用还都是欧阳修说的"资浅人"。而 20 人的召试馆阁则是欧阳修所说的"大臣荐举"，实时召试之途，是当时馆阁取人的不同途径。一经召试，即补馆职。而在嘉祐时期，同样的情况是充编校，六年后方能得馆职。故而，李常、王存分别以秘阁校理、馆阁校勘校书馆中，无需假"编校"之名。王存《墓志》中所载的"校集贤院书籍"，是其职事所在，并非实任"编校集贤院书籍"。《宋史全文》载熙宁二年九月诏阁门引吕惠卿、王存登对，所记两人之职分别为"编校

---

① 《长编》《会要》均载治平三年十一月六日，"召试权提点陕西刑狱、度支员外郎蔡延庆等十人，余须后试"（《长编》卷 208，治平三年十月甲午，第 5065 页。《宋会要辑稿》选举 31 之 36，第 5860 页）。按："召"，当为"诏"。该日有诏召试，实际上的召试则是始于明年闰三月，彼时神宗已即位。据《会要》《长编》资料，六次召试如下：1. "学士院言屯田员外郎夏倚、雄武节度推官章惇，诗赋中等。诏以倚为江南西路转运判官，惇为著作佐郎。倚及惇皆治平三年十月两府所荐者，及是召试，而御史吕景、蒋之奇言倚素无学术，尝任麟倅败事。惇佻薄秽滥，向以擢第不高，辄掷敕于廷。皆不可奖。故不除馆职。"（《长编》卷 209，治平四年闰三月庚子条，第 5087—5088 页）2. 治平四年闰三月"二十八日，学士院试著作佐郎胡宗愈、太常丞张公裕、殿中丞李常、屯田员外郎刘攽、著作郎王存，诗、赋入等，诏宗愈充集贤校理，公裕、常并充馆阁校理，攽、存并充馆阁校勘"。（《宋会要辑稿》选举 31 之 36，第 5860 页）"丙午，屯田员外郎刘攽、著作佐郎王存为馆阁校勘，太常丞张公裕、殿中丞李常为秘阁校勘，著作佐郎胡宗愈为集贤校理，并以召试学士院诗赋入等也。"（《长编》卷 209，治平四年闰三月丙午条，第 5089 页）3. 治平四年"九月六日，学士院试屯田员外郎王汾，赋、诗中等，诏充秘阁校理。汾以先朝得旨召试故也"。（《宋会要辑稿》选举 31 之 37，第 5860 页）4. 熙宁"二年六月二十八日，学士院试职方员外郎王介、太常博士安焘，策、论稍优，著作郎蒲宗孟、陈侗、光禄寺丞朱初平策、论稍堪，介、焘充秘阁校理，余充馆阁校勘。介等皆先朝得旨召试故也"。（《宋会要辑稿》选举 31 之 37，第 5860 页）5. 熙宁三年四月二十三日，"学士院试虞部员外郎苏棁、秘书丞陈睦、秘书郎李清臣、江宁府推官刘挚，策、论优，诏棁、睦、清臣并充集贤校理，挚充秘阁校勘。棁等皆先朝得旨召试故也"。（（《宋会要辑稿》选举 31 之 37，第 5860—5861 页；《长编》卷 210，熙宁三年四月癸未条，第 5108 页）6. 熙宁五年十月八日（按：《宋会要辑稿》选举 33 之 13 作九月八日，疑是，《长编》亦作九月），"学士院试光禄寺丞黄履，策、论入等，诏充秘阁校勘。履以先朝得旨召试，丁忧，服阙，始命试之"。（《宋会要辑稿》选举 31 之 37，第 5861 页；《长编》卷 238，熙宁五年，第 5797 页）蔡延庆、叶均与章惇等均是在第一次召试之列，惟夏、章二人遭言官论列，不除馆职，可知尽管史籍管籍失记，蔡、叶当是得除馆职。

书籍"校勘"①,区分得很清楚。大概李、王两人入馆后,分别校书于史馆、集贤院,遂被后人误认作"编校"。与李、王二人属于同类情况的是刘攽、安焘,是同一批被荐获召试而得馆职,也都校书于馆阁中,但都不假编校之名。《会要》选举三三之九、十载历差编校官,吕惠卿之前恰无李常、王存,恐怕并不是偶然遗漏。

《会要》记"历差"诸人的最后一人是王安国,其文曰:"……知睦州寿昌县事梁焘、崇文院校书王安国,亦造补四馆之职。"②"造补"不词,似当为"选补"。"梁焘"之后的句读,《宋会要辑稿》以及《宋会要辑稿·崇儒》等两种点校本皆做顿号,似当为句号,因为"亦造补四馆之职"仅是指王安国一人。王安国的特殊之处在于,他入馆时不是任编校书籍官,是为崇文院校书,而后者是神宗熙宁时新设之官。

编校官制度实际上在神宗即位之初已经实质上终结。自吕惠卿、梁焘补了编校官之阙后,就再也没有除授过。在馆诸人皆有出无补,如曾巩在熙宁二年出为越州通判,吕惠卿同年九月任崇政殿说书,俱无替人。与此同时,神宗新设了崇文院校书一职。

熙宁二年(1069)九月,御史中丞吕公著推荐著作佐郎张载、前河南府永安县主簿邢恕二人,召对后,两人先后被任命为崇文院校书。此为崇文校书设置之始。校书在馆供职二年,"非以故罢黜者,皆充馆阁校勘"③。二人的身份皆属于"资浅人",供职二年补校勘之制也与编校官相同,然而神宗不除二人为编校官而另设"崇文校书"新职,当是有渐废编校官之意,编校官此后不再除授,校书取代了编校官,其职能与制度用意也与编校官有异。十一月三日,初设崇文校书的诏令云:"今后应选举到可试用人,并令崇文院校

---

① 佚名撰,汪圣铎点校:《宋史全文》卷11,北京:中华书局,2016年,第652页。

② 《宋会要辑稿》崇儒4之8—9,第2819—2820页;苗书梅等点校:《宋会要辑稿·崇儒》,郑州:河南大学出版社,2001年,第221页。

③ 二人之除,史籍记载不一。《宋会要辑稿》选举门载两人是"并特命为崇文院校书"(《宋会要辑稿》选举33之11,第5886页);《宋会要辑稿》职官门载十一月三日,置崇文院校书,"初除河南府应安县主簿邢恕"。张载之除则是在闰十一月壬寅(《宋会要辑稿》职官18之53,第3502页)。据《宋史》,熙宁二年置"崇文校书",始除河南府永安主簿邢恕(《宋史》卷162《职官四》,第3875页),又据《宋史全文》,张载除校书在闰十一月壬寅,与《辑稿》同。则两人当非并除。

书,以备朝廷访问差使。候二年取旨,或除馆职,或升擢资任,或只与合入差遣。"① 可见校书设置的目的是储才,"以备朝廷访问差使"。校书相对于编校官制度的差异就在于一则不专主于校勘,二则无员额限制。这两点显然都是为了发挥馆阁储备人才的作用。

自邢恕、张载之后,为崇文院校书者,熙宁三年有前陕州陕县令范育,四年有知开封府阳武县崔公度和前武昌军节度推官王安国。王安国在熙宁四年十月因为得到翰林学士韩维的推荐,得以补崇文院校书②。崔公度为崇文院校书,实际职任是编修三司令式删定官③,王安国则应当是在馆与编校官共事,《会要》云安国"亦造补四馆之职",所指即是其与编校官一起校勘四馆书籍之职任。两年任满后,熙宁六年十一月,参知政事冯京、王珪荐其学行,王安国为著作佐郎、秘阁校理。制度上规定崇文院校书二年,乃除馆阁校勘,安国两年后却是得校理,属于特恩④。

神宗即位以后,扩大馆阁储才之功能,是神宗同王安石君相二人共有的想法。神宗即位不久,即召试英宗末年宰执所荐举之人,当年末又下诏要求举荐更多的人才⑤。王安石在熙宁二年任参政时上札子论馆职说"今馆职一除乃至十人,此本所以储公卿之材也",而其患在于君主"不亲考试以实故也",提出要"考试以实而加以职""随其材之所宜任使",能者进,不足者罢,如此则"所置虽多,亦无所害也"⑥。熙宁二年十二月癸未(二十一日),神宗君臣之间有一对话:

> 神宗:"孙觉近日议论全别,称张载学问不在吕惠卿下,觉专附吕公

---

① 《宋会要辑稿》职官18之53,第3502页。又见职官18之3,第3472页。

② 《长编》卷227,熙宁四年十月壬申条,第5531页。

③ 《宋会要辑稿》选举33之13,第5887页。

④ 《长编》卷248,熙宁六年十一月戊午条,第6045页。

⑤ 治平四年十一月乙未(二十一日),诏曰:"方今中外群才,辐凑并进,不为不多,尚虑藏器抱道之士,沉于下僚,郁而未伸。宜令内外官各举所知二人,见任两府三人。或耻于自媒久淹下位,或偶因微累遂及同行者,咸以名闻。"彭百川撰:《太平治迹统类》卷12《神宗圣政》,扬州:广陵古籍刻印社影印民国刊本,1990年,第250页。

⑥ 王安石:《论馆职札子》,王水照主编:《王安石全集》第6册,第797—800页。

著。"

安石:"令载鞫狱,自是陛下意,中书本不差。"

神宗:"本置校书,政欲如此差也。"①

张载在一个多月前刚刚新除崇文校书,他以"学得修身事君之大要,久在陕西,一方士人以为师表"被荐,召对后为校书郎,任职月余却被神宗派遣鞫狱。"本置校书,政欲如此差也",一语道破校书郎设置的制度精神。

综上,嘉祐至熙宁时期之四馆编校官制度共存在了17年。自嘉祐六年起,行每馆两人之制,有阙即补,至熙宁二年有阙不补,另设崇文院校书一职,编校官制度渐废。其间担任过编校官者计20人,递补关系,略如下表(表1):

表 1　嘉祐至熙宁时期四馆编校官表

时间		昭文馆	史馆	集贤院	秘阁
嘉祐四年	六月	陈洙	王陶	赵彦若	孙洙
	七月		龚鼎臣		
	八月十八	（王）	（赵）	傅	孙
	八月	赵彦若	龚鼎臣	傅卞	孙洙
嘉祐五年			赵彦若	龚鼎臣	郑穆	孙洙
嘉祐六年	五月	赵彦若、孟恂	王猎、曾巩	郑穆、钱藻、	孙洙、孙思恭
	十二月	赵彦若、孟恂	窦卞、曾巩	郑穆、钱藻	孙洙、孙思恭
嘉祐八年	五月	赵彦若、孟恂	孙觉、曾巩	郑穆、钱藻	孙洙、孙思恭
	九月	赵彦若、孟恂	孙觉、曾巩	郑穆、钱藻	孙洙、丁宝臣
治平二年	九月	赵彦若、沈括	孙觉、曾巩	郑穆、林希	顾临、丁宝臣
治平四年	七月	赵彦若、沈括	孙觉、曾巩	林希、吕惠卿	顾临、梁焘
熙宁八年	二月			林希	梁焘

---

① 杨仲良撰:《皇宋通鉴长编纪事本末》卷61《吕惠卿奸邪》,第515页。

结　语

　　以上主要考察了北宋中期编校所制度中编定官、编校官的设置、员额、人选与迁转等制度相关问题，简单总结如下。仁宗嘉祐四年二月置编校所，校写三馆、秘阁书籍，初设编定官，员额四人；六月增设编校官，员额亦为四人。史籍中关于编校官设置之初的三馆秘阁各二员之说，实为合编定官、编校官而言。编校所制度变化主要是在嘉祐六年。编定官在嘉祐六年不再除授，其原编制四人拨归编校官，编校官至此始定制八人，每馆两人。其人选，也由最初的京朝官、选人皆可，改变为以选人为主，选人任编校两年后，可得馆阁校勘。其选补，是"率常除足"，有阙即补，即最初是维持四人之数，嘉祐六年后是维持八人之数，故正常情况下，基本保持编校书籍八人同时在馆。英宗治平时期沿袭嘉祐制度，至神宗时，编校官增补两人后便有阙不补，不再除授。故尽管编校所至熙宁八年罢局，编校官实际上只剩两人。编校官在嘉祐后期至熙宁初，成为选人进入馆阁的最重要途径，至熙宁二年新设崇文院校书一职后，编校官制度渐废。

北宋元丰改制新探:以章奏运行为中心[*]

王化雨

　　北宋神宗元丰五年(1082),宋廷对中枢决策、行政体制进行了一次大幅度改动。旧宰辅机构中书门下被三省取代,其余机构、制度也均有不同程度变化。元丰改制是宋代乃至中国古代史上一次较为重要的制度改革,学界对此已经有不少研究[①],但与之相关的若干问题,如改制究竟对中枢政务运行产生了何种影响? 体现着最高决策者的哪些实际考量? 如何对元丰新制的历史地位予以评定? 仍待进一步厘清。

　　* 本文系教育部重点研究基地重大项目"10—13世纪政治与社会再探研"(22JJD770005)阶段性成果。

　　① 参见张复华:《北宋中期以后之官制改革》,台北:文史哲出版社,1991年;田志光:《北宋宰辅政务运作与决策研究》,北京:人民出版社,2013年;方诚峰:《北宋晚期的政治体制与政治文化》,北京:北京大学出版社,2015年;龚延明:《北宋元丰官制改革论》,《中国史研究》1989年第4期;刘后滨:《正名与正实:从元丰改制看宋人的三省制理念》,《北京大学学报(哲学社会科学版)》2011年第2期;王化雨:《北宋后期三省奏事班次考》,《北京大学学报(哲学社会科学版)》2013年第2期;古丽巍:《北宋元丰改制重塑尚书省的过程》,《中国史研究》2015年第2期。

臣僚向君主奏报政务的章奏文书①，在宋代中枢政务运行中发挥着重要功能，是君主、宰辅的重要信息来源和施政依据。改制前后宋廷中枢章奏运行方式的变化，新旧宰辅机构分别在章奏运行中发挥的功能，直接反映出新旧体制的异同，值得作进一步分析。宋代章奏运行过程，大体包括通进——降出两个环节，以下依次加以论述②。

一、改制前中书门下与章奏运行

宋代臣僚将政务信息写为奏状、札子等章奏文书后，须通过若干环节将之传递到禁中，继而再从禁中降付给宰辅机构，由后者协助君主处理。章奏在通进过程中是否须经过宰辅机构？禁中又是通过何种方式将章奏降出给宰辅？直接关系着君主与宰辅的信息掌控。

先看章奏通进。元丰改制前，地方官员的章奏须先传至进奏院，进奏院将之交付给银台司；在京官员的章奏多须付阁门司。银台司、阁门司再将章奏汇总到通进司，传入宫中。部分官员也有权直接赴通进司投进章奏③。上述几个机构和中书门下之间，并不存在直接隶属关系。这几个机构在传递章奏时，也并不经由中书门下：

> 通进司，掌受银台司所领天下章奏案牍，及阁门在京百司奏牍、文武近臣表疏，以进御，然后颁布于外。银台司，掌受天下奏状案牍，抄录其目进御，发付勾检，纠其违失而督其淹缓。④

上引史料对诸机构间的文书传递流程交代得很清楚。进奏院——银台司——通进司，以及阁门司——通进司之间，不存在其他环节。通进司汇总各处章奏后直接传入宫中，也不经其他机构中转。中书门下并非章奏通进的必经环节。

---

① 参见傅礼白：《宋代的章奏制度与政治决策》，《文史哲》2004 年第 4 期；李全德：《通进银台司与宋代的文书运行》，《中国史研究》2008 年第 2 期。

② 宰辅在得到章奏后，往往还需"进呈取旨"。相关问题参见王化雨：《面圣：宋代奏对活动研究》下编第一、二章，北京：生活·读书·新知三联书店，2019 年。本文不赘。

③ 李全德：《通进银台司与宋代的文书运行》，《中国史研究》2008 年第 2 期。

④ 脱脱等：《宋史》卷 161《职官志一》，北京：中华书局，1977 年，第 3781 页。

从其他一些事例中，我们亦可看出改制前中书并不介入章奏通进。太宗朝，宰相卢多逊势大，"（田）锡初从幸大名，欲献平戎歌，多逊许之，始得进御。又尝诣阁门献书，请皇帝东封，其书不实封，且言已白多逊，阁门吏乃受其书"①。卢多逊虽只手遮天，但也无权让田锡将章奏直接给自己，再由自己交给皇帝，而仅能让田在投进章奏前向自己告知相应情况。田锡章奏仍是由阁门司而非中书门下入内的。

又，仁宗曾曰："比日上封言政事得失者少，岂非言路壅塞所致乎？其下阁门、通进银台司、登闻理检院、进奏院，自今州县奏请及臣僚表疏，毋得辄有阻留。"②这番话表明，皇帝心中可能会对章奏传递构成障碍的机构，并无中书门下。这也说明中书门下与章奏通进无直接关联。

中书门下不能介入章奏通进，降低了宰辅拦截章奏、"壅蔽"君主的概率，有助于君主全面知晓外情。同时，中书宰辅既无由插手章奏通进，则他们要想了解章奏的情况，往往只能依靠君主降出章奏。君主可以通过或降出、或留中，来控制信息向宰辅的流动。又，章奏在通进过程中不经由中书，故只要君主不将章奏降出，宰辅就很难了解相关信息。即便章奏中含有宰辅不乐见的内容，撰写者也不必过于担心遭到宰辅打压。卢多逊式的权臣，毕竟不会太多。仁宗曰："恐言事之臣有所顾忌。御史台、谏院，其务尽鲠直，以箴阙失。仍令通进司，或有章奏，画时进入，必当亲览，或只留中。"③"留中"即不降出。君主可通过承诺"留中"，来打消臣僚的焦虑，与中书不能插手章奏通进是直接相关的。

在北宋中前期，还是有少量章奏没有进入禁中，就被文书机构直接交给了中书门下。如乾兴元年（1022），朝廷称"诸处奏到见禁文状并断讫公案，自来承进银台司先送中书，后送刑部看详，虚滞日数。宜令承进银台司自今更不送中书，直送刑部"④。当时为避太后父讳，改通进为承进。从这条史料看，有

①　李焘：《续资治通鉴长编》（简称《长编》）卷22，太平兴国六年九月壬寅，北京：中华书局，2004年，第495页。

②　《长编》卷173，皇祐四年四月庚寅，第4176页。

③　《长编》卷172，皇祐四年正月丙寅，第4130页。

④　《长编》卷99，乾兴元年十一月癸巳，第2304页。

部分诸司奏报的章奏，通进银台司没有将之送入禁中，就直接给了中书门下。之所以如此，君主的主要目的应是为了提高文书运行的效率。毕竟相比进入禁中后再降出给中书，由通进银台司在通进过程中直接转发费时更少。

当然，这种运作方式也使得中书宰辅操控相关信息的机会有所增大。不过也应看到，其一，这类由文书机构直接送中书的章奏，在史料中并不多见，在所有章奏中占的比例不会很大。其二，如"断讫公案"之类的章奏，重要性有限。即便入内，君主一般也不会亲阅，所以由文书机构直接将之交付中书，实际并不会对君相的权力分配产生太大的影响。事实上，这类文书到了中书后，宰辅也未必会亲阅。如乾兴元年宋廷令文书机构不将"断讫公案"交中书，而是直接给刑部，显然不是为了限制宰辅的权力，而是因为送中书并无实际意义。对于当时中书宰辅操控章奏信息的能力，不宜高估。

再看章奏降出。章奏进入禁中后，若君主不予留中，则会被交付给宰辅机构看详。宫中负责降出章奏的机构是尚书内省："内则尚书内省籍其数以下有司。"① 尚书内省将章奏交通进司，通进司"颁布于外"②，交给中书门下③。这条章奏降出的途径，包含的环节不多。按史籍规定，在尚书内省和通进司，章奏通常各只需耗费一日④，效率不低。这有助于宰辅能及时处理信息，协助君主做出决策。

章奏降付至中书门下，由中书门下生事房收接，继而分发给堂后诸房，诸房胥吏预裁后报之宰辅决断⑤。北宋中前期，宰辅每日在中书门下有两次聚议，其余时间各自分厅办公⑥。重要文书胥吏在宰辅聚厅时呈报，以使得诸宰辅皆能知晓。普通文书则于分厅办公时呈报。然即便是分厅时呈报，也须告知所有宰辅。魏了翁记，元丰以前若宰执下班归家而中书临时有事须立即行遣，胥吏须"抱文书走诸第"⑦。以此推之，宰执在中书时，胥吏也须

---

① 徐松辑：《宋会要辑稿》职官 2 之 26，北京：中华书局，1957 年。

② 《宋会要辑稿》职官 2 之 29。

③ 参见李全德：《通进银台司与宋代的文书运行》，《中国史研究》2008 年第 2 期。

④ 《宋会要辑稿》职官 2 之 39。

⑤ 《宋会要辑稿》职官 3 之 5。

⑥ 参见张祎：《北宋前期中书宰执的工作日程》，《中国史研究》2018 年第 4 期。

⑦ 魏了翁：《鹤山先生大全集》卷 18《应诏封事》，四部丛刊本。

"抱文书走诸厅"。这种做法，保证了每一位宰辅的知情权，是集体负责原则的折射。

也应指出，胥吏在分厅呈送文书时，往往首先会送至首相处。首相有时会利用这种便利，率先做出指示，从而影响章奏处理的最终结果，真宗朝：

> 有朝士述陈劳效，乞升奖，公（王旦）已判收了。丁谓参预政事，窃主此人，语堂吏曰："俟聚坐再呈。"一日，丁顾堂吏，欲出其状，公叱之曰："此是若人文字，向已不行。"谓惶惧，谢曰："不合如此。"①

丁谓"俟聚坐再呈"之语，说明之前首相王旦"已判收了"是在分厅治事时进行的。首相处理章奏的优先权，可见一般。此外，改制之前还有中书首相藏匿某些章奏的事例，如仁宗朝，庞籍上奏抨击范讽，"宰相李迪雅善讽，寝不报"②。李迪时为首相，应是利用自己在看详章奏时的优先权，实现藏匿章奏的。可以说，中书首相在掌控章奏信息方面较同僚有一定优势。当然，这种优势也不宜估计过高。即便首相率先处置或藏匿了某些章奏，同僚也未必全然不知，还有提出异议的机会。丁谓事即是例证。

总之，元丰改制前，中书门下不直接介入章奏通进，主要通过君主降出章奏来掌握相关信息。宰辅在处置章奏时实行集体负责，虽然首相有一定优先权，但全体长贰的知情权基本能得到保证。

二、改制后三省与章奏通进

元丰五年，尚书、中书、门下三省取代了中书门下，成为新的宰辅机构。章奏运行的流程亦随之有所变化。诸文书机构中，银台司在改制后被废罢。该司职能归于门下省。《宋会要辑稿》载：

> 门下省受天下成事……凡进奏院章奏至，则受而通进，俟其颁降，

---

① 王素著，张其凡、张睿点校：《王文正公遗事》，北京：中华书局，2017年，第55—56页。
② 《长编》卷115，景祐元年八月壬午，第2698页。

则分送所隶官司。①

改制前接受进奏院传来的地方官章奏并将之上呈是银台司的职事，改制后由门下省负责。门下省下辖有章奏房，专门负责章奏的收接、传递。该省在接到进奏院章奏后，会将之交通进司入内。《宋史·职官志一》载：

> 通进司，隶给事中，掌受三省、枢密院、六曹、寺监百司奏牍，文武近臣表疏及章奏房所领天下章奏案牍，具事目进呈，而颁布于外。②

"章奏房"即门下省章奏房。从上引史料看，改制之后，宰辅机构之一门下省直接介入到了章奏通进中，成为通进过程中一个必经环节。宰辅机构获得了章奏通进职权，可说是改制带来的一个重要变化。

何以神宗要将银台司的职事转给门下省？原因有二。首先，改制前银台司存在种种弊端。太宗淳化年间，向敏中指出银台司"受远方疏多不报，恐失事几"③。神宗熙宁（1068—1077）时期，看详银台司文字所也曾对银台司传递文书花费时间过多之弊进行过指责④。银台司一直存在效率不高、玩忽职守的问题，对于文书行政势必造成负面影响。神宗在改制后，将银台司职事转交地位更高的宰辅机构负责，无疑有"防弊"的考虑。

其次，北宋前中期，随着社会的发展及中央集权程度的加深，汇总到中央的地方官员章奏数量日渐增加。神宗前期，"进奏院逐日赴银台司投下诸路州军等处状不下四五百道"⑤，数量非常庞大，且不少章奏其实只是"诸处逐旬降雨雪"之类不需要君主立即处理之事⑥。这种情况，会令君主被大量琐细事务所困扰，无法集中时间精力去处置要务。熙宁二年，神宗命范镇、程颢等组成看详银台司文字所，审核银台司"日进文字数目，定夺当进与不当

---

① 《宋会要辑稿》职官 2 之 2。
② 《宋史》卷 161《职官志一》，第 3781 页。
③ 《长编》卷 34，淳化四年八月癸酉，第 752 页。
④ 《宋会要辑稿》职官 2 之 39。
⑤ 《宋会要辑稿》职官 2 之 39。
⑥ 《宋会要辑稿》仪制 7 之 24、职官 26 之 3。

进,并合减罢名件以闻"①。说明最高决策层意识到了相关问题,并试图控制进入禁中的地方官员章奏数量。

看详银台司文字所的效能似乎不错,原本巨量的地方章奏,"自本所掣画减废","后来状数稀少","诸处逐旬降雨雪"之类章奏被该所规定不再进入禁中②。然该所只是一个临时设置的机构,不可能长期存在,完成任务之后,随着时间推移,地方上奏的章奏数量难免不会再次膨胀。对于宋廷而言,长久之计是要在章奏通进过程中设置一个制度性的过滤阀,"定夺当进与不当进",将不需通进的章奏及时过滤掉。门下省作为宰辅机构,权力大、地位高,且其职能与最高决策密切相关,较普通文书传递机构更有能力判断哪些章奏该进,哪些不该进,正可充当这个过滤阀。

在史料中,可以找到改制后门下省宰辅"过滤"章奏的事例。绍圣时期,范纯仁遭外放:

> 在随几一年,州事毫发必亲,客至,谈笑终日无倦色。公素苦目疾,忽全失其明,因上表乞致仕。章惇戒堂吏不得上,盖惧公复有指陈,终有移上意。③

当时章惇为左仆射兼门下侍郎,是门下省长官,"堂吏"显然指门下省章奏房胥吏,"不得上"则是指不将之交给通进司传入禁中。这条史料证明,改制后地方官的章奏能否进入禁中,很大程度上受门下省宰辅左右。

门下省宰辅认为不当进入禁中的章奏,部分可能会直接"寝之"。另有不少当如同改制前通进银台司直接交给中书门下的章奏那样,被直接交给其余两省,尤其是负责行政事务的尚书省。在史料中,有若干元丰改制后尚书省向君主奏陈地方官员章奏内容的事例。如元祐元年(1086)三月,尚书省奏:"请自今奏强劫十人凶恶或军贼五人以上,合降朝旨收捉者,更不送刑部。"④六月,尚书省言:"近有司奏差踏逐官吏短使,不以闲剧,例乞不拘常

---

① 《宋会要辑稿》职官2之39。

② 《宋会要辑稿》职官2之39、26之3。

③ 李之仪:《范忠宣行状》,载于《范忠宣集》卷20,北京:北京图书馆出版社,2005年。

④ 《宋会要辑稿》职官4之9。

制。"① 宣和五年（1123），尚书省奏："两浙路都转运使王复奏：'奉御笔，装发御前官务局制造到御前及乾华殿等处生活……'"② 均是尚书省向君主陈述地方臣僚章奏信息的例证。按制度，臣僚不能直接将章奏呈递给尚书省，尚书省是如何获得章奏的？

如后文述，元丰改制后，部分禁中降出的章奏也会被交付尚书省，上述几个事例中，尚书省是不是通过"降出"这条渠道得到臣僚章奏的？笔者认为，答案是否定的。禁中降出章奏给宰辅看详后，宰辅须"进呈取旨"，而进呈取旨的方式有二，一曰面奏进呈。改制后章奏或者由中书省面奏进呈，或者由三省一起面奏进呈③，不会以尚书省的名义单独面呈。二曰以熟状进呈取旨。自改制后直到南宋建炎年间，"进熟状"一直是中书省的事权④，尚书省也无权以本省名义奏进熟状。在上述事例中，尚书省既单独以本省名义向君主奏报，必不是在得到降出章奏后作的进呈取旨，而只可能是相关章奏没有进入禁中，就在通进过程中直接"分流"到尚书省了。负责"分流"的，必然是要将章奏"分送所隶官司"的门下省。从现存史料看，改制后时有尚书省单独奏陈地方官员章奏信息的事例，表明宰辅在章奏处置中分担了不少君主的负担。

门下省成为地方官章奏通进中的必经环节，也令宰辅群体对章奏的流向更加清楚。元祐车盖亭事件中，君相一度找不到知汉阳军吴处厚的章奏，高太后怀疑吴之章奏尚未进入宫中，三省则十分肯定地告知高太后，吴之章奏"已进入"。后事实证明吴之章奏确实进入了禁中⑤。三省能如此言之凿凿，与门下省直接介入章奏通进，能清楚地了解章奏去处密不可分。文书运行过程中环节不少，纰漏在所难免。令宰执对章奏的去向形成清晰了解，有助于预防纰漏出现。

---

① 《宋会要辑稿》职官 4 之 9。

② 《宋会要辑稿》职官 4 之 30。

③ 参见王化雨：《面圣：宋代奏对活动研究》下编第一、二章，北京：生活·读书·新知三联书店，2019 年。

④ 参见王化雨：《两宋熟状考述》，《首都师范大学学报》2015 年第 6 期。

⑤ 王巩撰，张其凡、张睿点校：《清虚杂著三编·随手杂录》，北京：中华书局，2017 年，第 298—299 页。

进奏院收到的地方官员章奏须交门下省通进,在京官员的章奏是否也如此? 前引《宋史·职官志》称,通进司所领为"三省、枢密院、六曹、寺监百司奏牍,文武近臣表疏及章奏房所领天下章奏案牍"。由此可见,改制后省、部、司、寺监等在京机构官员章奏,与要经过门下省章奏房的"天下章奏"即地方官章奏不是一类,可不经门下省而直接交通进司入内。换言之,门下省无法插手在京官员章奏的通进。刘挚抨击蔡确事,亦可证明此点。

元祐时,刘挚等台谏屡屡上奏攻击门下相蔡确。高太后为给宰相保留颜面,多不降出相关章奏。刘挚奏称:

> 臣闻(蔡)确等常在通进司探问臣僚文字,缘于历内尽见抄上数目。今虽蒙圣恩欲全愚臣,故章疏未赐降出,然留中文字,确已知其数。故已疑怒臣等,日谋倾害。①

当时蔡确执掌门下省,如果言路等在京官员章奏如地方官章奏那样,在通进过程中要经门下省,则蔡确只需在本省坐等,自然就能对相关情况了然于心,毫无必要到通进司去"探问臣僚文字"。刘挚与蔡确是政敌,其攻蔡之语未必完全属实,但即便他描述的蔡确罪行纯属编造,也绝不可能与当时的制度相悖,否则根本无从取信于人。故此事足证改制后在京官员章奏是不经门下省通进的。

神宗在制定元丰官制时,只令门下省负责地方官员章奏通进,不令其介入在京官员章奏通进,原因是多方面的。既有防止门下省政务负担过重的考虑,又有提高在京官员章奏通进效率的考量,此外,宰辅机构介入章奏通进,固然有助于分担君主的负担,却也增加了宰辅操控信息、壅蔽皇帝的风险。前引章惇事,即其例。不令门下省插手相对更重要的在京官员章奏通进,也是对该省宰辅的防范之策。

还应看到,改制之后,三省中只有门下省能介入章奏通进,尚书、中书两省均无此职权。神宗之所以如此安排,也有多方面的考虑。从三省的分工来看,尚书省作为文昌会府、天下政本,政务负担已然十分沉重,再令其负责

---

① 《长编》卷364,元祐元年正月丙辰,第8730页。

章奏通进，无疑不甚合理。中书省负责处理无法式事，以及向君主取旨，职事之繁剧，亦远胜主要处理有法式事和政令审核的门下省。时人就曾指出"中书事繁""门下事简"①。在这样的情况下，自然是"事简"的门下省来承担通进章奏之责更为合适。

从权力分配的角度看。尚书、中书两省职事多，权力亦重。尤其是独掌"取旨"权，在御前决策中所发挥的影响力超过其余两省的中书省，在改制后已隐然有凌驾于其余两省之上之势。章奏往往是御前决策的依据。若令中书省介入章奏通进，使之可以操控章奏信息，则该省的权力必将进一步膨胀，这绝非君主所乐见。神宗只令事权相对较轻的门下省负责通进，含有权力制衡的考虑。

神宗去世后，三省制度陆续遭到了一些调整，总体来看，三省之间的界限日益模糊，至南宋高宗初期，最终实现了三省合一②。然三省制度虽有调整，门下省承担的通进地方官章奏职能始终未被废罢。从《宋会要辑稿》的记载看，南宋三省合一之后，三省下辖诸房中依然有章奏房③。同时，章奏房依然要负责收接、传递进奏院汇总的地方官员章奏。绍兴三年（1133），胡交修称："进奏院合赴章奏房投下诸路表奏。在京专法，令本房置过犯簿，籍记差错进奏官姓名，昨缘渡江，散失案牍，指挥不存。欲乞令章奏房依旧置过犯簿，今后差错并失点检，厅司拘收，第一犯籍记姓名，次犯给事中量轻重送所属责罚停降"，朝廷诏"从之"④。可知三省合一之后，地方官的章奏仍要交给三省章奏房通进，三省始终是地方官章奏通进的必经环节。

正因为三省始终得以介入章奏通进，所以三省宰执阻截章奏、壅蔽君主的潜能一直存在。北宋后期已降，类似事例日渐增多。前述章惇隐匿范纯仁章奏，即为显例。又如方腊起义时，东南上章告急，宰相王黼担心东南之变会冲击他筹划已久的北伐，遂将章奏"匿不以闻"⑤。燕云被收复后，蔡靖与

---

① 《长编》卷455，元祐六年二月，第10914页。
② 参见曹家齐：《南宋三省合一体制下尚书省批状的行用》，《学术研究》2020年第11期。
③ 《宋会要辑稿》职官3之30。
④ 《宋会要辑稿》职官2之48。
⑤ 《宋史》卷468，《宦者童贯传》，第13660页。

郭药师同守燕京，"（郭）药师每伪出猎，动逾旬日，与金人通谋，靖察其意而逆知其叛，屡奏朝廷。而李邦彦等在位，专以蒙蔽为事，奏每不达"①。均是地方官章奏被宰辅阻截的例证。宋代君主降出给宰辅的章奏中，有部分是未经御览的，这也会令宰辅有蒙蔽君主的机会。然上述两事皆异常重要，只要相关章奏进入禁中，即便是徽宗这样不太勤政的君主，也定会亲阅。故宰相能阻截相关章奏，只可能是在通进过程中。元丰改制客观上增强了宰辅干预章奏运行的能力，从这些事例中可见一斑。

另一方面，君主和臣僚也有应对"壅蔽"之策。蔡靖在章奏屡屡被宰相阻截后"具亲疏，直达奏闻，上览奏惊"②。可见地方官与君主之间存在不止一条章奏通进渠道，其中有些不经由宰辅机构，而可直达御前。蔡靖具体选用的是何种渠道，已难细考。就制度而言，改制后地方官想要在上章奏时突破三省宰辅阻截，有两种策略。其一，少数官员获得君主授权后，可通过入内内侍省等宦官机构进密奏。密奏直达御前，保密性极强，宰辅无从得知其内情，更不可能加以阻拦③。

其二，部分地方官也会得到君主允许，不经进奏院—章奏房—通进司这条途径，而是如在京官员那样，直接赴通进司投进章奏。这样一来，其章奏在通进时就绕开了三省宰辅。南渡以降，君主特批某些地方官直接由通进司投进章奏的事例屡见于史籍。例如绍兴时期，宋廷诏"诸军奏状、札子，并实封于通进司投进"④。又如乾道年间（1165—1173），君主命令通进司"自今后朝廷百司，诸路州军急速文字等，并依法收接投进"⑤。令比较重要的诸军章奏、地方急速事章奏可直接由通进司投进，除有提高效率的考虑外，也是要以此来预防三省宰辅的"壅蔽"。

部分本无权由通进司投进章奏的地方官员，在意识到自己与宰辅可能出现意见分歧时，也会违规将章奏直接付通进司投进。"山东归附者众，荆

---

①　徐梦莘：《三朝北盟会编》卷96，上海：上海古籍出版社，2008年，影印许涵度刻本，第706页。

②　《三朝北盟会编》卷96，第706页。

③　王化雨：《宋代宦官与章奏通进》，《历史研究》2008年第3期。

④　《宋会要辑稿》职官2之32。

⑤　《宋会要辑稿》职官2之35。

襄帅臣列强弩射之使还。慈湖杨公简手疏其事以白上，谓此非仁术，且失中原心，以少缗钱赂银台通进司吏缴进，上至以杨公疏宣谕。"①改制后无银台司建制，文中所谓"银台通进司"，是以旧名指称通进司。当时执政中不乏对招抚山东豪杰持反对意见者。杨简若循普通路径投递章奏，其奏极可能在传至章奏房后被沮止，因此他不得不行贿通进司胥吏，以确保其奏能上达。从"少缗钱"来看，宋代臣僚买通通进司吏人的代价似并不高。当时有类似举动的，当非杨简一人。

总之，神宗改制以后，君主有鉴于三省宰辅对章奏通进的干预力度有所加强，遂对制度作了一些调整，使得部分章奏在通进时可不经三省。但在限制宰辅权力的同时，君主始终对宰辅有所依赖，直到南渡之后，也一直没有完全剥夺三省的章奏通进职权。经元丰到南宋，逐渐形成了在京官员章奏、地方紧要章奏不经三省入内，地方普通章奏须经三省通进的状况。这可视为君主在对宰辅的防范与倚重之间，大体找到了一个平衡点。

三、改制后三省与章奏的分途降出

元丰改制后，章奏由禁中降出给宰辅机构，首先仍需经尚书内省，继而被交付给通进司，但通进司降付章奏给三省的方式，较改制前就有变化。

宋代臣僚章奏，按封装方式有实封（密封）和通封（不密封）之分。改制前，无论通封、实封，通进司都全部交给中书门下生事房。改制之后，实封章奏则多被降付中书省。元丰五年五月，诏：

> 今后四方实封奏除内降指定赴三省、枢密院及中书、门下、尚书省外，余并降付中书省，可从本省分送所属曹省。②

门下、尚书两省只有在君主下特旨的情况下，才能接到通进司降出的实封章奏。通常情况下，实封章奏只降出给中书一省。中书省下辖开拆房，负责接

---

① 叶绍翁撰，沈锡麟、冯惠民点校：《四朝闻见录》乙集，北京：中华书局，1989 年，第 82 页。
② 《宋会要辑稿》职官 1 之 20。

受"生事"文书①，另有吏、户、礼、兵、刑、工诸房，均有看详"奏请"、"起请"以及"台谏章奏"的职责②。实封章奏所述，按生事、熟事之分，属于生事。章奏降付到中书省后，应是由开拆房接受，然后分发给诸房预裁，预裁后再呈报给该省两名宰辅。

实封之外的通封章奏，又降出给哪一省？如前述，改制后"门下省受天下成事。……凡进奏院章奏至，则受而通进，俟其颁降，则分送所隶官司"③。"俟其颁降，则分送所隶官司"云云，说明门下省也须接受降出的章奏。实封章奏既降付中书省，门下省承接的，只可能是通封章奏。《宋会要辑稿》记，门下省"章奏房主行受发通章奏事"④。"通章奏"应为"通封章奏"。门下省本身主要负责裁决以奏抄为载体的"有法式事"以及审核政令，无太多章奏处理职能。接到通封章奏后，须再将之送至尚书省，由尚书省及其下辖官司裁决。上引史料中"分送所隶官司"中的"官司"，即主要指尚书省及其所属部司。

车盖亭诗案中，吴处厚的章奏被禁中降出。《长编》记"吴处厚缴奏，乃是通封，只作常程，便降付尚书省"⑤。王巩则记，三省宰辅找到降出后的吴章奏时"乃在章奏房，与通封常程文字共为一复。盖初进入亦通封矣"⑥。尚书省无章奏房，引文中的章奏房，只可能是门下省章奏房。两则史料，一曰降付尚书省，一曰降到了门下省，岂非抵牾？其实不然，当时禁中确实是将吴章奏降付给尚书省，但尚书省本身不能直接承接章奏，而需禁中先降给门下省，由门下转发。《长编》是就最终结果而言，王巩则是就中间环节而论，将两者结合，恰可看出改制后通封章奏降出的全过程。

尚书省下辖也有开拆房，负责接受文书，此外也有吏、户、礼等诸房，各自负责某类具体政务⑦。门下省发来的章奏，必是先由开拆房收接，再分发各

---

① 《宋会要辑稿》职官 3 之 5。

② 《宋会要辑稿》职官 3 之 4、5。

③ 《宋会要辑稿》职官 2 之 2。

④ 《宋会要辑稿》职官 2 之 2。

⑤ 《长编》卷 425，元祐四年四月壬子，第 10273 页。

⑥ 王巩撰，张其凡、张睿点校：《清虚杂著三编·随手杂录》，第 299 页。

⑦ 《宋会要辑稿》职官 4 之 4。

房预裁，然后交给该省四名宰辅看详。元祐时期，尚书省宰辅司马光等曾奏称，"臣民所上文字，降付尚书省"，须"仆射、左、右丞签讫"① 才能行遣。可见改制后尚书省与改制前中书门下类似，也采取长贰集体负责制度。

神宗规定实封章奏单独降出给中书省，通封章奏降出给门下省。主要原因是按元丰三省制，中书揆而议之，门下审而覆之，尚书承而行之。三省中中书省专门负责与君主进行决策商议②。要令中书省高效地发挥其决策职能，就必须保证该省能及时获取决策所需信息。实封章奏的内容往往比通封章奏重要，是御前决策讨论的重点。将实封章奏从众多文书中分出，单独降付给中书省，可使该省能优先专意应对重要事务。

改制前，"日不下数百封"③ 的章奏不分实封、通封，全由通进司"打包"降出给中书门下。再由中书门下诸房吏人去分拣处置，这很容易造成要务被常务所淹没，使得要务无法尽早得到处理。改制之后，章奏在通进司即按通封、实封分开，各自被降付不同宰辅机构，使得轻重缓急有所区分，对提高中枢决策的时效性无疑有益。

但也应指出，改制后的章奏降出制度，也会造成一些弊端。首先，三省内部信息分配不均衡。实封章奏降付给中书省，并不意味着门下、尚书两省完全没有机会知晓相关情况。门下省负责地方官的章奏通进，在通进过程中可以了解部分地方实封章奏信息。中书省在与君主商议"取旨"后，须将章奏的处理意见交付门下省审核④，门下省亦可借此了解实封章奏内容。又，如前引《宋会要辑稿》称，实封章奏到中书省后"可从本省分付所属曹省"，若中书省觉得有必要，会将之转发给尚书省征求意见，尚书省亦可了解相关情况。但也应看到。门下省在通进过程中能够获知的，只是地方官员的实封章奏，不包括在京官员的章奏。同时，皇帝常常会下特旨，规定某事"不送门下省"⑤，这也

① 《宋会要辑稿》职官 4 之 10。

② 参见王化雨：《北宋后期三省奏事班次考》，《北京大学学报（哲学社会科学版）》2013 年第 2 期。

③ 《长编》卷 44，咸平二年四月丙辰，第 940 页。

④ 参见张祎：《制诰敕札与北宋中央政务运行》，北京大学历史学系博士学位论文，2009 年。

⑤ 《长编》卷 336，元丰六年闰六月丙戌，第 8097 页。

会令门下难以知晓相关章奏状况。而尚书省对于实封章奏是否知晓，全取决于中书省是否将之转发给自己。若中书省认为不必转发，则尚书省亦无从了解。门下、尚书对实封章奏的知情权始终远不及中书省。

门下、尚书两省在通封章奏的知情权方面优于中书省。然一则通封章奏的重要程度本就不及实封章奏；二则，门下、尚书两省都无"取旨"权，三省中唯独中书省可以取旨，故通封章奏在降出后，只要不是被宰辅寝而不行，最终还是要汇总到中书省。表面上，分途降出章奏的制度，使得三省在章奏信息的掌控上能形成均势，但细加考察，中书省相对其余两省的优势还是很明显的。宋人屡言改制后中书一省独重，以信息掌控观之，并非虚言。较之改制前，改制后宰辅内部权力失衡的状况有所加剧。这不仅有可能造成少数宰执只手遮天，更使得比较重要的实封章奏在处理中往往只能得到中书省两名宰辅的看详，难以集思广益。

其次，宰辅机构一分为三，章奏降出后常须在三者之间流转，耗时较多。司马光言，改制后：

> 凡内降文书及诸处所上奏状、申状，至门下、中书省者，大率皆送尚书省。尚书省下六曹，六曹付诸案勘会。检寻文书，会问事节，近则寺监，远则州县，一切齐足，然后相度事理，定夺归著，申尚书省。尚书省送中书取旨，中书既得旨，送门下省覆奏、画可，然后翻录下尚书省。尚书省复下六曹，方得符下诸处，以此文字繁冗，行遣迂回，近者数月，远者逾年未能结绝。[1]

"近者数月，远者逾年未能结绝"或许有所夸张，但章奏因在三省间来回流转而造成文书行遣滞后，必属事实。较之改制前，改制后章奏在宰辅机构内部流转的效率实有所降低。可以说，元丰改制后的章奏降出方式，在弥补了改制前某些制度缺陷之余，又造就了新的缺陷，制定制度者有考虑不周详之处。

---

[1]　赵汝愚编，北京大学中国古代史研究中心点校整理：《宋朝诸臣奏议》卷47，司马光《上哲宗乞合两省为一》，上海：上海古籍出版社，1999年，第507页。

如前述，神宗去世后，宋廷开始整合三省。随着三省之间的界限趋于模糊，尤其是元祐之后由分班奏事变为合班奏事，越来越多的章奏须三省全体宰辅共同商议，共同面奏取旨①。这样一来，三省长贰都可以阅读到相关章奏，此外，很多事务可以在御前一次议定，也无需再如以往那样在三省之间往复流转。分途降出制度所造成的一些弊端会有所缓解。但整个北宋后期，章奏分途降出给三省的状况并无变化。哲宗元符时期，中书省有"实封柜"，宰辅认为不当进呈的文书，须放入此柜②。由"实封柜"之名，可知哲宗朝实封章奏依然是降出给中书省的。直至高宗即位之初，李纲入朝，他的若干重要奏札，也都是被君主命令"付中书省"③，而非三省。这些都说明，三省完全合一之前，分途降出章奏的制度没有遭到改动。即便是三省一起面奏取旨的章奏，也须按实封、通封分开，先降付中书省或门下省，再转交给其余两省。

北宋后期，某些政争参与者亦有意识地对分途降出章奏制度进行了利用。车盖亭诗案中，吴处厚章奏一度去向不明：

> 凡进入三日，而寂无闻。执政因奏事，禀于帘前，宣仁云："甚诗？未尝见也。"执政云："已进入，未降出。"帘中云："待取看。"至午间，遣中使语执政曰："已降出矣。"三省皆云不曾承领，上下疑之。明日，乃在章奏房，与通封常程文字共为一复。盖初进入亦通封也。④

按宋代规定，臣僚举报他人，需用实封章奏⑤。三省宰执最初之所以称"不曾承领"，应该是他们按照制度，到负责接受实封章奏的中书省去而未找到，不料吴处厚违反制度使用了通封。吴处厚检举蔡确，本当用实封，为何要用通封？方诚峰认为，吴处厚之所以用通封，是因为通封章奏的保密性不高，内

---

① 王化雨：《北宋后期三省奏事班次考》，《北京大学学报（哲学社会科学版）》2013 年第 2 期。

② 《长编》卷 500，元符元年七月庚午，第 11923 页。

③ 李纲著，郑明宝整理：《建炎进退志》，郑州：大象出版社，2008 年，第 57 页。

④ 王巩：《清虚杂著三编·随手杂录》，第 298—299 页。

⑤ 李全德：《通进银台司与宋代的文书运行》，《中国史研究》2008 年第 2 期；龚延明：《宋代官制辞典》，北京：中华书局，1997 年，第 626 页。

容容易泄露。当时朝中有一批敌视蔡确的言路官,正积极收集蔡确的"罪状"。吴处厚希望自己章奏的内容能泄露至言官处,从而令蔡确遭到言路的攻击①。这一说法有其合理性,但尚无法充分解释吴处厚的动机。首先,通封章奏多用于陈述常程事务,重要性有限,朝中人物对其往往不会予以过多关注。高太后在降出吴章奏前并未对其加以亲阅,即与它是通封有关。以此推之,吴处厚用通封,并不能保证自己的章奏被言路看到。

其次,宋代官员除使用公文外,往往还会用私人书信传递信息②。吴处厚若欲保证自己对蔡确的检举被言路知晓,完全可以在上章奏的同时,用私书将之告知言路。相比之下,刻意用通封,以期章奏内容能被泄露至言路处的做法显得过于迂回。

吴处厚用通封的用意究竟为何? 必须指出,诗案发生时,三省内部在新旧问题上存在歧见。中书相范纯仁素来主张调和新旧,实现两派和解。门下相吕大防则在新旧问题上多持较强硬立场③。如果吴处厚用实封章奏,按分途降出制度,章奏将降付中书省,极有可能会先落入范纯仁手中。以范之立场,难保其不会如此前某些宰相的做法那样,将吴处厚攻击新法派蔡确的章奏"寝之""匿之"。而若用通封,则可避开范纯仁,防止自己的章奏被隐匿。可以说,从车盖亭诗案中,我们可以看出分途降出章奏制度,也给予了政治人物更大的运作空间。

高宗建炎以后,三省完全合一。尚书、门下、中书的界限消失,宰辅也不再各自负责某一省,而是通治三省事。分途降出章奏的制度,是否亦随之消失? 史无明文记载。笔者认为,虽然三省合一,但分途降出章奏的制度仍有留存。三省未合一时,门下省负责收接章奏的是章奏房,中书省则是开拆房。三省合一之后,章奏、开拆两房依然存在。此后孝宗朝宋廷对三省诸房

---

① 方诚峰:《职能与空间:唐宋台、谏关系再论》,《唐研究》第十六卷,北京:北京大学出版社,2010 年。

② 参见平田茂树:《宋代书信的政治功用——以魏了翁〈鹤山先生大全集〉为线索》,载邓小南、曹家齐、平田茂树主编:《过程·空间:宋代政治史再探讨》,北京:北京大学出版社,2017 年。

③ 参见王化雨:《从"慰反侧之诏"看元祐时期宋廷调和新旧的尝试》,《北京社会科学》2019 年第 2 期。

进行大规模省并，章奏房被并入印房，开拆房被并入点检房①，仍呈两房并立的格局。结合上述情况，三省合一后，章奏在降付三省时，应仍按实封、通封的差异，分别交给开拆房或章奏房，以便令紧要程度不同的文书有所区分，宰辅可优先处置紧要之事。当然，虽然南宋章奏在降出时仍会分途，但是由于三省已合一，所以北宋后期的种种弊端，至南宋时应基本得到革除。

结　语

以上，笔者以章奏运行为切入点，对北宋元丰改制进行了讨论。相比改制前，改制之后宰辅机构可以直接介入章奏通进，在更为高效地协助君主处理章奏之余，也有了更多的阻截章奏、"壅蔽"皇帝的机会。章奏在降出给宰辅时，按实封、通封，被分别交付中书省及门下、尚书省，这有助于提高紧要事务的处置效率，但也带来了三省内部信息分配不均，以及诸省之间章奏流转过于迂回等弊病。同时，在政争中，分途降出制度有时也会被政治人物加以利用，增加了政局的变数。

一般认为，神宗追慕盛唐，以《唐六典》为蓝本设计出了元丰制度。然由章奏运行观之，元丰时期的若干制度调整，主要还是针对改制前宋廷文书行政中存在的弊端而作，具有鲜明的务实倾向。在制定制度时，神宗的目标比较多元，如何更为有效地发挥宰辅职能、如何防范宰辅权力的膨胀、如何在宰辅机构之间"均劳逸"、如何提高文书行遣的效率、如何堵住文书运行过程中的漏洞等，均是他试图加以解决的问题。某种程度上，正是因为他赋予了元丰制度过多的任务，所以使得改制后章奏运行程序较之改制前显得更为复杂。另一方面，上述诸项目标之间，往往存在张力，例如要发挥宰辅职能，须放权给宰辅，而要防范宰辅势力膨胀，又须削弱宰辅权力，要同时予以满足，难度极大。元丰制度存在的种种缺陷，亦在很大程度上与君主赋予它的任务过多有关。

元丰五年改行三省制，是宋代历史上十分引人瞩目的大事，但这并不意

---

① 《宋会要辑稿》职官 3 之 44、45。

味着制度调整的完成。神宗之后，后续主政者又陆续对相关制度进行了修正，一直到南宋前期，与章奏运行相关的制度方大体定形。神宗本人在元丰制度中所留下的若干漏洞，正是有赖后续主政者的改动，方最终基本得到了弥补。从这个意义上看，元丰改制更应该被视为是自北宋中期到南宋前期一系列制度演进的开端，而非"一步到位"式的变化。南宋前期定型后的制度，表面上依然是三省制，但是从章奏运行的角度看，三省不再分立，而是以整体的态势参与章奏处置，这与改制前中书门下的状况非常相似。而改制带来的一些重要变化，如宰辅机构得以参与章奏通进，以及章奏按实封、通封分别降出等，却又依然在制度框架中得以保留。换言之，自北宋元丰开始，一直到南宋前期，最终形成了集唐三省制、北宋中书门下制、神宗个人所创新制等多种因素于一体的制度。这一制度的形成，亦折射出长时段内君主、宰辅、官僚的三方博弈。

　　长期以来，研究者对元丰改制的讨论，多着眼于机构设置、条法规程等"静态"因素。这种讨论固然有其价值，但也难免失之浮泛。随着研究的深入，文书运行、决策制定等"动态"因素开始越来越多地得到关注。在元丰改制这一问题上，除本文讨论的章奏外，申状等其他重要公文也可作为研究的切入点。笔者拟以后在本文的基础上再做分析，以期能对宋代的制度研究形成更为深入周详的认识。

南宋朝参考论

任　石

　　朝参为日常视朝的礼仪程序,群臣分批分班进入宫殿拜谒君主,周期性地确认君臣关系,以此强化君主的至高权威,规范、彰显官僚等级秩序。

　　北宋的朝参杂糅新旧制度,体系复杂①。南渡后,朝参延续了北宋元丰以来的框架结构,却受制于宫城格局的改变,在实际运作中呈现礼仪空间在南、决务重心向北的发展趋势,入朝方向也发生调转。特别是高宗禅位后,高、孝双重权力格局得以形成,日常的视朝,德寿宫起居往往先于南内朝参,改坐后殿成为一种常态,甚至压倒了前殿,使朝参与决务的重心一并向宫城北部偏移。此时,朝参作为君主权威象征、决务前奏,不得不以下调等级、压缩规模、裁减员数的方式,勉强在内殿维持。结果是视朝的务实性提高,私密色彩显著增强,然而朝参也从根本上失去了施展的空间,侍从以下赴参机会日益缺乏制度保障,臣僚谙熟于敷衍了事,君主的重振举措亦徒劳无功,朝参走向萧索、衰颓,已成定局。

---

　　① 关于北宋朝参制度的演进历程,参任石《北宋元丰以前日常朝参制度考略》,《文史》2016 年第 3 期,第 159—184 页;《北宋元丰后的内廷朝参制度》,《史学月刊》2017 年第 9 期,第 52—63 页。

南宋的朝参,仍是目前研究中的薄弱环节之一[1],本文尝试结合临安宫城格局与入朝方向的改变,探讨这一阶段朝参制度的主要特点与发展脉络。

一、诸殿功能与入朝方向的调转

讨论朝参,有必要从承载朝礼与决务的宫城殿宇入手。南宋的临安宫城位于凤凰山东麓,在临安府旧治子城的基础上增筑而成[2]。与北宋的东京开封相比,行宫缺乏严整的规划,空间缩小,布局也更紧促、简易,富有浓厚的权宜、实用色彩[3]。就总体趋势而言,等级偏高的朝礼主要停留在正殿、前殿,而奏对重心逐渐向内朝深处移动,后殿坐朝的频度明显提高,这一过程中,与奏对相接的一部分日常朝参,也随之内移。

(一)正殿、前殿:承担朝礼

临安宫城的基本格局,虽然难以复原东京旧貌,但绍兴和议前后修建的正殿、前殿,却基本袭用了旧名。为使殿宇旧名与旧有功能进一步"契合",宋廷对以往分属内、外两朝的多座殿宇作了整合,并将数殿的功能"捆绑"

---

[1]　礼仪与政务是两个不同的研究视角,学界以往讨论宋代朝会,更偏重政务,尤其对南宋的日常朝礼,关注程度不足。主要成果包括:朱瑞熙:《中国政治制度通史(宋代卷)》第三章"中央决策体制",北京:人民出版社,1996年;平田茂树:《宋代的政治空间:皇帝与臣僚交流方式的变化》,《历史研究》2008年第3期,第131—136页;王化雨:《南宋宫廷的建筑布局与君臣奏对:以选德殿为中心》,《史林》2012年第4期,第65—74页;王化雨:《面圣:宋代奏对活动研究》,北京:生活·读书·新知三联书店,2019年;周佳:《北宋中央日常政务运行研究》,北京:中华书局,2015年;藤本猛:《宋代的转对、轮对制度》,《宋史研究论文集(2012)》,郑州:河南大学出版社,2014年;金子由纪:《南宋の大朝会仪礼—高宗绍兴15年の元会を中心として—》,《纪尾井史学》第23号,2003年;朱溢:《临安与南宋的国家祭祀礼仪——着重于空间因素的探讨》;《历史语言研究所集刊》第88本第1分,2017年3月,第145—204页;朱溢:《南宋三省与临安的城市空间》,《复旦学报(社会科学版)》2017年第3期,第17—27页。

[2]　周淙:《乾道临安志》卷1《行在所宫阙》,《宋元方志丛刊》第4册,北京:中华书局,1990年,第3214页下。

[3]　平田茂树指出,从物理性政治空间的角度观察,北宋集约型的宫城结构与南宋扩散型的宫城结构形成相互对照的图景(《宋代的政治空间:皇帝与臣僚交流方式的变化》,《历史研究》2008年第3期,第133页)。

在一殿之上。增修的崇政、垂拱两殿"虽曰大殿"，但"其修广仅如大郡之设厅"①。其中，崇政殿是以射殿为之，具有一殿多用、"随事揭名"的特点，根据场合的需要，"临时设牌"、灵活更名——朔望设帐门充作紫宸殿，宣赦、宣麻时作文德殿，正旦朝会权作大庆殿②。大庆殿、文德殿、紫宸殿、崇政殿都是东京宫城既有殿宇，位于横街南北③，各自承担至正大朝会、朔望视朝、五日大起居(六参)、假日坐朝等日常功能；南渡之后，狭小的宫城格局更缺乏施展空间，原本多重的功能相继收拢到一殿上。

殿宇空间的调整，对高规格朝会的顺利举行，也构成一定冲击。这一点，从绍兴十五年(1145)元日朝会的筹备中，官司商讨仪节时，需要持续"打折扣"、削减规模，可以看出一些端倪。

首先，是殿庭的仪仗。绍兴十四年十月三日兵部言："大庆殿比之在京地步不同，又缘依《政和五礼新仪》，合用黄麾大仗五千二十七人，今来若全行排设，委是拥遏，难以摆布。今相度，欲乞用黄麾大仗，止将合用人数权减三分之一，用三千三百五十人。"④临安的"大庆殿"，实际上是由崇政殿临时权充，"地步不同"，"委是拥遏，难以摆布"，揭示此时殿庭空间的局促，从黄麾大仗的排设人数来推测，其规模至少比东京的大庆殿缩小了三分之一。

其次，是排立于三墀上的臣僚。十月九日御史台言："依仪，两省官合于丹墀上分东西相向立。目今殿庭即无三墀，今欲乞除将起居郎、舍人夹香案东西侍立外，其余两省官乞随宜分东西相向立班。"⑤十一月二十九日，阁门言："(大庆殿)无三墀，所有龙墀、沙墀合排立大小使臣，欲乞权免侍

---

① 《宋史》卷154《舆服志六》载崇政、垂拱殿"每殿为屋五间，十二架，修六丈，广八丈四尺。殿南檐屋三间，修一丈五尺，广亦如之。两朵殿各二间，东西廊各二十间，南廊九间"，北京：中华书局，1985年，第3598页。

② 刘琳等点校：《宋会要辑稿》礼8之9：绍兴十四年十一月，阁门言："将来正旦朝会，射殿权作大庆殿。"上海：上海古籍出版社，2014年，第644页下。

③ 北宋东京宫城之内，横街以南，大庆殿为外朝前殿，文德殿为正衙；横街以北，紫宸殿为内朝前殿，崇政殿为后殿。

④ 《宋会要辑稿》礼8之7，第642页下、643页上。

⑤ 《宋会要辑稿》礼8之7、8，第643页上。

立。"① 三墀指丹墀、龙墀、沙墀，根据旧仪，丹墀上两省官东西对立，龙墀、沙墀立有大小使臣，而如今的大庆殿并没有三墀，只能屈从现实，免去墀上的侍立，随宜排班。除了人员，车马安排中也遇到一些阻碍，十月十九日兵部言："车辂院勘会，在京日大朝会合排设五辂，系于大庆殿内排设。今来相视得殿内地步虽可排设五辂，缘车辂高阔，与今来殿门出入相妨，今欲乞于皇城南门外随宜排设。"② 殿内的空间虽容纳得下五辂，但"车辂高阔"，体积超出了殿门的承受限度，难以顺利通行，于是，也被迫改为排布在皇城南门之外。

　　另一座重要殿宇，是"以故内诸司地为之，在皇城司北"③，"内龙墀折槛"④ 的垂拱殿。垂拱殿在北宋属于内朝前殿，南宋以后的定位也是前殿。其功能相对稳定，主要用于日参与四参。由于两种朝参形式的官员等级、排班方式各有不同，绍兴十三年四月，阁门言："今来垂拱殿内已安砌石位，其字与石色一同，百官难以辨认。乞行下有司，将四参石位装字以黄蜡，日参石位以红蜡。"⑤ 石位，用以标注官员在殿庭的班位次序⑥。如果石位上的字色与石色过于接近，难以辨认，势必给日后的排班带来困扰。考虑至此，阁门请求将石位上标示的四参、日参班位，换上黄、红这样醒目的颜色，方便臣僚入殿后，按照当日的场合找准站立位置。垂拱殿早朝日，朝参结束后，要伴有常规的听政程序，如三省、枢密院奏事⑦，以及轮对等⑧。

---

① 《宋会要辑稿》礼8之9，第644页下。
② 《宋会要辑稿》礼8之8，第643页。
③ 李心传撰，胡坤点校：《建炎以来系年要录》（以下简称《系年要录》）卷147，绍兴十二年十一月庚子，北京：中华书局，2013年，第2782页。
④ 陶宗仪：《南村辍耕录》卷18《记宋宫殿》引陈随应《南度行宫记》，北京：中华书局，1959年，第223页。
⑤ 《宋会要辑稿》仪制5之25，第2394页上。
⑥ 石位，"表著班位也"，"今皇极丹墀有品级山子是也"。参方以智《通雅》卷28《礼仪》，国家图书馆藏清康熙五年姚氏浮山此藏轩刻本，第8b—9a叶。
⑦ 李心传撰，徐规点校：《建炎以来朝野杂记》乙集卷2《己酉传位录》，北京：中华书局，2006年，第517页。
⑧ 周必大：《周益公文集》卷135《垂拱殿轮对札子一首》，国家图书馆藏明澹生堂钞本，第5b叶。

（二）内殿：奏对重心

高宗、孝宗、理宗、度宗朝陆续在行宫北部的内朝区，增修了祥曦、延和、福宁①、复古②、选德、缉熙、熙明等数座内殿，除寝殿、燕闲所御之外，上述殿宇多与听政决务存在紧密的联系。

祥曦殿，又名"崇政殿"③，"祥曦殿朵殿，接修廊为后殿"④，绍兴二十八年（1158）始作⑤，功能多元，文武兼具。乾道时，在此经筵讲读，"讲读官以日得圣语送修注官，使谨书之……因今所御殿，赐名《祥曦殿记注》"⑥。也有君臣的奏对，张孝祥曾贺黄仁荣，"十年江海始归来，祥曦殿里挽班对"⑦；乾道元年（1165）二月朔，祥曦殿奏事，虞允文奏钱端礼"未可去"⑧；绍熙间，陆九渊"赐对祥曦"，出知荆门⑨。值得注意的是，祥曦殿与行宫北门的距离，相比其他内殿，应该更近。绍兴末，高宗行禅位礼，"太上皇帝即驾之德寿宫，帝服袍履，步出祥曦殿门，冒雨掖辇以行，及宫门弗止"⑩。新即位的孝宗，步行出祥曦殿门，一路冒雨护送高宗乘辇回行宫以北的德寿宫，直到宫门口不肯停下。根据行进路线，不止祥曦殿的位置靠近北宫门左修廊⑪，祥曦殿的方

---

① 福宁（宁福）殿，寝殿，沿用东京旧名，绍兴二十八年修建。光宗内禅，以旧福宁殿为寿康宫，而更建福宁殿。参见《建炎以来朝野杂记》甲集卷1《寿康宫进香》，第29页。

② 复古殿，高宗燕闲之所御，端平元年重修。参见祝穆撰，祝洙增订，施和金点校：《方舆胜览》卷1《临安府》，北京：中华书局，2003年，第9页。

③ 潜说友：《咸淳临安志》卷1《宫阙一》，静嘉堂藏宋刻本，第15b叶。此崇政殿，与外朝"随事揭名"的崇政殿，并非同一殿。

④ 《南村辍耕录》卷18《记宋宫殿》引《南度行宫记》，第223页。

⑤ 《方舆胜览》卷1《临安府》，第9页。

⑥ 王应麟：《玉海》卷48《乾道祥曦殿记注》，南京：江苏古籍出版社，上海：上海书店影印本，1987年，第923页下、第924页上。

⑦ 张孝祥撰，徐鹏校点：《于湖居士文集》卷33《踏莎行·寿黄坚叟并以送行》，上海：上海古籍出版社，1980年，第324页。

⑧ 楼钥撰，顾大朋点校：《楼钥集》卷97《观文殿学士钱公行状（代汪尚书）》，杭州：浙江古籍出版社，2010年，第1697页。

⑨ 陆九渊撰，钟哲点校：《陆九渊集》卷18《荆门到任谢表》，北京：中华书局，1980年，第225页。

⑩ 《宋史》卷33《孝宗本纪一》，第617页。

⑪ 《南村辍耕录》卷18《记宋宫殿》引《南度行宫记》："至北宫门，循廊左序，巨珰幕次，列如鱼贯。祥曦殿朵殿，接修廊为后殿。"（第223页）

向,也不是传统的朝南,而是朝西①。基于方位的重要性,祥曦殿时常充当由北门出入的礼仪活动的"中转站":乾道、淳熙阅武,入教场前,孝宗"自祥曦殿戎服乘马"②,结束时,"乘马入和宁门,至祥曦殿上下马还宫"③;淳熙元年(1174)燕射,礼毕还宫,"至祥曦殿,降辇"④;淳熙二年立春,行庆寿礼,孝宗也是"自祥曦殿辇至德寿宫行礼"⑤。

延和殿,沿袭东京后殿的旧名,垂拱殿"殿后拥舍七间"⑥(另一说后殿拥舍⑦),孝宗"因以为延和殿"⑧。用以听政决事,"后殿上梁文云:听朝决事,兼汴都延和、崇政之名;论道谈经,殆炎汉虎观、金华之比"⑨。乾道六年(1170),在延和殿召对辛弃疾,"因论南北形势及三国、晋、汉人才,持论劲直,不为迎合"⑩;淳熙八年,朱熹入奏延和,上七札,其二"论近习权势日重",致"德业日坏,纪纲日隳"⑪;开禧三年(1207),韩侂胄罢相就诛,宁宗"召(史)弥远对延和殿","欲命为签书枢密院事"⑫。在延和殿有早朝的入对,陆游《延和殿退朝口号》记述穿延和细仗⑬、皇帝御殿的场景:"雨余未肯放朝

---

① 《周益公文集》卷164《龙飞录》:"驾诣德寿宫……自祥曦旧殿登辇。祥曦,旧殿名,今面西。"(第24b叶)

② 《建炎以来朝野杂记》乙集卷4《乾道淳熙五大阅》,第574页。

③ 《宋史》卷121《礼志二十四》,第2835页。

④ 周密撰,范荧整理:《武林旧事》卷2《燕射》,《全宋笔记》第8编第2册,郑州:大象出版社,2017年,第25页。

⑤ 《宋史》卷130《乐志五》,第3044页。

⑥ 《南村辍耕录》卷18《记宋宫殿》引《南度行宫记》,第223页。

⑦ 《宋会要辑稿》方域2之23:"(淳熙)八年八月十二日,诏以后殿拥舍改作延和殿。"(第9294页上)

⑧ 《建炎以来朝野杂记》乙集卷3《垂拱崇政殿》,第554页。

⑨ 《玉海》卷160《淳熙延和殿》,第2953页下;《周益公文集》卷118《后殿上梁文(淳熙六年六月二十九日)》,第2a—2b叶。

⑩ 《宋史》卷401《辛弃疾传》,第12162页。

⑪ 《建炎以来朝野杂记》乙集卷8《晦庵先生非素隐》,第635页。

⑫ 《宋史》卷414《史弥远传》,第12417页。

⑬ 延和殿仪卫,有细仗。陆游:《渭南文集》卷1《严州到任谢表》:"穿延和之细仗。"(《四部丛刊初编》本,第9b叶);刘克庄:《次韵实之春日二首》之二:"梅醸朝衣尘满靴,曾穿细仗对延和。"(辛更儒校注:《刘克庄集笺校》卷11,北京:中华书局,2011年,第653页)

曒,穿仗恭承圣主恩。清跸传声徐御殿,(立庭中,顷之,奏姓名,上乃自东厢出御座。)紫衣引拜许龙门。"① 也有晚朝的赐对——刘克庄诗云"晚赐延和对,言公去国深"②。更用于斋宿、避殿,"遇圣节、冬至、正旦、寒食大礼斋宿(或避殿)则御焉"③。高宗去世,孝宗服丧期间,以素服御延和殿听政④。

选德殿,孝宗新创,在禁垣之东⑤,"孝宗习射,及引对群臣、裁决庶政之便座也"⑥;"御坐后有大屏,分画诸道,列监司、郡守为两行,各标职位、姓名,又图华夷疆域于屏阴"⑦。自孝宗朝始,选德殿成为南宋内引奏事、夜对、晚朝的主要场所⑧。据《宋史全文》引《大事记》:

> (孝宗)谕近臣曰:"早朝每不从容。今后晚间少暇,当召卿等款曲论治道。"故召于选德,见于祥曦,引于水殿,宴于观堂,从容坐席之间,略同宾友,军国大政,古今理乱,有事当商确者,不妨敷奏。有疑当关决者,随即彻闻。⑨

除使用频率最高的选德殿,祥曦殿、水殿、观堂也是孝宗时期晚朝、引对的惯常去处。相比选德殿、祥曦殿属于更正式的内殿,水殿、观堂多用以宴饮,淳熙三年,周必大作七言诗句,"水殿开筵酒泛蒲,冰盘进膳黍缠菰"⑩。而宴饮之际,也伴有君臣奏对:

---

① 陆游撰,钱仲联校注:《剑南诗稿校注》卷 17《延和殿退朝口号》,上海:上海古籍出版社,1985 年,第 1349 页。

② 《刘克庄集笺校》卷 16《挽方德润宝学三首》,第 959 页。

③ 《咸淳临安志》卷 1《宫阙一》,第 15b 叶。

④ 《建炎以来朝野杂记》乙集卷 3《孝宗力行三年服》:淳熙十五年正月"自是每御延和殿,止服白布折上巾、白布袍、墨银带"(第 550 页)。

⑤ 《玉海》卷 160《淳熙选德殿》,第 2952 页下。

⑥ 《玉海》卷 59《选德殿六箴》,第 1139 页上。

⑦ 《咸淳临安志》卷 1《宫阙一》,第 19a 叶。

⑧ 王化雨:《南宋宫廷的建筑布局与君臣奏对:以选德殿为中心》,《史林》2012 年第 4 期,第 65—74 页。

⑨ 佚名撰,汪圣铎点校:《宋史全文》卷 24 下《宋孝宗二》,北京:中华书局,2016 年,第 2021 页。

⑩ 《周益公文集》卷 118《皇帝阁七言三首(淳熙三年)》,第 12b 叶。

　　　　赵雄等奏,谢昨日观堂奏事蒙恩锡燕,又蒙颁赐宸翰,且终日获闻
　　道德仁义之言,古今治乱之要,躬行恭俭之懿,可谓醉酒饱德。上曰:
　　"昨日少款,终日论道,绝与听丝竹不同。又不设果桌,不具珍馔,而醉
　　饱自有余,居常燕设亦不过如此。……"①

月末的居常燕设,融奏事、论治道、赐宴、赐宸翰于一处,君臣不似早朝般仓
促拘谨,坐席间"略同宾友",从容论事且"醉饱有余"。

　　缉熙殿,绍定六年(1233)理宗建以为讲殿②;淳祐时,有《缉熙殿记注》,
以每日讲读经史、奏对进故事及章疏纂成③。内引、召对也在缉熙殿,如岳珂
内引赐对④,监察御史唐璘独召对⑤。熙明殿,即修政殿⑥,度宗时,由东宫新益
堂改建,为讲读之所⑦。

(三)和宁门出入朝

　　行宫的南门为丽正门⑧,北门为和宁门,命名于绍兴十八年⑨,两门之外,
均设有候朝的待漏院⑩。南宋时一个突出的变化,是群臣入朝方向的调转,改
为北门入朝,这也是多方面因素促成的。首先,受周边地理环境的制约,临
安宫城不得已采用了"坐南朝北"的非传统格局,以三省、枢密院为核心的
官僚机构,包含官舍(丞相府、参政府、侍从宅、台谏宅等⑪)在内,普遍位于宫

　　① 《宋史全文》卷26下《宋孝宗六》,淳熙七年五月壬子朔,第2245页。
　　② 《玉海》卷160《绍定缉熙殿》,第2953页下。
　　③ 《玉海》卷48《淳祐缉熙殿记注》,第924页上。
　　④ 岳珂:《玉楮集》卷8《六月二十一日内引赐对缉熙殿玉音宣问漏下数刻将退赐金币香茗
有差既而御笔除长地官将指八路复赐一札兼镇姑孰敬纪感遇以昭恩荣四首》,《宋集珍本丛刊》第
78册,北京:线装书局,2004年,第693页上。
　　⑤ 《宋史》卷409《唐璘传》,第12332页。
　　⑥ 周密:《武林旧事》卷4《故都宫殿》,第50页。
　　⑦ 《咸淳临安志》卷1《宫阙一》,第22b叶。
　　⑧ 《宋史》卷85《地理志一》谓东宫"在丽正门内,孝宗、庄文、景献、光宗皆常居之"(第
2106页)。
　　⑨ 《建炎以来朝野杂记》甲集卷2《今大内(寿慈宫太学三省临安府)》,第77页。
　　⑩ 《咸淳临安志》卷1《宫阙一》,第14a叶。
　　⑪ 《咸淳临安志》卷10《官宇》,第15b—17a叶。

城的北面①；其次，听政决务的重心移入北部内朝区，使和宁门的重要性得以凸显；再者，高宗禅位后，确立了行宫以北德寿宫（北内）权力核心的地位，又进一步推动北门入朝的常态化进程。

绍兴、乾道年间，相继准许六部长贰、后省官、二府宰执退朝出北门。绍兴九年四月诏："六部长贰今后朝退，许出行宫北门。其后又诏两后省官如上仪。"②乾道二年九月诏："今后三省、枢密院遇赴常朝等毕，许出南北门。"③传统格局下，官员一般是南面入朝，再南面退朝，如咸平时规定，"文武常参官入朝、退朝不由正衙门"，委御史台弹奏④；如果官廨在宫城之内，则不需要出宫门，退朝后直接赶往办公地点。但临安的情况是，官僚机构集中分布于宫城的北门之外，从南门退出再折回北面，反而"舍近求远"，考虑到实用，随之调转了退朝出宫的方向。

孝宗时，进一步放宽入朝、退朝出入北门的限制。绍兴三十二年十一月诏："开府仪同三司居广遇趁赴朝参，许令入出和宁门北宫门。"乾道二年十月诏："今后修注官遇常朝等当赴侍立，许入出皇城南北门。"⑤乾道七年正月诏："今后人使到阙朝见、入贺、宴辞，百官并应奉人并入出和宁门。"⑥放宽限制的，不止包括在京官员，还有一部分外任官。乾道六年，周必大以知南剑州改提点福建刑狱⑦，赴阙奏事，奏对前一日（七月辛卯），"阁门忽报来早引对"，"壬辰，平明入和宁门，对于后殿，次堂恭，次过六部，遍谒长贰、郎官，次至虞相、梁参府"⑧。次日的早朝入对，周必大先是经由和宁门，进入后殿，不再绕过南门；奏对结束后，又从和宁门退出，途经北门外的都堂、六部、相府、参政府，于是"遍谒长贰、郎官"。

高宗去世，时任右相的周必大赴后殿奏事，仍是穿过和宁门，淳熙十四年十

① 王化雨：《南宋宫城布局与御前文书运行》，《史学月刊》2011 年第 5 期，第 28 页。

② 《宋会要辑稿》仪制 5 之 25，第 2393 页下。

③ 《宋会要辑稿》仪制 5 之 28，第 2395 页下、2396 页上。

④ 《宋会要辑稿》仪制 8 之 26，第 2462 页上。

⑤ 《宋会要辑稿》仪制 5 之 28，第 2396 页上。

⑥ 《宋会要辑稿》仪制 8 之 35，第 2467 页下。

⑦ 《宋史》卷 391《周必大传》，第 11966 页。

⑧ 《周益公文集》卷 170《乾道庚寅奏事录》，第 19a 叶。

月 "庚寅,赴德寿宫朝临毕,回赴奏事,服所服入和宁门,中官引就后殿"①。从北门跨入内朝区,内殿的引对转而交由宦官负责②。阁门司的位置,由东京时 "在紫宸殿前南廊"③,移出了宫城,"在和宁门外"④。职能上,也被宦官机构侵夺了更核心的一部分,阁门司承担的主要是陛对班次的 "预排",而宦官机构却掌握了内引奏事的实际运作。绍熙末,光宗不肯出面主持孝宗丧礼,宰臣以下尝试与皇帝沟通,也是 "待对和宁门"⑤。陆游的诗句,"唤起少年京辇梦,和宁门外早朝来"⑥,反映出北门外待漏、北门出入朝,日益成为一种普遍现象。

不过,北门入朝的常态化,并不意味着南门弃而不用。安排在南面正殿、等级偏高的一些礼仪活动,仍倾向从距离更近的丽正门进入。如冬至的拜表称贺,据周必大《龙飞录》,绍兴三十二年十一月 "庚子,日南至,稍晴,早入丽正门,赴文德殿拜表称贺,过祥曦殿起居,从驾诣德寿宫……礼毕,皇帝从太上皇帝还内,班退归幕次,未后,从驾回"⑦。孝宗即位当年,冬至日的典礼程序是,臣僚先由丽正门入宫,在南面的文德殿拜表称贺;随后一路北上,经过内朝的祥曦殿,向孝宗拜谒起居;再跟从孝宗出和宁门,到德寿宫朝见高宗。整套仪式完成,高、孝回德寿宫内,臣僚退归幕次中等候,未时后,再随孝宗返回行宫。又如集英殿(即文德殿)⑧的廷唱,姚勉《廷唱日待漏丽

---

①　《周益公文集》卷 172《思陵录》,第 17b 叶。

②　王化雨指出,将内殿引对交由入内内侍省负责,实质上是在阁门司之外另开一个通进关口,对阁门司构成了制衡,但入内省宦官也因此得到了干预君臣交流的机会(《南宋宫廷的建筑布局与君臣奏对:以选德殿为中心》,《史林》2012 年第 4 期,第 69 页)。这其中,也应有御药院的参与。周必大《乞诏御药院关报阁门陛对班次》(淳熙三年):"愿诏御药院,自今后凡阁门关到陛对〔班〕次,候内殿引讫,当日移文阁门,阁门即报所属。"(《周益公文集》卷 139《奏议》,第 2b 叶)阁门负责的是上殿班次的 "预排",而御药院掌握了内朝引对的实际运作情况,因此,周必大请求到内引结束后,由御药院 "移文" 阁门告知得对的班次,阁门再报送到外朝机构。

③　《宋会要辑稿》职官 35 之 22,第 3884 页上。

④　《咸淳临安志》卷 10《行在所·阁职》,第 1b 叶。

⑤　《宋史》卷 392《赵汝愚传》,第 11985 页。

⑥　《剑南诗稿校注》卷 5《夜食炒栗有感(漏舍待朝,朝士往往食此)》,第 486 页。

⑦　《周益公文集》卷 164《龙飞录》,第 26b 叶。

⑧　据吴自牧《梦粱录》卷 8《大内》:"丽正门内正衙,即大庆殿,遇明堂大礼、正朔大朝会,俱御之。如六参起居、百官听麻,改殿牌为文德殿;圣节上寿,改名紫宸;进士唱名,易牌集英;明禋为明堂殿。"(上海:古典文学出版社,1956 年,第 192 页)

正门》："瓟稜片月影将西，鹄立宫门待启扉。骄马似龙旗似雨，不知谁是状元归。"① 程珌《送章景韩序》："皇帝夙兴御集英殿，新进士繇丽正门鱼贯而晋，肃班廷下，亲承天问。"② 廷唱之日清早，新进士在丽正门外集体待漏，自丽正门鱼贯而入，到集英殿后，"肃班廷下"，等候唱第。此外，阅武等仪式也过丽正门，淳熙十六年（1189）十月，候潮门外大校场大阅，光宗与从驾臣僚的出行路线，是"出丽正门，入和宁门"③——南出北入。

二、遥拜二帝与朝参的勉强维系

高宗赵构是南宋政权的实际建立者，靖康之变中，徽宗、钦宗虽遭金人掳掠北去，但钦宗并没有退位。为了协调与父兄间的"微妙"关系，削弱帝位正统性可能面临的一些质疑，高宗有意在礼制等级较高、集中展示君主权威的至正、朔望等朝会活动开始前，嵌入"遥拜二帝"这一环节。然而，这一危急时刻的"无奈之选"，却对日后朝参制度的发展，产生一定负面影响。

（一）遥拜二帝：君主权威的挑战

遥拜，高宗或宰臣在行宫率领群臣向徽宗、钦宗行形式上的拜谒之礼。这一仪式程序，重新定位了君主在朝礼中的角色，它的出现，与明受之变不无联系。建炎三年（1129）三月，苗傅、刘正彦兵变，其间直指高宗的帝位——"上不当即大位，将来渊圣皇帝来归，不知何以处"④，迫于压力的高宗，被迫禅位于元懿太子。而复位后，高宗维系根基未稳的帝位的代价之一，正是压低自身在礼仪场合的至高权威。

建炎四年（1130）十一月，太常寺言："检会冬至皇帝躬率百官遥拜道君皇帝、渊圣皇帝讫，御殿，百官起居，宰执更不奏事，是日作休务假。本寺

---

① 姚勉：《雪坡舍人集》卷11《廷唱日待漏丽正门》，《宋集珍本丛刊》第86册，第293页上。

② 程珌：《程端明公洺水集》卷12《送章景韩序》，《宋集珍本丛刊》第71册，第113页上。

③ 陆游：《老学庵笔记》卷1，第5页。

④ 《系年要录》卷21，建炎三年三月癸未，第486页。

勘会今来冬至日,并来年正旦,欲依上件礼例施行。"诏依①。冬至、正旦的遥拜,被安排在皇帝坐殿、百官起居之前,拜礼由高宗亲自完成,这至少反映出,在礼仪层面,乃至政治姿态的展示上,徽宗、钦宗的帝王身份有所保留,权威超越了实际在位的高宗。次年,又将行礼时间扩展到朔望②,但君臣的拜谒地点已有区分:"六月丙寅朔,诏自今朔望,遥拜二圣于殿上,百官于殿下行礼。先是,上与百官并拜于庭,而中书舍人林遹以为非宜,请用家人礼,故有是旨。"③此前,高宗与百官"并拜于庭",君臣拜礼相对统一,政权走向稳固之后,则要有序恢复高宗的权威,强化君臣的悬隔。于是,高宗折衷了林遹"用家人礼"的建议,改为殿上遥拜,优于臣下。

徽宗去世以后,遥拜演变为宰臣率群臣独拜钦宗。三年丧满后,高宗曾试图恢复旧礼④。然而,在酝酿、推进和议的过程中,高宗以君臣之礼待钦宗,逐渐被视为一种不合时宜的举措:

> (绍兴九年四月)癸亥,御史中丞廖刚言:"今先帝已终,而朔望遥拜渊圣皇帝之礼如故,此盛德也。然礼有隆杀,方兄为君,则君事之,及己为君,则兄之而已。欲望勉抑圣心,自此寝罢,岁时自行家人礼于内庭可也。若远在万里之外,每尊之为君,比其返也,则不然,政恐天下有以议我也。况此拳拳之意,于渊圣何补,万一归未有期,尤非所以示远人。"事下礼部、太常寺,侍郎吴表臣、冯楫,少卿周葵等,请遇朔望日,皇帝用家人礼,遥拜于禁中,群臣遥拜于北宫门外,从之。⑤

"方兄为君,则君事之,及己为君,则兄之而已",根本上是劝说高宗摒弃遥拜钦宗。若视钦宗为兄,将拜礼降级,"自行家人礼于内庭"则可;若尊为君,维系君臣之礼,有一天钦宗返归朝廷,高宗的帝位将会蒙受天下人的非议,

---

① 《宋会要辑稿》礼8之4,第639页上。原注:"自是至绍兴六年仿此。"

② 《系年要录》卷41,绍兴元年正月己亥,第889页。

③ 《系年要录》卷45,绍兴元年六月丙寅,第951页。

④ 《系年要录》卷127,绍兴九年四月庚戌:"上率百官遥拜渊圣皇帝于行宫北门外,循旧礼也。"(第2399页)

⑤ 《系年要录》卷127,绍兴九年四月癸亥,第2403页。

无疑是埋下隐患，即便钦宗"归未有期"，也有碍于高宗权威的恢复。权衡过后，进一步加剧了遥拜的君臣区隔：地点上，皇帝在禁中，群臣在宫门外；拜礼上，前者降级到家人礼，后者沿用君臣礼，这正是遥拜废罢前的过渡形态。和议达成后，臣下的遥拜也不了了之。事实上，尽管遥拜最终退出了历史舞台，但它的出现，尤其是君主之上另置更高权威的方式，从一开始就挫伤了高宗身为中兴之主的威信。

（二）维系朝参：因陋就简到渐入正轨

南宋立国之初，高宗的帝位、权威尚未稳固，应对金军的压迫已捉襟见肘，而行宫殿宇的稀少窄隘、状况不佳，无疑是"雪上加霜"。建炎三年（1129）二月，车驾至杭州，以州治为行宫①，七月，升杭州为临安府②。由于行宫的殿宇普遍简陋，朝参的常规举行，往往更受制于天气状况的好坏。绍兴二年（1132）正月，

> 御史台、阁门言："车驾移跸临安府，百官趁赴朝参，若值雨雪，殿内向无南廊，其四参官系于南阁子内起居。若更令百官立班，委是窄隘。今相度如值雨雪，宰执、使相、前宰执、太尉于檐下立班，侍从、两省、台谏、正任、管军、横行、御带、阁门应奉官等于南面阁子内立班。内文（武）[臣]卿监、郎官以下，（文）[武]臣武功大夫以下，并于殿门外立班。"诏文臣卿监、郎官以下，武臣武功大夫以下并于东西两廊立班，余并依。③

殿内没有南廊，若遭遇雨雪天气，南阁子很难容纳四参官的庞大规模。于是，不得不将原本一同排班的官员按照等级的尊卑，拆分成三个班列，由近及远，分散排布在不同的等候地点：①宰执在殿檐下立班，②侍从、台谏、正任、管军等在南面阁子内立班，③余下庶官在殿门之外。考虑到庶官的站立位置过远，诏旨改换到东西两廊。不止如此，绍兴十二年修建崇政、垂拱二

---

① 《宋会要辑稿》方域 2 之 5，第 9284 页上。
② 《系年要录》卷 25，建炎三年七月辛卯，第 594 页。
③ 《宋会要辑稿》仪制 2 之 20，第 2326 页上。标点有细微调整。

殿以前,行宫外朝只有一座殿宇,功能多元,日常视朝、双日讲读都在此举行。绍兴三年九月,适逢其房梁朽坏、南檐破败,亟需修缮,故而临时御射殿,结果射殿的状况更加不堪,"茆屋才三楹",以至殿上侍立的臣僚,头上的巾裹时而会触碰屋宇。而维系的"力不从心",也是射殿省去礼仪、放罢百官起居的一个重要原因[①]。除了殿宇,宫门的狭小也是很棘手的问题。绍兴四年,臣僚讨论明堂礼,就曾言及:"今行宫南门之外,地步隘窄,每朔望朝参百官悉集,尚无所容,则将来御门之日百官就列,不知更于何地排布仪卫。"[②] 行宫南门外的空间,承载赴朔望两参的官员队列,已经相当困难,更不要说再排布仪卫。

绍兴六年,为示北上出击的决心,高宗巡幸平江府、建康府,到绍兴八年二月,再次回到临安,次年,宋金和议初步达成。这也"预示"着和平局面即将到来,其间,高宗加快了整顿、重振朝参的步伐。首先,针对朔望参、六参日"班列萧疏"、出席率低的状况:

> (绍兴)九年二月三日御史中丞勾龙如渊言:"比来每遇朔望或六参日,(今)〔合〕赴官类多托疾在告不赴,小者因循,大者偃塞,班列萧疏,甚非所以恭臣职、隆朝序之意。望申戒在位,以肃廷仪。仍从本台将在告最多之人(刻)〔核〕实奏弹。"诏依(表)〔奏〕,仍出榜朝堂。[③]

"令赴官类多托疾在告不赴,小者因循,大者偃塞",政权初创阶段,朝参已经显露疲态,君主有心无力,臣僚又不重视,惰怠、托疾不赴甚至发展为一种常态。而"恭臣职、隆朝序""肃廷仪",正是迈入承平时期,维系君臣秩序、政务运转的重要保障,也是宋廷需要着重强化的。同时,御史台试图效法北宋旧法,扩充望参官的范围,不过,这一努力在实际运作中,却遇到困难。绍兴九年二月二十六日御史台言:"昨申请添用行在承务郎见任寺监主簿以上职

---

① 《宋会要辑稿》仪制 1 之 14:绍兴三年九月四日诏:"为射殿窄隘,百官起居权放,候御后殿日依旧。"(第 2304 页下)

② 太常寺编,徐松辑:《中兴礼书》卷 85《吉礼八十五·明堂肆赦》,《续修四库全书》第 822 册,上海:上海古籍出版社,2002 年,第 352 页上。

③ 《宋会要辑稿》仪制 2 之 21,第 2326 页下。

事官,缘即今殿庭窄狭,及值雨上廊有拥阻,拜跪艰难,欲依条止告厘务通直郎以上趁赴。"从之①。御史台本意是借助优先职任的方式,降低对赴参者寄禄官的等级要求,把寺监主簿以上的京官,也一并纳入望参官,来提高务实性②。但碍于殿庭窄狭,其容纳限度趋于"饱和",一旦扩充赴参的人数,遭遇恶劣天气,廊上待班、殿庭跪拜便会受阻,从而影响礼仪进程,所以,不得不维持现状。

绍兴十一年(1141),宋金和议最终达成,外朝殿宇的修建开始提上日程,朝参制度也进一步走入正轨。"十二年十月,有司请行正、至朝贺礼,及讲求祖宗故实常朝、视朝、正衙、便殿之仪。乃讨论朔日文德殿视朝,紫宸殿日参、望参,垂拱殿日参、四参,假日崇政殿坐,圣节垂拱、紫宸殿上寿之制。请先御正殿视朝。"③以上列举的朝参形式,北宋徽宗朝的《政和五礼新仪》中都有记载,尤其"垂拱殿四参"的提法,是直到北宋末年才得以出现。也意味着《五礼新仪》的实际影响已延伸到南宋。有关殿宇的修建,当时的行宫留守叶梦得,曾建议增修大庆、垂德、垂拱、紫宸四座殿宇④,高宗担心过度劳民,最后下令一切从简,"止营两殿"⑤。更重要的是,区别于战时颠沛的权宜做法,因陋就简,高宗需要"先御正殿视朝"。在做好相关的筹备工作之后,绍兴十三年二月"壬戌,上初御前殿,特引四参官起居。自建炎以来,始有此礼"⑥。这是建炎南渡以来,首次在正殿举行四参之礼,并在垂拱殿内设立了石位,要求赴参官提前"习看"⑦,熟悉位置,避免起居当日临场失误。

(三)六参与四参

关于赴朝参的官员等级,高宗以来存在朝参官、望参官、六参官、四参官、日参官的提法,范围各有不同:①朔参、望参官为前引厘务、不厘务朝官。

① 《宋会要辑稿》仪制 2 之 21,第 2326 页下。
② 北宋元丰时期,也采用过类似的处理办法,参见任石《北宋元丰后的内廷朝参制度》。
③ 《宋史》卷 143《仪卫志一》,第 3381 页。
④ 叶梦得:《石林奏议》卷 10《宫室议》,静嘉堂藏南宋开禧刻本,第 3a—5a 叶。
⑤ 《系年要录》卷 135,绍兴十年四月丙戌,第 2520 页。
⑥ 《系年要录》卷 148,绍兴十三年二月壬戌,第 2794 页。
⑦ 《系年要录》卷 148,绍兴十三年四月丙戌,第 2805 页。

②六参官一说"在京宫观奉朝请者"①,即因担任在京祠禄而赴五日一参。举例说,绍兴十三年(1143)二月,曾令张俊、韩世忠、韦渊三人赴六参起居,"皆以在京宫观奉朝请故也"②。另一说"卿监以下"③,等级介于望参官与四参官之间。③四参官,"谓宰执,侍从,武臣正任,文臣卿监、员郎、监察御史已上"④。④日参官,"自宰执以至侍从、台谏,则谓之常参"⑤。

另一方面,在赴朝参的频度上,存在六参与四参两种表述方式。关于六参,《文昌杂录》云:"及官制既行,又有日参、望参、朔参之制……又今后除朔望参外,每月定以五日、二十日、二十一日、二十五日为参日。"⑥事实上,这应是北宋元丰改制时期的制度⑦,每月在朔(初一)、望(十五)之外,另择四天作为朝参日,统称"六参"。另《鼠璞》云:"除朔望参外,每以初五、十一、廿一、廿五为参日。"⑧可概括为,每月朔望与逢一、逢五为六参日,与《文昌杂录》所记仅有一日之差。笔者推测,《鼠璞》所载一、五日六参,应是南宋以后的制度。据《中兴礼书续编》:

> (淳熙十五年四月二十四日)诏:"今后面对官依旧遇六参日引。"先是,十四年十一月二十二日,诏:"今行除旦、望外,遇一、五日诸德寿宫梓宫前烧香,所有轮当面对官权改作四、九日引。"又十年四月二十三日⑨,诏:"自今遇旦、望、初八日、二十二日,诸德寿宫几筵前烧香,所有一、五日指挥,更不施行。"故有是诏。⑩

---

① 《宋史》卷143《仪卫志一》,第3380页。

② 《宋会要辑稿》仪制2之21,第2327页上。

③ 谢维新:《古今合璧事类备要》后集卷7《臣道门·对见》,国家图书馆藏宋刻本,第6a叶。

④ 《宋史》卷143《仪卫志一》,第3380页。

⑤ 《古今合璧事类备要》后集卷7《臣道门·对见》,第6a叶。

⑥ 庞元英撰,金圆整理:《文昌杂录》卷3,《全宋笔记》第2编第4册,郑州:大象出版社,2006年,第151页。

⑦ 需要指出,北宋的视朝主要在单日(只日),因而不排除"二十日"为庞元英笔误的可能。

⑧ 戴埴撰,储玲玲整理:《鼠璞》卷上《正衙常参》,《全宋笔记》第8编第4册,郑州:大象出版社,2017年,第72页。

⑨ 按此日期似误,应在淳熙十四年十一月二十二日之后。

⑩ 叶宗鲁撰,徐松辑:《中兴礼书续编》卷41《凶礼七·永思陵》,《续修四库全书》第823册,第543页下。

六参之日，不仅要安排六参官的起居，行礼过后，还有听政的环节，当中就包括轮对官的上殿奏事。此时，高宗已崩未葬，在梓宫停于德寿宫期间，会伴有烧香的礼仪。淳熙十四年十一月二十二日，曾规定每月旦、望、一、五日烧香，但这一时间与轮当面对直接冲突，不得不改换"四、九日引"轮对官。在此之后，烧香的日子又调整为旦、望、初八日、二十二日，于是，轮对也顺势改回一、五日。诏旨中提到的"依旧遇六参日引"，正揭示出一、五日为六参，是比较可信的①。而四参，应是六参排除朔望两参之外，余下的四个朝参日。值得注意的是，金熙宗推行新制期间，天眷二年（1139），也曾定立六参制度："五月，详定常朝及朔、望仪，准前代制，以朔日、六日、十一日、十五日、二十一日、二十六日为六参日。"②金制的六参日，为朔望与逢一、逢六，尽管时间安排上与宋制存在差异，但两者间确有一定的共通之处。

三、德寿宫朝见与萧索的四参

在海陵王率金军南下、第二次撕毁和议的压力之下，绍兴三十二年（1162）六月，金军刚刚退去之后，高宗即内禅，将皇位交与孝宗，称"太上皇帝"，退居德寿宫。六月十一日，正式在紫宸殿行内禅之礼③。德寿宫朝见的出现，是孝宗朝朝参制度中颇为关键的一个变化。

（一）德寿宫朝见：南北内格局的形成

德寿宫在大内以北，望仙桥以东，又称"北内"，以秦桧旧第修筑而成④。德寿宫朝见，或曰"德寿宫起居"，主要指正旦、冬至、朔望等日，由孝宗率领

---

①　赵升：《朝野类要》卷1"六参"条：六参"又名望参，谓一、五日之常礼"。（王瑞来点校，北京：中华书局，2007年，第22页）前半句将六参等同于望参，确有不妥，但后半句"谓一、五日之常礼"，仍有一定参考价值。

②　参《金史》（点校本二十四史修订本）卷36《礼志九·朝参常朝仪》，北京：中华书局，2022年，第895页。

③　《宋史》卷110《礼志十三》，第2642—2643页。

④　《建炎以来朝野杂记》乙集卷3《南北内》，第553页。

群臣到德寿宫,向高宗问候起居、拜谒行礼①。另一种形式,是在孝宗朝德寿宫的日子之外,每月再择日,由宰臣率领群臣朝拜高宗②。如果说,高宗的"遥拜二帝",君臣之礼尚且停留于形式,那么,德寿宫朝见就使孝宗用君臣礼待高宗,成为一种事实。

其时,为避免与孝宗的朝见相冲突,六月"十三日,诏令宰臣率百官于初二日、十六日诣德寿宫起居"③。宰臣以下德寿宫起居,特意错后一日。相比孝宗在场的朔望,平日的起居仪式要更简易④。关于赴起居的官员范围,六月十五日御史台、阁门言:"契勘德寿宫殿内外地步窄隘,及值雨或霑湿,别无立班去处。今相度欲乞遇前项立班日分,本台乞用监察御史以上,阁门乞用横行并御带以上趁赴立班。"诏依⑤。起初,德寿宫前并未修建待漏院,考虑到"宫殿内外地步窄隘",遇雨则群臣无处落脚,将赴起居的等级定在文臣监察御史以上、武臣横行并御带以上——相当于四参官。但高宗以到宫日"既非假日,诚妨职务"为由推辞,七月八日诏:"今后每月初二日宰执率监察御史以上赴德寿宫起居,十六日率侍从以上起居。"⑥于是,孝宗再下诏削减赴起居的规模,改为初二日用四参官,十六日用日参官。而高宗依旧推辞,同日降旨:"缘宫前无待漏去处,缓急阴雨使百官暴露,殊不安怀,可今后只初二日率从官等同一次来。"⑦最后,遵从了高宗的旨意,德寿宫起居于每月初二日举行,范围包括文臣侍从以上、武臣横行并御带以上⑧。

北宋太后垂帘时,朝会活动着意淡化年幼皇帝的君主角色;孝宗时,皇帝、宰臣率百官每月定期到德寿宫朝见高宗,行君臣拜谒之礼,无疑是在反

---

① 在孝宗"修晨昏之礼"的要求下,当时除朝见朔望之外,孝宗每月初八、二十二日再到德寿宫起居,行宫中之礼,"不集百官陪位,立班止系从驾臣僚"。参《宋史》卷110《礼志十三》,第2644—2645页;《中兴礼书》卷180《嘉礼八·皇帝朝德寿宫》,第596页上。

② 《宋史》卷110《礼志十三》,第2643—2645页。

③ 《宋史》卷110《礼志十三》,第2644页。

④ 《宋会要辑稿》仪制2之25,第2328页下。

⑤ 《中兴礼书》卷180《嘉礼八·皇帝朝德寿宫》,第596页下。

⑥ 《中兴礼书》卷180《嘉礼八·皇帝朝德寿宫》,第596页下。

⑦ 《中兴礼书》卷180《嘉礼八·皇帝朝德寿宫》,第597页上。

⑧ 《中兴礼书》卷180《嘉礼八·皇帝朝德寿宫》,第597页上。

复强化退居德寿宫的太上皇仍有凌驾大内皇帝之上的权威。当时的朝廷，存在高、孝两个权力中心（从"北内""南内"称谓上，也可窥见），更重要的是，高宗占据更中心的位置，孝宗始终要以人臣的身份，奉事高宗。正源于此，维系以孝宗为核心的朝参与听政，必须以"绕开"德寿宫朝见为基本前提，"退而求其次"，也使孝宗朝常规的视朝节奏，容易受到干扰，朝参日益呈现一种"扭曲"的发展态势。绍兴三十二年（1162）六月十五日，诏："今后宰执以（以）［下］诣德寿宫起居日，特不视事。"继又诏："遇宰执以下得太上皇帝圣旨免到宫，即改作后殿坐。或降旨值夜及临期方得旨，集殿不及，即不视事。"[1] 在处理宰臣以下德寿宫起居与当日视朝的关系上，孝宗优先考虑"不视事"，只有当高宗降旨"免到宫"时，才能另行安排。降旨之后，改御规格、等级偏低的后殿。如果降旨时间延迟，赶不及聚集臣僚，则仍不视事。而针对孝宗亲赴的德寿宫朝见，

> （绍兴三十二年九月）二十一日，阁门言："每遇车驾诣德寿宫起居，若太上皇帝降旨免出，乞改作后殿坐。"从之。乾（德）［道］元年十一月二日，又言："若诣宫日系御前殿日分，如前一日得旨免赴宫，即改（得）［后］殿坐。如直夜或临期方得旨，即前后殿不坐。如前二日得旨，御殿如常制。"从之。[2]

与宰臣以下起居的处理方式接近，遇到高宗降旨"免出"，即改坐后殿。到乾道元年，作了进一步的区分：①前一日得旨，改御后殿；②前两日得旨，遵照常制御殿；③若得旨过晚，则前殿、后殿均不坐。这些规定，试图在两个权力核心之间寻求一种平衡，确保以高宗旨意为主导、优先德寿宫朝见的基础上，尽量减缓对孝宗当日视朝的冲击，也从侧面反映了退位的高宗对朝政运转的影响力度。

淳熙十六年（1189）二月，孝宗禅位，退居重华宫（即德寿宫）。随后，衍生出与德寿宫朝见"如出一辙"的重华宫朝见。二月十三日，阁门言："已降指挥，今月十七日宰执以下赴重华宫起居，乞依例不视事。如前一日恭奉至

---

① 《宋会要辑稿》仪制1之14，第2304页下。
② 《宋会要辑稿》仪制1之14、15，第2305页上。

尊寿皇圣帝圣旨免到宫起居,乞作后殿坐。如值夜及至日得旨免赴起居,窃虑集朝殿官起居不及,是日亦乞依例不视事一日。"诏依[1]。在协调群臣到宫起居与当日视朝的关系上,基本"套用"了绍兴末年的旧模板。实际上,孝宗曾寄希望于光宗能用自己当初奉事高宗的方式,来奉事自己。但随着光宗与孝宗关系的急剧恶化,"上久不朝重华宫,遇过宫日辄报免"[2]。光宗极少到重华宫朝见孝宗,并无视臣僚的反复进言,实则不肯用君臣之礼待孝宗,以消极、回避的方式,对抗孝宗的高度权威。

(二)御殿年例

在高宗内禅后,绍兴三十二年(1162)六月十八日,孝宗"始御后殿"[3]。直到九月九日,阁门言:"伏自皇帝登宝位,止系后殿日分。今已降旨,九月十二日初御前殿。欲乞是日皇帝御垂拱殿,四参官起居。"从之[4]。前文已述,后殿是区别于外朝垂拱、崇政二殿的内朝殿宇。孝宗在即位近三个月的时间里,止坐后殿[5],一定程度上也是出于对高宗的恭敬。初御前殿的当日,为了提高礼仪的等级,阁门特意在非四参日,安排了四参官赴起居。

引人注意的是,孝宗在位期间,出现了影响御殿方式的"年例"。隆兴元年(1163)九月二十八日,阁门言:"昨依年例,自五月二十八日并后殿坐,至九月十二日当御垂拱殿。继以飞蝗,避正殿至今。近文武百僚上表请御正殿,已允所请。"诏以十月四日垂拱殿坐[6]。所谓的年例,是指一年之中,固定安排一段时间(约五月中旬到九月中旬),皇帝不出御前殿视朝,只坐后殿。这一年的特殊情况,是遇到蝗灾要避正殿,从而延长了坐后殿的时间。至于存在年例的原因,应与江南多变的天气状况有关,乾道七年四月二十三日诏:"为暑热,依年例自五月十三日并后殿坐,并放见、谢、辞及参假官,候秋

---

① 《宋会要辑稿》仪制1之16,第2306页上。

② 袁燮:《絜斋集》卷13《龙图阁学士通奉大夫尚书黄公行状》,《儒藏》(精华编二三八),北京:北京大学出版社,2012年,第227页上。

③ 《宋会要辑稿》仪制1之14,第2304页下。

④ 《宋会要辑稿》仪制1之14,第2305页上。

⑤ 笔者推测,应为祥曦殿朵殿。

⑥ 《宋会要辑稿》仪制1之15,第2305页上。

凉日取旨。今后准此。"① 同时，年例的时限要结合每一年的具体情况，"逐年检会施行"。

在行宫外朝殿空间狭小的现实状况下，"暑热"加之梅雨季节的连续降雨，势必会给前殿视朝，尤其是朝参中群臣的立班跪拜、仪仗禁卫的侍立等，带来诸多不便。对照之下，后殿兼具仪式简省、务实性更高、灵活性突出的特点，能加快节奏步入听政环节，提高效率。因而在暑热期，后殿取代前殿，成为视朝的最主要场所。当然，炎暑的负面影响并不局限于前殿，《梦粱录》就曾谈起，"六月季夏，正当三伏炎暑之时，内殿朝参之际，命翰林司供给冰雪，赐禁卫殿直观从，以解暑气"②。要用冰雪赐禁卫以缓解、对抗暑热，三伏时内殿朝参的侍立之苦，也可想见。《朝野类要》中对"常朝"的概括方式虽不够准确，却似乎与"年例"存在一定的联系："今之所谓常朝，盖正殿也，又名垂拱殿。大凡殿名，遇礼例合御某殿，则临期设牌。常朝则自九月中旬，至来年五月中旬。"③ 这里"遇礼例合御某殿，则临期设牌"，应是指与大庆殿、文德殿、紫宸殿同为一殿、"随事揭名"的崇政殿，常朝则是垂拱殿视朝。但最后一句耐人寻味——常朝"自九月中旬，至来年五月中旬"，这恰恰与排除年例后余下御垂拱殿的时间重合。

年例之外的月份，遭遇雨雪等恶劣天气，后殿也时常充当前殿的"替补"场所。

（隆兴二年九月十六日）阁门言："在京及行在旧例，御前殿日分，值雨雪及泥泞，得旨放朝参，即改后殿坐。今后乞依例取旨。"从之。④

（乾道二年八月三十日）诏："自九月六日垂拱殿坐，遇四参日，依旧制令四参官起居。如值雨霈湿，令阁门取旨，改日参。"⑤

---

① 《宋会要辑稿》仪制1之15，第2305页下。原注："逐年检会施行，以降旨立为定例，故附见（放）〔于〕此。"

② 《梦粱录》卷4《六月（崔真君诞辰附）》，第159页。

③ 《朝野类要》卷1《班朝·常朝》，第22页。

④ 《宋会要辑稿》仪制1之15，第2305页上。

⑤ 《宋会要辑稿》仪制2之22，第2327页下。

维系视朝,增重务实性,往往要以"牺牲"礼仪、削减规模为代价。针对不同的情况,采取相应的处理方式:由阁门司先取旨,①泥泞日,放罢朝参,更换坐朝地点,舍弃礼仪的同时,听政得以在后殿保留。②沾湿日(四参日),下调朝参等级,地点不变,但赴参群体从四参官(卿监员郎)压缩到日参官(侍从)。

由于后殿的坐朝时间延长,重要性更加突出,淳熙以后,前殿的礼仪也显露出向后殿靠拢的倾向。淳熙七年(1180)九月,

> 上宣谕曰:"每日常朝,可同后殿之仪,不必称丞相名。"赵雄奏:"君前臣名,礼也。臣岂敢当此。"上曰:"记得苏洵亦尝论此,谓名呼而进退之,非体貌大臣。丞相不须多辞。"于是诏:"今后垂拱殿日参,宰臣特免宣名。"续又诏:"除朝贺、六参并大使在庭依仪,其余并免宣名。内枢密使日参如遇押班,亦免宣名。"①

宣名,即"君前臣名",本是君臣之礼的一部分。至此,免去日参时宰相与押班枢密使的宣名,只用官称,一方面是为尊崇、体貌大臣,同时也应出于平衡垂拱殿常朝与后殿视朝的考虑,通过压低前者,弱化内外常朝在礼仪等级上的差距。至于规格更高的朝贺、六参、金使入朝等仪式场合,仍旧维持宣名。

(三)萧索的四参

孝宗在位初期,对礼仪相对隆重的垂拱殿四参较为重视,这也是新君欲树立威严的重要举措之一。隆兴元年(1163)二月,周必大直前奏事札子就论及:

> 臣窃惟群臣六参,自有定制。绍兴初,庶事未备,然且行之。况陛下自临宸极,未尝以风雨寒暑暂阙垂拱之朝。而卿监郎官多亲被简擢,服在班著,岂可使累月不一造廷望穆穆之光?此则有司循习近例之过也。愿颁明诏,遵用常彝,除朔望车驾诣德寿宫相妨外,余值六参日,勿

---

① 《宋史全文》卷26下《宋孝宗六》,淳熙七年九月癸亥,第2250页。

改常朝。如此则既不废朝廷之仪,亦少伸臣子之敬。①

六参中,朔望两参已被德寿宫朝见占据,剩下的四个垂拱殿朝参日(四参),有司又"循习近例"压低等级,改为常朝(日参),其后果是,四参官的赴参资格被强行剥夺,"累月不一造廷",积延数月也难得见到皇帝一面。

为扭转这一局面,孝宗着手整顿四参。乾道二年(1166)九月七日,重定垂拱殿四参仪注,仪注的内容,《会要》与《宋史》均有记载②。从程序来看,孝宗朝的四参仪承袭了《政和五礼新仪》的《垂拱殿四参仪》③,包含入殿起居、宰执奏事、见谢辞等主要环节。同月的十二日,又诏"合赴四参官于今月十七日赴垂拱殿习仪"④,要求四参官现场排练,熟悉仪式程序。能够发现,重修四参之仪、命四参官习仪的时间,都在九月以后,这正是"暑热"结束后的"秋凉",一年当中孝宗御前殿之初,故而对前殿朝礼给予了更多关注。

不过,孝宗的重视却与施行中群臣惯常的散漫懈怠、敷衍逃避,形成鲜明反差:乾道五年十一月十七日诏御史台:"今后如遇四参等朝殿,临时称疾不赴,致班列稀疏,并覼缕覆奏。"⑤"致班列稀疏",意味着临时称病早已不是个例,要动用御史台予以整顿。甚至于孝宗专门下了一道诏旨,申明趋朝拜舞的严肃性,乾道七年五月九日诏:"朕惟礼容进止,君子所宜留心。迩来中外之臣,以趋进拜舞视为末节,恬不加意,非所以示朝廷之敬也。宜儆戒有位,自今罔或惰媮。傥袭常仪,当置于罚。"⑥"视为末节,恬不加意",正反映了臣僚对待前殿朝礼的真实态度。在视朝的重心移入内朝,宫城北部殿宇的重要性突显,坐于后殿的频度日益高过前殿的趋势影响下,孝宗整肃前殿四参的举措,也难以收获实际的成效。

---

① 《周益公文集》卷 134《乞六参官依常制》,第 16a—16b 叶。

② 参《宋会要辑稿》仪制 2 之 22、23,第 2327 页下、2328 页上;《宋史》卷 116《礼志十九》,第 2758—2759 页。

③ 郑居中等:《政和五礼新仪》卷 141《垂拱殿四参仪》,影印《文渊阁四库全书》本,第 647 册,第 655—657 页。

④ 《宋会要辑稿》仪制 2 之 23,第 2328 页上。

⑤ 《宋会要辑稿》仪制 8 之 35,第 2467 页上。

⑥ 《宋会要辑稿》仪制 5 之 30,第 2396 页下。

而当时,如果孝宗长时间不御前殿,还有一种临时解决四参官"累月不一造廷"的办法,是"令四参官并赴后殿,随大班起居"①——改换四参地点,让四参官直接入后殿起居,跟随大班一同拜谒。

高宗去世后,孝宗便不再出御前殿,以延和殿、后殿视事为主,朝礼等级也压缩到最简:淳熙十五年(1188)五月十四日,

> 权礼部侍郎尤袤等言:"……窃详后殿及延和殿乃祖宗崇政、延和之比,缘今延和地步窄隘,难以排立侍从、史官、管军、(衔)〔御〕带、环列、禁卫等。今参酌,欲乞皇帝于后殿视事,所有仪制乞下阁门禁卫所条具,申尚书省。"阁门奏:"奉旨后殿坐起居班次并如假日仪,遇(西)〔四〕参(目)〔日〕,权令侍从官趁赴起居。其御后殿日分……班直亲从共三百人排立祗应。"诏裁减一百五十人,余依。②

服丧初期,孝宗先御延和殿决务,免去礼仪,淳熙十四年(1187)十一月乙卯,"初御延和"③。次年以后,增入了起居程序,但延和殿与后殿④相比,"地步窄隘",无法承载朝礼需要排立的侍从、史官、管军、禁卫等固定班列,于是逐渐移到后殿。这时候,仪式、队列一切从简——平日的起居班次,缩减到假日起居的规模,四参的班次只用侍从、观察使以上⑤(接近日参官),后殿排立祗应的班直、亲从,人数也裁掉一半。

宁宗朝以后,四参非但没有重振的迹象,反而愈加"稀疏为甚"、萧索不堪,就连侍从的日参,也逐渐缺乏保障。嘉定十二年(1219)正月,

> 臣僚奏:"窃见皇帝御正殿,或御后殿,固可间举,四参官亦有定日。近者每日改常朝为后殿,四参之礼亦多不讲,正殿、后殿四参间免。陛下临朝之日固未尝辍,而外廷不知圣意,或谓姑从简便,非所以肃百执

---

① 《宋会要辑稿》仪制1之15,第2305页下。
② 《宋会要辑稿》仪制5之33、34,第2398页。
③ 《周益公文集》卷172《思陵录》,第26b叶。
④ 此处后殿,应为祥曦殿朵殿。
⑤ 同年七月八日,令武臣观察使以上,"依文臣侍从官已得指挥",赴后殿起居。参《中兴礼书续编》卷41《凶礼七·永思陵》,第544页下。

事也。常朝之礼止于从臣，后殿之仪从臣不与，四参止及卿郎，而乃累月仅或一举。咫尺天威，疏简至此，非所以尊君上而励百辟也。伏愿陛下严常朝、后殿四参之礼，起群下肃谨之心，彰明时厉精之治，岂不伟哉！"从之。①

此时，御前殿与御后殿"固可间举"，演变成常朝只御后殿，前殿、后殿四参也时常罢免。这就造成了赴朝参的官员范围缩小，四参官、日参官的朝见次数明显减少。其中，侍从以上应赴常朝，后殿常朝却"从臣不与"；卿监员郎应赴四参，四参更是"累月仅或一举"。所以，臣僚要求整肃朝参，"严常朝、后殿四参之礼"，设法提高四参官、日参官的朝参频度，"起群下肃谨之心"。理宗时，朝参进一步走向了衰败。淳祐六年（1246），李昂英议论道：

> 臣二十一日缀四参官起居，因俟候奏事。窃观帝属之班，稀疏为甚，赤墀步武，殆类晨星。退而询问，则知迩者常参或只一二人趋趁。……陛下大昕而南面，虽隆寒不惮，贵臣或连日不望清光，理恐未安。……欲望陛下申儆有位，使咸造在朝，庶几人心不玩，主势益尊，所以肃朝仪而振朝纲，亦非小节也。②

"稀疏为甚""殆类晨星"，足可见四参班列寥寥数人是放任已久的情况；常参更甚于此，应赴常参的宰执、侍从（"贵臣"），"连日不望清光"，反为常态，个别时候也只有一二人趋朝立班。尽管李昂英一再强调，"肃朝仪而振朝纲"之事非小节，但对扭转朝参的发展颓势，惯于放任的理宗恐怕也已力不从心。

结　语

南宋的朝参，总体上呈现衰颓、萎缩的发展迹象，且这一趋势，从立国初

---

① 《宋史》卷116《礼志十九》，第2759页。
② 李昂英：《李忠简公文溪存稿》卷8《论帝属贵臣不趋早朝奏札》，《宋集珍本丛刊》第85册，第489页下。

期就已初现端倪。推究其原因,首先,是宫城格局的改变,使视朝的重心逐渐移向内朝,礼仪空间与政治重心南北分离。此后,礼制规格不高、直接联系听政的一部分朝参,不得不以"削足适履"的方式,强行追随决务进入后殿,并在这一过程中,成为"点缀",走向萎缩。

其次,朝参着重凸显的是君主权威,南宋君主的威严,却屡遭挫伤,这也是朝参难以振兴的深层原因。从高宗朝的内外交困、举步维艰,需要借助"遥拜二帝"、权威之上叠加权威的方式保全根基不稳的帝位,到孝宗即位后双重权力核心的出现,南内的朝参受到"德寿宫朝见"的持续挤占,长期处于"非常态""扭曲"的状态,再到宁宗以后,活力渐失,朝参一步步丧失了发展时机。而朝参在政治生活中的废弛,又导致臣僚普遍形成"怠慢"朝参的风气,纵使君主反复整顿,也难获实效。

再次,南宋视朝制度的务实、私密色彩明显高于北宋,"维时多艰,政尚权宜"①,李心传也论及"自渡江以来,人情日趋简便"②。相对于是否契合旧制,结构、形式是否完备,时人更关心的是制度能否应对现实的需要。如此一来,要投入成本、甚至可能阻碍决务走入内朝深处的正殿朝礼,往往更容易被舍弃。

最后,两宋的朝参体系繁复曲折,尤其到南渡以后,在现实条件限制与政治冲击下,依然勉力维持,根源就在于,朝参用拜礼周期性地确认君臣关系,并规范官僚秩序,这对昭示君权的正统合法,塑造、深化帝王的神圣形象,乃至引导臣下忠于君主、各守其分,都具有不可替代的意义。

本文原刊《文史》2023 年第 3 辑,收入本集时有细微修订。

---

① 《宋史》卷 161《职官志一》,第 3770 页。
② 《建炎以来朝野杂记》甲集卷 9《故事·紫衫》,第 189 页。

论宋代行政事务中的"保明"

吴淑敏

信息是国家决策的依据,故而历代的统治者都极尽所能地采取各种制度化的措施以确保下情如实上达,如广开言路、增设特务机构等①。决策者们在收集信息时,一方面希望建立多元和通畅的信息渠道,另一方面也希望获得的信息是真实可靠的。关于中国古代各类信息渠道以及防范壅弊的举措等话题,学界已有较为丰硕的成果②。然在如何保证信息可靠性的问题上,相

---

① 以宋代为例,朱瑞熙曾指出,宋朝皇帝和宰执、百官决策的依据和信息传递渠道,大致有二府分班和合班奏事、臣僚章疏、大臣留身奏事、台官的"月课"、监司和帅司以及走马承受的奏报、经筵官的议论、士民上书等。此外朱氏还指出,宋朝皇帝还从皇城司的探报、皇太子的报告等得到许多信息。参见白钢主编,朱瑞熙著:《中国政治制度通史(宋代卷)》第三章第二节"决策的依据和信息传递渠道",北京:社会科学文献出版社,2011年,第102—121页。

② 相关研究可参见朱瑞熙先生《中国政治制度通史(宋代卷)》第三章第二节"决策的依据和信息传递渠道";邓小南主编:《政绩考察与信息渠道——以宋代为中心》,北京:北京大学出版社,2008年;李全德:《宋代的信息沟通与文书行政述评》,收入邓小南主编,方诚峰执行主编:《宋史研究诸层面》,北京:北京大学出版社,2020年,第20—83页;高柯立:《宋代地方的官民信息沟通与治理秩序》,北京:国家图书馆出版社,2021年;邓小南:《信息渠道的通塞:从宋代"言路"看制度文化》,《中国社会科学》2019年第1期。

关的专题讨论则不够充分①。

在宋代的史料中,我们常能看到“保明”“结罪保明”“保明诣实”这样的行政术语。通过阅读相关文字可知,宋代的“保明”正是行政事务中确保信息真实性的一种担保程序。遗憾的是,或许“保明”在宋人眼中是一个习以为常、不言自明的词汇,文献记载中鲜有关于“保明”的解释或讨论,“保明”究竟是怎样的一种担保形式,尚需进一步厘清。郑铭德较早地注意到宋代“保明”的问题。郑氏在《宋代制度中的“保明”初探》一文中认为“保明”是指官员、胥吏、百姓在文书上对人、事、物具名的保证文书。同时郑文还特地讨论了“保明”影响行政效率的问题②。郑文无疑增进了学界对宋代“保明”的关注和认识,但也存在一定的问题和不足:其一,郑文把“保明”和宋代的另一种担保方式——保官制度混淆在一起讨论,与相关史实不符;其二,“保明”在行政实践中暴露出的缺陷也不限于影响行政的时效性。鉴于此,本文希望通过具体实例和相关法令条文进一步厘清“保明”的含义和特征,并在此基础上探讨“保明”在宋代行政中的作用及其在实际行政运作中的局限和问题。

一、宋代“保明”的含义及其与保官制度的区别

“保明”一词,最早见于《诗经·周颂·访落》:“绍庭上下,陟降厥家,休矣皇考,以保明其身。”关于“以保明其身”一语,郑玄解释作“以此道尊安其身,谓定天下,居天子之位”。《毛诗正义》在郑注的基础上进一步解释道“尊安其身,则以保为安,明为尊”,即是将“保”“明”二字分别解释作“安”“尊”之义③。清代的马瑞辰、王先谦则认为“保明”当训为“保勉”,“休矣皇考,以保明其身”即是“以皇考之休美保勉其身也”④。无论如何,此处“保明”并无担保的意思,与宋代的“保明”相距甚远。

---

① 当然,信息渠道的多样化本就是确保信息真实可靠的一种手段。

② 郑铭德:《宋代制度中的“保明”初探》,中国宋史年会会议论文“多视角认识宋代的政治与制度”组,广州,2016年8月,第220—225页。

③ 孔颖达:《毛诗正义》卷19,阮元校刻《十三经注疏》本,北京:中华书局,2009年,第1290页。

④ 马瑞辰撰,陈金生点校:《毛诗传笺通释》卷30《周颂》,北京:中华书局,1989年,第1095页。王先谦撰,吴格点校:《诗三家义集疏》卷26《诗周颂》,北京:中华书局,1987年,第1040页。

魏晋以降，史料中的"保明"开始有了担保证明之义。东晋史学家孙盛所著《魏氏春秋》记载，曹魏时期，吕巽与其弟吕安妻徐氏私通，且诬蔑吕安不孝。吕安被囚禁，遂找与吕氏兄弟相熟的嵇康作证，"康义不负心，保明其事"①。又如西晋《江表传》所载："（诸葛）瑾之在南郡，人有密谗瑾者。此语颇流闻于外，陆逊表保明瑾无此，宜以散其意。"② 唐代景龙政变（发生于 707 年）后，杨元琰受李多祚案牵连入狱，史载"赖中书侍郎萧至忠保明之，竟得免罪"③。以上三例中的"保明"皆是以个人名义担保、证明的意思，使用比较随机，尚难称之为一种制度。

唐代张鷟《龙筋凤髓判》载："诸州贡举悉有保明，及其简试，芜滥极多，若不量殿举主，或恐奸源渐盛，并仰折中处分。"④ 唐代科举与"保明"相关的史料，笔者仅见此一条，此处"保明"何指，并不明确。按照唐制，各地举子在参加礼部试前，为审查应举者的人品德行，要求举子之间要结款通保，谓之"合保"⑤。而上述"保明"明显与举主相关，必非指举子相互担保的行为。钱大群推测《龙筋凤髓判》此案对应的是《唐律疏议》中"贡举非其人"的罪名。据相应注文，"非其人"指"德行乖僻，不如举状者"和"试不及第"者⑥。又唐代舒元舆曾言："臣又见每岁礼部格下天下，未有不言察访行实无颇邪，然后上贡，苟不如格，抵罪举主。"⑦ 也就是说，原则上，举主为考生书写举状，需要切实访察其德行，若考生出现问题，就需承担连带责任。这样，举状事实上就具有了担保的性质。由此推测，此处的"保明"当指举主的担保，落实到文书上，即指具有担保意义的举状。

到了五代，"保明"一词在行政事务中已经较为常见了，其文书被称作"保明文状"，此时的"保明"成为了一个固定的行政术语。此处选取

---

① 《三国志》卷 21《嵇康传》，北京：中华书局，1982 年，第 606 页。

② 《三国志》卷 52《诸葛瑾传》，第 1233 页。

③ 《旧唐书》卷 185《杨元琰传》，北京：中华书局，1975 年，第 4811 页。

④ 张鷟撰，田涛、郭成伟校注：《龙筋凤髓判校注》卷 1《考功》，北京：中国政法大学出版社，1996 年，第 26 页。

⑤ 吴宗国：《唐代科举制度研究》，沈阳：辽宁大学出版社，1992 年，第 46 页。

⑥ 参见钱大群：《唐律与唐代法制考辨》，北京：社会科学文献出版社，2013 年，第 286 页。

⑦ 舒元舆：《上论贡士书》，董诰等编：《全唐文》卷 727，北京：中华书局，1983 年，第 7488 页。

三个例子来讨论。后唐天成二年(927)的敕令规定,街坊百姓以及军人之家有人亡故以及奴婢有非自然死亡时,要经府县或军队差人核验才能殡葬。因有些人家居所狭窄,又暑天闷热,尸体难以长时间停留以等待报官检查,朝廷只好采取权宜的办法,"本户可便唤四邻看验,如无他故,便任本主遂殡,仍具结罪保明文状报官。若有枉有伤害致死,邻人妄有保明,本户并保人勘责不虚,各量罪科断"①。这句话的意思是:四邻可以代替官府核实死者信息,并以担保的方式提交"保明文状",如有问题,邻人也要被处罚。后唐长兴二年(931)敕令,丢失告身的官员为确认身份需要"别取命官三人保明施行"②。后晋天福十二年(937)十二月的敕文规定,僧人剃度需"取本乡里五人已上耆宿保明文状,其言已前实是良善,兼须结罪,如为僧之后别行恶事,即罪甘连坐"③。在以上三个不同的事例中,邻里、命官、乡里耆宿的"保明"都有两层含义:一是查验核实;一是"结罪"担保,即承担连带责任。在官方获取和验证信息相对困难时,保明成为了一种保证信息真实,防范欺弊的手段。

宋代的"保明"承五代余绪,又呈现出了一些新的变化。兹根据"保明"出现的场合例举具有代表性的9个个案(见表1),并在此基础上,归纳宋代"保明"的特点。

表 1　材料中涉及"保明"的案例举隅

	行政事务	史料	保明者	保明内容
1	童行出家	自今诸寺院童行,令所在官吏试经业,责主首僧保明行止,乃得剃度。如百属试验不公,及主首保明失实者,并置重罪。④	主首僧	童行行止
2	除放逋欠	户部言:"承买场务,界满有欠,已根究承买人自己财产及保人抵当纳官外,尚有欠数,承买人委无可纳者,如无情弊,县、州、监司次第保明,除放讫,申本部。"⑤	县、州、监司	承买人无法还清欠款的情况

---

① 王溥编:《五代会要》卷8《丧葬上》,上海:上海古籍出版社,1978年,第134—135页。

② 王溥编:《五代会要》卷22《杂处置》,第354页。

③ 王溥编:《五代会要》卷12《杂录》,第199页。

④ 李焘撰,上海师范大学古籍整理研究所、华东师范大学古籍整理研究所点校:《续资治通鉴长编》(以下简称《长编》)卷80,大中祥符六年二月乙酉诏,北京:中华书局,2004年,第1819页。笔者按,同书该条校勘记指出,疑"百"字有误,《宋会要》作"如是(试)验不公"。

⑤ 《长编》卷468,元祐六年十二月丙子,第11187页。

续表

	行政事务	史料	保明者	保明内容
3	军功旌赏	蕃兵就委本族蕃官首领教阅，遇将官巡按，如武艺精熟，人马骁锐出众，即令将官保明，申经略司旌赏。①	将官	教阅功绩
4	赈济灾荒	建炎二年七月十九日御批：大水飞蝗为害最重之处，仰百姓自陈，州、县、监司次第保明奏闻，量轻重与免租税。②	州、县、监司	灾害情况
5	防范考试中代笔	这个（笔者按，指举子身份）须从保伍中做起，却从保正、社首中讨保明状。③	保正、社首	举子身份
6	太史局学生迁补	据太史局供到状，其节次迁补系本局保明，具申秘书省差拨充填。④	太史局	学生信息
7	官员叙复	若于法当叙，自合召保于所在州保明，申尚书刑部。⑤	所在州	叙复符合法律规定
8	官员补官	枢密院送到录黄一道，为御前书写文字薛淙补官，臣茫然不知所以。欲乞行下薛淙所属官司，取见入役年月，据实保明，委及十年，方与取旨补官，则臣有凭据，乃敢书行。⑥	所属官司	年资
9	安置弃儿	（笔者按，被弃儿童）今仰店铺人欲收为使唤，或买卖人有欲收为沽卖，及或有宗族亲旧自欲收录，或民间欲收养为子，并仰经坊长求四邻保明申上，本司……⑦	四邻	弃儿情况

考察以上 9 个例子，我们可以看出宋代保明具有以下两个特点：

第一，保明的内容非常宽泛。保明作为一种行政程序，在宋代行政事务

---

① 《长编》卷 337，元丰六年七月壬戌条注文，第 8130 页。

② 董煟：《救荒活民书》卷 1，《景印文渊阁四库全书》，台北：台湾商务印书馆，1986 年，第 662 册，第 250 页。

③ 黎靖德编，王星贤点校：《朱子语类》卷 109《论取士》，北京：中华书局，1986 年，第 2695 页。

④ 蔡幼学：《育德堂奏议》卷 2《缴钱晋臣补太史局学生指挥状》，《中华再造善本》影印本，北京：北京图书馆出版社，2006 年，第 6—7 叶。

⑤ 蔡幼学：《育德堂奏议》卷 2《缴王宗孟叙复元官指挥状》，第 8—9 叶。

⑥ 陈傅良著，周梦江点校：《陈傅良先生文集》卷 22《缴奏白身彭焘补官状》，杭州：浙江大学出版社，1999 年，第 310 页。

⑦ 黄震著，张伟、何忠礼主编：《黄震全集》卷 79《晓谕遗弃榜》，杭州：浙江大学出版社，2013 年，第 2231 页。

中的应用非常广泛,保明的内容也因具体事项的不同而呈现出多样性。郑铭德认为,按照保明的对象,可将保明文书分为两类,一是对人,一是对事物[①]。若从信息的角度看,凡是宋代官方需要确保真实的人、事信息(既包括个人信息,也包括具体某事的信息),宋人都有可能采用保明的手段增加其可靠性。

第二,通常保明者与保明对象具有一定统属关系。在表1所举的9个例子中,做出保明的主体既可以是官司机构,如材料中的县、州、监司、太史局;也可以是个人,如材料中的主首僧、保正、社首、将官、四邻[②]。无论主体是官司还是个人,大体上保明者与保明对象有一定统属关系。宋代史料中涉及保明者时,常见"本局""所在州""所属官司"等表述,某种程度上也印证了这一点。比照现代,宋代的保明类似于在今天的一些行政流程中,需要找所在单位开的证明。

翻检更多史料,笔者发现,宋代的保明主要是官方保明(即保明者为官司或官员个人)。需要指出的是,宋代保明在实际应用时具有相当的灵活性,在一些特定场合(特别是基层缺乏相应的行政组织时),社会组织的首脑(如案例1中的"主首僧"、族长)也可以出具保明。

在求实的目的和承担责任方面,宋代的保明和五代并无本质区别,在制度设计上则变得更为严密。宋廷的各项诏令、文书都会规定,开具保明要做到"验实""诣实""反覆得实"[③]。也就是说,做出保明前要有一个核实的过程。相关的官司或官员通常采用勘验文书、"体量""访闻"[④]甚至"躬亲阅视"[⑤]等多种手段对信息进行核实,然后才会上报。核实的过程和依据还会写入保明的文书中。

保明形成的文书称之为"保明状"(亦可简称"保明"),因使用场合的

[①]　郑铭德:《宋代制度中的"保明"初探》,2016年中国宋史年会会议论文,第220页。

[②]　此处的"四邻"当指基层的邻保组织,"五家为邻",互相委保、监督。

[③]　陈襄:《州县提纲》卷2《请佃勿遽给》,闫建飞等点校:《宋代官箴书五种》,北京:中华书局,2019年,第16页。

[④]　关于宋代的"访闻"和"体量",参见邓小南:《"访闻"与"体量":宋廷考察地方的路径举例》,邓小南主编:《政绩考察与信息渠道——以宋代为中心》,第125—161页。

[⑤]　刘琳等校点:《宋会要辑稿》职官30之10,上海:上海古籍出版社,2014年,第3796页。

不同,称谓也稍有出入,常见的有"保明奏状""保明功状"等。编于南宋的《庆元条法事类》中就保留了不少行政事务中保明文书的格式样板。

宋朝诏令、法条明确规定保明要承担相应的法律责任,文书中常有"结罪保明"或"同罪保明"的术语以明示连带责任,若保明不实就会受到相应处罚。如表1(案例1)所引大中祥符六年(1013)二月乙酉诏令就称"主首保明失实者,并置重罪"。在《庆元条法事类》中也有很多相关的规定,如"诸保明功赏及阵亡之类,不取索真本付身勘验,致隐匿不实者,徒二年,未行者,减三等"①。又如"诸弃毁亡失付身,补授文书,官司保明不实者,杖一百"②。

综上所述,"保明"本义为担保证明,到五代、两宋时,其在行政事务中则具有了特定的含义。宋代的保明指相关的官司机构或官吏个人(个别情况也包括一些民间组织的首脑或个人)对上呈信息进行核验、担保并对其真实性承担相应法律责任的一种行政程序。也可以说,保明可被视作是宋朝防范欺弊,确保下情如实上达的一种技术手段。

值得注意的是,在宋代科考、封赠、功赏、荫补等行政流程中,还存在着保官制度,即官员个人对某人、某事担保是实,并承担连带责任③。保明和保官都具有担保求实的作用,且都有官员个人担保的情况,适用场合也有一定的重合,故而二者常易混淆。在宋代的行政术语中,保明形成的文书通称"保明状",保官制度形成的文书通称为"保官状"(或简称"保状"),足见宋人对二者有着明确的区分。另外,前面已经提到,宋代保明通常由具有统属关系的官司或官吏来开具;保官制度虽对担保官员的身份有一定要求,但保官与所保对象无需统属关系,找哪位官员做保有较为自由的选择空间。对比保明和保官的文书格式,我们能更精准地把握二者的区别。此处以中大夫至带职朝奉郎遇大礼乞荫补所需的保官状和保明状(详见表2)为例进行比较,可作如下分析:

---

① 《庆元条法事类》卷12《职制门九·恩泽·职制敕》,戴建国点校,杨一凡、田涛主编:《中国珍稀法律典籍续编》,哈尔滨:黑龙江人民出版社,2002年,第222页。

② 《庆元条法事类》卷17《文书门二·毁失·杂敕》,第367页。

③ 魏峰:《宋代印纸批书试论》,《文史》2013年第4辑。

其一,从文书抬头看。保官状的抬头是两位保官姓名。同时,保官状中还要求写明保官与乞荫补官员的关系,即双方"委因何处相识,或同任乡里",这也说明原则上保官要与被担保的官员相熟相知才能为其担保证明;保明状的抬头是"某州",之所以由该州出具保明是因为保官(而非乞荫补官员)"见在本州或属县寄住,或见任本州或属县差遣",这也又一次证明了保明州与被保明的官员存在地域上的统属关系。

其二,从文书主要内容看。保官直接陈述和证明奏乞荫补官员及其亲属的各类信息符合大礼荫补的诸项规定,且保证"并是诣实,如后异同,甘伏朝典"。州司保明核实的内容则分为两个部分:一要勘验保官的告敕、印纸,核实保官的个人信息并将保官的担保记录"批书"到该官的印纸上。有保状内容的批书印纸被称为"委保印纸"(出土的《徐谓礼文书》中就保留着33份委保印纸)[①];二要核验受恩荫的人员的个人身份并确保没有违反相关规定。

总的来看,保官状是官员以个人信用为基础做出的担保文书,重在证明;而保明状则是相关行政机构在核验确实之后开具,以官方信用为基础向上级官司申明,重在核实,故而强调写明核验的过程和依据。在宋代,有时保官状未必可靠,甚至出现"印纸多留书铺,一遇召保,书铺径将印纸批上,而保官初未必知也"的情况[②]。因此,州司保明,即对相关信息的二度核验,就显得尤为必要了。宋朝在官员选任、恩赏等领域,常常保官和保明同时使用,形成一种"双重保险"。例如,为了防范恩荫中冒名顶替的现象,南宋官员韩元吉就曾建议,"召升朝官委保,及州军等处结罪保明,所保不实者,与犯人同罪"[③]。

---

① 参见包伟民、郑嘉励编:《武义徐谓礼文书》,北京:中华书局,2012年。

② 刘琳等校点:《宋会要辑稿》职官8之55,第3263页,标点有改动。

③ 韩元吉著,刘云军点校:《南涧甲乙稿》卷9《集议繁冗虚伪弊事状》,北京:中国社会科学出版社,2022年,第159页。

表 2 《庆元条法事类》所载保官状、保明状格式 ①

中大夫至带职朝奉郎遇大礼乞荫补保官状

保官具官姓　名书字
保官具官姓　名书字

右某等，各年未七十，与某人非缌麻以上亲并相容隐人，历任无赃罪及私罪徒人，亦不是分司、致仕、不理选限，进纳、归明徭人若流外官。今委保某人昨于某年月日出仕，于某年月日初任某差遣，于某年月日因某事转至见今官，及通判以下职任冲替轻未及一年之人，（若见任官观，即保因实及十五年以上，经赦日即无诸般事故，并不系降任官观何事，某处陈乞，准敕说委保，系自陈，即不是责降。及无去失告敕、付身，如有，即逐一称说委保。）及自出身以来并无脏私罪犯。今伏遇冬祀大礼，（余大礼各言其名）合该荫补。乞奏某亲某人于文资内安排，的系是何服属，委是正身，即无诈冒及不曾犯笞杖刑经决，亦无雕青剪刺。某与本人委因何处相识，或同任乡里，某今所保本人，各系今年的实第几次委保，并是诣实，如后异同，甘伏朝典。谨状

年月　　日保官具官姓　名书字等状。

保明中大夫至带职朝奉郎遇大礼乞荫补状

某州

据某官、职、差遣姓名状，（云云。）今召到保官具位姓名等二员，委保所有某出身以来告敕、印纸真本及录白，并朝典付家状及所奏人家状、保状，并连粘在前。其付身乞降付某处，申州乞差官点对，勘验保明，缴申吏部施行。见在本州或属官、或见任本州或属县寄住，或见任本州或属县差遣，后据当职官某官位、姓名状勘会，今来本官录白到出身以来告敕、印纸文字与真本点对，并皆一同，别无诈冒不实及漏落差误。州司除已批书保官逐人印纸讫，及照验得各系当年第几次作保，契勘某官系在本州或属县寄居，或见任本州或属县差遣，并勘验得所奏人的系是何服属，委是正身，即无诈冒诸般违碍，保明并是诣实，所有录白、告敕、印纸（或缴真本。）并供到家状、保状等，并连粘在前，谨具申尚书吏部，伏乞依条施行。谨状

年月　　日依例程

———

① 《庆元条法事类》卷12《职制门九·荫补·荐举式》，第246、248页。

二、保明在行政事务中的应用

前文已述,保明作为一种担保程序,在宋朝行政事务中应用广泛且颇具灵活性。保明重在核实,国家需要精确信息的领域,常常会采用保明。保明的应用可分为制度化和非制度化两种。

在军功奖赏、科举取士、官员选任·荫补等场合,保明被嵌入到这些行政事务的具体流程中,有着严格的格式规范,固定成为某些行政环节中不可或缺的程序,其文书(保明状)也变成了一种必要凭证。如朝廷恩赦除放逋欠,老百姓需要得到所属州县和转运司的保明才能得到除免①。蔡襄《端明集》记载,潮州长史卢侗满两考之后,要有转运司的保明才能赴中央参加铨选②。嘉祐四年(1059),宋廷曾下令,"走马承受得替,令逐州军保明无违越事件以闻,方得酬奖"③。文彦博也曾提到,对于朝廷除免逋欠的政令,三司曾以"未见保明文字"为由拒不执行④。

也有一些保明的应用是相对随机的,没有固定的规范。有时朝廷为了了解一些地方信息,会要求地方官司人员保明申奏。例如,景祐四年(1037),为了解黄河河堤的修缮情况,宋仁宗曾下令河北转运司"计度从何处修塞,河势从何处赴海,有无壅滞,保明复奏"⑤。有时则是地方主动将信息保明呈上,希望朝廷能给予相应的政策。包拯任京东路转运使时,登州铁冶户姜鲁等十八户陈状,"家贫无力起冶,递年只将田产货卖,抱空买铁纳官"。包拯亲巡登州,确认是实情后,累次保明申乞,希望朝廷可以予以除免⑥。

对一些上呈信息要求官方保明是宋代信息传递的一个特色。我们以唐、宋两朝自然灾害的上报为例来说明。唐德宗《恤水灾诏》曰:"其诸道应

---

① 包拯撰,杨国宜校注:《包拯集校注》卷3《论放欠》,合肥:黄山书社,1999年,第168页。

② 蔡襄撰,徐炘等编,吴以宁点校:《蔡襄集》卷25《奏乞推恩卢侗状》,上海:上海古籍出版社,1996年,第434页。

③ 《长编》卷189,嘉祐四年五月戊午,第4567页。

④ 文彦博:《文潞公文集》卷16《答御札手诏》,《宋集珍本丛刊》第5册,北京:线装书局,2016年,第353页下栏。

⑤ 《长编》卷120,景祐四年十二月戊辰,第2840页。

⑥ 包拯:《包拯集校注》卷2《乞开落登州冶户姓名》,第96页。

遭水损州县,令委本道观察使速具条疏闻奏,当有处分。"① 在表 1（案例 4）中,宋高宗的御批称:"大水飞蝗为害最重之处,仰百姓自陈,州、县、监司次第保明奏闻,量轻重与免租税。"比较两道诏令,唐代朝廷仅要求直接奏闻,宋代则要多几道保明的程序,看起来更为繁琐。常理而言,官员上奏,本就隐含着一个原则,即官员上报的信息应该据实奏闻,如若上奏不实,往往会有相应的法规惩罚。如《唐律疏议》就规定:"诸对制及奏事、上书,诈不实者徒二年。"② 这么一想,宋廷特地要求官员保明,似有些多此一举。那么宋人增加一道保明程序,到底用意为何呢? 我们需要从一些具体的事例中寻找答案。

庆历八年（1048）,黄河在澶州决口,向东北汇入御河（今南运河）,至今天津市区入海,称为"北流",黄河原来的故道称为"东流"。仁宗、神宗、哲宗三朝关于黄河的治理方略有维持"北流"和恢复"东流"两种尖锐对立的意见,两派又与当时朝堂党争相牵连,朝廷的政策时而"东流"时而"北流",并无固定持久的方针③。元祐三年（1088）,朝廷一度采纳"东流"说,准备动工恢复黄河故道。主张"北流"的范纯仁上奏道:

> 臣闻孔子论为政曰:"先有司。"今来河议可否,工料多少,并未经水官保明,及将来大河既回之后,亦未保他处无危急决溢之患,须令差官复行按视,俟灼见利害,然后施行,如此则深合必"先有司"之意,兼圣心易为裁决。伏望圣慈详臣前奏事理,将近降批旨收回,一切付之群臣有司,如此则将来成败各肯任责。若使水官等先知朝旨决欲回河,则恐心有所顾,虽令保明,亦不能周尽利害,将来小有败事,却虑以元降朝旨为辞,不肯当责。如圣心不欲收回,则乞传宣执政,所有前降批旨未

---

① 王钦若等编纂,周勋初等校订:《册府元龟》卷 147《帝王部·恤下第二》,南京:凤凰出版社,2006 年,第 1644 页。

② 刘俊文:《唐律疏议笺解》卷 25《诈伪·对制上书不以实》,北京:中华书局,1996 年,第 1705 页。

③ 参见邹逸麟:《北宋黄河东北流之争与朋党政治》,张其凡、李裕民主编:《徐规教授九十华诞纪念文集》,杭州:浙江大学出版社,2009 年,第 480—498 页。

得宣示水官,且令尽心相度保明。此与向来边事正同,乞圣慈深察。①

范纯仁对《论语》中“先有司”的阐释恐非其原旨②,他将“先有司”释为以有司为先,意在表示只有经过治水官员调查、计算、衡量并保明实情,详尽利害后朝廷才能做出决策。简言之,范氏认为合理的决策方式是:先充分了解实情,后下旨推行政策。而了解实情的一个重要方式正是来自地方或专职官司的保明。此外,保明还有一个作用——事后追责,因为有相关官司的担保,所以“将来成败各肯任责”。范氏指出,朝廷没有经过治水官员保明就冒然颁旨施行,不仅违背了先周知下情再决策的理政原则,还可能诱使治水官员做出迎合既下朝旨的保明,使朝廷不能“周尽利害”,也给了相关官员日后推卸责任的借口。这样看来,宋廷对某些特定信息要求官员保明闻奏,用意有二:一有助于更为准确地把握实情,二有助于事后追究责任。和普通上奏相比,在一些特定事件上要求保明闻奏,更为强调核实的重要性,权责关系也越加明确,故而理论上经过保明的信息更为可靠,更适合作为政治决策的依据。

在宋朝,为了防范欺弊,对保明流程的利用和监管也颇费心思。信息自下而上的传递,很多时候要求多个机构组合保明。

纵向上看,从地方到中央,有时需要不同层级的官司层层“次第保明”。如元祐三年(1088),朝廷颁布一道政令,对承买场务商人的盈亏情况,要求“县相度减定,保明申州;州委官体量,保明申转运司;转运司体量得实,依所减定施行讫,保明申省”③。即到达中央户部的消息,要经过县、州、转运司三级行政机构的核实和保证。

横向上看,在同一层级上,有时要不同性质的官司或官吏“共同保明”“连衔保明”。绍兴二十五年(1155),朝廷下诏,各路无人愿就的知县空缺,需要“本路帅臣、监司共同保明,辟差一次”④。宋代犒赏军功主要以将帅

① 《长编》卷415,元祐三年十月戊戌,第10091页。
② 关于“先有司”的具体含义,学界解释一直未有统一看法,参见代生:《孔子为政“先有司”思想再探》,《孔子研究》2017年4期。
③ 《长编》卷419,元祐三年闰十二月壬辰条注文,第10157页。
④ 李心传撰,胡坤点校:《建炎以来系年要录》卷168,绍兴二十五年二月戊寅,北京:中华书局,2013年,第3185页。

的保明功状作为依据,也常有"大将诈伪,不以实闻"造成"赏功太滥"的情况①。为了摸清战争中实际的军功情况,宋朝往往采取多司保明,相互牵制的方法。如元丰五年(1082),在将帅已经保明申报中央之后,朝廷仍旧令鄜延路经略使沈括:"可体问的确有功,恩赏未当之人,保明奏闻。"②

换言之,所属官司对保明内容核验并承担法律责任算是确保信息真实的第一道防线;上下相维或左右相制的组合保明方式则构成中央防范信息壅弊的又一道防线。宋人曾评论道,朝廷的保明程序"隄防检押者,甚至且密也"③。

除多层次、多机构保明相互监督、相互牵制的方法外,宋廷还加强了其他官司对保明的监管。我们仍以军功恩赏为例。给事中黄廉曾谈到战场功过只依靠保明评定带来的危害:"今日阅实边臣功过,止用保明文字,而上功状故不以实,则无功者论赏,死事者不见哀恤,军律渐隳,何以御侮?"④为了进一步核实功赏,元祐二年(1087),朝廷曾下诏到陕西、河东各路经略司:

> 应将士言功,并先责元统领官根究诣实,结罪保明。供申候到帅司,仰更切加考验,如委无妄滥,即本司再具结罪保明闻奏。并札与逐路转运司、提刑司常切觉察,如有妄冒,仰具实封奏闻,考验是实,其元保明官司当议重行降黜。并札与御史台,令采访弹奏。⑤

通过上述材料可以看到宋朝核实军功的多重手段。从统领官到帅司的保明,再到转运司、提刑司的"觉察",甚至御史台也会"采访弹奏",宋廷的关防之制可谓做到了极致。不过,从史料的记载来看,两宋大将保明军功不实的情况依旧屡见不鲜,保明之制的效果并不尽如人意。由此看来,保明制度的具体实践也值得我们关注。

---

① 《长编》卷406,元祐二年十月丁亥,第9882—9883页。

② 《长编》卷323,元丰五年二月癸亥,第7782页。

③ 员兴宗:《九华集》卷5《严爵赏札子》,《景印文渊阁四库全书》第1158册,第213页。

④ 黄庭坚撰,刘琳等点校:《黄庭坚全集·别集》卷9《叔父给事行状》,成都:四川大学出版社,2001年,第1655页。

⑤ 《长编》卷406,元祐二年十月丁亥,第9882—9883页。

三、保明的局限与问题

从制度的设计来看,保明制度层层核验、处处关防,不可谓不严密。但世界上没有绝对完美的制度,保明在宋朝的行政实践中也暴露出了其局限和问题。

第一,受行政成本和官员能力的限制,并非所有的信息都适合由官司保明。庆历三年(1043),范仲淹上呈了著名的《答手诏条陈十事疏》,其三"精贡举"条指出州郡解发进士应"先考其履行,然后取以艺业"①,并反对弥封制度。次年,宋祁等人就根据此意见编定贡举新制,下令各州不再通过弥封、誊录之法选拔举人,而是直接由当地官司保明行实后发解中央②。这条关于保明地方举子的条令却让地方官犯了难。包拯指出,面对众多举子,"长吏等又安能一一练悉行实哉?""不免只凭逐人递相保委,然而诈伪猥杂者,亦无由辨明。"③与宋祁等人相比,包拯显然更为清楚地方官司的能力所限和实际状况,州县官司确实难以周知任地举子的详细情况,若强令其保明,最终只能是流于程式。事实也证明保明行实的方法过于理想化,科举新制仅施行一界便被废止④。

另一个保明举人行实的案例则稍有不同。嘉祐二年(1057),朝廷新定科条,"令本县令佐、知州、通判保明举人行实无玷缺,若因事彰露,只罪令佐、知州、通判"。究竟何为"行实无玷缺",条令中并没有相关规定。欧阳修就觉得这种内容含糊的保明要求颇不合理,他认为"玷缺之累,中人所不能免,小过微累皆为玷缺,难以必用深刑责官吏保其所不能尽知者"。欧阳修的批评揭示了这样一种情形:如举人"玷缺"这样的信息,本就颇为含混,没有固定的评判标准,如何能对此做出精确的保明?欧阳修提出的解决方案是把模糊的"玷缺"具体化,即"指定举人玷缺事状",如"事亲不

---

① 《长编》卷143,庆历三年九月乙丑,第3436页。

② 《长编》卷164,庆历八年四月丙子,第3945页。

③ 包拯:《包拯集校注》卷1《请依旧封弥誊录考校举人》,第5—6页。

④ 《长编》卷164,庆历八年四月丙子,第3945页。笔者按,宋祁科举新制被废,保明问题只是原因之一。

孝,行止逾滥,冒哀匿服,曾犯刑责,及虽有荫赎而情理重者","苟犯其一,并不得收试"①。欧阳修"指定事状"的建议,化抽象为具体,将一个模糊的价值判断转化为一条条可以验证的事项,明显更为合理。可以想见的是,在宋朝行政事务中,官司需要对某一相对笼统的内容做出保明的事项并不少。这种场合下,保明的价值和可靠程度可能都要大打折扣。

第二,正如王安石所说:"制而用之存乎法,推而行之存乎人"②,制度是"活"的是因为人是"活"的。保明者在保明时或基于自身利益考虑,或受外界环境影响,很难做到如实保明,也常有避而不"保"的情况。

譬如,一些敏感信息或人物的保明可能具有很大政治风险。邓小南曾指出,有时受时政影响,"如实呈报讯息可能成为一种风险"③。确实有一些保明考验着官员的胆略和智慧。庆元五年(1199),朱熹以"年满七十,疾病衰残"为由乞致仕,因自认为谪降之身,不合自陈,曾希望由建宁府保明申奏。时值庆元党禁,朱熹作为道学的代表人物,备受打压,其请辞也引起"间里横议,官吏过疑",建宁府最终"以熹罪庚,不敢依条保明"。朱熹无奈,不得不直接上书尚书省,迁延数月,朝廷才允准致仕④。

神宗熙宁年间有名的"浚川耙案"则更加显示了在波诡云谲的政治风云中保明官员的艰难处境。浚川耙法是指用巨木做耙状,置于河中,通过绞车拉动来疏通河道的方法。这种治水法在当时颇有争议,因得到宰相王安石的支持而得以施行。熙宁八年(1075),范子渊用浚川耙疏浚大名府一带的黄河,自称有实效,乞求酬奖。都水监遂保奏范子渊有奇功,乞加优奖,并发牒大名府要求保明。王安石并未尽信都水监,下令要河北转运司、安抚司保奏。浚川耙法是新法派甚至是宋神宗所支持的,如若证实范子渊无功,会

---

① 欧阳修撰,李逸安点校:《欧阳修全集》卷111《论保明举人行实札子》,北京:中华书局,2001年,第1679页。

② 王安石:《临川先生文集》卷84《周礼义序》,王水照主编:《王安石全集》第7册,上海:复旦大学出版社,2016年,第1478页。

③ 参见邓小南主编:《政绩考察与信息渠道——以宋代为中心》,第13页。

④ 朱熹:《晦庵先生朱文公文集》卷23《申建宁府乞保明致仕状》、4封《与宰执札子》《乞致仕状》,《朱子全书》第21册,上海:上海古籍出版社,合肥:安徽教育出版社,2002年,第1066—1068页。黄榦:《朱先生行状》,《朱子全书》第27册,第558页。

直接影响到宋神宗的威信和新法的合法性。因此一些官员"心知利害,率不敢言,言之必以为沮害功利,故且缄默"。所属州县更是"望风畏惮,不敢异议"。时任判大名府的文彦博却拒不出具保明,并多次上书详细申明,称河水退落是秋天水涸自然而退,非浚川耙之功①。负责再次核实的知制诰熊本等人也称:"水落实非耙所致。"这自然引来了范子渊的不满,他对神宗说:"观彦博之意,非止言浚川耙而已。陛下一听其言,天下言新法不便者必蜂起,陛下所立之法大坏矣。"②范子渊之语难免有自我维护、上纲上线之嫌,却也道破了"浚川耙案"的敏感之处:在当时新、旧两派尖锐对立的政治氛围下,浚川耙法一旦被核定为无效,势必会动摇整个新政的合法性。

此案后续牵连甚广,但最终的结果颇为吊诡。首先,浚川耙法通过再次试验证明是"有效的";其次,范子渊"坐上言诈不实"被处罚;再次,曾核实浚川耙无效的官员因各种不痛不痒的罪名被惩罚:熊本、陈祐甫坐"赴食违制",陈知俭坐"报制院不实",仅有文彦博侥幸得免③。透过这种看似充满矛盾的处理结果,我们可以大致揣测神宗的用意:浚川耙法的执行者范子渊可以有罪,牵涉新法合法性的浚川耙法则"必须有效",指出浚川耙法无效的官员也自然而然地要被酌情处置。甚至到了绍圣年间,黄庭坚还因在《神宗实录》中写过"用铁龙爪治河,有同儿戏"之语被治罪④。在这种"实情"必须让位于"政治正确"的情况下,文彦博拒不保明要承担的政治风险可想而知。

第三,保明重在对信息进行核实,而其代价是降低信息传播的时效性,甚者会影响到日常行政的有效运转。绍兴年间,吏部郎中沈虚中就曾向高宗抱怨:"在外官司取会保明待报文字,供申稽迟,动涉岁月,间有故作不圆,脱漏大节,致妨行遣结绝。"⑤对战功及时的奖赏是定军心、提士气的重要手

---

① 文彦博:《文潞公文集》卷 23《不保明浚河第一》《不保明浚河第二》《不保明浚川第三》,《宋集珍本丛刊》第 5 册,第 381—383 页。

② 关于"浚川耙案",参见《长编》卷 279,熙宁九年十二月癸未,第 6827—6829 页;司马光撰、邓广铭、张希清点校《涑水记闻》卷 15,北京:中华书局,1989 年,第 295—298 页。

③ 《宋史》卷 4《文彦博传》,北京:中华书局,1985 年,第 10262 页。

④ 参见朱东润:《黄庭坚的政治态度及其论诗主张》,《中华文史论丛》1983 年第 3 辑;黄君主编:《黄庭坚研究论文选》,南昌:江西教育出版社,2005 年,第 117 页。

⑤ 李心传:《建炎以来系年要录》卷 165,绍兴三十二年十一月庚子,第 3144 页。

段，所以我们经常能看到有关军功保明的诏令中强调"疾速保明"（恐怕这也是军功保明屡有不实的原因之一）。我们也看到，在朝廷屡屡加强对保明监督的同时，一些官员在实际事务中提出了精简保明、删节程序的要求。如为了使捐粮赈灾的富民尽快得到恩赏，朱熹曾请求皇帝"特诏有司不候保明"，尽早依格推赏①。为了尽快减免星子县的税收，朱熹又请求朝廷省去"委官看详"的核验步骤，按照"使司保明"的情况落实②。保明制度的运行过程中，信息的可靠性和时效性是始终存在的一对矛盾，故而在实际案例中，我们能看到官员在"求实"的同时，也有"求速"的努力。

结　论

概而言之，宋代保明制度的重点有二条：一为官司核实，一为承担责任。宋朝希望以这样的技术手段来保证行政事务中信息的真实性，为政治决策和行政运转提供可靠的信息支撑。为了使保明更有实效，宋朝采用了"次第保明""同共保明"等组合安排，还不时加强其他官司对保明的监管，这也充分贯彻了天水一朝"事为之防、曲为之制"的祖宗家法。

宋朝的行政实践也暴露出了保明的局限和缺陷。首先，保明不是万能的，不是所有的事情都适合保明。如本文提到的州司保明举子行实。一个人是否经明行修，没有定准，很难核实。诏令要求州军保明，应举人出了问题还要治官员保明不实之罪，就显得强人所难了。再者，保明要付出一定的人力成本和时间成本，有时为了防止潜在的欺弊行为，过度强调保明，则会严重影响行政的效率。在军功奖赏、赈灾救荒等尤其强调时效性的场合中，层层保明的硬性规定反而会成为行政的障碍。

保明理论上是追求真实的。在实际的制度运作中，何谓"真实"是一个颇为复杂的问题。在本文所举的"浚川耙案"中，宋神宗、文彦博、范子渊对

---

① 朱熹：《晦庵先生朱文公文集》卷16《缴纳南康军任满合奏禀事件状》，《朱子全书》第20册，第754页。

② 朱熹：《晦庵先生朱文公文集》卷20《乞保明减星子县税札子》，《朱子全书》第21册，第923页。

"真实"的要求恐怕就不一样。这就提醒我们不能简单地以非真即伪的观念去认识信息,关注信息处理背后体现的利益倾向才能更切实地理解制度在现实环境中的运转逻辑^①。

保明之法,在两宋的应用极盛,元代以后便大为减少。官员上奏已不需特地表明"保明闻奏"。在元《通制条格》、明《大明会典》的法令中,有些行政事务也有"保明",这些"保明"更类似于一般的担保,而非强调主管官司的核查,与宋代保明有一定差异。历朝历代在信息传递过程中是如何保证信息的真实性的,这一问题,仍值得进一步探讨。

本文原刊《传统文化研究》2023 年第 4 期,收入本集时有改动。

---

① 换言之,对制度的考察,也要注意制度运行所处的环境和氛围。鉴于此,邓小南提出了"制度文化"的概念。邓氏所谓的"制度文化",不是单纯指特定时代创制的规范体系,而是指影响制度实施的环境,指多种因素互动积淀产生的综合状态。邓氏进一步指出,观察制度文化,不能忽视制度设计者、执行者、干预者、漠视者、抵制者的意识、态度、行为与周旋互动。参见邓小南:《信息渠道的通塞:从宋代"言路"看制度文化》。"制度文化"这一概念,对我们理解宋代保明制度运行过程中的诸多问题无疑有很大的助益。

宋刻本署名中的官衔题写

周　佳

一、问题的提出

　　中国古典文献的署名经历了一个从无到有、从简单到复杂的过程。咸晓婷考察中古写本文献后指出：东汉以前典籍一般无署名。汉魏之际，随着经学、文学、史学的发展，四部书籍出现独立署名，逐渐形成姓氏署、姓名署、籍贯兼名署、以题代署等多种署名方式。至唐五代，各类文献的署名方式基本确立。其中特别值得注意的一个现象是："某官某"（即在署名前冠以官衔以标注身份）逐渐成为此时文献署名的一般体式 [1]。

　　马楠考察《隋书·经籍志》著录撰人官衔来源后指出：《隋志》多数录其最终官（含赠官、征召官），其官衔信息直接承自前代目录书，初始史源则为

---

　　① 咸晓婷：《论中古写本文献的署名方式——以唐诗写本为核心的考察》，《浙江大学学报（人文社会科学版）》第 45 卷第 5 期，2015 年 9 月。李明杰：《中国古代图书的卷端署名》（《大学图书馆学报》2012 年第 6 期）讨论类似问题，可参见。

史书传记;少数录其著书时官,应是根据写本过录①。

　　上述两项研究指出了一个共同的历史现象:至唐五代,无论自署还是他署,"官衔"开始出现在各类文献署名和目录中,起到标注撰人身份的作用。

　　由唐入宋,中国古代书籍从写本时代进入印本时代②。宋代大部分书籍刻本(尤其官刻本)的拥有者是高级士大夫等特权阶层,一般读书人主要还是通过抄本来阅读和收藏书籍。尽管如此,刻本为书籍抄写提供了一个相对固定、可靠的底本,刻本的公开出版使知识、学问突破身份限制,不再由贵族阶层垄断,面向更广大的士人群体开放③。可以说,刻本浓缩了唐宋之际社会文化面貌的重要转变。另一方面,就书籍本身发展而言,宋代的刻本样式,既是对中古写本的承袭和总结,也对后来元明清书籍版式起到定型作用。

　　那么,唐五代写本中出现的"某官某"这种"官衔兼姓名"署名方式,是否也为宋刻本所继承? 宋刻本署名中的官衔题写有何特点? 与唐五代写本相比有何变化? 变化的原因是什么? 这一变化对宋以后书籍样式有何影响? 对宋代官衔研究又有何启发? 这些都是颇有趣味的问题。

　　近代藏书家如傅增湘、学者如王国维等,在著录、鉴定古书时,已注意到宋刻本凡卷首作者、进书表、校刊记各处署名中的官衔,有所收录并以资考订④。将宋刻本中的官衔信息,与传世文献互证,并据此推定成书时间、地点、刊刻过程等情况,目前学界对宋刻本中官衔的研究方式,大抵不脱此法。日本学者尾崎康《以正史为中心的宋元版本研究》一书中,便有根据宋刻本校刊记中官员衔名来确定雕版地点⑤。国内较早代表作是梁太济《从每卷结衔

---

① 马楠:《〈隋书经籍志〉著录撰人衔名来源考述》,《清华大学学报(哲学社会科学版)》2017年第6期。

② "印本"范围比"刻本"大,还包括活字本等。但本文讨论仅限刻本。

③ 井上进著,李俄宪译:《中国出版文化史》第十章"特权书籍",武汉:华中师范大学出版社,2013年,第105—115页。

④ 傅增湘:《藏园群书经眼录》,北京:中华书局,1983年。王国维:《两浙古刊本考》《五代两宋监本考》二文,收入《王国维全集》第七卷,杭州:浙江教育出版社,2009年。

⑤ 尾崎康:《以正史为中心的宋元版本研究》,北京:北京大学出版社,1993年,第22、36页。

看〈资治通鉴〉各纪的撰进时间》一文 ①。较近有张丽娟《宋代经书注疏刊刻研究》一书，其中多处根据宋刻本序跋、进书表、校刊记中官员衔名，来判断某部经书在宋代的刻印时间、地点、校刊情况 ②。新近研究有沈相辉《宋刊典籍中所见题衔考略》一文 ③，将宋刻本作者署衔与传世文献互证、互校。笔者目前所见相关研究思路，大抵如此。

与此不同，本文开头所引咸晓婷、马楠两篇论文体现出另一种研究思路：古代文献中的署衔，不仅可以作为判定文献产生时间、地点的"依据"，也可以成为"研究对象"本身。这给宋代官衔研究带来的启发是：我们现在看到的宋代官衔，原本存在于众多不同的文献"场合"，比如文书、石刻、书籍、书信、诗文唱和等。以往研究是将官衔从这些"场合"中单独抽离出来，加以分析利用。但是，既然在当时官衔是被官员在某一具体"场合"以某种具体"方式"实际使用的，那么，不同场合下的官衔使用方式或许有所不同。脱离其原本使用的场合、方式，我们解读宋代官衔的准确性、丰富性就会打折扣。

与其他场合相比，"宋代书籍署名中的官衔题写"这一现象，尚未得到充分讨论。其特殊性有二：首先，和书信、唱和等私人交游方式相比，书籍是公开出版物，其出版需经审查；和文书相比，书籍又是带有文化属性的商品。换言之，书籍在当时既是一种"文化现象"，同时也含有一定"政治意味"，因此，书籍中的署衔具有比较丰富的研究层次。其次，现存且已公布的宋代文书、书信原件有限。其他文集、拓片中收录的文书、书信、唱和等资料已非原貌，在移录过程中，很多官衔信息被删减、遗漏。比如宋代官员奏状中的结衔，在收入文集后多省略为"具官"二字；宋代墓志碑刻上撰写人的结衔，在收入本人文集后，经常直接删除不录。与此相比，保存至今且已公布的宋刻本一则数量丰富，二则原貌具在，可算"第一手材料"。和保存宋代官衔信息

---

① 梁太济：《从每卷结衔看〈资治通鉴〉各纪的撰进时间》，《内蒙古大学学报（人文社会科学版）》1997 年第 5 期。

② 张丽娟：《宋代经书注疏刊刻研究》，北京：北京大学出版社，2013 年，第 63、90、256、265、328 页。

③ 沈相辉：《宋刊典籍中所见题衔考略》，《文献》2019 年第 2 期。

的其他形式史料相比,优势明显,便于利用。

目前,现存宋刻本的影印出版和网上公布较多。本文以海内外已经公布的宋刻本为基础,来考察宋刻本署名中的官衔题写情况。需说明的是:第一,为节省文字,对宋刻本的各种影印丛书、图录、公布网站,本文多用简称,详细出处及其对应简称见文末"附录一"。第二,本文主要考察宋刻本,必要时参考宋刻后世递修本和抄本。第三,所谓"署名",主要指卷首页的作者署名;书籍正文以外部分,如序跋、校刊记、进书表、木记钤印等处的署名,暂不涉及。第四,既然署名中带有官衔,则必是官员。故本文讨论的宋刻本,作者身份以官员为主,其他如女性、僧人、道士等身份作者所撰书籍暂不予考察。第五,经史子集四部书籍的署衔情况虽各有异同,然亦有通则。本文主要考察经、史、集部书籍。子部因为比较驳杂,故暂不予考察。

二、宋刻本署衔通例

1. 官修、官刻本

官刻本始终占据宋代书籍出版的中心地位。经书是古典学问的根本,具有确立正统、作为科举考试内容以选拔人才等诸多政治功能,其刻印流通最受朝廷重视,故在宋代以官刻国子监本和诸路、州、军刻本或翻刻本居多。本文首先以经书为例,说明宋刻本署衔通例。

宋刻本书籍的卷首署名样式,基本沿袭中古写本,或无署名,或仅署姓氏、姓名,比较简单。例如:

南宋宁宗嘉定九年(1216)兴国军学刊本《春秋经传集解》卷首无署名。("书陵部"第13—16册)

南宋吴革刻本《周易本义》,卷首署"朱熹本义"。("图录"图版200)

但是,凡涉及"官方认定"性质的书籍,卷首官员署名前往往带有一长串官衔。所谓"官方认定"主要包括两种情况:一是官修;二是虽系私人著述,但撰成后进呈,获得朝廷认可并下旨由官方雕板印行。

以宋刻本《集韵》为例，该书是宋代官方编纂校定并刊行的经部小学类书籍，初刻于北宋庆历三年（1043），原刻本不存。现存三种宋刻本[①]：一是南宋初明州刊、经南宋中期修补印行的本子，是今存《集韵》传世最早的刊本，现藏上海图书馆。二是南宋孝宗朝湖州刻本，现藏国家图书馆。三是南宋孝宗淳熙十四年（1187）金州军州学刊本[②]，现藏日本宫内厅书陵部。

其中孝宗朝湖州刻本《集韵》每卷首页，在"集韵卷之某"次行，均署有一串冗长官衔：

> 翰林学士、兼侍读学士、朝请大夫、尚书左司郎中、知制诰、判秘阁、兼判太常礼院、群牧使、柱国、济阳郡开国侯一千一百户、赐紫金鱼袋臣丁度等奉敕修定。（"国图网"之"中华古籍资源库"，善本书号 12357）

丁度的这串官衔共占两行，其中"敕"字另起一行。这段结衔是完整、正式、规范的全衔，每卷首页都有。

检孝宗淳熙十四年金州军本《集韵》，卷首丁度署衔与湖州刻本完全一样。不同的是，金州军州学本在书末多出七页纸，包括四篇文字：

> 第一篇叙述本书编纂缘起始末：北宋仁宗时，宋初所修《广韵》疏漏较多，已不适合当时科举考试之需。景祐元年（1034），因宋祁等人上疏建议，朝廷遂下诏重修韵书，由丁度、李淑总领其事。宝元二年（1039）九月，书成上进。（"书陵部"第 27 册，下同）

> 第二篇仅一句："宝元二年九月十一日，延和殿进呈，奉旨镂版施行。"其后依次是校勘官赵师民、孙锡，刊修官王洙、宋祁、贾昌朝、郑戬，详定官李淑、丁度，八人的完整署衔。其中丁度结衔是"翰林学士、兼侍读学士、朝请大夫、尚书左司郎中、知制诰、判秘阁、兼判太常礼院、群牧使、柱国、济阳郡开国侯一千一百户、赐紫金鱼袋臣丁度"。

---

① 见《集韵》书前影印说明，《日本宫内厅书陵部藏宋元版汉籍选刊》第 27 册，上海：上海古籍出版社，2012 年。

② "金州军州学刊本"这个称呼有问题：1. 宋代只有"金州"，没有"金州军"。2. 该书中无证据证明是"州学"所刻。存疑待考。

第三篇仅一句："庆历三年八月十七日雕印成,延和殿进呈,奉圣旨送国子监施行。"(按即国子监刻本)其后依次是参知政事贾昌朝、次相晏殊、首相章得象等三人的完整署衔。

第四篇是南宋孝宗淳熙十四年金州军州学刻印此书时,"武功大夫、高州刺史、充金州驻札御前诸军都统制田世卿"所作跋语。跋语简述此次刻印版本,乃据蜀字本,校以中原旧本。

分析上述四篇文字,可以得出以下几点认识:

第一,第二篇文字中丁度署衔应移录自进书表,该署衔与湖州刻本、金州军州学本的卷首页丁度署衔对比,文字完全相同。说明湖州刻本、金州军州学本《集韵》卷首页的丁度署衔应该都是来自国子监刻本中的进书表,并与进书表署衔文字保持一致。

第二,丁度此后在仁宗庆历五年(1045)任枢密副使①,庆历六年任参知政事②,这是他仕途的最高官。但无论《集韵》翻刻印于何时、何地,其卷首页所署均是丁度在宝元二年成书进呈时的官衔。

第三,宋代官修书籍虽有多名官员参与编纂、校订等工作,但书籍最终刻印出版时,一般卷首页只署其中最高负责官员的官衔(如丁度),其他参与者用"等"字省略,即"官臣某等奉敕修定""官臣某等奉敕撰""官某等"的署名形式。有时连"等"字也省略,径作"官臣某""官某"。

第四,第二篇文字说《集韵》于仁宗宝元二年进呈并奉圣旨雕版,这在当时应该有完整的进呈奏状和奉旨施行敕牒。此书刊印时,没有收录奏状、敕牒原文,仅概括为"宝元二年九月十一日,延和殿进呈,奉旨镂版施行"一句话,但是句后丁度等八人的列衔署名,完整规范,各占一行,按官职由低到高顺序依次排列,和文书中官员署衔方式相同。第三篇文字情况类似,庆历三年此书由国子监雕版完成,进呈仁宗,然后奉圣旨下国子监印刷出版,这在当时应该也有完整的进呈奏状和奉旨施行敕牒。但刊印时,书末文字仅

---

　① 李焘:《续资治通鉴长编》(以下简称《长编》)卷155,仁宗庆历五年四月戊申条,北京:中华书局,1992年,第3770页。

　② 《长编》卷159,仁宗庆历六年八月癸酉条,第3844页。

概括为"庆历三年八月十七日雕印成，延和殿进呈，奉圣旨送国子监施行"一句话，其后章得象等三人的列衔署名，完整规范，由低到高，同样应是移录自文书原件。从金州军州学本《集韵》整部书来看，无论卷首页署衔，书末校勘、详定官（第二篇）、宰执（第三篇）列衔，还是南宋重新刻印时当地长官田世卿序跋署衔（第四篇），都和宋代文书的署衔方式一样，完整、规范、排列有序。不独此书，从现存宋刻本来看，凡官修官刻，一般书末多会列有参与校勘、详定官员在成书当时的署衔，署衔完整、规范，按照职位从低到高顺序依次排列。这种署衔方式与宋代文书十分类似，应该是对文书署衔的模仿。

综合上述四点，基本可见宋代刻本署衔通例：凡官修官刻书，一般卷首页均有署衔以示"官方定本"性质。其卷首页署衔具有以下特点：每卷首页都有署衔，且仅署最高负责官员在成书时的全衔，该全衔一般移录自进书表一类性质的奏状。此后凡翻刻该书，翻刻本的署衔一依初刻本，不变动，不省略。

2. 私人著述

如果是私人著述，那么即使作者是官员身份，卷首页署名一般也不能带有官衔。例如：

> 宋刻本《周官讲义》残本，史浩撰。卷首页只有"周易讲义卷第某"，无署名。（"甲库"第 11 册）

史浩是宋代官员，但此书是私人著述，而非"奉敕"之作，故卷首页不能冠以官衔。无署名则是沿袭自中古写本。

例如：

> 宋刻元修本《西山读书记乙集上大学衍义》残本，宋真德秀撰。卷首页无署名。（"甲库"第 475 册）

真德秀是宋代官员，此书属私人著述。卷首页无署名，但书名显示作者信息，属于"以题代署"，这种方式也沿袭自中古写本。

例如：

南宋咸淳元年（1265）吴革刻本《周易本义》。卷首页署名"<u>朱熹本义</u>"。（"图录"图版200）

南宋绍兴中闽刻本《周易新讲义》，宋龚原撰。书前自序署名"<u>龚原深甫</u>"，卷首页无署名。（"公文书馆"第1册）

宋江阴项氏建安书院刻本《周易玩辞》，宋项安世撰。卷首页署名"<u>江陵安世述</u>"。（"甲库"第2册）

以上三例，朱熹、龚原、项安世都是官员，其书都是私人著述。卷首页署名分别采用"姓名""姓名兼字号""籍贯兼姓名"三种方式，也是沿袭自中古写本。

综上看来，宋代书籍，无论官刻本还是坊刻本、私刻本，只要是私人著述性质，即使作者是官员，一般卷首页署名也不会带有官衔。此时，卷首页署名方式沿袭中古写本样式，或无署名，或采用姓名署、姓名兼字号署、籍贯兼姓名署等。有时书前会附有进书表等相关文书，起到提升书籍知名度的作用，文书中原有署衔均原封不动予以保留。

以上所说署衔原则，宋代官刻本严格遵循，而坊刻本、私刻本偶尔会有例外，这类"例外"并不多见。坊刻本、私刻本生产的经部书籍，其读者多是民间从事举业的士人，他们的购买要求是价格低廉、文字可靠，其中极少数刻本在卷首页署名前冠以官衔，或许是民间出版机构"提升书籍可信度以增加销量"的一种销售宣传策略。比如：

南宋开禧元年（1205）建安刘日新宅三桂堂刻本《童溪王先生易传》，宋王宗传撰。惟卷一首页署有"<u>迪功郎、前韶州州学教授王宗传景孟撰</u>"，以下各卷首页均无署名。（"再造善本"）

宋刻元印本《增修互注礼部韵略》残本，宋毛晃增注、毛居正重增。每卷首页署"<u>衢州免解进士毛晃增注　男进士居正校勘重增</u>"。（"甲库"第40册）

《童溪王先生易传》卷一首页的王宗传署衔完整、规范，其中"前"字表示"韶州州学教授"一职是王宗传的前任官，成书时，王宗传或待阙、或致仕。《增修互注礼部韵略》卷首署衔也较规范，毛晃父子有出身而无职事，故仅署

"进士"。其中"免解进士"是朝廷特予免发解试、许直赴省试的举子,仍属未第进士①,虽然宋代史料中有将"免解进士"径称"进士"的做法,但此书仍采用"免解进士"这一较为严谨的称呼。

也就是说,宋刻本中凡宋人私人撰述的书籍,一般卷首署名不题官衔,极少例外,且例外出自坊刻本、私刻本。即便在这些少数例外中,卷首所署官衔仍然是成书时的、规范的全衔,与文书的署衔方式类似,而不会使用单个官名、省称、别称、过称等不规范形式。

3. 史部举隅

以上主要以经部书籍为例,说明宋刻本署名通例。史部情况与经部基本一致,以下稍加说明。例如:

南宋绍兴三年(1133)两浙东路茶盐司公使库刻本《资治通鉴》,每卷卷首署司马光成书时全衔。由于此书用十九年时间完成,各卷陆续撰成后,分数次进呈,其间司马光结衔有所变动,故全书卷首页共有七种不同的结衔②。("图录"图版 74)

南宋淳祐十年(1250)史季温福州刻本《国朝诸臣奏议》,宋赵汝愚编。卷一首页署有"龙图阁直学士、朝散大夫、成都潼川府夔州利州路安抚制置使、兼知成都军府事、兼营内劝农使、充成都府路兵马都钤辖、祥符县开国伯、食邑九百户臣赵汝愚"。以下各卷首页无署名。("甲库"第 201—202 册)

南宋淳熙二年(1175)严陵郡庠刻本《通鉴纪事本末》,宋袁枢撰。卷首页无署名。("图录"图版 100)

宋刻本《史略》,宋高似孙撰。各卷首页署"高似孙续古"。("公文馆"第 5 册。)

---

① 参见龚延明:《宋代及第进士之鉴别》,氏著《中国古代制度史研究》,杭州:浙江大学出版社,2013 年,第 565—585 页。

② 参见梁太济:《从每卷结衔看〈资治通鉴〉各纪的撰进时间》《内蒙古大学学报(人文社会科学版)》1997 年第 5 期。

上述四种书,作者均是宋代官员,分为两种情况:第一,《资治通鉴》一书,在治平四年(1067)获神宗皇帝御制序文,元丰八年(1085)奉圣旨重新校定,元祐元年(1086)奉圣旨下杭州镂板①。《国朝诸臣奏议》一书,曾奏进于朝,孝宗十分赞赏,认为可与《资治通鉴》并行②。司马光和赵汝愚是两宋名臣,均官至宰相。这两本书虽系私人编纂,但撰成进呈后,获得朝廷认可并由官刻,故卷首页署名均带编著者成书时全衔。第二,《通鉴纪事本末》《史略》则纯属私人著述,故卷首页或无署名,或署名不带官衔。

下面这两个欧阳修所著史书的例子,对比更加鲜明:

> 元大德九年(1305)建康路儒学刻本《唐书》,宋欧阳修、宋祁撰。卷一首页署"翰林学士、兼龙图阁学士、朝散大夫、给事中、知制诰、充史馆修撰、判秘阁臣欧阳修奉敕撰",以下各卷系欧阳修撰者,卷首页仅署"欧阳修奉敕撰"而省官衔。卷76"后妃列传上第一"首页署"端明殿学士、兼翰林侍读学士、龙图阁学士、朝请大夫、守尚书吏部侍郎、充集贤修撰,臣宋祁奉敕撰",以下各卷系宋祁撰者,卷首页仅署"宋祁奉敕撰"而省官衔。("甲库"86—87册)

> 南宋初抚州刊本《五代史记》、南宋刊宋元递修本《五代史记》,宋欧阳修撰。两个本子卷首页均署"欧阳修撰　徐无党注"。③

以上两例构成鲜明对比。《唐书》(即《新唐书》)由欧阳修主持,主要由欧阳修和宋祁撰写。因为此书是宋代官修史书,所以卷一首页欧阳修署名前冠以成书时全衔。以下各卷省略官衔而仅署"欧阳修奉敕撰",应当是出于节省行数和刻印成本的考虑。宋祁署衔同理。与《唐书》不同,《五代史记》(即《新五代史》)是欧阳修私人著述,所以卷首页仅署"欧阳修撰"而不带官衔。

---

　　① 司马光编著,胡三省音注:《资治通鉴》书前附《资治通鉴序》、书末附《奖谕诏书》,北京:中华书局,1956年,第3—34页、第9609页。

　　② 赵汝愚编:《宋朝诸臣奏议·弁言》,上海:上海古籍出版社,1999年。

　　③ 《新五代史》(点校本二十四史修订本),北京:中华书局,2015年,书前有"南宋初抚州刊本""南宋刊宋元递修本"插图,这两个刊本现藏国图。

4. 集部举隅

与经部、史部相比，集部情况有一点特殊。集部基本是个人作品集，不存在官修问题，因此卷首页署名一般不带官衔。其署名方式沿袭中古写本，最常见的是"以题代署"，其次分别是"籍贯兼姓名兼字号"、"姓名兼字号"、"籍贯兼姓名"、无署名。以下各举数例。

"以题代署"如：

> 宋刻本《东坡集》，宋苏轼著。卷首无署名。书前有孝宗《御制文集赞并序》，末云"乾道九年闰正月望，选德殿书赐苏峤（按苏轼曾孙）"。（"宋集"第 17 册。原书为日本浅草文库所藏）

> 南宋绍兴十七年（1147）黄州刻递修本《王黄州小畜集》，宋王禹偁著。卷首无署名。书前有自序，落款"太原王禹偁序"。书末有黄州出版时校刊记，说明出版原因、用木板纸墨数，并依次列有校正官、监雕官、黄州通判、知州沈虞卿等 8 人衔名。（"国图网"善本书号 06647）

> 北宋刻本《范文正公文集》，宋范仲淹著。卷首无署名。（"国图网"善本书号 11393）

> 宋刻本《欧阳文忠公文集》，宋欧阳修著。卷首无署名。（"书陵部"122—125 册）

以上别集，均卷首无署名而"以题代署"。有时书中另有序跋、校刊记，会介绍作者信息。因别集是私人作品，故书名一般也不带官衔。有极个别例外，如《范文正公文集》、《欧阳文忠公文集》、《景文宋公集》（宋宋祁著）书名含"谥号"；《东莱吕太史文集》（宋吕祖谦著）、《新刊李学士新注孙尚书内简尺牍》（宋孙觌著，李祖尧注）、《侍郎葛公归愚集》（宋葛立方著）书名含"最终官"。

卷首页署"籍贯兼姓名兼字号"如：

> 宋刻本《青山集》，宋郭祥正著。卷首页署"当涂郭祥正字功父"。（"再造善本"）

卷首页署"姓名兼字号"如：

南宋乾道九年（1173）高邮军学刻绍熙三年（1192）重修本《淮海集》，宋秦观著。卷首页署"秦观少游"。（"国图网"馆藏书号 12369）

卷首页署"籍贯兼姓名"如：

南宋嘉定刻本《友林乙稿》，宋史弥宁著。卷首页署"四明史弥宁"。（"国图网"馆藏书号 08730）

卷首页无署名如：

南宋绍兴十三年（1143）无为军刻递修本《无为集》，宋杨杰著。此书无任何作者信息，惟书前《序》中介绍作者。（"国图网"馆藏书号 09288）

宋刻本集部卷首页署名基本不带官衔，偶尔有例外，如：

田氏影宋书棚本《十家宫词》卷二《张公庠宫词》，宋张公庠著。卷首署"中大夫、提举南京鸿庆宫张公庠"。（"宋集"第 13 册）

田氏影宋书棚本《十家宫词》卷三《王珪宫词》。卷首署"丞相、祁国公王珪"。（"宋集"第 14 册）

宋建安魏忠卿家塾刻本《王状元集百家注分类东坡先生诗》，题宋王十朋纂集。卷首署"前礼部尚书、端明殿学士、兼侍读学士、赠太师、谥文忠公苏轼"。（"宋集"第 14 册）

上述三例官衔比较混乱，都出自民间私人刻本。如"丞相"并非官名而是统称，"赠""谥"是死后追赠，这些应当是民间出版机构为谋利而私自添加。这种情况比较罕见。

总之，综合上述经部、史部、集部情况来看，基本可以认为，宋刻本卷首署衔通例是：①凡官修、官刻书籍，卷首页署作者（或领衔者）成书时的完整官衔。有时每卷首页均有署衔；有时仅卷一首页署衔，以下各卷只署名而省官衔。②凡纯属私人著述性质书籍，卷首页沿袭中古写本，或署姓名，或署姓名兼籍贯、字号，均不带官衔。子部因较驳杂，兹不赘举，但亦符合通例。这一通例，虽有少数例外，但基本应如此。

三、署衔的意义：以《唐会要》卷首页王溥结衔为例

宋刻本官修、官刻书籍卷首页署衔严谨，这一做法意义何在呢？下面以《唐会要》为例作一探讨。

《唐会要》是现存最早的会要体史书，是研究唐代典章制度的重要文献。此书在北宋建隆二年（961）由宰相王溥领衔编纂而成，最迟至北宋仁宗庆历年间（1041—1048）在苏州地区刻印成书，惜宋刻本不存。元、明两代，《唐会要》流传稀少，书目少有著录。至清初，仅有抄本流传，其中脱误颇多。清乾隆三十八年（1773）四库开馆，馆臣根据征集来的《唐会要》抄本进行加工整理，修成武英殿聚珍本和《四库全书》本两个本子，流传至今。其中，聚珍本对后世影响最大，是《唐会要》在清代的刻本之祖。同治年间（1862—1874）江苏书局、光绪年间（1875—1908）广雅书局等皆据聚珍本翻刻。民国时期，商务印书馆又据江苏书局本排印出版，是为《国学基本丛书》本。中华书局1955年据江苏书局本校订重印。上海古籍出版社1991年点校本和2006年新1版，也是以江苏书局为底本。换言之，今通行本皆属聚珍本系统。由于《唐会要》在后世传抄、又经清人整理过程中，出现不少后人增删改补的内容，以致现今通行本与《唐会要》原貌之间，存在较大差异。自20世纪以来，中日学者围绕《唐会要》的整理与研究，已有不少成果问世，取得若干重要进展。但目前对《唐会要》的研究和复原，主要集中在版本流传、阙卷补遗、抄本考察、点校辑佚这几方面，对《唐会要》卷首页署衔这一问题，尚无专文论及①。伴随研究进展，迄今已发现海内外16种明及清

---

① 以上关于《唐会要》的研究综述，参见周殿杰：《关于〈唐会要〉的流传和版本》，《文史》1989年第3辑，第15—19页；郑明：《〈唐会要〉初探》，中国唐史学会编《中国唐史学会论文集》，西安：三秦出版社，1989年，第167—182页；邢永革：《〈唐会要〉版本考略》，《中国典籍与文化》2004年第2期，第17—20页；黄丽婧：《〈唐会要〉阙卷后人伪撰考》，《江淮论坛》2012年第4期，第177—183页；刘安志、李艳灵、王琴：《〈唐会要〉整理与研究成果述评》，《中国史研究动态》2017年第4期，第21—27页；刘安志：《清人整理〈唐会要〉存在问题探析》，《历史研究》2018年第1期，第178—188页；岛田正郎著，罗亮译，刘安志校：《关于台北图书馆所藏〈唐会要〉钞本》，武汉大学中国三至九世纪研究所编：《魏晋南北朝隋唐史资料》第33辑，上海：上海古籍出版社，2016年7月，第242—271页；古畑彻著，罗亮译，刘安志校：《〈唐会要〉的诸版本》，《山西大学学报（哲学社会科学版）》2017年第1期，第66—73页。

初《唐会要》抄本①,这些抄本大致沿袭或保留了宋以来《唐会要》抄本的原貌,弥足珍贵。通过这些抄本,或可一窥《唐会要》宋刻本卷首样式的本来面目。

　　现存《唐会要》16 种明及清初抄本中,有部分已影印或网络公布,易于获得,现以其中四种抄本为例:即国图藏明抄本(书号 10521,存 40 卷,图 1)、清抄本 A(书号 03873,100 卷,图 2)、清抄本 B(书号 04216,100 卷,图 3);台北故宫博物院藏康熙旧抄本(台北清抄本,存 98 卷,图 4)②。

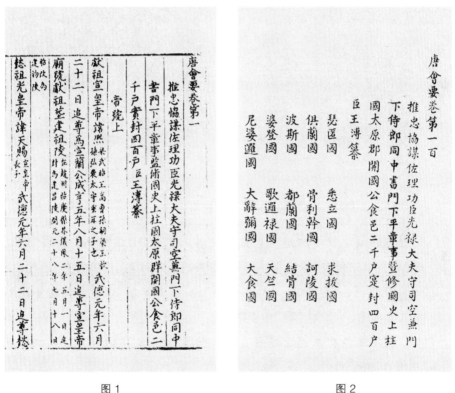

图 1　　　　　　　　　　　　　　　　图 2

　　①　这 16 种抄本存藏情况如下:国家图书馆 3 种,中国科学院图书馆 2 种,北京大学图书馆 1 种,上海图书馆 4 种,浙江图书馆 1 种,江苏镇江图书馆 1 种,广东省立中山图书馆 1 种,台北图书馆 2 种,日本东京静嘉堂文库 1 种。
　　②　图 4 下载自台北故宫博物院"善本古籍数据库"(http://libdb1.npm.gov.tw/ttsweb/P3K002971N00A.JPG)。此本已影印出版,收于"甲库"第 420—421 册。

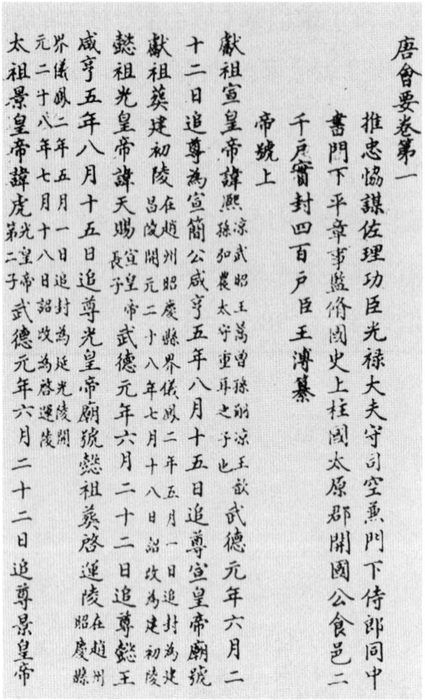
唐會要卷第一
推忠協謀佐理功臣光祿大夫守司空兼門下侍郎同中
書門下平章事監脩國史上柱國太原郡開國公食邑二
千戶實封四百戶臣王溥纂
帝號上
獻祖宣皇帝諱熙（涼武昭王暠曾孫弘農太守重耳之子也涼王歆）武德元年六月二
十二日追尊為宣簡公咸亨五年八月十五日追尊宣皇帝廟號
獻祖葬建初陵（在趙州昭慶縣界儀鳳二年五月一日追封為建昌陵開元二十八年七月十八日詔改為建初陵）
懿祖光皇帝諱天賜（宣皇帝長子）武德元年六月二十二日追尊懿王
咸亨五年八月十五日追尊光皇帝廟號懿祖葬啓運陵（在趙州昭慶縣
界儀鳳二年五月十一日追封為延光陵開元二十八年七月十八日詔改為啓運陵）
太祖景皇帝諱虎（光皇帝第二子）武德元年六月二十二日追尊景皇帝

图 3

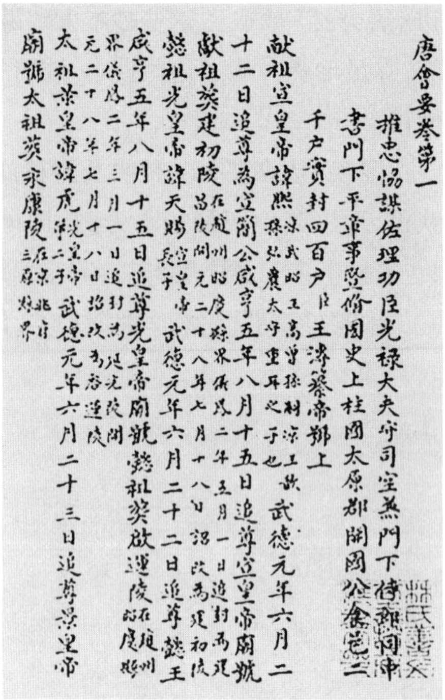
唐會要卷第一
推忠協謀佐理功臣光祿大夫守司空兼門下侍郎同中
書門下平章事監脩國史上柱國太原郡開國公食邑二
千戶實封四百戶臣王溥纂帝號上
獻祖宣皇帝諱熙（涼武昭王暠曾孫弘農太守重耳之子也涼王歆）武德元年六月二
十二日追尊為宣簡公咸亨五年八月十五日追尊宣皇帝廟號
獻祖葬建初陵（在趙州昭慶縣界儀鳳二年五月一日追封為建昌陵開元二十八年七月十八日詔改為建初陵）
懿祖光皇帝諱天賜（宣皇帝長子）武德元年六月二十二日追尊懿王
咸亨五年八月十五日追尊光皇帝廟號懿祖葬啓運陵（在趙州昭慶縣
界儀鳳二年三月一日追封為延光陵開元二十八年七月十八日詔改為啓運陵）
太祖景皇帝諱虎（光皇帝第二子）武德元年六月二十三日追尊景皇帝
廟號太祖葬永康陵（在京兆府三原縣界）

图 4

国图藏明抄本和清抄本 B 均仅卷一首页署“推忠协谋佐理功臣、光禄大夫、守司空、兼门下侍郎、同中书门下平章事、监修国史、上柱国、太原郡开国公、食邑二千户、实封四百户臣王溥纂”。其余各卷首页无署名。其中，明抄本“郡”作“群”。

国图藏清朝本 A 每卷首页均有王溥署衔，文字内容与明抄本和清朝本 B 相同，惟“监”作“暨”，“实”作“寔”。

台北清抄本存 98 卷（阙卷 93、94），现已影印收入“甲库”丛书。此本各卷字迹不同，应由多人分卷抄写。其中，卷 1，5，7—10，13，17，21，25，29，33，37，41，45，49，53，57，61，65，69，77，81，85，89，97 的卷首页有王溥署衔，文字内容与国图藏三种抄本相同。其余各卷首页无署名。造成这一现象的原因，应该是分抄者仅抄录自己所负责数卷中第一卷的卷首页署衔，而省略了后面的卷首页署衔。

根据上述四个抄本(尤其是国图藏清朝本 A 和台北清抄本),再结合本文前述宋刻本官修官刻书籍的署衔通例,基本可以推定,宋刻本《唐会要》卷首署衔的原貌是:每卷卷首页均署有王溥在成书时的全衔。

但是到聚珍本中,《唐会要》卷首页署名变成了"宋王溥撰"(图 5,聚珍本《唐会要》,"国图网"),那一长串结衔消失不见了。目前学界一般认为,聚珍本所据底本是浙江汪启淑家藏本①。而汪启淑家藏本正是今台北故宫博物院藏清抄本②(图 4)。另外,上海图书馆藏《唐会要》的四个抄本,其中一个是傅增湘藏本③。据傅增湘《藏园群书经眼录》卷六记载,该本是"旧写本……每卷纂书人官衔三行,次列子目,今聚珍本则皆删去,径接本书矣"④。就是说,《唐会要》在"宋刻本——清初抄本"过程中,卷首页王溥的完整结衔是被抄写保留下来的,但是聚珍本将这串冗长的结衔去掉了。聚珍本以后,直至今天各通行本中,就再也看不到这串结衔了。刘安志研究认为:国图所藏两种《唐会要》清抄本(即清朝本 A、B)最后抄写时间当在嘉庆初年聚珍本成书以后,其"抄自殿本,大致可定"(按:此殿本即指聚珍本)⑤。但如果从卷首页署衔情况看,聚珍本仅作"宋王溥撰",而国图藏清朝本 A、B 却都署有王溥完整结衔,显然这个结衔不可能抄录自聚珍本。则国图藏清朝本 A、B,或抄写时间未必晚于聚珍本;或抄写所据不止聚珍本,尚有其他版本。

站在后世抄写者、刊印者的角度,可以理解他们为何要删去《唐会要》每卷首页的王溥结衔:一则该结衔确实与内容无关,去掉并不影响阅读;二则可以省时省力、省工省钱,毕竟王溥结衔有 51 字,抄本中独占三行,颇浪费空间。

① 刘安志:《武英殿本与四库本〈唐会要〉非同本考》,《魏晋南北朝隋唐资料》第 35 辑,2017 年 7 月,第 213—230 页。但是,日本学者古畑徹持不同看法,他认为殿本(按:刘安志、古畑徹所云"殿本"即武英殿聚珍本)的底本是某一清初刻本,而非汪启淑家藏本(见古畑徹著,罗亮译,刘安志校:《〈唐会要〉的诸版本》)。

② 古畑徹著,罗亮译,刘安志校:《〈唐会要〉的诸版本》。

③ 黄丽婧:《〈唐会要〉阙卷后人伪撰考》。

④ 傅增湘:《藏园群书经眼录》卷 6 "唐会要" 一百卷" 条,第 477 页。

⑤ 刘安志:《〈唐会要〉目录考证与复原》,《魏晋南北朝隋唐史资料》第 37 辑,2018 年 7 月,第 215—243 页。

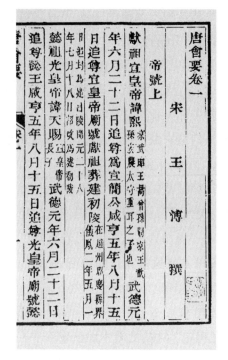

图 5

　　然而站在宋人角度，既然这串结衔对书籍正文无用，又费时费力费钱，为何宋刻本还要列在每卷首页呢？这串"冗长又无用"的署衔意义何在？可以从三方面来考虑：

　　第一，对朝廷来说，这是对书籍印行的一种管理、控制手段，也是对重要经史著作"正统性""权威性"的宣称。从中古写本时代进入宋刻本时代后，书籍从原来的私人读物变成公开发行的公共读物，传播面更广，传播速度更快，朝廷需要加以控制、引导，以免统治失范。特别重要的经史著作，在科举考试时需以官方定本为准。比如北宋国子监"九经"被广泛颁赐各地，并允许士民付钱刷印[①]，此后宋代各地公私出版机构多据监本再次刻印。无论是否官修，经史书籍要成为官方定本，需经一套流程来获得朝廷认定，这套流程的载体是进书表、敕书等一系列奏状和诏令文书。这套程序及官方定本

---

　　①　张丽娟：《宋代经书注疏刊刻研究》，第 44—47 页。

地位的认定结果，最终要在刻本上有所反映，这个反映最主要的表现形式就是官衔，即卷首页的署衔以及进书表、校刊记等处的列衔署名。

第二，对署衔官员来说，这意味着"参与文化事业的体面"和"责任追查"。就王溥结衔来说，其中与《唐会要》有关的其实只有"监修国史"这一个官名而已，但刻本印行时却采用了与文书一样完整、正式、规范的署衔方式。宋代官刻本校刊记中的官员列衔署名方式也是如此。书籍署衔与文书署衔采取同样方式，令刻本时代在初始阶段就兼具文化和政治色彩。

第三，对书籍购买者和读者来说，书中的这些署衔，是他们快速判断一本书"权威性""合法性""准确性"的最直观依据。我们看今存宋刻本的卷首页的署衔，字与字间距十分密集（如图6①、图7②），有时几乎难以辨

图6

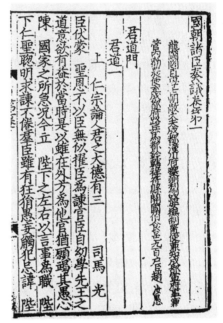

图7

① 南宋孝宗朝湖州刻本《集韵》（"再造善本"）。今藏国家图书馆，"国图网"之"中华古籍资源库"善本书号 12357。

② 南宋淳祐十年（1250）史季温福州刻本《国朝诸臣奏议》，宋赵汝愚编（"甲库"第201—202 册）。

认，显然其功能的重心并不在于"阅读"这种实际的用途，而在于明确书籍的权威性，具有"象征"的意味。对宋代读者来说，这串署衔首先造成一种"观感""视觉效果"，其作用更重"形式"而非"内容"，换句话说，是供读者"观看"而非"阅读"。这串署衔，通过作者身份地位的确认，从而向读者提供了一种担保：这是一本合法的、被朝廷认可的、权威的出版物，可以放心购买。

宋刻本官修官刻书籍署衔严谨，一般每卷首页均署最高负责官员成书时全衔，此类书籍又往往部头较大，卷帙较繁，因此后世根据宋刻本传抄或重新刊印过程中，经常会发生漏抄、漏刻卷首页官衔现象。

宋刻本在后世传抄和再次刊印过程中，原卷首页署衔消失，这一现象不仅存在于《唐会要》。比如上海古籍出版社 2016 年点校本《五代会要》，中华书局二十四史点校本《新唐书》等，都存在同样问题。类似例子还有不少，不独史部，四部书籍都有。其实不止卷首署衔，宋刻本中还有其他各处的官衔信息，对历史研究都很有用处，但因为与正文内容无关，所以在整理、影印时都直接去掉了，非常可惜。

《唐会要》卷首页署衔的"丢失"，其实对我们今天阅读、使用《唐会要》文字内容来说，完全不构成任何影响。但是，从古籍整理角度与深入了解书籍产生过程看，既然致力于最大可能恢复"原貌"，那么这个"原貌"不应该仅限于正文，也应当包括如卷首页署衔等看似"无用"、实与时间信息相关并具有研究价值的记载。中华书局 1956 年《资治通鉴》点校本就做得更好，它不仅保留了底本（清胡克家翻刻元刊胡注本）中每卷首页司马光的冗长结衔，而且书后所附宋代的进书奏状、奖谕诏书、校刊记中，均保留了列名人员的完整署衔，为史学研究提供了重要资料。

一方面，从文献学角度看，署衔与否，有助于我们了解、追溯从最初署衔原版到后来翻刻本的版本史。另一方面，从历史研究角度看，通行本中署衔信息的丢失，对我们理解宋代社会原貌会造成误导和屏蔽。如果不看宋刻原件，仅仅根据通行本，我们恐怕很难关注到官衔在宋代社会使用场合的重要性、广泛性，使用方式的多样性及其背后隐含的时代变迁。

四、宋人文集卷首页与序跋署衔的相反情况

关于宋刻本署衔,尚有一现象值得讨论,即:宋刻本宋人文集,卷首页署名沿袭中古写本,基本不带官衔;与此形成鲜明对比的是,书中序跋署名经常带有官衔,而且是撰写序跋当时的正式全衔。例如:

北宋刻本《范文正公文集》。卷首叙署"元祐四年四月二十一日龙图阁学士、朝奉郎、新知杭州军州事苏轼叙"。("国图网"善本书号11393)

南宋蕲州刻本《增广司马温公全集》。书前序署"朝奉郎、邛州司录事、赐绯鱼袋黄莘"。("宋集"第11—12册)

南宋庆元三年(1197)隐斋刻本(书铺本)《新刊国朝二百家名贤文粹》,总集,编者不详。书前序署"朝散大夫、直秘阁、知邛州军州、兼管内劝农事王称"。("宋集"第93册)

南宋绍兴十三年(1143)无为军刻递修本《无为集》。书前序署"绍兴癸亥岁夏四月,左朝请大夫、知无为军、兼管内劝农营田事赵士鹨"。("国图网"馆藏书号09288)

南宋刻本《古灵先生文集》,宋陈襄著。书前序署"观文殿大学士、左银青光禄大夫、提举西京嵩山崇福宫、陇西郡开国公、食邑三千九百户、实封一千四百户李纲"。("宋集"第8—9册)

南宋嘉定十三年(1220)刻本《渭南文集》,书前序署"嘉定十有三年十一月壬寅,幼子承事郎、知建康府溧阳县、主管劝农公事子通"。("宋集"第47册)

这些序跋撰写者,有作者姻亲、名宦、出版机构当地官员,其署衔基本都是撰写时的全衔,罕有例外。

这种情况在文集中最常见,但经部、史部、子部也有。例如:

宋刻本《诗说》,宋刘克撰。书前刘克自序署名"信安刘克",卷首页署名"信安刘克学"。书前刘克子刘坦撰序,署衔"迪功郎、郴州州学教

授刘坦"。("再造善本")

刘坦为其父之书作序文，完全出于父子私人关系，与朝廷无关，但序文末尾，刘坦竟然也署了全衔，和文书署衔一样完整、正式、规范。

为什么宋人文集的书名和卷首页署名基本不带官衔？一方面，当然是拟古，是沿袭中古写本样式所致。另一方面，也与文集的内容性质有关。南宋刻本《渭南文集》，书前有陆游儿子陆遹的一篇序，其中说道：

> 先太史（按陆游）未病时，故已编辑而名《渭南》矣……命名及次第之旨皆出遗意，今不敢紊，乃镂梓溧阳学官，以广其传。渭南者，晚封渭南伯，因自号为陆渭南。常谓子遹曰："《剑南》乃诗家事，不可施于文，故别名《渭南》。"（"宋集"第47册）

陆游生前为自己诗集、文集分别取名为《剑南》《渭南》。他对其子陆遹说的话，提示我们注意：在宋人看来，他们在仕宦闲暇之余，撰文吟诗作词并结集出版，这是身为文人的事业，是一件风雅之事，与政务无关。他们不是以官员身份接受朝廷任务来进行文学创作的，因此在诗文集的书名和署名上，就应当凸显文人身份，淡化官员身份。而且凡宋刻本署名中所带官衔，一般都是当时全衔，与文书署衔方式类似。说明宋代的官衔使用是受到约束的，不能任由私人在任何场合随意使用。作为公开出版物，刻本中的署衔就不能像私人书信、唱和场合那样随意。

但是，与文集书名和卷首页署名刚好相反，书中序跋又往往带有正式、规范、完整的署衔，其原因何在？这或许与宋代书籍的出版审查制度有关。

关于宋代出版管制问题，日本学者井上进《中国出版文化史》一书中已有较为详细的考察，他指出：两宋出版业即使有开放性，实现程度也不高。11世纪初，民间出版刚开始完善时，朝廷就实施了出版审核管理制度。最晚在北宋真宗大中祥符二年（1009），朝廷下诏出版物必须经过审核。此后，对民间出版的禁令反复颁布，一直持续到南宋末。禁令规定：出版书籍时必须交由当地官府审查，诸路书坊不能擅自出版售卖曲学邪说或偏离法度的书籍，允许揭发。另外，北宋中后期开始，朝廷因为党争原因也时有禁书令颁布，对"奸党"文集要求民间悉毁板木。而宋代士大夫尤其是上层士大夫阶层也认为，对民间出版活动放任不管，可能会使一些"异端邪说"在社会上传播，给正统思想造成冲击；而且过于提倡知识学问的开放，社会文化水平的提高还会降低士大夫阶层的价值。欧阳修甚至认为，对后人没什么用或者不足以垂范后世的文字，会误导读者，也不应该出版①。

这个历史背景可以作为以下问题的一种解释：为何宋刻本中会出现这么多的本朝官员署衔，而且署衔方式如此正式规范。为何一些地方、民间机构刻印的私人著述，会在书前附上进书表一类文书。为何宋人文集虽然卷首页大多无署名或仅署姓名，但请人所撰序跋中却往往带有完整、正式、规范的署衔。

比如南宋黄州刻递修本《王黄州小畜集》书末"黄州校刊记"中，有该书"文章典雅，有益后学，所在未曾开板"的说明（"国图网"善本书号06647）。比如宋刻本《东坡集》虽然卷首无署名，但书前有孝宗赐予苏轼曾孙苏峤的《御制文集赞并序》（"宋集"第17册，今藏日本浅草文库），目前所见其他宋刻本苏轼文集中不少也附有这篇孝宗撰序，而苏轼文集在北宋末曾被朝廷下诏焚毁印板。又比如南宋无为军刻递修本《无为集》，序是由"左朝请大夫、知无为军、兼管内劝农营田事赵士彩"即无为军最高行政长官所撰（"国图网"馆藏书号09288）。由出版地官员作序，这种情况在宋刻本中能看到不少。再比如南宋金州军本《集韵》，这是一部北宋官修韵书，南宋地方上再次刻印时，请金州当地官员即"武功大夫、高州刺史、充金州驻札御前诸军都统制田世卿"撰跋（"书陵部"第27册）。而奇怪的是，田世卿是一名武将，他可能根本不会用到《集韵》。

序跋撰者一方面以亲友等私人身份讲述自己与作者的情谊、介绍书籍内容；另一方面也以署衔形式、用自己的官员身份，"无声地"为这部书"内容合乎法度、适合出版"提供了一种"担保"，当然同时也负有"责任"。可以想象，宋代官员在审核某部即将刻印的书籍（尤其是私人著述）时，当他看到书中的这些官衔署名，有些可能正是他所景仰的前辈、上级或者熟悉的同

---

① 以上参见井上进著，李俄宪译：《中国出版文化史》第八章"出版管制""坊刻规制"，武汉：华中师范大学出版社，2015年，第89—91页。

僚,应该会更加顺利地予以审核通过。

"序"与"跋"撰者署官衔,显示撰者身份,用以证明他与著述者之间关系的可信度,并提高著述者及其作品的声望,这种做法后来成为一种出版传统。

五、总结

最后对宋刻本署名中的官衔题写现象(即何处署？如何署？为何署？)作一总结。宋刻本中,在正文卷首页、序跋、校刊记、进书表等处都可能出现官衔。就卷首页署衔来说,宋人署衔很严谨:凡官修官刻的书籍,署作者(或领衔者)成书时全衔;凡私人著述性质著作,则沿袭中古写本,或不署名,或仅署姓名,或兼署籍贯、字号,但均不带官衔。宋以前人署名按照中古写本样式刻印,大多不带官衔,惟唐人署衔情况与宋人接近,但不及宋人规范、统一。另外,官刻本校刊记中,凡相关官员均按照官职由低到高依次列衔署名。序跋署名,或带官衔,或不带,凡带官衔,则多署当时全衔。书前若附有进书表等文书,文书中原有署衔均保留。

以上是宋刻本普遍通例。本文虽仅讨论了经、史、集部,但据笔者所见,子部也是如此。现存宋刻本中,官刻本居多,在上述署衔方面比较严格;民间坊刻本、私刻本有少数例外,但大体不差。

唐写本中已经出现"官某官"的署名方式,与唐写本相比,宋刻本在署衔上有两点突出的变化:一是署衔位置更加广泛、多样,不独卷首页有,序跋、校刊记、进书表、木记钤印等多处都有。二是署衔严谨,要么不署衔,但凡署衔,通常要署当时的、完整、规范的全衔,罕有例外。宋刻本中的官衔使用,既普遍又规范。另外,中古写本中对作者的身份标注,多冠以"籍贯";宋刻本中对本朝作者的身份说明,在沿袭使用"籍贯"的同时,也越来越多地冠以"官衔"。中古贵族门阀时期重视士人的地域出身;唐宋以来,随着科举制度完善,士人不限门第,争逐仕宦,逐渐更加崇尚"本朝冠冕"。这两种不同的时代观念,在宋刻本的宋人身份标注中,得以并存。

与宋代同时期其他官衔使用场合相比,宋刻本中的署衔方式,严谨正式,与文书类似;而不像书信、文学唱和等私人交游场合那样使用省称、别称、过称等。这意味着,在刻本时代的初始阶段,书籍出版就带有"文化"和"政治"的双重色彩。宋刻本中的署衔方式,为此后元明清所继承,对后世印本署衔样式起到一定的定型作用。

在中古写本时代,阅读是一种较为私人的活动,书籍的传播范围、速度和社会影响力受到很大限制。朝廷有时会立石经,但读者也要专程赶往京城抄写,京城在学术文化上的中心地位很难动摇,而中心只有一个。进入刻本时代后,书籍从一种私人读物,变成一种公开发行的公共读物。其中尤其经部、史部书籍,不仅是古代学问之根基,还是科举考试选拔人才的标准,是国家统治的文化基础。宋刻本中,官修官校定本、官刻本占据主导地位。朝廷需要通过控制书籍的刻印出版,来继续保持其学术文化的中心地位。朝廷对学术文化的主导性,书籍内容的正统性、合法性、准确性——这些信息,当一名宋代读书人翻开某部宋刻本时,他甚至不需要阅读文字内容,仅从书中触目可见的"官衔"这一"形式"上,就可以快速、直观地感受到。

但是宋刻本中对宋代朝廷和读者"有用"的署衔,对仅需阅读正文的宋以后读者来说,就感觉可有可无、十分冗赘。因此,宋以后至今,各种抄本、印本、整理点校本就将宋刻本中的各种署衔去掉了。无论从古籍整理还是从学术研究角度,这都是一种损失。

对于宋史研究、尤其是宋代官衔研究来说,宋刻本中署衔的普遍、规范及其在后世的"消失",这一历史现象提醒我们:宋人使用官衔,在不同场合有不同方式,官衔在当时不是一个孤立的存在。然而历史变迁,我们现在已经无法完全看到宋代人使用官衔场合与方式的丰富多样性。我们看到的只是局部,甚至可能是经过宋刻本"筛选"、宋以后人"整理"过的宋代图景。这是学术研究都会面临的问题,虽不必悲观,但需足够警惕。

附录:本文所用宋刻本影印丛书、图录、公布网站的全称和简称

1. 中国国家图书馆编:《原国立北平图书馆甲库善本丛书》(全 1000 册),北京:国家图书馆出版社,2013 年。(简称"甲库")

2. 四川大学古籍整理研究所编:《宋集珍本丛刊》(全 108 册),北京:线装书局,2004 年。(简称"宋集")

3.《中华再造善本·唐宋编》，北京：国家图书馆出版社。（简称“再造善本”）

4.《日本宫内厅书陵部藏宋元版汉籍选刊》（全170册），上海：上海古籍出版社，2012年。（简称“书陵部”）

5.《日本国立公文书馆藏宋元本汉籍选刊》（全15册），南京：凤凰出版社，2013年。（简称“公文书馆”）

6.《国家珍贵古籍名录图录》第一批至第五批，北京：国家图书馆出版社，2008—2016年陆续出版。（简称“名录图录”）

另，“中国古籍保护网”已公布“国家珍贵古籍名录数据库”即此书。（网址：http://www.nlc.cn/pcab/gjzggjml/）

7. 北京图书馆编著：《中国版刻图录》，北京：文物出版社，1960年。（简称“图录”）

8. 李致忠编撰：《中国古代版印图录》，北京：国家图书馆出版社，2016年。（简称“版印图录”）

9. 中国国家图书馆“中国国家数字图书馆”网站（网址：http://www.nlc.cn/dsb_zyyfw/ts/tszyk/）（简称“国图网”）

因地应敌：宋辽澶州之役再探

何天白

　　学者考察宋辽战和关系的演变历程，着重探讨双方何以在宋真宗景德元年（1004）决意调整战和政策，管控疆土矛盾，订立澶渊之盟。既有研究论及澶渊之盟订立始末，注意把握宋辽关系的整体走向，揭示出双方修和乃是基于渐趋稳定的对峙形势[①]。至于一系列重要战役如何具体影响宋辽战和关系，亦即如何推动宋辽对峙形势渐趋稳定，如何推动宋辽决策者理解对峙形势，意识到农牧军队各具优势，己方难以通过发动战争大幅拓土，种种情况仍存剩义可寻[②]。

---

　　① 详见柳立言：《宋辽澶渊之盟新探》，《历史语言研究所集刊》第 61 本第 3 分，1990 年 9 月，第 693—760 页；何冠环：《老将知兵：宋初外戚名将李继隆（950—1005）与景德之役（1004）》，张希清等主编：《澶渊之盟新论》，上海：上海人民出版社，2007 年，第 203—247 页；张广达：《从"安史之乱"到"澶渊之盟"：唐宋变革之际的中原与北方》，黄宽重主编：《基调与变奏：七到二十世纪的中国》第三册，政治大学历史系等，2008 年，第 1—20 页。

　　② 农牧文明应对地理环境的方式多有差别，而农牧政权由此在军事上各擅胜场。农耕政权着意经营大小城池、干支道路，以之构成覆盖定居农业社会的统治网络，而相应地技术上长于工程建设，战术上倚重步兵把守关隘、重镇等要塞或在其周边列阵野战。游牧政权在季节性草场（转下页）

　　为理解相关情况,有必要关注澶渊之盟订立前发生的澶州之役。宋辽澶州之役,即双方于景德元年十一月中下旬,在宋河北路澶州北城郊外(以下简称"澶州北郊")进行的主力战役,实属当年秋冬的主力战争中最引人瞩目的一次战役。当时,辽军汹汹深入,威胁宋都开封,而宋军在澶州出人意料地射杀辽军先锋大将萧挞凛,挫敌攻势[①]。稍后,宋辽不止停止当年的战争,更在宋方承诺输送岁币后,迅速搁置疆土矛盾,正式结束多年的军事对抗[②]。值得思考的是,澶州之役对宋辽战和关系的影响如此深远,究竟与萧挞凛阵前身亡这一突发事件有何关联,而萧挞凛阵前身亡是否完全出于偶然,抑或与农牧军队在澶州战场上的整体作战表现密切相关?

　　为此,本文将首先结合宋辽对峙的时空背景,具体说明萧挞凛阵前身亡一事反映出宋辽主力存在怎样的"异常"作战表现;进而结合澶州战场地形、澶州的交通地位(参图 1),分析两军怎样部署己方优势技术、战术,引发种种"异常"表现,影响宋辽战和决策;最后简要交代在较长时段内,宋方经营澶州防务所面临的挑战与隐患。

(接上页)之间迁徙政治中心,寓民众管控于游牧、狩猎活动中,而相应地技术上长于骑射,战术上倚重习于牧猎的骑兵机动配合。详见王明珂:《游牧者的抉择:面对汉帝国的北亚游牧部族》,桂林:广西师范大学出版社,2008 年;胡鸿:《秦汉帝国扩张的制约因素及突破口》,《中国社会科学》2014 年第 11 期,第 184—203 页;李华瑞:《宋朝"积弱"说再认识》,《文史哲》2013 年第 6 期,第33—42 页。

　　① 《辽史·萧挞凛传》后有论赞称:"辽在统和间……以萧挞凛为统军,直抵澶渊。"据本传可知,萧挞凛确有"统军"头衔,但该头衔是指他常时所任南京统军使一职,并非"统率全军"之意。景德元年秋冬的战争,承天太后、圣宗亲统全军,萧挞凛实为先锋大将。《辽史》(点校本二十四史修订本)卷 85,北京:中华书局,2017 年,第 1446、1452 页。

　　② 景德元年以前,宋辽多次进行季节性的主力战争,而在各次主力战争之间,亦存在着或短或长的休战期。虽然宋辽在休战期有意管控己方行动,但双方并未由此正式讲和,仅是尝试降低军事对抗的烈度,从而有所休整,以待图后。换言之,一场战役或一次战争的结束,并不意味着宋辽必将正式停止持续多年的军事对抗。参柳立言:《宋辽澶渊之盟新探》,《历史语言研究所集刊》第 61 本第 3 分,第 694—706,711—715 页;曾瑞龙:《经略幽燕:宋辽战争军事灾难的战略分析》,北京:北京大学出版社,2013 年,第 187—332 页。

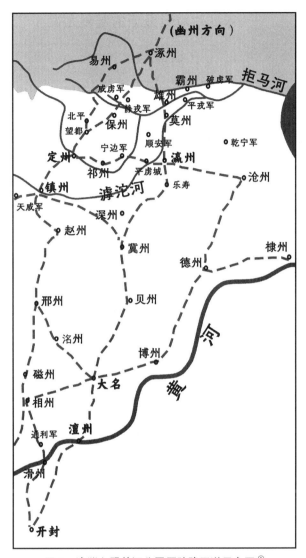

图 1　澶渊之盟前河北平原陆路干道示意图①

————————————

　　①　底图为谭其骧主编:《中国历史地图集》第 6 册《宋辽金时期·河北东路　河北西路　河东路》,北京:中国地图出版社,1996 年;周振鹤主编,李昌宪著:《中国行政区划通史·宋西夏卷》,《咸平二年(999)及天禧四年(1020)河北路、河东路》,上海:复旦大学出版社,2007 年,第 162 页。道路走向据严耕望:《唐代交通图考》第 5 卷《河北河东区》,北京:北京联合出版社,2021 年,第1441—1458、1513—1550、1641—1676 页;李孝聪:《公元十一——十二世纪华北平原北部亚区交通与城市地理研究》,《历史地理》第九辑,1990 年,第 239—242、251 页。

一、宋辽对峙背景下的澶州之役

景德元年以前，宋辽因疆土矛盾等问题断续交战二十余年，而辽攻宋守的相对均势渐趋稳定，双方疆土少有变化。景德元年秋冬，辽方又一次发动主力战争，罕见地大举深入，以期制服宋方。然而，萧挞凛身亡等情况表明，辽方胜算有限，实难凭藉开辟澶州战场，打破均势，邀求疆土。

宋辽对峙，在河北平原一带持续存在疆土矛盾。辽方控制河北平原的北部一带，即所谓幽蓟诸州，由此南瞰中原。宋方则控制中部、南部一带，而将以上地区整合为河北路，藉以屏卫位于河南平原的都城开封。众所周知，幽蓟诸州与河北路北部（河北平原中部一带）的瀛州等"关南州县"既分别是宋辽试图"恢复"的"旧疆"，反之又是双方绝不拱手让人的战略要地①。

当然，疆土矛盾并不必然带来战争，战和关系的演变与决策者对双边形势的认识密切相关。若双方意识到彼此均势，或将默认现状，甚至正式约和；若一方具有压倒性的军事优势，此强势方可凭武力拓土，进而迫使弱势方承认战争结果，主动请和。至于宋辽的实际情况，则更为复杂。

景德元年开战前，宋辽经过多年断续交战，逐渐形成辽攻宋守的相对均势。宋太祖朝，宋辽一度约和。太平兴国四年（979），宋太宗在基本实现统一后，进攻幽蓟，宋辽再度交恶②。自此至宋真宗咸平中（998—1003），宋辽以河北平原为主战区，先后展开八次季节性主力战争，宋方两度于春夏大举北攻，辽方六次取秋冬大举南下。一方面，辽方长于平原野战，故宋方两次

---

① 幽蓟传统上属中原王朝，至后晋始转属辽方。由此，辽方不止可在当地持续汲取农耕财赋，更可随时取平原干道大举南下。包括瀛州在内的"关南州县"原是后晋割地的一部分，由后周自辽方夺得，而为宋方所承继。关南一带淀泊纵横，而宋方在当地经营水险工事，可限制辽方的进攻范围，缓解河北路的防务压力。参柳立言：《宋辽澶渊之盟新探》，《历史语言研究所集刊》第 61 本第 3 分，第 694、722—725 页。

② 参曾瑞龙：《经略幽燕：宋辽战争军事灾难的战略分析》，第 97—142、187—211 页。

北攻惨败,且难以阻遏辽方大举南下[1];另一方面,宋方长于城守,故辽方虽屡屡获胜,但鲜少攻破宋方要塞,难以拓土[2]。景德元年闰九月,辽承天太后、圣宗亲攻河北路,开启第九次季节性主力战争。辽方此次南下,在进军的同时,一反常态地主动接触宋方。不过,此举并不等同于妥协[3]。辽方声称,约和需以宋方割让关南为条件[4]。审其言外之意,辽方此次发起战争,意在将相对攻势扩大为压倒性的军事优势,从而迫使宋方承认幽蓟与关南等争议性疆土俱属辽方。

景德元年冬,辽方遣主力兵临澶州北郊,正是为慑服宋方,邀求疆土。景德元年以前,辽方大举南下,主要进攻河北路北部,而澶州位于河北路南部(今河北平原南部一带)[5]。辽方此次深入,当是鉴于澶州冲要的战略位置。当时,澶州城分为北、南两座城池,二城濒黄河下游干流对峙,夹护德胜津,而在黄河下游干流的津渡中,澶州德胜津(以下简称"澶州河津")通往黄河南侧宋都开封的道路最为直便(参图 2)[6]。辽军主力罕见地进攻澶州,即兵锋直指开封的北面门户,以期由此直接威胁宋廷的安全,迫使宋方割地请和。

---

① 柳立言对宋辽战争多有梳理,唯论及宋方面临的形势,稍嫌乐观。其一,柳立言认为宋方虽难阻遏辽方大举南下,但可在辽方撤军时截击,咸平三年正月莫州之役即为明证。不过,当时宋军所截击的仅为辽军殿后之一部,不唯辽军主力早已北归,其余殿后部队亦未遭打击。其二,柳立言认为宋方经营河北沿边水险初见成效。不过,此类工事难以彻底阻止辽军主力南下,仅可将其攻入宋境的突破口限制在河北边境西段。宋真宗甚至称"若群寇犯边,须别为备御,此险亦不足恃"。参李焘:《续资治通鉴长编》(以下简称《长编》)卷 56,景德元年六月庚辰,北京:中华书局,2004年,第 1241 页;庆历四年六月戊午,第 3648 页。柳立言:《宋辽澶渊之盟新探》,《历史语言研究所集刊》第 61 本第 3 分,第 694—706、722—725 页。何天白:《重塑河朔:五代至北宋前期河北的军事态势(907—1048)》,北京大学博士学位论文,2021 年,第 167 页。

② 参何天白:《宋辽河北疆界的两重性》,《史学月刊》2023 年第 6 期,第 18 页。

③ 宋将孙全照即怀疑辽方主动发起交涉乃是用诈。《长编》卷 58,景德元年十一月庚午,第 1283 页。

④ 《长编》卷 58,景德元年十月丙午,第 1278 页。

⑤ 参柳立言:《宋辽澶渊之盟新探》,《历史语言研究所集刊》第 61 本第 3 分,第 694—706页;曾瑞龙:《经略幽燕:宋辽战争军事灾难的战略分析》,第 213—246 页。

⑥ 李孝聪:《公元十——十二世纪华北平原北部亚区交通与城市地理的研究》,《历史地理》第九辑,第 246 页。

澶州之役前夕,宋方勉强维持城守,而未明显削弱辽军战斗力。当时,宋方投入作战的军队包括两部主力:一部屯驻河北路北部重镇定州,由王超统辖;另一部在开封组成驾前行营,而行营前军由李继隆等率领,较早进驻澶州北郊。此外,宋方在瀛州、大名等重镇亦布置了一定数量的守军。起初,辽军主力进攻定州,王超避战不出;尔后,辽军主力南攻瀛州、大名等地,而王超亦未增援[①]。瀛州之役,宋方守军以小博大,终致辽军在攻城十数日后,舍之南下[②]。不过,辽军对瀛州城已"破其外郭",若继续围困,或可彻底攻破[③]。辽军不在瀛州纠缠,当是出于某种考虑[④]。大名之役,辽军在城下一日,虽然未能围困城池,但消灭当地精锐十之六七[⑤]。十一月二十四日,辽军主力顺势行抵澶州北郊。此时,王超一部远在定州,驾前行营后军尚在宋真宗率领下由开封向澶州进发,驻守澶州北郊的宋军主力仅李继隆一部。一旦李继隆所部宋军溃败,则辽军将夺城渡河,进攻开封。正是在两军对阵之际,宋军发动伏弩,射杀萧挞凛[⑥]。

萧挞凛中弩后,辽方迅速调整战和部署。辽方先是停止主力进攻,而又仅仅经过约十日的协商,即放弃割地要求,同意以宋方输送岁币为条件,正式订盟[⑦]。辽方如此措置,并非因为宋辽对峙形势大幅变化。当时,辽军的军心、战斗力仍属稳定,甚至击退了乘胜出战的宋军[⑧];而在宋军方面,

---

① 景德元年秋冬,宋方的兵力部署及各部行止,可参柳立言:《宋辽澶渊之盟新探》,《历史语言研究所集刊》第61本第3分,第729—736页。

② 《长编》卷58,景德元年十一月辛亥,第1279—1280页。

③ 宋祁:《景文集》卷44《御戎论》篇之四,《丛书集成初编》本,上海:商务印书馆,1936年,第556页。

④ 具体分析详见第三节。

⑤ 《长编》卷58,景德元年十一月壬申,第1284页。

⑥ 《宋会要辑稿》(以下简称《宋会要》)兵7之13,北京:中华书局,1957年,第6876页。《长编》卷58,景德元年十一月甲戌、丙子,第1286—1287页。

⑦ 《长编》卷58,景德元年十一月甲戌、戊寅,十二月庚辰、癸未、甲申、乙酉、丙戌,第1286—1288、1290—1292页。

⑧ 辽军击退宋追兵事,见何冠环:《老将知兵:宋初外戚名将李继隆(950—1005)与景德之役(1004)》,《澶渊之盟新论》,第234页。

王超一部仍未驰援澶州 ①。以理度之,辽方或可乘宋方尚未合兵,再次出击；或可行缓兵之计,主动接触宋方而拖延时间,以期顺利撤兵,日后卷土重来。辽方决策者之所以选择正式修和,当是因为意识到己方难以凭藉武力打破均势。

辽方决策者改变认识,应与辽军主力在澶州北郊的"异常"表现密切相关。辽军以游牧骑兵为主,在平原野战中具有突出的机动性优势。景德元年以前,辽军主力藉此优势,在河北路北部多次重挫宋军 ②。然而,在澶州战场上,辽军主力于战术、战略层面均不曾有效发挥平原野战的机动性优势。

具体而言,辽军在战术上擅长避开宋军视线,发起侧后方突袭。因游牧骑兵可快速移动,故辽军兼具高速冲锋、灵活行动等优势。宋军参用步骑,结成阵队。阵队正面的战斗力较强,特别是密集设置由步兵操作、杀伤力较高的弩机,可以压制辽军冲锋,但是阵队两侧、后段的兵力相对薄弱,而阵队正面的步兵、弩机机动性较差,难以迅速调转方向,支援阵队侧后方 ③。因此,宋辽平原野战,辽军多进行侧后方突袭:先在战斗准备阶段,隐蔽行军,迂回至宋军阵队侧面或后方；再适时冲锋,猛攻宋军阵队的薄弱环节。澶州之役期间,萧挞凛却恰恰是在战斗准备阶段为宋军所发现,甚至早已进入宋军步弩的射程之内。

---

① 王超所部在宋辽订盟数日后方行抵大名。《长编》卷 58,景德元年十二月辛卯,第 1294—1295 页。

② 参柳立言:《宋辽澶渊之盟新探》,第 694—706 页；曾瑞龙:《经略幽燕:宋辽战争军事灾难的战略分析》,第 213—246 页。

③ 弩与弓的使用方式不同。弓更为机动,多在骑战中使用。弩的机动性较差,使用者需要先将弩机安置于一处,再进行操作,而弩机的运输、安置、调适亦需要一定的时间。因此,弩机更适合在己方阵队早定、以逸待劳的情况下使用。如果辽军发起侧后方进攻,突袭宋军阵队薄弱处,宋军当无法及时调动弩机应战。孙机:《床弩考略》,《文物》1985 年第 5 期,第 68 页。曾瑞龙:《经略幽燕:宋辽战争军事灾难的战略分析》,第 62—68 页。

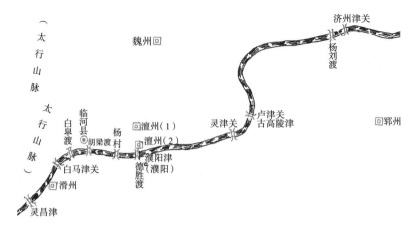

图 2 《唐代交通图考》图 21《唐代河阳以东黄河津渡及河北平原交通图》（局部）①

　　在相关战术的基础上，辽方发展出较为机动的进攻战略。辽军主攻河北路，正是因为当地平原广布，便于骑兵灵活调整行进路线。景德元年以前，宋方在河北路北部布防，因难以预判辽军动向，在防御战略上存在争议：究竟需分兵把守，抑或聚兵一处，集中力量形成威慑②。景德元年秋冬，辽军若要渡过黄河，威胁开封，在河北路南部除进攻澶州外，或亦可奔袭通利军黎阳津与博州杨刘渡、马家渡（参图 2）③。不过，宋方却预先确定以澶州为重心部署沿河防务。由此观之，辽方似乎过早地暴露主攻目标，而宋方则可有的放矢地布防。

　　辽军主力未在澶州北郊发挥平原野战的机动性优势，非由人谋不臧，实因战场地理环境等外部障碍的制约。澶州北郊乃至河北路南部的地理环境与河北路北部不尽相同，宋军主力在澶州之役中，正是依托当地相对特殊的地理环境发挥优势技术、战术，压制（但非重挫）辽军主力。亦唯如此，辽方决策者方有可能改变对战局走向以及对峙形势的认识。下文即计划分两

　　① 据引著《图例》，"）（"符号为"唐代关津"，并非特指桥梁。此外，白马、黎阳为一处津渡，而滑州对岸即宋通利军。

　　② 《长编》卷 46，咸平三年三月丁未，第 1000 页；卷 51，咸平五年正月乙丑，第 1112 页；卷 54，咸平六年六月己未，第 1196—1197 页；

　　③ 东汉至北宋景祐中，黄河长期安流，其下游干流上的津渡分布情况，详见严耕望：《唐代交通图考》第 5 卷《河东河北区》，第 1552、1564—1572、1574—1584 页。

节,先后讨论宋军如何在澶州北郊迫使辽军正面冲阵,如何在河北路南部将辽军的主攻目标限制在澶州一处。

二、澶州战场的地形与两军主力的战术

北宋前中期,澶州北城三面临河,而澶州北郊南背城池,东西倚河。澶州之役,宋军顺应澶州北郊地形扎营、布阵,得以利用黄河河道及澶州北城护卫大阵侧后方,迫使辽军采取正面进攻的劣势战术。

1. 澶州北南二城与河津的位置关系

宋方在澶州布防,目标是遏止辽军渡河南下,关键措施则是把守澶州北城与河津。因此,分析宋军部署,首先需考察澶州北、南二城与河津的位置。虽因黄河多次改道,今已无法实现准确复原,但结合文献记载与考古、地理知识,仍可推知其大略。

澶州北城故址在今濮阳县城内。澶州北城与濮阳县老城多有重叠。不过,濮阳县老城的前身是明清开州,而明清开州城的规模已远超宋城。北宋中期,宋人大幅扩修澶州北城,增至周回约十六里,明清开州城则进一步扩展至周回二十四里①。今人在明清开州城址西部发现多处宋代墓葬,可见当地必长期位于宋城以外②。因此,虽然可以确定澶州北城故址的位置,但必须注意,宋城规制与明清城池遗址、今濮阳县老城等并不相同。

澶州南城的位置难以确考,唯可推知其在北城的东南方。澶州北城为州治、顿丘县治,南城为濮阳县治,而《太平寰宇记·澶州》称濮阳县在"城东门外"③。"城"即州城、澶州北城。既然澶州北、南二城隔河津对峙,且南城

---

① 李孝聪:《公元十一──十二世纪华北平原北部亚区交通与城市地理的研究》,《历史地理》第九辑,第247页。

② 河南省文物考古研究所,濮阳市文物保护管理所,南海森主编:《濮阳西水坡》上册,郑州:中州古籍出版社,北京:文物出版社,2012年,第543—545页。

③ 乐史撰,王文楚等点校:《太平寰宇记》卷57《河北道六·澶州》,北京:中华书局,2007年,第1174、1180页。

在北城的东门外，则可推知，出澶州北城的东门，便是河津，渡津南下，即抵南城。

至于澶州河津，当是位于一段S形河道的中游。如图3所示，津渡一般出现在S形河道中游。此类型河道可分为上、下游深水区与中游浅水区。上、下游深水区是两段反向弯曲的河道，中游浅水区是两个弯道之间较直顺的河道。上、下游两段不仅水流急促，而且各有一侧河岸因持续受水流冲刷，成为地势陡峭的凹岸。因此，上、下游深水区一带不止难以发展出津渡，甚至会成为隔断两岸的天堑。中游浅水区一带则具有经营津渡的必要条件：其一，水流平缓，便于横渡或架桥；其二，两侧河岸平坦，便于行人登舟上桥。

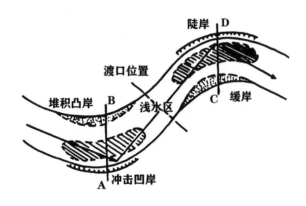

图3　河流津渡位置示意图[1]

上述推测与宋人记载相符。澶州之役前夕，李继隆在澶州北城，亲见"州之三面距大河"[2]。澶州北城在黄河北岸，北接河北平原。"三面距大河"意味着黄河自上游而来，相继流经澶州北城的西、南、东三面，形成一个南向弯曲的河道；亦表明澶州北城在河道北侧的凸岸一带，而河道南侧相应地为凹岸。又据上文，澶州河津在北城东门外，即毗邻上述弯曲河道而在该弯道的下游方向。参考图3，可作如下推测：前述南向弯曲的河道属于S形河道

---

① 原图见王家耀编著：《地貌及其综合》，北京：测绘出版社，2019年，第10页。

② 曾公亮、丁度：《武经总要》后集卷14，《中国兵书集成》影印明金陵书林唐富春刻本，北京：解放军出版社，1993年，第1830页。

的上游深水区,而澶州河津则位于 S 形河道的中游浅水区。

　　结合以上分析,可绘制出澶州二城与河津位置关系的示意图。如图 4 所示:澶州北城北接河北平原,向东南经河津通连南城,在其余方向濒临大河天堑,仅可隔河南眺;至于澶州北郊,则呈现出南背城池,东西倚河的地形特征。

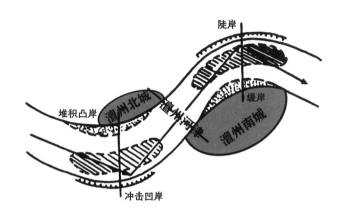

图 4　澶州北城、南城与澶州河津的位置关系示意图

2. 后晋与辽澶州之役中的偃月大阵

　　辽方曾两次大举进攻澶州,在宋辽澶州之役前,尚有后晋末帝朝的一次主力交锋。开运元年(944),晋辽主力在澶州北郊爆发大战。晋军背城倚河布偃月阵,挫退辽军。分析此次战役,特别是晋军的阵形,有助于理解日后宋辽两军的部署。

　　年初,辽太宗率主力南下,而晋末帝自都城开封领兵进驻澶州。辽太宗原计划诱晋军自澶州北上,予以伏击,未果。三月癸酉,辽太宗遂直赴澶州北郊,发起正面总攻[1]。

---

　　[1]　《旧五代史》(点校本二十四史修订本)卷 82《晋少帝纪二》,北京:中华书局,2015 年,第 1264 页。《资治通鉴》(以下简称《通鉴》)卷 284,开运元年三月癸酉,北京:中华书局,1956 年,第 9267 页。

在决战之前，晋军主力已抵达澶州北郊，背城倚河布阵。案《旧五代史》：

> 至晡时，契丹主以劲兵中央出而来，帝御亲军列为后阵，东西济河，为偃月之势……敌骑往来驰突，王师植立不动，万弩齐彀，飞矢蔽空，贼军稍却。①

引文称晋军"东西济河"，似指晋军临时过河赴北郊应战，当误。景延广为晋军主帅，而在战前因"母凶问至，自澶渊津北移于津南，不信宿而复莅戎事"②。由此推之，晋军大部早已进驻澶州北郊。"济"应为"际"音近之讹。《册府元龟》即称晋军"东西偃月，际于河浜"③。"际河"乃是指晋军兵力颇盛，其偃月阵两翼直抵澶州北郊东西侧河岸。

偃月阵又名"牝阵"，即阵队两翼各向一侧前展，与阵队主体合成一凹字形。"左右俱高，行军谿谷，利为牝。牝则前张两翼，便于吞掩，使彼奔冲，三面受敌"④。若我军在山谷中行进且山谷两侧崖壁陡峭，则敌军难以翻越山崖突袭我军侧后方，必须自正面发起进攻；若我军此时布偃月阵，向侧前方展开两翼，则敌军来袭，即进入我军的半包围中。

晋军背城倚河布偃月阵，亦可达到"使彼奔冲，三面受敌"的效果（参图5）。晋军沿河岸展开大阵两翼，可将守护范围由澶州北城、河津扩展到全部中游浅水区，乃至部分上、下游深水区。由此，辽军在澶州段黄河北岸所面临的河道，正是难以横渡的深水区。此类河道与崖壁的作用相近，可遏止辽军迂回至晋军大阵侧后方发起突袭，迫使辽军正面进攻。

---

① 《旧五代史》卷 82《晋少帝纪二》，第 1264 页。

② 《旧五代史》卷 88《景延广传》，第 1330—1331 页。

③ 王钦若等编纂，周勋初等校订：《册府元龟》卷 118《帝王部·亲征门第三》，南京：凤凰出版社，2006 年，第 1288 页。

④ 曾公亮、丁度撰，郑诚整理：《武经总要》前集卷 7，长沙：湖南科学技术出版社，2017 年，第 369 页。

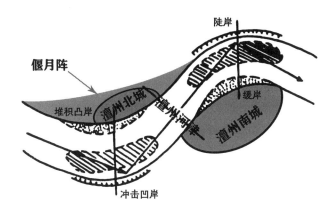

图 5　后晋主力的偃月阵示意图

当时,辽军两次发起正面进攻,而均告失败。据前引文,辽军先进攻晋军大阵主体部分,而晋军大阵外围的强弓劲弩,三面齐发,挫退辽军。稍后,辽军进攻晋军大阵东翼。辽太宗听闻晋军"东面人少,沿河城栅不固",遂领精骑前往[①]。"东面"当是指晋军大阵东翼的正面,而非大阵的东侧背面,否则辽军会更早地组织侧后方突袭。其间,辽太宗误以为遭遇伏兵,一度不敢深入。及再战,晋军已略作休整。辽太宗旋即传令撤军[②]。

开运元年以后的数十年间,辽军未再以澶州作为主攻目标,直至景德元年。

3. 宋方在澶州北郊扎营布阵的效果

景德元年冬,宋军主力在澶州北郊扎营布阵,同样得背城倚河之势。不过,宋方布防亦有与晋军小异之处。其一,晋辽春季交战,而宋辽交战,时值隆冬。一旦黄河封冻,辽军或可踏冰南下,故宋方注意破坏黄河冰路。其二,宋军或调整阵形,未布偃月阵。

---

① 《旧五代史》卷 82《晋少帝纪二》,第 1264—1265 页。

② 《旧五代史》卷 82《晋少帝纪二》,第 1265—1266 页。

宋方首先需解决大军宿营问题。十一月下旬，宋军陆续抵达澶州北郊，以背城倚河的形式安营扎寨①。案《武经总要》：

> 澶州城壁不足守，无敌栅战格之具。继隆计度州之三面距大河，毁车为营（去车之一轮也）：先命士卒掘重壕复堑，埋鹿角数十里（今谓之硬寨）；以大车数千乘重垒环之，步骑处其中。②

引文论及宋军扎营事，先称"州之三面距大河"，再言"毁车为营"。据文意推之，宋军扎寨，南背城池，东西倚河，利用澶州城与黄河河道护卫营寨的南、东、西三面，而重点经营营寨北面防务。进一步论之，宋军当是在澶州北郊建立起一组类似于"城池"的防御工事：营寨北面的壕沟、鹿角带东西临河，与黄河河道共同构成营寨外围的"池"；"池"内环布大车，发挥"城垒""栅墙"之类的作用；宋军营帐即位于该"城池"之内。

宋军在营寨北面层层设防，其目的应与晋军布偃月阵相似，即尽量扩展己方在澶州北郊的控制范围。宋军自北向南"掘重壕复堑，埋鹿角数十里"，又布置大车，当可避免辽军接近澶州河津所在的浅水区。唯如此，黄河河道方可护卫宋军营寨其余部分，而宋军方可通过在澶州北郊安营扎寨，占据地利，阻遏辽军渡河。

此外，为防止黄河封冻，辽军踏冰南下，宋方组织兵丁凿冰③。十二月，宋真宗在澶州"赐凿凌军士绵襦及缗钱有差"④。景德三年，宋廷命澶州立河渎庙，声称"驻跸澶渊，戎骑在郊，而河流不冰"⑤。此举虽属虚夸祥瑞，但确实表

---

① 宋方的布防进程详见第三节。

② 曾公亮、丁度：《武经总要》后集卷14，《中国兵书集成》影印明金陵书林唐富春刻本，第1829—1830页。

③ 据《长编》，十一月，宋真宗称"河冰且合"，而《宋会要》《宋史》均记作"河冰已合"。若据后二者所载，则当时黄河下游干流已经上冻。根据本段的分析，本文从《长编》。见《长编》卷58，景德元年十一月甲戌，第1286页；《宋会要》兵7之12，第6875页；《宋史》卷7《真宗本纪》，北京：中华书局，1985年，第126页。

④ 《长编》卷58，景德元年十二月壬午，第1289页。

⑤ 《长编》卷64，景德三年十二月己卯，第1435页。

明宋方破坏黄河冰路之成效①。

　　十一月二十四日,辽军抵达澶州北郊,宋辽主力列阵待战。李继隆
奏称：

　　　　戎寇……二十四日率众至澶州城北,直犯大军,围合三面,轻骑由
　　西北隅突进。大军既成列,戎骑止而不进。臣等分伏劲弩,控其要害,
　　有戎帅号先锋统军顺国王挞览者,异其旗帜,方出行军,伏弩齐发,矢中
　　挞览额而毙……戎师悉遁。②

宋军在大阵正面密置弩机,对此不再赘言。问题在于,如何理解宋军大
阵被"围合三面"？或许宋军所布为偃月阵,"三面"之说属于夸张,仅为
强调辽军汹汹而来；又或许宋军所布为凸字形大阵,即大阵正面呈北凸
之势(参图 6)。

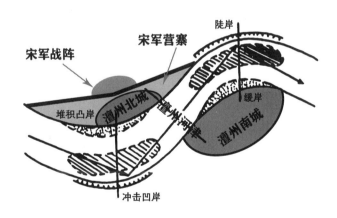

图 6　宋军的营寨及凸阵示意图

---

① 十二月,宋真宗在澶州作《北征回銮诗》,诗中有"锐旅怀忠节,群胡窜北荒,坚冰消巨浪,
轻吹集嘉祥"之句。"轻吹"盖指轻风吹浪,而"轻吹"句或可释作：黄河水在大块大块的浮凌之间,
平稳地流过澶州河津,微风徐徐,水波不兴,正是祥瑞之兆。此诗感谢方诚峰教授提示。诗文及其
留传情况详见王应麟：《玉海》卷 30,扬州：广陵书社,2003 年；《(嘉靖)开州志》卷 9,《天一阁藏明
代方志选刊》影印本,上海：上海古籍书店,1982 年。

② 《宋会要》兵 7 之 13,第 6876 页。

若宋军大阵为凸字形,亦有合理之处,如此布置,似可缓解兵力不足的问题。当时,澶州战场上的宋军主力仅有驾前行营前军。澶州宋军若布偃月阵,前张两翼,则将拉长战线,既会造成大阵各部兵力薄弱,又将导致各部之间失于照应。澶州宋军早先已通过兴建营寨、凿破河冰等方式独据地利,保障侧后方安全,故此时可布一凸阵,最大限度地集中兵力,正面应敌。

辽军先试探性地正面进攻宋阵,未果,萧挞凛出列察看,进入宋军伏弩射程内,遭到射杀,而辽军随即撤退。至于宋军,因并未克服机动性劣势,故难以通过出阵追击,扩大战果。

澶州之役,宋方依托战场地形,发挥优势战术,坚守大阵,压制辽军平原野战的机动性优势。澶州北城三面濒临黄河,仅东南一隅通连河津,类似于山险间的关隘,而宋军正具有据险兴建工事、据险布置阵队等优势战术。宋方在澶州北郊,一则背城倚河,兴建营寨,屏护河津;二则背寨倚河,列阵应敌,将辽军的活动限制在己方大阵正面,即己方视线范围内;三则在大阵正面密置弩机,藉以抵挡辽军的正面冲锋,终致萧挞凛阵前身亡。在此情况下,辽军若再次冲阵,或将继续损兵折将;而宋军唯据守阵地,方可避免辽军打击,故亦未能转入反攻,宋辽主力在澶州北郊的战事遂告一段落。

三、澶州的交通地位与双方的攻守战略

澶州之役,宋方得以独占地利,发挥优势战术,关键在于预先以澶州为重心部署黄河下游干流沿岸防务;而宋方之所以预先作出以上部署,则是基于澶州的交通地位。当时,在黄河下游干流上,澶州河津是唯一常年通桥的津渡,澶州桥路遂成为跨河干道交通的汇聚之处。宋方在重点把守澶州、控扼桥路的基础上,垄断黄河下游干流上的跨河交通,终得阻止辽军主力过河。

1. 黄河干流上常年通桥津渡的交通地位
澶州之役前,黄河干流上有四处津渡常年通桥,即中游蒲津、大茅津、河

阳津与下游澶州河津①。在众多黄河干流津渡中，唯有此四处津渡不必倚赖船渡转运，而是凭藉大型浮桥直接通连两岸陆运，在黄河天堑间开辟出罕见的干道通途。

前述四处津渡上的浮桥小异大同。差异之处是：澶州河道较窄，故澶州桥直接横跨河津两岸；在河阳津、蒲津，则是分别自一侧河岸架桥至河心岛，故河阳桥、蒲津桥均是由两段浮桥组成。当然，浮桥的架设方式基本相同。首先，平行于河岸，设置数十艘大船，充作浮桥的桥脚（此类大船又名"脚船"）。其次，用粗实的竹索将各脚船的船首、船尾分别捆绑在一起，使各脚船紧紧贴合。再次，在河岸扎入极重极大的地锚，用地锚将竹索固定于岸上。最后，在脚船上铺设桥面②。如此架设，意在使浮桥坚固，稳定抵挡黄河风浪。

基于上述浮桥形制，可以推知，黄河干流上的桥路不止安全，更具有极高的运力。其运力优势主要表现为以下两点：其一，持续地直接通连两岸陆运，确保人员、物资随时通行；其二，载重大，可在短时间内承受大规模的人流、物流。

相较而言，黄河船渡存在以下缺陷。其一，安全性较差，难免湍流之险③。其二，船舶数量少，运力低。滑州白马津是黄河要津，但唐玄宗朝，津上仅四艘官船④。景德元年秋冬，河北路民众奔赴博州杨刘渡，欲渡过黄河往京东路郓州避难，而"舟人邀利，不时济"。知郓州丁谓有意纾解民困，而盖因难以额外征调舟船，遂吓骗船家，"绐取死罪囚斩河上，舟人惧，民悉得济"⑤。可见，黄河船渡既不能持续连接两岸交通，又难以迅速转运大量人员、物资。

因此，一旦军民大众临时济渡，桥路与船渡的表现将有霄壤之别。五代

---

① 河东路保德军与府州之间曾通桥，但相关记载仅一见，不知宋人是否持续使用该桥。详见汤开建：《北宋"河桥"考略》，《青海师范大学学报（社会科学版）》1985年第5期。

② 详见茅以升主编：《中国古桥技术史》，北京：北京出版社，1986年，第146—150、157—169页；山西省考古研究所编著，刘永生主编：《黄河蒲津渡遗址》，北京：科学出版社，2013年，第56—70页。

③ 《晋书》卷34《杜预传》，北京：中华书局，1974年，第1028页。

④ 李林甫等撰，陈仲夫点校：《唐六典》卷7《尚书工部》，北京：中华书局，1992年，第226页。

⑤ 《长编》卷58，景德元年十月庚寅，第1276页。

初，后梁与李存勖的晋政权分据河南、河北。李晋在澶州河津窥探河南，因船渡"缓急难济"而架设浮桥①。后梁为击退、消灭李晋，先是摧毁澶州浮桥，后又掘破澶州上游的黄河大堤，引洪冲断澶州与梁都开封之间的道路，进而遣主力进驻河北②。鉴于后梁在河南兵力空虚，而河北梁军即使闻讯回援，亦"须自滑州济渡，十万之众，舟楫焉能卒办"，李存勖决定迂回偷袭开封。李存勖先率大军秘密东行，经由己方早已占据的杨刘渡过河，再折而西行，最终先于河北梁军抵达开封，攻陷空城③。此外，北宋末，金军南下，河东官民赴河阳津过河。当时，河阳桥已断而"舟渡人费力"，宋军用七八日临时架桥。

> 桥成，河滩中已积五六万人……桥成争渡……是日晚，贼骑近，遂烧桥。两岸哭声，痛于云霄。宣抚司属官约三二百员、将佐居民官员等马约一万匹不能过河。④

黄河干流上桥路与船渡的运力差异，特别是二者战时运输效果的差异，由此可见一斑。

不过，基于浮桥形制，亦可推知，时人难以轻易在黄河干流上架设经久耐用的浮桥。

首先，仅有少数津渡的地理条件符合要求：其一，或河道相对狭窄，或有河心岛，否则竹索、地锚的抓力不足⑤；其二，河道内常年水流平顺，使浮桥各段受力均匀⑥。

---

① 《旧五代史》卷 53《李存进传》，第 831 页。

② 梁军在德胜津附近的杨村渡系桥，此地南下开封的道路当亦为决河所毁。此后，杨村渡浮桥未再见诸记载，当是被毁弃。《旧五代史》卷 29《唐书·庄宗纪三》，第 461、463—464 页。《通鉴》卷 270，贞明五年八月乙未，第 8848 页。

③ 《旧五代史》卷 30《唐书·庄宗纪四》，第 469—470 页。又参同书卷 64《唐书·王晏球传》，第 992 页；卷 73《唐书·段凝传》，第 1121 页。

④ 徐梦莘：《三朝北盟会编》卷 63，上海：上海古籍出版社，1987 年，第 473 页。

⑤ 详见唐寰澄、唐浩主编：《中国桥梁技术史》第一卷《古代篇（上）》，北京：北京交通大学出版社，2017 年，第 430 页。

⑥ 详见茅以升主编：《中国古桥技术史》，第 182 页。唐寰澄、唐浩主编：《中国桥梁技术史》第一卷《古代篇（上）》，第 432 页。

此外，即使在符合条件的津渡上架设、维护浮桥，仍需投入大量工料。其大端如下。

——脚船。脚船多由擅于制造防水大船的南方诸州定期供应，以备更换。唐河阳桥脚船出自潭州、洪州①。北宋澶州桥脚船四十九只，每每“自温州历梁、堰二十余重，凡三二岁方达澶州”。宋仁宗朝，改“于秦、陇、同州伐木，磁、相州取铁及石灰，就本州造船”，虽称省费，但仍需自西北征调木材，自华北征调制造船钉的铁、制造防水材料的石灰②。

——竹索。竹索坚韧，可牢固捆绑脚船，而需定期更换，以免日久朽坏。唐河阳桥竹索由宣州、常州与洪州供应③。李存勖政权在澶州河津架桥，大将李存进出人意料地就地取材，改用苇索④。然而，苇索抓力不足，仅可充临时之用，日后北宋仍大量使用竹索。宋太宗因“有司岁调竹索以修河桥，其数至广”，尝试改用苇索，“分遣使臣诣河上刈苇为索，皆脆不可用，遂寝”。面对竹索之耗费，宋太宗甚至担忧“民间竹园率皆芜废”⑤。

——地锚。蒲津东岸遗址今存四尊唐代铁牛，即蒲津浮桥的地锚。地锚的地上部分为铁牛，地下为铁锚，合计上下两部分，分别约重 49 吨、50 吨、69 吨和 73 吨⑥。

---

① 李林甫等撰，陈仲夫点校：《唐六典》卷 7《尚书工部》，第 226 页。

② 东南造防水大船的主要步骤是：先用铁钉紧密钉合船板，再将由石灰、桐油、麻筋混合而成的防水材料，填入船板之间的缝隙中。《长编》卷 106，天圣六年三月己酉，第 2467 页。李国清：《泉州湾宋代海船的舷料使用》，《海交史研究》1986 年第 2 期，第 89—94 页。

③ 李林甫等撰，陈仲夫点校：《唐六典》卷 7《尚书工部》，第 226 页。

④ 不过，该桥当非始终用苇索。至少同年夏，李氏军中已使用竹索制造战具。《旧五代史》卷 29《唐书·庄宗纪三》，第 451 页；卷 53《唐书·李存进传》，第 831 页。

⑤ 宋太宗使用苇索事，出自杨亿的回忆。杨亿称，宰相吕端提议，“芟苇亦可为索，后唐庄宗自扬留口渡河，为浮梁，用苇索”。杨亿推测当时苇索之所以可用，是因为“当庄宗渡河，盖暂时济师也”。然而，李存进所系桥在德胜津而非杨柳渡，且持续使用该浮桥四年。不过，杨亿有关浮桥载重、运力与使用时限的讨论仍值得重视。李存勖政权在德胜津南岸仅有一垒之地，浮桥所济师徒、物资规模应不可与北宋时通连河北路与都城开封的澶州浮桥相提并论。杨亿口述，黄鉴笔录，宋庠整理，李裕民辑校：《杨文公谈苑》，上海：上海古籍出版社，1993 年，第 55 页。

⑥ 刘永生主编：《黄河蒲津渡遗址》，第 56—61 页。

可见，若要在黄河干流上经营常年通桥的津渡，往往需由朝廷统一组织调度。毕竟勘探河道水文条件，筹集数量众多、种类庞杂的工料等任务，均非沿河民间会社、州县官府所能胜任。在此情况下，朝廷既不必担心地方官民私自跨河架桥，各行其是，又可通过在特定津渡上架桥，汇聚跨河干道交通，集中管理两岸人员、物资流通情况。

前述四处津渡正是在中原王朝立足都城，强化管控"河外"疆土的背景下通桥。三处中游津渡在唐代俱已通桥，毗邻长安或洛阳①。此后，随着政治中心的东移，黄河下游津渡日益重要。五代初，澶州短暂通桥。后晋定都开封，在滑州、澶州河津架桥，并设澶州北、南二城②。滑州桥路旋即不存，澶州桥路则延续至北宋。宋人称"河北阻于大河，惟澶州浮梁属于河南"，正是将澶州桥路视为横跨黄河下游天堑，通连都城开封与河北的唯一干道③。

2. 宋方对黄河下游干流跨河交通的垄断

景德元年秋冬，宋方较早地以澶州为重心部署黄河下游沿岸防务。具体而言，宋方在澶州实施积极的防守措施，集中兵力把守其北郊，以控扼黄河下游天堑上的桥路干道；在他处则实施看似消极却颇有成效的措施，重在阻断当地的跨河交通。两种措施相辅相成，使宋方得以在战争中垄断黄河下游干流上的跨河交通，而辽方难以渡河威胁开封。

当时，辽方为慑服宋方，盖先后采取两种进攻战略。景德元年以前，宋方在河北路已倾向于被动防御，着意于闭守重镇，保存有生力量，待辽军力

---

① 蒲津在唐京师长安东侧，通连长安与河东。河阳津在唐东都洛阳北侧，通连洛阳与河东、河北，其通桥始于定都洛阳的西晋。大茅津所在的陕州则正当长安、洛阳之间。详见严耕望：《唐代交通图考》第 1 卷《京都关内区》，第 17—90、99—103、130—137、163—168 页。

② 《旧五代史》卷 79《晋书·高祖纪五》，第 1215—1216 页；卷 80《晋书·高祖纪六》，第 1226 页。

③ 《长编》卷 267，熙宁八年八月癸巳，第 6543 页。

疲自退①。辽方此次南下，起初似有意诱使宋方放弃该战略，诱骗宋军主力出外野战②。闰九月下旬，辽军主力赴定州挑战，王超所部并未应战③。十月上旬，辽军主力围攻瀛州城。此举或意在迫使定州或开封的宋军主力出战，毕竟瀛州不接壤辽境，辽方即使攻陷城池，亦难稳定守御。辽军主力围城十数日，而宋军主力不曾赴援④。盖继续攻城，得不偿失，辽方撤围。此后，辽方不再伺机于河北路北部发起决战，消灭宋方有生力量，而是大举深入防务空虚的河北路南部，试图攻占澶州，夺桥南下，威胁开封⑤。

　　宋方此次应战，其主要目标则是保持对河北路的控制，藉以屏卫都城开封，而亦随着战情的变化，调整防守战略，愈发重视以澶州为重心部署河北路南部沿河地带的防务。景德元年以前，宋方虽然难以遏制辽军主力南下，但仍试图重点经营河北路北部防务，缓冲辽方攻势。宋方常时在当地的

---

① 宋太宗雍熙三年（986）冬，宋军主力遭遇君子馆之败。此后，宋太宗转而采取"坚壁清野勿与战"的被动防御战略。虽然宋真宗有意改变该战略，但河北将领仍或临战自保。咸平二年，辽方大举南下，傅潜率宋军主力约八万人闭守定州。咸平五年、六年夏，辽方两度遣偏师袭扰河北路边境。五年，杨嗣等领兵应战，为辽军所败。六年，王继忠领兵应战，兵败遭俘，而王超不予救援，李继宣率另一部精锐"屡徙寨而未尝出战"。《长编》卷29，端拱元年十一月己丑，第657页；卷46，咸平三年正月丁未，第1000页；卷52，咸平五年五月丙辰，第1134页；卷54，咸平六年四月丙子，第1190页；卷55，咸平六年六月癸酉，第1202页。

② 辽太宗正是采取该战略覆灭后晋。辽太宗三次进攻后晋，首战受挫于澶州，其后则两度诱骗晋军主力北上至河北平原中部进行野战。开运元年至二年冬春之际，辽晋再起大役。辽军先锋南下相州，为晋军所挫，辽太宗遂命大军北撤。晋军随之北上，有意追击，而在定州郊野中的阳城淀遭到突袭，被辽军围困，幸赖突发狂风，乘乱破围。开运三年，辽太宗命幽州守将赵延寿诈降。十一月，晋末帝派杜重威领重兵北上接应，而晋军最终遭围于镇州城外。当时，后晋"国之卫兵，悉在北面"，开封留守禁军有限。十二月，杜重威请降，晋末帝遂无计可施。《旧五代史》卷83《晋书·少帝纪三》，第1277—1282页；卷84《晋书·少帝纪四》，第1298—1299；卷85《晋书·少帝纪五》，第1303—1306页。《通鉴》卷285，开运三年十一月甲寅至十二月己未，第9315—9317页。

③ 《长编》卷57，景德元年闰九月癸酉，第1265页。

④ 《长编》卷58，景德元年十一月辛亥，第1279—1280页。

⑤ 河北路南部的贝州、大名府（即天雄军）与邢州分别控扼东西两条纵向干道，而大名更是重镇，然"天雄军至贝州，屯兵不过三万人"，"天雄军闻寇将至，阖城惶恐"；"邢州地连震，城堞摧毁，无守备"。《长编》卷57，景德元年闰九月癸酉，第1266页；卷58，景德元年十一月壬申，第1284页；卷59，景德二年四月壬寅，第1330页。

定州、镇州、瀛州三处重镇屯驻大军，战时则命诸军齐聚定州①。景德元年，宋方即是命王超节制诸军驻守定州②。然而，王超避战自保，未能明显牵制辽军。十一月上中旬，宋方意识到辽方改变主攻方向，始命在京禁军组成驾前行营，开赴澶州③。十一日，宋方"令随驾兵自来日以次发赴澶州"④。在行营兵士相继开拔后，十八日，宋廷宣布以李继隆等为行营主将。至迟在二十日，诸将已行至澶州，"亟督众环城浚沟洫以拒戎马"，紧张筹措北郊布防事宜⑤。

宋方遣主力进驻澶州北郊，当是为牢固控制澶州桥路，藉以保持朝廷与河北路的联系，稳定内外人心。后唐末，石敬瑭自太原称叛南下，而唐末帝焚河阳桥，退守洛阳，命苌从简把守河阳津。石敬瑭甫至津北，苌从简即降，"舟楫已具"。石敬瑭从容济渡，唐末帝闻讯自尽⑥。由此推之，宋方一旦撤断浮桥，退据南岸，不止将失守河北藩屏，更会面临河南军心动摇等变数。

在黄河下游其余河段，宋方则是大规模地凿破河冰，拘管、销毁船舶，以阻断当地的跨河交通。为避免辽军主力踏冰南下，宋方除在澶州凿毁冰路外，又"诏知滑州张秉、齐州马应昌、濮州张晟往来河上，部丁夫凿冰，以防戎马之度"⑦。该部署成效显著，当年仅有"契丹游骑涉河冰抵濮州境"⑧。此外，虽然船渡运力较低，但宋方不曾忽视辽军乘船济渡的可能性。十月，"诏自天雄军至界河已来，公私舟船并随处安泊，所在官司常切巡逻"，命河北路

---

① 参《长编》卷51，咸平五年正月乙丑，第1112页；赵冬梅：《文武之间：北宋武选官研究》，北京：北京大学出版社，2010年，第187—194页。

② 《长编》卷57，景德元年闰九月辛未，第1262页。

③ 九月中旬，宋真宗与宰执商议"亲征"，诸宰执均称澶州是理想的驻跸地点。不过，诸人当时乃是认为此地远离前线，相对安全。《长编》卷57，景德元年九月丁酉，第1256—1257页。

④ 《长编》卷58，景德元年十一月辛酉，第1281页。

⑤ 李继隆等任驾前排阵使等职。十一月二十日，宋真宗接获由驾前排阵使转交的辽方书信。由此推之，至迟十一月二十日，李继隆等已在澶州。《长编》卷58，景德元年十一月戊辰，第1282页。《宋会要》蕃夷1之30，第7687页。

⑥ 《旧五代史》卷76《晋书·高祖纪二》，第1156页。

⑦ 《长编》卷58，景德元年十一月壬申，第1283页。

⑧ 《宋史》卷280《王荣传》，第9500页。

禁航并拘管船舶①。其后，宋方进一步破坏澶州以外黄河津渡的运输能力，"令缘河悉撤桥梁，毁船舫，稽缓者论以军法。河阳、河中、陕府皆被诏"②。河阳津等黄河中游津渡虽然远离主战区，但亦需撤断桥梁，可见宋方之谨小慎微。

辽军的技术、战术劣势在客观上亦有助于宋方垄断跨河交通。首先，辽方拙于舟楫，大举南攻，绝不至自携舟船。其次，辽方不擅攻城，难以通过攻陷宋方重镇等方式，迅速筹得船渡或架桥所需的物资。辽太宗首度进攻后晋，晋博州刺史周儒以城来降。博州在澶州东侧，把守黄河马家渡西岸；马家渡东岸属郓州，有陆路通连开封。辽军由马家渡西岸乘船渡河，后晋急遣兵往郓州应敌。晋军抵达马家渡东岸时，当地有辽军"步卒万人方筑垒浚隍，以骑军散列其外，舟楫数十犹渡兵未已"，"西岸敌军数万，鼓噪扬旗以助其势"。盖辽方仅据有博州一地，仍难大量征调船舶，故马家渡西岸辽军未得及时赴援。晋军在东岸获胜，西岸辽军随即撤退，"号哭而去"③。景德元年，辽方仅攻破河北路祁州、德清军、通利军三处小城，更是筹船乏术④。

在此情况下，宋方并未派重兵护卫黄河下游干流上的其他津渡。通利军在澶州西侧，把守黎阳津北岸。十一月，宋真宗指出，该军"素无城壁兵甲，若寇渐南，王超等大军未至邢、洺，即可忧也，宜分兵益为之备"⑤。不过，以上指示未得落实，通利军城最终被辽军攻破。然而，辽军在破城后，仅"掠城中民众而东"，不曾渡河⑥。在澶州东侧，博州、郓州亦兵力有限。知郓州丁谓为阻止辽军自博州渡河，命人沿河"执旗帜、击刁斗以惧敌，呼声闻百余里。敌遂引去"⑦。袭扰博州的辽军如此轻易地受惊退却，当因其仅属偏师甚

---

① 《宋会要》兵27之11，第7252页。

② 《长编》卷61，景德二年八月甲午条，第1358页。

③ 《旧五代史》82《晋书·少帝纪二》，第1262—1263页。王钦若等编纂，周勋初等校订：《册府元龟》卷118《帝王部·亲征门三》，第1288页。

④ 《辽史》卷14《圣宗本纪》，第174页。

⑤ 《长编》卷58，景德元年十一月庚申，第1281页。引文标点有改动。

⑥ 《长编》卷58，景德元年十二月壬午，第1290页。

⑦ 《长编》卷58，景德元年十月庚寅，第1276页。

至游骑。换言之，对于黄河下游干流上的未通桥津渡，辽方实无必夺之意。

由此观之，宋军得以在澶州北郊预先独据地利，获取战术优势，乃是基于宋方垄断黄河下游干流跨河交通的战略优势。十一月二十二日，辽军主力进攻河北路南部重镇大名，攻城未克。其后，辽军主力若要尽快渡过黄河，威胁开封，最可行的方式即赴澶州夺桥。二十四日，辽军主力行抵澶州北郊，而宋军已在当地经营十余日。两军对阵之际，萧挞凛中弩。二十六日，宋真宗率驾前行营后军抵达澶州，澶州宋军的兵力得以充实，士气更为振奋[1]。数日后，宋辽达成和议[2]。

北宋藉控制河北路，屏卫都城开封，而藉经营澶州桥路，控扼黄河下游天堑上的一线通途，掌握启闭开封与河北之间干道交通的主动权。北宋守国，一方面，须克服山川阻碍，建立起以开封为中心的干道网络，使开封与包括河北路在内的四方疆土保持密切联系；另一方面，须确保黄河下游干流适时发挥阻隔南北的作用，特别是在辽军主力南攻时，成为护卫开封的天堑。景德元年秋冬，辽方未能攻克河北路重镇，故难以大量征调舟船等物资，以供主力在黄河下游干流上出奇横渡，而不得不前往澶州抢占桥路。宋方遂得以在预先部署澶州防务的基础上，垄断跨河交通。经过澶州之役，宋方基本维持住朝廷与河北路的联系，保持了河南京畿局势的稳定，使辽方难以将相对攻势扩大为压倒性的军事优势，从而为双方搁置疆土矛盾、交涉议和提供了必要基础。

---

[1] 《长编》卷 58，景德元年十一月丙子，第 1287 页。

[2] 当然，对于宋方面临的局势，不可过于乐观。虽然宋方预先在滑州至濮州河段组织凿冰，但若寒潮突袭，黄河上冻，辽方仍可乘隙过河，翻转形势。十一月二十四日，宋真宗尚未闻知萧挞凛中弩，不无焦虑地提出："然彼尚率众兵深入吾土，又河冰且合，戎马可渡，亦宜过为之防。"稍后，宋真宗获悉捷报，而仍期盼尽快约和"了事"。由此推之，宋军在澶州之役中的胜利并未带来局势的彻底明朗，宋真宗等人颇为担心日久生变。正如柳立言所论，宋辽最终顺利订盟，有赖双方均谨慎行事。《长编》卷 58，景德元年十一月甲戌，第 1286 页。苏辙撰，俞宗宪点校：《龙川别志》卷上，北京：中华书局，1982 年，第 72 页。柳立言：《宋辽澶渊之盟新探》，《历史语言研究所集刊》第 61 本第 3 分，第 735—736 页。

四、宋方经营澶州的挑战与隐患

诚然，澶州之役，宋方在优势战术、技术的衔接下，实现地利与人谋的有效配合，但宋方并未由此发展出守河御敌的万全之策。一方面，地理环境的演变不以人的意志为转移，地理环境因素为军事部署提供的"机遇期"往往可遇而不可求；另一方面，若要在相关"机遇期"内，及时落实特定部署，亦有赖一定的时代风气。地理环境变迁与人谋不臧等因素相互影响，使宋方在经营澶州防务时面临重重挑战乃至隐患。

虽然经营桥路乃是宋方部署澶州防务的基础所在，但架设浮桥与防范黄河洪灾存在矛盾。首先，黄河下游干流各段"惟滑与澶最为隘狭"，该情况有利于架桥而有碍于行洪[①]。其次，浮桥脚船体积较大，可紊乱水流，加剧溃堤风险[②]。张方平即称，黄河"下流多置桥，水不畅泄，为世大患，去澶桥，则河患息矣"[③]。再次，澶州河段呈 S 形，这是产生津渡的必要条件，而亦为澶州北郊的西部带来洪灾。如图 7 所示，澶州北郊的西部位于凸岸。一般而言，凸岸为堆积岸，地势较高，洪患较轻。然而，黄河两岸有堤防为限，堆积作用主要发生在河道内。由此推之，澶州北郊的西部因地势明显低于附近河道，而极易发生悬河溃堤之灾。宋英宗治平三年（1066），知澶州李中师扩修北城，"西距河壖别为长堤三千五百三十步，所以止横水啮城之害也"[④]。可见，时人确在澶州河津北岸，特别是在澶州北郊的西部，承受着沉重的防洪压力。

---

① 《长编》卷 24，太平兴国八年九月癸丑，第 552 页。

② 魏惠文、侯庆明：《黄河浮桥对河道河势的影响分析与对策》，《山东水利科技论坛》2007 年，340—342 页。

③ 《长编》卷 184，嘉祐元年十一月甲辰，第 4458 页。

④ 苏颂撰，王同策、管成学、严中其点校：《苏魏公文集》卷 64《澶州重修北城记》，北京：中华书局，1988 年，第 982 页。

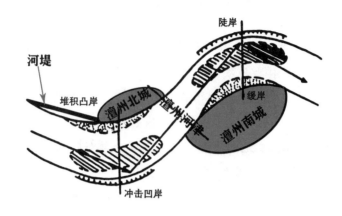

图 7　黄河河堤对河流堆积作用的影响

　　澶州北城因屡遭洪灾而逼仄、简陋，并非大军日常驻防的理想地点。后晋天福三年（938），诏置澶州北城，事出仓促，城池规模有限。此后，澶州北城因"河滨之土疏恶善隤"，多次在洪灾中倾圮，而重修亦属因陋就简。及宋仁宗朝，方有"增筑之议"，其事未果；再历数十年，终有李中师修城①。鉴于澶州北城的缺陷，景德元年九月，宰执虽然同意宋真宗临战驻跸澶州，但多主张御驾缓进。诸人的考虑不外乎"澶渊郛郭非广，久聚大众，深恐不易"，"若遽至澶州，必不可久驻"②。十一月，李继隆命前军暂宿澶州北郊，而以"澶州北城门巷湫隘"为由，建议宋真宗率后军驻跸南城③。大军在澶州戍守二三月，尚难从容措置，何况常年屯驻。

　　不过，宋方并未着意强化河北路南部州军防务，以之捍蔽澶州。景德元年秋冬，大名等地防务空虚，其事见于上文。此后，宋方亦不曾大幅调整部署。景德二年正月，宋真宗又削减大名等地驻军，命"天雄军、沧邢贝州留步卒六指挥，其余营在河阳及京城者并放还"④。宋仁宗庆历二年（1042），宋方

---

① 苏颂撰，王同策、管成学、严中其点校：《苏魏公文集》卷 64《澶州重修北城记》，第 981 页。

② 《长编》卷 57，景德元年九月丁酉，第 1257 页。

③ 《长编》卷 58，景德元年十一月丙子，第 1287 页。

④ 《长编》卷 59，景德二年正月癸丑，第 1307 页。

升大名为北京，却仅整顿城防①。对此，程琳奏称："建都全魏以制北方，而兵隶定州、真定府路，其势倒置。"②庆历八年，宋方置定州、真定、瀛州、大名四安抚使路。数年后，宋祁设想战时部署，奏称辽方"取胜者在中军而已，中军不振，诸渠长且土崩……夫镇、定在河朔兵第一，今使悉众从彼中军……令瀛、魏军当渠长"③。可见，大名兵力仍未获明显充实。盖宋方已组织大军常驻都城开封与河北路北部的定州等地，无力额外部署重兵常驻大名。

河北路南部，特别是大名至澶州一带防务空虚，将加剧宋方对外作战的不确定性。咸平二年（999），辽军主力南下，驻防河北路的宋军主力闭守定州，而"博、魏之间，镇兵全少，非銮辂亲征，则城邑危矣"④。宋真宗听从王继英的建议率军进驻大名，却仅可弹压当地形势，甚至未能遏止辽军偏师奔袭大名附近的德州、棣州等地⑤。景德元年九月，论及"亲征"事宜，王继英改称"不可更越澶州，庶合机宜，不失谨重"⑥。十一月，宋真宗在北赴澶州途中，一度畏葸不前，若非寇准坚持，宋方或将难以落实既定部署。宋仁宗朝，范仲淹论及对辽防守战略，主张固守开封，而专门指出"亲征"的隐患：

> 又承平已久，人不知战，闻寇大至，群情忧恐，陛下又引忧恐之师，进涉危地，或有惊溃，在爪牙之臣，谁能制之？⑦

范仲淹意识到，随着政风人心的变化，宋方已无法在开战后预先部署澶州防务，控扼桥路。

更令宋人始料未及的是，架桥与防洪的矛盾诱发黄河北流，大幅扰动黄河下游地区的地理格局。如前文所言，澶州北城的西部一带尤易发生悬河溃堤问题。庆历八年，黄河在澶州的商胡埽决口，北流入河北路境内。此事

① 《长编》卷137，庆历二年六月戊子，第3278页。
② 《长编》卷164，庆历八年四月辛卯，第3947—3948页。
③ 宋祁：《景文集》卷44《御戎论》篇之六，《丛书集成初编》本，第560页。
④ 《长编》卷46，咸平三年正月丁未，第1000页。
⑤ 《长编》卷46，咸平三年正月甲申，第985页。
⑥ 《长编》卷57，景德元年九月丁酉，第1257页。
⑦ 《长编》卷136，庆历二年五月戊午，第3261页。

不仅严重破坏河北路的国计民生，而且导致黄河下游干流毗邻宋辽边境，或将使辽方乘隙渡河。对于引河回流一事，宋方内部聚讼纷纷。该争议尚未解决，宋神宗元丰四年（1081），黄河在位于澶州北城上游的小吴埽改道北流，澶州河津变为平陆①。宋方改在通利军与滑州之间的河津上架桥，但该浮桥多次为洪水所冲毁②。宋徽宗政和四年（1114），宋方在浚州（通利军）、滑州另选地址，不惜工本地架设浮桥，次年桥成③。换言之，宋方正是在经营澶州桥路的过程中，严重动摇己方落实"控扼桥路"部署的地利基础，而必须重新勘查、适应黄河下游沿岸的地理环境。

　　与此同时，北宋的政风人心日益颓坏。浚滑浮桥在修成约十年后，毁于宋金战火，而金军随即占领浚滑河津，南攻开封。靖康元年（1126）正月一日，金军行抵浚州，宋军烧桥溃逃④。二日，金军"作筏渡河逼京城"。四日，

---

①　北宋黄河几次改道北流之始末，详见邹逸麟：《宋代黄河下游横陇北流诸道考》，氏著《椿庐史地论稿》，天津：天津古籍出版社，2005年，第28—38页。宋人对黄河北流与御辽问题的争论，详见李华瑞：《北宋治河与边防》，氏著《宋夏史研究》，天津：天津古籍出版社，2006年，第136—153页。

②　滑州浮桥屡建屡毁，颇致耗费。宋徽宗大观三年（1109），宋廷从王革所奏，在滑州季节性架桥，以节省工料。周宝珠认为，王革上奏以前，滑州亦为"暂时性浮桥"，此说不确。王革奏称，"滑州比年以来修整浮桥，所费工力物料万数浩瀚。每岁虏使到河，或不及事，或仅能了当，当一一上烦朝廷措置"。当时，辽使多经滑州河桥往返，而王革以为此浮桥虽有常设之名，但时常毁于洪水，甚至不能维持至辽使过河时，故请改架季节性浮桥。政和四年，"滑州浮桥今岁已经涨水不曾解卸"，尚书省命孟昌龄比较"每岁系桥计使若干工料钱数及今岁不曾拆计减省数目"。孟昌龄所对比的年岁为政和四年与元年、二年、三年。可见，宋廷早先确从王革之议，改系季节性浮桥，但对此事存有疑虑。《宋会要》方域13之24至25，第7542页；李孝聪：《公元十一——十二世纪华北平原北部亚区交通与城市地理研究》，《历史地理》第九辑，第242—244页；周宝珠：《宋代黄河上的三山浮桥》，《史学月刊》1998年第2期，第35—36页。

③　详见周宝珠：《宋代黄河上的三山浮桥》，《史学月刊》1998年第2期，第36—39页。

④　《三朝北盟会编》称，"贼至而河冰合，遂济河"，却又引《靖康前录》称，宋军探报不明，"贼至，乃始奔骇，至桥南纵火而遁。桥虽已断，漂于北岸者犹有二十八杠。贼少加葺，遂济河"。《金史·大㚟传》称，"军至浚州，宋人已烧河桥，宗望下令，'军中有能先济者功为上'。㚟捕得十余舟，使勇悍者径渡，击其守者而夺其戍栅，由是大军俱济"，所载与《靖康前录》相近。可见，当年黄河并未上冻，金军乘舟济渡。不过，金军渡河之事，非如上文所言一般迅速。详见正文。徐梦莘：《三朝北盟会编》卷26，第196页。《金史》（点校本二十四史修订本）卷80《大㚟传》，北京：中华书局，2020年，第1922页。

金前军过河攻陷滑州，其大部始得从容济渡，"至六日方渡毕"①。虽然船渡费时，金军历"四五日乃得济"，但宋方并未利用此数日在南岸布防②。七日，金军抵达开封城下③。当时，宋臣沈琯在金军中。沈氏回忆称，金将扬言："南朝可谓无人矣！若有一二千人守河，吾辈岂能渡哉！"④该记载或为沈氏事后杜撰，但无疑是对当时君臣昏聩懦弱，以致宋方懜然应战的喟叹。

余　论

学者考察宋辽澶渊订盟始末，指出宋辽战和关系转变乃是基于双方渐趋稳定的对峙形势。进一步论之，辽宋相对均势的对峙形势在相当程度上是由双方一系列重要战役累积形成，而双方决策者亦是在闻知甚至亲历两军历次作战表现的过程中，逐渐理解以至接受该形势。

澶州之役为理解重要战役如何影响宋辽对峙形势，如何促使宋辽决策者重审形势，调整战和关系提供了典型案例。景德元年秋冬，辽方先是未能诱使宋方改变避守城池的被动防御战略，不曾在河北路北部击溃宋军主力；其后又因宋军依托澶州一带地理环境巩固黄河沿岸防务，难以夺桥渡河，进逼开封。与此同时，宋方在澶州坚守阵地，挫敌攻势，却无法扩大战果，甚或有大军久宿郊野，师老力疲之虞。盖由此，辽方不再重新发起主力决战，邀求疆土，转而倚恃仍属强悍的军事实力，积极争取经济利益；宋方则略作让步，同意输送岁币，以期尽早约和。可见，经由澶州之役，宋辽决策者均意识到双方基本形成均势，意识到接受对峙现状，共同管控疆土矛盾，实属相对

---

① 金军渡河事，详见徐梦莘：《三朝北盟会编》卷27，第198页；杨仲良编：《资治通鉴长编纪事本末》卷145《钦宗皇帝·金寇》，《宋史资料萃编》影印广雅书局本，台北：文海出版社，1967年，第4381—4382页；《金史》卷3《太宗本纪三》，第60页。金军行军时日考辨，详见黄以周辑注，顾吉辰点校：《续资治通鉴长编拾补》卷52，靖康元年正月丁卯至癸酉条，中华书局，2004年，第1606—1616页。

② 吕颐浩：《上边事备御十策》，徐三见等点校：《吕颐浩集》卷1，杭州：浙江古籍出版社，2012年，第10页。

③ 杨仲良编：《资治通鉴长编纪事本末》卷145《钦宗皇帝·金寇》，第4382页。

④ 徐梦莘：《三朝北盟会编》卷27，第198页。

"理想"的选择。

时人记载宋辽战事难免夸胜讳败，以致后世论者对于双方遽然订立澶渊之盟等事或感莫名其妙，而结合历史地理、科技史等研究，分析宋辽军队的作战表现，无疑有助于学者基于史料的相互质证，更为连贯、深入地理解宋辽战和交往历程。具体而言，宋辽部署重要战役，组织主力在特定战场"因地应敌"，不仅须承担高昂的人力、物力成本，而且面临着速进或仓皇生变，缓图或贻误战机的决策风险。关注此类情况，当有助于学者切实理解宋辽决策者何以形成避免激进行事、尝试停战共存的决策取向，以至最终休兵订盟，长期和平。

本文原题《控扼桥路：北宋前期澶州军事作用的形成及其局限》，刊于《浙江理工大学学报（社会科学版）》2023 年第 3 期，修改后收入本集。文章承祖慧、余蔚、贾连港、张亦冰、苗润博等先生惠赐宝贵意见，谨致谢忱。

"绍述"压力下的元祐之政

——论北宋元祐年间的政治路线及其合理化论述

朱义群

元丰八年(1085)三月宋神宗去世后,臣僚面临如何对待神宗及熙丰之政的问题,在当时主要有两种可能的选择,一种是新党的"绍述""继述",一种则是旧党的"更化""遽改"。前者意谓对神宗之政全面继承或仅做有限的损益,后者则表示要将熙丰政事全部推翻或做重大变更。由于垂帘的高太后素来不喜熙丰之政,全面继承的思路固然行不通;在元丰末年新党仍旧执政时,曾试图对神宗之政做有限的、局部的调整,但这一方案最终让位于旧党的激进主张。① 由于"变法"是神宗一生的事业,全面批判、变更熙丰之政,不仅否定了神宗政治生命的结晶,也形同指斥其推行错误政策的过失。在年幼的嗣君尚未亲政的情况下,这无疑是非常冒险的举动。因此元祐旧党在选择、确立政治路线的过程中,提出了系列论述以合理化他们的主张。熟悉北宋后期历史的人都知道,哲宗亲政后熙丰新党卷土重来,他们再一次

---

① 相关研究可参考罗家祥:《朋党之争与北宋政治》,武汉:华中师范大学出版社,2002年,第84—89页;方诚峰:《北宋晚期的政治体制与政治文化》,北京:北京大学出版社,2015年,第1—10页。

高举"绍述"之旗，不仅与元祐之政做彻底的决裂，还对元祐之人进行严厉的打击。可见旧党的政治主张、路线论述既不能反制新党的"绍述"诉求，也未能取得哲宗的信服及谅解。因而本文所要提出的问题也就产生了：元祐臣僚在更化过程中提出过什么样的论述？这些论述给元祐臣僚带来了怎样的影响？与元祐之政的失败又有什么样的关系？本文的研究将要表明，在整个元祐阶段，新党的"绍述"诉求给旧党造成了持久的压力，此种压力下产生的政治路线论述具有很大的局限；元祐臣僚始终无法摆脱"诽谤先帝"的质疑及其衍生的麻烦，因此元祐之政出现困境，很容易为绍述之政取代。分析这些论述，有助于厘清北宋后期政治演进的脉络。

一、元祐臣僚的政治路线论述及其局限

1. 司马光的两次论述

宋神宗赵顼去世后，由年仅八岁的幼子赵煦继位，"应军国事并太皇太后权同处分"，赵煦即后来的宋哲宗，"太皇太后"乃神宗的母亲高氏[①]。根据传统皇位嬗代的经验，"国有长君，社稷之福"；若是幼君在位，处理政事的心智、能力尚不成熟，对江山社稷的稳定是不利的，因而太后垂帘往往是实现权力平稳过渡的有效方式。此外，根据一般的政治伦理，对新君而言，遵循"先帝"的规矩，"按既定方针办"，并且在三年丧期之内不轻易改弦更张，才算合乎孝道。由此看来，在哲宗尚未亲政，由高氏垂帘听政的情形下，继续遵循、奉行神宗的政策，似乎是理所当然的事情。然而，据《宋史·高皇后传》：

> 哲宗嗣位，尊为太皇太后。驿召司马光、吕公著，未至，迎问今日设施所宜先。未及条上，已散遣修京城役夫，减皇城觇卒，止禁庭工技，废导洛司，出近侍尤亡状者。戒中外毋苛敛，宽民间保户马。事由中旨，

---

① 李焘：《续资治通鉴长编》（以下简称《长编》）卷353，元丰八年三月戊戌条，北京：中华书局，2004年，第8456页。

王珪等弗预知。①

在神宗去世一个月前后，太皇太后高氏不仅宣召神宗朝的异议之人回朝，还以迅雷之势用"中旨"开展在京城的行动，就连宰相王珪、蔡确也没有通知一声，可见神宗甫去世高氏就令熙丰之政出现变动。这是《宋史》传递给我们的信息，但其中之缘由不完全出于高氏对熙丰政事的厌恶，也可能与神宗晚年的政治情势有关。

从表面上看，神宗留下的政治遗产主要有二，一是自熙宁二年（1069）开始的"新法"，以及依凭"新法"而获取高位的"熙丰臣僚"；二是站在"新法""熙丰臣僚"对立面的"异论之人"②。但这些遗产的内涵比较复杂，不能完全用"新旧之争"一概论之。首先，尽管神宗元丰年间曾宣布要"一好恶，定国是"③，但他乾纲独断，对参与变法的官员只是利用、驱使而已，再也没有一位新党人士如王安石那样与之如同一人；在他内心深处，对于司马光、文彦博这批异议之人，仍抱有极大的尊敬。其次，王安石主持的熙宁变法以理财为先务，其宗旨乃取法"先王"、摧抑兼并；而神宗元丰以后逐渐将施政重心转向用武开边，使社会经济和民生受到相应的影响，新法出现种种弊端，有变质的危险④。另外，从一些迹象来看，神宗晚年似乎怀有调和新旧两党的想法。如元丰七年正月，神宗以"人材实难，不忍终弃"为由将苏轼从黄州量移汝州⑤；同年十一月，因《资治通鉴》成书，特升司马光为资政殿学士⑥；是年底又宣布"皇子明年出阁，当以吕公著为保傅"⑦。这些举措显示神宗或许有意在维持以"新法"为"国是"的前提下，参用新旧之人，改正新法之弊，

---

① 《宋史》卷242《后妃上·英宗宣仁圣烈高皇后传》，北京：中华书局，1985年，第9625页。

② 方诚峰：《北宋晚期的政治体制与政治文化》，第1页。

③ 《长编》卷313，元丰四年六月甲子条，第7586页。

④ 参考漆侠：《王安石变法》（增订本），《漆侠全集》第二卷，保定：河北大学出版社，2009年，第189—197页。

⑤ 《长编》卷342，元丰七年正月辛酉条，第8228—8229页。

⑥ 《长编》卷350，元丰七年十一月戊辰条，第8390页。

⑦ 《长编》卷354，元丰八年四月丁丑注，第8476页。可参考罗家祥：《朋党之争与北宋政治》，第76—81页；王水照、朱刚：《苏轼评传》，南京：南京大学出版社，2004年，第368—371页。

但他直到临终之前都没有采取具体的行动,故其晚年心事未能显白。然而,元丰末年仍旧执政的新党蔡确、章惇等不仅对于新法的弊端有较深的认识,也对调和新旧、调整新法表现出积极的姿态。这不仅仅是新形势下以退为进、争取主动的策略,也可能是发扬神宗晚年心意的结果。关于蔡确、章惇的相关努力,罗家祥、方诚峰已有比较详细的讨论,此处不赘[①]。由此看来,前述《宋史》所记垂帘以来用"中旨"开展的行动,有其因由所在,并不完全是高氏一意孤行的产物,而应该得到了熙丰之人的默许、配合。因此,神宗死后虽出现了政策变动,但如果这些变动仅是坚守"国是"前提下的调整、完善,不仅没有违背那个时代的政治伦理,反而是维护、尊崇神宗的一种表现。

然而历史的吊诡之处在于,高氏的系列行动虽可能属于神宗晚年设想的一部分,但不可避免地将高氏"有意更张"的讯息昭示天下;虽然这些行动可能得到新党的默许,但它们是用"中旨"下达的,就连宰相也未能预知,显示出高氏可以在新党之外单独行使权力这一事实。这些隐情为反对新法的异论之人所窥伺,导致熙丰之政出现改弦更张的急剧变化,而司马光则为这一转折过程中最为关键之人。

司马光在神宗去世未久就上书请求"明下诏书,广开言路,不以有官无官之人,应有知朝廷阙失及民间疾苦者,并许进实封状,尽情极言"[②],随后他为抛砖引玉而奏进的三篇章疏《乞罢保甲状》《乞罢免役状》《乞罢将官状》[③],证明他请开言路的真正动机并不是在维护"新法"的前提下改革弊政,而是要聚集"形形色色"的反对力量,为尽速废罢新法做舆论准备。而司马光在同年四月奏进的《乞去新法之病民伤国者疏》中,不仅对他的这一动机做了毫无掩饰的说明,还对变更新法的理由及途径做了系统的阐述[④]。

司马光的这篇奏疏可分为三部分。在第一部分,司马光承认神宗变法

---

① 罗家祥:《朋党之争与北宋政治》,第84—89页;方诚峰:《北宋晚期的政治体制与政治文化》,第2—3页。

② 司马光撰,李文泽、霞绍晖点校:《司马光集》卷46《乞开言路札子》,成都:四川大学出版社,2010年,第983页。

③ 《司马光集》卷46、卷47,第992—1003页。

④ 《司马光集》卷46《乞去新法之病民伤国者疏》,第987—992页。为节省篇幅,下引此疏不再一一出注。

求治的良好愿望,但认为无论他的用人和政策,都是错误的。司马光眼中的
"新法"囊括了王安石推出的大部分政策、法令,他对之有一个基本定性,即
"名为爱民,其实病民,名为益国,其实伤国",意谓"新法"乃"病民伤国"之
法。他认为,这些"新法"都是"群臣躁于进取,惑误先帝"的结果,"非先帝
之本志也",从而将"先帝"和"群臣"两分,确定是熙丰之人而非神宗应该承
担所有责任。在第二部分,司马光坦承自熙宁以来就一直反对新法,甚至为
此放弃了晋升执政的机会,其目的是为了"感寤先帝",虽未能如愿,但其心
意始终如一。他接着称赞高氏垂帘以来的表现,但又指出"微有所改"是远
远不够的,要对那些"病民伤国"的新法痛加"厘革":"如保甲、免役钱、将官
三事,皆当今之急务,厘革所宜先者。臣今别具状奏闻,伏愿决自圣志,早赐
施行",此处所谓"具状奏闻",即前所述三篇奏疏。

由于司马光要求的不是有限的调整,而是要遽然推翻神宗的政策,这需
要提出有力的论述使高氏信服。因此司马光在第三部分开头就说:

> 议者必曰:"孔子称:'孟庄子之孝,其他可能也,其不改父之臣与父
> 之政,是难能也。'又曰:'三年无改于父之道,可谓孝矣。'"彼谓无害于
> 民、无损于国者,不必以己意遽改之耳。必若病民伤国,岂可坐视而不
> 改哉?

孔子认为"以子改父"的问题是很严重的,不仅提升到是否符合孝道的高
度,还划设了"三年无改"的期限。结合苏轼《司马温公行状》所叙背景:
"元丰之末,天下多故,及二圣嗣位,民日夜引领以观新政,而进说者以为三
年无改于父之道,欲稍损其甚者,毛举数事以塞人言。公慨然争之曰……"①
可以看出,"三年无改"之说不仅构成了废罢新法在道义上的阻力,更是熙丰
之人制造的要求坚守新法的舆论依据,司马光不得不专门提出来加以辩驳,
他的论证分两个层次:

第一,司马光讨论"以子改父"的正当性问题,并重新解释其与孝道的

---

① 苏轼著,孔凡礼点校:《苏轼文集》卷16《司马温公行状》,北京:中华书局,1986年,第
489页。

关系。他认为,"父之道"分两种情况,"无害于民、无损于国"者不必遽改,而"病民伤国"者不得不改;《周易》及汉唐历史事例都证明,对于父道之"病民伤国"者,不仅可以改变,而且不会受到非议;何况新法责任在臣僚,与"先帝"无关。因此他提出"为今之计,莫若择新法之便民益国者存之,病民伤国者悉去之",实际上是要"悉去"全部新法。司马光接着提出"天子之孝"的概念,认为"夫天子之孝,在于得万国之欢心以事其亲",如果废除"新法",就会取得良好的社会效果,更能彰显"天子之孝"。

第二,司马光要摆脱"三年无改"期限的束缚。他认为,由于新法导致"病民伤国"的严重后果,

> 朝廷当此之际,解兆民倒垂之急,救国家累卵之危,岂暇必俟三年然后改之哉!况今军国之事,太皇太后陛下权同行处分,是乃母改子之政,非子改父之道也,何惮而不为哉?惟圣明裁察!

意即高氏现在有权处理军国大事,如果依凭母亲的身份尽速推翻神宗的政策,其性质属于"以母改子",而非"以子改父",因此不必受"三年"之期的限制。

纵观这篇奏疏,可以看出司马光就尽速废罢新法这一诉求进行论述。这一论述有两个前提,一即判定"新法"乃"病民伤国"之法,没有存在之必要;二即认定"新法"是王安石、吕惠卿等人"惑误先帝"的结果,不是神宗之本意。这项论述的核心即前引"以母改子"之说。司马光深知实现诉求的关键在于得到皇权的支持,因此熙丰之人制造的舆论氛围成为首先面临的思想阻力,虽然他花费极大的笔墨论证"以子改父"的合理性,但他的落脚点却放在"以母改子"上。可见司马光将实现诉求的希望完全寄托在垂帘的高氏身上,这不仅是因高氏素来不喜熙丰之政,也因唯有"以母改子"才可以不受"三年"之期的约束。此外,还可以结合司马光同年五月的一段议论做进一步分析:

> 臣向曾上言,教阅保甲……敛免役钱……将官专制军政……此皆所害者大,所及者众,先宜变更。借令皇帝陛下独览权纲,犹当早发号

令,以解生民之急,救国家之祸,收万国之欢心,复祖宗之令典;况太
皇太后陛下同断国事,舍非而取是,去害而就利,于体甚顺,何为而不
可？①

他认为即使哲宗亲政仍有变更神宗法度的必要,何况现在是太皇太后垂帘,
改弦更张"于体甚顺"。这样的说法大致是对前述四月奏疏的总结和重申,
但亦显示在司马光的内心深处,视高氏而非嗣君为垂帘体制的核心和主体。
总而言之,"以母改子"论明确地将神宗之政与垂帘之政对立起来,倾向以决
然的态度推翻神宗的政策。

　　司马光提出这一论述后,执政的新党感受到威胁,于是在宰相蔡确的策
划下在同年五月的求言诏中划设六条限制,警告旧党如果妄议时政,"则黜
罚之行,是亦不得已也"②。但司马光仍被高氏宣召赴阙,接着又因宰相王珪
的去世而被增补为门下侍郎,司马光又以辞去新命相要挟,要求"于诏书中
删去中间一节"③。最终宋廷如其所愿,于当年六月颁布不设限制的求言新
诏④。至此高氏的倾向表现得十分明显,可见司马光的论述对其产生了一定
的影响。不过,虽然司马光的主张成功地冲破禁区,取得"合法"地位,但宰
相蔡确"执奏不行"⑤,知枢密院事章惇"谓先朝之事不可遽更,肆为辨说,沮
抑圣意"⑥,就连旧党的吕公著也以为"更张之际,当须有术,不在仓卒"⑦。因
此高氏仍然延续仅对新法做有限调整的方针。元丰八年九月,监察御史王
岩叟批评说,新法之弊,大半犹在,因为"奸邪遂非饰过而巧辞强辩,以欺惑
圣听,将至深之弊,略示更张,以应副陛下圣意而已"⑧。同年十二月,侍御史
刘挚又说:"近者一两月以来,政事号令之见于施行者,旷然稀阔,中外颙颙

---

① 《司马光集》卷47《请更张新法札子》,第1008页。
② 《长编》卷356,元丰八年五月乙未条,第8508页。
③ 《司马光集》卷47《乞改求谏诏书札子》,第1009页。
④ 《长编》卷357,元丰八年六月丁亥条,第8548—8549页。
⑤ 《长编》卷358,元丰八年七月甲辰,第8566页。
⑥ 《长编》卷363,元丰八年十二月丙子条,第8675页。
⑦ 《长编》卷357,元丰八年六月庚寅条,第8550页。
⑧ 《长编》卷359,元丰八年九月戊午条,第8602页。

无所闻见。深求其故，皆以谓执政大臣情志不同，议论不一之所由致也。"①
看来高氏仅对新法"略示更张"，乃因熙丰之人仍然大半在朝，他们秉持"先
朝之事不可遽更"的原则，"巧辞强辩"，致使朝廷无法做出一致决策，高氏无
可奈何，又不敢贸然行动。由此可见高氏仍在犹豫之中，未能下定决心，而
司马光的论述也不能消释其心中之虑。

在此背景下，司马光于元丰八年十二月在《革弊札子》②中提出新的论
述。他的意见可分两点：第一点分析新法的缘起及神宗的变化。司马光指
出，由于神宗欲洗雪祖宗以来败于辽、夏的耻辱，决意用武开边，恢复汉唐旧
疆，从而为好战、聚敛之臣所窥伺，才导致诸多刻剥之新法。后来用兵失利，
损失惨重，又引起神宗晚年思想之变动：

> 曾未足以威服敌人，而中国先自困矣。先帝深悔其然，厌截截谝
> 言，思番番良士，乃下哀痛之诏，息兵富民，奄弃天下。此臣所为痛心疾
> 首，泣血追伤者也。伏惟皇帝陛下肇承基绪，太皇太后同听庶政，首戒
> 边吏，毋得妄出侵掠，俾华夷两安。今契丹继好，秉常纳贡，乾德拜章，
> 征伐开拓之议皆已息矣。则前此置提举官，散青苗，敛免役钱，点教保
> 甲，置都作院，养马，置将官，市易司，封状买坊场，增茶盐额，措置河北
> 籴便司，皆为虚设。

神宗晚年追悔用兵，有"息兵富民"之意，但在部署行动之前就猝然而逝；故
高氏、哲宗遵循其停止用兵、惠养百姓的心意，在即位大赦诏中"首戒边吏，
毋得妄出侵掠，俾华夷两安"；在现今与辽、夏保持正常关系的情况下，形同
已然放弃了拓边政策，故新法"皆为虚设"。第二点驳斥对立的主张。他指
出，自开言路以来，已有数以千计的奏章揭露新法之弊，可见新法乃天下公
患。他又把变更新法的行为比喻成"治疾"的过程：

> 议者必曰："革弊不可仓猝，当徐徐有渐。"此何异使医治疾而曰
> 勿使遽愈，且勿除其根原使尽也；其为医者谋则善矣，其为疾者谋奚

---

① 《长编》卷363，元丰八年十二月己丑条，第8692页。

② 《司马光集》卷49《革弊札子》，第1037—1040页。下引此文不再一一出注。

　　利哉！

指出仅为身谋的医者才不让患者彻底痊愈,因而"革弊不可仓猝,当徐徐有渐"的主张是站不住脚的。因此必须废罢全部新法,恢复祖宗旧法。

　　与司马光最初的论述相比,新论述虽然仍旧否定神宗之政,但相较而言没有显斥,而是曲为之说,进而塑造知错能改的明君形象。特别是,论述中关于变法缘起及神宗遗意的叙事,沟通了神宗之政与垂帘之政的联系,制造前后一脉相承的想象。由此可见,司马光调整了"以母改子"的论述。

　　司马光为什么要调整"以母改子"之说,进而提出诉诸神宗遗意的新论述呢? 笔者认为这是基于如下的原因,即"以母改子"论存在理论的缺陷,它将高氏视为垂帘体制的核心和主体,而没有考虑哲宗;同时将垂帘之政放在神宗之政的对立面上,会给将来留下隐患;因此无论对于高氏还是元祐臣僚,都不是一个理想的论述。而诉诸神宗遗意则不一样,认为元祐更化与神宗晚年意向一脉相承,从而将元祐之政与神宗之政联系起来,所以更化也就具备了合理的基础及名正言顺的理由。笔者认为这是司马光提出新论述的初衷,也是高氏及元祐臣僚愿意接受这一论述的主要原因。

2. 司马光新论述的局限

　　司马光新论述为高氏及旧党采取进一步行动提供了合适的理由,因此到了元祐初年,新法已经变得岌岌可危,新党的蔡确、章惇等人受到台谏官员越来越猛烈的围攻。特别是元祐元年(1086)正月至闰二月间朝堂之上出现剧烈变动,宰相蔡确、知枢密院事章惇纷纷罢免,司马光拜相,吕公著、韩维、吕大防、范纯仁等升任或已任执政之位;熙丰时期的免役、青苗诸法相继废除,保马、市易、保甲等政策的变更也在节次进行之中。至此,"元祐更化"已成定局。在此过程中,司马光的新论述得到台谏官员的运用及发挥,成为攻击对手及进行政治路线辩护的利器。例如,元祐元年闰二月,右司谏苏辙说:

　　　　窃惟先帝在位仅二十年,励精政事,变更法度,将以力致太平,追复三代。……然自法行已来,民力困敝,海内愁怨。先帝晚年,寝疾弥留,照知前事之失，亲发德音，将洗心自新，以合天意，而此志不遂，奄弃万国。天下闻之，知前日敝事，皆先帝之所欲改，思慕圣德，继之以泣。是以皇帝践阼，圣母临政，奉承遗旨，罢导洛，废市易，损青苗，止助役，宽保甲，免买马，放修城池之役，复茶盐铁之旧，黜吴居厚、吕孝廉、宋用臣、贾青、王子京、张诚一、吕嘉问、蹇周辅等。命令所至，细民鼓舞相贺。①

运用神宗晚年遗意的叙事，就可以顺理成章地将高氏垂帘以来的"命令"都说成是"奉承遗旨"；然此处所谓的"命令"，不仅包括变更新法的行为，还涉及高氏对于熙丰臣僚的处置。可见苏辙有意拓展司马光所谓神宗遗意的内涵，从而将打击政敌的行为合理化。再如，同时期的殿中侍御史吕陶说：

谓先帝之法不可遽改乎？则三王之政，不免有敝，为其有敝而改之，所以宜民利物，而全其治体。臣尝观去年正月甲辰诏书，乃曰："嘉与四海，洗心自新。"则先帝彼时已知法之为敝，有欲改之意矣。今太皇太后以母道临制天下，顺元元之所欲，而与时损益，盖以成先帝之志也。②

同样将高氏的行动追溯于神宗晚年之意，并将其作为主要依据回应"先帝之法岂可遽改"的质疑，从而为元祐臣僚的"遽改"方案进行辩护。

不过值得注意的是，或许是因为司马光之说属于泛泛而论，没有举出标志性的事例作为依据，故苏辙、吕陶在奏疏中均提及神宗临终前曾下诏宣布要"洗心自新"，并以此作为其欲改新法之证据。由于"洗心自新"并不是简单地调整、纠偏，而是要在政治路线上改弦易辙，如所言不虚，则司马光之论就有了确凿的证据作为支撑。然据《元丰八年赦天下制》：

朕以眇躬，奉承圣绪，夙夜祗畏，靡敢荒宁。赖天博临，中外康靖，兵革不试，年谷屡登。方春萌阳，万物孚甲，裁成辅相，王政所先。宜涣

---

① 苏辙著，陈宏天、高秀芳点校：《苏辙集》卷36《乞罢左右仆射蔡确韩缜状》，北京：中华书局，1990年，第636页。

② 《长编》卷370，元祐元年闰二月是月条，第8957—8958页。

恩休,导迎和气,嘉与四国,洗心自新,弼予一人,永膺骏命。可大赦天下。除劫谋故斗四杀、已杀人、十恶、伪印、放火、盗贼抵死不赦,及情轻奏裁、减等刺配外,其余罪无轻重,咸赦除之。①

诏书题下注"正月甲寅",据《长编》卷三五一"(元丰八年正月)甲辰,大赦天下,其赦法用第二等"②,及《宋史》卷一六《神宗本纪三》"(元丰八年正月)甲辰,赦天下"③,知"甲寅"乃"甲辰"之误;又诏中有"嘉与四国,洗心自新"诸字,可与前述奏疏相互印证,则此诏正是苏辙所说的"德音"及吕陶所称的"去年正月甲辰诏书"。结合诏书内容及《长编》所载其出台背景:"(元丰八年)春正月戊戌,上寝疾","壬寅,执政官诣福宁殿东阁问候,奏欲降赦天下,以屡获丰年,中外嘉靖,方春发生,宜有惠泽为文意,许之"④。知诏中"洗心自新"一句指涉的对象绝对不是神宗,而是得到神宗赦免而获改过自新机会之罪犯。可见,苏辙、吕陶曲解了诏书原意。

据学者的研究,元丰年间虽有灵州、永乐二战的失败,但宋方的损失并不如反战的官员所宣称的那般惨重,神宗也逐渐从战败的阴影中走出,并未放弃制服西夏的成算;例如在元丰七年十月,他还命令李宪由兰州出兵,渡黄河进击西夏,以求一举歼敌,其用武开边的热情,溢于言表⑤。因而司马光基于用兵失利而构建的神宗晚年叙事是不能成立的,苏辙、吕陶也不可能提供真正确凿的"证据",而不得不扭曲事实。

司马光的论述还被部分臣僚引申、发挥,作为阐明政见的理论前提,其代表人物即"苏门四君子"之一的秦观。元祐二年,秦观为应试来年"贤良方正能直言极谏"科,进呈朝廷贤良进卷包括《进策》三十篇、《进论》二十

---

① 司义祖整理:《宋大诏令集》卷216《政事·元丰八年赦天下制》,北京:中华书局,1962年,第824页。

② 《长编》卷351,元丰八年正月甲辰条,第8404页。

③ 《宋史》卷16《神宗本纪三》,第313页。

④ 《长编》卷351,元丰八年正月戊戌、壬寅条,第8403、8404页。

⑤ 参考李华瑞:《宋夏关系史》,北京:中国人民大学出版社,2010年,第148—149页;方震华:《战争与政事的纠葛——北宋永乐城之役的纪事》,(台湾)《汉学研究》2011年第3期,第147—148页。

篇①。其中《进策》之《国论》②篇针对元祐政治路线问题发表意见，值得注意。

《国论》开篇提出，古代国君遵照先人遗志进行人事、政策变更有"忘言""有言""不及言"三种做法，其中盘庚与武王的"有言"最值得后世取法，因为他们通过公开发布诰命、宣布训誓将其意图昭示天下，从而获得了民众的理解和支持。接着他针对时政中的问题发表看法：

> 陛下即位以来，图任元老，眷礼名儒，屏弃奸臣，投窜刻吏，所以照临海内甚盛。罢青苗之使，废市易之司，削保甲之条，刊免役之令，至于摘山煮海冶铸之事，他日吏缘以为奸者，临遣信臣，更定其法，所以加惠元元甚厚。臣窃闻之，凡此大功数十，淹速轻重，虽出于圣母之裁成，其大概则皆先帝之末命也。然大道之行，小人所不利，或作为诋欺之言，悖乱群听，以为先帝之道，陛下当终身奉以周旋，而数年之间，遽听一二大臣，更张几尽，异乎所谓"父作之、子述之"者矣。自非明智不惑之士，往往闻其说而疑之。呜呼，此殆陛下不法盘庚、武王有言之过也。

秦观指出，神宗去世后出现的人事、政策变动乃神宗的"末命"，但反对遽然更张、主张父作子述的议论仍然甚嚣尘上，这是因为模糊的舆论导向引起群臣思想混乱的缘故。接着，他提出：

> 子之事父，其生也，养志为大，养口体次之；其殁也，继志为大，述事次之。

认为真正的"达孝"是"继志"而非"述事"；对神宗而言，变更新法就是"继其志"，绍述新政则为"述其事"，因此变更新法先于继承新法。最后，秦观提出自己的办法：

> 臣愿陛下具以意作为明诏，丁宁反覆，如古训诰誓命之文，布告天

---

① 周义敢、程自信、周雷编注：《秦观集编年校注》卷 16 至 21，北京：人民文学出版社，2001年。按关于秦观应制科史实的考证以及秦观进策政见的分析，可参考朱刚：《唐宋"古文运动"与士大夫文学》，上海：复旦大学出版社，2013 年，第 310—326 页。

② 《秦观集编年校注》卷 16《国论》，第 343—345 页。下引此文不再一一出注。

下,咸使闻之,则小人虽有诋欺之言,不能以疑众矣。^①

此处的"意",即前述"更张"乃神宗"末命"、"继志"先于"述事"之意。秦观建议高氏取法盘庚、武王,将此意通过诏书布告天下,从而止息异议之人无穷的纷扰。

如果放在元祐初年政治路线选择的背景下考虑,这篇进策体现秦观支持司马光政治路线的立场,这一立场并没有任何特殊之处,但他的论述较有新意。秦观将古代经典中的"继述"之说拆解为"继志""述事",强调"继志"先于"述事"。这一做法固然相当无稽,但他并没有否定"述事";同时,由于"继志"属于"继述"的一部分,肯定"继志"就等于间接承认"继述"的合理性。从这个意义上说,秦观的说法暴露出司马光论述的另一个问题,即存在现实中反对熙丰之政,却在理念上肯定"绍述"神宗的矛盾现象。关于这一点,后面续有讨论。

3. 附谈"先帝本意"

前已指出,司马光在元丰八年四月曾以"群臣躁于进取,惑误先帝"为由,证明新法"非先帝之本志",而他在同年十二月又揭橥神宗晚年"深悔"及"息兵富民"之遗意,可见神宗遗意的实质乃回归"先帝之本志"。因此苏轼说,司马光将新法一一废罢之后,"天下释然,曰:'此先帝本意也,非吾君之子,不能行吾君之意。'"^②由于元丰后期旧党大多不在朝廷,对于所谓的神宗遗意并没有切身之体会。相比而言,他们对于神宗变法的缘起及展开较为熟悉,因此在元丰转向元祐的过程中,纷纷利用亲身见闻阐明"先帝本意"的内涵。

例如,元丰八年六月,资政殿大学士兼侍读吕公著说,"先帝初即位,召臣充翰林学士,当时亲见先帝至诚求治,尝令臣草诏书,以宽民力为意",故王安石的刻剥之新法"俱非朝廷本意"^③。再如,元丰八年十月,资政殿学士韩

---

① 《秦观集编年校注》卷16《国论》,第343—345页。

② 《苏轼文集》卷16《司马温公行状》,第490页。

③ 《长编》卷357,元丰八年六月庚寅条,第8550页。

维称，神宗当初进攻西夏时曾宣布出兵理由乃因其国主秉常为其母梁氏所囚禁，如今梁氏已死，继续占领西夏疆土已失去合理性，故"复其故地，则神宗问罪之名，不为虚语，嗣皇赐地之意，实为先志"①。又如，元祐元年七月，右司谏苏辙为声援司马光的弃地主张，声称"昔日取兰州及五寨地，本非先帝圣意"，因为"先帝始议取灵武，内臣李宪畏懦，不敢前去，遂以兵取兰州；先帝始议取横山，帅臣沈括、种谔之徒，不能遵奉圣略，遂以兵取五寨"，其后西夏遣使谢罪及请复疆土，神宗曾命令边臣与其商议划界事宜，"由此言之，兰州、五寨，取之则非先帝本心，弃之则出先帝遗意"②。

由此可见，在元祐更化的过程中，旧党的元老及年轻官员都曾积极诉诸"先帝本意"作为反对神宗政策的理由。不过，运用"先帝本意"这一策略最有代表性的人物或许是苏轼。南宋魏了翁曾指出，元祐初期苏轼任中书舍人期间，屡屡将任免官员的原因说成是神宗"欲为而未能"之本意③。看来藉助"先帝本意"来合理化具体诉求是苏轼的常用策略。不过，这一策略并不是每次都奏效。例如元祐二年二月，翰林学士苏轼进状建议施行"给田募役法"：

> 臣伏见熙宁中尝行给田募役法，……臣知密州，亲行其法，先募弓手，民甚便之。曾未半年，此法复罢。臣闻之道路，本出先帝圣意，而左右大臣意在速成，且利宽剩钱以为它用，故更相驳难，遂不果行。……臣闻孝子者，善继人之志，善述人之事。武王、周公所以见称于万世者，徒以能行文王之志也。……今给田募役，真先帝本意，陛下当优为武王、周公之事。④

苏轼在密州时曾亲自推行"给田募役"之法，发现效果良好，故提出以救役

---

① 《长编》卷360，元丰八年十月己丑条，第8624页。

② 《苏辙集》卷39《再论兰州等地状》，第688—689页。

③ 魏了翁：《重校鹤山先生大全文集》卷60《跋东坡辞免中书舍人稿真迹》，《四部丛刊》初编，第119册，第11—13页。

④ 《苏轼文集》卷26《论给田募役状》，第768—771页；按，此状首次提出在元丰八年十二月，元祐元年四月送详定役法所，元祐二年二月又进呈朝廷。参《长编》卷374，元祐元年四月癸巳条注，第9075页。

法之弊。苏轼称,这一政策"本出先帝圣意",后因臣僚反对未能坚持,而哲宗作为神宗之子,有义务取法圣贤,继承神宗此"志"。这一建议后来在台谏官的攻击下未能施行,其中右司谏王觌说:

> (苏)轼之议曰:"熙宁中,尝行给田募役法,闻之道路,出自先帝圣意……"臣亦以为不然。谓其法出于先帝之圣意,非臣之所能知也。谓其法废于大臣之私意,亦非臣之所能知也。然有可以知者,初行之,则先帝必以其法为是,而终罢之,则先帝必以其法为非矣。今但欲奉承先帝行其法之意,而不能奉承先帝罢其法之意,又岂非惑耶?夫孝者,善继人之志,善述人之事,固武王、周公之所务。然圣人之志,惟圣人为能知之,其知之无难者,事而已。所谓事者,亦随时而损益焉,乃所谓善述也。……使买田募役之法,先帝终行之而不宜于今,犹当更改,况先帝察其为非而罢之者耶?①

王觌的意思有两点:第一,"给田募役"是神宗初行而终罢的政策,苏轼仅选择对己有利的证据而无视相反的事实,片面理解了神宗之"志";第二,"志"难解而"事"易知,即便"述事"亦当随时损益,是为"善述"。换言之,"给田募役"并非神宗之"志",实为神宗之"事"。

王觌曾多次在奏章中对熙丰新法进行激烈的批评,为元祐更化立下汗马功劳;他对苏轼的攻击属于旧党内部矛盾的一部分,然他的奏疏隐含的意思却是耐人寻味的。他提出的"志"之难解,以及不能片面理解神宗之"志"的看法,不仅是对苏轼有力的回击,同时也间接否定所有宣称能解"先帝本意"的元祐臣僚,包括他本人在内。因为套用他的逻辑,如果熙丰之政策、法令如元祐臣僚所说非"先帝本意",为何神宗至死都没将其废罢呢?既然"志"是不容易理解的,元祐臣僚又怎么保证能完整、准确地理解"先帝本意"呢?由此可见,元祐之人苦心制造的"先帝本意"假象不待新党的反击,就已在旧党的内讧中被戳穿了,因而这些论述与司马光的其他论述类似,都因掺入政治因素而缺乏坚固的基础。

---

① 《长编》卷397,元祐二年三月条,第9687—9688页。

由以上的讨论可知，从元丰转向元祐的过程中，臣僚对待神宗及熙丰之政确实存在两种截然不同的路线、主张，一种坚持绍述先帝，仅对熙丰政事做有限的、局部的调整，一种则要求尽速推翻神宗朝全部或大部的政策，恢复祖宗旧制。其中司马光等元祐臣僚提出的系列论述，为高氏及旧党开展行动奠定理论基础，进而对元祐初年的政治进程发生影响。然而，相关论述具有明显的局限，不具备坚固的基础，只是一种表述策略，以合理化其相应的主张；同时，这些论述动辄以神宗本意、神宗遗意作为依归，实质是打"绍述"之旗反神宗之政，等于间接承认了"绍述"的合理性，因而无力反制熙丰之人的"绍述"诉求，从而为其后的政局变化埋下伏笔。

二、"诽谤先帝"问题的由来及其影响

1."诽谤先帝"问题的由来

元祐元年春宋廷内部发生的剧变显示"元祐更化"已成定局，故御史中丞刘挚称"今法既更张修完，以追述先朝之意矣"①。同年九月司马光病逝时，推翻新法的工作基本完成，刘挚又说："至于大本，已定十之八九矣。惟……坚守此指，终始如一而已。"②不过，在此过程中，新旧两党之间的斗争异常激烈，其中元祐元年二月章惇驳司马光擅改役法一事，展示了两派相争的激烈程度。③除章惇外，尚有地位不显而坚决为新法抗争的臣僚，例如被苏轼称为"疏远小臣"的张行上书说："今乃废免役而复差，上违先帝燕翼之谋，下拂元元安业之愿，岂曰述事乎？"④再如开封府推官张商英上言："'三年无改于父之道，可谓孝矣。'今先帝陵土未干，即议变更，得为孝乎？"⑤又如，元祐元年三月新党王广渊之子、军器监丞王得君的上言：

近日言事之臣，又复不能体悉圣心，遂以先帝之法，一切为非，指

---

① 《长编》卷369，元祐元年闰二月甲辰条，第8901页。

② 《长编》卷387，元祐元年九月丙寅条，第9422—9423页。

③ 《长编》卷367，元祐元年二月丁亥条，第8822—8829页。

④ 《长编》卷408，元祐三年二月丙戌条，第9931页。

⑤ 《宋史》卷351《张商英传》，第11095页。

斥点尘,无所不至。臣近见言者乞掩埋京城四门白骨,云多是昔日筑城开壕死损人夫,而谓陛下躬行仁政,罢去苛法。臣读此章,不胜感愤。……建言者不深惟本末,乃斥先帝以苛名,而自沽讦直之誉。陵土未干,肆为丑诋。传播四方,人情痛惜;书之史册,又将谓何? 恭惟陛下追慕感伧,孝思罔极,省览奏牍,宜所不忍。①

三位上言者的角度各有不同,张行针对役法一事而发,张商英笼统地反对遽然变更,而王得君乃批判此前右司谏苏辙的建言②。然从内容看,他们都站在"述事"及"孝"之立场,质疑的调子很高,愤慨之情溢于言表。尤其是王得君的言论,他针对苏辙疏中"苛法"等语,痛陈元祐臣僚对神宗的指斥和丑诋,显示"更化"已给旧党以外的人留下诽谤神宗的口实。据元祐元年闰二月殿中侍御史吕陶言,熙丰新党一直散布舆论,称"先帝之法岂可遽改,他日嗣皇亲决万机,则吾属皆有罪"③。又据《长编》载,

> 始,(司马)光当国,悉改熙宁、元丰旧事。或谓光曰:"旧臣如章惇、吕惠卿辈皆小人,他日有以父子之义间上,则朋党之祸作矣。"光正色曰:"天若祚宋,必无此事。"遂改之不疑。④

司马光固然义无反顾,勇往直前,但他的同僚对于哲宗亲政以后的倾向,却不能不怀有极大的忧心。而实际上,掌握朝政以后的元祐执政大臣已经意识到问题的严重性,试图采取补救措施回应新党的质疑。

元祐元年四月,熙宁变法的核心人物王安石去世,采用何种规格安排其丧事这一问题让元祐臣僚颇费斟酌,当时有赐王安石恶谥之议⑤,但在宰相司马光、门下侍郎吕公著的坚持下,仍对王安石优加厚礼,追赠其为太傅,

---

① 《长编》卷371,元祐元年三月辛未条,第8993页。
② 《苏辙集》卷37《乞葬埋城外白骨状》,第12页。
③ 《长编》卷370,元祐元年闰二月,第8957页。
④ 《长编》卷387,元祐元年九月丙辰条,第9416页。
⑤ 《长编》卷424,元祐四年三月,右正言刘安世言:"安石之死,人皆称贺,王汾无言责,而能上书陈述义理,乞赐恶谥,以为后来之戒。"(第10261页)

而苏轼起草的制书也有意表彰其功绩①。后来陈瓘解释有两个原因，一因司马光等认可王安石的文章、节义，倾向让吕惠卿代受坏乱天下之责；二因许多臣僚认为王安石与神宗的关系过于紧密，若对其指责过重则有损神宗之名②。

同年六月，被台谏官一致指为大奸大恶的吕惠卿被免去职务，初责光禄卿，分司南京，苏州居住，

> 中书舍人范百禄草制，有云："朕承先帝大烈，惧弗克胜，而法弊不可以不更张，民劳不可以不振德，稽其所自，汝为厉阶。"右仆射吕公著以手简谕百禄云："恐彰先帝之失，宜删去之。"百禄如公著所谕，但以人言孔多为说。③

但此举仍遭到御史刘挚、林旦、韩川等人的强烈反对，认为吕惠卿罪大恶极，仅降官、分司贬谪过轻。在他们连篇累牍上疏的压力下，执政臣僚又将吕惠卿以散官安置于建宁军。苏轼起草的诏书说：

> 吕惠卿……首建青苗，次行助役。均输之政，自同商贾；手实之祸，下及鸡豚。苟可蠹国以害民，率皆攘臂而称首。④

吕惠卿的贬谪过程反映出：第一，尽管御史及两制官员倾向公布吕惠卿的罪行，但执政的吕公著等人则更多地顾及神宗的颜面。第二，由于吕惠卿被认为是新党中品质最为恶劣、罪行最为严重之人，因而执政者没能顶住压力，不得不在官方文件中将其定为倡议变法的罪魁祸首；而吕惠卿参与策划的青苗、助役、均输、手实诸法则被连带定为蠹国害民之法。这其实是很不寻常的，后文会有涉及。

由于元祐初年的言官"疾恶如仇"，企图将熙丰所有臣僚一网打尽，引

---

① 《长编》卷374，元祐元年四月癸巳条，第9069—9070页。

② 《长编》卷374，元祐元年四月癸巳条注，第9070页。

③ 《长编》卷380，元祐元年六月辛亥条，第9240页。

④ 《苏轼文集》卷39《吕惠卿责授建宁军节度副使本州安置不得签书公事》，第1100页。

起太皇太后高氏及部分旧党的警觉及担忧。元祐元年四月,高氏在与同知枢密院事范纯仁交换意见后,以为:"朝廷若人人而责,则事无穷已,似非安静之术,使向来附会干涉之人,日夜恐惧,不能自安。欲降一诏书,一切示以宽恩,更不行遣,当各安职业,改过自新。"① 其后吕公著对这一提议表达了赞赏、支持的态度,然此事很快走漏风声,因此"诏之未下也,言事官交章论其不可"②。这些言事官提出的一些理由值得注意,例如殿中侍御史林旦说:

> 此必有造谋以误陛下者,臣度其意不过两端而已:一则务为姑息,以掠誉于小人;一则持此自献,谓能不谤于先帝。……(熙丰臣僚)虽有贬降,亦只是奉行先帝圣意,遣斥不忠不良之人,且示天下以前日失当之事,自各有建言之人,奉行之吏,非出于先帝之本意也。如此,岂得为谤先帝乎?③

御史中丞刘挚说:

> 窃料诏意,谓前日弊事已革,旧罪已除,故下诏令与吏民改行自新。臣独疑之。若果然,则为害益大。臣谓朝廷大约修明先帝法令,去其犯法之人,是乃文、武、成、康相成之治。今云与更新,自今日始,则臣不知以先朝之治为何如哉?以此示天下,实伤国体。……若必形于诏书,示荡涤之惠,使之自新,则似分别前日政事,亏损治道,无大于此。④

左司谏王岩叟说:

> 窃知其间叙列先朝搢绅之恶,无所不有,虽云臣下所为,然于先帝之明如何也?陛下下诏之善意,本在掩盖前事,不知反所以彰先帝之失,此大不可一也。⑤

---

① 《长编》卷375,元祐元年四月乙巳条,第9103页。
② 《长编》卷381,元祐元年六月甲寅条,第9249页。
③ 《长编》卷381,元祐元年六月甲寅条,第9254—9255页。
④ 《长编》卷381,元祐元年六月甲寅条,第9251—9252、9253页。
⑤ 《长编》卷381,元祐元年六月甲寅条,第9262页。

综合台谏官的意见，可以看出：台谏官清楚地知道，高氏及执政者的用意乃欲弥合新旧之间的裂痕，以及掩饰诽谤神宗的行迹。但他们相信，如果"下诏令与吏民改行自新"，不仅会留下"分别"元祐之政与神宗之政的痕迹，彰显神宗的错误，而且可能与他们反复申明的元祐之政与神宗之意一脉相承的立场相矛盾。

以上所述执政者与台谏官之间的博弈与互动过程，显示他们考虑问题的出发点及对新党态度存有分歧。但同时反映出，元祐臣僚虽在较短时间内接管了朝政，推翻了几乎全部新法，但不能从理念上反制新党的"绍述"诉求，反而给人留下诽谤神宗的口实和把柄。执政者不得不谨慎地处理与前朝有关的人事，尽量减少对神宗的伤害，而台谏官员也留意可能区分元祐与神宗的任何痕迹。由此可见，元祐旧党打着"绍述"旗号推翻神宗的政策，一面批判、攻击熙丰之政，却又不敢公开宣布推翻神宗的"国是"，建立新的"国是"，这本身是一种扭曲、矛盾的现象。这种矛盾给旧党造成很大的困扰，其中最重要的表现是，一旦熙丰新党制造舆论，认为旧党对熙丰之政的批判形同对神宗的诽谤，元祐臣僚对于这样的指控和质疑就会变得非常敏感；但他们又不敢公开以决绝的姿态与神宗划清界限，因此经常处于思想困惑、顾此失彼的尴尬之中。

2. "诽谤先帝"问题的影响举隅

元祐元年十二月，翰林学士苏轼于学士院策试馆职，所撰策题有云："欲师仁祖之忠厚，而患百官有司不举其职，或至于媮；欲法神考之励精，而恐监司守令不识其意，流入于刻"；又云："汉文宽大长者，……不闻有怠废不举之病；宣帝综核名实……不闻有督察过甚之失。"[1] 左司谏朱光庭认为，这篇策题以"媮""刻"二字指代仁宗、神宗之政，蕴含本朝先帝不如汉帝，不足取法之意，涉嫌诽谤先朝，要求朝廷正其罪[2]。关于这场策题风波，学界已有较

---

[1] 《苏轼文集》卷 7《试馆职策问三首·师仁祖之忠厚法神考之励精》，第 210 页。
[2] 《长编》卷 393，元祐元年十二月壬寅条，第 9564—9565 页。

充分研究,皆从"洛蜀党争""文字狱"或政治过程等角度展开①。而本文认为此事件折射出元祐政治的一些耐人寻味的现象,表现在如下两个方面。

第一,在苏轼策题案中,出现了许多似乎难以理解的现象。例如,苏轼谈论不同治国方略及其利弊,并不是什么敏感话题;此前御史上官均亦"论为政宽猛之道",所言与苏轼类似,不仅未见任何言官弹劾,反而被朝廷"著为法令"②。因此台谏官如此区别对待就比较奇怪了,除了殿中侍御史吕陶的动机论外,还有什么原因呢③? 再如,如果说苏轼意在讥讽神宗,那么包括朱光庭在内的几乎所有元祐言官攻击熙丰之政的大量奏疏,都是对神宗的诽谤,而且非毁神宗之罪有过之而无不及。不知道朱光庭哪里来的底气指责苏轼? 此外,当时御史傅尧俞、王岩叟、孙升及谏官王觌皆批评苏轼,虽不再以诽谤先朝为辞,但仍指其不当置祖宗于议论之间,这是不是与旧党一贯支持的自由表达异议的传统相矛盾呢? 本文认为,问题的症结并不在于洛蜀党争,亦不在苏轼的不慎,而是基于两点原因:其一,与一般臣僚奏章的性质不同,这是一篇策问,是高氏从三首策题中选出来代表皇帝发问的④,事关哲宗对元祐之政的定位及评价,台谏官不得不以特别挑剔的眼光审视它;其二,元祐政事主要取法仁宗,苏轼在策问中点破神宗之政与仁宗之政的区别,无异于以皇帝名义公开评论元祐之政与神宗之政的不同,而这恰恰犯了台谏官的大忌。据王岩叟《朝论》载,元祐元年正月,御史傅尧俞、王岩叟入对,并答高氏所问:

> (高氏)曰:"今日改先帝事,何故不得问?"(傅尧俞、王岩叟)对曰:"修改政事,与形于文字不同,兼今日所改政事,皆是复祖宗旧法。

---

① 罗家祥:《朋党之争与北宋政治》,第 156—158 页;沈松勤:《北宋文人与党争》,北京:人民出版社,1998 年,第 148—154 页;萧庆伟:《北宋新旧党争与文学》,北京:人民文学出版社,2001年,第 56—59 页;涂美云:《北宋党争与文祸、学禁之关系研究》,台北:万卷楼图书股份有限公司,2012 年,第 149—184 页;方诚峰:《北宋晚期的政治体制与政治文化》,第 68—70 页。

② 《长编》卷 392,元祐元年十一月壬午条,第 9544—9545 页。

③ 吕陶怀疑朱光庭劾苏轼之动机乃为其师程颐报怨。参见《长编》卷 393,元祐元十二月壬寅条,第 9568—9569 页。

④ 《长编》卷 394,元祐二年正月辛未条,第 9600 页。

> 况陛下下诏求民间疾苦者力改之，乃所以承祖宗之美，不知策题须得论
> 耶，不须得论耶？"①

这些台谏官是元祐更化最重要的推手，他们一面攻击、"修改"神宗之政，一面却反对将这些举措公开"形于文字"。这段源于王岩叟政治日记的文字，是前述论点最有力的证明。

第二，朱光庭始以"诽谤先朝"为由要求正苏轼"不忠"之罪，于是"诏特放罪"；但朱光庭认为不当放罪，"其言攻轼愈峻"；而苏轼自辩称"若有毫发讽议先朝，则臣死有余罪"②，又补充说：

> 臣每行监司守令告词，皆以奉守先帝约束，毋敢弛废为戒，文案具在，皆可复按。由此观之，臣岂谤议先朝者哉？③

其后，御史傅尧俞、王岩叟入对，论策题不当将祖宗与前代帝王进行比较，高氏称苏轼不是讥讽祖宗，傅尧俞回应：

> 若是讥讽祖宗，则罪当死，臣等不止如此论列。……今所论苏轼，若是臣等分上私事则可休，事干祖宗、干朝廷，臣等如何敢休？朝廷若不行，被书在史册，后世视朝廷如何哉？④

以上的记载显示，台谏官认为"诽谤先朝"是严重罪行，不仅不能放罪，还得重责，甚至可以处以极刑；同样，苏轼发誓若诽谤指控属实，则死有余辜，他不仅矢口否认朱光庭的指控，还举例证明自己对于神宗之政一贯的维护。可见他们不仅没有对"诽谤先朝"这项罪名本身提出异议，还在此罪的严重法律后果上存有共识。

很多学者都强调，苏轼策题事件对于元祐后期的政局有重要影响，即朱光庭藉"文字狱"罗织罪名的手法攻击苏轼，为后来旧党内部绵延不绝的攻讦开了端绪；例如元祐二年十二月监察御史杨康国、赵挺之针对苏轼发动的

---

① 《长编》卷394，元祐二年正月辛未条，第9600页。
② 《苏轼文集》卷27《辩试馆职策问札子二首》，第789页。
③ 《苏轼文集》卷27《辩试馆职策问札子二首》，第792页。
④ 《长编》卷394，元祐二年正月辛未条，第9598—9599页。

第二次策题之谤,以及元祐六年八月侍御史贾易针对苏轼的题诗及其所撰吕大防左仆射麻制之谤,等等①。本文同意这些观点,并且进一步认为,"诽谤先帝"罪是新党在抗争过程中提出的用以牵制旧党的一个名目,而现在言事官运用这个名目去解决旧党之间的内部矛盾,等于承认了这项罪名的合理性,从而为绍圣以后的新党打击旧党提供了便利。以下对此论点做一些说明。

元祐后期,朝廷越来越呈现微妙、紧张的气氛,正如元祐四年中书侍郎刘挚所言,自司马光去世之后,旧党宰执之间同床异梦,"朝廷之事,肯不顾患祸,身任其责者少矣";而潜伏的新党则阴怀两端,依违观望,因为"彼诚见皇帝陛下渊默谦恭,未甚可否朝政,不知圣意他时所属,将谓天下之事未大定也"②。在这样的情势下,炒作"诽谤先帝"话题可能成为潜藏的新党为熙丰之人复起开路的策略。元祐八年五月,监察御史董敦逸、黄庆基分别攻击苏辙、苏轼。其中黄庆基论苏轼"因行制诰,公然指斥先帝时事",他列举六篇制诰,一一加以指摘,例如:

> 轼行贬吕惠卿诰云:"苟有蠹国以害民,率皆攘臂而称首。"夫先帝立法,乃欲与天下同利,岂有先帝之圣神英睿、冠绝百王如此,而乃肯从蠹国害民之谋乎?……臣请以常人论之。对人之子,詈人之父,犹且义不胜诛,况轼职代王言,而实诬先帝,按之以法,当如何哉?③

认为苏轼对吕惠卿的指斥形同对神宗的诋毁,应该将其正法。其后"三省进呈":

> 微仲奏曰:"……窃观先帝圣意,本欲富国强兵,以鞭挞四夷,而一时群臣将顺太过,故事或失当。及太皇太后与皇帝临御,因民所欲,随事救民,盖理然耳。……近自元祐以来,言事官凡有弹击,多以毁谤

---

① 罗家祥:《朋党之争与北宋政治》,第163—164页;沈松勤:《北宋文人与党争》,第154—157页;萧庆伟:《北宋新旧党争与文学》,第60—63页;涂美云:《北宋党争与文祸、学禁之关系研究》,第216—234页。

② 《长编》卷423,元祐四年三月甲申条,第10244页。

③ 《长编》卷484,元祐八年五月壬辰条,第11495—11504页。

先朝为词，非惟中伤士人，兼亦摇动朝廷，意极不善，若不禁止，久远不便。"

臣辙奏曰："……兄轼亦岂是讥毁先帝者耶？臣闻先帝末年，亦自深悔已行之事，但未暇改耳。元祐初改正，乃是追述先帝美意而已。"

太皇太后曰："先帝追悔往事，至于泣下，当时大臣数人，其间极有不善，不肯谏止。"

微仲曰："闻永乐败后，先帝常曰：'两府大臣，略无一人能相劝谏。'然则一时过举，非先帝本意明矣。"

太皇太后曰："此事皇帝宜深知之。"

微仲曰："皇帝圣明，必能照察此事。"于是得旨，敦逸、庆基并知军事差遣。①

微仲即宰相吕大防，"臣辙"就是门下侍郎苏辙。可以看出，苏轼策题风波开了用"诽谤先帝"之罪攻击政敌的先例，而其后旧党之间的党争让这一话题持续升温，从而为倾向新党的御史所窥伺、利用。因此到了元祐末期，黄庆基对苏轼"诽谤先帝"问题做了系统的总结，吕大防敏锐地意识到黄庆基不是针对苏轼个人的攻击，而是暗藏"摇动朝廷"的野心。由于"诽谤先帝"牵涉元祐更化的"合法性"问题，因此吕大防、苏辙及高氏不得不反复申说更化初期关于神宗本意及遗意的论述，希望取得在场的哲宗的谅解。可见"诽谤先帝"问题也可能牵动哲宗亲政后的政治意向，是高度敏感的话题。

虽然旧党将黄庆基贬出了朝廷，暂时刹住了新党进攻的气焰。但三个月后，高氏病逝，哲宗亲政，形势开始发生变化。御史杨畏等人开始引导哲宗转向绍述，于是哲宗倾向绍述的立场日益明显。元祐九年（1094，绍圣元年）四月，吕惠卿上书申辩"苏轼所作诰词语涉讥讪"，于是苏轼成为第一个被远谪的侍从官，主要罪名就是"诽谤先帝"②。随即哲宗宣布改元绍圣，正式

① 苏辙撰，俞宗宪点校：《龙川略志》卷9《董敦逸黄庆基言事不实并出知军州》，北京：中华书局，1982年，第54—55页。

② 杨仲良：《续资治通鉴长编纪事本末》（以下简称《长编纪事本末》）卷105《二苏贬逐》，绍圣元年四月壬子条，北京：北京图书馆出版社影印本，2003年，第3410—3411页。

高举"绍述"之旗①。很快就有十数位元祐核心臣僚因"诋訾先朝"被贬。至绍圣二年底,三省、枢密院得旨编类元祐臣僚章疏,对整个官僚队伍的"语言文字"进行拉网式排查,从此"元祐党人"遭受真正致命的打击②。可以看出,从元祐年间苏轼诰词之谤,到绍圣初期元祐臣僚之贬,御史攻击政敌的藉口具有极强的继承性,这一情况坐实了吕大防对于黄庆基利用"诽谤先帝"罪名为新党复起开路的指控和疑虑。因此哲宗亲政以后的政局变化与元祐时期的"诽谤先帝"话题是紧密相关的。

在元祐党争过程中,苏轼的策题及诰词往往被作为攻击的靶子,这是耐人寻味的。首先,从总体上看,苏轼对熙丰新法是深恶痛绝的,他的那些策题或诰词对于新法的批判、攻击,远不如他的奏章来得彰著明白。元祐御史为何舍此而求彼呢? 其次,几乎所有的元祐言事官,都参与了对熙丰之政的批判、攻击。他们又是哪里来的底气剑指苏轼呢? 笔者认为这一现象是元祐臣僚自相矛盾、举措失当的证明。北宋前期以来,朝廷鼓励臣僚自由表达异议,奏章被认为是谏诤的工具,尤其是台谏官的奏章,即使所言不当,仍然会得到优容;而所谓的诏书、诰词以及策题等,都属于"王言",具有官方权威结论的意味。因此"谏诤之言"与"王言"之间的区分似乎是存在的。但元祐御史在政争过程中,选择性地利用这一点,认定苏轼代写的"王言"涉嫌"诽谤",而自己的奏章则属于"谏诤";这其实是一种双重标准,同时也是为了攻击政敌而不择手段、不顾后果的短视行为。到了绍圣以后,复起的新党不再理会"谏诤"与"诽谤"之间的区隔,直接将审查的对象扩大到元祐臣僚的奏章中,最终将元祐之人一网打尽,几乎无一幸免。

结　语

在元祐整整八年之后,随着哲宗的亲政,熙丰新党卷土重来,政治路线

---

① 《长编纪事本末》卷 100《绍述》,绍圣元年四月癸丑条,第 3188—3189 页。

② 《长编纪事本末》卷 101《逐元祐党(上,编类章疏附)》,绍圣二年十二月条,第 3241—3242 页;参考方诚峰:《"文字"的意义——论宋哲宗亲政时期的修史、编类章疏与看详诉理文字》,《北京大学学报(哲学社会科学版)》2010 年第 2 期,第 96—104 页。

迅速转向"绍述"。对于这一转变的原因，学者已有许多深入的讨论。例如罗家祥认为，哲宗对于太皇太后高氏及元祐臣僚的怨恨，元祐政治、经济、军事等各方面的危机，以及旧党的党同伐异，都是新党重新得势的原因[①]；方诚峰指出，从元祐到绍述的突然性变化，其酝酿和准备的过程在元祐后期就已经在进行中，主要表现为"调停"及倾向新法之言官群体的出现[②]。本文则从路线论述的角度对上述问题进行补充。

在元丰转向元祐的过程中，高氏及旧党始终面临熙丰之人制造的要求"绍述"的舆论压力；司马光为此先后提出两种论述以合理化其全盘否定熙丰之政的主张，最终诉诸神宗遗意的论述成为更化的主要理论基础。然而，元祐臣僚一面批判、攻击神宗的用人、政策，一面却高举神宗的大旗，宣称元祐之政与神宗之意一脉相承，出现施政中反对熙丰之政，但在理念上服膺"绍述"的矛盾现象，这一做法不仅没能反制新党的"绍述"诉求，反而为新党用"诽谤先帝"之名目牵制旧党提供了机会。特别是随着司马光的去世，元祐臣僚出现内讧，促使"诽谤先帝"问题持续升温，从而被元祐后期潜伏的新党所利用，为哲宗亲政后的变局准备了条件。可见，由于没有清晰、有力的论述，元祐臣僚陷入自相矛盾、思想困惑的尴尬之中，内部搞不好，抵御外部就没有力量。而复出的新党一旦重举"绍述"之旗，并且藉"诽谤先帝"之名目打击旧党，便拥有足够的义理和正当性作为基础，而元祐臣僚不得不敛口结舌，束手就擒。从这个意义上说，哲宗亲政后政局突变的发生，不仅出于皇帝意志的转变，也不仅由于新旧势力的消长，还与元祐臣僚政治路线论述的局限及其衍生的困扰存在莫大的关联。

本文原刊《中国史研究》2017年第3期，收入本书时有所修订。

---

① 罗家祥：《朋党之争与北宋政治》，第 174—179 页。

② 方诚峰：《北宋晚期的政治体制与政治文化》，第 81—101 页。

隆兴和议 "叛亡" 条款与乾道初年宋金外交博弈[*]

胡　斌

长期与北方少数民族王朝对峙,是有宋一代的基本国情。南宋王朝建立于金朝伐灭北宋之际,宋金关系是关涉南宋政权成立的关键性政治议题[①]。宋金双方在隆兴二年(1164)冬达成"隆兴和议"并签订誓书,结束了自绍兴三十一年(1161)以来的交战状态,开启了南北四十余年的和平。既有研究指出,隆兴和议推动了宋金关系由君臣关系向对等关系发展,此后宋金主要外交活动也由宋朝单方面接受金朝要求,变为南北相对均势的外交博弈[②]。从乾道六年(1170)以至淳熙初年,宋朝屡次遣专使至金朝求取祖宗

＊　本文得到了黄宽重、陈希丰、杨光、吴同等先生的指正,谨致谢忱。

①　寺地遵著,刘静贞、李今芸译:《南宋初期政治史研究》,台北:稻禾出版社,1995年,第23—38页;张邦炜:《战时状态与南宋社会述略》,《恍惚斋两宋史论集》,保定:河北大学出版社,2020年,第148—175页。

②　Herbert Franke: "Treaties Between Sung and Chin", Herbert Franke and Hok-lam Chan ed. *Studies on the Jurchens and the Chin Dynasty*, Brookfield, Ashgate, 1997, vol.5 p.81. 古松崇智认为,隆兴和议后除了外交礼仪、外交文书方面不平等,两国交聘制度主要承袭澶渊之盟(古松崇志:《契丹·宋间の澶渊体制における国境》,《史林》2007年第1期,第36页)。井黑忍则认为,(转下页)

陵寝,并要求改正宋帝立受国书的不平等的外交仪制(即"祈请陵寝与更正受书仪的外交斗争"),正是这一特征的反映①。

"隆兴和议"的长期延续,塑造了孝宗至宁宗朝初期南宋的基本政治形势。不过,和议只是缓和宋金核心利益冲突的协定,没有满足双方全部的政治诉求。隆兴和议达成之后,宋金国内均有怀疑和议能否长期维持的声音,两国之间外交冲突不断。隆兴和议包含的宋金矛盾是否影响到乾道以降的宋金外交博弈?两国内部的政治形势如何推动宋金外交博弈,外交斗争又为何没有升级为军事争端?这些都是有待考察的重要问题。

既有关于孝宗朝宋金外交的研究,主要关注乾道六年以后由南宋祈请陵寝与更正受书仪所引发的外交活动,较少注意早在乾道三、四年间宋金就因取索"俘虏"②和侍旺③叛党南渡等问题而产生的外交纷争。在外交斡旋

(接上页)隆兴和议在消解宋金君臣关系的同时,维持了明示君臣关系的授书仪,开启了一种对等国家与上下国家关系共存的新体制。参见井黑忍:《受書礼に見る十二—十三世紀ユーラシア東方の国際秩序》,平田茂树、远藤隆俊编:《外交史料から十～十四世紀を探る》,东京:汲古书院,2013年,第211—236页。又可参见毛利英介:《大定和議期における金・南宋間の国書について》,《東洋史研究》第75卷第3期,2016年,第87页。

① 关于此时宋金外交态势的研究,参见刘肃勇:《金世宗推行的安边保境策》,《辽金历史与考古》第3辑,沈阳:辽宁教育出版社,2011年,第183—190页;赵永春:《金世宗对宋议和述论》,《吉林师范大学学报》2008年第4期,第19—25页;谢波:《宋金对峙时期南宋归正人政策之运行》,《宋史研究论丛》第15辑,保定:河北大学出版社,2014年,第241—266页;董春林:《和战分途:南宋初年的政治转向——以孝宗朝政策迁移为线索》,《中南大学学报》2014年第4期,第203—208页。宋孝宗朝祈请陵寝与更正受书仪两项外交斗争的关系密不可分,相关研究参见 Lau, Nap-Yin: *The Absolutist Reign of Sung Hsiao-Tsung (1163-1189)*, Dissertation, Princeton University, 1986, pp.86-88;赵永春:《关于宋金交聘"国书"的斗争》,《北方文物》1992年第2期,第53—58页;张维玲:《从南宋中期反近习政争看道学型士大夫对"恢复"态度的转变(1163—1207)》,台北:花木兰文化出版社,2010年,第65—82页;李辉:《宋金交聘制度研究》,上海:上海古籍出版社,2014年,第71页;吴淑敏:《"隆兴和议"后宋金"受书仪"之争》,《北京社会科学》2019年第4期,第60—70页。

② 本文的"取索'俘虏'",指金朝引据和议条款,以公文向宋方索要"俘虏"的做法。

③ 关于侍旺叛乱的研究,参见陈希丰:《辛巳之役与南宋孝宗朝边防格局的形成——以江淮、京湖战区为中心》,北京大学博士学位论文,2016年,第219—222页。关于叛乱首领的名字,《宋史·孝宗纪》两处均作"时旺"(分见脱脱等:《宋史》卷34《孝宗纪》,北京:中华书局,1985年,第645—646页),而员兴宗《九华集》、朱熹《晦庵先生朱文公文集》、岳珂《桯史》及(转下页)

中,宋金双方的争论集中在南渡者的身份是 "俘虏" 还是 "叛亡之人"。这一争论又牵涉到双方对隆兴和议誓书中 "归被俘人,惟叛亡者不与" 的不同理解。而无论是隆兴誓书中 "俘虏" 与 "叛亡之人" 之所指,还是和议条款背后宋金双方政治诉求的张力以及此种张力对乾道以降宋金外交关系的长期影响,均未见学界进行过细致考察。

本文拟从辨析隆兴和议 "叛亡" 条款的含义出发,勾勒乾道三年至五年间宋金围绕取索 "俘虏" 和侍旺叛乱余党而展开的外交博弈过程,从宋金两朝内部政治演变的视角,探讨隆兴和议得以长期维持的原因。

一、隆兴和议誓书 "叛亡" 条款的含义

南宋所存绍兴和议誓书规定:"今后上国逋亡之人,无敢容隐。寸土匹夫,无敢侵掠。其或叛亡之人,入上国之境者,不得进兵袭逐,但移文收捕。"[①] 而在隆兴和议中,宋方承诺:"归被俘人,惟叛亡者不与。"[②] 两相对比,可以看出:绍兴和议禁止两国收容 "叛亡之人",隆兴和议却规定南宋不必将 "叛亡者" 解送金朝。隆兴和议中的 "叛亡者" 与绍兴和议中的 "叛亡之人" 是何关系?两次和议条款对于发遣 "叛亡者" 的规定有什么实质差别?目前学界尚无细致讨论。

作为两宋时期的外交语言,"叛亡之人" "叛亡者" 是指被认定为主动逃入邻国、受到邻国庇护之军民。前人研究指出,禁止招纳 "叛亡者" 是澶渊

(接上页)《宋史·陈敏传》均作 "侍旺"(分见员兴宗:《九华集》卷 5《上皇帝书》,《景印文渊阁四库全书》第 1158 册,台北:台湾商务印书馆,1986 年影印本,第 29 页;朱熹:《晦庵先生朱文公文集》卷 96《少师观文殿大学士致仕魏国公赠太师谥正献陈公行状》,《朱子全书》第 25 册,上海:上海古籍出版社,2002 年,第 4468 页;岳珂撰,吴企明点校:《桯史》卷 4《乾道受书礼》,北京:中华书局,1981 年,第 45—46 页;《宋史》卷 402《陈敏传》,第 12182—12183 页)。因《宋史·孝宗纪》的说法依据不明,本文行文中暂采时人奏议之说,称作 "侍旺",引文则依原文不改。

① 李心传撰,胡坤点校:《建炎以来系年要录》卷 142,绍兴十一年十一月庚申条引《绍兴讲和录》,北京:中华书局,2013 年,第 2686 页。

② 佚名撰,汪圣铎点校:《宋史全文》卷 24 上,隆兴二年十一月,北京:中华书局,2016 年,第 2004 页。

之盟以后形成的外交惯例①。金朝常以招纳"叛亡者"为由发动战争。如宣和末年金人南下攻宋时，就"数以朝廷擅纳叛亡、招收户口，首违誓盟"②。金朝太祖、太宗两朝屡征高丽，其中太宗天会二年（1124）颁布的《征高丽诏》就提到："纳我叛亡而弗归，其曲在彼。"③南宋绍兴四年，金朝在南下前夕也曾遣使"求还刘豫之俘，及西北人在东南者"④。绍兴三十一年，金帝完颜亮以南宋接纳"叛亡者"为借口开战⑤。隆兴二年，南宋参知政事钱端礼指出："金人数有文移，取索俘掳人众，是衅已开，为兴师张本。"⑥这说明隆兴时期宋人已熟悉金朝以取索"叛亡者"为借口发动战争。

由此看来，如将"惟叛亡者不与"理解为允许宋金在隆兴和议达成后任意招纳"叛亡者"，就违反了两宋时期南北外交的一般惯例。结合绍兴三十一年海陵王亮南征签军，北人大量南渡的时代背景推断⑦：隆兴和议誓书中的"叛亡者"，当仅针对绍兴三十一年以降宋金交战时越界军民。而绍兴和议中的"叛亡之人"，则指和议达成之后越界的军民。也就是说，隆兴和议誓书中"惟叛亡者不与"条款，是在默许宋金双方保留部分战时越界军民的前提下，禁止在和议达成后继续接纳"叛亡者"。这一理解既符合澶渊之盟、绍兴和议所确定的外交原则，也可从隆兴二年以后宋朝的边境管理制度得到印证。早在绍兴十三年，宋朝就规定了捕获"沿边私渡淮及招纳叛亡之人"的赏格，规定私渡"叛亡之人""依军法"处置。此条法令在乾道时期仍

---

① 古松崇志：《契丹·宋間の澶淵体制における国境》，《史林》2007 年第 1 期，第 54—58 页。

② 徐梦莘：《三朝北盟会编》卷 22，宣和七年十一月二十一日戊子条引《封氏记年》，上海：上海古籍出版社，2008 年影印本，第 163 页。

③ 脱脱等：《金史》卷 3《太宗纪》，北京：中华书局，2020 年，第 57 页。

④ 《宋史》卷 379《章谊传》，第 11688 页。

⑤ 《金史》卷 129《张仲轲传》，第 2936 页。参见徐梦莘：《三朝北盟会编》卷 228，绍兴三十一年五月十九日条引《金人败盟记》，第 163 页。

⑥ 楼钥撰，顾大朋点校：《楼钥集》卷 92《观文殿学士钱公行状（代汪尚书）》，杭州：浙江古籍出版社，2010 年，第 1685 页。

⑦ 参见黄宽重：《略论南宋时代的归正人》，《南宋史研究集》，台北：新文丰出版公司，1985 年，第 194 页；吴松弟：《南宋人口史》，上海：上海古籍出版社，2008 年，第 127—129 页。

然有效①。可见宋朝在隆兴议和后仍旧禁止"叛亡者"私渡淮河,说明隆兴和议"叛亡者不与"条款并非允许双方任意招纳"叛亡者"。

　　隆兴和议誓书中的"归被俘人,惟叛亡者不与",以"叛亡者"与"俘虏"对举,实质上是将南渡北人区分为两种性质。魏了翁述及隆兴时期虞允文朝议意见时,也将南渡者分为两类:"忠义归正之人、俘虏流亡之人,在廷公卿皆曰可遣,公曰必不可遣。"②此处的"俘虏流亡之人"与"忠义归正之人"分别对应和议誓书中的"被俘人"和"叛亡者"。魏氏还提到虞允文和"在廷公卿"争论两类北人"遣"与"不遣"的问题。由一"遣"字,可知无论是"俘虏"还是"归正人",都是指隆兴议和时业已留居南宋境内的北人,也就是宋金战争时期(绍兴三十一年至隆兴二年)南渡的北人,而不涉及隆兴和议后两国能否招纳"叛亡者"的问题。这一材料再度印证了前文对"叛亡者不与"的理解。

　　判定"俘虏流亡之人"与"忠义归正之人"的基本标准,在于南渡行为是主动还是被动。在实际操作过程中,南渡者的民族身份、宋朝沿边官员对于招纳"叛亡者"的态度等因素也影响着双方对"俘虏"与"叛亡者"的认定。

　　所谓"忠义归正",主要指绍兴三十一年完颜亮南征前后主动叛金南渡的北方军民。就在隆兴二年和议签订之际,宋朝派员到两淮地区颁诏安抚,诏书中提到:"怜彼此之无辜,约叛亡之不遣,可使归正之士,咸起宁居之心。"③说明隆兴和议誓书中的"叛亡者",也就是虞允文所谓的"忠义归正之人",实为南宋朝廷认定的"归正人",即战时主动南渡的北人。如新息县令范如山,绍兴三十一年"率豪杰开蔡城以迎王师,因尽室而南",随后长期在南宋任官④。又如绍兴三十一年十月知均州武钜,"招纳到北界忠义归朝人巡

---

　　① 蔡戡:《定斋集》卷3《乞禁止沿边作过人札子》,《景印文渊阁四库全书》第1157册,第589页。

　　② 魏了翁:《重校鹤山先生大全文集》卷52《虞忠肃公奏议序》,《宋集珍本丛刊》第77册,北京:线装书局,2004年影印本,第247页。

　　③ 洪适:《盘洲文集》卷11《缘边残破州军德音》,中华再造善本,北京:北京图书馆出版社,2004年,第1页。

　　④ 刘宰:《漫塘刘先生文前集》卷34《故公安范大夫及夫人张氏行述》,《宋集珍本丛刊》第72册,第37页。

检杜海、昝朝等二万余人，并老小数万口"，朝廷下令优抚，支给钱米赈济，并从其中招纳效用"令隶军中"①。在两淮地区，张浚力主将山东归正人编列成军，以承担"戍边"的职责，兵力达四五千人②。金朝境内耶律窝斡叛乱时，南宋还在绍兴三十一年打出了招纳辽人遗民以"报耶律之深仇"的旗号，招纳到萧忠一、萧鹧巴、耶律适哩等契丹军将③。隆兴和议达成后，金朝没有严令宋朝交出叛逃入宋的萧鹧巴等契丹将领，甚至没有取索隆兴北伐时归宋的女真官员大周仁、蒲察久安④。至开禧北伐失败后，宋方在议和时提到："当隆兴时，固有大朝名族贵将南来者，洎和议之定，亦尝约各不取索。"⑤由此看来，隆兴和议允许契丹、女真"叛亡者"留居南宋，而不像绍兴和议那样规定所有北人均需遣还。

所谓"俘虏流亡之人"与"被俘人"，主要指完颜亮发动南征之役后因战败留滞宋方的金朝官员与将士。隆兴和议达成之后，完颜仲使宋，取回被俘之原商州刺史完颜守能和原新息县令完颜按辰⑥。这二人均为任职沿边地区的金朝官员，只因宋朝占领而被俘，实无意效忠南宋。金使接回二人，正是执行隆兴和议"归被俘人"。同为新息县令，金朝取索完颜按辰而未取范如山，说明金朝优先取索沦落在南方的女真官员，而在事实上允许心向南宋的非女真官员留居南方。

此外，以签军为代表的北方溃兵，也是"被俘人"的重要组成部分。王

---

① 刘琳等点校：《宋会要辑稿》兵 9 之 13，15 之 10，上海：上海古籍出版社，2014 年，第 8784、8916 页；周必大撰，王瑞来校证：《亲征录》，绍兴三十一年十月癸卯，《周必大集校证》卷 163，上海：上海古籍出版社，2020 年，第 2451 页。

② 《宋会要辑稿》兵 15 之 12，第 8919 页；张浚：《又回奏虏情及遣使事宜状》，解缙等编：《永乐大典》卷 10876，北京：中华书局，1986 年影印本，第 4465 页。按，荆襄地区也设有忠义军，详情参见薛季宣：《艮斋先生薛常州浪语集》卷 21《上汤相论边事》，《宋集珍本丛刊》第 61 册，第 317 页。

③ 《宋会要辑稿》兵 7 之 18，17 之 28，第 6878、8968 页；《金史》卷 87《纥石烈志宁传》，第 2053 页；李心传撰，徐规点校：《建炎以来朝野杂记》甲集卷 18《赤心忠毅忠顺强勇义胜军》，北京：中华书局，2000 年，第 423 页；《宋史全文》卷 24 上，隆兴元年十一月壬辰，第 1983 页。

④ 《宋会要辑稿》食货 61 之 52，第 7460 页；《宋会要辑稿》职官 1 之 6，第 2923 页；《宋会要辑稿》兵 16 之 16，第 8949 页。

⑤ 《金史》卷 93《完颜宗浩传》，第 2202 页。

⑥ 《金史》卷 73《完颜守能传》，第 1795 页；卷 61《交聘表中》，第 1513 页。

明清提到宋朝在荆襄地区处置俘虏"签军"的做法：

> 汪明远（汪澈）为荆襄宣谕使。逆亮遣刘萼领兵号二十万，侵犯襄、汉间。荆、鄂诸军屡捷，俘虏人多签军，语我师云："我辈皆被虏中签来，离家日，父兄告戒云：'汝见南朝军马，切勿向前迎敌，但只投降，他日定放汝归，父兄再有相见之期。傥不从诲戒，必遭南军杀戮。'"有闻此语以告明远者，遂与幕僚谋之，建议尽根刷俘虏之人，借补以官，纵遣北归，欢跃而去。乾道改元，虏人再来侵犯，荆、鄂亦出师入北界，纵遣之人有来为乡道者，诸将皆全璧而归。①

海陵王亮南征时签发沿边百姓为军。采石瓜洲一役金军溃败后，不少金朝军、将留滞宋境。如绍兴三十一年十月刘锜攻入蔡州后，当地"军吏"就建议诛杀城中签军②。由"根刷俘虏之人"一语看，有些金军溃兵是成建制地为宋方捕获、囚禁，也有一些混居于沿边地方，需要宋朝官方"根刷"才能尽数检出。这些签军原本为金朝强行征发，被俘后无意留居宋境。故宋方一旦发遣，他们就"欢跃而去"。而宋朝估计难以长期保有此地，也无意收纳"签军"。服务于汪氏幕府的薛季宣，曾阐述不必俘虏陈、蔡溃退签军的理由。他承认签军有"思宋之心"，但强调"既得之，不能守之，复为虏所有，则生灵必无噍类，实恐因此绝其爱戴之心，不若不得之为愈也"③。可见宋朝决定释放"签军"，虽也考虑到他们个人的意愿，但主要是基于发遣与否对于宋朝利害的评估。

　　总体来看，无论是完颜守能等金朝被俘的女真官员，还是沿边被俘的"签军"，均非主动进入宋境，也无意归附、留居，显与主动南渡归附的"忠义

---

　　①　王明清撰，燕永成整理：《挥麈第三录》卷3《汪明远宣谕荆襄》，《全宋笔记》第10册，郑州：大象出版社，2019年，第278页。

　　②　徐梦莘：《三朝北盟会编》卷236，绍兴三十一年十月二十七日，第1698页。按，诛杀蔡州"签军"之议，或与宋朝敌视当地"汉人"有关。刘浦江提到绍兴三十二年金人攻蔡时，宋朝守臣即根刷杀戮与当地结亲之"汉人"。蔡州当地复杂的民族情况，可能是汪澈倾向释放"俘虏"而没有选择招纳安抚的原因之一。参见刘浦江：《说"汉人"——辽金时代民族融合的一个侧面》，《民族研究》1998年第6期，第64页。

　　③　薛季宣：《艮斋先生薛常州浪语集》卷19《上宣谕论淮西事宜》之五，《宋集珍本丛刊》第61册，第297页。

归正人"有所不同。需要明确的是,"俘虏"与"叛亡者"的基本内涵虽大体清晰,但在具体操作中,哪些人员属于金朝必须取索的"俘虏",哪些人员属于宋朝定要保留的"叛亡者",往往取决于特定政治语境下宋金双方具体的利益诉求。

隆兴和议的"叛亡"条款,是宋金双方进行外交博弈的结果。在隆兴议和的过程中,宋金双方从"叛亡者"(归正人)、"俘虏"的分野出发,围绕归遣南渡军民的范围展开了一番争论。有关隆兴和议过程的历史叙述,常常将"叛亡者"(归正)、"俘虏"等概念混记,未能准确指出宋金争论的焦点所在。如《中兴御侮录》将隆兴和议誓书中"归被俘人,惟叛亡者不与"缩写为"彼此不还叛亡",表明此书作者不清楚誓书文本中"叛亡者"与"俘虏"的差别①。鉴于此,相关讨论必须以相对原始的材料为基础。

孝宗在隆兴二年冬金朝再度南下攻宋时颁下两道敕令,提及宋使带回的金朝和议条件,可以作为讨论的基础。其中《抚谕归正将士人民诏》称:

> 自卢仲贤初议,则有画定数事:叔侄通书之式,唐、邓、海、泗之地,岁币银、绢之数,及缘边归附之人。②

卢仲贤于隆兴元年八月使金,慑于金朝威慑,答应四项条件。根据此诏,当时金朝要求宋方归还主动南渡的归正人。此议遭到南宋臣僚的反对。随后胡昉于隆兴二年初使金,坚持要求"不还叛亡,不归侵地",遭金方扣留③。当年八月,魏杞再度出使。不久金朝再度南下攻宋。十一月,宋廷下诏激励沿边将士,诏书中就提到了魏杞带回的金朝议和条件:

> 仍遣魏杞衔命复行。不较礼文,书辞屡易;不爱四郡,割以奉之。乃渝元约,又求商州,且索临阵系虏之人……若彼坚欲商、秦之地,俘降之人,则朕有以国毙,不能从也。④

---

① 佚名撰,黄宝华整理:《中兴御侮录》卷下,《全宋笔记》第 10 册,第 37 页。

② 洪适:《盘洲文集》卷 12《抚谕归正将士人民诏》,中华再造善本,第 3 页。

③ 佚名:《中兴御侮录》卷下,《全宋笔记》第 10 册,第 29 页。

④ 洪适:《盘洲文集》卷 12《激谕将士诏》,中华再造善本,第 2 页;《宋会要辑稿》兵 7 之 20、21,第 8745 页。

此诏由兼直学士院洪适拟定。此处的"临阵系虏之人""俘降之人",在当时洪氏所拟《亲征诏》(后未降出)中,称作金朝"尚犹遣介持书,邀索降将"①。而《宋史·魏杞传》等则记载说,魏氏出使时,金人"又求割商、秦地及归正人"②。这里的求"归正人"与当时诏书的表述不同,应属后人误记。综合隆兴和议条款看,隆兴二年魏杞出使时,金朝不再坚持取索归正人,而仅提出取索俘虏的条件。此时掌控朝政的宋高宗急于求和,答应了金朝的条件,这就是隆兴和议誓书中"归被俘人,惟叛亡者不与"条款的形成过程③。

不难看出,在隆兴议和的过程中,宋方关于处置交战期间南渡军民的核心诉求是"不遣归正人"。因为宋朝自绍兴三十一年海陵王亮南征前后,就已积极招募归正人南渡。绍兴三十二年六月,孝宗即位赦书中有云:"绍兴三十一年以后归正士人,未有应取去处,窃虑失所,理宜优恤……应诸国归正人等皆系忠义所激,向慕而来,理宜优恤。仰州县长吏常切抚存,毋令失所。"④如果南宋同意遣返主动南渡的"归正人",就是背弃了庇护归正人的承诺,有可能激起边境民变,甚至影响南宋王朝的正统性宣示。胡铨反对隆兴议和,就是担心金朝"尽索归正之人,与之则必反侧生变,不与则虏绝不肯但已"⑤。前面提到的新息县令范如山,也在此时感受到被遣返的危机:"未几亮阴褒继,和战未决,或又倡为遣归附之说,动摇物情。赖庙谟坚定,公等以安。"⑥

此时金世宗面临的主要问题是维护国内政局稳定,无意全数追索主动叛逃入宋的军民。实际上,金朝的核心诉求是"索临阵系虏",也就是

---

① 洪适:《盘洲文集》卷12《亲征诏》,中华再造善本,第4页。

② 《宋史》卷385《魏杞传》,第11832页。按,此种说法也出现在南宋编年体史书中,诸如《宋史全文》卷24上,隆兴二年八月,第1997页;刘时举撰,王瑞来点校:《续宋中兴编年资治通鉴》卷8,隆兴二年八月,北京:中华书局,2014年,第179页。

③ 高宗在隆兴和议决策过程中发挥了关键性作用。隆兴北伐失败后,持主和立场的宋高宗发挥了凌驾于孝宗之上的政治影响力。参见胡斌:《宋孝宗时代的"自治"与内政整顿(1155—1181)》,北京大学博士学位论文,2021年,第86—91页。

④ 《宋会要辑稿》兵15之11,第8918页。

⑤ 《宋史》卷374《胡铨传》,第11587页;黄淮、杨士奇编:《历代名臣奏议》卷349,第4529页。

⑥ 牟巘:《陵阳先生集》卷15《书范雷卿家谱》,《宋集珍本丛刊》第87册,第580页。

要求南宋遣返投降被俘的金朝军民。如《金史·完颜守能传》引隆兴誓书作"俘虏之人，尽数发还"，略去宋朝所强调的"惟叛亡者不与"一语①。

不过，宋金双方对于"俘虏"的理解似乎很不相同。判定"俘虏"的标准，既可以是北人南渡行为的因缘（主动南渡或战败被俘），也可以是北人南渡的动机（是否愿意留居南方）。如果被俘的金军官兵愿意留居甚至效忠南宋，似乎又符合"忠义归正之人"的界定。早在隆兴和议议定之前，南宋官方就已授予部分被俘的金朝将领以官职，将部分被俘的金朝士卒编入军队。由上述二诏可知，金朝对隆兴和议中"俘虏"的理解，主要依据被俘的行迹，而不大考虑被俘后是否归附的心迹。由此看来，隆兴和议对于"俘虏"的定义不清，正是造成日后外交争端的关键。

隆兴和议中"归被俘人，惟叛亡者不与"条款，形成于议和期间宋金双方由自身利益出发而进行的外交博弈。宋方更看重这一条款中"惟叛亡者不与"的前提，而金方更看重"归被俘人"的规定。因而在实际操作中，为了各自的利益，宋朝倾向于扩大"叛亡者"涵盖的范围，而金朝则坚持"俘虏"必遣。而早在和议达成之时，双方对界定"俘虏"的标准就抱持不同的看法。隆兴和议"叛亡"条款内部的张力，成为触发乾道初期宋金外交博弈的引线。

二、乾道三年金朝取索"俘虏"的失败

因绍兴三十一年海陵王亮单方面破坏和议南下攻宋殷鉴不远，故在隆兴和议甫成之时，宋朝君臣就已对金朝能否坚守和议持怀疑态度。宋孝宗不满于隆兴和议，为了实现"恢复"的理想，希望在宋金外交上有所突破。乾道初年南宋应对金朝取索"俘虏"的政治过程，就是在这一政治背景下展开的。

隆兴和议达成后，宋朝自乾道元年开始依约遣返"俘虏"。当年二月，金朝报问国信使完颜仲使宋，宋方交还了被俘的原商州刺史完颜守能和原新

---

① 《金史》卷73《完颜守能》，第1795页。

息县令完颜按辰①。而到了乾道三年初,当知襄阳陈天麟汇报金朝拟大举南攻时,宋孝宗立即对金朝能否遵守和议表示怀疑②。当年六月,金朝边郡移牒取索"俘虏",进一步加深了宋孝宗的疑虑。七月,身居宜兴的周必大收到平江府传来的书信。他说,"得平江书,汹汹传时巡,盖虏遣兵部尚书乌论三合驻泗州,取索归正人甚众,且聚兵积粮"③。《宋史·孝宗纪》系此事于乾道三年六月十二日④。可见金朝取索"俘虏"是在六月,而宋朝定议拒绝或在七月以后。周氏提到的"乌论三合"即"乌古论三合"。但根据《金史》的记载,乌古论三合从未担任过兵部尚书,而且在大定六年(1166)已改任洺州防御使,此时不应该出现在泗州⑤。周必大的信息源于传闻,具体细节很可能是不准确的。不过,周氏的记述表明当时南宋民间盛传金朝为取索归正人将发兵南下,孝宗有意亲征("时巡")抗金的流言。也是在七月间,谏议大夫陈良祐面对时提出:"民间传边事动","因论边事,多是两下说成"⑥。秘书省正字员兴宗在当年九月轮对时提到:"臣近者闻诸道路,敌有无敌之形,和有不坚之意,众说纷纭,不可执取。"⑦可见乾道三年六月金人取索所谓"归正人",引发了朝堂上下怀疑金朝不会严守和议的议论,也造成宋朝民间对于宋金再

---

① 《金史》卷73《完颜守能》,第1795页;卷61《交聘表中》,第1513页。

② 佚名著,孔学辑校:《皇宋中兴两朝圣政辑校》卷46,乾道三年二月戊戌,北京:中华书局,2019年,第1027页;《宋史全文》卷24下,乾道三年二月戊戌,第2044页;《宋会要辑稿》兵29之18,第9246页。

③ 周必大:《泛舟游山录》卷2,乾道三年七月乙丑,《周必大全集校证》卷168,第2527页。

④ 《宋史》卷34《孝宗纪》,第640页。

⑤ 《金史》卷82《乌古论三合传》,第1963页。

⑥ 《宋会要辑稿》兵29之18,第9246页。

⑦ 员兴宗:《九华集》卷5《察敌情轮对札子》,《景印文渊阁四库全书》第1158册,第35页。按,关于员兴宗轮对的时间,员兴宗《上虞相书》之八中有"盖自九月末轮对之后"的说法。而且书信开头有"某窃食三馆,遽已数月",还提及虞允文上奏措置汉中义士之事(参见员兴宗:《九华集》卷16,《景印文渊阁四库全书》第1158册,第133页)。员氏于乾道三年六月召试馆职(《宋会要辑稿》选举31之23,第5852页),虞允文上奏事目在乾道四年正月(《宋会要辑稿》兵1之24、25,第8614—8615页)。据此判断,《上虞相书》约作于乾道四年春,《察敌情轮对札子》于乾道三年九月上奏。另外,《九华集》自《永乐大典》辑出,四库本外别无善本。因改"敌"为"虏"是四库馆臣改书的常例,故文中的"敌"当作"虏"。

战的恐慌。

　　此次金朝以何种名义、如何取索"俘虏"？关于金朝取索的方式，周必大提到金人"驻泗州"取索。泗州为宋金使臣交聘的口岸，金使多由此出境①。这一记载与《宋史·孝宗纪》所言"金遣使来取被俘人"相符②。另，朱熹所作《陈俊卿行状》中提到："虏又移书边吏，取前所俘虏人。"③又查《金史·交聘表》，未见大定七年（即宋乾道三年）夏金朝遣使来宋的记载。由此推测：所谓金朝"遣使"，可能只是金朝在泗州移牒宋盱眙军，而不是遣使来临安商议。当然，泗州移牒取索应当也是在执行金朝朝廷的指示。

　　关于取索南渡者的名目，宋金双方的认定和表述有所差异。《宋史·孝宗纪》称："金遣使来取被俘人。诏实俘在民间者还之，军中人及叛亡者不预。"④《宋史·梁克家传》亦称："初修金好，金索所获俘，启衅未已。"⑤可见金朝行文取索的是"俘虏"，而宋朝将金朝所谓"俘虏"分为"俘在民间""军中人"及"叛亡者"三部分，仅同意发遣其中的"俘在民间"者。这里即存在两个问题：其一，宋朝认为金朝存在将"叛亡者"认作"俘虏"的情况，说明双方对"叛亡者""俘虏"涵盖范围的认定有所出入。其二，即使是宋金双方均认定为"俘虏"的南渡者，宋朝也仅同意发遣其中"俘在民间"者，力图保留招纳为军的"俘虏"。当时同知枢密院事兼权参知政事陈俊卿就提到："虏知此辈皆在军中，故遣官临境揭榜招谕，欲以摇我人心，冀或有变，而以兵乘其隙，此计深矣。"⑥陈俊卿的这一提示，正是南宋朝廷拒绝发遣业已招纳为军的北人"俘虏"的出发点。陈氏先称"虏知此辈皆在军中"，认定金朝是故意取索宋军之中的北人，有意违反隆兴和议"叛亡不与"条款。陈俊卿认为

---

　　①　周立志：《宋朝对辽金交聘使节的入境运作》，姜锡东主编：《宋史研究论丛》第19辑，保定：河北大学出版社，2016年，第63—67页。

　　②　《宋史》卷34《孝宗纪》，第640页。

　　③　朱熹：《晦庵先生朱文公文集》卷96《少师观文殿大学士致仕魏国公赠太师谥正献陈公行状》，《朱子全书》第25册，第4461页。

　　④　《宋史》卷34《孝宗纪》，第640页。

　　⑤　《宋史》卷384《梁克家传》，第11812页。

　　⑥　朱熹：《晦庵先生朱文公文集》卷96《少师观文殿大学士致仕魏国公赠太师谥正献陈公行状》，《朱子全书》第25册，第4461页。

金朝取索军中"俘虏"违反隆兴和议,表明宋金双方对于"俘虏"定义的不同标准。陈氏认为"俘虏"只要受招加入宋军,就应算作"归正人"。金朝再予取索,就破坏了隆兴和议"不遣归正人"的规定。而金朝的着眼点在隆兴和议条款中的"归被俘人",且从未承认宋方从"俘虏"中招军的正当性,当然不可能承认军中"俘虏"不应取索的说辞。由此看来,乾道三年宋金因取索"俘虏"而产生的矛盾,实由双方对于隆兴和议条款的不同理解发展而来。

在说明宋金双方对于"俘虏"的不同理解之后,陈俊卿在评估金朝政治意图的基础上,提出了应对金朝取索的策略。虽然他提出金朝取俘未必是为南侵制造借口,但在各种流言的影响下,陈氏仍将金朝此举视为动摇宋方沿边地区稳定、寻衅南下之举,认为宋方如处置不当,南北"或至交兵"。因此,陈俊卿建议首先在外交上坚拒金人要求,并引据隆兴和议条款以辨明"曲直之势":"誓书之文,俘虏、叛亡自是两事。俘虏发过已多,叛亡自不应遣。"其次,为了应对金朝"用兵"南征,陈俊卿还提出了应"坚壁勿战,绝其粮道"的战略谋划[①]。

时任知枢密院事的虞允文与陈俊卿的意见相似。杨万里所撰《虞允文神道碑》中记载:"初虏议和,其约曰:'俘虏两还,叛亡则否。'至是并求所否,公执不与。"[②] 应当说明的是,虞允文于六月初八日除为资政殿大学士、四川宣抚使,当月二十日即启程离京[③]。其虽然参与讨论应对金朝取索事,但他在六月间应忙于谋划应对吴璘死后四川的军政变局。而当朝廷定计拒绝金人要求时,虞氏很可能已经离开临安了。由此看来,在南宋朝廷决策的过程中,陈俊卿较之虞允文,或许发挥了更为重要的作用。

而根据朱熹、杨万里的叙述,此时南宋朝中在陈俊卿、虞允文之外,还存在一种来自上层官僚的、提倡发遣"俘虏"的声音。南宋朝臣对于发遣"俘

---

① 朱熹:《晦庵先生朱文公文集》卷 96《少师观文殿大学士致仕魏国公赠太师谥正献陈公行状》,《朱子全书》第 25 册,第 4461 页。

② 杨万里撰,辛更儒笺校:《杨万里集笺校》卷 120《宋故左丞相节度使雍国公赠太师谥忠肃虞公神道碑》,北京:中华书局,2007 年,第 4612 页。

③ 《宋会要辑稿》职官 41 之 37,第 4017 页;陈希丰:《吴璘病笃与蜀口谋帅:南宋高孝之际四川军政探析》,《中华文史论丛》2020 年第 3 期,第 258—261 页。

虏"的不同看法,应与他们所持对金和战立场密切相关。陈俊卿隆兴年中曾效力于张浚幕府,虽不支持隆兴北伐,却与汤思退等主和派针锋相对。虞允文则一贯主张北伐恢复。不过,二人此时尚为西府执政,而担任宰相的叶颙、魏杞,却为力赞隆兴和议的汤思退、钱端礼等人所提拔。叶颙与汤思退同里,隆兴中,孝宗即称,"叶某在都司二年,甚宣力,然与宰臣(即汤思退)为朋党"①。魏杞曾受钱端礼推荐,并于隆兴二年(1164)出使金朝,直接促成隆兴和议②。由二人的背景推测,叶、魏二相很可能从维持宋金和议大局出发,支持按照金朝要求发遣"俘虏"。

王自中于乾道三年伏阙上书,谏止遣返"归正人",就遭到了宰相的反对。魏了翁所撰王氏墓志称:

> 乾道三年,朝廷议遣归正人。公叹曰:"是绝中原之望也。"诣阙上三疏固争,其意谓朝廷内虚无贤,援时相怒。初议罪,时相面奏云:"靖康因士人伏阙,几召乱。尝著令伏阙者斩。如自中者,陛下前欲从恕,且当远窜。"帝曰:"不可。"曰:"亦须编管。"帝又曰:"不可。"曰:"送远郡听读。"帝曰:"送近处。"于是遣之徽州,仍谕知临安府姚令则差晓事使臣发送,姚面宣上意,以戒使臣。是冬,时相去位。③

叶适也撰有王自中墓志,而关于王自中伏阙的时间,叶、魏二说有所差别。叶适所撰墓志作乾道四年④;而根据魏了翁的叙述,"是冬,时相去位"与"戚方以贿败"均与乾道三年史事相合⑤。《宋史》本传取叶说而不取魏说,

---

① 杨万里撰,辛更儒笺校:《杨万里集笺校》卷119《宋故尚书左仆射赠少保叶公行状》,第4536页;黄淮、杨士奇编:《历代名臣奏议》卷349,第4529页。

② 李心传撰,胡坤点校:《建炎以来系年要录》卷187,绍兴三十年十一月癸卯,第3628页;佚名:《魏丞相行状》,魏颂唐辑:《魏文节遗书》附录,四明张寿镛约园刊本,1940年,第6页。

③ 魏了翁撰,张京华校点:《渠阳集》卷13《宋故藉田令知信州王公墓志铭》,长沙:岳麓书社,2012年,第201页。

④ 叶适著,刘公纯等点校:《叶适集》卷24《陈同甫王道甫墓志铭》,北京:中华书局,2010年,第483页。

⑤ 魏了翁撰,张京华校点:《渠阳集》卷13《宋故藉田令知信州王公墓志铭》,第201页。

恐怕不确①。实际上,魏了翁撰写墓志的时间在庆元五年(1199)王氏死时,撰述内容颇为详尽。而叶适于嘉定十四年(1221)才撰写所谓的 "墓志",且内容简要,没有具体阐述王氏上疏罢任的因由。两相比较,魏氏所言乾道三年伏阙之说更为可信。根据魏了翁的记述,王自中在乾道三年上疏反对发遣 "归正人",招致宰相叶颙、魏杞的打压,这证明魏、叶二相在乾道三年的确提倡遵从金朝要求发遣 "俘虏"。

南宋最终没有按照宰相魏杞、叶颙的意见遣返 "俘虏",而是遵循陈俊卿、虞允文等执政的意见回绝金朝。在这一决策过程中,孝宗的意见应当发挥了关键作用。陈亮所上《中兴五论》中,就提到了孝宗与 "群臣" 关于宋金关系的意见在乾道五年以前每每相左:"陛下慨然立计,不屈丑虏;而群臣动欲随顺,图塞溪壑。"②实际上,孝宗以 "恢复" 中原为志向,又不满于隆兴宋金议和,故常偏向于采信金朝败盟南侵的流言,为升级战备营造政治氛围。当听闻陈天麟回报金朝南下的信息后,孝宗随即召见宰相,称:"此今日急务。昨王琪请筑扬州城,卿等见文字否?"③在提示宰相之后,孝宗随即 "诏镇江都统制戚方、武锋军都统制陈敏各上清河口战守之策"④。乾道三年十月他又对叶颙称:"维扬筑城已毕,更得来年一冬无事。足可经略。"⑤可见孝宗听闻金人南下流言后,既没有怀疑流言的真伪,也没有遣使探查金朝的意图,而是直接下诏升级战备,应对金朝可能的军事威胁。而早在乾道三年七月,谏议大夫陈良祐面对时称,"如近日修扬州城,众论以为无益"。孝宗立即反驳:"正欲为备,如何无益?"⑥此时孝宗强调金朝破坏和议南下的风险,将措置武备、经略远图作为朝廷 "急务",恰与魏杞、叶颙力求避免和议破裂的立场格格不入。

---

① 《宋史》卷390《王自中传》,第11948页。

② 陈亮撰,邓广铭校点:《陈亮集》卷2《中兴论·论正体之道》,北京:北京大学出版社,2024年,第31页。

③ 《宋史全文》卷24下,乾道三年二月戊戌,第2044页。

④ 《宋史》卷34《孝宗纪》,第640页。

⑤ 《宋会要辑稿》兵29之19,第9246页。

⑥ 《宋会要辑稿》兵29之18,第9246页。

　　南宋君相关于遣返"俘虏"意见的差异,体现在王自中伏阙案的处置过程中。孝宗一再反对宰相从重行遣王自中的提议,还派遣使臣予以关照,可见王氏批判发遣"归正人"符合孝宗的想法。据此推测,随后朝廷之所以采纳陈、虞之说回绝金朝,孝宗的意见应当发挥了关键性作用。值得注意的是,到了乾道三年十一月,叶、魏二相反对因郊祀大礼而更改锡宴金使的日期,陈俊卿再度批评此举为对金示弱。孝宗因此罢免二相,任命对金朝持相对强硬态度的蒋芾、陈俊卿为相①。魏、叶罢相,或缘于二人在乾道三年处置对金外交事务中所持的与孝宗意见相左的妥协立场。

　　乾道三年六月此次外交争端的深层根源,是宋金双方从自身立场出发阐述隆兴和议誓书中"俘虏"的含义。面对金朝的要求,宋朝内部意见不一:宰相魏杞、叶颙希望发遣"俘虏"以避免和议破裂的风险,而执政陈俊卿、虞允文主张以外交手段与金朝周旋,通过对和议誓书叛亡条款的解释,明确取索"俘虏"是"曲"在金方。在孝宗的支持下,朝廷最终采纳陈、虞的建议,拒绝金朝取索南渡军民,同时升级沿边战备。此举又引发了民间关于金朝再度南下的恐慌。

　　基于孝宗一朝宋金再未发生大规模军事冲突,研究者或认为隆兴和议缓和了宋金矛盾,而忽视了孝宗朝乾道初期的宋金外交争端②。乾道三年金朝取索"俘虏"未果,反映了隆兴和议不久宋金外交矛盾即逐渐尖锐。此次争端反映出宋朝怀疑金朝遵守和议的诚意,也折射出宋朝内部维持和议与提防金朝南下两派意见的张力。宋朝虽然成功拒绝了金朝的要求,但其外交态度及在两淮地区升级战备的举措却刺激了金朝。当次年宋金边界地区出现侍旺叛亡时,金朝发觉宋朝有鼓动叛乱、收容余党的行迹后,也开始怀疑宋朝有破坏和议的意图。

---

　　① 周密撰,张茂鹏点校:《齐东野语》卷11《雷变免相》,北京:中华书局,1983年,第201页。按,此事解读参见胡斌:《宋孝宗时代的"自治"与内政整顿(1155—1181)》,第153—154页。

　　② 此类外交博弈一直持续到孝宗末期,可参阅许浩然:《南宋孝宗朝晚期对金边备事考:以淳熙十一年周必大档案、信札文献为中心》,《史林》2014年第1期,第73—79页。

三、侍旺叛乱始末及宋金外交博弈

在讨论侍旺叛乱所引发的外交争端之前,拟先对此次叛乱的性质稍作申说。侍旺叛乱起于乾道四年。从其残部于当年十一月渡淮的时间推算,此次叛乱应该发生在当年的夏秋之际。而宋朝中央于叛乱发生之初就已得到消息:

> 四年,北界人侍旺叛于涟水军,密款本朝,称结约山东十二州豪杰起义,以复中原。上以问(陈)敏,敏曰:"旺欲假吾国威以行劫尔,必不能成事,愿勿听。"适屯田统领官与旺交通,旺败,金有间言,上知非敏罪,乃召敏为左骁卫上将军。①

此处提到侍旺叛乱发生于涟水军(治今江苏省涟水县),打出了 "山东豪杰" 的旗号,可知此次叛乱与活跃于绍兴、隆兴之际的魏胜直接相关。都督江淮兵马张浚在隆兴二年二月上奏议及海州(治今江苏省连云港市)形势时提到:"魏胜、任旺诸军,带甲七千余人。"② 此处的 "任旺" 应当就是乾道四年叛乱的 "侍旺",可见侍旺与魏胜同为绍兴、隆兴之际山东亲宋民兵将领。魏胜于绍兴三十一年占领淮河北岸的涟水军和海州,此后接受南宋 "山东路忠义军都统制" 的官衔,大力招纳山东地区流民,致使 "山东之民咸欲来附",打出了 "山东魏胜" 的旗号③。随着战局的发展,屯聚于海州的山东军民分批南渡。隆兴元年夏,山东、河北路招抚使贾和仲奉命将居留海州的部分山东军民发送南渡④。到了隆兴二年,魏胜又于八、九月间带领海州军民数万人渡淮

---

① 《宋史》卷 420《陈敏传》,第 12182—12183 页。

② 张浚撰,陈希丰辑校:《张浚集辑校》卷 16《论虏情及备御事宜状》,北京:中华书局,2023 年,第 341 页。

③ 章颖:《经进皇宋中兴四将传》卷 4《魏胜传》,国家图书馆藏清抄本,07413,第 8 页。李心传:《建炎以来系年要录》卷 192,绍兴三十二年八月辛丑朔,第 3719 页;卷 193,绍兴三十二年十月庚子朔,第 3749 页。

④ 章颖:《经进皇宋中兴四将传》卷 4《魏胜传》,国家图书馆藏清抄本,第 14 页;洪适:《盘洲文集》卷 50《水灾应诏奏状》,中华再造善本,第 8 页。

至楚州（治今江苏省淮安市）①。隆兴和议约定海州回归金朝统治，而应当有部分未随魏胜南渡的山东军民留滞当地。侍旺应当是留滞金境内山东流民的首领。由此可见，侍旺叛乱实际是绍兴、隆兴之际金朝淮北、山东地区亲宋流民活动的余波。

上则引文还提到，侍旺曾遣人南渡，请求款附宋朝，虽然朝廷未允此议，但是有南宋"屯田统领官"与其交通联络。此处的"屯田统领官"，应是楚州地方统领屯田官兵、组织耕垦活动的武将②。而楚州屯田的主体正是归正人，屯田统领官往往也由归正人担任。如贾怀恩在乾道三年二月八日的职衔为"武锋军正将、总辖楚州宝应县屯田事务"③，乾道七年结衔为"御前武锋军统领、提点官田所诸庄"④。乾道五年十一月徐子寅的上奏表明，贾怀恩和另一位管辖楚州屯田的王知彰都是归正人，徐氏在上奏中推荐二人承担"劝谕归正人耕种"的任务⑤。可见楚州屯田任务主要由归正人承担，与侍旺沟通的屯田统领官，很可能是由归正人担任的军将。

具体来说，楚州屯田耕兵的主体，正是绍兴、隆兴之际南渡两淮的流民⑥。知扬州钱之望绍熙年间上奏时回忆称⑦：

> 乾道初，招魏胜、郭升、张荣义，从人给田，勿课役，勒五部月一至州，习射犒激，名曰使效，盖陕西弓箭手法也……虽曰免税，而所谓归正人，皆未起课役，非以使效故特优幸，议者殆未详也。⑧

---

① 章颖：《经进皇宋中兴四将传》卷4《魏胜传》，国家图书馆藏清抄本，第16页。

② 淳熙十五年，雷世贤讨论无为军修筑圩事时奏称："照得指挥内乞差耕兵二千人，合用总辖官一员。今来所差耕兵系两司差拨，乞于本司选差谙晓农务、有心力统领官一员，专一总辖本司屯田官兵一千人，庶使易为部辖，可以责办屯田事。"（参见《宋会要辑稿》食货63之59，第7644页）可见屯田统领官为总辖从事屯田"耕兵"的官员。

③ 《宋会要辑稿》食货63之141，第7686—7687页。

④ 《宋会要辑稿》兵15之21，第8929页。

⑤ 《宋会要辑稿》兵15之20，第8927—8628页。

⑥ 刘军伟：《南宋淮东军事防御的变化——以楚州为中心》，武汉大学硕士学位论文，2017年，第37—50页。

⑦ 吴廷燮撰，张忱石点校：《南宋制抚年表》卷上，北京：中华书局，1984年，第469页。

⑧ 叶适：《叶适集》卷18《华文阁待制知庐州钱公墓志铭》，第343页。

由此可见,楚州屯田的主体,就是绍兴、隆兴之际南渡的,包含有部分魏胜旧部的山东忠义军。其首领与侍旺的交通,可以视作原本聚于魏胜麾下的山东忠义军之两部互通款曲。

实际上,南渡归正人越过淮河作乱的现象,在两淮沿边地区并不鲜见。乾道、淳熙年间通判濠州的鲍瀟(字清卿),就曾处置过归正人越淮作乱("跳淮")的问题:

> 濠归正人常跳淮暴虏边,杀人烧屋相继。千户隔河注箭,征主叫骂,清卿使与打话曰:"吾在此,姑待。"集其总首抚之曰:"尔等看我面如满月,忍为是乎?"归正人感动,皆拜且泣曰:"请后不敢。"自是终清卿去,边人开窦而睡,牛马被野矣。①

此事起于濠州归正人越界行凶,金人千户叫骂宋朝主官。鲍氏安抚归正义军的首领("总首②"),方才制止了归正人越淮作乱之举。濠州为淮西沿边重镇,与海州在淮东的地位相似。鲍瀟的经历表明,沿淮地区归正人越界现象相当普遍,故侍旺作乱时海州归正人首领越界沟通,是完全可能的③。

南宋沿淮地区既与侍旺交通,那么朝廷又是否支持侍旺叛乱?孝宗向武锋军都统制陈敏询问侍旺能否成事,这首先说明"屯田统领官"应向朝廷上报过侍旺叛乱的信息。在获知相关信息后,孝宗曾起意给予支持。但陈敏的回答令孝宗认识到,借由侍旺叛乱挑动边事并非明智之举,故而南宋朝廷没有明令支持叛乱。八月十四日,南宋朝廷重申沿淮州军"禁止私擅渡淮及招纳叛亡"的禁令,大体反映了南宋朝廷对侍旺叛乱的基本态度④。

乾道四年十一月左右,侍旺叛乱为金朝镇压,侍旺本人为金人逮捕,其余众有越过淮河逃至楚州者。在获知南宋地方官员曾与叛军接触后,金世宗对宋朝维持和议的诚意产生了怀疑:

---

① 叶适:《叶适集》卷16《朝散大夫主管冲佑观鲍公墓志铭》,第296—297页。

② 李心传:《建炎以来朝野杂记》甲集卷18《荆鄂义勇民兵》,第410—411页。

③ 同在乾道时期,濠州以西的光州也出现了归正人渡淮窃马伤人生衅的案件(参见薛季宣:《艮斋先生薛常州浪语集》卷17《与虞丞相书》之五,《宋集珍本丛刊》第61册,第282页)。

④ 《宋会要辑稿》兵29之20、21,第9247页;《宋会要辑稿》方域13之12,第9538—9539页。

海州捕贼八十余人，贼首海州人，其兄今为宋之军官。上闻之，谓宰相曰："宋之和好恐不能久。其宿、泗间汉军，以女直军代之。"（魏）子平曰："誓书称沿边州城，除自来合设置射粮军数并巡尉外，更不得屯军守戍。"上曰："此更代之，非增戍也。"①

此处提到海州叛乱"贼首"的兄长是南宋的军官。《宋史·孝宗纪》记载："先是，海州人时旺聚众数千来请命，旺寻为金人所获。"② 乾道五年四月，秘书省校书郎兼国史院编修官员兴宗拟定回复金人书云："近闻侍旺怀异，而楚州不知，州之罪也。本朝居数千里外，其及知之乎？比因大国有言，然后觉之……且侍旺自分必死，故支离其词，奈何大国听之？万一本朝获一奸盗，妄分析党与入北界者，本朝亦听之乎？"③ 综合几则史料推测，金人在乾道五年初捕获的"贼首"就是侍旺，其兄长是南宋的军官（或许就是前引《宋史·陈敏传》中提到的楚州"屯田统领官"）。金朝声称侍旺吐露此次发动叛乱是接受了宋朝的鼓动，或可据此推测，侍旺叛乱本系宋朝跨境策划。

得知此事后，金世宗立即怀疑南宋有意破坏和议。出于"当治其未然"的考虑，世宗下令以女真军队代替汉军来升级沿边武备。宋乾道五年二月，金朝河南路统军使完颜宗叙汇报宋朝边备情况时，将宋朝沟通包庇侍旺叛乱与南宋乾道三年以来升级战备的举措联系起来：

得边报及宋来归者言，宋国调兵募民，运粮饷，完城郭，造战船浮桥，兵马移屯江北。自和议后即罢制置司，今复置矣。商、虢、海州皆有奸人出没，此不可不备。④

---

① 《金史》卷89《魏子平传》，第2099页。按，《魏子平传》未对此事系年。此条在大定八年至十一年间（1168—1171）的六组事件之中，其上限为魏子平拜参政之大定八年九月，而后一条举官对策见于《选举志》，发生在大定九年，笔者据此推断"海州叛乱"为侍旺事（参见《金史》卷6《世宗纪》，第159页；卷54《选举志》，第1287页）。

② 《宋史》卷34《孝宗纪》，第645页。

③ 员兴宗：《九华集》卷5《上皇帝书》，《景印文渊阁四库全书》第1158册，第29页。

④ 《金史》卷89《魏子平传》，第2100页。

听闻宗叙如此汇报,世宗立即派粘割斡特刺到汴按验,后者发现宗叙所报种种流言"均无实状"。又经魏子平的澄清,世宗开始相信宋人沿边异动并非有意破坏和议。他一面下令禁止妄说边官兵事①,一面召回宗叙,改命魏子平为南都留守。宗叙是参与隆兴年间宋金战事的将帅。魏子平于海陵王亮南征前夕使宋时,就持反对南征的立场②。其实,宗叙所奏固然有迎合世宗猜忌、鼓动宋金再战的意图,但其所论宋朝实边备战事迹却并非无据。此时宋朝正在加强江淮地区城防③。而宗叙所谓"复置制司",即指乾道三年宋朝任命史正志为江东安抚使兼沿江水军制置使④。而粘割斡特刺、魏子平等人认定宗叙所奏"均无实状",或有阻断沿边信息传递以维持和议的嫌疑。

由此看来,当时金朝内部既有意图推动宋金再战的完颜宗叙等人,也有力图维持宋金和议的魏子平等人。面对和战对立的两种朝议意见,金世宗本人虽未必尽信魏子平等人的"澄清",却选择将主战之宗叙调离前线。这表明此时世宗意图维护南部边境的稳定大局,当核实宋方没有北伐措置之后,就主动压制了主张重启战端的朝议。不过,金朝虽未因侍旺叛乱而发动军事攻势,却选择了在外交上追究宋朝交通侍旺、包庇余党的责任。

侍旺余党南渡淮河进入宋境后,乾道四年十一月九日,朝廷下令殿前司拨三千人往扬州驻防,"旋即摘那前去楚州屯驻"。护圣步军统制兼知楚州左祐以本州"今正是盗贼出没窃发之时"为由,申请调发扬州选锋军数百人。至十一月十三日,左祐报"贼兵虽已溃散",但"本州地居极边,抵接对境",因此申请调殿前司挪移至杭州的一千五百人屯驻楚州以备"疏虞"⑤。这一系列军事调动名为平息南渡侍旺余党所造成的地方动荡,实为防备金朝

---

① 《金史》卷89《魏子平传》,第2100页;卷95《粘割斡特刺传》,第2235页。按,《世宗本纪》"兵事"作"兵马"(《金史》卷6《世宗纪》,第160页)。

② 《金史》卷71《完颜宗叙传》,第1747页;卷89《魏子平传》,第2098页。按,《金史·魏子平传》史源为赵可所撰魏氏墓志(参见李心传:《建炎以来系年要录》卷179,绍兴二十八年五月戊寅,第3438页)。

③ 陈希丰:《辛巳之役与南宋孝宗朝边防格局的形成——以江淮、京湖战区为中心》,第240—258页;胡斌:《宋孝宗时代的"自治"与内政整顿(1155—1181)》,第234—241页。

④ 景定《建康志》卷25《官守志·安抚司》,《宋元方志丛刊》第2册,第1743页。

⑤ 《宋会要辑稿》兵9之18,第8787页。

兴兵南下。

到了乾道五年的四、五月间，宋金的外交交锋正式展开。金朝在取索侍旺余党的同时，还附带索要乾道三年未能取索的"俘虏"。员兴宗在乾道五年四月十八日的上奏中提到，"今者虏因盗贼之萌，乃起俘虏之请"。细读此句，似乎"俘虏"与"盗贼"并非一事。且员氏还提到自己曾于隆兴二年秋建议朝廷保护"北方归正之人"，并称"是时朝廷未萌还俘虏之议"①。则员氏所谓的"俘虏"，应指隆兴和议达成前南奔的"叛亡者"与"归正人"，而不是乾道四年方才南渡的侍旺余党。所谓"俘虏之请"即乾道三年金朝取索"俘虏"不得一事。因此，"虏因盗贼之萌，乃起俘虏之请"乃指乾道五年金朝由侍旺一事借题发挥，不仅向宋朝索要渡淮侍旺余党，还重提乾道三年取索"俘虏"的旧案。

员兴宗提出的应对之策，乃延续了乾道三年陈俊卿、虞允文的意见。他强调如满足金朝归还俘虏的要求，近期后果是导致绍兴、隆兴之际渡淮者"摇惧"乃至"肘腋为变"，远期后果是断绝金境亲宋势力"慕教化"之心，影响"恢复"大计。员氏因而主张"赊其日以宽其词"，以外交拖延的手段对抗金朝取索。他还拟作回复金朝答书，分别阐述了不遣侍旺余党及"俘虏"的理由。员氏首先强调，侍旺叛乱并非南宋朝廷指使："近闻侍旺怀异……本朝居数千里外，其及知之乎？比因大国有言，然后觉之。"进而质疑侍旺称述余党南渡的可信性："侍旺自分必死，故支离其词，奈何大国听之？万一本朝获一奸盗，妄分析党与入北界者，本朝亦听之乎？"这就否定了金朝取索侍旺余党的合理性。为了拒绝发遣"俘虏"，员兴宗提出，金朝在隆兴二年南北议和期间悍然渡淮南下，"俘取吾民凡数十万"，而宋朝"惠顾前盟，不敢求也"。进而批评金朝不顾宋朝为维持和议而不求两淮"俘虏"的外交让步，认为金朝自乾道三年以来持续取索"俘虏"实为寻衅之举："今俘掳百十，奔进四出，死生莫知，大国累岁求之，独何意欤？"②

员兴宗反对发遣侍旺党和战时南渡的"俘虏"，体现了其对金朝的强

---

① 员兴宗：《九华集》卷5《上皇帝书》，《景印文渊阁四库全书》第1158册，第29—30页。

② 员兴宗：《九华集》卷5《上皇帝书》，《景印文渊阁四库全书》第1158册，第29—30页。

硬立场。员氏与虞允文极有渊源。他与虞允文同里,自科举未第即受虞允文深恩,此后又作《绍兴采石大战始末》夸耀虞氏功勋①。员氏还称自己受知于虞氏广为时人所知:"此生恩地更何之,教育偏深未第时。举世遍知牛马走,从公看到凤凰池。"②员氏上疏的倾向应当接近虞允文对此类事件的一贯立场。

至于乾道三年抵制金朝取索"俘虏"的陈俊卿,此时已升任右相,主持朝政。《宋史·孝宗纪》载:"金牒取俘获人,王抃议尽遣时旺余党,陈俊卿持不可,帝然之。"③此条记载有一点问题:侍旺余党是主动南渡,不存在"俘获"的问题。王抃要求朝廷发遣侍旺余党,这与"金牒取俘获人"有何关系?根据上文对员兴宗上书的分析,金朝要求南宋遣返侍旺余党时,重提取索隆兴和议规定之"叛亡者",宋人因不愿发遣而称后者为"俘虏",也就是"金牒取俘获人"的本意。至于王抃"尽遣时旺余党"的建议,无法满足金朝取索"俘虏"的要求——这里恐怕还隐去了宋朝被迫遣发"俘虏"的内容。

朱熹所撰《陈俊卿行状》也述及相关内容:

> 边民侍旺拥众来归,北虏移文取索。公以为但可说谕令其北归,不可捕遣以快彼意。上意犹欲粗遣百十以塞其意,公曰:"粗遣一二,以失其心,使怀愤怨。而虏知其然,求索必不遽已,窃料兵端必起于此。是始欲两全,而终不免于两失之也。此事本末曲虽在我,然彼亦岂得为直?若且悠悠勿遣,彼必虞我有备,未敢遽动,万一不免用兵,却可全山东归正之心,士气自倍矣。"④

此段文字的关键在于"但可说谕令其北归,不可捕遣以快彼意"一句。此句

---

① 蒙文通:《从〈采石瓜洲毙亮记〉看宋代野史中的新闻报导》,蒙文通著,蒙默编:《蒙文通全集》第 2 册,成都:巴蜀书社,2015 年,第 536—544 页。

② 员兴宗:《九华集》卷 3《寿虞丞相》,《景印文渊阁四库全书》第 1158 册,第 20 页。按,此诗末句为"白头东阁赋新诗",用的是公孙弘为相、开东阁以延贤人的典故,即以公孙弘比虞允文,以东阁贤人自比,据此可确定此诗是员氏为表现自己与虞相关系而作。

③ 《宋史》卷 34《孝宗纪》,第 646 页。

④ 朱熹:《晦庵先生朱文公文集》卷 96《少师观文殿大学士致仕魏国公赠太师谥正献陈公行状》,《朱子全书》第 25 册,第 4468 页。

可以有两种理解：一种是说谕、捕遣对象皆是侍旺余党。陈俊卿的立场是支持遣返，只是希望朝廷采用比较柔和的手段"谕令其北归"。这种理解与前文语意颇为贯通，却与后文陈俊卿建议"悠悠勿遣"相凿枘。另一种是南渡之侍旺余党"可说谕令其北归"，而金朝取索之隆兴俘虏"不可捕遣以快彼意"。也就是说，陈俊卿赞成发遣侍旺余党，而坚拒金朝取索"俘虏"。这种推测与后文的脉络颇为相合：所谓"上意犹欲粗遣百十以塞其意"，正与员兴宗提到金朝取索"俘掳百十"之数相合；"谕令其北归"与"悠悠勿遣"的矛盾，也得以解决；而且"可全山东归正之心"之"归正"二字，用于称呼金朝取索的"俘虏"更为合适。总体看来，第二种解读的内部矛盾较少，又能与其他材料关联、印证。

与乾道三年相似，陈俊卿不赞成发遣，认为应允金人取索之初衷虽为"两全"，结果可能"不免于两失"。所谓"两失"：一是归正人可能应激生变，这与员兴宗的考虑相同；二是强调一旦南宋示弱，就等于姑息金人继续取索归正人，也就喻示着宋方实际放弃了隆兴议和誓书"叛亡不与"条款对维护宋朝军内和边地稳定的实际助益。而这种外交失败正是陈俊卿努力避免的。

从《宋史·孝宗纪》和朱熹所撰《陈俊卿行状》来看，似乎南宋朝廷并未遣送南渡者，然而事实却并非如此。崔敦礼所撰《代陈丞相论淮岸跳河及彼界来归人札子》中言："窃见乾道四、五年间，敌取归正人，朝廷不得已发遣。被遣之人，号哭呼天，大出怨言，怒骂而去。"① 崔敦礼曾在淳熙年间任江南东路安抚使干办公事 ②。此篇札子与崔氏《宫教集》中前一篇《代论过界盗贼札子》关系密切，而《代论过界盗贼札子》适与朱熹《陈俊卿行状》所载陈氏淳熙五年至八年间任判建康府、江南东路安抚使时期的上奏一致 ③。据此推断，

---

① 崔敦礼：《宫教集》卷5《代陈丞相论淮岸跳河及彼界来归人札子》，《景印文渊阁四库全书》第1151册，第821页。

② 景定《建康志》卷25《官守志·安抚司》，《宋元方志丛刊》第2册，第1746页；卷49《治行传·崔敦礼》，第2164页。

③ 朱熹：《晦庵先生朱文公文集》卷96《少师观文殿大学士致仕魏国公赠太师谥正献陈公行状》，《朱子全书》第25册，第4478页；徐自明撰，王瑞来点校：《宋宰辅编年录校补》卷17，北京：中华书局，1986年，第1239页；景定《建康志》卷14，《宋元方志丛刊》第2册，第1504页。

前引札子标题中的"陈丞相"即陈俊卿。这两篇札子为崔敦礼任江东抚干时,代陈俊卿所作。既是代陈俊卿所作,其中内容必得陈氏认可,则其中"朝廷不得已发遣"等同于陈氏自述。考虑到此后金朝不再来使取索"俘虏",此处的"归正人"可能既包括南渡的侍旺余党,也包含绍兴三十一年后南渡、隆兴和议规定不须发遣的"叛亡者"。至于发遣的具体时间,由陈俊卿于当年闰五月至六月间上奏中"俟侍旺事定"一语推测,朝廷约在乾道五年夏秋之际就已定计发遣①。据此可见,侍旺叛乱引起的外交纠纷,最终以南宋发遣侍旺余党及乾道三年金朝取索之"俘虏"告结。

南宋为何在乾道三年敢于拒绝金朝的要求,五年却同意发遣"叛亡者"? 这是因为金朝掌握了南宋鼓动侍旺叛乱的证据,南宋亦在事实上庇护了侍旺叛乱余党。总体来看,南宋处于违反隆兴和议的不利地位,陈俊卿也不得不承认"此事本末曲虽在我"。而且,侍旺叛乱对金朝中央的震动远超乾道三年,金朝随后的取索也不免伴随着武力的威胁。员兴宗上奏称金朝"似欲摇动和议",陈俊卿也设想过"万一不免用兵"的情势。当时南宋臣僚应当感受到了,此番如果坚拒金朝取索,招致宋金开战的风险较之乾道三年为高。

在主张对金让步的朝议背后,还有大力促成隆兴和议、反对宋金再战的太上皇高宗的影子。在隆兴和议达成后,太上皇高宗仍然直接过问各项外交事务,反对致令金朝再起战事的涉外决策。当金朝使臣到达临安后,孝宗都要向高宗进呈"画本人使面貌、姓名及馆伴问答"②。后者显然不可能对乾道初年宋金外交争端一无所知,也不会坐视宋金因为此事再启战端。

金人取索侍旺余党及隆兴"俘虏"正值孝宗北伐热情逐渐高涨之时。就在朝廷定计发遣侍旺余党之后不久,乾道五年六月间,孝宗因操演弓矢时弦激致眚一目,不御外朝达一月之久。操练弓矢是孝宗崇奖武艺,营造"右武"、恢复氛围的做法。陈俊卿即称孝宗:"盖神武之略志图恢复,故俯而从

---

① 朱熹:《晦庵先生朱文公文集》卷96《少师观文殿大学士致仕魏国公赠太师谥正献陈公行状》,《朱子全书》第 25 册,第 4478 页。按,陈俊卿的上奏时间,笔者根据朱熹排列史事的顺序推定。

② 周密撰,范荧整理:《武林旧事》卷 7《乾淳奉亲》,《全宋笔记》第 15 册,第 103 页。

事于此,以阅武备,激士气耳。"① 孝宗随后与陈俊卿等人商议,拟将侍卫马军司移屯建康"以示进取",并推动祈请陵寝与更正受书仪的外交斗争②。陈氏担心祈请陵寝会进一步激怒金朝,就建议暂修内政,"欲姑俟侍旺事少定,或冬间因贺正使"③ 而行。而在当年八月主张祈请陵寝的虞允文入相后,陈俊卿反对遣使的看法就显得不合时宜了。到了次年五月之后陈俊卿罢相,反对祈请的陈良祐被孝宗斥为"妄兴异论""不忠不孝",范成大遂领命出使祈请④。由此看来,乾道五年南宋发遣侍旺余党与隆兴"俘虏",与孝宗推动祈请陵寝前后相继。而南宋不得不发遣"俘虏"的外交失败,实为触发孝宗经略进取、推动祈请陵寝及更定受书仪外交斗争的直接原因。

总的来看,发生于乾道四年的侍旺叛乱,实由淮北魏胜系亲宋流民推动。宋朝朝廷虽未支持叛乱,淮南楚州地区的魏胜系归正人却与侍旺暗通款曲。侍旺叛乱失败后,其余党南逃入宋,引发金世宗对宋朝结纳叛亡、破坏和议的猜疑。在明晰宋朝无意北伐之后,金朝选择在外交上发动攻势:在取索叛乱余党的同时,重提乾道三年取索"俘虏"事。宋朝因结纳侍旺、庇护叛乱余党失理在先,被迫发遣侍旺余党及"俘虏"。此时南宋朝中维持和议与对金强硬两种声音激荡不息,孝宗的北伐热情虽愈发高涨,却被迫做出让步。而孝宗在乾道六、七年间祈请陵寝与更正受书仪的外交斗争,正由乾道五年的外交失败所引发。

四、结语

隆兴和议誓书中的"归被俘人,惟叛亡者不与",是宋金双方关于处置绍

---

① 《宋史全文》卷 25 上,乾道五年六月戊戌,第 2072 页。

② 范学辉:《宋代三衙管军制度研究》上册,北京:中华书局,2015 年,第 109—128 页;周必大著,王瑞来校证:《平园续稿》卷 22《资政殿大学士赠银青光禄大夫范公(成大)神道碑》,《周必大集校证》卷 62,第 913 页。

③ 岳珂:《桯史》卷 4《乾道受书礼》,第 46 页。

④ 徐自明:《宋宰辅编年录校补》卷 17,第 1206—1207 页;《宋史全文》卷 25 上,乾道六年闰五月壬午,第 2087 页;《宋会要辑稿》职官 51 之 24,第 4430 页;《宋会要辑稿》职官 72 之 16,第 4976 页;赵翼著,王树民校点:《廿二史札记校证》卷 25《宋辽金夏交际仪》,北京:中华书局,2013 年,第 545—546 页。

兴末年至隆兴时期战时越界军民的协议,也是隆兴议和过程中外交博弈的结果。"被俘人"指因战败被俘滞留南方的军兵,"叛亡者"则是主动南渡的"归正人"。这一条款是金朝要求返还"俘虏"、宋朝坚持不遣"归正人"两相调和的结果。不过,宋金双方对"俘虏"的界定略有不同:如宋朝认为编入军队的"俘虏"应算作不必发遣的"归正人""叛亡者";而金朝却不承认宋朝招纳"俘虏"参军的正当性,要求所有"俘虏"均应发遣。此种分歧为日后宋金的外交争端埋下了伏因。

乾道三年,南宋境内流传的金朝南下流言,引发南宋朝野对于金朝能否信守盟约的疑虑。此时金朝边臣移牒南宋取索军中"俘虏",被宋朝视作取索"归正"军兵以至动摇沿边军心的生衅之举。宋朝执政陈俊卿、虞允文主张据隆兴和议"惟叛亡者不与"条款回绝金朝,而宰相魏杞、叶颙则建议顺从金朝的要求。素有"恢复"之志的孝宗采纳了强硬派执政陈、虞等人的意见,拒绝了金朝的请求。此一事件标志着宋朝内部对金强硬派官员地位的提升,推动了魏、叶二相的罢政。

乾道四年,系属山东魏胜旧部的淮北流民侍旺,联络淮南归正官员,在金朝境内发动叛乱。叛乱失败后,侍旺余党南渡入宋。金世宗在边将完颜宗叙等人的影响下,怀疑南宋无意遵守盟约,经魏子平等官员劝说且遣员实地按验,最终认定宋朝无意破坏和议。在确认和议可恃的前提下,金朝对宋朝展开外交攻势,取索侍旺余党及乾道三年未能成功取索的"俘虏"。此时宋朝自感交通侍旺在先、庇护叛乱余党在后,理屈难辩。在金朝武力威胁与国内维持和议政治力量的双重压力下,孝宗未能采纳员兴宗、陈俊卿等人坚持不遣"俘虏"的提议。这一外交失败激发了孝宗继续经略北伐的热情,祈请陵寝与更正受书仪的外交斗争由此展开。

隆兴和议誓书的"叛亡"条款,是在隆兴议和期间宋金双方维护自身核心利益的前提下产生的,具有一定模糊性的"共识"。这一条款本身就是隆兴议和期间宋金军事、外交博弈的结果。达成和议的双方未必没有意识到和议条款中模糊空间的存在,却都不愿彻底辨明,体现了当时双方均具相向而行、促成和议之意愿。隆兴和议中此种模糊性条款,既成为日后宋金外交矛盾的起点,也为宋金外交博弈提供了折冲、转圜的空间。

本文的考述表明，隆兴和议达成之后，宋金双方对和议能否长期持续、对方能否遵守和约均存有疑虑。在流言的影响下，双方均将对方的外交攻势与升级战备视为兴兵的前兆，进而提高自身外交手段的强硬程度与军事战备水平。也正是在双方互相猜忌的大背景下，乾道三年金朝取俘、乾道四年侍旺余党南渡等事，才会引发双方高层的焦虑和讨论。从后人的角度看，隆兴和议促成了宋金两朝的长期和平；而在时人眼中，早在乾道三年以来，南北之间就屡屡呈现出兵凶战危之势。由此看来，隆兴和议以后宋金和平状态的长期存续，并非是没有前提的。

如将视角转向王朝内部，则可见宋金朝中均有主张寻机挑战和维持和议的两种政治力量。两种力量的消长平衡，是影响隆兴和议能否长期存续的关键。乾道初年，宋金朝中主张维持和议的力量均占据主导地位，双方高层在研判局势之后，亦愿相信对方并非决意毁约再战。这是乾道时期宋金两国屡现危机却没有滑向战争的原因，也是彼时宋金交争在和议框架之下以外交博弈方式展开的前提。

在外交博弈的过程中，宋朝以隆兴和议条款为依据，判定事件的"曲直之势"。南宋臣僚有时依据和议条款强调"曲在彼""曲不在本朝"，作为回绝金朝要求的依据；有时也不得不承认"曲在我"，用以解释本朝务必让步的理由。如朱熹忆及宣和、靖康宋金海上之盟时事，再三以金主信守盟誓与徽宗毁誓败盟进行对比，评论道："今看徽宗朝事更无一着下得是……夷狄犹能守信义，而我之所以败盟失信取怒于夷狄之类如此！每读其书，看得人头痛，更无一版有一件事做得应节拍。"[1] 此说既是对前人往行的评骘，也代表宋朝士大夫对当代处理南北交往问题的态度。这些依据和议条款分辨是非的"说法"，支撑着种种争取本国利益的"做法"，也体现着臣僚间相异的政治主张。

本文原刊《史学月刊》2022 年第 6 期，修订后收入本集。

---

① 黄士毅编，徐时仪、杨艳点校：《朱子语类汇校》（修订本）卷 133《祖宗·夷狄》，上海：上海古籍出版社，2014 年，第 4467—4469 页。

宋理宗端平恢复考*

方诚峰

宋理宗绍定六年(1233)十月,掌政 26 年之久的史弥远去世,十一月诏来年改元端平(1234—1236),所谓的"端平更化"就拉开了序幕。史弥远之死、宋理宗亲政是南宋史上的一个重大事件,南宋朝廷的人事、对外政策、政治体制等都发生了比较明显的变化。也正因如此,学界对此已有较多关注。

一般来说,"端平更化"的核心是指斥逐史弥远某些声名狼藉的亲信,引用道学正人,以缓和统治集团内部的矛盾、革除积弊①。不过,对外政策的变化其实才是政局变动的先手,甚至是核心。"端平"年号的意思,据洪咨夔(1179—1236)言:"取端拱、咸平建号改元,欲还太宗、真宗一统太平之盛。"②进取中原、恢复旧疆的姿态跃然纸上。这意味着南宋国是从史弥远时代的"安靖"转向"恢复",由此带来一系列政治变动。

---

* "清华大学基础文科发展项目"成果。

① 何忠礼、徐吉军:《南宋史稿》,杭州:杭州大学出版社,1999 年,第 297 页。张金岭:《宋理宗研究》,北京:人民出版社,2008 年,第 105—119 页。

② 洪咨夔著,侯体健点校:《洪咨夔集》中册《平斋文集》卷 13《简札·上庙堂札子》,杭州:浙江古籍出版社,2015 年,第 313 页。

作为"恢复"的重要组成部分,绍定六年冬到次年春的破蔡灭金之役、端平元年夏秋的三京之役(端平入洛),已有较多讨论[①]。那么,端平元年八月三京之役失败之后,宋朝的恢复是不是就结束了呢？黄宽重注意到,三京之役失败后赵范、赵葵仍有再举之意[②]。杨倩描指出,三京之役失败后宋朝仍扼守南京应天府,并在徐州、邳州进行防御作战,试图占据部分中原地区[③]。董飞据《宋史·蒋重珍传》、真德秀言论注意到理宗在三京之役失败后仍有进取之志,且至端平三年四月理宗方以罪己诏"悔开边"[④],这大体是正确的。不过,端平恢复的过程,特别是三京之役以后南宋军事上的具体动向,目前尚无人清晰地揭示。而只有清楚地揭示端平恢复的过程,它所造成的内外冲击方能得到妥当的理解,从而端平更化的性质也才能得到更深入的认识。

本文首先梳理宋理宗恢复策略的前后过程、结局,然后分析其对南宋内政的冲击。

---

① 黄宽重:《晚宋朝臣对国是的争议——理宗时代的和战、边防与流民》,台北:台湾大学文史丛刊,1978年,第33—42页。黄宽重:《辨"端平入洛败盟"》,氏著《南宋史研究集》,台北:新文丰出版公司,1985年,第19—30页。陈高华:《早期宋蒙关系和"端平入洛"之役》,原载《辽金史论丛》第1辑,北京:中华书局,1985年;收入陈高华:《元史研究论稿》,北京:中华书局,1991年,第203—230页。李天鸣:《宋元战史》,台北:食货出版社,1988年,第162—188页。陈世松等:《宋元战争史》,成都:四川省社会科学院出版社,1988年,第26—105页。胡昭曦主编,邹重华副主编:《宋蒙(元)关系史》,成都:四川大学出版社,1992年,第61—182页。何忠礼、徐吉军:《南宋史稿》,第301—310页。杨倩描:《端平"三京之役"新探——兼为"端平入洛"正名》,《宋史研究论丛》第8辑,保定:河北大学出版社,2007年,第229—250页。张金岭:《宋理宗研究》,第90—98、115—117页。董飞:《史嵩之与南宋后期政治史研究》,南京大学硕士学位论文,2019年,第13—19页。

② 黄宽重:《晚宋朝臣对国是的争议——理宗时代的和战、边防与流民》,第40页。

③ 杨倩描:《端平"三京之役"新探——兼为"端平入洛"正名》,《宋史研究论丛》第8辑,第243—249页。

④ 董飞:《史嵩之与南宋后期政治史研究》,第19页。陈桱:《通鉴续编》卷22,静嘉堂藏元刊本,第9a—b叶。佚名撰,汪圣铎点校:《宋史全文》卷32,北京:中华书局,2016年,第2706—2707页。

一、宋理宗的恢复姿态

学者指出,在众多臣僚反对恢复、北伐的情况下,是宋理宗毅然决定发动收复三京之役[①]。这是正确的,理宗的恢复姿态在史弥远去世前就表现出来了。

13 世纪初金衰蒙兴,至宋理宗绍定末年,金朝已是苟延残喘之势。绍定六年二月江淮制置使赵善湘入对,理宗问他:"中原机会卿意以为如何?"赵善湘答以"虽有机会,未是时节",主张自守,理宗只好也以自守作结[②]。这次对话中,理宗的态度似乎不明朗,但绍定六年八月十九日吴泳(1181—?)轮对,其奏札中提到:

> 迩者辅臣奏事,制闻宣对,讲官侍燕清闲,窃闻训谟屡有中原好机会之叹。……此好机会之语,或者犹谓陛下言之太易也。……且如恢复之说,陛下虽未尝实为此事,而外之所传,则以陛下实喜此说。边臣好功,揣摩上意,便为河广可航,蔡虚可伐,强敌之颈可系而羁,垂瓠之城可蹴而下,此臣所以不能不为国家根本虑也。[③]

从吴泳上奏可知,理宗在绍定六年八月之前已经屡屡向臣僚发出了"中原好机会"之叹,恢复之心已经彰明较著。所谓"边臣好功,揣摩上意,便为河广可航,蔡虚可伐,强敌之颈可系而羁,垂瓠之城可蹴而下",应指当时的京湖制置使史嵩之的上言。案,绍定五年底,蒙古使臣王檝至京湖,议与宋联合伐蔡,史嵩之奏报朝廷后,理宗亲自"命嵩之报使许之"[④]。

八月十九日吴泳读札时,还和理宗有一番对话:

> 读至"蔡虚可伐"处,上问曰:"残敌今在息州?"对云:"息乃蔡之

① 黄宽重:《晚宋朝臣对国是的争议——理宗时代的和战、边防与流民》,第 40—41 页;董飞:《史嵩之与南宋后期政治史研究》,第 17 页。

② 《宋史全文》卷 32,第 2676 页。

③ 吴泳著,吴洪泽校点:《鹤林集》卷 19《论中原机会不可易言乞先内修政事札子》,成都:巴蜀书社,2022 年,第 150—151 页。

④ 陈桱:《通鉴续编》卷 21,第 30a 叶。

属邑，见升为州。臣只闻盘泊于蔡州，想亦出没于新息之间。便是边臣喜功生事，揣摩上意，谓'蔡可伐，敌主可擒'，如何容易擒得？但恐惹起边衅，不然激出内变，陛下不可不虑。他日中原自有可复之理。"上云："甚是。"①

理宗在对话中提及"残敌今在息州"，指金朝最后的残余势力。金哀宗完颜守绪退守蔡州（治今河南汝阳），故吴泳回答说"臣只闻盘泊于蔡州，想亦出没于新息之间"。这段对话似乎暗示理宗对金人的具体动向并不了解，但其实恰说明了理宗密切掌握着前线军情。正是在绍定六年八月，宋军已和蒙古军会师，先取唐州，接着驻师于息州之南；金朝接着令执政官三人"行省院事于息州"②。抹撚兀典等行省院事于息州在八月丙戌，即十四日③。也就是说，八月十九日理宗和吴泳对话时，正是宋军在息州与金军对阵之时。

可见，绍定六年八月十九日理宗对吴泳"中原好机会之叹"，其实是在他已经决策联蒙伐金后的表态。"残敌今在息州"之问，恰表明他密切掌握前线军情。故而绍定六年十一月至端平元年正月史嵩之与孟珙所主持的与蒙古联合破蔡灭金之举，是宋理宗亲自认可、决策的"恢复"事业，可以说是广义的"端平更化"之第一着。

理宗的恢复姿态，与史弥远的久病有直接关系。约绍定三年（1230）前后，"弥远病，久不见客"④。绍定三年十二月，理宗诏："史弥远敷奏精敏，气体向安，朕未欲劳以朝谒，可十日一赴都堂治事。"⑤治事频率的下降，意味着史

---

① 吴泳著，吴洪泽校点：《鹤林集》卷19《论中原机会不可易言乞先内修政事札子》"附圣语口奏"，第152页。

② 陈桱：《通鉴续编》卷21，第37b—38a叶。脱脱等：《金史》卷18，北京：中华书局，1975年，第400页。

③ 王鹗：《汝南遗事》卷2，畿辅丛书本，第7a—b叶。

④ 脱脱等：《宋史》卷407《吕午传》，北京：中华书局，1985年，第12297页。时间据方回：《吕公午家传》，收入程敏政辑撰，何庆善、于石点校，易名审订：《新安文献志》卷79，合肥：黄山书社，2004年，第1925页。

⑤ 《宋史》卷41《理宗纪》，第793页。

身体状况不佳,故而颇疏于朝政①。绍定四年(1231),袁甫在《应诏封事》中就提到:"中外多事,国步孔艰,宰臣之勤劳,亦已至矣。三数年来,积劳成疾。"②如果是"三数年来,积劳成疾",那么史弥远在数年前就已欠安。又,吴泳所撰周端朝墓志言,"时宰相病,不能入朝,政事笔多出房闼,中书之务山压川壅。重以边垂外骚,寇贼内讧,郁攸煽虐,怪星昼见";而彗星出现的时间是壬辰闰月十八日③,也就是绍定五年闰九月④。大约也在绍定五年(1232),吴泳给李臯的信中提到:"丞相久病,近作止不常,时事大可虑。"⑤因此,绍定二三年之后史弥远恐怕都在病中,正是这一背景,推动了宋理宗本人恢复姿态的展露。

为了配合恢复,绍定六年十月丙戌(十五日),宋理宗把老病的史弥远从右丞相升为左丞相,同时以郑清之(1176—1252)为右丞相兼枢密使;次日史弥远罢相,郑清之独相⑥;壬辰(二十一日)史弥远致仕,乙未(二十四日)去世⑦。在史弥远弥留之际,宋理宗已经把国是从安靖变为恢复,并选择了新的代理人郑清之。

理宗口中的"中原好机会"从字面来说是恢复中原之意。吴泳后来提到:"盖'复'者兴衰拨乱之名,而'恢'则有拓地开疆之意。"⑧所以,作为当时政治口号的"恢复",确实蕴含着如"端平"年号所示的一统、太平两重意

---

① 寺地遵曾指出,史弥远在绍定三年十二月十日一治事,是宋理宗铲除史弥远的一次政变,剥夺了史弥远干预朝政的权力,理宗亲政由此成立。此说言之过当,小林晃已指出。见小林晃:《南宋理宗朝前期における二つの政治抗争—『四明文献』から見た理宗親政の成立過程》,《史学》第79卷4号,2010年,第33—39页。

② 袁甫:《蒙斋集》卷3《应诏封事》,《景印文渊阁四库全书》第1175册,台北:商务印书馆,1986年,第368页。

③ 吴泳著,吴洪泽校点:《鹤林集》卷34《周侍郎墓志铭》,第249页。

④ 《宋史全文》卷32,第2673页。

⑤ 吴泳著,吴洪泽校点:《鹤林集》卷29《与李悦斋书四》,第217页。此书写作的时间在李臯卸任、黄伯固接任四川制置使前后,而黄伯固接任的时间在绍定五年。见魏了翁著,张全明校点:《重校鹤山先生大全文集》(简称《鹤山集》)卷37《书·黄制置伯固(壬辰)》,《儒藏(精华编)》第242册,北京:北京大学出版社,2022年,第595—596页;陈桱:《通鉴续编》卷21,第31a—b叶。

⑥ 《宋史》卷41《理宗一》,第798页。

⑦ 《宋史》卷214《宰辅表五》,第5613页。

⑧ 吴泳著,吴洪泽校点:《鹤林集》卷18《论恢复和战事宜札子》,第142页。

义。只不过,从破蔡灭金、三京之役两场战役而言,南宋的战略目的尚谈不上完全恢复北宋旧疆,而是据潼关、阻黄河以与蒙古对峙①。

二、端平恢复的过程与结局

问题是,端平元年(1234)八月三京之役失败后,南宋的军事动向是什么?

《宋史·蒋重珍传》言"关、洛师大衄,复进兵"②。又,端平元年九月,刘克庄提到北伐事,云:"一举而偾军,然犹未惩。臣恐再举而覆国矣。"③端平元年十一月,真德秀又说:"为今之计,功虽未可遽图,而刚毅奋发之志在陛下则当自勉;兵虽未可再举,而战攻捍御之备在庙堂则当亟谋。"④刘克庄和真德秀二人在端平元年秋冬都提到了"再举"之论。此外,端平元年冬、二年春,陈韡皆有言谏止进取⑤。二年秋,吴泳在轮对时批判了"恢复"之说,其中说道:"臣之友洪咨夔尝向臣说,比以论思言用兵事,陛下曾面谕之云'恢复未尝不是',信斯言也!"⑥说明理宗此时仍在为"恢复"辩护。《宋史·乔行简传》则说:

> 寻拜右丞相,言"三京挠败之余,事与前异,但当益修战守之备。襄阳失守,请急收复。"或又陈进取之计,行简奏:"今内外事势可忧而不可恃者七。"言甚恳切,师得不出。⑦

乔行简任右丞相在端平二年六月,而襄阳失守则在端平三年二月下旬。若

---

① 陈高华:《早期宋蒙关系和"端平入洛"之役》,第213—214、219—220页。

② 《宋史》卷411《蒋重珍传》,第12354页。

③ 刘克庄著,辛更儒笺校:《刘克庄集笺校》卷51《备对札子二》,北京:中华书局,2011年,第2537—2538页。

④ 真德秀撰,丁毅华、吴冰妮校点:《西山先生真文忠公文集》(简称《西山集》)卷14《十一月癸亥后殿奏己见札子一》,《儒藏(精华编)》第241册,北京:北京大学出版社,2020年,第341页。

⑤ 《刘克庄集笺校》卷146《忠肃陈观文神道碑》,第5767—5768页。

⑥ 吴泳著,吴洪泽校点:《鹤林集》卷18《论恢复和战事宜札子》,第142页。

⑦ 《宋史》卷417《乔行简传》,第12495页。

如此,则一直到端平三年春,进取之计仍在理宗的脑海中。

那么,端平元年秋天以后的"进取"或"再举"计划到底是指什么呢? 前引吴泳在端平二年秋的《论恢复和战事宜札子》说:

> 京洛之败、徐邳之败、唐宿之败,精兵歼尽,劲马毙倒,征者死于场,输者偾于道,粮储器械弥满于山谷者,不知其几千万。坐是边鄙耗屈,国中疲敝,民怨召为天灾,兵贪激为内难。其所以至此者,"恢复"之名误之也。[①]

据吴泳此说,与三京之役失败(京洛之败)并列的还有徐邳之败、唐宿之败,皆属于"恢复"过程中的重大挫折。

端平三年春吴昌裔(1183—1240)的《论郑清之疏》也提供了一些线索。吴昌裔先是批评了郑清之发动三京之役属于"轻挑强邻",造成了兵民、粮食、器甲、舟车的重大损失,"而江淮荡然无以为守御之备",且郑清之不能惩既往之失:

> 而乃护疾弗悛,私心自用,但求己说之胜,靡恤事力之穷,复妄许于摧锋,不痛惩于覆辙。继而邳、徐、唐、泗俱以败闻,士气沮失,国威败丧。[②]

吴昌裔指出,郑清之在端平元年北伐失败后重蹈覆辙,继续进取,结果遭受了重大挫折——"邳、徐、唐、泗俱以败闻"。

刘克庄还记载了丁伯桂(1171—1237)在三京之役失败后的谏言:

> 轻举之误小,遂非之误大。今移两淮粮械于邳徐唐邓等州,犹循危辙,冀雪前耻。昔斜川之退,孔明责己;枋头之辱,元温迁怒。愈变愈差,不可不虑,盍移战力为守谋? [③]

杨倩描据丁伯桂之言指出,淮东宋军在三京之役失败后试图一搏,以防御的

---

① 吴泳著,吴洪泽校点:《鹤林集》卷18《论恢复和战事宜札子》,第142页。

② 黄淮、杨士奇编:《历代名臣奏议》卷185,上海:上海古籍出版社,1989年,第2437页。

③ 《刘克庄集笺校》卷141《神道碑·丁给事》,第5613页。

作战方式占据部分中原地区 ①。此说可从，只不过他忽略了丁伯桂也提到的唐、邓二州。

总之，根据吴泳、吴昌裔、丁伯桂之言，南宋在端平元年北伐失败后，在邳、徐、泗、宿、唐、邓等州继续进取，冀雪前耻，结果皆遭遇大败。他们提及的地方分属宋代的两大制置司——淮东（邳徐泗宿）、京湖（唐邓）。

1. 江淮战区

邳州、徐州远在淮河以北，与三京之中的应天 / 归德（治今河南商丘）同在一线。李天鸣、杨倩描指出，三京之役失败后，宋朝仍然控制着应天、徐州、邳州等地，淮东制置使赵葵置司于淮北的泗州 ②。可见宋朝在淮东地区保持着一个相当突出的态势。宋朝安置在邳州、徐州的守将乃土豪国用安，他先从金降宋，又降蒙，后又降宋 ③。而这最后一次从蒙降宋，使得宋得以控制邳、徐，当在端平元年上半年、三京之役前夕 ④。

宋与蒙古的邳徐之战发生在端平二年正月：当蒙古军南下攻沛县时，国用安率领北军、南军前去救援，失败后退守徐州；徐州又被攻破，国用安投水而死；接着蒙军又攻破邳州 ⑤。从战役过程来看，邳徐之战似乎是蒙古的报复性南侵、宋方的防御战。但据前引丁伯桂言："今移两淮粮械于邳徐唐邓等州，犹循危辙，冀雪前耻。"说明宋方在主动投入资源经营邳徐地区，以与蒙古对峙。方大琮（1183—1247）曾言："无何望洛而溃，气沮甚；今春邳徐后

---

① 杨倩描：《端平"三京之役"新探——兼为"端平入洛"正名》，《宋史研究论丛》第 8 辑，第245 页。

② 李天鸣：《宋元战史》，第 231 页。杨倩描：《端平"三京之役"新探——兼为"端平入洛"正名》，《宋史研究论丛》第 8 辑，第 243—244 页。

③ 《金史》卷 117《国用安传》，第 2564 页。

④ 李天鸣：《宋元战史》，第 290 页，注 32。杨倩描：《端平"三京之役"新探——兼为"端平入洛"正名》，《宋史研究论丛》第 8 辑，第 243 页。

⑤ 李天鸣：《宋元战史》，第 234—235 页。杨倩描：《端平"三京之役"新探——兼为"端平入洛"正名》，《宋史研究论丛》第 8 辑，第 245—247 页。

气索矣。"① "惜乎始折于三京,继损于邳徐,近又歼于定城,而西兵之精锐略尽矣,谁实使然?言之短气。"② 李鸣复亦言:"自汴京退走,而我师之雄胆已丧,徐邳再陷,而我师之畏心愈甚。"③ 可见邳徐失利对于南宋的实力、士气影响颇大。

宿州与泗州的失败详情不甚清楚。端平二年曾发生宿州守将王某叛变事,宋救援失败④,或是指此。若依照吴昌裔所言:"今弃师于汴洛者不斥,歼民于邳徐者不诛,救宿而委赍粮、攻唐而弃铠仗者悉皆废法。"⑤ 则知救宿之败发生在邳徐之战后、唐州之败(详下文)前,即端平二年上半年。从这些资料看起来,宿州之役似也是被动防御、救援。但端平二年六月,魏了翁说:"闻徐邳宿亳之败,则第能追咎诸帅之轻举,复讥和好之难恃。然以臣愚见,咎者讥者皆是也,而未得弥变之说。"⑥ 闰七月,刘克庄提到:"后来庙谟专务收敛靠实,戒饬屡下,而淮东兴宿州之役,荆襄出唐州之师,皆不以闻于朝。"⑦ 从魏了翁"将帅之轻举"、刘克庄"淮东兴宿州之役"可知,宿州之役也是淮东宋军主动挑起的,可能是在邳徐之败后宋方试图在宿州、泗州构筑防御体系,引来蒙古军报复。端平三年二月时,臣僚建议理宗"留泗以卫招信"⑧,则应是宋失去了宿州,保留了泗州⑨。

以上战事说明,宋方在淮东战区的行动离真正的"恢复中原"相差甚远,实际是尽可能在远离腹地的区域构筑起对蒙防御体系。端平三年,吴泳言:

---

① 方大琮:《宋宝章阁直学士忠惠铁庵方公文集》(简称《铁庵集》)卷16《与王实之(迈)书一》,国家图书馆藏明正德刻本,第12b叶。

② 方大琮:《铁庵集》卷20《与曾太卿(式中)书》,第7b叶。

③ 黄淮、杨士奇编:《历代名臣奏议》卷99,第1351页。

④ 李天鸣:《宋元战史》,第239页。

⑤ 黄淮、杨士奇编:《历代名臣奏议》卷61,第852页。

⑥ 魏了翁:《鹤山集》卷19《被召除授礼部尚书内引奏事第五札》,《儒藏(精华编)》第242册,第348页。

⑦ 《刘克庄集笺校》卷51《录圣语申时政记所状》,第2554页。

⑧ 《宋史全文》卷32,第2705页。

⑨ 最晚在嘉熙元年(1237),淮东制置司的治所就从泗州移到了扬州。见余蔚:《论南宋宣抚使和制置使制度》,《中华文史论丛》2007年1期,第154页。

淮北新复州军截自今敌退之后,画疆自守,如蔡、息、陈、颍、应天等处,只令其土豪且耕且守,时有不足,量周给之,切不可空吾有限之力,事彼无用之地。高、孝二朝无此藩篱,未尝不能立国。徐、邳、唐、邓、宿州之事,可以深鉴。①

在吴泳看来,上面提到徐邳宿之战,以及下文将要提到的唐邓之战,目标就是要建立所谓的"藩篱",这是所谓"恢复"的实质。又,端平二年魏了翁在提到淮东地区的失败时说:"吾之士马财力方耗于三京败衄之余,而北人之在吾地者,其势必起而应之。如近日邳、徐、宿、亳之陷,皆北人从中突起,倒戈献城。此事昭然可监。"② 按照魏了翁此说,邳徐之败、宿泗之败,都与南宋所招徕的北军叛变有直接关系。这说明,淮东战区在最初构筑对蒙防御体系的过程中,北来土豪、北军充当了马前卒的角色。

2. 京湖战区

在京湖地区,端平元年正月灭金以后,宋蒙以陈蔡为疆,东南为宋、西北为蒙古③。这基本是各自的实际控制线,故而京湖制置使史嵩之在灭金后所部署的防御是:"孟珙还师襄阳,江海还师信阳,王旻戍随州,王安国守枣阳,蒋成守光化,杨恢守均州,并益兵饬备,经理屯田于唐邓州。"④

这一部署是有层次的:驻防核心是制司所在的襄阳,此外驻军于均州、光化、枣阳、随州、信阳,也皆在汉水—桐柏山—淮河以南。唐、邓州在这条防线以北,宋方"经理屯田"于其地。这两州于绍定六年四月、八月被宋占领⑤,其中邓州归宋之后,"宋人徙其民襄汉间,复以旧亡人实邓"⑥。既然宋方把当地百姓南迁,则所谓"经理屯田"只是将北方流亡而来的百姓略加组

① 吴泳著,吴洪泽校点:《鹤林集》卷20《边备札子》,第156页。

② 魏了翁:《鹤山集》卷19《被召除礼部尚书内引奏事第四札》,《儒藏(精华编)》第242册,第343页。

③ 陈桱:《通鉴续编》卷22,第2a叶。

④ 《通鉴续编》卷22,第2a—b叶。

⑤ 《金史》卷18《哀宗纪下》,第398、400页;《宋史》卷41,第798页;王鹗:《汝南遗事》卷2,第6b—7a叶。

⑥ 王鹗:《汝南遗事》卷2,第6b叶。

织,并非军队驻防。

在史嵩之的这种部署下,唐邓的得失应是不足为怀的。但是,端平元年北伐失败后,南宋以赵范为京湖制置大使、知襄阳府,情况就发生了变化。赵范就任京湖阃之初,试图调遣随州的一支军队向北过樊城,被同僚杨恢拒绝①。这位被调遣的"随将",估计就是本在随州驻扎的王旻。此外,败军之将全子才、刘子澄被安排在唐邓地区,全子才的头衔是"京西湖北制置副使、同措置唐邓息等州营田、捍御边面"②,显然是有意让其经略此地,且不仅是营田。可见,三京之役失败后,赵范在京湖地区摆出了积极进取的姿态,将防线北推到了唐邓地区。

赵范还将郭胜率领的一支北军派驻到唐州。郭胜乃襄阳地区孟宗政、孟珙父子招募"唐、邓、蔡壮士"所组建的忠顺军部将:

> (端平元年正月)戊辰,以枢密院言,诏:"京西忠顺统制江海、枣阳同统制郭胜,向因所部兵行劫,坐不发觉除名,广州拘管。遇赦还军前自效有功,并叙复元受军职。"③

据此可知,端平元年正月时,郭胜尚在唐州之南的枣阳驻扎,也就是在前述史嵩之所设的防线上。但最晚到了端平二年五月,郭胜已经到唐州担任北军统制:

> 乙未五月,唐州守杨侁禀议,因言本州统制军马郭胜有异志。盖杨、郭有隙非一日矣。杨之来,郭已疑之。及杨受牍归,赵(笔者注:即赵范)乃以檄召郭胜,于是郭之反谋始决。六月二日,赵下令以襄阳簿厅置勘院,将以勘郭胜也。先是,赵幕客蒋应符往司唐州,遂泄其谋于郭。④

---

① 黄淮、杨士奇编:《历代名臣奏议》卷 241,第 3171 页。李鸣复说:"近欲移随将过樊城,而杨恢弗从其令。"

② 《宋史全文》卷 32,第 2692 页。

③ 《宋史》卷 41《理宗一》,第 800 页。

④ 周密撰,张茂鹏点校:《齐东野语》卷 5《端平襄州本末》,北京:中华书局,1983 年,第 80—81 页。蒋应符,《宋季三朝政要》作"蒋应"。佚名撰,王瑞来笺证:《宋季三朝政要笺证》卷一,北京:中华书局,2010 年,第 87 页。

乙未即端平二年。从该记载可知，郭胜是先至唐州驻扎的北军统制，而杨佺在郭胜之后出任唐州长官，他早先就与郭胜熟识，当亦为北军将领。从杨佺向赵范禀议来看，他应是被赵范派来经营此地。除了杨佺，赵范还派遣了幕府中的蒋应符去唐州协助。而正是杨佺、蒋应符的到来激成了郭胜叛投蒙古。

郭胜叛宋归蒙之后，全子才等人被逐出唐州。据李鸣复言："唐州之叛，叛者一郭胜耳，兵与民未尝叛也。全子才等握兵以出，老小之在城外者悉举而歼之，故其党遂牢固而不可破。"① 紧接着，端平二年闰七月：

> 臣僚奏："京西湖北制置副使同措置唐邓息等州营田捍御边面全子才、军器监簿刘子澄，以軷在唐州枣林下寨，相继夜遁，遗弃攻战具辎重之物，乞行褫窜。"诏子才夺二秩、衡州居住，子澄夺二秩、瑞州居住。②

全子才正是在讨伐郭胜的战事中遇到了蒙军，不战而溃③。

端平二年闰七月，刘克庄在奏事时与理宗有一番对话：

> 读至"拜表即行"处，奏云："去岁兴师，犹是朝廷有进取之意，将帅观望而然。后来庙谟专务收敛靠实，戒饬屡下，而淮东兴宿州之役，荆襄出唐州之师，皆不以闻于朝，如此，则将帅在外妄作，庙堂不能谁何之，何以为国？"圣语曰："唐州之事，亦曾申来。"④

这段对话中的"去岁兴师"指的就是端平元年的三京之役。刘克庄与理宗的对话说明：宿州之败、唐州之败，都源于南宋主动发起的战役，特别是理宗说"唐州之事，亦曾申来"，可知赵范在京湖的进取是理宗亲自认可的。

与唐州之败一体的是邓州之败，其北军主将赵祥亦叛归蒙古。兵变的前因后果，见于元姚燧（1238—1313）所撰《邓州长官赵公神道碑》，不惮其烦引述：

---

① 黄淮、杨士奇编：《历代名臣奏议》卷189，第2489页。

② 《宋史全文》卷32，第2702页。

③ 李天鸣：《宋元战史》，第236—238页。

④ 《刘克庄集笺校》卷51《录圣语申时政记所状》，第2554页。

明年甲午,金亡。将戏下步骑数千下宋,时襄阳开制阃,改信效左军统制。

制阃后厌降将多,恐聚此叵测,谩为受犒,欲致尽坑之。太尉江海策曰:"其人穷而来归,诛之不义。又吾闻所节度四十五军,半北人。今此加诛,则吾军北人各有心矣,徒足启猜长乱。汉北之州,独邓近,去吾阃程再日耳。北与敌邻,乘彼虚弃未戍,盍遣是众先之? 在彼有生降之德,在我有复地之利,一举而得两者也。"阃然之,别遣路钤呼延实将若干千人为监来戍。至则与实不相善,益愤前吾所好相下,而顾不容,将以计诛。又一军哗噪,皆言制阃不足为尽力。

会明年乙未十月,天兵略地汉上。集将佐南门商战守宜,公扼剑前众曰……复与将佐为约……乃开门纳吾元兵,事成终朝,肆不变市。为具车马,遣实令将其军,尽还之襄阳,少不怨制阃昔者图己,而甘心此军也。①

此处纪事始于端平元年(甲午)金朝灭亡,赵祥率领部曲投宋,成为襄阳的信效左军统制,他投降时的京湖制阃可能仍是史嵩之。而上引文第二段又点出了赵祥如何从襄阳北进至邓州驻扎,其中提到的"制阃"则是京湖制置大使赵范。此言赵范欲尽坑杀北军应是不足信的,但江海所提出、赵范认可的策略是:"汉北之州,独邓近,去吾阃程再日耳。北与敌邻,乘彼虚弃未戍,盍遣是众先之? 在彼有生降之德,在我有复地之利,一举而得两者也。"这清楚地说明,赵祥是被赵范派到邓州驻扎的,其时其地被宋蒙双方"虚弃未戍"。史料还提及,赵范派去了呼延实为监军,这与赵范派遣杨侁、蒋应符至唐州是类似的。呼延实本来也是活跃在这一带的土豪②,端平元年四月降宋③。据上引史料,端平二年十月赵祥叛变后,又将同驻此地的"宋兵"由呼延实率领,遣送回了襄阳。

① 姚燧著,查洪德编辑点校:《牧庵集》卷18《邓州长官赵公神道碑》,北京:人民文学出版社,2011年,第284—285页。

② 《金史》卷123《姬汝作传》,第2689页。

③ 《宋史》卷41《理宗一》,第801页。

在邓州西南的均州,端平二年也发生了北军将领叛乱事,主角是范用吉。范用吉是端平元年南宋北伐时在开封与李伯渊同杀崔立的土豪之一[①]。范用吉入宋后,为赵范所用,"易其姓曰花,使为太尉,改镇均州。未几,纳款于北。后以家人诬以欲叛,为同列所害"[②]。所谓范用吉欲叛蒙归宋,当是淳祐六年(1246)的事了[③]。前面提到,均州在史嵩之时代是宋军驻守的汉水南岸防线之一环,但在赵范到达京湖以后,却用范用吉这样的新附北人去镇守均州,可能是当地的守军已经被抽调了。

端平三年二月,襄阳北军克敌军作乱,京湖战区的轴心襄阳城化为灰烬,南宋遭受了最重大的军事挫折,理宗乃至于四月下罪己诏。这件事的来龙去脉此处不详述[④],只提其中一个环节——这支克敌军在二月五日被派往均州:

> 二月五日,始遣王旻带克敌军往均州、光化军巡逻,逗遛不进,仅至小樊,乃以收复两郡捷闻。[⑤]

是知克敌军的任务是北上与均州一带的叛军作战,这是范用吉叛宋归蒙引起的连锁反应。不过,这支克敌军亦已心生异志,随后至襄阳的镇江都统李虎所部无敌军、光州都统王福所部军就激发了克敌军的叛乱。

端平三年二月襄阳兵变以后,在土豪刘廷美的努力下,南宋又一度于端平三年四五月收复樊城、襄阳,御史杜范就此提出了招用土豪的建议[⑥]。不过,最晚在端平三年九月刘廷美就已经战死了[⑦]。据《元史》:"(太宗八年丙

---

① 《宋季三朝政要笺证》卷1,第21—22页。《宋史全文》卷32,第2691页。

② 《金史》卷114《范用吉传》,第2513页。

③ 《刘克庄集校笺》卷143《孟少保神道碑》,第5678页。

④ 变乱经过参见李天鸣:《宋元战史》,第253—258页;亦参见熊燕军:《南宋端平襄阳兵变及相关问题》,《宋史研究论丛》第12辑,保定:河北大学出版社,2011年,第357—382页。

⑤ 《齐东野语》卷5《端平襄州本末》,第82页。

⑥ 杜范:《清献集》卷7《乞招用边头土豪札子(台中上)》,《景印文渊阁四库全书》第1175册,第658—659页。

⑦ 方大琮:《铁庵集》卷16《与刘潜夫(克庄)书一》,信中提到刘廷美死于战,又言此时"曹友闻苦于难守",第1a、1b叶。而端平三年九月曹友闻战死(《宋史》卷42《理宗二》,第811页)。

申十月）襄阳府来附,以游显领襄阳、樊城事。"① 是知端平三年十月襄阳又附蒙。

襄阳附蒙后,游显任襄阳之达鲁花赤,但在戊戌年夏,即宋嘉熙二年（1238）夏遭遇了兵变,被军将执送南宋②。参与这次兵变的有刘仪（或作"刘义"）、段海、呼延实③。这个呼延实,正是前述端平二年夏唐州赵祥叛变时被遣送回襄阳者。由此推断,回到襄阳的呼延实在端平三年十月应也参与了——至少是被裹挟进了襄阳北附蒙古的事件,又在两年以后执送襄阳达鲁花赤游显降宋。不过,钱大昕早就指出,嘉熙二年的这次归降,"在宋虽有拓边之劳,在元未有失地之实也",因为蒙古在端平三年就已经将唐、邓、均、襄的百姓迁徙到了洛阳地区④。

总结前后经过,端平二年夏天的唐邓之败后果极其严重,连锁反应导致汉水南岸防线之洞穿,乃至京湖战区核心襄阳城化为丘墟,这一直要到淳祐十一年才由李曾伯（1198—1268）主持收复并重建。

回到问题本身:南宋在端平元年的三京之役失败以后的"进取"到底表现在什么地方？从前述梳理可见,无论是淮东阃赵葵还是京湖阃赵范,最重要的举措就是将南宋的军事布防,尤其是投归南宋的北军、土豪推往汉水、淮河以北,这基本上就是延续了此前据关守河与蒙古对峙的意图。但是,这些进取都遭遇了挫折:端平二年春的邳徐之败、随后的宿泗之败;端平二年夏秋的唐邓之败、均州之叛;端平三年二月的襄阳兵变。端平三年二月襄阳兵变后,宋朝甚至仍在借助土豪的势力作最后的挣扎。但是,随着端平三年夏秋亲宋土豪刘廷美的战死、同年十月襄阳再度降蒙、唐邓均襄百姓的北迁,南宋的"恢复"彻底画上了句号。理宗从绍定六年（1233）联蒙灭金所开启的恢复宏图,在端平三年（1236）冬彻底绝望。

---

① 宋濂等:《元史》卷2,北京:中华书局,1976年,第35页。

② 《元史》卷2,第36页。

③ 姚燧:《牧庵集》卷22《荣禄大夫江淮等处行中书省平章政事游公神道碑》,第337页。

④ 钱大昕:《十驾斋养新录》卷8《复襄樊年月不同》,收入陈文和主编:《嘉定钱大昕全集》（增订本）,南京:凤凰出版社,2016年,第235页。

三、恢复失败对内政的冲击

端平三年冬进取的彻底失败，也给所谓"端平更化"画上了句号。端平三年十一月，理宗诏议改元，"以示作新之意"，令有司详议；十二月最终下诏改元"嘉熙"①。嘉熙改元（1237）诏今尚可见，只不过被误作淳祐改元诏，见于《宋会要辑稿》：

> 蔽更张于鸿化，期开际于多艰。厉精虽勤，计效愈邈。仰而观诸天运，未臻协气之横流；俯而验诸人情，但见浇风之华竞。惟口兴戎而民生匮，藩身以贷而吏道衰。疆场骚然，戎狄惊甚。②

诏书承认了端平更化的失败——"厉精虽勤，计效愈邈"，"民生匮""吏道衰"，"疆场骚然，戎狄惊甚"，是内外全面的挫折。

端平更化的句号画于端平三年冬，而更化步步维艰的过程，与恢复的进程是息息相关的。

端平二年夏正是南宋恢复失败后再进取又显露败局的时刻，六月，理宗以郑清之任左丞相、枢密使，乔行简为右丞相、枢密使，南宋出现了罕有的两位宰相并立的状况。前言史弥远去世前夕郑清之成为唯一的宰相，是理宗恢复的代理人。而众所周知乔行简反对进取③，他的入相说明理宗对郑清之、对"恢复"的信心已经打折扣了。

端平二年秋，吴泳轮对，批评了理宗"恢复"口号。这封奏议作于南宋"京洛之败、徐邳之败、唐宿之败"等一系列的军事失败以后。他不但从义理上批判了"恢复"中的"恢"，即拓地开疆之意实无经据——"最后班固方有'恢复疆宇'之说"；且吴泳认为，南宋的"恢复"是有名无实的，经略所得之地非但不足以扩大南宋的疆土，反而需要从内地运送资源哺育，并非真正的

---

① 《宋史全文》卷 32，第 2710、2712 页。

② 刘琳、刁忠民、舒大刚、尹波等校点：《宋会要辑稿》礼 54 之 20，上海：上海古籍出版社，2014 年。案，此非《会要》原文，见第 1959 页注。此言"践祚十有三载""此嘉祐所以永天命""淳熙所以恢圣谟"，可知必是改元嘉熙诏。

③ 黄宽重：《晚宋朝臣对国是的争议——理宗时代的和战、边防与流民》，第 35—39 页。

恢复,更不用说随后遭受的惨败了①。

这里可以略提及吴泳的人脉。因为四川制使郑损的推荐,吴泳于绍定元年(1228)赴都堂审查②,此后即在临安任职,一直到嘉熙二年(1238)出知外州。但吴泳在临安立足的关键可能是乔行简。他在给陈埒的一封信中说:

> 某登朝六载,轮对者三,上封事者一。每当陛对,必自盟其心,不敢有一词谀悦其上。近十九日上殿,为首遍机会之说,次陈州县祸变之源。两金黄又是一事。乔丈谓"上足以开释君心,下足以整齐国事",子静谓"此诤论第一筹也",则斯言亦过矣。不审和仲又以为如何?③

吴泳所谓的十九日上殿之说,即前引绍定六年八月十九日上殿所奏《论中原机会不可易言乞先内修政事札子》,反对理宗的进取。吴泳这时的身份是秘书丞、兼权司封郎官、兼枢密院编修官,书信中所提及的"乔丈"就是签书枢密院事乔行简,即吴泳是枢密院的属官,又深得乔的赏识④。有了这个背景,再去看端平二年秋吴泳对"恢复"的批评,就更可意识到这个批评实际直接针对恢复代理人郑清之。

端平二年十二月,杜范、吴昌裔、徐清叟任监察御史。吴昌裔自言,他在入台后不久就弹劾了宰相的属官余铸、颜耆仲、崔端纯、刘克庄⑤,使得郑清之的宾客畏惧。差不多同时,杜范也论及郑清之的亲旧。杜范先是"奏九江守何炳年老不足备风寒,事寝不行",又上疏论宰执"陛下之旨匿而不行"等等,"丞相郑清之见之大怒,五上章丐去,有'危机将发,朋比祸作'之语;且

---

① 吴泳著,吴洪泽校点:《鹤林集》卷18《论恢复和战事宜札子》,第142—143页。此札提到了"(全)子才、(刘)子澄既褫窜",则必作于端平二年闰七月以后。

② 吴泳著,吴洪泽校点:《鹤林集》卷22《缴奏赵汝谈指摘告词状》,第170页。

③ 吴泳著,吴洪泽校点:《鹤林集》卷27《答陈和仲书二》,第201页。

④ 当时枢密使为史弥远、知院薛极、同知郑清之、签书乔行简、同签书陈贵谊。

⑤ 黄淮、杨士奇编:《历代名臣奏议》卷150"端平中监察御史吴昌裔论宰相不当指台臣为朋比",第1967页;《历代名臣奏议》卷185"(吴)昌裔又论四都司疏",第2438页。四都司分别是:前户部尚书兼中书门下检正余铸、新除司农少卿兼检正颜耆仲、仓部郎中兼左司郎官崔端纯、枢密院编修官刘克庄。

谓范'顺承风旨，粉饰挤陷'"。郑清之早年曾入湖广总领何炳之幕①，故而杜范奏论何炳触怒了郑清之，反诉御史台"朋比"。面对"朋比"的指责，杜范遂自劾求罢②。

御史吴昌裔也回应了郑清之"朋比"的指责，认为这是郑清之借其说"猜疑言事之臣"，而这种猜疑又出于郑惧怕台臣论其"始也轻于用兵而国威丧，终也折于从和而虏难滋"，也就是在对蒙古的方略上先用兵而失败，后不得已求和③。《宋史·杜范传》又说：

> 时清之妄邀边功，用师河、洛，兵民死者十数万，资粮器甲悉委于敌，边境骚然，中外大困。范率合台论其事，并言制阃之诈谋罔上。④

即御史台进一步联合奏劾郑清之用兵之败。合台之奏恐即保留在《历代名臣奏议》卷一八五的吴昌裔论郑清之疏，其疏自称"臣等"，当为御史台联名所上。吴昌裔等先是称赞了郑清之在端平初"绝苞苴，斥贪佞，召耆德，去副封"的善政，然后话锋一转，论其用兵事：先论端平元年的三京之役造成江淮无守御的严重后果；次论北伐失败后的再举又是一败涂地，蜀中、京湖皆面临巨大的边防危机，"使陛下寒心，销志于九重之上"；最后说：

> 方今春气向深，鞑骑将退，正当更改规模，补苴罅漏，两排和战之论，专为守御之谋。如清之固位不去，必不能尽变旧习，载图新功。滞吝私心，重误国事，不至于危亡不止，傥或狼狈至是，而后如靖康之诛王黼，开禧之窜陈自强，夫果何益！⑤

如前引丁伯桂建议"移战力为守谋"一样，吴昌裔等人主张"排和战之论"，将"守御"定为新的战略方针，而郑清之作为恢复代理人、开兵端的祸首，不可能再承载新的国是。这基本上预示了未来政局的走向。

---

① 《刘克庄集笺校》卷 170《丞相忠定郑公行状》，第 6584 页。

② 《宋史》卷 407《杜范传》，第 12280—12281 页。

③ 黄淮、杨士奇编：《历代名臣奏议》卷 150，第 1967 页。

④ 《宋史》卷 407《杜范传》，第 12281 页。

⑤ 黄淮、杨士奇编：《历代名臣奏议》卷 185，第 2437 页。

　　这次论奏应是不了了之。杜范说："叨蒙圣旨宣谕清叟,复于经筵面奉玉音。臣等恭承圣训,不敢再有陈奏。""抗章自劾,至于再三,陛下又遣使谕止之。"① 即在理宗的亲自干预下,御史台停止了对郑清之的攻击。

　　僵持之际,监察御史徐清叟又上了"三渐"之疏,因此被罢为太常少卿。徐清叟被罢台职后,杜范与吴昌裔两度联合上奏乞留徐清叟,而后杜、吴又各自上札。杜范和吴昌裔的第一札说:

> 今于二十九日,忽闻御笔,徐清叟除太常少卿,臣等恍然莫测所谓。岂因清叟近日三渐札子言及贵近,致激陛下之怒耶? ②

此事应发生于端平三年二三月。此言"札子言及贵近"却不知具体所指。案,吴昌裔在第三疏中说:"以陛下为讳其直耶,则宣示二邸,戒敕诸珰,中外竦服,足以彰盛德之有容也。"③ 说明徐清叟的奏疏涉及二邸、诸珰,所谓二邸,即理宗的弟弟与芮、贵谦(与奭),这些大概就是"贵近"所指。虽然徐清叟之触怒理宗之处在此,但杜范和吴昌裔还把徐清叟的罢职与郑清之联系了起来。吴昌裔第三疏言:

> 或谓清叟尝因造开兵端,论及廊庙,节帖奏疏,专攻宰臣,故欲借此以去之,庙谟密运,亦非臣所能测。

这样的话,端平三年春郑清之遭受了御史台的集中攻击,主要指责其妄开兵端,导致边防危机。这一风波最终被理宗平息。这轮交锋似乎以郑清之的胜利而告终了,实际上他已经摇摇欲坠。

　　端平三年二月下旬襄阳兵变,四月理宗下诏罪己。端平用兵,在诏书中被描绘为"但使留屯于塞上,自守我疆",结果是:

> 然虐焰之所经,视曩岁而尤惨重。以唐、均之叛将,发此京湖之祸机,肆荼毒于列城,至蔓延于他路。兵民之死战斗,户口之困流离,室庐

---

　　① 杜范:《清献集》卷6《三留徐殿院札子》,《景印文渊阁四库全书》第1175册,第652页。

　　② 杜范:《清献集》卷6《留徐殿院札子(同吴察院上)》,《景印文渊阁四库全书》第1175册,第651页。

　　③ 黄淮、杨士奇编:《历代名臣奏议》卷150,第1968页。

靡存，骼骴相望，致援师之暴露，及科役之繁苛，为之骚然，有足悯者。①

这是理宗在襄阳兵变一个多月后的表态，残酷的现实已经打碎了他绍定六年"中原好机会"之想。

前面提到，端平三年八九月间，亲宋土豪刘廷美战死，襄阳的尘埃可谓落定。九月庚午十六日，理宗朝飨太庙，雷；十七日辛未，祀明堂，大赦，又雷雨；二十一日，左丞相郑清之、右丞相乔行简皆罢。据理宗手诏，原因是："雨雷倾迅，天心示戒，在于朕躬。辅弼之臣，控章引咎，联车迭去，抗志莫留。"②则他们是因为天灾而引咎去位。不过，到了十一月乔行简又再相③，相当于郑清之一人承担了天谴。随后，就是端平更化的句号，本节开头已经说及。

四、结语

从上文的梳理可知，绍定六年冬到端平三年冬的"端平更化"包括内外两个方面：在内有人事更迭，对外则以恢复为国是。在这个过程中，对外关系不是内政的延续，而是左右了内政——对外关系的每一步都导致内政波动。

恢复始于绍定六年秋冬决策灭金，故宋理宗罢去老病的史弥远，独相郑清之。端平元年春成功灭金后，当年夏天遂有三京之役，试图据关守河与蒙古对峙，八月以失败告终。此后宋理宗并没有放弃恢复，也因此在端平二年上半年在淮东战区遭遇邳徐、宿泗之败；进而秋天在京湖战区发生了唐、邓、均州的兵变、兵败；这些失败导致二年六月反对进取的乔行简为相，郑清之及"恢复"口号面临激烈责难。宋理宗虽有心维护郑清之，但至端平三年二月下旬，又发生襄阳兵变，京湖战区核心化为丘墟；此后亲宋土豪一度收复襄阳，最终于三年秋彻底失败。相应地，恢复代理人郑清之也因天变而去位，表达恢复之意的端平年号也改为嘉熙。总之，"边事既开，一废百废，于

---

① 《宋史全文》卷32，第2707页。

② 《宋史》卷42《理宗二》，第811页；《宋史全文》卷32，第2709页。

③ 《宋史》卷42《理宗二》，第812页。

是而有嘉熙"①,被赋予厚望的端平更化也就沉沦了。

端平名流之一方大琮后来回顾端平更化的情形,多次提及了同一感受:改变局势的是边事,进而引发理宗对"诸贤""秀才家"的怀疑:

> 自外丧于汴与邳,内失于襄与蜀,始觉无所倚仗,而向之不敢者交出矣,此非诸贤之责而何?②
>
> (北伐事)议者亦尝争,然不力,短丑尽露,一为黠虏所窥,而前之不敢窥者皆弹冠相庆。于是朝廷始轻,人主无所仗以为安,遂疑秀才家之不足与有为,反前日之不若矣。每念此一机,未尝不痛惜之。③

方大琮这里提到的"向之不敢者""前之不敢窥者",指史嵩之。他踩着端平更化的废墟而出,整顿对蒙防御,建立军功,进而入相、独相,成为史弥远后的又一权臣。

端平更化始于恢复、终结于恢复失败之后,这说明"战时状态"确实牵动着南宋历史的方方面面,内政无时无刻不在对外战争的直接影响之下,本文只是提供了一个例子来说明这一点。南宋史研究面临的挑战,一是诸多问题的具体面貌尚待厘清,再就是从内政、和战、道学等不同视角勾勒的线索相对孤立,有待合理地整合。

本文部分内容原刊方诚峰《君主、道学与宋王朝》"附录",北京大学出版社,2024 年 8 月。

---

① 徐鹿卿:《清正存稿》卷 1《上殿奏事第一札》,《景印文渊阁四库全书》第 1178 册,第 839 页。

② 方大琮:《铁庵集》卷 19《书·徐仲晦(明叔)》,第 11b 叶。

③ 《铁庵集》卷 20《书·邹编修(应博)》,第 10a—10b 叶。

周程授受说的回顾与再探

——以《颜子所好何学论》为中心的考察

汤元宋

  "周程授受"是理学史的关键问题,不仅关系到理学道统是否真由周敦颐发端,也关系到对周程思想的判定。过往学者对此已有多番讨论,从南宋至清,以及近几十年来学界的相关讨论,几乎穷尽了所有"直接"材料。

  所谓"周程授受"问题,是指周敦颐和程颢、程颐之间是否存在实质性的"受学"关系,或者说"周程授受"是否只是朱熹等理学家的"道统建构"。过往的看法截然两分。邓广铭主张"二程决不是受学于周敦颐","二程决非周敦颐的学业的传人";陈植锷认为周程授受主要是出于朱熹等理学家的私意,绝非公论,"至多只能算一个悬而未决的疑案";土田健次郎认为"以周敦颐为道学之祖,乃是一种神话";朱刚认为"思想史学界基本上否定了(周程授受)这个说法"[①]。然而,在大陆中哲学界,学者多对周程授受持肯定意见。如杨柱才认为"周程授受之说绝非朱子个人之私见,而是历史形成的公

---

  ① 邓广铭:《关于周敦颐的师承和传授》,载《邓广铭治史丛稿》,北京:北京大学出版社,2010年,第211—212页;陈植锷:《周、程授受辨》,《文献》1994年第2期,第61页;土田健次郎著,朱刚译:《道学之形成》,上海:上海古籍出版社,2010年,第120页;朱刚:《唐宋"古文运动"与士大夫文学》,上海:复旦大学出版社,2019年,第40页。

论"；新近研究中傅锡洪认为"周程思想的继承关系可谓全面、深入而又准确"[1]。

截然对立的两种意见的背后，皆有相应的学术史基础及证据[2]。下文将对两种观点的核心论据进行评述，并补充新证据，以期对此问题做新的讨论。

一、前人基于史实所争评述

关于周程授受的讨论，学者多从史实、义理两种途径入手，前者详考周程交游实情，后者精辨周程思想异同。虽然双方观点各异，但过往讨论有助于重新检视各自的论据。

基于史实否定周程授受的学者，核心理由有三条：其一，《二程遗书》所言二程"受学"周敦颐之说可疑，只可泛称"从学"；其二，《二程遗书》中称周敦颐以其字"茂叔"，甚至称之为"穷禅客"，并无言及师长应有的尊敬之意；其三，程门弟子罕有直接表彰周敦颐[3]。以上三种，可简称为"受学为伪说""称谓不尊说"和"程门姿态说"。

"受学为伪说"的贡献在于，指出吕大临所记语录中二程自陈"昔受学于周茂叔"之说在版本上颇为可疑。陈植锷认为，朱熹所作《伊川先生年谱》中"（伊川）与明道同受学于舂陵周茂叔"一句虽自注出自哲宗、徽宗实录，但"受学"二字恐是朱熹所改[4]。陈植锷当年未见《名臣碑传琬琰集》，今据此

---

① 杨柱才：《道学宗主——周敦颐哲学思想研究》，北京：人民出版社，2004 年，第 384 页；傅锡洪：《从"无极而太极"到"天理自然"：周程授受关系新论》，《哲学研究》2021 年第 5 期，第 72—83 页。

② 该问题更详细的学术史回顾可参考土田健次郎和杨柱才论著相关部分。在截然相反的两种意见外，还有部分调和的观点，如姚名达在《程伊川年谱》中认为程颢受周敦颐影响多，而程颐较少。参姚名达：《程伊川年谱》，北京：知识产权出版社，2013 年，第 9 页。

③ 邓广铭：《关于周敦颐的师承和传授》，载《邓广铭治史丛稿》，第 211—212 页；陈植锷：《周、程授受辨》，《文献》1994 年第 2 期，第 60—77 页；土田健次郎著，朱刚译：《道学之形成》，第 130—133 页。

④ 陈植锷：《周、程授受辨》，《文献》1994 年第 2 期，第 69 页。

集所存两实录中二程传文，确实仅称二程"闻汝南周敦实论学""从汝南周敦实学"，而非"受学"①。由此，肯定周程授受的学者无法再使用这一最有利的史料。然而，"受学为伪说"破而未立，本身并不足以否定周程授受的存在，也无法终结相关讨论。肯定周程授受的学者还可援引程颢"吾学虽有所受"和二程门人刘立之"（程颢）从汝南周茂叔问学"为证据，并就"问学"的内涵展开新的争论。如朱熹就以为二程之问学于周敦颐，"非若孔子之于老聃、郯子、苌弘也"，而朱彝尊则恰恰认为"（二程）从周茂叔问学，斯犹孔子问礼于老子、问乐于苌弘、问官于郯子云然，盖与受业有间矣"②。简言之，寄望于一两处"关键"史料以解决周程授受问题，并不可行。

"称谓不尊说"则颇可商榷。明清学者已持此论，如《宋元学案》所引明人丰坊之说颇为典型："二程之称胡安定，必曰胡先生，不敢曰翼之；于周，一则曰茂叔，再则曰茂叔，虽有吟风弄月之游，实非师事也。"③朱彝尊也说："弟子称师无直呼其字者，而《遗书》凡司马君实、张子厚、邵尧夫皆目之曰'先生'，惟元公直呼其字，至以'穷禅客'目元公，尤非弟子义所当出。"④陈植锷详列《二程遗书》中对周敦颐的各种称谓，亦持此论⑤。

不过，论者较少留意宋人对此类称谓问题已有所讨论。门人曾问朱熹，何以子思称孔子为仲尼，朱熹答曰："古人未尝讳其字。明道尝云：'予年十四五，从周茂叔。'本朝先辈尚如此。伊川亦尝呼明道表德。"⑥若以朱熹之说不足为据，则无特定道统立场的陆游也曾论北宋儒者间以字相称："字所以表其人之德，故儒者谓夫子曰仲尼，非嫚也。先左丞每言及荆公，只曰介

---

① 杜大珪编，顾宏义、苏贤校证：《名臣碑传琬琰集校证》，上海：上海古籍出版社，2021年，第2196、2199页。

② 王孝鱼点校：《二程集》，北京：中华书局，2004年，第424、328页；朱杰人、严佐之、刘永翔主编《朱子全书》（修订版）第21册，上海：上海古籍出版社、合肥：安徽教育出版社，2010年，第1303页；朱彝尊著，王利器等校点：《曝书亭全集》卷58，长春：吉林文史出版社，2009年，第586页。

③ 黄宗羲著，吴光点校：《宋元学案》卷12，载《黄宗羲全集》第3册，杭州：浙江古籍出版社，2005年，第638页。

④ 朱彝尊著，王利器等校点：《曝书亭全集》卷58，第586页。

⑤ 陈植锷：《周、程授受辨》，《文献》1994年第2期，第63—64页。

⑥ 黎靖德编，王星贤点校：《朱子语类》卷63，北京：中华书局，1986年，第1522页。

甫。苏季明书张横渠事,亦只曰子厚。"① "先左丞"即陆游祖父陆佃,"苏季明"即张载、二程门人苏昞。南宋罗大经也就"古人称字"援引古今诸例,以为"古人称字最不轻",并指出宋孝宗对极欣赏的苏轼也是径称子瞻②。南宋赵与峕也说"近时后进称前辈之字,人多非之,余谓不然"③。可见南宋人已留意到,两宋对于以字称人的理解,或已不同。又如,南宋晁公武曾以为北宋刘敞所著《公是先生弟子记》书中,"于王安石、杨愷之徒书名,王深甫(回)、欧阳永叔之徒书字,以示褒贬";但四库馆臣详检此书,发现书中对王回一人,即有书其名、书其字两种情况,晁公武之说不足为据④。此例也可佐证,南宋人或已基于南宋时的称谓理解而误读北宋文献。此外,程颐对胡瑗也非如丰坊所言"不敢曰翼之",《周易程氏传》中亦称"胡翼之先生"⑤。由此,不当仅据"周茂叔"一词,即认为二程对周敦颐有所不敬。

至于二程称周敦颐为"穷禅客"之说,本只是二程语录中非常突兀的一条,全文不过"周茂叔穷禅客"六字⑥。二程是在何种语境下使用"穷禅客"一词颇难断定。杨柱才指出,二程同样记录了周敦颐崇儒批佛的表述,如"周茂叔谓一部《法华经》,只消一个艮卦可了"⑦。因此,仅凭这六字便认为二程批评周敦颐近禅,进而认为二程对周敦颐全无尊师之意,或许太过草率,如全祖望所言"不知纪录之不尽足凭"⑧。

"程门姿态说"出自土田健次郎,同样可商榷。土田健次郎认为程颢去世后,程门弟子中仅有刘立之在悼文中提及周敦颐;而此后二程亲炙弟子中,除了尹焞,几乎无人直接表彰周敦颐⑨。诚如土田健次郎所言,程颢过世后,刘立之、朱光庭、邢恕、范祖禹、游酢、吕大临、杨时等人所作叙述、哀辞等

---

① 陆游撰,李剑雄、刘德权点校:《老学庵笔记》,北京:中华书局,1979年,第26页。

② 罗大经撰,王瑞来点校:《鹤林玉露》,北京:中华书局,1983年,第124页。

③ 赵与峕撰,齐治平点校:《宾退录》,北京:中华书局,2021年,第26页。

④ 永瑢等撰:《四库全书总目》卷92,北京:中华书局,1965年,第778页。

⑤ 《二程集》,第798页。

⑥ 《二程集》,第85页。

⑦ 《二程集》,第408页。

⑧ 黄宗羲著,吴光点校:《宋元学案》卷12,载《黄宗羲全集》第3册,第646页。

⑨ 土田健次郎著,朱刚译:《道学之形成》,第130页。

追悼文字中，仅刘立之明确提及周敦颐。但此类追悼文字中是否提及逝者师承，不足为授受关系存在与否的铁证。如朱熹过世后，陈淳所作《侍讲待制朱先生叙述》、陈文蔚所作《朱文公叙述》，陈宓、孙应时等所作祭文，皆未提及李侗，但这不意味着朱门弟子否认朱熹与李侗的师承关系[①]。

关于程门弟子仅尹焞直接表彰周敦颐之说，杨柱才已发现另外的例证，如游酢曾说"濂溪、明道二先生发明为学之要必言静者"，即已周程并称[②]。孙逸超也指出，不应将尹焞视为个案，而应将之与侯师圣、吕本中、时紫芝、祁宽等人，一并视为二程门下汴洛一系。汴洛门人较之杨时等闽北、永嘉、浙西门人，对周敦颐更为看重，也是程门中濂溪学术的传承主体[③]。如此，则祁宽在《通书后跋》中所言《通书》得自于侯师圣和尹焞的说法，或能增多一份可信度。不过程门高弟中，除杨时外，余者留存文献较少，从门人姿态出发，正反两方恐都难以将推断变成铁案[④]。

诚如土田健次郎所言，周程授受问题，在道统层面的讨论，即判断周程之间是否有理学思想的继承，才是争论的实质[⑤]。反对周程授受的学者，也不否认周程早年的联系，只是认为其不具有实质的思想史意义。如邓广铭就认为，周敦颐对二程"只能算启蒙教师，而不可能传授道德性命等高深学问"，二程后来成为理学家，与周敦颐无丝毫干涉[⑥]。因此，此公案的讨论，不可避免会涉及周程义理之间的研判。

---

① 陈淳著，张加才校点：《北溪先生大全文集》卷17，《儒藏（精华编）》第240册下册，北京：北京大学出版社，2018年，第192—200页；陈文蔚：《陈克斋集》卷3，收录于《丛书集成初编》，北京：中华书局，1985年，第41—42页；曾枣庄、刘琳主编：《全宋文》第305册，上海：上海辞书出版社，合肥：安徽教育出版社，2006年，第319页；《全宋文》第290册，第144页。

② 杨柱才：《道学宗主：周敦颐哲学思想研究》，第381页。

③ 孙逸超：《流公江南：南宋前期道学文本的传衍与思想的展开》，上海师范大学博士后出站报告，2022年，第40—48页。

④ 晚宋时，欧阳守道在《韶州相江书院记》中也曾提及南北宋周程关系所受重视程度的差异，但所论也只能为辅证，实际上连二程在南北宋时人心目中的重要性也有所不同。

⑤ 土田健次郎著，朱刚译：《道学之形成》，第121页。

⑥ 邓广铭：《关于周敦颐的师承和传授》，载《邓广铭治史丛稿》，第201、211页。

二、前人基于义理所争评述

周程授受问题在义理层面的分析与讨论，意见相左的两方也各有深厚的学术史积累。

朱熹留意过周程在义理上的联系，他在《周子太极通书后序》中指出，二程性命之说多因承周敦颐，"观《通书》之《诚》《动静》《理性命》等章，及程氏书之《李仲通铭》《程邵公志》《颜子好学论》等篇，则可见矣"①。明儒曹端在《通书述解》所附《通书后录》中，曾援引二程文献中的四条材料，以为"全用太极图及《通书》中意"②。黄百家在《宋元学案·濂溪学案》中对《通书》所下案语，也一再提示周程思想的相似性③。杨柱才更全面地考察周程义理，具体地指出朱熹强调的《李仲通铭》《程邵公志》《颜子所好何学论》，与《通书》中《诚》《诚几德》《道》《师》《动静》《圣学》《理性命》《颜子》《孔子》九章有联系④。

但也有学者对于上述义理路径提出批评。如邓广铭认为，《李仲通铭》《程邵公志》中所提及的阴阳、动静、性命诸说，是当时儒者吸收佛老思想后的共识，二程未必得之于周敦颐；而周敦颐令二程所寻之孔颜乐处，与后来胡瑗为太学生所出颜子好学论的试题并无二致，由此可证周敦颐所授孔颜乐处并无独到之处⑤。陈植锷认为，程颐《颜子所好何学论》中"五性""七情""自明而诚"概念，体现的是北宋嘉祐年间兴起的以子思、孟子为主体的性理之学，与周敦颐笔下偏向"富贵贫贱处之一"的孔颜乐处截然不同，已是"旧瓶新酒"⑥。

简言之，肯定周程授受的学者多认为周程在义理方面的相似性，足以证明周程授受；而反方则认为此种相似性属于当时思想界的共识、常识，不足

---

① 《朱子全书》第 24 册，第 3628 页。

② 曹端著，王秉伦点校：《曹端集》，北京：中华书局，2003 年，第 117 页。

③ 黄宗羲著，吴光点校：《宋元学案》卷 11，载《黄宗羲全集》第 3 册，第 589—605 页。

④ 杨柱才：《道学宗主：周敦颐哲学思想研究》，第 365 页。

⑤ 邓广铭：《关于周敦颐的师承和传授》，载《邓广铭治史丛稿》，第 206、203 页。

⑥ 陈植锷：《周、程授受辨》，《文献》1994 年第 2 期，第 75—76 页。

以证明周程存在独特的理学授受。从逻辑上说，反对者的意见值得充分重视。若要证明周程授受，不能仅呈现周程义理之间的相似性，而应将同时代其他思想纳入考察，证明二程思想较之于同时代思想的独特性，以及这种独特性与周敦颐的联系。

以周程授受议题中关键的"孔颜乐处"为例。正如二程对弟子所言，周敦颐教导他们时，"每令寻颜子、仲尼乐处，所乐何事"①。孔颜乐处是周敦颐教导二程的首要内容，也是二程师事周敦颐所得学问中最显著的内容②。但对于周程所论孔颜乐处的内涵，学者有不同判断。邓广铭和陈植锷主张周程所谈与当时思想界所乐谈的孔颜乐处，并无太多特殊之处。但专治宋明理学的学者，多不同意这一判断，他们认为孔颜乐处并非泛泛的安贫乐道，而是周程思想中相当独特的"圣人可学"观念③。

下节将具体讨论程颐所作《颜子所好何学论》中是否有来自周敦颐的特殊思想，此处仅先就此论之背景稍作阐发，以回应邓广铭所论周敦颐令二程所寻孔颜乐处与胡瑗为太学生所出颜子好学论考题并无二致的观点。

此论是命题作文，当时胡瑗执掌太学，以此题考查诸生④。胡瑗当时已是名满天下的儒者，他在苏、湖授学时，就经义、时务并重，束脩弟子不下数千人，之后执掌太学，门下有好尚经术者、好谈兵战者、好文艺者、好尚节义者，朝廷名臣中多有其门生⑤。胡瑗本人治学格局颇为宏大，门生中又不乏才俊，但是当他看到二十余岁的程颐所作此论，"大惊异之，即请相见，遂以先生为学职"⑥。如果说程颐此论中的思想与当时学者并无二致，那无法解释何以胡

---

① 《二程集》，第 16 页。

② 杨柱才：《道学宗主：周敦颐哲学思想研究》，第 369 页。

③ 杨柱才：《道学宗主：周敦颐哲学思想研究》，第 370 页。

④ 关于此论所作之年份，学者有皇祐二年（1050）和嘉祐元年至四年间（1056—1059）之争（参姚名达：《程伊川年谱》，第 23 页）。李存山认为此论当作于嘉祐二年（1057）而非皇祐二年（参李存山：《范仲淹与宋学精神》，北京：中国人民大学出版社，2019 年，第 104 页），本文赞同李存山之说。就本文主旨而言，无论系于何年，皆可视为程颐早年思想的代表作，如姚名达所说，此论是程颐"发表思想之第一声"（参姚名达：《程伊川年谱》，第 15 页）。

⑤ 《朱子全书》第 12 册，第 318—319 页。

⑥ 《二程集》，第 577 页。

瑗会如此惊异、赏识。

自此之后,圣人可学之说一直为程颐所坚守,程颢亦主此论,这都给时人留下了极深印象。十余年后(1068年),程颐在《试汉州学策问》中,重申了圣人之道"人皆可勉而至也";程颐也曾教导门人,"人皆可以至圣人,而君子之学必至于圣人而后已"①。程颢在《请修学校尊师儒取士札子》中也提出"自乡人而可至于圣人之道"②。范祖禹在程颢逝世后所作追悼文字中称程颢之学"以圣贤之道可以必至",吕希哲也曾评价"二程之学,以圣人为必可学而至,而己必欲学而至于圣人"③。

熙宁间,当二程门人游酢、杨时在太学时,二程曾说当时的太学生数千人,"无有自信者",以至于"游酢、杨时等二三人游其间,诸人遂为之警动"④。语录中并未明说"自信"的具体所指,但理学家所言"自信"主要是指对自身本性之善和能够成圣成贤的自信。二程在这里所言者或许便是当时的太学生多未有圣人可学的自信,而游酢、杨时在太学生中由此所突显的独特性,一如程颐当年在胡瑗面前。

三、《颜子所好何学论》义理辨证

讨论周程授受,《颜子所好何学论》是一极佳的切入点,一则此为北宋儒者常论议题,二则二程问学时多论孔颜乐处,三则《颜子所好何学论》可作为分析程颐早年思想的典型材料。

不少学者都对此论有过深入分析,但马一浮、何俊、张斯珉的分析并未聚焦在周程授受公案,而更侧重于分析该论在程颐思想中的价值;庞万里的分析则侧重于比较二程思想的差别;吾妻重二主要关注此论中为程颐"之后"理学家所继承的六点内容,而未暇分析此论与程颐"之前"周敦颐的共

---

① 《二程集》,第579、318页。

② 《二程集》,第448页。

③ 《二程集》,第333、420页。

④ 《二程集》,第406页。

同点 ①。

本节将首先归纳此论核心义理,继而横向对比其要义与同时代思想家的差异,进而纵向论证其与周敦颐的联系。在横、纵对比中,本文更侧重综合把握,而不局限于具体文字。中国古代的思想文本,或使用近似的表述,而所指却不尽相同,如朱陆两系皆言"心即理"而名同实异;或使用不同的表述,而指涉大体一致,如程颢所言定性实为定心。因此本文更注重将之回置于具体的历史语境中加以分析,尤其注意辨析作者所用表述是泛泛而论,还是刻意为之。在横、纵对比中,因周程思想并非完全相同的"复刻",而是一种兼有同异的传承,仅从纵向角度不易断言兼有同异的思想为传承抑或断裂,因此本文格外注重横向的说明。程颐思想虽与周敦颐不尽相同,但如能说明程颐思想与同时代其他儒者的差异更为显著,这种强烈的反差也有助于理解周程关系。

此论所包含的儒学范畴颇为繁多,但以当时思想界争论观之,可归纳为圣人论、性情论、中庸论三项,并将其他范畴收束于此三点下考察。此三项虽是儒学常见议题,但在北宋儒学复兴之初,学者颇有分歧,与南宋理学成为主流思想后的表现形式颇有不同。

1. 圣人论

所谓圣人论,即主张圣人可学而至;若进一步分疏,则包括"圣人可至"和"可由学而至"两点。程颐此论中的圣人论最为突出,开篇即直陈论旨:

> 圣人之门,其徒三千,独称颜子为好学。夫诗、书六艺,三千子非不习而通也。然则颜子所独好者,何学也? 学以至圣人之道也。圣人可学而至欤? 曰:然。(《二程集》,第 577 页)

---

① 马一浮著,虞万里点校:《马一浮集》,杭州:浙江古籍出版社,杭州:浙江教育出版社,1996 年,第 63—71 页;何俊:《以道为学——〈颜子所好何学论〉发微》,《哲学研究》2011 年第 6 期,第 43—47 页;张斯珉:《学以致圣——程颐〈颜子所好何学论〉篇解析》,《人文杂志》2017 年第 1 期,第 58—67 页;庞万里:《二程哲学体系》,北京:北京航空航天大学出版社,1992 年,第 297—302 页;吾妻重二:《道学的"圣人"观及其历史特色》,载朱杰人主编:《迈入 21 世纪的朱子学——纪念朱熹诞辰 870 周年、逝世 800 周年论文集》,上海:华东师范大学出版社,2001 年,第 140—142 页。

此说在后世理学看来虽属寻常,但在当时则颇具独特性。汤用彤以为,魏晋玄学多以为圣人不可至、不能学,隋唐颇流行圣人可至而不可学、惟有顿悟乃可成圣,宋初儒者在圣人观上多继承隋唐思想,因此程颐立论反其所言,胡瑗之惊异、赏识或即在此[1]。吾妻重二也以为"在宋代非道学士人中,很难找到这种圣人可学论",他遍举欧阳修、王安石、司马光、苏洵、苏轼之说,指出当时儒者多认为圣人是制作礼乐的"作者",圣凡之间不可逾越[2]。当时人也有受禅宗"本来是佛""无念为宗"影响,主张圣人虽可至,但不可由学而至的思想,如李觏曾说"仙可得而不可求,道可悟而不可学";张载也曾批评时人受佛教影响,误以为"圣人可不修而至,大道可不学而知"[3]。

与当时多数儒者不同,胡瑗和周敦颐是少数持圣人可学而至的学者。胡瑗年少时"即以圣贤自期许",也曾主张"为学既久,则道业可成,圣贤可到"[4]。但如吾妻重二所言,胡瑗的圣人观较为审慎,比如他坚决反对为学之初就求至于圣人[5]。较之胡瑗,周敦颐的圣人观更为鲜明,且与程颐有更多一致性。周敦颐在《通书》中就明确说:

> "圣可学乎?"曰:"可。"(《通书·圣学第二十》)[6]
>
> 圣希天,贤希圣,士希贤。伊尹、颜渊,大贤也。伊尹耻其君不为尧、舜,一夫不得其所,若挞于市;颜渊不迁怒,不贰过,三月不违仁。志伊尹之所志,学颜子之所学,过则圣,及则贤,不及则亦不失于令名。(《通书·志学第十》)

无论是对"圣可学乎"给予的肯定回答,还是士、贤、圣、天的志学路径,都鲜

---

[1] 汤用彤:《魏晋玄学论稿》,上海:上海古籍出版社,2001年,第103—109页。

[2] 吾妻重二:《道学的"圣人"观及其历史特色》,《迈入21世纪的朱子学》,第140—142页。

[3] 李觏著,王国轩点校:《李觏集》,北京:中华书局,2011年,第3页;张载著,章锡琛点校:《张载集》,北京:中华书局,1978年,第64页。

[4] 黄宗羲著,吴光点校:《宋元学案》卷1,载《黄宗羲全集》第3册,第55页;白辉洪、于文博、徐尚贤点校:《周易口义》,北京:中国社会科学出版社,2021年,第190页。

[5] 吾妻重二:《道学的"圣人"观及其历史特色》,《迈入21世纪的朱子学》,第143页。

[6] 本文所引周敦颐文献,皆出自周敦颐著,陈克明点校:《周敦颐集》,北京:中华书局,1990年。周敦颐所作《太极图说》《通书》,篇幅短小,且《通书》各章标题自有深意,未免繁杂,下文仅标注篇名、章名,不再另行标注页码。

明体现了周敦颐的圣人观。

圣人论议题还包含一子议题，即颜渊"好学"的内涵。北宋儒者对"圣人之门，其徒三千，独称颜子为好学"命题并不陌生，但对于"好学"的理解或为不迁怒、不贰过，或为笃学、博学，或为精微之学，或为三月不违仁、须臾不离道 ①。而程颐在此论开篇即说："然则颜子所独好者，何学也？学以至圣人之道也。"在当时，胡瑗和周敦颐是少数将颜渊好学与圣人可学而至联系在一起的学者，胡瑗曾说"由小贤至于大贤，由大贤至于圣人，自古及今有能行之者，惟颜子一人而已" ②，《通书》更有云：

> 夫富贵，人所爱也，颜子不爱不求，而乐乎贫者，独何心哉？天地间有至贵至爱可求而异乎彼者，见其大而忘其小焉尔！（《通书·颜子第二十三》）

在《通书》语境中，天地间"至贵至爱"者确有所指，如说"天地间，至尊者道，至贵者德而已矣"，"君子以道充为贵，身安为富"，皆是将至贵、至爱、至尊指向圣人之道，而颜渊好学的独特性即在于此 ③。

2. 性情论

在开篇提出圣人可学可至的立论后，程颐进一步阐发他的理论依据，即此论中颇为学者所留意的性情论：

> 学之道如何？曰：天地储精，得五行之秀者为人。其本也真而静，其未发也五性具焉，曰仁义礼智信。形既生矣，外物触其形而动于中矣。其中动而七情出焉，曰喜怒哀乐爱恶欲。情既炽而益荡，其性凿矣。是故觉者约其情使合于中，正其心，养其性，故曰性其情。愚者

---

① 欧阳修、宋祁撰，中华书局编辑部点校：《新唐书》卷 44，北京：中华书局，1975 年，第 1167 页；司马光著，李之亮笺注：《司马温公集编年笺注》卷 66，成都：巴蜀书社，2009 年，第 198—199 页；陈杏珍、晁继周点校：《曾巩集》卷 11，北京：中华书局，1984 年，第 191 页；《全宋文》第 50 册，第 219 页。

② 《周易口义》，第 164 页。

③ 《通书·师友上第二十四》《富贵第三十三》。

则不知制之,纵其情而至于邪僻,梏其性而亡之,故曰情其性。(《二程集》,第 577 页)

支持周程授受的学者认为此段文字中"得五行之秀者为人"之说,来自周敦颐《太极图说》中的"太极之真,二五之精,妙合而凝。乾道成男,坤道成女……唯人也得其秀而最灵";而"五性动而生七情"的观点,来自《太极图说》中的"形既生矣,神发知矣。五性感动而善恶分,万事出矣"。而反对周程授受的学者认为程颐此种表述是当时通论,未必得自周敦颐。诚然,如王安石《原性》、李清臣《四子论》、王令《性说》,作为周程同时代的儒者,他们都曾以太极、太虚论性①。然而,使用近似的概念,并不意味着思想上的同调。

程颐此处性情论的独特性,在于彰显了强烈的性善论立场。性善论在当时并非如后世一般是儒家主流②。宋人将此前儒者言性称为"四子论性",即孟子的性善论、荀子的性恶论、扬雄的性善恶混和韩愈的性三品说,宋人作品中以四子为题或四子并举之文屡见,如司马光《疑孟》、王安石《扬孟》、苏轼《扬雄论》《韩愈论》、李清臣《四子论》等。大体而言,四子论性之中,北宋儒者重扬韩而轻孟荀。北宋诸儒围绕四子论性的讨论,也逐渐形成宋人自己的"四家论性"。所谓"四家",指司马光、王安石、苏轼和程颐,而其中"独程氏言孟子性善"③。

---

① 王安石著,刘成国点校《王安石文集》卷 68,北京:中华书局,2021 年,第 1187 页;《全宋文》第 78 册,第 356 页;第 80 册,第 108 页。

② 吾妻重二认为宋代之前的主要思想家中,很难找到全面赞同孟子性善说的学者,但吾妻重二并未对北宋儒者的性论展开论证(参吾妻重二:《道学的"圣人"观及其历史特色》,《迈入 21 世纪的朱子学》,第 162 页)。

③ 宋人所辑《五百家注韩昌黎集》中云:"白云郭氏曰:'本朝言性者四家:司马公谓扬子兼之,王荆公谓扬子之言似矣,苏氏亦曰扬雄之论固已近之,亦多蔽于雄之学。独程氏言孟子性善,乃极本穷源之理,又谓荀、扬不知性,故舍荀、扬不论。'"(参魏仲举集注,郝润华、王东峰整理:《五百家注韩昌黎集》卷 11,北京:中华书局,2019 年,第 684 页)白云郭氏为程颐再传弟子郭雍。需要指出的是,程颐推崇孟子性善论的思想在当时虽属少数,但非孤例,如稍早于程颐的章望之就是"宗孟轲言性善,排荀卿、扬雄、韩愈、李翱之说,著《救性》七篇";与程颐同龄、且曾问学于胡瑗的徐积也宗孟,他在《嗣孟》一文中说:"言性者宜何法? 法圣。孟子,圣之徒与,孟子之言性与孔子之言性一也,不信于孟子,是亦不信于孔子也。"(《全宋文》第 173 册,第 136 页;第 74 册,第 163 页)但他们同样不是思想界的主流,也缺乏影响程颐思想的可能。

司马光、王安石、苏轼论性较为复杂，但整体而言，不主性善①。如司马光曾作《善恶混辨》，以生言性，认为性兼善恶："夫性者，人之所受于天以生者也，善与恶必兼有之。"② 司马光屡屡批评孟子性善论，以为"孟子云人无有不善，此孟子之言失也"③。王安石也不主性善论，他认为："世有论者曰性善情恶，是徒识性情之名而不知性情之实也……彼曰性善，无它，是尝读孟子之书，而未尝求孟子之意耳。"④ 王安石在《原性》中，以为"性者，五常之太极也，而五常不可以谓之性"，即将性视为仁义礼智信之上的无善无恶之物，认为"性不可以善恶言"⑤。苏轼对孟子性善论也有尖锐批评："孟子之所谓性善者……举天下之大，而必之以性善之论……故夫二子（荀子、扬雄）之为异论者，皆孟子之过也。"⑥ 下文还将指出，苏轼不仅不以五常为性，而径直以情为性。在当时诸家论性的大背景下，程颐论性颇为独特，其独特背后的实质，并非是与周敦颐《太极图说》中相关"表述"近似，而在于程颐以性为未发、情为已发，判释本性、才性，以仁义礼智信五常为性，以喜怒哀乐爱恶欲为情，展现了一种强烈的性善论立场及相应的义理架构。

程颐的性善论，是否来自周敦颐，以及周敦颐是否主性善论，学者尚有不同看法，如杨柱才也认为周敦颐并不全主性善论⑦。本文无意深文周纳以曲说周敦颐与程颐同主性善论。周敦颐论性，若论性之善恶则主性无善恶说，如说"五性感动而善恶分"，善恶乃性感动后事；若论"五性"内涵亦不以五常言性，如说"性者，刚柔善恶中"，严格来说，五性非指刚、柔、善、恶、中，

---

① 北宋儒者言性，各自的主张、前后的变化，本文不做详细展开，只侧重说明与程颐此论中不同的部分。代表性文献可参阅王安石《性论》《性命论》《性情》《原性》《性说》《扬孟》《致一论》《再答龚深父论论语孟子书》，司马光《善恶混辨》《疑孟》《答韩秉国书》《中和论》《情辨》，苏轼《子思论》《扬雄论》《韩愈论》《释天性》。

② 《司马温公集编年笺注》卷72，第360页。

③ 《司马温公集编年笺注》卷73，第426页。

④ 《王安石文集》卷67，第1169—1170页。北宋诸家论性中，王安石尤为多变，早年也曾主性善说。对于王安石论性之演变，学者有"两变""三变"诸说，但绝大多数学者认为王安石的最终定论不主性善。

⑤ 《王安石文集》卷68，第1187—1188页。

⑥ 苏轼著，茅维编，孔凡礼点校：《苏轼文集》卷3，北京：中华书局，1986年，第95页。

⑦ 杨柱才：《道学宗主：周敦颐哲学思想研究》，第259页。

而是指刚善、柔善、刚恶、柔恶、中①。

但若将周敦颐的性论置于唐宋以来论性演变的长时段中，或能看出周敦颐虽不主性善论，然而他的思想仍然具有一种即将摆落汉唐旧说，为宋代理学论性开辟全新义理架构的趋势，在这个意义上，程颐或许受到了周敦颐的启发。

自汉以来，言性者大略有三途：其一以仁义礼智信"五常"言性，如王充，此说最古；其二以喜怒欲惧忧"五情"言性，如戴德，此说最微，此不详论；其三以金木水火土"五行"言性，如郑玄解《中庸》"天命之谓性"即说："木神则仁，金神则义，火神则礼，水神则信，土神则知。"②此说最盛。汉后以"五常"言性多有依附于"五行"言性，如隋时萧吉论性，即说"五行者为五性也……性者，仁义礼智信也"；唐时孔颖达亦说"感五行在人为五常"③。此外受《周易》和道家影响，也有从阴阳出发以"刚柔"言性者。看似纷扰，且多以"五"为数，但究其本质，以五常言性，是从"本性"上立说，多论善恶；而以五行、刚柔言性，是从"生"或"生之质"的"才性"上立说，少谈本性善恶。而汉唐之间，本性、才性之争背后还隐含着以体用论性情的演变趋势，如汉儒多将性情与阴阳、善恶、动静作"平等"的比附，而魏晋则愈发将性情视为"上下"的体用关系④。

在此背景下，周敦颐以刚柔善恶言性，并非简单的性善、性恶、性无善恶论，而是混杂了汉唐以来以五行、五常言性的两种表述，代表着一种调和本性和才性的努力，这在当时显得既新颖又怪异。而程颐此论中"其未发也五性具焉，曰仁义礼智信"固然是典型的以五常言性，但"得五行之秀者为人"一句则有五行言性的痕迹。反对程朱理学的伊藤东涯，也认为程颐此

---

① 《太极图说》；《通书·师第七》《理性命第二十二》。

② 王充著，黄晖撰：《论衡校释》卷 9，北京：中华书局，1990 年，第 408 页；王聘珍撰，王文锦点校：《大戴礼记解诂》卷 10，北京：中华书局，1983 年，第 191 页；郑玄注，孔颖达疏，郜同麟点校：《礼记正义》卷 60，杭州：浙江大学出版社，2019 年，1247 页。

③ 萧吉撰，钱杭校定：《五行大义》，北京：中华书局，2022 年，第 259 页；《礼记正义》卷 60，第 1248 页。

④ 王葆玹：《通论玄学》，北京：中国社会科学出版社，2023 年，第 554—555 页。

句是"兼取之师说"①。周敦颐在以刚柔善恶中这样混杂的方式论性的同时，又尝试将无极、太极、诚等范畴形而上化，呈现出一种为性论寻求形而上根据的努力，而在兼顾本性、才性的同时寻求形而上的根据，最终的趋势只会导向一种彻底的性善论。虽然程颐在此论中主张的性善论与周敦颐有所不同，但在深层次义理架构中，他兼取本性、才性的尝试与周敦颐颇为相似，而且逐步开始以本性为主。宋代理学真正走出汉唐思想，并非一人一时之功。以性论而言，程颐此时也仅是提出一种性善论的"主张"，并未建立起完整的义理架构。待二程"性即理"和张载天命之性、气质之性提出后，北宋理学才真正准备好了全新义理体系所需要的各种基础范畴与命题。

性情论议题中，除了性之善恶外，另有情论这一子议题。程颐论情，以喜怒哀乐爱恶欲七者为情，并在体用结构中讨论性情关系：一方面认为情本于性、情发于性，另一方面主张情并非恶，只是发时有正、不正，需要"约其情使合于中"。而北宋儒者论情，因佛教和李翱影响，多以情为虚妄，主张"灭情复性"②。如胡瑗有"正性""邪情"之说，即将性、情以正、邪对举，以为圣人制礼施于世人，如牢笼之于禽兽；李觏在给胡瑗的信中即对此说大为惊惧，以为"若以人之情皆不善"，需要圣人以礼"勉强"世人方能改过迁善，则"天下之人将以圣君贤师为仇敌"③。程颐此论中有"性其情"的表述，有学者因胡瑗也有此表述便认为程颐思想源自胡瑗；实则"性其情"之说王弼已用之，胡瑗所谓"性其情"意在灭情复性，程颐"性其情"则主"约其情使合于中"，两人所指并不相同。至于苏轼，则走向了情恶论的另一面，即学者所谓的"情本论"。苏轼以七情为性，认为"夫所谓情者，乃吾所谓性也"，以为

---

① 伊藤东涯著，吉川幸次郎、清水茂校注：《古今学变》，载《日本思想大系》第33册《伊藤仁斋 伊藤东涯》，东京：岩波书店，1971年，第489页。

② 伊藤东涯即批评儒者言"复性"肇始于李翱，复性之说过于摒除尘累而求清净，与儒家先秦经典中"养性""尽性"言性时充养、培植之意大不同（见《古今学变》，第486页）。严格来说，李翱虽多言"情本邪"，但不一定是彻底灭情，不过他"妄情灭息，本性清明"的主张使得性、情对立过于鲜明，宋儒也多从这个角度继承他的性情论（参李翱著，郝润华、杜学林校注：《李翱文集校注》，北京：中华书局，2021年，第23页）。

③ 《李觏集》，第332—334页。

"圣人之道,自本而观之,则皆出于人情"①。

与北宋诸儒相比,周敦颐论情与程颐颇为相契。周敦颐论情、欲等处,多言情伪、反对纵欲,主张窒欲、无欲,这些表述尤其是窒欲、无欲,看似是将情彻底视为负面,但实际周敦颐并不主张彻底灭情。《通书》论"乐"凡三章,其中两言"中"、五言"平"、八言"和",如"优柔平中""淡则欲心平,和则燥心释""以平天下之情"等一系列表述,所体现的并非彻底灭情,而是以中、和约情。

3. 中庸论

在圣人论和性情论后,程颐继之以一段论述工夫的文字:

> 凡学之道,正其心,养其性而已;中正而诚,则圣矣。君子之学,必先明诸心,知所养;然后力行以求至,所谓自明而诚也。故学必尽其心,尽其心,则知其性,知其性,反而诚之,圣人也。(《二程集》,第577页)

此节文字如"正心""养性""知性""中正而诚""自明而诚""反而诚之"等,多为儒家常用表述,个别范畴如"养性"在汉唐间也不限于儒家,如陶弘景即著有《养性延命录》,因此不当仅以字面相似判断学术渊源。周程思想的相近之处,更关键的是在于二人建构其思想结构时都汲取了《中庸》义理。《中庸》盛行于北宋,儒佛皆重视《中庸》作为性命之书的价值,但各家所汲取的《中庸》义理并不相同。

苏轼曾于嘉祐六年(1061)作《中庸论》三篇,与程颐作此论时间相近。此三篇文字被苏辙誉为"言微妙,皆古人所未喻"②。苏轼此论的基本思想结构是以"乐之"解"诚",以"知之"释"明",与理学家以未发、已发解释《中庸》的基本结构大不相同;在解释"明诚"时,苏轼又格外突出须"出于人情",这种情本论立场下顺乎人情的思想,也与程颐性体情用结构下主张"性其情",使人情归正而"不纵情"的观点不同③。

① 《苏轼文集》卷4,第110—111页;卷2,第61页。
② 苏辙著,陈宏天、高秀芳点校:《苏辙集》卷22,北京:中华书局,1990年,第1126—1127页。
③ 《苏轼文集》卷2,第60—64页。

　　《中庸》对宋代思想的价值，关键在于为儒学义理结构的重建提供了三方面资源：其一是《中庸》起首三句，为命、性、道等儒学形上范畴的贯通提供了思路；其二是《中庸》重诚，为儒者重新界定诚提供了理论依据；其三是《中庸》中的未发、已发结构，有助于儒者重新分疏心、性、情等儒学核心范畴。第一点周敦颐和北宋儒者多不成功，从《通书·理性命第二十二》《道第六》两章可见周敦颐未能对理、性、命、道之间的关系有成熟的界定，以至于朱熹不得不巧为诠释，因此这方面无法证成或证伪本文结论，下文不再展开论述。第二点前人多已留意《颜子所好何学论》中反复言诚，当深受《中庸》影响，与周敦颐《通书》主旨近似。《通书》起首四篇，皆反复论诚，即是明证。若从"中庸论"角度论证周程授受，此一点证据最为有力，但因其一望即知、前人也多有讨论，本文略人所详，不再详述。但可补充一点，程颐此后论诚最核心的表述，即以无妄解诚，从而使得诚字脱离诚实、忠信这一具体品德的汉唐旧解，升格为与圣人、天道相关的"至诚"。程颐如此解诚的理论依据在于无妄卦在复卦之后，无妄可以被解释为复合正理、各正性命后的无妄之道①。而将复卦、无妄卦与诚联系在一起，或肇端于周敦颐，未见王弼、胡瑗等易学名家有此阐发。周敦颐明确将这三者联系在一起，以为"诚心，复其不善之动而已矣；不善之动，妄也；妄复，则无妄矣；无妄则诚矣"②。以无妄解诚对后世影响极大，理学家多由此以为汉唐儒者不识诚字，之后朱熹在此基础上增"真实"二字，以"真实无妄"解诚，伊藤仁斋又变"真实无妄"为"真实无伪"，皆本于此。至于第三点，北宋儒者对《中庸》中的未发、已发结构的不同看法，学界较少留意，这一点虽然对于周程授受的论证效力不如第二点，但下文亦不避其难，详人所略，以就教于方家。

　　《中庸》首章云："喜怒哀乐之未发，谓之中；发而皆中节，谓之和。"儒者如何理解"中和"，尤其是如何看待"中"，往往可以折射出其义理结构的底色，如朱熹思想中的"中和新旧说"，核心就是对何者为中、何者为和的看法有所转变。程颐同时代儒者中，多数学者尚未深入这一问题，相较而言，

---

① 《二程集》，第 822 页。
② 《通书·家人睽复无妄第三十二》

司马光与韩维、范镇于元丰年间往返辩论《中庸》"中和"之"中"最可作为参照。

元丰七年(1084),司马光作《中和论》,此论开篇即说:"《中庸》曰:'喜怒哀乐之未发谓之中,发而皆中节谓之和。'君子之心,于喜怒哀乐之未发,未始不存乎中,故谓之中庸。庸,常也,以中为常也。及其既发,必制之以中,则无不中节,中节,则和矣。是中、和一物也。"① 在司马光看来,《中庸》虽然提到了未发、已发两种"中",但二者的含义是一致的,未发之时存乎中,已发之时制以中,司马光都以"无过不及"的意思来定义"中"。在这个意义上,司马光认为"中、和一物也","中"与"和"也无实质性的区别。此后韩维和范镇致书司马光,对此说加以批评。范镇说,"某以为中者,对外而为言也";韩维说:"疑'中'字解释未甚明……'中'之有二:对外而为言,一也;无过与不及,一也……故喜怒哀乐之未发,谓之中;发而中节,谓之和。"② 范、韩核心的观点是,"中"不能仅仅视为"过"和"不及"之间表示居间、适中的"中","中"还有另一层意思,即与"外"相对表示"内"的"中"。

程颐在《颜子所好何学论》中,如言"其未发也五性具焉""外物触其形而动于中""其中动而七情出焉"显是借助《中庸》中的未发、已发结构讨论性情,所谓"中"当指"未发",有以"外"相对的"内"解"中"的意味;而随后如"觉者约其情使合于中""中正而诚,则圣矣"之"中",则主要以"过"与"不及"之"中"解"中"。而在周敦颐思想中,或许也有对《中庸》未发、已发结构的借鉴。周敦颐一再言及"圣人定之以中正仁义""圣人之道,仁义中正而已矣"③,"中正"本是承自易学"居中得正"而来,此处的"中"即便可以延伸理解为合于"中道",但依然是从表示居间、适中的"无过不及"上立说。

较难判断的是周敦颐是否留意到从"内外"的角度言"中"。最直接的证据是周敦颐有所谓"性者,刚柔善恶中"之说④。以中言性,则中更多是指

---

① 《司马温公集编年笺注》卷71,第349页。

② 《全宋文》第40册,第267页;第49册,第209—210页。

③ 《太极图说》;《通书·道第六》。

④ 《通书·师第七》。

在内、未发之体。相对宽泛的证据是，周敦颐虽不直接说"未发之中"，但他却一再将《中庸》之"诚"解释为"无为""寂然不动"①，又不断强调各种动静结构，以及动静之间的"几"，将七情乃至万物视为已发后的显现；周敦颐虽不专言"发"字，但屡言"生"，多言"形""生""出""分"等在义理上能体现"已发"意味的表述，这些或许都隐约透露着他心中或有以未发、已发作为义理架构的考量。

诚然，论"中"是周敦颐、程颐思想中的难点。周敦颐和程颐当时，未必对于不同语境下的"中"皆能一一辨析清楚，朱熹也不得不对周敦颐笔下"中者，和也"之说加以曲笔，程颐与门人苏季明、吕大临反复论"中"，也多有含混反复之处。理学发展要到朱熹，方才明确"中有二义"，即"未发之中"和"已发之中"，其中"未发之中"仅能以"不偏不倚"来界定，"已发之中"只能以"无过不及"来形容，惟有已发之"中"方可言"和"。自此，理学对于经典文本里如"执中""时中"等各种的"中"，都得以有清晰的界定。但就大方向而言，周敦颐和程颐或许都越来越倾向于区分两种不同的"中"。正是基于这种立场，程颐对于司马光论"中"有严厉的批评，如他说："（司马君实）告人曰：'近得一术，常以中为念。' 则又是为中所乱。中又何形？如何念得佗？只是于名言之中，拣得一个好字。与其为中所乱，却不如与一串数珠。"②

《颜子所好何学论》后续文字，少有关键义理，本节不再赘述。但此论余下内容，所征引典籍，如《洪范》"思曰睿，睿作圣"，如《论语》"非礼勿视，非礼勿听，非礼勿言，非礼勿动"和"不迁怒，不贰过"，《通书》亦有引证；如程颐所论"行之过则守之固"，《通书·道第六》论及行、守亦云"守之贵，行之利"；如此论末句批评"博闻强记巧文丽辞"之学，《通书·文辞第二十八》《陋第三十四》亦同样驳斥此类俗学。不过诚如上文所论，文辞之近，不足为铁证，因此仅聊备一说。

---

① 《通书·诚几德第三》《圣第四》。

② 《二程集》，第 25 页。此条语录《二程集》未标注属程颢或程颐，但据庞万里考证，当属程颐，参庞万里：《二程哲学体系》，第 356 页。

四、结论

关于周程授受的讨论，因学者的学术背景而常有截然不同的结论。如黄百家所言，对于周敦颐"尊之者未免太高，抑之者未免过甚"①。有时候甚至面对同样的一段文献，学者也会有截然不同的理解。如面对吕本中关于周程关系的一段文字，陈亮和全祖望的理解截然相反②。

本文对于周程授受的"判断"，大体有四点：二程思想之早熟，是受到周敦颐的启发，使得他们立下终身追求儒家圣人之道的志向，终其一生这都是二程极为鲜明的特质；二程从周敦颐处所学得的圣人可学而至的思想及论证思路，使得他们尤其是程颐得以在年轻时便崭露锋芒，赢得了相当的声誉；二程最终的思想体系，则非限于早年所学，自有自家体贴出来的义理；朱熹所建立的周程学术联系的内涵，多有基于理学思想成熟后对于周敦颐思想的再诠释。但相比于结论的"判断"，本文更在意于北宋中前期思想面貌的"呈现"。

由于文献不足征和文献本身具有的歧义可能，关于周程授受问题，尽管经历了多番讨论，但目前更多还是学者各自的"判断"，尚未达成"共识"。本文并不赞同此前学者反对周程授受的结论，但他们强有力的质疑，消解了周程授受之说不假检验、不言自明的合法性；本文也无意从理学道统上"捍卫"周程授受，而更愿意将该议题作为考察北宋思想史的切入点。如何更好地认识周程之间的学术联系，取决于对周程学术特质和当时思想潮流的"整体认识"，而不取决于一两条局部材料的判定。土田健次郎认为，此前关于周程授受问题的争论，焦点在于周程授受是否具有理学道统上的意义③。但今后围绕这一议题的讨论，其意义或许不局限于此。

周程授受问题的研判，将有助于我们重新考察北宋中前期儒学复兴的全貌。此时尚属思想酝酿的"混沌"时期，儒者对于儒家思想的重构尚处于自觉、不自觉之间，学界对于此时理学之外的思想研究尚有待深入；而思想

---

① 黄宗羲著，吴光点校：《宋元学案》卷12，载《黄宗羲全集》第3册，第637页。

② 土田健次郎著，朱刚译：《道学之形成》，第130页。

③ 土田健次郎著，朱刚译：《道学之形成》，第121页。

授受也有"暧昧"的特征，授受不意味着全盘接受，如何评判师徒之间兼有同异的创造性继承并非易事。由此，周程授受问题成为定论或许为时尚早，将来随着学界对北宋思想史有了更丰富、细腻和深刻的认识，这一议题或许还会激发出新的解读可能。

本文原刊《哲学研究》2023 年第 9 期，收入本论集时有增补。

宋徽宗"即真之诏"考辨

——兼论南宋政权继统构建中的史书编纂

贾连港

据载,两宋之交,在北狩途中逃归的曹勋带来了宋徽宗所谓的"太祖誓约(誓碑)"。这是理解宋代政治的重要切入点,故而学界对其真伪及流传情况多有深入钻研[1]。与之相关的是,据史书记载,曹勋同时还带回了宋徽宗授权赵构登极的亲笔御札(即内容为"可便即真,来救父母"的"即真之诏")。

但是,相较于对"太祖誓约(誓碑)"的大量研究,学界对"即真之诏"的探讨明显不足。与"即真之诏"相关的真伪、书写与传递等诸问题,也关涉南宋政权继统合法性构建中的史书编纂问题。在此前的研究中,学者论及南宋初年宋高宗相关史事时,时有提及"即真之诏",但缺少细致考订,对其真伪也意见不一。一方面,王曾瑜、景新强等先生认为,"即真之诏"应是真

---

① 详细研究史,可参蔡涵墨(Charles Hartman)撰,陈元译:《曹勋与"太祖誓约"的传说》,《中国史研究》2016年第4期,第89—92页。关于"太祖誓碑"的最新研究,参张良:《宋太祖誓碑传说真伪补议》,《中国典籍与文化》2019年第2期,第65—71页。

实可信的 ①。另一方面，邓小南、方诚峰等先生则认为，"即真之诏"大概出于事后虚构，至少在赵构登极之时是不存在的 ②。另外，蔡涵墨先生从"文本考古"的角度出发，梳理"即真之诏"（蔡文称之为"衬领诏"）在两宋之交的流转过程，将其与南宋前期支持宋高宗继统的祥瑞等而观之 ③。

综括以上研究，笔者以为，对"即真之诏"的探讨不应止于证实或证伪，还应结合诏书的形成及传递过程，进行更为彻底的历时性考察，并在此基础上，从"即真之诏"进一步观察两宋之际的史书编纂及其政治意义。据笔者浅见，从"即真之诏"引发的诸多课题，仍有仔细爬梳相关史料并结合学界既有研究进行深入探讨的必要。

一、"即真之诏"的史源及其真伪

宋徽宗亲书"即真之诏"之事，其史源可追溯至曹勋的相关著述，盖因曹勋是亲历者并留下了相关记载。他在《进后十事札子》中道出了带着"即真之诏"逃归之事：

> 臣去岁自虏中赍持太上皇帝、宣和皇后、中宫皇后书信，悉得奏陈。重念臣初被密旨，令从间道昼伏夜动，山行草宿，憔悴饥渴，了无生理，邻于死者殆以百数，仅得生还。当时伏蒙引对便殿，玉音褒贲，朽骨再肉，继被拔擢，进秩赐金，欲置于一路。④

从"去岁"云云来看，这一札子应是建炎二年（1128）所上。曹勋提到，他在建炎元年从金营带着太上皇帝（即宋徽宗）的书信（密旨）上奏宋高宗，并且

---

① 王曾瑜：《荒淫无道宋高宗》，石家庄：河北人民出版社，1999 年，第 27 页。景新强：《曹勋〈北狩见闻录〉质疑——兼辨〈四库提要〉之误》，《西北大学学报（哲学社会科学版）》2010 年第 3 期，第 49 页。按：王曾瑜先生将"即真之诏"系于南宋初年"李纲拜罢"一节之下。

② 邓小南：《关于"泥马渡康王"》，原刊《北京大学学报（哲学社会科学版）》1995 年第 6 期，收入氏著：《朗润学史丛稿》，北京：中华书局，2010 年，第 103—104 页。方诚峰：《补释宋高宗"最爱元祐"》，《清华大学学报（哲学社会科学版）》2014 年第 2 期，第 69—76 页。

③ 蔡涵墨：《曹勋与"太祖誓约"的传说》，《中国史研究》2016 年第 4 期，第 96、102—106 页。

④ 曹勋：《松隐文集》卷 26《进后十事札子》，吴兴刘氏嘉业堂本。

受到引见,奏陈详细情况。

再结合曹勋在建炎元年七月后所上《进前十事札子》,主要提及"清中原之谋"及"艺祖有约"两事①,这当是《北狩闻见录》②的最初素材,书中记载了关于"即真之诏"的详细情况:

> 太上自北狩,出城起行,至过河旬日后,宣谕勋曰:我梦四日并出……次日……是晚,太上出御衣三、一(桄)[衬]领(俗呼背心),拆领写字于领中曰:"可便即真,来救父母",并押,计九字。复缝如故,付某。③

在曹勋的其余诸多文字中,也多次提到"即真之诏"事。比如在《投连泉州显学五十韵》中,他写道"某到燕京,被密旨昼伏夜动,赍持上皇御衣御札、邢后金环子投进";在《圣瑞图赞并序》中,他说"臣又自燕山受徽宗帛书,诏陛下即大位";在《祭告徽考文》中,他也提到"臣顷属岁在丁未,自燕山被密旨,令朝谒嗣圣,当时于重围中泣血辞去,凡所行授,一一上达"④。其中,"密旨""御衣御札""徽宗帛书"等语,皆指曹勋带"即真之诏"逃归并进见宋高宗之事。同时,在楼钥为曹勋之子曹耜写的墓志铭及为曹勋《松隐集》所

---

① 曹勋:《松隐文集》卷 26《进前十事札子》。

② 按:曹勋此书的书名、成书问题颇为复杂。首先,根据宋人著录情况,该书书名应为《北狩闻见录》,而非今存晚出版本的《北狩见闻录》(参潘思琦:《曹勋〈北狩见闻录〉研究》,杭州师范大学硕士学位论文,2016 年,第 13—14 页);其次,关于其成书情况,《北狩闻见录》应在曹勋回到应天府后很快便上呈书稿,据《三朝北盟会编》引用该书时称宋徽宗为"太上"来看,其成书至少早于绍兴七年(参蔡涵墨:《曹勋与"太祖誓约"的传说》,《中国史研究》2016 年第 4 期,第 95—96 页)。另外,刘浦江、景新强等先生认为,曹勋在绍兴十四年编定此书(参景新强《曹勋〈北狩见闻录〉质疑——兼辨〈四库提要〉之误》,《西北大学学报(哲学社会科学版)》2010 年第 3 期,第 50 页;刘浦江:《祖宗之法:再论宋太祖誓约及誓碑》,原刊《文史》2010 年第 3 辑,收入氏著:《宋辽金史论集》,北京:中华书局,2017 年,第 166—167 页)。以上两种意见各有侧重,笔者倾向于赞同蔡涵墨先生的意见,重视此书的成书(而非编定)时间。从史源学的角度,本文引用《三朝北盟会编》中的节录文本。

③ 徐梦莘:《三朝北盟会编》卷 98《诸书杂录》引曹勋《北狩闻见录》,上海:上海古籍出版社,1987 年,第 722 页。按:"桄"当为"衬",据《学津讨原》本《北狩见闻录》改。

④ 曹勋:《松隐文集》卷 10《投连泉州显学五十韵》、卷 29《圣瑞图赞并序》、卷 34《祭告徽考文》。

作的序中，也提到"尝从徽庙北狩，亲被密旨，持御札御衣以归"及"从徽考北狩，至燕，被密旨，昼伏夜行，持御札御衣"等语①，可相参证。此外，建炎元年七月曹勋逃回南京应天府并将"即真之诏"上呈宋高宗一事，亦可相互佐证，详见后文。

另外，在前述《进后十事札子》中提及，与"即真之诏"同时带回的，还有"宣和皇后、中宫皇后书信"。《北狩闻见录》中也说："又索邢皇后得所带金耳环子一只（双飞小蛺蝶，俗呼斗高飞），是今上在藩邸时手制，以为的验。及皇太后信物，令某不以方所，必见大王奏之。……（邢）皇后初取环子与沈押班，令付勋曰……"②此处的宣和皇后即宋高宗生母韦氏，中宫皇后即宋高宗皇后邢氏。有研究者指出，由于北迁时，宋徽宗与韦氏、邢氏并不在一处，所以关于韦氏、邢氏之事是曹勋特意编造的③。另有学者对此提出异议，认为上述事项并非绝无可能，北狩的不同队伍之间可以时常交流④。笔者倾向赞同后一种意见。确实，据前引《北狩闻见录》，曹勋明确说，邢氏信物是由沈押班交给他，故而名曰"索"得。《宋史·高宗宪节邢皇后传》也说："夫人脱所御金环，使内侍持付勋。"⑤综合以上史料，我们当确信韦氏、邢氏信物的真实性。同时，这可以从侧面辅证"即真之诏"的真实性。

要之，关于宋徽宗亲书"即真之诏"的史料可前后照应，亦有相关旁证相佐，其真实性很高。尽管"即真之诏"的史源主要来自曹勋，但相关记载前后呼应，可成自洽的系统论述，不似破绽百出、向壁虚构之言。而且，这也有宋高宗、李纲等人的言说可以相互印证。同时，如果从北宋末年徽钦授受、两宫相争、靖康之难的一系列历史事件来看，本对钦宗不满又身处困境的徽宗，转而寄希望于赵构将其解救，也属情理之中。对于"太祖誓约"的

---

① 楼钥：《攻媿集》卷103《工部郎中曹公墓志铭（代汪尚书）》、卷52《曹忠靖公松隐集序》，北京：中华书局，1985年，第1446、716页。

② 徐梦莘：《三朝北盟会编》卷98《诸书杂录》引《北狩闻见录》，第722页。

③ 景新强：《曹勋〈北狩见闻录〉质疑——兼辨〈四库提要〉之误》，《西北大学学报（哲学社会科学版）》2010年第3期，第48—50页。

④ 蔡涵墨：《曹勋与"太祖誓约"的传说》，《中国史研究》2016年第4期，第103页。

⑤ 脱脱等：《宋史》卷243《高宗宪节邢皇后传》，北京：中华书局，2004年，第8645—8646页。按：类似记载，另可参《宋史》卷379《曹勋传》，第11700页。

真伪问题,刘浦江先生曾说过:"今人在没有任何史料凭据的情况下,随意推断这是曹勋、宋高宗或宋徽宗杜撰出来的故事,恐怕是不够慎重的。"① 笔者以为,"即真之诏"亦当作如是观。尽管不能完全排除"即真之诏"由宋高宗、曹勋等人出于某些政治目的而伪造的可能性,但是,目前尚未见到支持这一观点的有力证据。

二、"即真之诏"的书写及送达

如上所述,"可便即真,来救父母"的八字"即真之诏"应是曹勋逃归时带给已称帝的赵构的。然而,赵构到底是在建炎元年四月九日还是七月二十八日看到"即真之诏"的? 这本应是无可疑异的问题,却在史书中有不同记载。

对此,南宋史家李心传在《建炎以来系年要录》中进行了较为详细的考订:

> 又有自虏寨脱归者,道二帝语云:"可告康王,即大位,为宗庙社稷计。"王恸哭,由是决意趋应天。(汪伯彦《中兴日历》云:"有自虏寨遁归者,衣里蜡书,上皇御笔二字曰:'即真'。"谨按《玉牒》所书,上皇御笔乃八字,曹勋所进《北狩闻见录》甚详,伯彦误记也。《钦宗实录》:"四月戊辰,曹勋自河北军前窜归,诣大元帅府,进太上皇帝御衣。上有御札曰:'可便即真,来救父母。'"此尤差误。勋以五月离燕山府,七月至南京。李纲《建炎进退志》中亦载此事,与勋所录同。史臣承伯彦之书,不深考耳。二帝圣语,见耿延禧《中兴记》,今年四月癸亥及七月丙辰所书,可参考。)②

李心传此条系于建炎元年四月戊辰(九日)。在上引史料中,提到了关于"即真之诏"的"圣语"说和"即真"二字诏书说。关于这两个说法,笔者将在后文详论,在此先作简要说明。"圣语"说颇可怀疑,其来源主要是耿延

---

① 刘浦江:《祖宗之法:再论宋太祖誓约及誓碑》,《宋辽金史论集》,第167页。

② 李心传撰,胡坤点校:《建炎以来系年要录》卷4,建炎元年四月戊辰,北京:中华书局,2013年,第117页。

禧《建炎中兴记》^①,尚无其他一手史料可与之相互印证。对于"即真"二字诏书说,系汪伯彦《建炎中兴日历》在"圣语"的基础上增入^②,李心传已在前述考订中给出了令人信服的批驳。有研究者甚至认为,汪伯彦《建炎中兴日历》对二字诏书作过精心修饰,"绝非出于误记"^③。从李心传在正文中的叙述来看,他采纳耿延禧《建炎中兴记》"圣语"之说。但从考订部分(即前引加双括号部分)看,他否定了汪伯彦《建炎中兴日历》中的"即真"二字御笔说,认可《北狩闻见录》《建炎进退志》《玉牒》及《钦宗实录》所载的八字"即真之诏"说,但将其时间下移至同年七月。可见,李心传试图将前述"圣语"和"即真之诏"之间的矛盾加以调和,认为"圣语"在四月九日传至尚未即位的赵构处,"即真之诏"在七月丙辰(二十八日)传至即位后的赵构处。

如果进一步考察"即真之诏"的书写及传递过程,我们不仅可以进一步辅证"即真之诏"的真实性,还能解开围绕"即真之诏"的时间错乱问题。笔者以为,其症结在于,应区分关于"即真之诏"书写和传递的两个时间节点,即:一个是宋徽宗的书写时间,另一个是曹勋带给宋高宗的时间。

第一,关于宋徽宗书写"即真之诏"的时间。前述《北狩闻见录》中提到,"至过河旬日后"和"次日……是晚"两个时间点,宋徽宗手书"即真之诏"并将其交给曹勋的时间则在"次日……是晚"。类似的记载在《建炎以来系年要录》^④《宋史·曹勋传》^⑤中可以相互佐证,确认其真实性。结合这两个时间点,我们可以知道,宋徽宗在北渡黄河十天左右拟定了"即真之诏"并将其交给了曹勋。在这里,只需确认宋徽宗北渡黄河的时间即可。据《青宫译语》和《呻吟语》,宋徽宗渡河的时间分别是:"初四日,渡而北","初五日,渡河,宿滑州"^⑥。由此可知,宋徽宗在四月初四或初五日渡河。但是,这

---

① 《三朝北盟会编》卷 92,靖康二年四月九日条引《中兴记》,第 683 页。

② 《三朝北盟会编》卷 92,靖康二年四月九日条引《建炎中兴日历》,第 683 页。

③ 方诚峰:《补释宋高宗"最爱元祐"》,《清华大学学报(哲学社会科学版)》2014 年第 2 期,第 71 页。

④ 《建炎以来系年要录》卷 4,建炎元年四月丁亥条,第 127—128 页。

⑤ 《宋史》卷 379《曹勋传》,第 11700 页。

⑥ 确庵、耐庵编,崔文印笺证:《靖康稗史笺证》之五《青宫译语笺证》,北京:中华书局,2010 年,第 178 页;《靖康稗史笺证》之六《呻吟语笺证》,第 194 页。

一日期可能与事实有所出入。据王智勇、崔文印两位先生的研究,宋徽宗北狩日当在三月二十七日①。宋徽宗北狩的路线为"河北路",即从汴京出发,过黄河而北行,经封丘、滑州、黎阳、汤阴、安阳、釜阳、邯郸、邢州、柏乡、高邑、真定府、定州、望都、保州、涿州、良乡、宛平,至燕京②。自汴京至滑州,大约不到二百里路程。而当时的行进速度,每日至少也有五六十里③。据此测算,三天之后的三月三十日左右即可过河。假如这一推测合理,那么宋徽宗书写"即真之诏"的时间当在四月十日左右,而非四月十五日左右。这样就与耿延禧《建炎中兴记》、汪伯彦《建炎中兴日历》、《钦宗实录》以及在此基础上形成的私修史书《建炎以来系年要录》等所认定的时间(四月九日)基本相符。即便是四月十五日,也与前述史书所载的时间相差不大。也可以说,前述史书很可能并非纯粹出于有意虚构,而是有意采用了宋徽宗书写"即真之诏"的时间,并将其认定为当然的发布时间。只是,在后来的某些官方史书中,着意强化了这一时间点的政治意义,并将其等同于曹勋逃归并上呈诏书的时间。

第二,关于曹勋将"即真之诏"带给宋高宗的时间。这一时间比较明确,在前引李心传的考订中即已指出,建炎元年七月,曹勋逃至南京(应天府),将"即真之诏"上呈宋高宗,高宗于七月二十八日将其宣示给李纲等宰执大臣。今考李纲为宰相时,与执政在便殿奏事,亲见高宗:

> 出绢背心宣示,泣谕臣等曰:"道君太上皇帝自燕山府密遣使臣曹勋赍来背心,领中有亲书八字曰'便可即真,来救父母'。"④

作为亲历者,李纲的说法可与曹勋之言相互印证,可证明"即真之诏"的真

---

①　汪藻著,王智勇笺注:《靖康要录笺注》卷16,靖康二年三月二十七日,成都:四川大学出版社,2008年,第1774—1776页。《靖康稗史笺证》之六《呻吟语笺证》,第192—193页。

②　张帆、刘文生、张泰湘:《宋朝徽、钦二帝北迁行踪研究——"靖康之难"系列研究之一》,《北方文物》2001年第1期,第72页。

③　据载:"(徽宗一行)自过真定,近中山府,行少缓,日亦行五六十里。"《建炎以来系年要录》卷3,建炎元年三月丁巳,第92页。

④　李纲著,王瑞明点校:《李纲全集》卷180《建炎时政记下》,长沙:岳麓书社,2004年,第1671—1672页。类似叙述,另见《李纲全集》卷176《建炎进退志总叙下之上》,第1632页。

实性。此与前述李心传在《建炎以来系年要录》中的考订亦相吻合。只是，李纲仅以"七月某日"模糊言之。而国史系统之下所形成的《宋史·高宗本纪》，在叙述赵构登基之前的劝进诸事，未提及"即真之诏"，而是将其明确系于建炎元年七月丙辰日，即二十八日①。两相对照，曹勋将"即真之诏"带给宋高宗的时间可确定在建炎元年七月二十八日。

综合以上讨论，可以得出以下结论：建炎元年四月十日左右，宋徽宗书写"即真之诏"，并交付曹勋；建炎元年七月二十八日，曹勋逃归南京应天府，将诏书上呈宋高宗。以耿延禧《建炎中兴记》、汪伯彦《建炎中兴日历》为代表的史书中（包括《钦宗实录》），所谓曹勋四月九日上呈"即真之诏"之说，实际是诏书的书写时间。从这一角度看，"即真之诏"并非绝对指向史臣事后之虚构②。可与之对照的是，正如前引《宋史·高宗本纪》所代表的国史系统，则仅采用了建炎元年七月二十八日曹勋上呈诏书的时间。其实，两个时间都有其真实性，可以说史书所载的"即真之诏"事是虚实相间的。

三、从"即真之诏"看南宋政权继统构建中的史书编纂

以上，笔者基本厘清了"即真之诏"的来龙去脉。在此基础上，尚需进一步追问：为进一步证明赵构登极的正统性与统治的合法性，南宋政权如何在史书编纂中利用"即真之诏"③，来强化其认可的继统构建？

方诚峰认为，"即真之诏"和"太母之意"是为了制造赵构登基的两大合法性支柱；建炎元年五月之前"即真之诏"是子虚乌有，故而不足以作为支持之一，"太母之意"更有实质意义④。诚然，在赵构称帝前，"即真之诏"大概

---

① 《宋史》卷24《高宗本纪》，第442—443、447页。按：唯独徐梦莘将此事系于建炎元年七月七日（《三朝北盟会编》卷110，建炎元年七月七日，第809页），不知所据，今不取。

② 方诚峰指出，建炎元年五月之前的即真之诏明显出于事后之虚构，是史臣在高宗默许下为其建构合法性的举措之一（方诚峰：《补释宋高宗"最爱元祐"》，《清华大学学报（哲学社会科学版）》2014年第2期，第72页）。

③ 此处的"史书编纂"，主要指以南宋时期为主的官方或私修史书行为。

④ 方诚峰：《补释宋高宗"最爱元祐"》，《清华大学学报（哲学社会科学版）》2014年第2期，第71—72页。

不为所知,太母(即孟太后,后改称"元祐太后""隆祐太后")的支持在两宋之交具有重要的程序正义和象征性地位①。然而,即使在建炎元年七月之前未能知晓"即真之诏"的存在,但赵构作为宋徽宗之子的纯正血统是其获取大位的重要前提,其即位后获知的宋徽宗手书"即真之诏"又进一步服务于继统合法性构建。在这一过程中,宋徽宗之子的身份和宋徽宗的授意是其一以贯之的重要政治依凭。

在两宋之交,赵构之所以成为最有希望的中兴之主,这得益于他宋徽宗之子、钦宗之弟的特殊身份。这一先天优势,是其继统合法性的重要前提。在靖康二年(即建炎元年)四月九日,赵构大元帅府幕僚讨论康王即位之事,宗室仲综等反对赵构称帝,幕府臣僚反驳说:"大王以太上皇之子、皇帝之弟,入继大统,其谁不以为宜?"②在南宋建立之初,宋高宗着意强化受命于宋徽宗、宋钦宗(尤其是徽宗)的正统地位。建炎元年五月一日,高宗登基,其祭天册文中写道:"臣构以道君皇帝之子,奉宸旨以总六师(引者按:"宸旨"即钦宗皇帝的旨意),握兵马元帅之权,倡义旅以先诸将,冀清京邑,迎复两宫。……天眷赵宗,宜以神器属于臣构。"③同日,高宗大赦天下。赦文提到:"仍抑臣僚,俾僭位号;朕以介弟之亲,而受旨开元帅之府。"④以上赵构登极的祭天册文和大赦诏书,着重指出了其道君皇帝之子、钦宗之弟的身份,足见其重要性。需要说明的是,在即位之后,宋高宗较少再提及钦宗对其继承皇位的授权。其中原因,或许缘于以下两点:一是钦宗的兄长身份,权威性不如乃父徽宗;二是身处北方的钦宗也是高宗潜在的皇位威胁。

---

① 支持这一观点的论著颇多,如刘子健:《背海立国与半壁山河的长期稳定》,收入氏著:《两宋史研究汇编》,台北:联经出版事业公司,1987年,第31页;邓小南:《祖宗之法:北宋前期政治述略》,北京:生活·读书·新知三联书店,2006年,第450—472页;刘静贞:《唯家之索——隆祐孟后在南宋初期政局中的位置》,《国际社会科学杂志》(中文版)2006年第3期,第41—51页;余英时:《朱熹的历史世界:宋代士大夫政治文化的研究》,北京:生活·读书·新知三联书店,2011年,第268页。

② 《三朝北盟会编》卷92,靖康二年四月九日条引《中兴日历》,第682—683页。

③ 《建炎以来系年要录》卷5,建炎元年五月庚寅,第132页。李心传撰,徐规点校《建炎以来朝野杂记》卷5《高宗即位册文》,北京:中华书局,2000年,第118—119页。

④ 《三朝北盟会编》卷101,建炎元年五月一日,第742页。

在获知"即真之诏"后，宋高宗便以各种途径宣扬宋徽宗的这一授意，进而影响到有关其即位前后的史书编纂。

首先需要略作梳理的是，南宋时期记载有关"即真之诏"的史书的大致成书或上呈时间。曹勋《北狩闻见录》的书稿大概在宋高宗建炎初年即上呈，其成书至少早于绍兴七年（前已讨论，不赘）；李纲《建炎进退志》上呈于建炎二年十月①；耿延禧《建炎中兴记》上呈于绍兴四年（1134）正月②；汪伯彦《建炎中兴日历》的上呈时间是绍兴四年十二月③；李纲《建炎时政记》大约编成于绍兴四年下半年④；南宋《玉牒》（尤其是记载"即真之诏"史事的宋高宗朝《玉牒》）大概在绍兴十二年以后才开始编纂，其首次成书、上呈在绍兴二十七年⑤；《钦宗实录》上呈时间是在宋孝宗乾道四年（1168）⑥；宋高宗《实录》《国史》的成书和编修时间在宋宁宗嘉泰二年（1202）⑦；李心传《建炎以来系年要录》初稿完成于宋宁宗开禧元年（1205）秋冬之际，上呈于宋宁宗嘉定三年（1210）⑧。

结合上述史书的先后顺序，可以进一步分析南宋史书在编纂有关"即真之诏"史事时的基本特点。

南宋建立之初，在亲历"即真之诏"前后过程者曹勋、李纲的记录中，皆明确记载建炎元年七月曹勋逃归应天府并将"即真之诏"等上呈宋高宗。在知晓"即真之诏"后，高宗将其宣示李纲等宰辅大臣："余（按：李纲）与执

---

① 《李纲全集》卷177《建炎进退志总叙下之下》，第1645页。

② 李埴撰，燕永成校正：《皇宋十朝纲要校正》卷22，绍兴四年正月丙子，北京：中华书局，2013年，第646页。

③ 方诚峰：《补释宋高宗"最爱元祐"》，《清华大学学报（哲学社会科学版）》2014年第2期，第71—72页。

④ 李纲在《建炎时政记序》中有"臣自去魏阙，七更岁华"之语。从李纲建炎元年八月去位算起，大概可定于绍兴四年下半年（《李纲全集》卷178《建炎时政记序》，第1648页）。

⑤ 刘克庄撰，王瑞来集证：《玉牒初草集证》下编《宋代玉牒考》，北京：中华书局，2018年，第261—320页。

⑥ 蔡涵墨：《曹勋与"太祖誓约"的传说》，《中国史研究》2016年第4期，第105页。

⑦ 佚名撰，汪圣铎点校：《宋史全文》卷29下，宁宗嘉泰二年正月丁卯、二月丁亥，北京：中华书局，2016年，第2492页。

⑧ 《建炎以来系年要录》之"点校说明"，第2—6页。

政皆泣涕奏曰：'此乃陛下受命于道君者，宜藏之宗庙，以示后世。'"① 可见，建炎年间的史著较为客观地记录了"即真之诏"的基本过程，进而指出其对于确认宋高宗继统合法性的重要意义。但是，严格来说，以上史著还不能算是纂修之史。在此后绍兴年间的官方史书编纂中，关于"即真之诏"的时间、内容、形式的记载出现了较大变化。

据耿延禧《建炎中兴记》载，在靖康二年四月九日，"况有自虏寨归者，道上皇语云：'可告康王即大位，为宗庙社稷计。'"在高宗即位前的记事中，耿延禧特别提到"圣语"版本的"即真之诏"，其核心意图是："若即位，乃道君之心，宗庙社稷之福也。"② 在此，还应注意耿延禧之父耿南仲提及的另一个"即真之诏"版本。据说，靖康二年四月四日，耿南仲等人便劝说康王赵构登极，在奏章中有"太上万里有'即真'二字之兆"一句，作为赵构承天应命的祯祥之一③。这便是"即真之诏"的"即真"二字诏书说。

同样在四月九日，汪伯彦《建炎中兴日历》也有关于"即真之诏"的内容："会有窜逸自虏寨归者，传太上皇圣语，康王可便即皇帝位。又衣裹蜡封，方二寸许，亲笔二字曰：'即真'。"④ 在这里，汪伯彦杂糅了耿南仲、耿延禧父子的两种版本。另在《建炎中兴日历》建炎元年四月二十七日记事中，汪伯彦言及元祐皇后劝进、张邦昌迎请之事后，赵构"敛容流涕曰：'上天眷命，群臣爱戴，幕属将佐上书劝进，拜叩固请，至于五六，吾固辞者亦屡矣。方此踌躇以思继，又奉太上皇帝即真之诏，大母乘舆服御之意，迫不得已，敢不钦

---

① 《李纲全集》卷177《建炎进退志总叙下之上》，第1632页。此后成书的《建炎时政记下》亦载："群臣皆泣奏曰：'此乃陛下受命于道君太上皇帝者……'"（《李纲全集》卷180《建炎时政记下》，第1672页）。

② 《三朝北盟会编》卷92，靖康二年四月九日条引《中兴记》，第683页。

③ 《三朝北盟会编》卷90《上康王启》，第669页。按：这是目前所见"即真之诏"最早出现的时间，但耿南仲的奏章仅见于《三朝北盟会编》，并无其他辅证，也未注明史料来源（蔡涵墨：《曹勋与"太祖誓约"的传说》，《中国史研究》2016年第4期，第104页）。

④ 《三朝北盟会编》卷92，靖康二年四月九日条引《建炎中兴日历》，第683页。《建炎以来系年要录》引《建炎中兴日历》，只是说有"即真"御笔，并未提及"圣语"事（《建炎以来系年要录》卷4，建炎元年四月戊辰，第117页）。

承。'"① 汪伯彦所记"即真之诏"的这番话,也是为了创制赵构登基的两大合法性支柱而有意为之的。其中不仅有对"即真之诏"虚构的成分,更重要的是说明"益昭天命之符,二圣相授之至意"②。由于汪伯彦于绍兴三年受命编成《大元帅府事迹》,尔后成书的《中兴日历》脱胎于此③,据此可推知,《大元帅府事迹》大概也有类似前述《中兴日历》的记载和认识。

综而观之,尽管宋高宗绍兴初年所修史书关于"即真之诏"的形式、内容有不同说法,但其编修的共同点是诏书出现的时间皆指向高宗登极之前。这表明,史书编纂中着意强化高宗继统合法性的意图颇为明显。并且,这些史书"断自圣意"④,得到高宗本人认可。举例言之。对于《建炎时政记》,高宗曾跟大臣说:"朕已看过,皆是实事。纲近日论事,非往时之比。"⑤关于"即真之诏"的记事自然属于高宗赞赏之列。直至宋孝宗时编成的《钦宗实录》,从对"即真之诏"的系月系日来看,也大致延续了这一编纂方式。

与此同时,在这一时期编纂的史论著作中,亦持上述官方史学的论调。例如,何俌《龟鉴》在讲完高宗登极的诸多促进因素(开大元帅府、诸将归心/劝进、张邦昌称臣、太后劝进)后说:"然必俟道君'可便即真'之说,然后不得已而就南京践天子位焉。此与肃宗即位灵武之事异矣。"⑥以上议论有意将宋徽宗"即真之诏"的授权提前至高宗登极前,使高宗的即位更具合法性,尤其强调其即位比唐肃宗更有法理依据。

另值得注意的是,随着宋高宗的统治趋于稳固之后,史书编纂中对于"即真之诏"政治意图的强调则逐渐弱化了。前已提及,绍兴末年编成的《玉牒》便是显例。再往后,宋宁宗朝编成的高宗朝《国史》《建炎以来系年要录》等代表性官修和私修史书,大概也已跳脱出宋高宗时的政治敏感性,可

---

① 《三朝北盟会编》卷101,建炎元年五月一日条引《建炎中兴日历》,第741页。

② 《三朝北盟会编》卷92,靖康二年四月九日条引《建炎中兴日历》,第683页。

③ 《三朝北盟会编》卷165,绍兴四年十一月二十日,第1192页。

④ 《建炎以来系年要录》卷93,绍兴五年九月戊子,第1787页。

⑤ 《建炎以来系年要录》卷87,绍兴五年三月乙酉,第1665页。

⑥ 留正:《皇宋中兴两朝圣政》卷1,靖康二年四月引《龟鉴》,北京:北京图书馆出版社,2007年,第387页。按:留正所引《龟鉴》,当即何俌《中兴龟鉴》,此书成书于绍兴十三年(邓小南:《何澹与南宋龙泉何氏家族》,《北京大学学报(哲学社会科学版)》2013年第2期,第119页)。

以更为客观地看待与"即真之诏"相关的史事了。

四、结语

本文从考订"即真之诏"出发，探讨围绕其间的真伪、书写及传递情况，进而探讨了南宋政权继统构建中的史书编纂问题。笔者认为，宋徽宗八字"即真之诏"应是可信的，而"圣语""即真"二字诏书说不足凭信。其书写和传递过程大概是：在建炎元年四月十日左右，宋徽宗书写诏书，并交付曹勋；建炎元年七月二十八日，曹勋逃归南京应天府，并将诏书上呈宋高宗。

在南宋政权的继统构建中，作为宋徽宗之子的纯正血统是赵构获取大位的重要前提，其即位后获知的"即真之诏"又进一步服务于其继统合法性的构建。围绕"即真之诏"的史书编纂，主要有以下变化：首先，宋高宗建炎年间以客观记录其来龙去脉为主。其次，宋高宗绍兴初年所修史书对于"即真之诏"的形式、内容有不同说法，但均将诏书出现的时间指向高宗登极之前。可见，耿延禧、汪伯彦等人很可能有意调和"即真之诏"的书写时间与曹勋逃归上呈的时间，以进一步证明赵构登极的正统性与统治的合法性。直至宋孝宗时编修《钦宗实录》，仍延续这一编纂方式。最后，随着宋高宗的统治趋于稳固，以至于此后的宋宁宗时代，史书编纂中对于"即真之诏"政治意图的强调则逐渐弱化，又复归客观。

本文原刊《文献》2023 年第 2 期，收入本集时有修订。

《建炎以来系年要录》的系时问题

胡　坤

　　《建炎以来系年要录》（以下简称《要录》），南宋史家李心传修纂，是记宋高宗朝三十六年史事的编年体史书。今所见者，乃四库馆臣自《永乐大典》中钞出，并依岁月之序，析作二百卷。《要录》自成书后，便广受称誉，宋人即有"纂辑科条，编年纪载，专以《日历》《会要》为本，然后网罗天下放失旧闻，可信者取之，可削者辨之，可疑者阙之，集众说之长，酌繁简之中"之考语①。清四库馆臣称其书"文虽繁而不病其冗，论虽歧而不病其杂，在宋人诸野史中，最足以资考证"②。近人陈寅恪论及是书，以"其书喜聚异同，取材详备"，"最能得昔人合本子注之遗意"，有"诚乙部之杰作"之赞③。古今诸家所

---

　　① 见宋宁宗嘉定五年（1212）《付出高宗皇帝系年要录指挥》引许奕奏状语，见《建炎以来朝野杂记》卷首，广雅书局重刊武英殿聚珍本，清光绪二十五年（1899），第2B叶。

　　② 永瑢等：《四库全书总目》卷47《史部·编年类》，北京：中华书局，1965年，第426页上。

　　③ 陈寅恪：《陈述〈辽史补注〉序》，见《金明馆丛稿二编》，北京：生活·读书·新知三联书店，2001年，第264页。所谓"合本子注"，"盖取别本之义同文异者，列入小注中，与大字正文互相配拟。即所谓'以子从母''事类相对'也"。见陈寅恪：《支愍度学说考》，《金明馆丛稿初编》，北京：生活·读书·新知三联书店，2001年，第183页。

论,皆在肯定李心传的编纂之功。

从史书编纂的角度来看,能够做到"网罗天下放失旧闻,可信者取之,可削者辨之,可疑者阙之"并不十分困难,但在此基础上还能"集众说之长,酌繁简之中",做到"文虽繁而不病其冗,论虽歧而不病其杂",若无卓越才识实难达成。而在陈寅恪看来,《要录》之所以能称"杰作",除了李心传的才识外,在编纂技术层面"能得昔人合本子注之遗意"也是一重重要因素。对于一部卷帙浩繁且诸事丛脞的编年体史书而言,利用"合本子注"达成叙事繁简适当、不冗不杂,系时得法无疑是最基本也是最重要的前提。

考察系时问题,通过梳理文本呈现《要录》系时之义例,一方面可进一步追溯史源以讨论李心传的编纂之功,推动相关研究走向深入与精细[①];一方面则可以《要录》为例,揭示史书系时主观的一面,即导致不同文献同事异时现象的原因,除了系时的正与误,更多则是史书编纂者对时间理解的差异[②];更重要的方面则在于提醒《要录》的使用者,该书虽当得起"乙部之杰作"的评价,但从系时反映出的问题来看,全书既存在以"联书"等手法建构出带有编纂者主观认识的叙事,也存在大量的编纂疏误,对此应抱持充分的警惕态度。

---

① 目前学界涉及《要录》编纂的研究主要有:来可泓:《〈建炎以来系年要录〉述评》,《杭州师院学报(社会科学版)》1986年第3期,第75—81页;王瑞来:《〈建炎以来系年要录〉略论》,《史学月刊》1987年第2期,第103—108页;聂乐和:《〈建炎以来系年要录〉的编撰和流传》,《史学史研究》1988年第2期,第58—64页;梁太济:《〈建炎以来系年要录〉取材考》,原刊《商鸿逵教授逝世十周年纪年文集》,北京:北京大学出版社,1995年,现收《梁太济文集·文献考辨卷》,上海:上海古籍出版社,2018年,第299—314页;孙建民:《取舍之际见精神——略论〈建炎以来系年要录〉的取材》,《上海师范大学学报》1996年第3期,第82—88页;梁太济:《〈要录〉自注的范围及其所揭示的修纂体例》,原刊《文史》2000年第1、2辑,现收《梁太济文集·文献考辨卷》,第351—393页;屈宁:《李心传与〈建炎以来系年要录〉的编纂》,《江海学刊》2013年第3期,第167—172页。综观之,现有研究多是从《要录》文本现状出发进行的归纳与总结,仍有深入的空间。

② 参见高纪春:《〈宋史·本纪〉的系时特点》,《河北学刊》2000年第4期,第69页。

一、"系本日"是《要录》系时的核心义例

《要录》之编纂，李心传有"今臣所书，以事系日"之说①。所谓"以事系日"，出自晋人杜预对《左传》记事法的概括："记事者，以事系日，以日系月，以月系时，以时系年，所以纪远近、别同异。"唐人孔颖达则进一步解释："系者，下缀上，以末连本之辞。言于此日而有此事，故以事系日；月统日，故以日系月；时统月，故以月系时；年统时，故以时系年。所以纪理年月远近，分别事之同异也。"②在杜预看来，《左传》记事的成功，核心便是"以事系日"，复依次缀于月、时、年之下，叙事自然繁而不冗、条理分明。而《左传》树立的"以事系日"之法，也为后世官修起居注、本纪、日历等编年史书奉为圭臬，遵行不易③。至南宋李焘修《续资治通鉴长编》（以下简称《长编》），则有"用编年以事系日之法""案编年法，当以事系日"诸说④，径将"以事系日"视作编年之法。而与李焘同时的晁公武也称："编年者，以事系月日而总之于年，盖本于左丘明。"⑤

最初被当做记事法的"以事系日"，约略在南宋高、孝之际又被视为编年法，反映出编年体史书在编纂观念上的变化。唐人刘知几论《春秋》，尝曰：

---

① 《要录》卷1，建炎元年正月辛卯条附"母曰韦贤妃"记事注，上海：上海古籍出版社，1992年，第1册，第15页下。

② 杜预注，孔颖达疏：《春秋左传正义》卷1《春秋序》，阮元校刻《十三经注疏》本，北京：中华书局，1980年，第3695页下。

③ 唐代"起居郎掌录天子之动作法度，以修记事之史。凡记事之制，以事系日，以日系月，以月系时，以时系年。必时书其朔日甲乙以纪历数，典礼文物以考制度，迁拜旌赏以劝善，诛伐黜免以惩恶。季终则授之于国史焉"。见李林甫等撰，陈仲夫点校：《唐六典》卷8《门下省》，北京：中华书局，1992年，第248页。后晋天福六年（941）四月，监修国史赵莹奏："本纪之法，始于《春秋》，以事系日，以日系月，以月系时，以时系年。刑政无遗，纲条必举，须凭长历，以编甲子。"见王溥：《五代会要》卷18《前代史》，北京：中华书局，1998年，第229页。南宋绍兴七年（1137），史馆上言："修纂日历，以事系日，以日系月，比之实录，格目尤详。"见刘琳等点校：《宋会要辑稿》运历1之22，上海：上海古籍出版社，2014年，第2697页上。

④ 李焘：《续资治通鉴长编》（以下简称《长编》）卷232，熙宁五年四月壬子注，北京：中华书局，2004年，第5629页；《长编》卷309，元丰三年闰九月乙卯注，第7503页。

⑤ 晁公武撰，孙猛校证：《郡斋读书志校证》卷5，上海：上海古籍出版社，1990年，第174页。

"系日月而为次,列时岁以相续,中国外夷,同年共事,莫不备载其事,形于目前。"① "系日月""列岁时"仍被视作记事的手段。而将"以事系日"理解为编年法,则是仍重记事的前提下,更重时序。如李焘记熙宁五年(1072)集议僖祖神主祧迁始末,其事原始时序是:熙宁五年二月八日戊子,中书提出"迁僖祖庙主藏之夹室"不妥,奏请两制集议;四月三日壬子诏答"依所请施行"②;闰七月十八日乙丑,同知礼院邓彦若上书请"奉僖祖神主还居旧室","不报"③;十一月二十三日戊辰,中书奏上集议结果"奉僖祖为太庙始祖"④。朱本、新本《神宗实录》却将中书奏请集议、诏答皆于十一月二十三日戊辰书之。李焘认为,这样书写"虽穿联作一处易于检阅,缘其间如赵彦若建议乃特出,却难理会,故仍用编年以事系日之法"⑤,先将中书奏请和诏答于四月三日壬子书之,邓彦若上书及中书奏集议结果则各附本日。可以看出,李焘的处理方式,亦非机械地将"事"与"日"严格对应,而是照顾"记事"的同时,优先考虑"编年"。

李心传编修《要录》,"学李焘"几为学界共识⑥,李心传所声称之"以事系日"亦与李焘相若,既有对传统编纂之学的继承,也有对传统的创新,将"日"的优先级别提升在"事"之前。也正是如此,《要录》李心传自注中"各系本日""别系本日""各附本月日""各系本月日""已具本月日""详见本月日""已见本月日""详具本月日"之类的说法比比皆是。因此可以说"系本日"是《要录》系时最核心的义例。

《要录》系时的基本依据,按照李心传自述:"臣修此录,凡系日月者,必以国史为断。"⑦ 根据梁太济的考证,此所云"国史"乃泛称,"但若就《要录》全书而言,则'国史'在绝大多数情况下皆指《高宗日历》。《要录》年经月纬

---

① 刘知几著,张振珮笺注:《史通笺注》卷2《二体》,北京:中华书局,2022年,第37页。

② 《长编》卷232,熙宁五年四月壬子,第5628—5629页。

③ 《长编》卷236,熙宁五年闰七月乙丑,第5748页。

④ 《长编》卷240,熙宁五年十一月戊辰,第5838页。

⑤ 《长编》卷232,熙宁五年四月壬子注,第5629页。

⑥ 《四库全书总目》卷47《史部·编年类》,第426页上。

⑦ 《要录》卷2,建炎元年二月丁亥注,第1册,第58页上。

的框架，正是仰赖以《日历》为断建立的"①。尽管《要录》系时以《高宗日历》为断，但并不意味着李心传便完全照搬，而是在《日历》系时的基础之上做了大量比对、考证工作，务求其真，从中也能看到其"系本日"的努力。具体而言，李心传主要做出如下三方面工作：

一是改《日历》系时之误。如杨惟忠以定武军承宣使迁建武军节度使事，《日历》系在建炎元年（1127）八月庚申，而李心传认为"惟忠以都统制结局，无缘百余日方有除目"，遂"从赵甡之《遗史》"将其事附在建炎元年五月甲午②。又如建州军士叶浓之乱，《日历》《会要》系在建炎二年六月一日，而据当时臣僚上奏则在六月十日，李心传经综合考辩，取熊克《小历》之说，系在建炎二年六月初三日丙辰③。另外，《日历》系时常有"两书"之失，李心传也都尽力考实，以附本日。如赵子崧于建炎元年五月除延康殿学士、知镇江府，《日历》却于此月"壬辰、癸巳两书之"④，李心传则将其事系于壬辰；同知枢密院事汪伯彦进知枢密院事，《日历》于建炎元年六月戊寅"及七月壬寅两书之"⑤，李心传据《宰辅拜罢录》系在六月戊寅。需要指出的是，《要录》改《日历》系时之误并不算多，梁太济认为是"偶有更正"⑥，大体是可信的。

二是补《日历》系时之缺。如绍兴十一年年初，金军侵宋，占领和州，旋为宋将王德所复。因《日历》不书复和州之日"，李心传遂据"赏功房关张俊乞阵亡人推恩状"，将收复和州之日定在绍兴十一年二月初四日癸酉⑦。又如张子盖除镇江府驻扎御前诸军都统制，"《日历》不载除日"，遂据赵甡之《中兴遗史》，将其系在绍兴三十二年四月丁丑⑧。

需要说明的是，《要录》能补《日历》系时之缺的情况极少，大概也就上

---

① 梁太济：《〈建炎以来系年要录〉取材考》，见《梁太济文集·文献考辨卷》，第308页。
② 《要录》卷5，建炎元年五月甲午注，第1册，第101页上。
③ 《要录》卷16，建炎二年六月丙辰，第1册，第256页下。
④ 《要录》卷5，建炎元年五月壬辰注，第1册，第100页上。
⑤ 《要录》卷6，建炎元年六月戊寅注，第1册，第131页上。
⑥ 梁太济：《〈系年要录〉〈朝野杂记〉的歧异记述及其成因》，《梁太济文集·文献考辨卷》，第318页。
⑦ 《要录》卷139，绍兴十一年二月癸酉，第2册，第860页下。
⑧ 《要录》卷199，绍兴三十二年四月丁丑，第3册，第858页下。

述两条。常见的情况是,受手头资料的限制,面对多数的《日历》系时之缺,李心传也无可奈何。《要录》自注更多提供的是这样一些例证:王俣初除知阆州,后改知邛州,"而《日历》不见除阆之日"①,遂将其事附在改知邛州事后;胡铖落致仕,"《日历》无铖落致仕之日……当考"②;"批度牒事,《日历》不见月日……当求他书参考之"③;刘光远代陈吉老知扬州,"光远之除,《日历》不见,当求本州题名,考其月日"④;孙道夫上殿入对,"而《日历》不载道夫上殿之日,盖遗之也"⑤,遂将此事附在孙道夫除知蜀州之后;"泸南免经界事,《日历》不见降旨年月,当考"⑥;"《日历》不见龙大渊除内知客月日,故因事附见"⑦。事实上,《要录》对《日历》的补充并不主要是系时,就《要录》全书而言,更多的还是记事方面的充实,此类例证在《要录》中则比比皆是,不胜枚举。

三是据《日历》辨他书系时之误。此类例证甚多,在此姑举一例:建炎三年四月初三日庚戌,明受之变后,高宗复辟,下诏复用建炎年号,然"熊克《小历》载此旨于初一日,盖因朱胜非《闲居录》所记也。《日历》在初三日,其实初二日进呈,初三日降出尔。胜非记此事,自四月以后大率差一日,盖三月小尽,而胜非误以为大尽记之,是以排日差互"⑧。当然,李心传自注并非都如此详细,更多的则以"某书系在某时,误,今从《日历》"的形式呈现出来。综合李心传旁据他书以改《日历》系时之误的情况,及笔者整理《要录》的实践来看,"今从《日历》"结论的背后,大都有其坚实的依据。更值一提的是,《日历》作为《要录》系时的主要依据,碰到《日历》系时不误而他书有误的情况,本可置之不理,李心传却不惮繁难,必一一辨明,也确实当得起陈寅恪"最能得昔人合本子注之遗意"的评价。而李心传这一辨明他书系时

---

① 《要录》卷42,绍兴元年二月辛卯注,第1册,第590页上。

② 《要录》卷77,绍兴四年六月癸未注,第2册,第78页下。

③ 《要录》卷103,绍兴六年七月癸酉注,第2册,第419—420页。

④ 《要录》卷137,绍兴十年八月戊戌注,第2册,第844页下。

⑤ 《要录》卷154,绍兴十五年十二月丁巳注,第3册,第158页上。

⑥ 《要录》卷161,绍兴二十年二月庚申注,第3册,第244页上。

⑦ 《要录》卷188,绍兴三十一年正月壬寅注,第3册,第684页下。

⑧ 《要录》卷22,建炎三年四月庚戌注,第1册,第360页下。

正误做法，自然也应被视作"系本日"的努力。

《高宗日历》作为"《系年要录》主体框架据以建立的唯一一部国史"①，固然是《要录》系时的重要依据与参照，但《要录》相较《日历》，补充了大量记事，其于系时亦不敢稍有马虎，仍能体现出李心传"系本日"的努力。如"勒停人刘偁复承议郎"事，"《日历》无此"，李心传则"以绍兴五年六月二十一日偁乞复职状"这一原始材料，将其复官系在建炎元年九月甲辰②。

对于他书系时有抵牾，或无系时的记事，李心传也尽量在注文中予以说明，或附年、月之末，或与他事牵连书之，或暂系某日待考。如建炎元年"监察御史卢臣中守右正言"记事，《日历》阙载，而"臣中除正言，谏院题名在六月，御史台题名在七月"，有月无日且有抵牾。经李心传考证，邓肃在建炎元年八月"始罢右正言，臣中当是代肃"，遂将此事系在八月月末，并在注文加"俟考"二字，以示谨慎③。又如绍兴八年"宗正少卿张询为太常少卿"记事，《日历》无载，太常寺题名载在十一月而无日，李心传便"因尹焞改除遂书之"，将其事附在"太常少卿兼崇政殿说书尹焞权礼部侍郎兼侍讲"之后，且于注文加"当求本日"四字④。再如刘光世"尝请以舒、蕲等五州为一司"，"为藩篱之卫"，而谏官万俟卨疑其"袭李唐藩镇之迹"，乃上言请朝廷"不可许"。此事最早见于孙觌《万俟卨墓志》"而不得其年月"。熊克《小历》载在绍兴十年六月，而李心传通过梳理万俟卨行实，以为万俟卨在绍兴十年闰六月"始自湖北提刑还朝，除湖南运判，又出监察御史，八月方除右正言"，否定了熊克的系时，将其事"权附"在绍兴十一年六月壬辰"刘光世罢为万寿观使"之后，并在注文标明"当求本日"⑤。

综前所述，李心传编纂《要录》遵循"以事系日"的编年体修史传统，效法李焘，既将该传统视作记事法，也强调其编年法之功用，遂以"系本日"为《要录》系时的核心义例。从前文所举《要录》系时诸例中，可以清楚看到，

---

① 梁太济：《〈建炎以来系年要录〉取材考》，见《梁太济文集·文献考辨卷》，第307页。

② 《要录》卷9，建炎元年九月甲辰，第1册，第172页上。

③ 《要录》卷8，建炎元年八月"是月"条，第1册，第166页下。

④ 《要录》卷123，绍兴八年十一月辛丑，第2册，第667页下。

⑤ 《要录》卷140，绍兴十一年六月壬辰，第2册，第879—880页。

《要录》虽以《日历》为主体框架及系时的基本依据,但并不盲从,而是多方考辨,信者从之,误者正之,疑者存之,缺者补之。凡限于资料考辨不得者,虽从权,亦以求本日为念。而以他书补《日历》记事者,其系时亦同之,务求本日。不过,也必须看到,尽管李心传尽力于"系本日",但限于资料、叙事体例,甚至因不同人对时间理解之差异,"本日"有时并不意味着事件真实发生的时间。于此,仍需作进一步的探讨。

二、《要录》中"本日"的意涵

通过对《要录》正、注文本的考察,固然可以确认"以事系日""各系本日"是《要录》系时的核心义例,也可据此肯定李心传编纂《要录》求真的态度,不过,若进一步结合其记事之史源或与之有同源关系的文本,以及现存同事异源的文献记载,仍能发现《要录》"以事系日"之"日",尽管号为"本日",却未必是事件发生的真实时间。

《要录》多有"姑附此""姑附见此""姑附著此"之类的自注,却反映出,即便以李心传之细致与勤勉,也受限于材料,难将事之本日逐一落实。由此也提示我们一个浅显却也易忽视的道理:李心传所谓"本日",并不一定是事件发生的真实时间,而是通过梳理文献,经其考订、辨析后认为可信的时间。从《要录》全书观察,李心传认定的"本日",至少应该同时具备如下两个特征:其一是来源权威、可靠,比如官方档案、亲历者记录、官修史书等;其二则是不与它事在时间上有明显的冲突,在逻辑上没有明显的不合理。

试举一例以见李心传是如何确定事之"本日"。当苗刘之变时,苗傅、刘正彦先是抓捕内侍曾择等,随后又逼迫朝廷"贬内侍官曾择等于岭南",《要录》于贬曾择等记事下复记"先是,御史中丞郑毅言"云云。郑毅上言要点有二:一是禁止内侍干政,若有犯可"屏之远方";二是希望朝廷告诫武将,"军法便宜止行于所辖军伍,其他有犯,当具申朝廷"。李心传将贬曾择等、郑毅上言二事系在建炎三年三月十六日甲午,并在注文中解释:

> 曾择等行遣《日历》不载,今以王庭秀《阅世录》修入。庭秀时为台官,必得其实也。《录》以为三月十六日事,故附于此。《日历》郑毅奏疏

亦在十六日，当是毂知择等被执而上此疏也。赵甡之《遗史》载此事于初九日丁亥，恐误。是时毂未为中丞，若择等行遣果在此前，则毂疏中不应又有"屏之远方"之语。今并系此，庶不抵牾。①

按照李心传的解释，他认为既然郑毂奏疏中有"屏之远方"语，说明郑毂并不知晓曾择等人最终的处理结果；而郑毂之所以上奏言内侍事，必然是因苗刘二人抓捕了曾择等人，故李心传定这一系列事件先后为：苗、刘执曾择等，郑毂上疏，曾择等行遣。曾择等行遣事，《日历》不载，《遗史》在初九日，《阅世录》在十六日，后二书系时有抵牾。因《日历》载，建炎三年三月十四日壬辰郑毂方自右谏议大夫试御史中丞②，故郑毂系御史中丞衔上疏不应在十四日前，这是否定《遗史》系曾择等行遣在初九日的第一个理由；而"庭秀时为台官，必得其实"，则是否定《遗史》系时的第二个理由。综此，从王庭秀《阅世录》，定曾择等行遣在十六日。而《日历》又载郑毂上疏在十六日，与李心传所定一系列事件的先后顺序相矛盾，但又没证据否定《日历》之系时，遂在记郑毂上疏前加"先是"二字，"庶不抵牾"。

上例是李心传碰到疑难系时的典型操作，从中既能看到李心传以权威来源和"不抵牾"作为"系本日"的标准，同时也可看出李心传对"本日"的判断仍有逻辑推理的成分，而未必与真实情况相符。如果将此一观察扩大来看，或许可以说，包括《要录》在内的编纂型史书之系时，恐怕都存在"本日"并不等同事件发生的本来日期的情况。以权威记录（记载）为基础且不与他事在时间上有抵牾的日期，才应是编纂型史书"本日"的最准确表述。

另外，《要录》中还存留少量重复记事的现象，比如杨存中祖宗闵、父震赐谥，李心传于绍兴二十三年三月壬子、绍兴二十七年十二月甲辰两书之③；周秘卒，亦于绍兴十六年十月己未、绍兴十七年十二月癸卯两书之④。从编纂

---

① 《要录》卷21，建炎三年三月甲午，第1册，第339页下。

② 见《要录》卷21，建炎三年三月壬辰，第1册，第336页下。

③ 见《要录》卷164，绍兴二十三年三月壬子，第3册，第303页上；《要录》卷178，绍兴二十七年十二月甲辰，第3册，第516页上。

④ 见《要录》卷155，绍兴十六年十月己未，第3册，第174页上；《要录》卷156，绍兴十七年十二月癸卯，第3册，第196页下。

的角度来看,此固为疏失,但也不可否认,李心传仍将一事之二时视作"本日",只是疏漏了两个"本日"之间的矛盾。从常识出发,赐谥、亡故真实发生的时间只能有一个,既然编纂的疏失能造成多个"本日",这就能进一步证明《要录》中的"本日"并非事件真实发生的时间。而对重复记事的观察还不能止步于此,或许还可以继续追问:以李心传的谨慎与细致,为何仍会在《要录》中出现重复记事的现象?

对于上述追问,高纪春曾提出一个颇具启发的观点:"事实上,在现存各种宋代官私文献中,对同一事件各系其日、互相歧异的例子不胜枚举,而且往往各有所据,皆不为误,其情况远比我们想象的复杂。"[①] 沿着"各有所据,皆不为误"的思路,不妨摆脱常识性的"正误"束缚,将一事系于多时视作"各有所据",以俾有所发现。

杨存中祖、父赐谥的经过,因文献有缺,不得其详,不过南宋末年胡梦昱赐谥之事颇可参考。据胡梦昱子知柔编《象台首末》所载,从宋度宗下诏赐谥,经太常议谥、考功覆议、都省集议、太常审谥、考功覆审谥,再到最后行词,程序复杂且旷日持久。据当时参与议谥的太常博士王埴所云:"公丧四十年,上特赐公谥,下有司议,且两年。"[②] 可见,即便是最初的太常议谥环节即已耗时近两年,如果走完后续流程,到最终命词行下,时间只会更长。反观《要录》两书杨存中祖、父赐谥事,首书于绍兴二十三年三月,次书于绍兴二十七年十二月,前后相差四年零九个月,大体与胡梦昱赐谥所历岁月相符。因此,有理由怀疑绍兴二十三年三月当是下诏赐谥之时,而绍兴二十七年十二月则是定谥完毕后命词行下的时间。若果如此,李心传两书赐谥皆不为误,只是两个时间点背后的具体含义不同而已。

至于周秘卒事,亦限于史料,难以知晓其中细节,不过据李心传自注"凡臣僚薨卒,有本月日者,各系其月日;未见本日者,因遗表书;无遗表者,因致仕书"[③],绍兴十六年十月与十七年十二月或是"本月日""遗表""致仕"三

① 高纪春:《〈宋史·本纪〉的系时特点》,《河北学刊》2000 年第 4 期,第 69 页。

② 王埴:《谥议》,见胡知柔编《象台首末》卷 5,《景印文渊阁四库全书》第 447 册,台北:商务印书馆,1986 年,第 42 页下。

③ 《要录》卷 41,绍兴元年正月癸卯注,第 1 册,第 578 页下。

个时间点中的两个。则李心传两书周秘卒，亦是两个不同含义的时间点，也不是严格意义上的系时错误。

如果说上述两例因无直接证据，所得结论仍属猜测的话，那么《要录》中尚有其他例证，可结合他书记载进一步证明上述结论。

《要录》载，绍兴三十二年正月丙申（二十九日），"徽猷阁待制宋晔卒"①。周必大撰《宋晔墓志铭》则作："是年六月二十日终于正寝，实绍兴三十一年。"② 二书所记相差半年有余，明显抵牾。一般而言，墓志书墓主卒日往往比较准确，据此否定《要录》的系时，理由似也充分。然而考虑到李心传自注"未见本日者，因遗表书；无遗表者，因致仕书"之语，则不可轻易否定《要录》之系时。通过翻检文献，会发现宋晔赠官制词亦是周必大所撰，且制词后清楚注明"壬午（绍兴三十二年）正月二十九日指挥"③，恰与《要录》所记吻合。由此可以断定《要录》系时乃宋晔赠官指挥下发之日。据此再审视李心传的自注，或许还应加上一句"无致仕者，因赠官书"。

总之，李心传系时，若因材料所限——无论是缺载，还是手头没有相关记载——导致事件发生的本来日月不可得，则会将事件系在此事发展过程中的其他时间点。这一"其他时间点"虽与严格意义上的"本日"有距离，但因李心传并不会将每一系时背后的具体指代一一注明，便会让读者将其误作"本日"。因此，从读者的角度而言，"其他时间点"与真正的"本日"并没有什么不同，而李心传系时又"各有所据"而非错误，将此类系时归为"本日"亦不算牵强。

除此之外，尚有一类事件，以何时为"本日"实属两可，则又为"本日"之确定增添了一重复杂性。如某人任某官，是以任命之日算起，还是以到任履职之日算起；机构的废置是以下诏之日算起，还是以正式废罢或成立之日算起；制度条法的起点是以颁布之日算起，还是推行实施之日算起？诸如此

---

① 《要录》卷196，绍兴三十二年正月丙申，第3册，第821页下。

② 周必大：《庐陵周益国文忠公集》卷31《徽猷阁待制宋公晔墓志铭》，《宋集珍本丛刊》第51册，北京：线装书局，2004年，第375页下。

③ 《庐陵周益国文忠公集》卷97《右中奉大夫徽猷阁待制赐紫金鱼袋致仕宋晔赠四官》，《宋集珍本丛刊》第52册，第56页上。

类,恐怕是各有道理,难有共识。《要录》中此类例证亦不少,姑举一例。

《要录》载:绍兴元年十月甲子(初一日)"龙图阁待制、知临安府孙觌提举江州太平观,以集英殿修撰、新知温州席益代之"①。然而据《乾道临安志》收录绍兴十九年立"临安知府题名记碑"载:"绍兴元年十一月二十六日,朝奉郎、起居舍人席益除集英殿修撰、知临安府。"② 两书所记相差近两月。何以如此?《宋会要辑稿》中记载的一道诏令,为我们提供了答案,今迻录如下:"绍兴元年十一月五日,诏:绍兴府驻跸日久,漕运艰梗,军兵薪水不便,可移跸临安府。令徐康国日下前去权知临安府,措置移跸事务,候席益到交割府事讫,依旧同共措置。"③ 从"候席益到交割府事讫"一句来看,绍兴元年十一月五日前席益已被命知临安府,只是尚未到任,故此令徐康国暂赴临安代行府事。由此不难推知,《要录》所系之日,当是据原始材料所修席益任命之时,而"题名记"所载实是到任之期。由此可知,文献中席益知临安府的两个日期并不矛盾,皆是"本日"。至于此事当系何时,则又见仁见智,并无一定之规。

综前所述,大体可对《要录》之"本日"作一小结。所谓"本日",自应是事件发生的真实日期,就《要录》全书来看,李心传所追求的"本日"也确实如此。不过,或受限于材料,或取决于李心传的主观判断,有时"本日"未必是事件发生的真实日期。尽管如此,也仍需看到李心传"系本日"的努力,以及系时皆有所据的严谨态度。简单而言,《要录》系时,李心传主观上恪守"以事系日"原则,以"系本日"为念,但限于各种客观条件,使得《要录》中的"日"与"事"在对应关系上,呈现出不同的样貌:

其一,事件的原始记载语焉不详、歧互混乱,难以确定时间且考证不得者,李心传往往采取"附见"的方式,将其事系在与之相关联的它事之后,或将其系在年末、月末。

其二,事件有其"本日"且无歧异,李心传则因袭之,或以事书于本日之

---

① 《要录》卷48,绍兴元年十月甲子,第1册,第653页下。

② 周淙纂修:《乾道临安志》卷3《牧守·绍兴题名》,《宋元方志丛刊》本,北京:中华书局,1990年,第3251页下。

③ 《宋会要辑稿》礼52之13,第1923页下。

后，或照顾叙事连贯采取"联书""并书"的方式，并在注文标明"本日"①。

其三，事件的发生时间或缺载，或李心传未见，李心传则会以奏报到日、出命之日等官方收发文件的日期系时，且视其为"本日"，往往不在注文中说明。如前举臣僚薨卒之事。

其四，事件之始终历时漫长，有若干时间节点，以何时为"本日"存在理解之差异，李心传则以己意断"本日"而书之。需要特别指出的是，就此类情形，以笔者之体会而言，李心传在发现原始材料中有一事多时的情况时，一般会在注文中说明自己判断的理由；而有时他并未见到，或见到而未意识到一事有多个系时，则径以所见为"本日"而无任何说明。如前举两书杨存中父祖赠官事、席益知临安府例，恐怕就与李心传见而不觉或未见他载有关。

总之，以《要录》系时的四种情形来看，一方面不能否认李心传"系本日"的努力，另一方面也要看到《要录》的"本日"并非都是客观。而这也决定了编撰者李心传与读者对于"本日"的理解出现参差。前述四种情形中的前两种，编读双方大体都会将其视作"本日"，而后两种从编撰者李心传的角度而言，当然是"系本日"的努力，而在读者看来则更倾向于将其视为系时不够准确。这种理解上的参差，一方面在提醒读者，阅读《要录》时既要注意到系时的歧互，也要去理解时间点背后的具体指代；另一方面，则可以之为契机，更为切实、深入地讨论《要录》的编纂理路。

三、从系时看《要录》的编纂

《要录》成书之际，正是南宋"诸多史家著史热情普遍高涨，官、私方编修本朝史著大量涌现"的时期②。而《要录》作为其中的佼佼者，加之南宋时

---

① 如《要录》卷5，建炎元年五月己亥："迪功郎胡蠡假通直郎、宗正少卿，为高丽国信使；承节郎黄铖假阁门宣赞舍人，副之。"注文云："铖以癸卯受命，今联书之。"第1册，第106页上；又如《要录》卷153，绍兴十五年正月戊辰，上始闻端明殿学士、左朝奉大夫、同签书枢密院事王伦死状……辍一日朝"，注文云："辍朝在二月戊子，今并书之。"第3册，第132页上。

② 燕永成：《南宋前期史学兴盛问题探究》，《人文杂志》2020年第6期，第87页。

期的史料相对零散,缺少一部如李焘《长编》般贯通整个南宋时期的编年体史书,自然为研究者瞩目,不但是探讨南宋初年历史问题的必备史料,也是史学史、文献学研究关注的重点。就该书的编纂而言,学界也多曾讨论。有学者对相关研究梳理后发现,由于"缺乏文本批判性质的自觉反思","有关史源的研究仍停留在对取材引述的数量统计层面",致使"不少论文观点大同小异","给人重复论述之嫌"[①]。这一判断大体不错,还需要说明的是,有关《要录》编纂的既往研究往往依据《要录》的自身文本立论,未尝探讨文本形成过程,致使李心传加工材料时出现的问题被掩盖,研究不可避免地浮于表面,既不利于对《要录》的编纂进行全面、客观评价,也难以将编纂行为背后的逻辑呈现出来。

如,《要录》于绍兴三十一年十月甲子条记"赵撙下平兴县"[②]。北宋初年确有平兴县,为广南东路端州属县,然"开宝五年,废平兴县,隶高要县"[③],绍兴间已无平兴县,《要录》所载显误。又揆诸绍兴三十一年十月赵撙的行动路线,不难发现其军事行动皆围绕蔡州展开[④],更证"平兴"为误。然《宋史》及《三朝北盟会编》载此事皆作"平兴"[⑤],何以如此?事实上,"平兴"乃"平舆"之误。平舆为蔡州属县,且与赵撙前后的进军路线吻合,故虽无直接证据,却不难推出致误之由是"兴"(興)"舆"(輿)形近。不过,因《要录》诸版本及《宋史》《三朝北盟会编》诸书皆误作"平兴",此误显然不是历代传钞刻写所致,当是南宋官修《日历》即有此误,遂为包括《要录》在内的诸

---

① 秦仪、韩冠群:《近四十年来大陆地区〈建炎以来系年要录〉研究综述(1980—2021)》,《湖南科技学院学报》2022年第2期,第27页。

② 《要录》卷193,绍兴三十一年十月甲子,第3册,第768页下。

③ 王象之撰,赵一生点校:《舆地纪胜》卷96"高要县"条引《国朝会要》,杭州:浙江古籍出版社,2013年,第2333页。

④ 《要录》卷193,绍兴三十一年十月己未"赵撙引兵渡淮,攻蔡州",庚申"赵撙破襄信县",甲子"赵撙下平兴县",丙寅"赵撙引兵攻蔡州",第3册,第764页下、765页下、768页下、770页上。从甲子日前后赵撙的行动轨迹来看,其军事行动皆围绕蔡州展开。

⑤ 脱脱等:《宋史》卷32《高宗纪九》同日记"赵撙复平兴县",北京:中华书局,1977年,第605页;徐梦莘《三朝北盟会编》卷236有"甲子,下平兴县"之载,上海:上海古籍出版社,1987年,第1698页下。

书所沿袭。此条尽管是细事且原始材料有误在前，李心传仍难逃编纂失误之责。

又如绍兴三十一年九月庚辰记"时又有进士梁淮夫者，应天人，大父陟，官至朝奉郎，元符末坐上言入党籍。至是，淮夫自北来归，见大臣言北事"云云①。仅从文本本身来看，无任何异常，但若引入史源，问题便得以呈现。李心传虽未言明史源，但《三朝北盟会编》中却保存了"梁淮夫"上书记事，有"元祐进士乙科、元符党人崔陟孙淮夫梁叟上两府札子"②之语。显然，"淮夫"既为崔陟之孙，自然姓崔，而"梁叟"则是"淮夫"之字；又"进士"乃指崔陟，而非崔淮夫。李心传误以"淮夫"姓梁，且安上"进士"身份，则又离谱之甚。

前举虽为极端之例，但亦不难想见，《要录》中类似的错误应该还有很多。李心传编撰《要录》，面对大量的原始资料且旷日持久，要求其始终保持清明的头脑、旺盛的精力、谨慎的态度并不现实，失误、疏漏也在所难免。不过，读者若丧失了对《要录》文本的警惕，不但对其书编纂的认识会浮光掠影，不利于彰显李心传的编纂之功，还会影响到对《要录》一书的使用和利用。因此，揭示《要录》文本的形成过程，探讨李心传剪裁史料的细节，并呈现出背后的编纂逻辑，应是现阶段探讨《要录》编纂的主要任务。而以系时为线索，虽仍难反映《要录》编纂之全貌，但却能从特定角度深入文本，从而实现上述研究目标。

通过前节对《要录》"本日"意涵的讨论，可以观察到，如果缺少了史源、版本，乃至非史源关系同事异文的比对，仅依靠《要录》文本本身，很难揭示"本日"背后丰富的意涵。而前文所举"平兴县""梁淮夫"二例，也充分说明，缺少比对，也不易觉察出《要录》编纂的理路。因此，以系时观察《要录》之编纂，最根本的方法仍是多方比对。而经过比对，亦能观察到一些意想不到的现象，新的问题也由此得到呈现。

将《要录》系时与现存宋代史料进行全面比对后，会发现一个很有意思

---

① 《要录》卷192，绍兴三十一年九庚辰，第3册，第742页上。

② 《三朝北盟会编》卷230，第1651页下。

的现象,即与《要录》系时相异最多者,除了该书的主体框架《高宗日历》和编撰所依傍的《中兴小历》外,无过于今本《宋会要辑稿》。据不完全统计,同一事而《要录》与《宋会要辑稿》系时不同者共 279 条。这个数字对于参考文献繁夥的《要录》而言,已是庞大。而更值得注意的是,在两书系时相异的 279 条中,系时仅差一日者就有 112 条,占比高达 40%。

事实上,李心传对于"差一日"的现象是有所关注的,但在《要录》"差一日"的自注中,却无一例言及《会要》。而《要录》自注中的确又有不少提及《会要》《中兴会要》《光尧会要》之处,既然《要录》有参考《会要》,却面对众多"差一日"而未提及,更遑论有所辨析,多少有些反常。这当然不排除今本《宋会要辑稿》与李心传所见《会要》有文本差异的可能,但更大的可能性则是与李心传的编纂手法相关。

这里拟以古籍校点整理为例,结合《要录》与《宋会要辑稿》"差一日"的现象,揭示《要录》编纂的手法。一般而言,古籍校点整理是以梳理古籍的版本系统为前提,在此基础之上确定底本及对校本、参校本。整理时,通常以底本与对校本逐字比勘,有疑处方比对参校本,并不以参校本与底本、对校本逐字对照。这一做法的科学性在于,经过前期梳理版本系统,已确定诸本从优至劣的顺序是底本、对校本、参校本,参校本的版本价值远不能与底本及对校本相提并论,因此逐字对照的必要性不大。更重要的是,此一做法不但节省了大量时间,也避免了多本同时比对易造成的错乱。

而李心传在编纂《要录》时,大体也采用了这种方法。根据梁太济的研究及笔者整理《要录》的实践来看,《要录》的"主体框架据《日历》",而"《小历》是主要依傍"①,如果以古籍校点整理为类比,则《高宗日历》即《要录》编纂的"底本",《中兴小历》则是"对校本",至于包括《会要》在内的诸多记述则可视作"参校本"。只有《高宗日历》与《中兴小历》有抵牾时,李心传才会参考他书。这就造成《高宗日历》与《会要》之间记载的差异被忽视。另外,"《会要》的资料来源范围与《日历》相近,甚至比《日历》更窄……又

---

① 梁太济:《〈建炎以来系年要录〉取材考》,见《梁太济文集·文献考辨卷》,第 307、310 页。

因为同是官书，局限性亦相似"①，也应是李心传忽视"差一日"的原因之一。

李心传的这一编纂手法也能从其自注中得以证实。《要录》于建炎二年八月辛巳载李成叛乱之事始，注文云："李成之叛，《日历》不见事始，但于本年十月庚子因'刘光世奏存恤成军中老小'事，遂及之。而熊克《小历》乃于元年十月乙丑书'命刘光世讨成'，此实误。乙丑，十月九日也，盖《会要》载光世以今年十月九日受命讨李成，而克误移入去年，是以差误。今从赵甡之《遗史》系此。"② 稍作梳理即可看出，《高宗日历》将李成之叛的起因附记在建炎元年十月庚子"刘光世奏存恤成军中老小"之后，李心传不满《高宗日历》的处理方式，为求事始之本日，遂比对了《中兴小历》，当发现《中兴小历》记载有误时，则以《会要》推《中兴小历》致误之因，最终经多方比对，作出"从赵甡之《遗史》"的决定。

从编纂的角度而言，李心传的做法无可厚非，但若从使用的角度而论，则提示读者，因编纂手法所限，《要录》的记事仍存在因比对不充分而导致疏误的可能，甚至会遮蔽一些值得关注的问题。即以"差一日"而论，李心传发现这种差异主要来自原始文献作者系时误大尽为小尽，或误小尽为大尽，遂致排日差一日③。所谓大尽即一月有三十天，而小尽则是二十九天。不过，这样的原因很难用于解释《要录》与《会要》大量"差一日"的现象。据《建炎以来朝野杂记》载："宣、靖间，用《纪元历》，兵兴后失之，司天无所考，由是历差一日。绍兴二年夏，上命寻访旧历，以授史官。五年正月朔，日有食之，史官所定不验。"④ 或可推测，大量"差一日"是否与历法之错乱相关？当然，其中原因很复杂，需要考虑的问题也很多，如果不作专门研究，很难解释其中的缘由，但至少可以启发研究者对相关问题的思考。

---

① 梁太济：《〈建炎以来系年要录〉取材考》，见《梁太济文集·文献考辨卷》，第310—311页。

② 《要录》卷17，建炎二年八月辛巳，第1册，第272—273页。

③ 如《要录》卷21，建炎三年三月癸卯记吕颐浩、张浚勤王讨苗刘注，就言及张浚《复辟记》"误以此月为大尽，故差一日"，第1册，第351页上；同书卷22，建炎三年四月庚戌，"复用建炎年号"记事注，亦说到朱胜非《秀水闲居录》"自四月以后，大率差一日，盖四月小尽，而胜非误以为大尽记之，是以排日差互"，第1册，第360页下。

④ 李心传撰，徐规点校：《建炎以来朝野杂记》甲集卷4《纪元统元会元历》，北京：中华书局，2000年，第107页。

前文以今本《宋会要辑稿》与《要录》系时相比对,从"差一日"现象切入,呈现出《要录》编纂的基本手法,在此一基本编纂手法的前提下,李心传用力最勤者,当是以"联书""并书""附书"的方式将多事系于一日之下。

编年体史书本有事之本末不连贯之短,若机械执行"系本日"原则,更难逃"账簿式"之讥 ①,因此,为照顾叙事之连贯,也为了合理安排不见"本日"的记事,《要录》多将互有关联的事件系在一日之下,这便是"联书""并书""附书"。三者的区别并不十分明显,大体而言,"联书"诸事多是李心传认为其间有因果关系者,"并书"则多以记录因果关系稍弱者,而"附书"则记虽无因果关系,但叙事主题一致者,且多以安排不见"本日"之记事。需要指出的是,在不十分影响叙事连贯的情况下,李心传仍会各系本日,前举"李成之叛"例即是如此。

前节曾叙及,《要录》"联书""并书"之事,多在注文中标明本日,"附书"不见本日者,注文中往往也有"当求本日"之类的字样,但并非所有记事都是如此。不过,即便《要录》注文无标志性文字,也能依据正文判断"联书""并书""附书"的情况。如《要录》卷 111 载:

> (绍兴七年六月)己酉(十九日),皇叔检校少师、光山军节度使、同知大宗正事士㒟开府仪同三司。士㒟尝因对,劝上留意恤民,上曰:"朕以兵戈未息,不免时取于民,如月桩之类,欲罢未可。一旦得遂休兵,凡取于民者,当悉除之。"②

从这段文字表述来看,士㒟晋官与进对显是两事,而"尝因对"则表明进对在晋官之前,属"联书""并书""附书"无疑。二事可确定的联系是叙事皆涉及士㒟,至于有无因果关系,因此段记事无注而不易确定。仅从文本来看,存在读者将其理解为士㒟上言在开府之除之前的可能。就此而言,李心传如此记事便有瑕疵。如果进一步查证,还能发现更多的问题。

首先,士㒟进对有其本日,《宋会要辑稿》载:绍兴"八年五月二十五日,

---

① 语出梁启超《中国历史研究法》第二章《过去之中国史学界》,《饮冰室合集》第 16 册,北京:中华书局,2015 年,第 19 页。

② 《要录》卷 111,绍兴七年六月己酉,第 2 册,第 519—520 页。

上宣谕辅臣曰：'昨日士㒟对，劝朕留意恤民。朕谕之曰，如月桩钱之类，欲罢未可，若一旦得遂休兵，凡取于民者悉除之。'"① 则士㒟进对在绍兴八年五月二十四日。《要录》卷111既未系士㒟进对于本日，也未于注文标明本日，更大的问题是"尝因对"会让读者将发生在绍兴八年五月二十四日之事理解为发生在绍兴七年六月十九日之前。

其次，《要录》在后卷再次记载了士㒟进对事，这里将相关联的叙事引述如下，并酌情分段：

> 命刑部员外郎李弥逊驰劳北使于平江。
>
> 翌日，上谓辅臣曰："馆待之礼，宜稍优厚，若事有商量，早遂休兵，得免赤子肝脑涂地，此朕之本意也。"赵鼎曰："若用兵，不知所费多少，比之馆待之费，殊不侔矣。"
>
> 上又曰："昨日士㒟对，劝朕留意恤民。朕谕之云，只为休兵未得，不免时取于民，如月桩钱之类，欲罢未可，若一旦得遂休兵，凡取于民者悉除之。"
>
> 上慨然叹曰："当时若无军旅之事，使朕专意保民，十数年间，岂不见效。"鼎与秦桧同对曰："陛下为此言，神明感格，必有平定之期矣。"②

上面这段记事系于绍兴八年五月戊申（二十四日），主记事是"李弥逊驰劳北使于平江"，其后附"翌日"（二十五日）记事，由"上谓辅臣曰""上又曰""上慨然曰"三段对话构成，主题涉及"休兵"，属"联书""并书""附书"方式。其中"上又曰"所记即士㒟进对事，与《要录》卷111所记相比，内容一致，惟文字略有差别。显然是一段重复记事。从《要录》注文来看，李心传编修《要录》极力避免重复记事，凡是其参考的原始材料中出现"两书"现象，李心传都尽可能求其本日，以避免"重叠错误"③。唯有原始材料所记疑似两事者，《要录》才会两者皆书。由此可见，《要录》两书士㒟进对事，确有瑕疵。

---

① 《宋会要辑稿》食货64之79，第7774页下。

② 《要录》卷119，绍兴八年五月戊申，第2册，第618页。

③ 《要录》卷185，绍兴三十年七月甲午"直敷文阁、知舒州王珪主管台州崇道观"记事注，第3册，第640页下。

综上,再度审视《要录》卷111所记士儤进对事,一方面可以理解李心传书此,是为了避免士儤晋官事太过孤立,更何况士儤进对之下又记"建康有积欠左藏库钱帛,乞免输"①,与士儤所进"恤民"主题相关,士儤进对实起到由士儤晋官,经士儤劝恤民,过渡到免输积欠之作用,叙事更为流畅;另一方面也要看到,士儤进对与晋官本属二事,且时间相差过大、有时序错乱之嫌,既无小注予以说明,又于后卷重复书之,显是前后未能兼顾的编纂之失。而《要录》全书因前后未能兼顾导致的重复记事、相互抵牾之例并不止此,篇幅所限,难以一一列举,惟此类疏误多出现在"联书""并书""附书"之处,于此尤须留意。

另外,尚值得一提的是,《要录》所记皆有所据,甚至不少内容皆照录原始文献,而除了部分有增删、修改的记事外,最能体现李心传主观认识的部分,恰恰在于"联书""并书""附书"。毕竟此类书法,虽有其文献依据,但如何认定事件的起因、经过、发展,仍主要依赖于编撰者自身的主观理解。不可否认,此类编纂方法部分弥补了编年体史书叙事割裂之短,但如果不能利用史源或它书所载进一步了解"联书""并书""附书"的依据,则对事件的理解很可能陷入李心传"编织"的框架之中。

最后,对于《要录》中出现的单纯系时错误也应有所警惕。《要录》卷帙既繁,小的疏失在所难免,单纯的系时之误大都是无心之失,不可据此质疑李心传的编纂能力和编纂态度,但对《要录》使用者而言,此类错误则不能忽视。举一例以说明:

绍兴五年十月戊午(十九日):"诏川陕类省试合格第一名,依殿试第三名例推恩,余并赐同进士出身;特奏名人,令宣抚司置院差官,试时务策一道。以道远举人赴殿试不及故也。"②此事又见《宋会要辑稿》,然皆系在绍兴五年十一月十九日,与《要录》系时差一月③。而同为李心传所撰《建炎以来

---

① 《要录》卷111,绍兴七年六月己酉,第2册,第520页上。事又见《皇朝中兴纪事本末》卷40,绍兴七年六月己酉,北京:国家图书馆出版社,2005年,第792页。

② 《要录》卷94,绍兴五年十月戊午,第2册,第322页。

③ 《宋会要辑稿》选举2之16载:绍兴五年"十一月十九日,诏川陕类试过省第一人,特赐进士及第,与依行在殿试第三人恩例,余并赐同进士出身,仍令川陕宣抚司开具姓名申尚书省,给敕牒"。第5274页上;同选举4之25载:绍兴五年"十一月十九日,诏令川陕宣抚司将今次合该特奏名进士,置院差官试时务策一道,其取人分数并推恩等第,令礼部开具,申尚书省,行下本司照会"。第5330页上。

朝野杂记》则记："四川类省试第一,恩数视殿试第三人,盖绍兴五年以军兴道梗,十一月戊子(十九日)有旨,川陕类省试第一人赐进士及第,与依行在第三人恩例,余并同进士出身。"①《要录》系时显误②。

前文从"系时"切入,通过与它书所载(史源)进行文本比对,粗略呈现出《要录》编纂的情况,由此可对《要录》编纂的基本逻辑作一总结:

1. 如梁太济的研究所示,《要录》是以《高宗日历》为主体框架,以《中兴小历》为主要依傍进行贯穿全书的编纂。这一基本编纂原则决定了《要录》在绝大多数的情况下,只有碰到《高宗日历》与《中兴小历》所载有异时,才会参阅他书所载进行考辨。而《高宗日历》与《中兴小历》记事一致,且文本无可疑、可补之处时,此一编纂逻辑会导致李心传信从《高宗日历》所记,易于忽视它书有歧异的记载。当然,这并不表明《要录》最后呈现出的文本一定有问题,但却存在出现问题的可能,需要读者留意。

2.《要录》为适当照顾叙事连贯,在编纂时常采用"联书""并书""附书"的手法。这一手法的基本做法是将发生在不同时间却有一定关联的事件系于同日,而通过正文表述或注文说明,提示读者所记为"多事""异时"。其优点在于避免"账簿式"的罗列记事,使叙事更为流畅,也能让读者建立起事与事之间的关联性;但缺点是,部分记事的关联点过多,编纂时会反复碰到,《要录》卷帙既繁,编纂耗时又长,顾此失彼的风险成倍上升,不免带来前后抵牾、重复的后果。兼之"联书""并书""附书"的依据多带有李心传主观色彩,也易于让读者对事件的理解陷入李心传"建构"的框架之中。

3.《要录》中有些编纂问题,其背后并无太多复杂的原因,可能纯粹因李心传疲累或心绪不宁造成精力不集中,从而致使文本有误。对于此类问题,作为读者,一方面要给与足够的重视和警惕,另一方面则不可据此评判李心传的编纂水平。

---

① 《建炎以来朝野杂记》甲集卷13《四川类省试榜首恩数隆杀》,第274页。

② 《要录》与《建炎以来朝野杂记》二书记事多有歧异,梁太济曾系统梳理,并蠡测歧异之成因,认为大体有三:一是两书性质不同,二是两书依据材料的不同或处理材料手法的不同,三是两书未作同步的修订。参见梁太济:《〈系年要录〉〈朝野杂记〉的歧异记述及其成因》,《梁太济文集·文献考辨卷》,第315—350页。

余 论

李心传以"系本日"为《要录》系时的核心义例，主要是对前代修史精神的继承，其本身并无特别之处。大体而言，历代官私史书，特别是编年体史书，也都会追求"系本日"。"系本日"这一宏观原则也因此很难被当作一部史书的编纂特点而加以阐释，甚至也不能据此来评判一部史书的编纂优劣。欲通过系时来评判一部史书编纂优劣，其关键在于，史书的编纂者是如何理解"本日"，又如何在编纂中落实"本日"。

稍加留意即不难发现，很多史书固然遵循"以事系日"之原则，然而呈现出的文本样貌，却多是照录原始材料之系时，既不多方求证，也缺乏深度辨析。如此"系本日"，不过是以原始材料之"本日"为"本日"，谈不上对"本日"有什么理解，更谈不上在编纂中去落实编纂者所理解的"本日"。陈振孙论熊克《中兴小历》称："克之为书，往往疏略多抵牾，不称良史。"① "疏略"与"抵牾"大体是因参考不足、辨析不够所致，而从系时的角度来看，则是缺乏对"本日"的认识与理解，轻信手头原始资料之记录，无法以时间为序建立起事件之因果，更无法洞察事件之间的关联，进而造成叙事详略不当，前后失据。

反观李心传编纂《要录》，无论是从自注中的"本日"来看，还是通过文本考察其系日的依据，虽不乏照录《高宗日历》之系时，以《高宗日历》之"日"为《要录》"本日"的例证，但其背后多有李心传参考诸书后的综合考辨，并非无条件的轻信。在编纂实践层面，或因李心传对"本日"存在主观理解，或因文献不足征，系时有的是事件发生的真实时间，有的是事件发展演变过程中的某个时间点，有的是与"本事"相关联的"他事"之时，有的则是时间模糊的"是月""是年"之类，当然也存在疏失导致的"错系"与"两书"。尽管如此，但不可否认，李心传所追求的仍是事件发生的真实时间。

对系时真实、准确的追求，造就了《要录》考订精审、取材广泛、叙事详密、取舍得法的诸多优点，也是该书从历代一众史书中脱颖而出、备受瞩目

---

① 陈振孙撰，徐小蛮、顾美华点校：《直斋书录解题》卷4《编年类》，上海：上海古籍出版社，1987年，第119页。

的根本原因。不过，也应看到，包括现当代学者在内，历代对李心传编纂之功的称扬，皆是从《要录》的整体情况而论，且对李心传以一己之力编纂《要录》怀有充分之理解。这固然有助于观察"主流"，而不被"支流"干扰，但对于《要录》的使用者而言，无论是前文列举的系时瑕疵，还是将观察范围扩大到全书的各类编纂疏失，从总量来看并非个别，理应引起重视。另外，李心传"求本日"的努力，其实也是贯彻个人对"本日"理解的过程，本身便存在对时间的"选择"，也存在与"真实"拉开距离的风险。从这一角度而言，有时精良的编纂带给使用者的未必全都是便利。

因此，学界对一部史书的编纂问题进行讨论，只从呈现出的文本出发，关注其编纂体例、编纂特点等，进而归纳总结其得失，虽然必要，却还不够。深入文本，讨论文本形成的过程，了解文本形成的逻辑，找寻编纂中的"例外"与"枝节"，也应是客观、公允、全面看待一部史书编纂的应有之义。

洪咨夔《大冶赋》写作背景考

高柯立

　　南宋中期在饶州（今江西鄱阳）担任了三年州学教授的洪咨夔（1176—1236），在离任前撰写了一篇《大冶赋》[①]。《大冶赋》是论述中国古代矿冶史、铸钱史的珍稀文献[②]，特别是对北宋以来的矿冶技术和铸钱工艺有直接的细致描述，由于得之于实地考察，具有很高的史料价值。从冶金知识的历史来看，《大冶赋》无疑是一部集大成之作，在它之前人们对于矿冶的认知和论

[①]　关于洪咨夔撰写《大冶赋》的时间，有学者认为是在宋宁宗开禧元年（1205），见刘荣平、丁晨晨：《洪咨夔行年考》，《中国韵文学刊》2011 年第 4 期，第 99 页。此说有误，根据刘丰凯的最新研究，洪咨夔担任饶州州学教授的时间是嘉定三年至五年（1210—1212），其撰写《大冶赋》当在这三年内，见刘丰凯：《鲠亮忠愨：南宋后期政坛中的洪咨夔（1202—1236）》，中国人民大学硕士学位论文，2025 年。至于洪咨夔在《谢特理磨勘授朝请郎告表》中所言"十年不调"，应是从其入仕的嘉泰二年（1202）开始计算。

[②]　关于《大冶赋》，学界已有比较完善的整理，参见华觉明、游战洪、李仲均：《〈大冶赋〉初探——考释、迻译与述评》，华觉明：《中国古代金属技术——铜和铁造就的文明》，郑州：大象出版社，1999 年，附文一，第 570—633 页。其所据底本为《四部丛刊续编》所收《平斋文集》。但华觉明等人的考释仍有需要斟酌推敲的地方，参见汪圣铎：《〈大冶赋〉注释商榷》，《中国钱币》1999 年第 1 期，第 21—26 页。

述多为只言片语，从没有达到这样的系统和深入。学界对于《大冶赋》的研究，比较着重于运用现代冶金技术对其所反映的矿冶和铸造工艺进行考释，这无疑是非常关键的，只有经过科学的解读，《大冶赋》才能成为研究中国古代矿冶和铸造技术的宝贵文献。同时，对于洪咨夔为何撰写《大冶赋》，《大冶赋》的信息来源具体是什么，还有探讨的余地。只有搞清楚这些问题，才能准确把握《大冶赋》的历史地位。

一、洪咨夔创作《大冶赋》的具体背景

首先应该指出的是，在很长一段时间里，《大冶赋》并没有引起人们的重视。《大冶赋》虽然被收入洪咨夔的《平斋文集》中，得以流传至今①，《宋史·洪咨夔传》也记载他"作《大冶赋》，楼钥赏识之"②，但从现存文献的检索来看，引述或评论《大冶赋》者甚少。《宋史·洪咨夔传》对其早期活动的记录很简略，更多的是在他离开饶州后，担任了秘书郎、监察御史、中书舍人、刑部尚书等要职，曾得罪过权相史弥远，以忠直敢言著称。我们今天要了解其撰写《大冶赋》的目的和过程，还需要做一番考察。

其次，洪咨夔撰写《大冶赋》有其独特的背景，这与他的个人经历和精神状态有直接的关联。洪咨夔在嘉泰二年（1202）进士及第，时年26岁，被任命为如皋县主簿，其后丁母忧，嘉定三年（1210）到五年间担任饶州州学教授，嘉定七年被崔与之辟为淮东帅府幕僚，到他离开饶州时已经"十年不调"，长期担任低级文官，可谓郁郁不得其志。《大冶赋》就是在这样的背景下写出来的。

---

①　南宋陈振孙《直斋书录解题》著录《平斋集》32卷（徐小蛮、顾美华点校，上海：上海古籍出版社，1987年，第553页）。陈振孙与洪咨夔大约是同时代人，洪氏为其撰写过《军器监簿陈振孙除诸王宫大小学教授制》，是他担任中书舍人时所作（端平元年〈1234〉以后）。《四库全书总目》著录《平斋文集》32卷，云"编修汪如藻家藏本"（北京：中华书局，1965年，第1393页上）。需要注意的是，在《四部丛刊》影印宋刻本《平斋文集》之前，流行的是晦木斋本《平斋文集》（所据底本为《四库全书》本），其中没有收入《大冶赋》。

②　《宋史》卷406《洪咨夔传》，北京：中华书局，1985年，第12264页。"大治赋"当为"大冶赋"之误。

作为洪咨夔撰写《大冶赋》的地理背景，饶州无疑是有特殊意义的。虽然学者已经注意到饶州是宋代的矿冶重镇，认为《大冶赋》所述是洪咨夔"据耳闻目睹和实地考察所作"，但多流于泛泛而谈，对于具体通过什么途径了解矿冶和铸钱的技术、过程，则缺乏细致的分析和深入的考察。

饶州自北宋以来就是管理东南地区矿冶业的枢纽。宋太宗时以江南转运使兼管江南地区的矿冶和铸钱，饶州是其中的重要地区之一。宋真宗时，以江南转运副使冯亮兼都大提点江南福建路铸钱事，后来命发运司统管江南各路的坑冶铸钱事务，到景祐二年（1035）建立了提点坑冶司作为专职机构①。坑冶司的长官开始只有一员，后因事务繁剧，神宗元丰年间分为东西二司，东司负责江东、淮、浙、福建等路坑冶铸钱，衙署设在饶州（饶州在宋朝属江南东路，今则属江西省）。西司的衙署在虔州，负责江西、湖、广等路坑冶铸钱。后来分合废罢，变化不断，到南宋淳熙二年（1175），"并赣归饶"，设江淮等路提点坑冶司，衙署设在饶州，有时会加"都大"两字，实际上是全国矿冶业的管理机构。坑冶司"掌收山泽之所产及铸泉货，以给邦国之用"，"岁有定数，视其登耗而赏罚之"，即它负责全国矿冶的产出和铸钱，据数额来进行考核赏罚②。

洪咨夔所在的饶州州学（明代时在其旧址建鄱阳县学）在饶州城东门（永平门）外，而都大提点坑冶司在城内东隅，邻近东门，而自唐以来就设立的铸钱机构永平监正在永平门外。所以洪咨夔在《大冶赋》中说"余宦游东楚，密次冶台，职冷官闲，有闻见悉纂于策"，这里的"冶台"就是指都大提点坑冶司的衙署（有时以永平监代指③），"职冷官闲"则指他所担任的州学教授一职。（见下图1之州学及永平门）

---

① 王菱菱：《宋代矿冶业研究》，保定：河北大学出版社，2005 年，第 235—262 页。

② 《宋史》卷 167《职官七》"提举坑冶司"条，第 3970 页。

③ 《大冶赋》说"庋淳熙之综核，始复囊括于永平矣"，就是以永平监指代坑冶司，即在淳熙二年将东西二冶（饶、虔）合为一冶（饶）。关于永平监，可以参考许怀林：《饶州永平监——宋朝的铸钱中心》，《中国钱币》1988 年第 2 期，第 22—27 页。

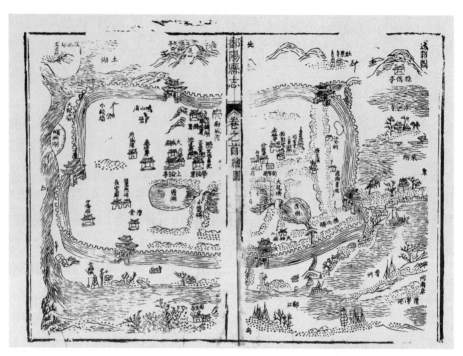

图 1 《同治鄱阳县志》卷首，右上角为县儒学（宋代州学的旧址），城右下为永平门（东门）

《大冶赋》对于宋以前矿冶和铸钱的历史论述大致不出乎传世的经史文献，但对于北宋以来矿冶和铸钱的诸多数据和制度也都了如指掌，是值得注意的问题。这些信息并不是公开的，寻常士大夫无从获知。只有通过坑冶司才能有机会掌握全国矿冶、铸钱数据和各种管理制度。现在我们可以通过《宋史·食货志》和《宋会要》等文献（这些大都来自官府档案和国史）对《大冶赋》的论述加以验证。

例如说到坑冶司的沿革变迁，说"漕辖兼统，肇于兴国；都提命官，昉于咸平。合江淮荆浙闽广而建一台，则景祐之宪度，东治于饶，西治于虔，则元丰之章程。戾淳熙之综核，始复囊括于永平矣"，与现代学者根据上述史料梳理的历史若合符节。

再如说到各地铜锡铅铁料的流通调度，使得铸钱和提炼胆铜得以进行，《大冶赋》云："若乃卝（通"矿"）课登，纲程促。铁往铜来，锡至铅续。川浮舳舻之衔尾，陆走车担之繈属。出岭峤，下荆蜀。绝彭蠡洞庭而星驰，泝重淮大江而电逐。"《宋会要》记载南宋孝宗乾道二年（1166）各地坑冶所产数额,可以为了解个中情形提供参考,其中运往饶州永平监用来铸钱的有:信州铅山场产胆铜、铅,饶州兴利场产胆铜,韶州(广东)岑水场产黄铜、胆铜,潭州(湖南)永兴场产胆铜、铅,池州(江东)铜陵县产胆铜,信州弋阳县宝丰场产黄铜,潼川府(四川)铜山县产黄铜,利州(四川)青泥场产黄铜,兴州(四川)青阳场产黄铜,兴国军(江西)永兴县产铅,舒州怀宁县产铅,衡州(湖南)常宁县产铅,桂阳军(湖南)平阳、临武两县产铅、锡,峡州(湖北)夷陵县产铅,浔州(江西)马平场产铅,邕州(广西)大观场产铅,郴州(湖南)宜章县产锡,贺州(广西)太平场产锡。此外,为了提炼胆铜,各地所产铁需要通融调拨,信州的铅山县、上饶县、弋阳县、玉山县所产铁要运往铅山县的铅山场,饶州的德兴县、浮梁县、乐平县产铁运往饶州兴利场,池州铜陵县产铁在本县浸铜,徽州婺源县产铁运往饶州兴利场,抚州东山场、建宁府(福建)浦城县仁风场、处州(浙东)产铁运往信州铅山场,贵池县、隆兴府(江西南昌)进贤县、江州德安县、兴国军大冶县、舒州(淮西)怀宁县、辰州(湖南)所产铁,皆运往信州铅山场、饶州兴利场①。可以看到,南宋时南方各地的矿冶业相互之间进行资源调配,形成了全国性的矿料流通网络,这需要提点坑冶司的居中协调,也只有通过饶州的提点坑冶司和永平监才能了解到这种网络的运转情况②。

当然,除了能近距离观察到提点坑冶司和永平监,饶州东面的德兴县冶场,南面信州的铅山县等地冶场,洪咨夔可能前往调查观摩。《大冶赋》中关于火爆法采矿和火法炼铜的记述,未言及所在冶场,据前述各地矿产来推测,可能是出自信州弋阳县宝丰场(其他附近冶场都是出产胆铜,唯有此场所产为黄铜)。关于浸铜的记述,所谓"铅山兴利,首鸠傻功",明确提及的

①　《宋会要辑稿》食货 33 之 18—25。

②　这里不排除一般士大夫获取朝廷官府档案信息的可能性。魏希德(Hilde De Weerdt)对宋代朝廷官府的档案在士大夫间的传播有深入的考察,见魏希德著,刘云军译:《宋帝国的危机与维系:信息、领土与人际网络》,南京:江苏人民出版社,2021 年,第 33—35 页。但这主要着眼于档案文献的抄写和印刷,洪咨夔这种利用贴近官府衙署、熟络官员来接触到矿冶、铸钱信息的方法,或许更加便捷。

是信州（铅山县）的铅山场、饶州（德兴县）的兴利场，也可能得自实地调查。但关于淋铜的记述，"经始岑水，以逮永兴"，记述的是广东岑水场和湖南潭州永兴场的情形，路途遥远，当是洪咨夔得自耳闻。因此，由于提点坑冶司和永平监是矿冶原料流通和矿政管理的中心，才能由此获悉非常详尽可靠的信息（即使得自耳闻，也不同于道听途说）。这是洪咨夔能够创作出《大冶赋》的关键因素。

二、洪咨夔与提点官巩嵘的关系

如上所述，提点坑冶司和永平监在制度和地理空间上都为洪咨夔了解当时的矿冶和铸钱活动提供了可能，但还需要有其渠道，作为"职冷官闲"的州学教授，虽然是邻居，也不能随便接近管理全国矿冶资源和铸钱事务的机构。洪咨夔之所以能接触到矿冶和铸钱的详细信息，乃是他与时任都大提点坑冶铸钱司的巩嵘颇有渊源。南宋人王应麟《困学纪闻》记载："洪舜俞（舜俞是洪咨夔的字）荐于乡，巩嵘监试。后巩为江东宪使，舜俞分教番阳，启云：东坡倅于钱唐，曾在门外列鹄袍之列，半山宪江右，亦赏梁间燕语之诗。"[1] 据此，洪咨夔在参加乡试时就与巩嵘相识，在他担任饶州州学教授时，也曾得到巩荣的举荐。但王应麟的记载也有误。洪咨夔担任饶州教授时，巩嵘担任的是都大提点坑冶铸钱司而不是江东宪使，洪氏《平斋文集》中所收《谢巩都大荐启》也不见上引内容。尽管如此，洪、巩二人有密切关系是确定无疑的。洪咨夔为巩嵘撰写了墓志铭，其中说到绍定二年（1229）巩嵘去世后："（其子）友闻（时任台州司理参军）以某（指洪咨夔）辱公知最早，重跬请铭。"[2] 可见正是因为洪咨夔很早就受到巩嵘的赏识，故巩友闻请他为父亲撰写墓志铭。《谢巩都大荐启》有"异哉知己之深，荣矣终身之托"，虽为套语，也可与墓志铭之语参证。

洪咨夔在《吏部巩公墓志铭》中记述道："靖康、建炎间，中原学士大夫多辟地南徙。巩至自东平，吕至自东莱，爱宝婺溪山之胜，家焉。地偏俗古，

---

① 《困学纪闻》卷19，《四部丛刊三编》本。

② 《平斋文集》卷31，《四部丛刊续编》本。

文物未振。山堂巩先生首以北方之学授徒,著录常数百人。吕成公继讲道明招精舍,负笈弅集,声气薰浃,渊源濡渐,类为世闻人。公讳嵘,字仲同,山堂季孙,成公门弟子也。"①这里讲的是巩嵘的先世和学术渊源。巩氏一族两宋之际由北方迁到婺州(今浙江金华),巩嵘是吕祖谦(成公)的学生,所以他可以算作南宋道学的重要系统——浙东事功学派后学②。

巩嵘淳熙二年(1175)进士及第,担任过徽州歙县知县、处州丽水知县、严州知州、邵州知州,在担任上述州县地方官期间,颇能处理繁杂政务。他还担任过提辖榷货务、都茶场、干办诸军审计司,都是和财政关系密切的职位,据说他"讨寻源委,如理家事"。"擢都大提点坑冶铸钱司,职事修举,直秘阁,因其任,七十余年旷典也",则他在都大提点一职上任职颇久,功绩颇著。洪咨夔对巩嵘担任都大提点坑冶铸钱司的经历有详细的记述:

> 冶司孝宗朝定铸额岁十五万缗,积久寖亏,六不及一。公推原弊端,知楮轻卝重,售不酬费,故入少而铸亏。乃使楮与卝各时其直,轻重足以相权。坑丁竞劝,卝务倍入。先是冶卒瘝惰,多遗卝泥滓中,有司莫之察。公置局淘洗,所得皆精良,于是尽还故额。

提高铸钱产量,使其恢复到孝宗朝的十五万缗,这得益于巩嵘的措置。而铸钱产量的提高对于整个国家的货币体系有着重要意义,即保持铜钱与楮币(会子)的平衡。

巩嵘的举措显然给洪咨夔留下了深刻印象,他甚至在州学士子的考试中也加以运用。《平斋文集》中保存了他在饶州州学所出的考题《饶州堂试》,第九道如下:

> 问:人主操富贵之柄以御天下,钱币轻重之权当一出于上,不当与天下共之也。虞夏金为三品,周立九府圜法,利权所在,上实专之。……国家铜楮并行,深得子母相权之意。顷以楮币益轻,多为秤提

---

① 《平斋文集》卷31,《四部丛刊续编》本。下引同此。
② 巩嵘与其兄巩丰都是吕祖谦的弟子,参见黄宗羲原著,全祖望补修,陈金生、梁运华点校:《宋元学案》卷73,北京:中华书局,1986年,第2447—2448页。

之术而未底于重，于是以开禧新布以二准三行于萃毂之下。利权轻重，操之自我，可谓得其宜矣。或者犹谓货泉新旧均国宝也，而自为抑扬，京城内外皆畿甸也，而自为畛域，恐未免抵冒之多。然使以二准三果可通行，则钱之布于天下者，皆可从而增益否？幸以利害得诸目击者，为有司告。

南宋时期在一段较长的时间内，坚持"钱会中半"的原则，但开禧年间因为北伐战争的发生及其速败，财政困难，增发会子（"开禧新布二准三行于萃毂之下"），打破了"钱会中半"的平衡[①]。洪咨夔在这里就是要州学的士子们思考讨论这一问题。在《大冶赋》的结尾部分，洪咨夔也谈到了铜钱与纸币的配合使用问题，说："其或用取鹿皮[②]，制参飞钱[③]。通物之变，扶时之偏，亦本于轻重之相济，子母之相权。"很显然，洪咨夔虽然关注矿冶和铸钱的技术，但更重视南宋以来货币政策的运转，并不局限于铜钱，要参用会子等纸币。

上述影响甚至在洪咨夔离开饶州后继续发挥作用。洪咨夔后来担任中书舍人，为官员撰写任官的制词（委任状词）是其重要工作。《平斋文集》中保存了不少这样的制词，其中有两件是给都大坑冶赵彦覃、林清之的。给赵彦覃的制词里面说："国计莫重乎铜楮相权，朕出宝帑之储，敛宿楮而易之，物价寖平，又必钟官能振厥职。"[④] 即说都大提点（即所谓"钟官"）的职责在于使"铜楮相权"、平抑物价。给林清之的制词里面说"九府圜法，泉布为重。……贾谊有言，上挟铜积以御轻重，钱轻则以术敛之，重则散之，货物必平"[⑤]，也是认为要通过控制铜钱的流通来平抑物价。

三、《大冶赋》的内容构成和情报来源

《大冶赋》虽然全文仅有 2701 字，但内容异常丰富。这些内容主要包

---

① 参见汪圣铎：《两宋货币史》，北京：社会科学文献出版社，2003 年，第 654—730 页。

② 汉代的一种货币，用鹿皮为之。

③ 和飞钱参用，飞钱是唐代远距离汇兑铜钱的凭证。

④ 《平斋文集》卷 17《直秘阁新成都府路提刑赵彦覃除都大坑冶制》。

⑤ 《平斋文集》卷 19《仓部郎中林清之除直宝章阁都大坑冶制》。

括：宋代以前矿冶、铸钱的历史；宋代矿冶和铸钱的历史；宋代矿冶和铸钱的技术。不同的内容有其各异的信息来源。

1. 宋代以前的矿冶、铸钱历史

自"堪舆奠位"至"夫岂足以操大利之权哉"，梳理了自先秦以至唐代的矿冶、铸钱历史。根据华觉明等人的考释，这部分内容大都来源于当时的传世经史文献，这里不再缕述。需要强调的是，洪咨夔能阅读到大量的前代文献，是他这一番梳理历史的工作得以进行的条件。这和宋代以来的文化发展和印刷术兴盛有密切关联。洪咨夔自己就编纂了一部《两汉诏令揽抄》（在离开饶州之后），已佚，但《平斋文集》中仍保存了《两汉诏令序》《两汉诏令总论》[①]，于此可见他对于史书颇为熟稔。

2. 宋代矿冶和铸钱的历史

自"颛苍监德"至"混江南之版籍"，述北宋开国，统一南北。自"冶有永平"至"不可殚论"，列述宋代的永平、永丰等铸钱监。自"时则提封之广"至"充少府水衡之积者也"，述各地矿藏的分布和前代管理矿冶的衙署机构演变。自"矧火德之王离"至"始复囊括于永平矣"，述宋代管理矿冶的衙署和政策变迁。自"黄旗紫盖"至"莫能研几而极深"，列述宋代的著名矿冶"冶场"。洪咨夔对宋代开国以来的铸钱监和冶场如数家珍，对提点坑冶司的变化也梳理得当，这当与前述他"密次冶台"、与担任提点坑冶铸钱公事的巩嵘关系密切有关，所述当有官方档案的依据。

3. 宋代矿冶和铸钱技术

自"但见汰金有洲"至"是为万世不穷之用"，主要记述黄金的采冶活动。自"以至银城有场"至"是二品则然矣"，主要记述银的采冶活动。自"请复究铜之为说"至"冶铸多出于齐梁"，述铜的采冶历史。自"伏羲以来"

---

　　① 今本《两汉诏令》乃北宋林虑编，南宋楼昉续编，卷首收入了洪咨夔的《两汉诏令总论》。《两汉诏令序》题作于嘉定十六年（癸未，1223）冬。

至"疑刀圭之点铁"，述铜的采冶活动，包括黄铜、胆铜和淋铜三种。自"若乃廾课登"至"得刘晏则钱流于地"，述铜、锡、铅、铁料的流通，以及铸钱工艺。如前所述，这部分涉及非常细致的矿冶和铸钱技术，非目睹耳闻难以了解，其中部分当出自洪咨夔实地观察所得，特别是邻近州学的永平监铸钱活动 ①，此外德兴的银冶，距离饶州城亦不远，洪咨夔也可能到现场观察。至于信州铅山场的浸铜，韶州岑水场、潭州永兴场的淋铜，当得自于耳闻（亦通过提点坑冶司、永平监的专业人士）。

四、洪咨夔撰写《大冶赋》的目的

如前所述，洪咨夔是在饶州教授这一"职冷官闲"位置上创作出《大冶赋》这样的奇作的。一方面，《大冶赋》全文反映了洪咨夔的辞章文采，铺陈极为繁复，用典、用字都令人惊叹，这从他参加博学宏词科并得到好评，也可以得到印证。另一方面，正因为长期升迁无望，心中不免有愤懑难平之气，所作《大冶赋》在当时的文学创作中虽颇为标新立异，特别是对矿冶和铸钱技术的细致描述，在当时的士大夫中间极为少见，应和者寡。《大冶赋》最后也提及："言未毕，客有在旁，哑然而笑曰，子自番来，知泉则详。坎蛙难语乎海水，醯鸡未窥乎天光。独不闻负扆南面，运块圯之钧而鼓四方者乎？……于以植帝王太平之业，讵止图霸功之富强。"这显然是对于只关注矿冶和铸钱技术，而忽视其政治意义的倾向的批评。而洪咨夔的真正关注点也还是在于铸钱对于国家财政的作用上面，而不是矿冶和铸钱技术本身。如前所述，这在他饶州州学考试试题和后来撰写的制词中都反复得到强调。至于我们今天非常重视的他对于矿冶和铸钱技术的细致描述，更多是为了追求辞藻华丽和铺陈繁复而形成的。

此外，《大冶赋》中同时包含了洪咨夔对于《易经》的研究心得。在洪咨夔被举荐参加博学宏词科时，他写了一纸感谢信给朝廷，其中说到："如某者魏匏中枵，晋锥外钝。生涯牢落，初无郭外之田。学殖荒疏，仅余床头之

---

① 永平监附近在宋以前当有冶场。但这些冶场在宋代的采冶活动已经逐渐停废，永平监主要是靠各地运来的铜、锡铅料进行铸钱。

《易》。或喜其有山林之气,或疑其非边幅之材。竟坐五穷,难逃百谪,大为世僇,方无地以容身,过重亲忧,遽终天而抱痛,所欠一死,不图更生。"①这时他刚刚结束服丧,被任命为饶州州学教授。值得注意的是,他在这段时间里对《易经》有深入的研究②。这也反映在《大冶赋》中,如"合地四与天九,乾为金而兑属""济阳九之厄岁"等句,皆与《易经》颇有关联③。《大冶赋》最后一句"化工之巧,莫穷其端兮",包含了洪咨夔对于矿冶和铸钱技术中的无尽变化和复杂技巧的感叹。

洪咨夔撰写《大冶赋》是在颇为特殊的时空条件下完成的,即写于他担任饶州州学教授的三年间,到离任时他已经担任低级文官长达十年,不得寸进。其时他仕途渺茫,于冶铸活动耳濡目染,因穷极无聊而寄托才情。此文在当时已属奇文,于后世也沉寂数百年,无人问津。其中所蕴含的丰富技术知识,在当时的矿冶业中虽已颇为成熟,但并没有行诸文字,得以传播,尤其是没有进入士大夫的视野。即使在洪咨夔的心目中,他所关注的依旧是当时士大夫所关注的国家财政问题,所述矿冶技术,只不过为了骋其才情,为赋铺陈。他详细观察了当时的冶炼和铸造的细节,从而保存了当时矿冶活动的图景,为今天去复原其技术环节提供了宝贵的文字记录,真是"无心插柳柳成荫"。我们不能将《大冶赋》中的各种知识归入"地方知识",因为且不说饶州的提举坑冶司是全国矿冶和铸造活动的中心,其事务已被纳入到王朝的财政体系,同时饶州也因为铸钱的需要,负责协调全国各地的矿冶资源,成为冶炼、铸造技术的技术中心。可以说,《大冶赋》是洪咨夔在偶然的条件下所记录的迄于南宋时期矿冶铸造事务和技术的历史和知识的集成。

---

① 《平斋文集》卷24《谢庙堂启》。

② 《平斋文集》所收录的《讲义》上下篇(卷27、28),就是讲的《易经》,应该是他在饶州府学时的讲稿。

③ 据华觉明等人的考释,前句与《麻衣道者正易心法》有关,则洪咨夔所写还夹杂了更复杂的思想,待考。

宋人对痈疽的认识和应对

——以《夷坚志》为中心

崔碧茹（Choi, Hae Byoul）

一、引言

"痈疽"①在中国医学史上一直是广泛受到关注的疾病,宋代医学者陈自明在他的外科著作自序中曾写道,"凡痈疽之疾,比他病最酷,圣人推为杂病之先"②。作为"杂病之先",痈疽是宋代日常生活中常见的疾病之一。以往关于宋代疾病史的研究主要倾向于瘟疫以及南方地区的风土病等特殊情况下的疾病,对于伤寒的研究也较多,但主要集中于理论和文献研究③。在此背景

---

① "痈疽"指脓肿、毒疮等发生于身体特定部位,因炎症而导致的细胞坏死、化脓,广义上包括从"脓疡"到肉瘤（癌）的各种症状。患病部位不限于皮肤,还包括各种内脏器官。中医认为痈疽是因感染邪毒而气血拥塞不通所导致的疮肿,根据其大小、患病部位及性质可细分为痈、疽、发背、瘤、疡、疖、疔等,有较多称谓,本文将它们统称为"痈疽"。

② 陈自明编,薛己校注:《外科精要·序》,北京:人民卫生出版社,1982年,第1页。

③ 关于宋代医学史的回顾,可参见陈昊:《迷雾中的变迁——省思宋代医学知识的历史图景》,《中华文史论丛》2019年第4期,237—261页。文中作者专门关注近来宋代医学史研究者注目的疾疫问题,可见学界对疾疫、瘟疫的关注。关于宋代瘟疫的研究,参见 Asaf.（转下页）

下,痈疽这种可能为任何地区、任何人所患的常见疾病,特别是患者的经历,在此前的宋代疾病史研究中未能得到充分重视。本文试考察宋代普通人对痈疽的认识和应对,即他们如何解释痈疽的发病缘由并采取何种努力进行治疗。

　　疾病史的研究,以病因和治疗原理为中心探究它在医学知识史上的轨迹当然十分重要,分析国家及社会集团对该种疾病的对策也值得重视。但与此同时,考察一般民众的疾病经历、他们构建的疾病文化也同样不容忽视,例如他们怎样认识该种疾病、在何种条件下选择何种治疗方案等具体的患病、医治经历。与此相关,医疗社会学及医疗人类学研究者早已关注一般民众的疾病经历,特别是他们对健康和疾病的信念和解释等生物学以外的要素[1]。有学者指出,“疾病”是在特定时期社会文化脉络下所构建的,有必要注意社会对特定疾病所建立起的“解释模式”[2]。考察分析宋人对痈疽的思考和观念、当时社会和医疗所提供的治疗环境以及他们实际采取的治疗方法等,能够帮助我们较为全面地理解宋代社会围绕痈疽所构建的疾病文化。

　　本文将在已往研究的基础上,以洪迈《夷坚志》所载故事作为主要资料,以其他两宋时期笔记、正史等资料为补充,考察宋人叙事中所展现出来的痈疽发病和治疗状况。《夷坚志》中记载了不少关于疾病与治疗的故事,

（接上页）Goldschmidt, "Epidemics and Medicine during the Northern Song Dynasty: The Revival of Cold Damage Disorders（Shanghan）", *T'oung Pao* 93（2007）;韩毅:《宋代瘟疫的流行与防治》,北京:商务印书馆,2015年等。至于南方地区的风土病相关,参见陈韵如:"Accounts of Treating Zhang（"miasma"）Disorders in Song Dynasty Lingnan: Remarks on Changing Literary Forms of Writing Experience",台北《汉学研究》第34卷第3期,2016年。至于伤寒,最近代表研究参见逯铭昕:《宋代伤寒学术与文献考论》,北京:科学出版社,2017年。

　[1]　데버러 럽턴（Deborah Lupton）저,김정선 역,《의료문화의 사회학(의료문화의 사회학)》,파주:도서출판 한울,2009,131—173 쪽;메릴 싱어（Merrill Singer）외 저,문우종 외 역,《의료인류학(의료인류학)》,용인:메디컬에듀케이션,2022년,14쪽.

　[2]　Arthur Kleinman, *Patients and Healers in the Context of Culture*, Oakland: University of California Press,1980, pp.104-105.

涉及痈疽的故事占了很大比重①，共计约 62 则，可以参见附录，可见痈疽在当时是一种较为常见的疾病。除《夷坚志》外，两宋时期的笔记资料提供了更丰富的相关例子。这些资料有利于我们理解时人日常经历的疾病以及他们对该种疾病的认识和应对，展示了宋代广泛通行的医书以及医政有关敕令等所缺失的病者及其家人的经历，在理解当时社会成员处理痈疽的具体面貌上提供了非常重要的信息。

将《夷坚志》作为主要材料进行宋代医学史研究已取得了不少成果②，但以特定疾病为中心，关注当时人们对该疾病发病和治疗的叙事，从普通病者的立场进行考察的研究并不多见。至于有关痈疽的研究，已有不少包括宋代在内的研究，但多集中于治疗痈疽的医学知识方面③，关注当时民众如何认识并应对痈疽的研究相对不足。有关痈疽的研究中，值得注意的是学者从文化史的角度分析中国史学史上"疽发背而死"的叙事传统，主要以传记资料为中心，考察这种叙事所反映的史家立场④。笔者则以宋代笔记资料

---

① 笔者曾经对《夷坚志》所录的包括具体"医方"知识的故事进行整理和分析，这些医方针对的疾病分别为中毒、痈疽、寸白虫等寄生虫疾病、痢疾等。参见최해별（崔碧茹），〈송대《夷坚志》수록 '醫方' 지식의 특징（宋代《夷坚志》所录"医方"知识的特点）〉，《东洋史学研究》第 146 辑，2019，103—156 쪽.

② 首先，利用《夷坚志》研究宋代道教医疗有：庄宏谊：《宋代道教医疗——以洪迈〈夷坚志〉为主之研究》，新北《辅仁宗教研究》第 12 期，2005；张园园：《宋代道教医疗与日常生活——以〈夷坚志〉为中心》，《科学经济社会》2016 年第 3 期等。其次，对于宋代医疗进行社会文化史研究有：姚海英：《从洪迈〈夷坚志〉看宋代的医疗活动与民间行医群体》，《贵州文史丛刊》2011 年第 1 期；赵正韬：《宋代医疗与社会：以〈夷坚志〉为中心的考察》，四川师范大学硕士学位论文，2015 年。另外，还有对宋代蛊毒的研究：刘黎明：《〈夷坚志〉黄谷蛊毒研究》，《四川大学学报》2003 年第 1 期；陈秀芬：《食物·妖术与蛊毒——宋元明"挑生"形象的流变》，台北《汉学研究》第 34 卷 3 期，2016 年等。近来，周云逸对宋代笔记中的医药文献做了详细的整理和分析，分别为医方文献、药议文献、医理文献、医疗社会史文献、医制及医家文献，给研究者提供了很好的资料。周云逸：《医鉴遗珍：宋代笔记医药文献研究》，北京：人民出版社，2023 年。

③ 中医学方面已有丰富的有关痈疽的研究，在此不一一列出。另外，宋代治疗痈疽的医方相关知识，笔者曾经关注了宋代"化毒排脓内补散"的传承，参见 최해별（崔碧茹），〈송대 의방지식의 전승과 사대부의 역할：'화독배농내보산'을 중심으로（宋代医方知识的传承和士大夫的角色：以化毒排脓内补散为中心）〉，《医史学》第 27 卷，第 1 号，2018。

④ 潘务正：《"疽发背而死"与中国史学传统》，《文史哲》2016 年第 6 期，第 136—145 页。

为中心,考察士人在内的民间围绕痈疽的多种思维。

《夷坚志》62 则与痈疽有关的故事可以分为两类。一类集中于对痈疽发病缘由的叙述,偏向于从患者日常生活中的过失寻找患病原因,在当时无法明确掌握痈疽病因的情况下,体现了时人想象"痈疽"的隐喻方式[①]。另一类故事集中叙述痈疽治疗过程。不论人们所认为的痈疽病因和缘由如何,他们主要倾向于寻求"医者"的治疗。通过治疗,有人能够痊愈,有人留下严重的后遗症,也有最终不治而亡的病例。这两种叙事的差异源于叙述者关注点不同,但可以肯定的是,它们均记述了时人的痈疽经历,展现了时人如何理解自己的患病原因,为治疗做出了哪些努力。

本文拟对《夷坚志》中这些不同倾向的叙事进行综合考察。首先,系统分析 62 则故事,厘清痈疽患者的身份、主要患病部位等基本信息。其次,对关于发病缘由的叙事进行分析,探究时人如何理解痈疽的病因。最后,考察时人为治疗痈疽做出了怎样的努力,在治疗过程中如何选择和使用当时社会所提供的治疗环境。通过以上考察和分析,本文将说明痈疽对宋代普通民众来说是一种怎样的疾病,并从患者而非医者的立场上探析宋代社会围绕痈疽所构建的疾病文化。

二、痈疽:士人之病

《夷坚志》所录 62 则痈疽故事中确切表明时间的有 28 则,最早在大观二年(1108)[②],最晚在庆元二年(1196)[③]。可以推测,这些故事大致发生于 12 世纪。地域方面,痈疽故事的发生地区十分多样,但发生在两浙路和江南东路的故事数量相对较多。(参见附录)

患者身份的构成也呈现出多元化的特点。全部 62 则故事中,除去 1 则

---

① 关于人对特定疾病的想象和隐喻的研究,参见 수잔 손택(Susan Sontag)저, 이재원 역,《은유로서의 질병(疾病的隐喻)》,서울 : 도서출판 이후, 2010。

② 洪迈撰,何卓点校:《夷坚志·支甲》卷 4《双头莲》,北京 : 中华书局,2006 年,第 738—739 页。

③ 洪迈:《夷坚志·支戊》卷 10《芜湖王氏痴女》,第 1131 页。

患者为未知多人①、3 则患者为鬼神或梦中之人②、1 则涉及鱼类头疮③，其余 57 则故事中一共出现了 65 名患者，他们的身份如表 1 所示。

表 1　患者的身份

身份	士人 （家人）	富人	民	医生	僧人	乞丐	市人	渔夫	牙侩	总计
人数	44	1	11	2	2	1	1	2	1	65

　　从患者的身份构成来看，士人及其家人约占全部患者的百分之七十。这个结果会让我们产生这样的疑问，痈疽是否在士人阶层中发病率更高？由于作者洪迈本身属于士大夫阶层，他接触到本阶层故事的概率更大，亦有可能因为某种偶然的契机而收录了更多士人及其家人的故事。不论何种理由，上述统计结果明确表明了当时的士人阶层是痈疽的高发群体之一。《宋史·列传》中也有不少关于他们患上痈疽的记录④。另外，宋代士大夫私撰的医书也特别关注痈疽。如洪迈的兄长洪适和洪遵都曾对痈疽有所关注⑤，洪迈大概也受他们的影响，故在《夷坚志》中十分重视痈疽，所录故事反映了士人阶层的患病、治疗情况。

　　再者，上述 65 位痈疽患者的病例显示，他们的患病部位各不相同。65 位患者中，总共提及 66 处患病部位（1 位未言及患部，另有 2 位患者有两处

---

①　洪迈：《夷坚志·丁志》卷 3《洛中怪兽》，第 558 页。

②　洪迈：《夷坚志·甲志》卷 19《误入阴府》，第 170—171 页；《夷坚志·丙志》卷 9《应梦石人》，第 440—441 页；《夷坚志·支乙》卷 5《顾六眘》，第 829—830 页。

③　洪迈：《夷坚志·丁志》卷 5《鱼病头疮》，第 579 页。

④　据目前笔者搜集的统计结果，在《宋史·列传》中因为痈疽而死亡的事例远远超过 30 余件。在一般情况下，《列传》明示人物的死亡原因并不多见，而痈疽的话，作者往往提到其死因，这是颇为有趣的事实。与此相关，潘务正指出"疽发背而死"叙事隐含着历史人物的精神状态、史家的褒贬倾向，也呈现出浓厚的悲剧意蕴等，参见潘务正，《"疽发背而死"与中国史学传统》，《文史哲》2016 年第 6 期，第 136—145 页。

⑤　如，洪遵所撰的《洪氏集验方》卷 2 专门收入治疗"痈疽"的医方，其中有"化毒排脓内补散"，洪遵对此指出"承相兄刊是方于徽州，予屡以施人，皆效"，北京：人民卫生出版社，1986 年，第 125 页。相关研究，可见최해별（崔碧茹）：〈송대 의방지식의 전승과 사대부의 역할：'화독배농내보산'을 중심으로〉，89 – 129 쪽。

患部),具体内容可参考表 2。从中可见,最常见的痈疽患病部位为背部(包括发背),共 22 例,几乎占到全部病例的三分之一。而 22 例背部患病的病例中,18 例为士人或其家人,另有 1 例为"富人"①,由此可见背部痈疽的发病在士人阶层及富人中相对更多。

表 2　患病部位

部位	背 发背	脑子 面部	手足	全身	项 喉间	臀	股	胸臆 乳	胁间
次数	22	9	7	6	4	3	3	3	1
部位	耳	颐	鼻	颊间	脐下	阴尻	肺	腰下	**总计**
次数	1	1	1	1	1	1	1	1	**66**

士人阶层是痈疽的高发群体,这一点在当时医者的叙述中也能观察到。宋代陈自明在他的著作《外科精要·序》中曾有如下记述:

> 自古虽有疡医一科,及鬼遗等论,后人不能深究,于是此方沦没,转乖迷涂。今乡井多是下甲人,专攻此科。然沾此疾,又多富贵者。《内经》云:大凡痈疮,多失[生]于膏粱之人。仆家世大方脉,每见沾此疾者十存一二,盖医者少有精妙能究方论者。②

陈自明在序文中指出当时"疡医"这一门科的现实问题,即"此方沦没",医者主要是"下甲人",而患者多半是"富贵者",也明示他编撰此书的目的。此序文说当时痈疽患者多为富贵阶层,还引《内经》言"膏粱之人"多得痈疽之病,这与《夷坚志》故事所反应的现实是一致的。

那么,包括士人阶层在内的宋代人如何解释痈疽的发病,又为治疗痈疽做出怎样的努力?

---

① 洪迈:《夷坚志·丁志》卷 10《徐楼台》,"溧水县蜡山富人江舜明背疽发",第 618 页。

② 陈自明:《外科精要·序》,第 1 页。

三、"有痈疽之害"：对病因的认识

通过对《夷坚志》所录故事及其他笔记类文献的考察，可以了解宋代一般民众对痈疽发病原因的各种认知。医疗人类学将一个社会对病因的理解方式区分为"自然论"与"超自然论"①。宋代基层社会常将痈疽的发病视为"惩罚"之结果，这就属于"超自然论"。这种观念早在秦汉时期已有。有研究指出，在将"明天道"视为史家职责的背景下，《史记》中已出现将疽发于背视为天谴的认识，此后史家延续了这种天道观，这一观念扩散至民间，至明清时期更为盛行②。本节将阐明这种传统观念自宋代已普遍为民间所接受，并试图复原史书传记等史料之外各种笔记类文献所载宋代基层社会对痈疽病因的认识。

将痈疽的发病归因于报应的观念，与当时医学界对病因的说明存在差异。关于传统医书对于痈疽病因的认识，《黄帝内经·灵枢》将痈疽的发病归因于情绪问题、饮食问题、阴阳失调、营气流通的问题③。《刘涓子鬼遗方》中也提及营卫气血不通会导致火气过盛，进而引起皮肉溃烂④。宋代陈言在《三因极一病证方论》中论及了痈疽的致病三因，即因忧思喜怒有所气郁而成，寒热风湿所伤而成，又服丹石等又尽力房事所致⑤。庆元年间（1195—1201）李迅所著《集验背疽方》中列举了第一天行，第二瘦弱气滞，第三怒气，第四肾气虚，第五饮法酒、服丹药热毒等病因⑥。由此可见，当时的主流医学大致将痈疽的病因归为：一、忧思喜怒等情感郁积导致的气血不调和凝滞；二、寒热风湿等邪气的入侵；三、服食丹药等饮食习惯。

但从《夷坚志》、笔记类文献中所留下的记载来看，士人们从患者平日所

① 메릴 싱어(Merrill Singer) 외 저, 문우종 외 역,《의료인류학(医疗人类学)》, 98 쪽 .

② 潘务正：《"疽发背而死"与中国史学传统》，《文史哲》2016 年第 6 期，第 142—143 页。

③ 《黄帝内经·灵枢》卷 9 "病之生时，有喜怒不测，饮食不节，阴气不足，阳气有馀，营气不行，乃发为痈疽"，北京：人民卫生出版社，2005 年，第 118 页。

④ 刘涓子：《刘涓子鬼遗方》卷 1，北京：人民卫生出版社，1986 年，第 19 页。

⑤ 陈言：《三因极一病证方论》卷 14《痈疽叙论》，北京：人民卫生出版社，1983 年，第 198 页。

⑥ 李迅：《集验背疽方·背疽其源有五》，北京：人民卫生出版社，1989 年，第 71 页。

犯过错中寻找病因的情况较多。他们认为患者因过错而遭受"痈疽之害"①，将痈疽视为"祸福报应"的结果②。这很容易令人联想到苏珊·桑塔格的疾病隐喻，即疾病作为一种隐喻蕴含着丰富的象征和意义。她指出，病因不明或治疗困难的疾病会引发人们的恐惧，很可能被用作在社会、道德方面具有负面意义的隐喻，从而使这类疾病以及患者被打上某种烙印③。从宋人对痈疽的解释中，我们也可以发现这种关于疾病的隐喻式认知。但相比于为疾病和患者打上烙印，将其看作宋代社会中所存在的一种被时人共同接纳的"模式化思维(stereotype)"更为恰当。下文将围绕宋人对痈疽病因所形成的一系列模式化思维的具体内容、其在士人阶层中的特征、相关故事中共同出现的叙事倾向，以及这种观念得以盛行的动因等进行分析。

1. 罹患"痈疽之害"的各种原因：亵渎神明、杀生、渎职、感染虿病

在宋代普通民众的认知中，能够引发"痈疽之害"的过错多种多样。首先，宋人认为损毁神像等亵渎神明的行为会招致报应，且报应会以痈疽发病的形式出现。饶州双店的汪涣一家世代供奉神明，但某天他的幼子在玩耍时折断了神像的中指，自那天起，孩子的中指生出了疮，疼痛异常，手指蜷缩无法伸直④。又有温州市人张八，从一位客商处购得一座以檀香木制成的观音像，因疑心其真假，削去了佛像的脚底查看。此后张八的左脚开始疼痛，疽毒令皮肤刺痛，脚部溃烂⑤。

上述事例中，对于神像的毁损程度并不严重，因此未导致患者的死亡，而下文中绍兴十三年(1143)建阳县王抚干的例子稍有不同。他在灵泉寺停留期间，欲砍掉寺前十几棵蕴含神性的巨树用作柴火。此处因曾有当地人目睹鬼魅，每年都会进行祭祀。而王抚干执意砍树最终得到了"三千束"柴火,一个月后"疽发于背"而死①。

在亵渎神明的事例中,还有道士因画符或主持祭祀时不虔诚而受到惩
罚患上痈疽。如,一位擅长道术的士人因画符时出错而受罚患上痈疽②。在
其他笔记资料中也能找到类似的故事。五代至北宋初年,孙光宪所编《北梦
琐言》中,前蜀时期(907—925)玉局观的道士赵驾仙与上官道士因登坛做
法时态度不恭,相继患发背而死③。这则故事被收录在南宋曾慥编写的《类
说》中,可见直至南宋时期仍广为流传④。另有记载云,华山云台观一道士卖
物谋利,贪图酒色,巡检马氏与其交好,最终道士背部生疮而死,马巡检亦发
疽而亡⑤。

杀生之罪导致痈疽发病的认知也很普遍。宣赞舍人杨氏平生喜食鸡
肉,晚年"疮发鬓间","瘴满一面"⑥。除杨氏外,监庙观赵氏也因平日杀生而
罹患痈疽。赵氏因体弱经常饮食鹿血,每日取一头鹿,将铁管插入其身体取
血吸食,最终晚年"遍体生异疮"⑦。南宋郭彖所著《睽车志》中也有类似事
例。常熟县湖南村富人王翊欲烹一鹅,鹅毛已拔去,斧头即将砍下的时候,
那鹅突然大叫起来。王翊的家人觉得异奇,便跑来告诉王翊,但他最终还是
将鹅烹熟食用,几天后他便"疽发于背"⑧。此外,还有靠卖鱼饭为生的舒懋,
最终因杀生遭到报应,"遍身生疮",疼痛不已,不治而亡⑨。

除亵渎神明和杀生之外,患者在平日行为及所任职责中犯下过失也常

---

① 洪迈:《夷坚志·丁志》卷5《灵泉鬼魅》,第578—579页。

② 洪迈:《夷坚志·丙志》卷13《路当可得法》,第479页。

③ 孙光宪撰,贾二强点校:《北梦琐言》卷11《崔玄亮降云鹤》,北京:中华书局,2002年,第
242页。

④ 曾慥:《类说》卷43《道士行法事不虔》,"玉局观二道士上坛行法事,其仆忽见四人着绯
自天而下,拽二道士坛前,鞭背二十,相次患发背而死",上海:上海古籍出版社,1993年,第748页。

⑤ 孔平仲:《孔氏谈苑》卷1,上海古籍出版社编:《宋元笔记小说大观》第2册,第2239页。
还有僧人的事例,如洪迈:《夷坚志·支甲》卷1《普光寺僧》,第713—714页;《夷坚志·丙志》卷
12《奉阇梨》,第469页。

⑥ 洪迈:《夷坚志·丙志》卷14《杨宣赞》,第485页。

⑦ 洪迈:《夷坚志·丁志》卷8《赵监庙》,第603页。

⑧ 郭彖:《睽车志》卷2,上海古籍出版社编:《宋元笔记小说大观》第4册,第4094页。

⑨ 洪迈:《夷坚志·丁志》卷9《舒懋育鳅鳝》,第611页。

导致痈疽。例如,为谋求自身利益而做出虚假治疗的医者符助教,因善治痈疽而闻名,却一意贪贿,在患者未发毒的伤口上故意用药引其疮毒发作再进行治疗。他最终也因"大疽如盘"而死①。另有医生王敦仁也因虚假诊断之罪而"疽发背死"②。此外,还有替穷人变卖物品的中介人因私吞收益③、媳妇因未对公婆尽孝而受到惩罚患上痈疽的故事④,也颇耐人寻味。

除因果报应外,也有将痈疽发病归因于外部因素的故事。虱虫侵入体内导致发疽的情况被称为虱瘤。抚州临川人"有瘤颊间",医生诊断此为虱瘤,需将其剖开后,将虱虫清除⑤。还有饶州浮梁县的李氏,背部生出异样,奇痒难耐,医者秦德立诊断此为虱瘤,将其剖开后,有一斗之多的虱虫跑出。李氏虽接受了治疗,最终却未能避免死亡⑥。处州松阳县百姓王六八,以"箍缚盘甑"为业,某日他在缙云周家干活,"腰间甚痒,扪得一虱",恶作剧地在饭甑上钻了一个眼儿,把虱虫放入,然后将眼儿堵住。一年后,王六八又来到周家修补饭甑,他将一年前钻开的眼儿打开,发现虱虫竟还活着,"拈置掌内","遽啮掌心,血微出,痒不可奈,抓之成痈",病至无法医治,最终死去⑦。王六八的惨剧全因一个玩笑而起。

总之,宋代普通民众在理解痈疽发病缘由时,倾向于从亵渎神明、杀生或渎职等过错中寻找原因,此外也有因虱虫感染而发病的事例。这些故事反映了当时基层社会的价值观,如对神明的敬畏之心和忌杀生之戒,道士、僧侣等宗教人士以及医生、中介人等特殊职业人的伦理意识,媳妇应遵从孝道等普遍观念。而这些价值观的维持和传播也依托于时人对于痈疽病因的模式化思维。那么,被视为士人之病的痈疽,在士人的经验和理解中又是如何呢?

---

① 洪迈:《夷坚志·丁志》卷10《符助教》,第619页。

② 洪迈:《夷坚志·乙志》卷9《王敦仁》,第261—262页。

③ 洪迈:《夷坚志·支乙》卷7《王牙侩》,第851—852页。

④ 洪迈:《夷坚志·乙志》卷2《张十妻》,第198页。

⑤ 洪迈:《夷坚志·丁志》卷8《颊瘤巨虱》,第602—603页。

⑥ 洪迈:《夷坚志·丙志》卷11《李生虱瘤》,第462页。

⑦ 洪迈:《夷坚志·支丁》卷8《王甑工虱异》,第1031—1032页。

2.士人的例子：严苛执法、征收重税、杀人、服食丹砂

宋代士人也会从病者平日行为的过错中寻找痈疽病因，体现了上文所列举的模式化思维。在各种过错中，有两种类型格外突出。其一，在担任官职期间犯下过错，导致痈疽发病；其二，服用丹砂等金石药引发痈疽。

关于第一种，曾任户部侍郎的蔡居厚之事例十分典型。宣和七年（1119），蔡居厚被免去户部侍郎一职后，被任命为知青州事。赴任之前，"疽发于背"。虽然他请道士设斋醮祈祷，还请了一位熟人王氏撰写青词，但几日后就不治而亡。随后王氏也暴亡，但三天后又苏醒过来。他说蔡居厚正在阴府受罚，一切皆因郓州之事。蔡居厚的夫人讲述了丈夫在郓州任安抚使时，梁山泺五百盗贼归降却被他全部处死的事情，蔡居厚的痈疽之罚皆起因于此。他的家人请道士路时中设黄箓醮，替他谢罪请求原谅①。《宋史·蔡居厚传》中只记载了他在赴任青州前因病去世②，未提及背后还有这样一段曲折。严州观察判官王积也因判决不当之纷争而罹患痈疽，被押至阴府，好不容易才得以回到人间。虽然他的冤情被洗清，保住了性命，但还是因痈疽留下了疤痕③。建炎年间（1127—1130），知桂阳监吴仲弓对盗贼施以酷刑峻法，致使入狱者全部死亡，最终他也死于痈疽④。在这些事例中，他们皆因严酷的刑罚导致多人死亡而最终受到了惩罚。

此外，还有地方官因征收重税压榨百姓而患上背疽，受尽折磨，最终不治而亡：

> 有资中人马某者，亦为都漕司干官，每出郡邑督钱，惟以多为贵，不问额之虚实赢缩，必得为期，且以此自负。蜀人以其虐于刷钱，目曰马刷，或以王君事警之。马曰："正使见世生两尾，亦何必问！"已而疽发于背之左。疮稍愈，复发于右。两疽相对，宛如杖疮，其深数寸，隔膜洞

---

① 洪迈：《夷坚志·乙志》卷6《蔡侍郎》，第232页。

② 脱脱等：《宋史》卷356《蔡居厚》，"又以知青州。病不能赴，未几卒"，北京：中华书局，1985年，第11210页。

③ 洪迈：《夷坚志·丁志》卷17《王积不饮》，第680—681页。

④ 洪迈：《夷坚志·甲志》卷14《吴仲弓》，第120页。

见肺腑，臭满一室。①

地方官马某肆意搜刮民脂民膏，最终遭到报应，患上痈疽。除此之外，政和四年（1114），朝廷的宫殿修缮过程中需要用到骨灰，一名官员因参与了挖掘古坟并使用人骨一事，最终"疽生于臀"而死②。

由此可见，地方官所犯主要过错多为严酷执法或强征苛税。其中也有官员同时犯下两种过错，如宰相秦桧的妻舅、绍兴（1131—1162）初年知苏州王晐，因"疽发于胁"而死。据说他执法严苛，同时向百姓征收重税，暗示着痈疽发病与此不无关系③。

服食丹砂等金石药而致痈疽的例子也十分引人注目。担任两浙路越州通判的邵武人王㯋在路过天津桥时，帮助了一个乞丐。王㯋没有察觉到乞丐的不寻常，直到他发现乞丐赠予自己的果子变成了黄金后才大为后悔。乞丐对王㯋说，他没有仙骨，自己二十年后会再来找他。二十年后，王㯋因服食丹砂，最终"疽发背死"④。王㯋因成仙的欲望而服用丹砂，最终酿成了悲剧。另有不少士人的家人也因服食丹砂而患上痈疽。北宋章惇的侍妾年过七旬，"疽发于背"，其孙章某为县丞，延请秀州以善治痈疽而闻名的张小娘子为其医治。张小娘子诊断患者之症状是因服食丹砂毒发所致，难以医治。县丞说祖母平生并未服用过丹药，而祖母的回答如下：

> 其说是已。我少在汝家时，每相公饵伏大丹，必使我辈伴服一粒，积久数多，故储蓄毒根，今不可悔矣。⑤

她最终不治身亡。南宋高宗年间曾任中书侍郎的张悫也值得关注。据说张悫年轻时几乎每日服食丹砂，年老返回福州后食欲旺盛，食量极大，后突然"发际生疡"并扩散至脖颈，最终不治而亡⑥。这些故事表明，当时士大夫阶层

① 洪迈：《夷坚志·甲志》卷17《人死为牛》，第147页。
② 洪迈：《夷坚志·乙志》卷7《西内骨灰狱》，第239—240页。
③ 陆友仁：《吴中旧事》，上海：上海古籍出版社，1993年，第452页。
④ 洪迈：《夷坚志·甲志》卷18《天津丐者》，第162—163页。
⑤ 洪迈：《夷坚志·支乙》卷5《张小娘子》，第828页。
⑥ 洪迈：《夷坚志补》卷18《张中书》，第1717—1718页。

较高的痈疽发病率与服食丹砂的习惯不无关系。

总之，关于痈疽的发病原因，宋代普通民众与士人阶层均倾向于将其归于因果报应。即使士人对医学知识有一定了解，仍倾向于在平日所犯过错之中理解痈疽病因，他们将痈疽的发病主要归因于官员履行职务时所犯下的过失，包括杀降盗、严酷执法和强征苛税等。此外，服食象征欲望的金石丹药也被视为另一主要原因。这说明，官员所应践行的价值观造成了关于痈疽发病的模式化思维，这种思维方式得到了士人阶层的认同并被广泛传播，不仅反映了普通民众的要求，也是士人阶层自身构建的结果。

值得注意的是，在《宋史·列传》有关士大夫发疽而死的记录中，除了提及因果报应的诱因外，还经常出现因忧思、郁愤而"忧愤成疾"的事例，这属于前引医书所述病因中的忧思喜怒等情感郁积。这种叙事，在关于史学传统的先行研究中已有详尽分析，可资参考①。但是，《宋史·列传》中经常出现的"忧愤成疾"之叙事，在《夷坚志》或其他士人笔记资料中几乎没有出现，其中见不到将痈疽发病归因于情感郁积、血气凝滞、寒热风湿等的记载。也就是说，根据叙事的目的及方式，出现了不同的认知倾向，此一事实也颇引人深思。

3. 作为阴府惩罚印记的痈疽

从涉及宋代对痈疽病因认识的故事中，可以发现一个共同的叙事特征，即痈疽确实为阴府对患者过错的惩罚。流血流脓、皮肉溃烂等令人感到厌恶的症状描写，明确表达出痈疽为阴府惩罚的印记。

前文所述严州观察判官王积的故事中，关于王积去过阴府的叙事颇有趣味。他接受了阴司的审判，回到人间后向人们讲述了自己的经历。他背后生疽，因疼痛难忍而陷入昏迷，被带到了阴府。据说他曾经参与审判一起案件，随意对一人施以处罚，因此才被押至阴府受审。王积申辩说，当时的判决是"郡守之意"，自己无能为力。阴府官差核实相关文书后，确认他是被冤枉的，最终将他送回了人间。他苏醒后，"腥血交流，疮已溃，即日遂愈"，

---

① 潘务正：《"疽发背而死"与中国史学传统》，《文史哲》2016 年第 6 期，第 136—145 页。

但"背两瘢相对,如尝受徒刑者"①,以示痈疽确实为阴府惩罚之结果。

还有更加明确表明痈疽为阴府惩罚之印记的故事。士人胡子文在苏州常熟县福山的东岳行宫犯下了过失。东岳行宫中有主管善恶的两位判官相对而立,胡子文酒后趁着醉意将主恶判官的笔拔掉了。后来一名使者突然前来将他带去东岳行宫,胡子文恳求判官的饶恕,但判官仍对他降下了惩罚,拿起笔在他的后背点了一下。胡子文随后苏醒过来,被判官用笔点过的部位"生一疽",疼痛难忍,一百天才得以痊愈②。前文所提及因善治痈疽而闻名的医者符助教,因贪图钱财经常对患者做出虚假治疗,最终被来自阴府的黄衣卒抓走。黄衣卒高高举起手中的藤棒,点在符助教的后背,"所点处随手成大疽如盌"③。

还有登坛做法时不虔诚的道士赵驾仙与上官道士。二人在准备行法事时,突然有一仆役摔倒惊魇,说"适见四人着绯自天而下,曳二道士于坛前鞭背二十",随后两道士便患发背而毙。也就是说,施加在背部的鞭刑形成了背疽④。又有缺乏虔诚之心的云台观道士和与其交好的巡检马氏,某日二人同时做了相同的梦,他们在梦中被抓去某地,挨了七十杖。醒来后,道士"脊间微疼溃而为疮",马巡检亦"疽发于背"⑤。

还有不少故事中,虽然没有直接提及阴府的惩罚,但痈疽的患处形态被描述为仿佛受到了惩罚。资中县的马某因收税苛虐,得绰号"马刷",此人因苛税之罪患上痈疽,"疽发于背之左。疮稍愈,复发于右。两疽相对,宛如杖疮,其深数寸,隔膜洞见肺腑"⑥。

另有能够清楚看见内脏的描述也值得注意。宿迁县的周氏和郭氏二名秀才诬告同村大姓尹氏家族私藏"禁省服御",实则尹氏在靖康之变时缴获祖宗御容和宫闱诸物而未及时将战利品上交朝廷,尹氏众人因此"皆弃市"。

---

① 洪迈:《夷坚志·丁志》卷17《王积不饮》,第680—681页。

② 洪迈:《夷坚志·甲志》卷6《胡子文》,第47页。

③ 洪迈:《夷坚志·丁志》卷10《符助教》,第619页。

④ 孙光宪:《北梦琐言》卷11《崔玄亮降云鹤》,第242页。

⑤ 孔平仲:《孔氏谈苑》卷1,《宋元笔记小说大观》第2册,第2239页。

⑥ 洪迈:《夷坚志·甲志》卷17《人死为牛》,第147页。

周、郭二人因此得到升赏,周氏成为本县县令,郭氏成为县丞。后来他们二人走在街上时,被"壮卒五人"以弓箭射中胸口,二人胸痛倒地,第二天"疽生于背,前后洞彻至隔膜,见五藏",最终不治而亡①。关于内脏洞见的描述,王韶的故事也值得注意。王韶在王安石变法期间主持了"熙河开边",导致了大量的人员死亡。王韶最终"疽于脑卒",《宋史》作者在为他作传时写道:"既病疽,洞见五脏,盖亦多杀征云。"②

另外,在涉及杀生的一部分故事中,会强调患者的病状与被杀对象死时惨状极为相似。建炎末年知桂阳监事吴仲弓因将已抓捕的盗贼全部处死而患病,绕脖颈生出痈疽,"久之,疮溃,喉管皆见,如受斩刑者"③。

宣赞舍人杨氏平生喜食鸡肉,最终"疮发鬓间","溃汁流至喉下,啮肌成穴,殊与鸡受刃处等"④。还有监庙官赵氏,平日经常用铁管吸食活鹿之血,晚年"遍体生异疮","陷肉成窍,痒无以喻,必以竹管立疮中,注沸汤灌之,痒方息"⑤。赵氏出现的病症和遭受的痛苦与插铁管吸食鹿血的情状十分相似。还有以卖鱼饭为生的舒懋,最终因杀生遭到报应,"遍身生疮","每疮辄有鳅鳝头喙突出"⑥。中书侍郎张悫平日喜食丹砂,据传他最后"发际生疡","结为三十六疮,旬余,暴裂有声,疮翻而外向,如人口反唇"⑦。

痈疽多发于身体各部位之表面,且皮肤溃烂出脓流血的情况较多。通过强调其令人厌恶的外在症状并将其看作阴府惩罚之印记或结果的叙事,这种将发病归因于患者平时之过错的模式化思维进一步得到了巩固。

4. "著之于此,以为世戒!"

上述模式化思维随着相关故事的传播进一步得到普及,而士人将此类故事记录下来,意在告诫世人。

---

① 洪迈:《夷坚志·支甲》卷2《宿迁诸尹》,第722—723页。
② 脱脱等:《宋史》卷328《王韶》,第10582页。
③ 洪迈:《夷坚志·甲志》卷14《吴仲弓》,第120页。
④ 洪迈:《夷坚志·丙志》卷14《杨宣赞》,第485页。
⑤ 洪迈:《夷坚志·丁志》卷8《赵监庙》,第603页。
⑥ 洪迈:《夷坚志·丁志》卷9《舒懋育鳅鳝》,第611页。
⑦ 洪迈:《夷坚志补》卷18《张中书》,第1717—1718页。

例如,在王安石变法期间主持了"熙河开边"并因此造成大量人员死亡的王韶,时人对他的记忆和叙事很值得关注。他的痈疽发病与杀人众多有所联系的认知,自北宋已经较为普遍。北宋宣和年间(1119—1125),朱彧的记载中关于王韶的故事颇为有趣,记录了其他正史文献未有所提及的内容:

> 王韶在熙河,多杀伐。晚年知洪州,学佛,一日问长老祖心曰:"昔未闻道,罪障固多,今闻道矣,罪障灭乎?"心曰:"今有人,贫负债,及富贵而债主至,还否?"韶曰:"必还。"曰:"然则闻道矣,奈债主不相放何耶?"未几,疽发于脑卒。①

这则故事通过一位僧人和王韶的对话告诉我们,即使皈依佛门,也要为所犯罪行付出代价。而王韶虽在晚年习佛悔过,却也无法避免痈疽的发病。对话形式的叙述,以及僧人比喻式的说明,都明确带有教化的意图。王韶的故事在宋代广为流传,南宋李焘编纂《长编》时采录其说:"至病疽发背,洞见五脏,亦其报也。"②元人编纂《宋史》时,也将这样的说法载在王韶本传中③。此类故事明确带有警戒世人的目的。前文所述因强征苛税而得绰号"马刷"的资中县马某,在发疽濒死之时对前来探病的人说:"当以某为戒,某悔无及也。"④

服食丹砂等金石药也是需要警惕之事。方勺所著《泊宅编》中,对当时士人服用金石药的问题记载如下:

> 服金石药者,潜假药力,以济其欲,然多讳而不肯言,一旦疾作,虽欲讳不可得也。吴兴吴景渊刑部服硫黄,人罕有知者。其后二十年,子橐为华亭市易官,发背而卒,乃知流毒传气尚及其子,可不戒哉!⑤

① 朱彧:《萍洲可谈》卷3《王韶多杀伐之报》,《宋元笔记小说大观》第2册,第2345页。
② 李焘:《续资治通鉴长编》卷313,北京:中华书局,2004年,第7592页。
③ 如前文所述,《宋史·王韶传》中提及他"既病疽,洞见五脏,盖亦多杀徵云",《宋史》卷328,10582页。
④ 洪迈:《夷坚志·甲志》卷17《人死为牛》,第147页。
⑤ 方勺撰,许沛藻、杨立扬点校:《泊宅编》卷下,北京:中华书局,1983年,第97页。

方勺为当时服用金石药却对此有所隐瞒的人留下了警戒之言,记录刑部侍郎吴景渊平时偷偷服用硫磺,结果二十年后祸及其子,发出了"可不戒哉"的感叹。另有前文所述张悫,《宋史》完全没有提及他的死亡经过[1],但他因服用丹砂而死于鬓疽的故事在后世广为人知,如张杲的《医说》中有不少警戒士大夫"金石药之戒"的故事,并以"服丹之过"为题讲述了张悫的例子[2]。张悫的故事还收录于明代李时珍所著《本草纲目》的"丹砂"条目之中[3]。

周密也将痈疽视为"报应"之结果,认为应将此广泛传播以戒世人。在讲述一位因苛酷施刑最终受到阴府惩罚发疽而死的地方官时,他在卷首记录如下：

> 祸福报应之说,多傅会传讹,未可尽信。今有乡曲目击晓然一事,著之于此,以为世戒。

周密所记为当时嘉禾县通判并代知县治理当地的陈造(字周士)。陈造疑心奴仆对自己不敬,对其施以酷刑致死：

> (陈周士造)乃掳摭其数事,作书达之于赵,备言赃滥过恶。时赵守吴,即日遣逮,决脊编置,仍押至嘉禾示众。时方炎暑,周士乃裸而暴之烈日中,疮血臭腐,数日而死。临危叹曰："陈通判屈打杀我,当诉之阴府矣。"时宝祐丙辰季夏也。是岁十二月,周士疽发背而殂。吁！可畏哉！[4]

那名奴仆濒死时叹息说要向阴府告状,结果同年陈造便疽发背而死,之间仅相隔六个月。周密感叹此事"可畏哉",将其记录下来以警戒世人。

---

[1] 脱脱等：《宋史》卷363《张悫传》,第11347页。

[2] 张杲：《医说》卷9《金石药之戒》,第326—327页。

[3] 李时珍：《本草纲目》卷9《金石部三·丹砂》"发明"："时珍曰：……张杲《医说》载：张悫服食丹砂,病中消数年,发鬓疽而死,皆可为服丹之戒",北京：人民卫生出版社,2005年,第521页。

[4] 周密：《齐东野语》卷9《陈周士》,第5544页。

患者因平日过错之报应发疽而死的故事在当时广为流传,当时社会所倡导的一系列价值观也随着这些故事的流传而扩散普及。但这一类记录很难见于正史类文献,这些故事的流传得益于朱彧、方勺、洪迈及周密等士人的记录,他们还留下了警诫之言,推动了社会所提倡的各种价值观和基层社会模式化思维的形成与普及。

四、对医、外科医、疡医的偏好:外科与内科治疗

得知痈疽发病后,宋人一般会怎样应对呢?既然人们普遍将患病归因于平时过失,那么在为治疗而做出的努力中,也可以看到通过祭祀赎罪悔过、决心改过自新或停止杀生等方式。但他们所采取的应对中,占有中心地位的仍是求治于医、外科医、疡医等专业医疗人员。

《夷坚志》的62则故事中,共有37位患者对治疗过程或为治疗所做出的努力进行了说明。患者中有人接受了外科或内科治疗,有人通过宗教实践祈祷病情好转,也有人被诊断为无法医治。其中有27例接受了外科或内科治疗,约占70%(参考表3)。那么,他们去寻求了哪些人的帮助,又接受了何种治疗呢?

表3　痈疽的治疗和应对[①]

治疗方法	外科	内科	宗教实践	被诊断为无法医治	其他	总计
例数	18	9	6	5	3	41

1. 求治于医、外科医、疡医

宋代痈疽患者在治疗时主要求助于医生,也会请道士中具备医术的人为其医治,或向地方官或书吏中热衷于医学的人寻求帮助,有时也会自行尝试治疗。从表4可见,求助于医生占到了绝大多数(参考表4)。

---

① 此表根据附录中"治疗及对应"整理,37位患者中也有接受多种治疗方法的例子,因此总计为41例。所谓"其他"指不明外科还是内科的例子和患者不接受治疗的例子。

表4　内 / 外科治疗及做出无法治疗诊断的主体①

主体	医生	道士	病者本人	地方官书吏	其他	总计
例数	19	4	2	4	5	34

表4中，除5例未明示治疗或诊断主体外，其余29例中，有19例明确表示诊疗主体为医生，占比超过百分之六十。宋代各地区均有各类医者，特别是其中被称为外医、外科医、疡医的人大部分为专门治疗痈疽的医生。在医生进行治疗或诊断的19例中，叙事者对医生的具体称谓如表5所示。

表5　医生的构成

分类	医者、医、名医	外医、外科医	疡医	村医	巫医	张小娘子（外科张生妻）	总计
例数	7	4	4	1	1	2	19

表5说明外医、外科医、疡医还是占据了一定的比例，反映宋代地域社会比较普遍存在所谓外医、外科医、疡医的群体。《夷坚志》中的故事也表明，士人阶层亦偏好求治于医、外科医或疡医。如安肃，字安恭，其妻邢氏于下颔处生出痈疽，接受了"外医"的治疗②；士人罗巩，字伯固，则延请了婺源有名的"疡医"③。任职江东提点刑狱的一名官员和曾为冶铸使的地方官也均接受了医生的治疗，洪迈在记述中将医生称为"疡医"④。禁卫幕士盛皋延请了"外科医"刘经络⑤；江宁府溧水县的富人江舜明则请来了家中世代擅治痈疽的太平州当涂县"外科医"徐楼台⑥。前文提到的章惇侍妾，即秀州县丞

---

① 外科18例，内科9例，内外科不明2例，治疗不可5例，总计为34例。所谓"其他"指未明示治疗主体。

② 洪迈：《夷坚志·甲志》卷19《邢氏补颐》，第169—170页。

③ 洪迈：《夷坚志·支乙》卷6《罗伯固脑瘤》，第836—837页。

④ 洪迈：《夷坚志·三志己》卷7《疡医手法》，第1354—1355页。

⑤ 洪迈：《夷坚志·三志壬》卷9《刘经络神针》，第1535—1536页。

⑥ 洪迈：《夷坚志·丁志》卷10《徐楼台》，第618页。

章某的祖母,因背生痈疽饱受苦痛,求治于秀州"外科"张生之妻张小娘子。这位张小娘子十分特别,她于某日遇到一位叫作"皮场大王"的神人,得到《痈疽异方》一册,由此领悟了医术,最终以高超的医术扬名,还将其传授给了丈夫①。

除《夷坚志》之外,还可以发现不少求治于疡医的相关例子。如,王安石儿子王雱的治疗事例:

> 上(案,宋神宗)顾王安石曰:"闻卿子雱久被病,比稍愈否?"安石曰:"雱病足疡下漏,遍用京师医不效,近呼泰州疡医徐新者治之,少愈。"上曰:"卿子文学过人,昨夕,尝梦与朕言久之。今得稍安,良慰朕怀也。"②

王安石的儿子王雱因"足疡下漏"受苦,京师医生的治疗没有效果,王安石为他求治于"泰州疡医",病情好转。当然,接受医生治疗的事例不仅限于士人阶层,其他普通民众寻求外科医或医者治疗的情况也不在少数③。

值得关注的是,不仅医生中有专门治疗痈疽的人,在医生之外,医术高超的官员或书吏中也有专门进行痈疽治疗的人。如前文提到的符助教因擅治痈疽而闻名④,都城的一位都水监令史则拥有一味神妙的"恶疮药"⑤。还有些事例说明家里的奴仆也拥有治疗痈疽的医术。南宋时期朱胜非的例子比较典型:

> 朱胜非疽作于背,遍召医工不能料理,有以(莫)俦家给使为言者。胜非用之,一日而愈。⑥

---

①　洪迈:《夷坚志·支乙》卷5《张小娘子》,第828页。

②　李焘:《续资治通鉴长编》卷247,第6012页。

③　洪迈:《夷坚志·丁志》卷8《颊瘤巨虱》,第602—603页;《夷坚志·丙志》卷11《李生虱瘤》,第462页。

④　洪迈:《夷坚志·丁志》卷10《符助教》,第619页。

⑤　洪迈:《夷坚志·丁志》卷9《张颜承节》,第612页。

⑥　李心传撰,胡坤点校:《建炎以来系年要录》卷79,北京:中华书局,2013年,第1492页。

当时，"莫俦谪曲江，其家苍头奴为胜非治疽而愈，奴为俦请，得复官"①。

如上所述，当时的痈疽患者一般会接受医生的治疗，当时在各个地区都有专门治疗痈疽的人物，其中还包括下层奴仆。这在一定程度上符合陈自明所谓"今乡井多是下甲人，专攻此科。然沾此疾，又多富贵者"的现实。那么，医生主要进行何种治疗，患者如何经历治病过程呢？

2. "多畏医施用针灸之属"：外科治疗和病者的痛苦

12 世纪的痈疽患者在医或外科医、疡医等处接受的治疗主要是利用外科方式将脓液从伤处排出，表 3 中外科治疗共 18 例，大略是内科治疗的两倍。治疗中会运用多种方法，如割开患处挤出脓液，在这个过程中使用砭或刀或利用"火针"扎刺伤口，用线绑住患处去除疮头等。除此之外，在患部敷药、灸穴的方法也很常见。值得注意的是，使用砭、刀以及线绑而割开患处挤出脓液的方法最为多，共有 13 例。这与当时官方医书以及私撰医方书提供的治疗方法，如以内服的散方、汤方，外用的散方、膏方为主有差距②。说明利用特定工具割开患处挤出脓液的方法不是当时官、私撰医书所提供的标准治疗方法，而当时在现实中患者往往遇到或接受这些"外科手术"的治疗。下面就具体的治疗现场进行探讨。

绍兴八年（1138），居住于江宁府溧水县蜡山的富人江舜明"背疽发"，请太平州当涂县"累世能治痈疖"的"外科医"徐楼台为其治疗。在这则故事中，徐楼台在治疗过程中要求患者支付高额诊费，因此与江舜明的家人发生了争执，最终没能将患者救活，而徐楼台因贪欲遭受报应，不到一年便死去，世代从医的家业也就此衰败。有意思的是，家中世代因擅治痈疽而闻名的

---

①　脱脱等：《宋史》卷 362《朱胜非传》，第 11318 页。

②　官方医书如《太平圣惠方》卷 61—65，北京：人民卫生出版社，2020 年，第 1305—1401 页；《太平惠民和剂局方》卷 8《治疮肿伤折》，北京：人民卫生出版社，2007 年，第 209—223 页。士大夫私撰医方书，如许叔微：《普济本事方》卷 6《金疮痈疽打扑诸疮破伤风》，北京：中国中医药出版社，2020 年，第 96—103 页；洪遵：《洪氏集验方》卷 2《痈疽》，北京：人民卫生出版社，1986 年，第 125—135 页。痈疽专门医书，如《卫济宝书》，北京：人民卫生出版社，1989 年；李迅：《集验背疽方》，北京：人民卫生出版社，1989 年。《刘涓子鬼遗方》虽然有些关于割开患处挤出脓液的方法的记载（卷 4《相痈疽知有脓可破法》，第 41—42 页），但也是以内服或外用的方剂为中心的。

徐楼台为江舜明治疗脓疮时所使用的正是用针刺患部的方法,他说"法当溃脓,脓出即瘥",他进行了如下的治疗:

> 众客环视,徐以针刺其疮,捻纸张五寸许,如钱缗大,点药插窍中。江随呼:"好痛!"连声渐高。①

用针刺破患部后注入药物是当时专业治疗脓疮的医者们主要使用的治疗方法,这种方法有时能够让患者痊愈,有时也会导致患者死亡。最重要的是,患者要承受极度的痛苦。

因为治疗伴随着巨大的痛苦,从患者的立场来看,他们对于使用针或其他道具扎刺的治疗方法非常恐惧。下面的这则故事很典型地体现了这种倾向,这是绍兴初年职居江东提点刑狱的一位官员的治疗经历。

> 人病疽疡及伤折者,多畏医施用针灸之属。绍兴初,江东提刑左股发痈,日以肿炽,其高至尺许。每医傅药,亦不容辄近。一医言:"此非刺破不可。"容将闻之以告宪,宪令裸跣而入。但许以衷衣束于腰间,分其发为四小髻,不裹巾。此人傍立拱手曰:"肿已成熟,到晚必自溃,不暇针砭之力也。"宪喜,偶回顾侍妾,忽大声掣叫,则痈已穿决,出浓血斗余,痛即止,能起立。盖医磨半破小钱,使极快,置之吞下,伺隙用之,故立见效。②

上引史料第一句话就反映出时人对于使用针灸的治疗方式非常恐惧,因此,医生往往需要隐瞒患者偷偷使用针或刀。在当时,这种情况时有发生,因此在上述故事中,江东提刑官在接受治疗时,要求医生脱去衣物,赤脚进屋,甚至连头巾都不能佩戴。那位医生将磨得十分锋利的铜钱含在嘴里,趁患者大意的间隙,用它划破脓疮,将脓液挤出,治疗效果非常好。

相似的事例不在少数。淳熙(1174—1189)末年,曾任冶铸使的赵从善因痈疽饱受苦痛,医生黄裳将两寸大小的小刀藏在座位下面,与患者谈笑之

---

① 洪迈:《夷坚志·丁志》卷10《徐楼台》,第618页。

② 洪迈:《夷坚志·三志己》卷7《疡医手法》,第1354—1355页。

时,偷偷将其取出,割破患处挤出脓液,最终治愈了患者①。洪迈将这两则故事一起收录在"疡医手法"的标题下,并且明确记录了两位医生得到丰厚谢礼的事实。

使用针或刀的时候,用火将其烧热后再行使用也是一种方法。叶行己,字孝恭,曾任知吉州、江南西路提点刑狱司、夔州路转运使等,他的弟弟叶克己"病赤目,继以血利,久之,大小便皆结塞","大疽发于阴尻间,穿七窍",他接受了一位道人的医治:

> (道人)烧通赤火箸劖入尾闾六七寸,晏然如不觉。继以冷箸涂药,随傅之,数反。又烧铁劖烙疽上,皮皆焦落,然后掺药填六窍而存其一,曰:"不可窒此,窒则死。"兄在旁不忍视,掩袂而起。财两夕,疮痂尽脱,所烙处肉已平,六窍皆盈实,腹内别生小肠。自是与常人亡异。②

道人将火箸和铁劖用火烧热,用其烫烙痈疽,然后在患处敷药。患者叶克己似乎感觉不到疼痛,但其家人在一旁不敢直视。这则故事说明在当时道人也会采取外科方式治疗痈疽③。

使用以火烧过的所谓"火针"进行痈疽治疗的方式多次出现。每次出现,患者及其家人都会对这种方式表现出巨大的恐惧。最典型的是乾道元年(1165)外科医刘经络的医治事例。禁卫幕士盛皋因胸部的痛症无法进食,患病半年却连病名都无从得知,在接受了殿前司外科医刘经络的诊治后才知道这是"肺痈"。根据刘经络的诊断,无法使用艾灸或汤剂等治疗方法,应采取"火针"的方式。刘经络将长约一尺的火针用火烧热,这时盛皋的妻子开口要阻止,盛皋说"我度日如年,受尽痛恼,苟生何益!宁决意一针,虽死无憾"。于是刘经络在其左右臂上标记两穴,"先针其左,入数寸。傍观者缩头不忍视",但不久"血液倾出如涌泉",盛皋通过这种治疗最终痊愈④。从上述描写中,我们能够观察到时人对火针治疗的抗拒和恐惧。接着,洪迈引

---

① 洪迈:《夷坚志·三志己》卷7《疡医手法》,第1355页。

② 洪迈:《夷坚志·丁志》卷13《叶克己》,第650—651页。

③ 何次翁的例子也属于此类,洪迈:《夷坚志·支乙》卷6《罗伯固脑瘤》,第836页。

④ 洪迈:《夷坚志·三志壬》卷9《刘经络神针》,第1535—1536页。

《圣惠方》中"肺痈"段落,即"针烙取差,实为从容,疑而受毙,亦岂容易,此为必死之患",讲述了当时社会上患者对火针治疗的普遍恐惧。他还特意说明,详细记录这则故事的目的是为了向后人传达火针疗法的效用①。可见,在当时的痈疽治疗中,特别是针对肺痈的治疗,火针是最理想的治疗方法,但由于患者的恐惧而无法接受治疗最终导致死亡的事例不在少数。

除此之外,用线绑住痈疽部位后挤出脓液或切除患部也是当时专业治疗痈疽的医生们经常使用的方法。罗巩,字伯固,脑后曾生出一个巨大的瘤,婺源有一位医术出众的疡医为他做了治疗:

> 医涂药线系瘤际再匝,缚其末,剪断之而出,憩外舍。逾两时久,系处痛甚,至咬龁衫袖弗堪忍。②

罗巩唤其子来为自己解开绳线,痛苦难耐昏睡过去,但待他醒来后,患处已经痊愈。另有故事言,娄夏卿之妾脖子上长了一个疮,村医为她施了艾灸。之后痛症加剧,便延请前文中以"张小娘子"之名广为人知的医者,但最终只诊断出"翻花脑痔",未能医治。村医再次用涂了药的线捆绑患处试图将其拔去,但最终未能治愈,患者数十日后不治身亡③。用线绑住痈疽的突出部位将其切断的方式是当时疡医和村医经常使用的痈疽治疗方法,当然,在治疗过程中,患者必须忍受相当的疼痛。

3. 内科的治疗

《夷坚志》的相关故事中也有内科治疗的事例。所谓内科治疗方式指的是"内服药",利用鲜虾粥、生姜、梨等制成的药食,以及"化毒排脓内补散"或"公安药"等经验方。

政和四年(1114),朝廷的宫殿修缮过程中需要用到"骨灰",一名官员因与挖掘古墓并使用人骨一事有所牵连,"疽生于臀,长寸许,中有骨焉,不可

① 洪迈:《夷坚志·三志壬》卷9《刘经络神针》,第1535—1536页。
② 洪迈:《夷坚志·支乙》卷6《罗伯固脑瘤》,第836—837页。
③ 洪迈:《夷坚志·支乙》卷5《张小娘子》,第828页。

坐卧。医以药齝之，……乃死"①。"以药齝之"说明他用了内服药。

即使是颇有名气的外科医，有时也会为患者开出内服药方。景陈弟弟的长子拱年七岁时，腋下生出痈疽，十分疼痛。因擅于以砭治疗痈疽而闻名的德兴古城村外科医洪豆腐看到其症状后，买来鲜虾煮成粥食令其食用，"下腹未久，痛即止"，他说到"此真鳖症也。吾故求其所好以尝试之耳"，"乃合一药，如疗脾胃者"，其后又磨了两钱附子，食用数次后得以痊愈。第二年患者病症复发，但用相同的方法治疗后再次痊愈②。

前文提及的扬州名医杨吉老医术高超，为患有喉痈的杨立之诊治时，判断出病因为多食鹧鸪导致半夏中毒，因此提出了口含生姜片的治疗方法③。茅山观的道士医术比名医杨吉老更胜一筹。有位士人得了病，但不知为何病，杨吉老诊断他三年后会死于背疽。但士人不死心，找到了医术通神的茅山观道士。道士为他诊脉后，笑着让他买梨服食。士人回家后按照他的要求吃梨，一年后身体痊愈。名医杨吉老再见他时，见其脸色润泽，脉象好转，十分惊讶④。

《夷坚志》中还有多则对痈疽治疗有奇效医方的故事。比如，歙县丞胡权经由都城一名异人传授得到"化毒排脓内辅散"⑤，公安县县令于梦中由关王传授"公安药方"⑥，知广德军时康祖在梦中从张王处得到加入生姜和香附的医方等⑦。

---

① 洪迈:《夷坚志·乙志》卷7《西内骨灰狱》，第239—240页。

② 洪迈:《夷坚志·支戊》卷5《鳖症》，第1093页。

③ 洪迈:《夷坚志·三志己》卷8《杨立之喉痈》，第1361页。

④ 洪迈:《夷坚志·支景》卷8《茅山道士》，第940—941页。

⑤ 洪迈:《夷坚志·丙志》卷16《异人痈疽方》，第505页。所谓"异人痈疽方"就是洪适、洪遵均注目的"化毒排脓内补散"。

⑥ 洪迈:《夷坚志·支景》卷10《公安药方》，第963—964页。

⑦ 洪迈:《夷坚志再补·姜附治痈》，第1795页。上述公安县令从关王获得的"公安药方"及时康祖从张王获得的医方，以往研究称为"神授方"，参见周云逸:《梦传验方：宋代神授方的新变及其医药文化价值》，《中华医史杂志》2019年第5期。但是，相关故事中的志怪因素不限于"神授"，也有梦中人、动物传授，也有"异人"传授等，笔者曾经提出这些在传承故事中包含志怪因素的故事可称为"志怪医案"，所传承的医方为"志怪医方"，参见최해별(崔碧茹),〈중국 의학지식 전승의 또 하나의 전통：송대 '지괴의안' 의 특징과 의미(中国医学知识传承的另一传统：宋代志怪医案的特点和意义)〉,《医史学》第31卷，第1号，2022，35—92 等。

　　总之，《夷坚志》及其他史料表明，包括士人在内的一般民众为治疗痈疽优先求治于医、外科医、疡医等专业医疗人员。各个地区有以擅治痈疽而闻名的医生、道人、胥吏、奴仆等。这些医疗人员采取了外科或内科的治疗，而割开患处挤出脓液的外科治疗占据了很大比重。可以说，求治于医生的倾向、外科治疗优先就是宋代在基层社会形成的痈疽医疗文化的主要特点。以往研究指出，宋代士人阶层在中国医学史上对以诊脉为中心的"学术医统"发展产生了较大的影响①，但在痈疽的治疗上，士人主要接受的是外科治疗，可见他们仍偏向于寻求外科医或疡医的所谓"非学术医统"的治疗。

五、结语

　　在宋代，痈疽是一种常见疾病，无论什么阶层、地域，任何人都可能患上这种疾病。本文以洪迈《夷坚志》为基础资料，对其中有关痈疽的 62 则故事进行了分析，再现了宋人特别是士人阶层的患病、治病经历。本文不是从医学知识或官方政策及管理的层面进行考察，而是站在"患者"的立场重现他们的疾病经历，由此理解时人对痈疽的认识和应对，以呈现宋代基层社会围绕痈疽形成的丰富多彩的疾病文化。

　　宋人以隐喻的方式来解释痈疽病因，构建了与医学知识不同层面的解释体系。包括士人在内的宋代民众主要倾向于从患者日常生活的过错中寻找患病原因，而且明显地表现出模式化的思维。他们将患病归因于亵渎神明、杀生、履行本职时的过错等；特别是士人在担任官职期间严苛执法、过度征税、滥杀以及对于欲望的过度追求等。正史列传以及墓志铭中经常出现的"忧愤成疾"的叙事，在《夷坚志》等笔记类资料中几乎不见。可见，关于痈疽的发病缘由，在宋代普通民众、士人、医学界、史家中出现了不同层面的认识，其中在基层社会流行的模式化认识是：痈疽是"报应"的结果。这些叙事强调其令人厌恶的外在症状，将其视为阴府惩罚之印记或结果，使这种模式化思维进一步巩固。士人记录因平日过错发疽而死的故事，还留下警

---

　　①　梁其姿：《面对疾病：传统中国社会的医疗观念与组织》第一章"宋代至明代的医学"，北京：中国人民大学出版社，2012 年，第 4—12、28 页。

戒之言，在民间广为流传。

　　与理解痈疽病因时采取的隐喻方式不同，宋人在治疗时主要求助于专门的"医生"。当时在各个地区，不仅有家中世代以砭刺治疗闻名的痈疽名医，也有受神人传授得到痈疽医方、习得高超医术、拥有神妙药方的人等，这些信息在各个地区社会中被人们共享。痈疽患者会延请医、外科医、疡医、道士或以擅治痈疽而闻名的人物，接受他们的治疗。可以说，在痈疽的治疗方面，当时的基层社会已经形成了某种程度的"治疗文化"。根据痈疽的种类和症状，医生选择外科或内科的治疗方式。特别值得指出的是，宋代痈疽治疗以割开患处挤出脓液的外科治疗为主，医生往往使用砭或刀、火针、绑线等工具。病人在治疗过程中要承受巨大的痛苦，甚至会完全无法进行。这种针对痈疽的外科手术式治疗方式是当时通行的官、私撰医书中很少提及的，说明宋代基层社会形成的痈疽疾病文化与以文献为中心的主流医学界有相当差距。

　　本文原为韩文，刊于《의사학（医史学）》第 33 卷第 1 号（2024 年 4 月），收入本集时有修改。

附录：《夷坚志》所录有关痈疽的故事

编号/出处	篇名	患者	患病部位	发病缘由	治疗主体	治疗及应对	结果	时间
1/甲志卷六	胡子文	胡子文士人	背，疽	苏州常熟县福山东岳行宫，(胡子文)望善恶二判官相对。怒其善制其恶者笔，戏掣其所执笔点点处生一疽，痛不可忍。		默诵《金刚经》。日诵七卷以报。	百日方愈。	建炎(1127—1130)末
2/甲志卷一四	吴仲弓	吴仲弓知桂阳监	绕项皆生痈，疽，久之，溃，管皆见。	时胡湘多盗，仲弓一切绳以重法，入狱者多死。			死	
3/甲志卷一五	贾思诚马梦	贾思诚夔州帅	背疽发	贾生于庚午，近马祸云。			十三日死。	绍兴十七年(1147)
4/甲志卷一七	人死为牛	马某都漕司干官	疽发于背之左。复发于右。两疽相对，宛如杖疮，其深数寸。	每出郡邑督钱，惟以多为贵，不问额之虚实赢缩，必得为期，且以此自负。			死	绍兴六年(1136)
5/甲志卷一八	天津丐者	王褧赴调京师(会稽倅)	疽发背	饵丹砂			死	

续表

编号/出处	篇名	病者	患病部位	发病缘由	治疗主体	治疗及应对	结果	时间
6/甲志卷一九	邢氏补颐	晏肃（字安恭）妻邢氏	生疽于颐。颐颔连下腭及齿，脱落如截。		外医	得一生人颐与此等者，合之则可。以药缀而封之。半月发封，疮已愈。	凡二十余年乃亡。	
7/甲志卷一九	误入阴府	小鬼	疮疡满头，脓血腥秽。					
8/甲志卷二〇	大山府君	孙点泉州晋江县知县（孙固诸孙）	疽发于背				卒	建炎四年（1130）
9/乙志卷一	小郝先生	丐者	满股疮痧		小郝先生	索纸一幅，吐津涂其上，稠如胶饧。令贴于股。	新肉已满，瘢痕悉平。	
10/乙志卷二	张十妻	吴江县民张十妻	两股皆生恶疮，腥秽其中，啮骨及髓。	嗜杀生，又事男女姑亡状。			期年乃死。	绍兴二九年（1159）
11/乙志卷六	蔡侍郎	蔡居厚户部侍郎（知青州）	疽发于背	帅郓时，有梁山泊贼五百人受降，既而悉诛之。	（道士）	命道士设醮，王生作青词。死后，作黄箓醮，为谢罪请命。	卒	宣和七年（1119）

续表

编号/出处	篇名	病者	患病部位	发病缘由	治疗主体	治疗及应对	结果	时间
12/乙志卷七	西内骨灰狱	朗士（后居邓州）	疽生于臀，长寸许，中有一骨焉，不可坐卧。	修西内，需牛骨和灰，不能给。洛城外二十里，有千人冢数十丘。发而焚之，其骨不可胜用矣。	医	以药贴之。	死	宣和中（1119—1125）
13/乙志卷九	王敦仁	王敦仁医者	疽发背	人狱视胡待制，时实已死。畏寺承之责，安言疾势八分，合服钟乳。药至已无所付，自饮之而出，致其冤不得直。			死	绍兴十三年（1143）
14/丙志卷一	九圣奇鬼	薛季宣（左司郎中薛徽言之子）	指间，疮即隐起。	(魑魅亡者)（薛季宣之子）云于手中得药，投诸地，有声，堕宣指间疮即隐起。				隆兴二年（1164）
15/丙志卷一	南岳判官	李擢台州教授	疽生于脑	前生为天曹录事，坐有过，谪居人间。平生操心不善，当发恶疽死。以在生隐恶，受谴至重。		死后，(呼道士)，设醮，谢罪于天。	死	建炎（1127—1130）初
16/丙志卷四	庐州诗	张俣及内子（庐州官员）	遍体生疮痍	庐州自鄙琼之难，死者或出为厉，帅守相继病死。			爬搔疼彻骨，脱衣痛粘皮。	绍兴七年（1137）以后

续表

编号/出处	篇名	病者	患病部位	发病缘由	治疗主体	治疗及应对	结果	时间
17/丙志卷六	张八削香像	张八 温州市人	左足大痛，如疽毒攻其肉者	客持檀香观音像来货，张恐其作伪，乃以小刀刮足底香屑爇之。		药	药不能施，足遂烂。至今能行，扶杖乃能行。	
18/丙志卷六	汪子毅斲指	饶州双店民汪汲的五岁儿子	中指间疮绝痛	汪汲世事善神，宠其像于室中。（幼子）戏折其中指。		亟命工补治。	既愈，遂拳缩不可展。	
19/丙志卷八	胡秀才	胡秀才 太学生	指上病赘疣	或告曰："今日人神在指，当俟他日。"胡不以为信，遂灸焉。七日而创发，皮剥去一重，见人面在中，如镜所照。		欲灼艾去之。亟覆以膏。	历四十余日，创益大，且痛不起。	
20/丙志卷九	应梦石人	席大光（帅蜀）梦中两人	遍体疮痍	丁母忧，将葬于青城山。梦两人入谒，行步重迟，遍体疮痍可憎，告曰："大夫人葬地，盖在温州……异时毕事，幸为我疗吾疮。"		既葬二年，又自为寿茔于左次。乃两石人卧其下，埋没既久，身皆穿穴。命和泥补治，而面立祠。		
21/丙志卷十一	李生虺瘤	李生 浮梁人	得背痒疾 虺瘤		医者秦德立	取药傅其上，又滦一绢带绕其围，经夕瘤破，出虺斗许。	但一小药如箸端不合，时时虺涌出，不胜计，竟死。	

续表

编号/出处	篇名	病者	患病部位	发病缘由	治疗主体	治疗及应对	结果	时间
22/丙志卷一三	奉阇梨	奉阇梨僧	舌左右歧出，与元舌为三	年益老，患举音不能清，每当入道场，辄饮鸡汁数杯，云可以助声气。	医者	傅药制去之。	才旬日复然，则又施前术，凡至五六，最后不止，困剧。	
23/丙志卷一三	路当可得法	路君宝（知陈州商水县）子	疽发于背	以法篆著。比书一符错篆误，获错阶数级，仍有瘟疽之害。			凡四十九日乃痊。	政和（1111—1118）中
24/丙志卷一四	张五姑	张宗淑外舅女弟	丹瘤生左颊	梦（丈夫）席生自牖擤其头，觉而项痛，丹瘤生左颊。			卧病逾月，昏不能知人。	靖康（1126—1127）之冬以后
25/丙志卷一四	杨宣赞	杨氏宣赞舍人	疮发鬓间，疮毒大作，瘇一面满一面	平生喜食鸡，所杀不胜计。家所养鸡忽中夜长鸣，大恶之，明日杀而炙之，复以充馔。			溃汁流至喉下，嗍肌成穴，殊与鸡受刀处等，鲜血沾滴无休时，竟死。	

续表

编号/出处	篇名	病者	患病部位	发病缘由	治疗主体	治疗及应对	结果	时间
26/ 丙志卷一六	异人疗疽方	京师人	背疡七十余头		众医，歙县丞胡权	"治痈疽内托散方"（胡权）亲治与服。	经月良愈。	宣和七年（1125）
		一老人	瘇发于胸			"治痈疽内托散方"服药一日瘇即散。	明日平复如常。	
		一翁	发脑		医	不肯信此方。	殒命医手。	
		其子	发脑（与父之状不异）			"治痈疽内托散方"纵酒饮药焉。	酒醒而病已去。	
27/ 丁志卷三	洛中怪兽	洛阳人（未知多人）	疮痏	西洛市中忽有黑兽，夜出昼隐，能抓人肌肤成疮痏。明年而为金房所陷。				
28/ 丁志卷三	胡大夫	胡大夫 信州守	疽发于背	（信州）厅事的怪异之事。			病三日而卒。	
29/ 丁志卷四	戴世荣	戴世荣 武翼郎 建昌新城富室	足患小疽	家忽生变怪。			不数日疽溃而死。	绍兴三十二年（1162）
30/ 丁志卷五	灵泉鬼魅	王抚干 字田功（建阳人）	疽发于背	（王居灵泉寺）寺前，巨木十余株，王将伐为薪，呼田仆操斧，木中血流。		既死，祟扰不去。众为别祭处以谢之，令蔚然成林。祟始息。	死	绍兴十三年（1143）

续表

编号/出处	篇名	病者	患病部位	发病缘由	治疗主体	治疗及应对	结果	时间
31/丁志卷五	鱼病豆疮	溧水县高淳镇的黄额鱼	遭疫，皆患豆疮，或遍身，或头尾口眼间。				踰月方复，然有毒，平居人畏，不敢食也。	
32/丁志卷六	僧化大赋	陈茂秀才（建阳人）	疮痍遍体	院僧德辅，戒律颇严。陈之徒扰之已甚，稍不副其欲，德润于陈。陈遂撰《僧化大赋》播辅白昼化为，具辅于外。铺不胜忿，口业招谴，陈得疾。			不复能聚徒，困悴以死。	
33/丁志卷八	颊瘤巨虱	临川人	瘤生颊间	虱瘤	病者	痒不复可忍，每以火烘炙，则差止，已而复然。	极以患苦。	
					医者	此真虱瘤也，当剖而出之。取油纸围项上，然后施砭。瘤才破，小虱涌出无数。	略无瘢痕，但瘤所施障处正白尔。	
34/丁志卷八	赵监庙	赵监庙（建昌寄居）	遍体生异疮	赵素有羸疾，买鹿三四头，日取一枚，以长铁管插人其肉间，少顷血凝满管中，乃取饮之。鹿日受此苦，血尽而死。	病者	痒无以喻，必以竹管之疮中，注沸汤灌之，痒方忘。终日不暂宁。	两月而卒。	

续表

编号/出处	篇名	病者	患病部位	发病缘由	治疗主体	治疗及应对	结果	时间
35/丁志卷九	舒懋育鳅鳝	舒懋临安浙江人卖鱼饭为业	遍身生疮	多育鳅鳝鮝器中，旋杀旋烹。			痛楚特甚，后一月乃死。	乾道五年（1169）
36/丁志卷九	张颜承节	张颜承节郎（京师天汉桥）	头颅肿溃如盖	前年中秋节事：是年部江西米纲，方命酒江西赏月，俄而骤雨，怒其来缓，令仆夫取雨具，抛所执注斧，掷之中额。（仆夫）妻抱幼子自投江中。仆既颅干非命，又痛妻儿之不终，诉诸幽府，许偿此冤。	医	傅药。	累旬方小愈。疮成痂而痒不可忍，势须勤爬搔，则又肿溃。踰年不差、殆于骨立。	宣和年间（1119—1125）
					都水监社令史（恶疮药）	无用药为也。（吾亦极力调护，但负命之冤，须待彼肯捨与否。有司固不可得而强。）	即陨坠于下，头缩入项间而死。	
37/丁志卷一〇	徐楼台	富人江舜明（溧水县蜻山）	背疽发		当涂外科医徐楼台（累世能治痈疖）	法当涂擦，以针刺其疮五寸许，如钱缗大，点药插疮中。（便出脓才溃，痛当插人已适一定。立捨，纸拔去，更及拔去，血液交涌如泉，呼声浸低。）	家人视之，盖已毙。脓出犹不止。	绍兴八年（1138）

续表

编号/出处	篇名	病者	患病部位	发病缘由	治疗主体	治疗及应对	结果	时间
38/丁志卷一〇	符助教	符助教 宣城符里镇人（善治痈疽）	背 大疽如盌	病者疽不毒，亦先以药发之，前后隐恶不胜言。（黄衣）举所执藤棒点其背。			呼募七昼夜乃死。	
39/丁志卷二三	叶克己	叶克己寿昌人（其父大夫叶将）	大疽发于阴尻间	病赤目，大小便皆结塞。遇一僧，施剂治药十两许，渍以酒使服。肠胃痛彻，呕哕颠盆，有物坠于内，乃腐肠也。俄大疽发于阴尻间，穿七药，粪溺自其中出。	道人	烧通赤火箸制人尾间六七寸，继以冷箸涂药，随傅之，数反。又烧铁刨疽上，皮皆焦落，然后掺药填六窍而存其一。	财两夕，疮痂尽脱，所格处肉已平，六药皆盈实，腹内别生小肠。凡无肠而活者四十二年。	
			疮复发于脐下				洞腹乃死。	
40/丁志卷一七	阎罗城	郑氏 襄阳南漳人 张瞒（世工医）之妻	腰下忽微疼继生巨疮	（张瞒夫妻做梦到阎罗城舍）腰在更二十。（梦醒后）语所梦，无不同者。才数日，郑氏腰下忽微疼，继生巨疮。			凡十日脓始溃，又十日方瘳。	绍兴十八年（1148）

续表

编号/出处	篇名	病者	患病部位	发病缘由	治疗主体	治疗及应对	结果	时间
41/丁志卷一七	王稹不饮	王稹 严州观察判官	疽发于背	（王稹）到官府中，有据案见诘者曰："某时某事某人不应坐某罪，汝何得辄断之？"对曰："此郡始末存。"一卒趋而出，俄顷项已持文案来。王者曰："汝果无罪，几误杀汝，今遣汝归。"及瘳，腥血交流，疮已溃，即日遂瘳。			背两瘕相对，如尝受刑者。	
42/支甲卷一	普光寺僧	元晖僧	腰脊之下尾骨，短驴尾自皮肤间崛出。	既作僧，为街坊土，嗜酒不检，一意狎游。	扬医孔彦璋	家人议饮杀之，寺僧畜于厩中。	凡十年方死。	
43/支甲卷二	宿迁诸尹	周、郭两秀才（周，县令）（郭，县丞）	疽生于背	宿迁大姓尹氏，当丧乱氏时，聚其族党起兵，获其祖宗御咎与官胸诸物，置于家，未暇贡于朝。同里周、郭两秀才诬告有司谓私畜禁省服御，诸尹皆禁弃市。周以功得本县令，郭为丞。（后末）壮卒五人，正身发疽，中周、尹之胸。经师，中周尹之背。			月余而死。	靖康之变前后

续表

编号/出处	篇名	病者	患病部位	发病缘由	治疗主体	治疗及应对	结果	时间
44/支甲卷四	双头莲	贾安宅大观三年状元	疮疡遍体	知州差遣，其子万石梦人告曰："尊公已降秩官矣。"……恍思前梦，疑仕宦止此，绝恶之。还南城，未几，疽发背而死。				大观二年（1108）
45/支甲卷一○	王仲共	王仲共以朝奉郎知武冈军	疽发背				死	淳熙年间（1174—1189）
46/支乙卷四	小红琴	王卿月宗正少卿	疽发背间	自泸南召选为宗正少卿，从牙侩得一善琴小鬟……才两月，被命使出金国门，到姑苏，疽发背间。			未及扬州十里而卒。	绍熙三年（1192）
47/支乙卷五	张小娘子	章县丞祖母（章惇传妾）	疽发于背	服丹药毒发所致。	秀州外科张生妻张小娘子（神人授以《痈疽异方》）	张先赍其疗，而以盏贮所泄脓秽澄浮而视之，其疑处红如丹砂，势难疗也。	章母旋以此终。	

续表

编号/出处	篇名	病者	患病部位	发病缘由	治疗主体	治疗及应对	结果	时间
47/支乙卷五	张小娘子	娄夏卿之妾	项生一疽甚恶		村医	先：灼艾，俄努肉隆起如卷。后：复涂药线系扎，半日许，卷随线堕，然转手再结。	凡数旬，竟死。	
					张小娘子	此名翻花痔，人世患者绝少。吾方书亦不载治法。		
48/支乙卷五	顾六嘉者	秀州顾六嘉家方隅禁神（金神七杀）	举身成痈疽	为此老（顾六嘉）恃富无义，穿掘井地，无时暂宁，使我举身成痈疽。		（非藉膏油滋润，则痛楚不可言。）		
49/支乙卷六	罗伯固脑瘤	何伙翁	生瘤于鼻		道人（襄阳）	授以药如栗米粒，使是夜经用针剂小穴置药焉。	治晓，瘤已失去。	
		罗伯固士人	脑后生一瘤		扬医（婺源）	涂药线系瘤际再匝，缚其末，……有皮囊一出，片在傍，扣其瘤，已不见。	脑外略无瘢痕。	

续表

编号/出处	篇名	病者	患病部位	发病缘由	治疗主体	治疗及应对	结果	时间
50/支乙卷七	王牙侩	王三牙侩	臀生赤丁疮约满百	鄱阳乡民郑小五合宅染疫疠,欲召医巫买药,但得一毡笠,倩王三三鬻之,可值千钱。王乃隐其事,即得病,昏不知人。(到瘟部)遂遭皮鞭一百。			困卧几月,始复初。	乾道七年(1171)
51/支景卷八	茅山道士	某郡一士人	热证已极,气血消烁且尽,自此三年,当以背疽死。		扬州名医杨吉老	不可为矣。	经一岁,复往扬州,杨医见之,惊其颜貌腴泽,脉息和平。	
					茅山观道士	日日买好梨一颗,如生梨已尽,则取干者泡汤饮之,仍食其滓。		
52/支景卷一〇	公安药方	向友正江陵长使摄公安令	痈发于胸膈间		似梦非梦见一伟丈夫(关王)传药方与之。	用末药,瓜蒌,乳香三味,以酒煎服之。	不终剂而痊。	淳熙八年(1181)

续表

编号/出处	篇名	病者	患病部位	发病缘由	治疗主体	治疗及应对	结果	时间
53/支丁卷三	虞一杀螺	渔人虞一（奉化海上）	右手背生恶疮	以取研螺为生。每得时，率用生丝线作圈套其上，候吐肉出，则尽力系绳之，急一拨，了无余蕴。		追悔前业，誓不复作为。（遂弃妻子，舍身为苄家奴。）	久之乃愈。	
54/支丁卷八	王氙工氙异	王六八 松阳民 处州箍缚盘甑为业	掌心、手背抓之成痛，久而攻透手背。	至缙云，腰间甚痒。打得一虱。戏钻甑成药，纳甑氙子中，一岁，又如缙云。忽忆前所戏，开药视之，虱不死。遂唰掌心，血微出，痒之成痛。抓之成痛。		无药能疗。	死	
55/支戊卷五	任道元	任道元 福州人 故大常少卿文孝之长子 受官出仕	左耳后痒且痛，一疮如栗粒。	少年慕道，行天心法，甚著效验。任受官出仕，于奉真香火，不之敬，浸以疏懈。不谨，贪淫兼行，罪在不赦。		深悼前非，磕头谢罪，百拜乞命，愿改过自新。	疮益大、头胀如栲栳。死。	淳熙十三年（1186）
56/支戊卷五	鳖症	景陈弟长子拱	胁间忽生疽毒		德兴古城村外科医洪豆腐（砭改痈疽如神）	使买鲜虾为羹以食。求其所好以尝试之耳。乃合一药，如疖胃者，而破附子末二钱投之，数服而消。	明年，病复作，但治，朴治，遂绝根本。	

续表

编号/出处	篇名	病者	患病部位	发病缘由	治疗主体	治疗及应对	结果	时间
57/支戊卷一〇	芜湖王氏痴女	刘知县之子（芜湖王氏家赘婿）	忽生疽于背	临川王氏支派，有散居芜湖者，其一无嗣而亡，有（痴）女及嫁，赘刘子于家。刘之家资在饶者为恶婿所荡，至售其妻为人侍妾。（后来）王人无以为依，快快而死。刘遂别娶妇。	医巫	莫知为何等祟孽。	病逾月，经不起。	庆元二年（1196）
58/三志己卷七	杨医手法	江东提刑	左股发痈	（亦有此扰）	医	此非剚破不可。磨半破小钱，置之吞下，伺隙用之，则痈已穿决，出脓血斗余。	痛遂止，能起立。	绍兴（1131—1162）初
		赵从善冶铸使			医黄裳	预藏小刀长二寸者于其席下，密取出，如前所云，遂去矣。	（两者皆得厚谢。）	
59/三志己卷八	杨立之喉痈	杨立之（自广府通判归楚州）	喉间生痈	官南方，必多食鹧鸪，此禽好啗半夏，久而毒发，故以姜制之。今病源已清，无用服他药也。	医者杨吉老	此疾甚异，须先啗生姜片一斤，乃可投药。	脓血顿尽，粥饵入口无滞碍。	淳熙（1174—1189）末

续表

编号/出处	篇名	病者	患病部位	发病缘由	治疗主体	治疗及应对	结果	时间
60/三志壬卷九	刘经络神针	盛皋 崇卫幕士	肺痈（胸膈噎塞刺痛）		殿前司外科刘经络	艾炷汤剂，力所不及，须当施火针以攻之。于是取左右两针，煅火中。把笔点当三右臂上两穴，隔以当三大钱，先针以当三大钱，入数寸。后针其左，针其右。使略倒身，从背微搦之，俄血液倾出如涌泉。	第三日，毒已去矣。三二数便当尽。日间，履地无所患苦也。	乾道元年（1165）
61/补卷一八	张中书	张悫 中书侍郎（福州）	忽发际生疡，浸淫及顶，巍然若高阜，结为三十六疮。	壮岁时无日不服丹砂。			卒	
62/再补	姜附治痈	时康祖 广德宰 后授温倅	左乳生痈，继又胸臆间结核。		张王，检阅《本草》，访医者	但用姜自然汁，制香附服之。遂用香附去毛，姜汁浸一宿为末，二钱米饮调。	才数服，疮脓流出，肿便消，自是渐愈。	

再论宋真宗回銮碑的生成过程与景观意义

苗润博

公元 1004 年宋辽缔结澶渊之盟,开启了百余年南北对峙、和平共处的局面,对此后千年的历史进程影响深远。记载这一重大历史事件的传世文献可谓浩繁,而真正与之直接相关的文物资料却少之又少——矗立在河南省濮阳县御井街的回銮碑无疑是其中最为重要的一件。此碑之额今已不存,碑体高 2.3 米,宽 0.84 米,厚 0.26 米,曾断为两截,有水泥粘合修复之迹,碑刻内容为宋真宗在澶渊之盟后所作"回銮诗",下部文字已尽数脱落,仅上方残留五行三十一字尚可辨识,首行曰"契丹出境",次曰"我为忧民切戎车",三曰"霜锐旅怀忠节群",四曰"祥继好安边境",五曰"上天垂助顺回斾",皆为阴刻行草,字体秀丽。1963 年河南省将此碑列为省级文物保护单位,2017 年当地政府以之为中心建成"澶渊之盟纪念馆",2019 年此碑入选第八批全国重点文物保护单位。

关于这一重要历史遗迹,除了濮阳当地的文化宣传和旅游介绍外,学界关注颇为不足。较早的相对严肃的文字为宋立凯、靳庆祥《濮阳契丹出境碑》[①],该文根据清代方志著录补全了碑文内容,又据残碑首行定名为"契丹

---

① 宋立凯、靳庆祥:《濮阳契丹出境碑》,《中原文物》1980 年第 3 期,第 61 页。

出境碑"，亦称"回銮碑"，认为此乃真宗即将班师回朝时作诗，命寇准书写，当时即镌石于澶州城内。这一观点代表了相当长时间内的主流认识。真正取得实质性学术推进的是郭爱民，他在 2004 年"澶渊之盟一千周年国际学术研讨会"上发表《宋"契丹出境"碑辨疑》一文，根据《玉海》"景德北征回銮诗"条的记载，首次正确指出该碑建立时间并非真宗朝而在仁宗朝，亦非寇准书写而是真宗御笔，同时根据嘉靖《开州志》所记回銮诗纠正了清代方志的文字错讹①。此后他又陆续发表多篇文章，并尽力网罗与此碑及澶渊之盟有关的史料、诗文，详加注释，终于 2019 年编成《回銮碑诗文选》一书②，是关于这一重要文物的最新研究。郭氏的一系列成果用力之勤、开创之功值得充分肯定，不过，经过进一步的搜讨史料和实地勘查，我们认为关于回銮碑的生成过程、景观意义及其背后的历史情境，均有较大的深入空间，值得再加探讨。

一、回銮诗的传世版本与完整题名

回銮碑残文有限，须结合传世文献方可能窥其原貌。现存关于宋真宗此诗具体内容的最早记录见南宋王应麟《玉海》"景德北征回銮诗"条："（景德元年，1004）十二月庚辰，契丹使韩杞请盟。乙酉，御行营南楼，观大河，宴从臣。丙戌，遣李继昌使契丹。戊子，燕从臣于行宫，上作北征回銮诗（诗曰'锐旅怀忠节，群胡窜北荒。坚冰销巨浪，轻吹集佳祥。继好安边境，和同乐小康'），命近臣和。甲午，驾发澶渊。戊戌，还京。"③此处交代了回銮诗的创作因由及前后史事，并夹注诗文六句。《全宋诗》即据此收录，题曰"北征回銮诗"④，后续集中订补者亦无异辞⑤，似皆以《玉海》所载即为该诗全貌。然是诗在明清方志中实作十二句，其中年代最早者乃明朝正统间修《大名府

---

① 该文后收入张希清等主编：《澶渊之盟新论》，上海：上海人民出版社，2007 年，第 143—150 页。

② 濮阳县档案局（馆）编：《回銮碑诗文选》，郑州：中州古籍出版社，2019 年。

③ 王应麟：《玉海》卷 30《圣文》，扬州：广陵书社影印浙江书局本，2003 年，第 578 页下。

④ 北京大学古文献研究所编：《全宋诗》，北京：北京大学出版社，1998 年，第 2 册，第 1181 页。

⑤ 张如安：《〈全宋诗〉订补稿》，北京：群言出版社，2005 年；陈新等：《全宋诗订补》，郑州：大象出版社，2005 年；汤华泉：《全宋诗辑补》，合肥：黄山书社，2016 年。

志》所录《宋真宗御制回銮之什》："我为忧民切，戎车暂省方。征旗明爱日，利器莹秋霜。锐旅怀忠节，群胡窜北荒。坚冰消巨浪，轻吹集嘉祥。继好安边境，和同乐小康。上天垂助顺，回斾跃龙骧。"① 此后诸本《大名府志》及《开州志》所录大同小异，仅个别文字有出入，且皆可证系后出版本之误。正统《大名府志》所录与回銮碑残文吻合，而此完整文本不见于方志以外的其他文献，则明清方志系统的最初史源很可能是回銮碑上所刻原文，惟方志陈陈相因，此碑断烂年代又不可考，暂难推定正统志所录是直接抄自原碑还是因袭前代旧志②。

　　从时人记录亦可看出，方志系统之文本应更符合真宗诗作原貌。澶渊一役，翰林学士杨亿扈从銮驾，其《武夷新集》中保存了多份与真宗回銮诗有关的文字，最重要的是《奉和御制〈契丹出境将议回銮〉五言六韵诗》："戎辂巡河右，天威詟鬼方。五营开细柳，三令凛飞霜。氛祲消千里，声明耀八荒。灵旗风助顺，黄道日呈祥。偃革边关静，回銮海县康。欣陪从臣末，归踥奉高骧。"③ 此诗显即上引《玉海》所谓"命近臣和"的结果，诗题称"五言六韵"即十二句乃是唐以来宫廷唱和诗之通例，韵脚自与原诗全同，末句"欣陪从臣末"云云更点出作者身处现场的情形，可知正统《大名府志》所载当为原诗全貌，而《玉海》所见六句只是王应麟摘录的局部文本④。

---

　　① 李辂修：(正统)《大名府志》卷7"诗"，日本内阁文库藏正统十年(1445)刻本，叶1A。

　　② 明代孙巨鲸修嘉靖《开州志》卷9录郡人刘玭诗有云"断碑御制全犹是，遗井甘泉想昔时"(嘉靖刻本，《天一阁藏明代方志选刊》第67册影印，上海：上海古籍出版社，1964年，叶83A)，"遗井甘泉"即俗传真宗驻跸时所挖御井，"断碑御制"即指井边之回銮碑，刘玭乃正德十四年(1519)进士，其作诗之时所见已有残断。

　　③ 杨亿：《武夷新集》卷1《奉和御制〈契丹出境将议回銮〉五言六韵诗》，台北"国家图书馆"藏明武水陈璋校刊本，叶2A。

　　④ 前揭《回銮碑诗文选》(页3、201—202)认为该诗存在从即兴之作到扩写修改的过程，即真宗当时在澶州行宫设宴时所作仅为《玉海》之六句，盟约缔结或回到开封后又增补为十二句。按《玉海》抄撮群书，摘录节引是其处理材料的常用手段，回銮诗中如"消"作"销"、"嘉"作"佳"的同音异形亦属传写过程中的习见问题，与原诗的创作过程并无关涉。

更为重要的是，杨亿和诗还揭示了真宗原诗的完整题名。关于此诗之名，李焘《长编》称"回銮诗"①，《玉海》作"北征回銮诗"，正统《大名府志》称"御制回銮之什"，正德《大名府志》、嘉靖《开州志》以下之明清方志皆引作"回銮诗"或"回銮碑"，此类泛称显非准确诗名，与原碑残文首行所题存在不小的距离。上引杨亿和诗题作《奉和御制〈契丹出境将议回銮〉五言六韵诗》，无独有偶，杨氏《武夷新集》收录《两制谢赐御诗状》一篇，首称："今日入内内侍高班赵诚信至，奉传圣旨，赐臣等《契丹出境将议回銮》五言六韵诗一首，令依韵和来者。"②此当为真宗赐诗后杨亿代表内外两制所写的答谢状，其中所称御诗之名与杨氏和诗不差分毫，两相印证可知，《契丹出境将议回銮》当即真宗诗作原题。此外，杨集中另有《代中书乞免和御诗状》称"今日中使至，伏蒙圣慈赐臣等御制《契丹出塞将议回銮》五言六韵诗一首，令和来者"③，此处诗题与上引两篇有一字之差，然表义无甚分别，并不影响我们的基本判断：现存碑文首行所见"契丹出境"四字实非完整题名，此下原本当有"将议回銮"四字，这大概也是该诗每每被简称作"回銮诗"的缘由所在。事实上如果仔细观察，现存碑石首行"契丹出境"四字下尚可依稀看到少量残迹，与"将"字最上方笔画颇为契合。要之，此碑原题当为"契丹出境将议回銮"八字，今首行所存四字只是碑石断烂、文字漫漶的结果，不足以概括诗作的完整义涵，"契丹出境碑"的通行称法恐怕并不妥当，实有必要据《武夷新集》的三处著录补足全称，以使"名从主人"。

综合本节考证，参照残碑拓片（图 1），试将回銮碑原本文字排列结构大致复原如图 2。此外据拓片可知，自"我"字上端至"境"字下端高 1.32 米，约占原碑一半篇幅，则可粗略推定全碑文字部分高 2.6 米左右，加上天头地脚，原本碑体当较今残存之 2.3 米高出约半米。

---

① 李焘：《续资治通鉴长编》（简称《长编》）卷 58，真宗景德元年十二月戊子，北京：中华书局，2004 年，第 1293 页。

② 杨亿：《武夷新集》卷 17《两制谢赐御诗状》，叶 17A。

③ 杨亿：《武夷新集》卷 17《代中书乞免和御诗状》，叶 16A。

图 2　回銮碑文本结构复原

契丹出境将議回鑾

我爲憂民切戎車暫省方征旗明愛日利器瑩秋
霜鋭旅懷忠節群胡竄北荒坚冰消巨浪輕吹集嘉
祥継好安邊境和同樂小康
上天垂助順迴斾躍龍驤

图 1　回銮碑残文拓片　　　　　图 2　回銮碑文本结构复原

二、宋代御书刻石传统与回銮诗的两次立碑

从真宗作《契丹出境将议回銮》到今天所见到的御书回銮碑刻,诗歌载体发生了重要转变,这一过程实与有宋一代御书刻石传统的形成与发展密不可分,这是以往论者未曾注意的面相。赵宋以前,皇帝御书偶有上石之举,然远未形成规制。天水一朝建立后,作为文献载体的石刻逐渐被赋予更多的文化意义和政治内涵,御书刻石即是典型的代表,承担了圣化皇权、宣教社会的功能。至晚自太宗朝开始,宋廷即大量利用刻石来复制皇帝的书法作品,原石多藏于秘阁,拓本则分赐群臣及宫观寺庙;至真宗朝,御书刻石的范围不再局限于临摹前代法帖,而将皇帝亲撰祭祀、纪功之类诗文纳入,蔚为大观,此后相沿为习,形成定制①。也就是说,真宗朝正是将御书御制之

---

① 参见程章灿:《石刻刻工研究》第五章《宋代刻石文化与民间及官署刻工考》,上海:上海古籍出版社,2008 年,第 91 页;刘东芹:《宋代御书刻石制度与皇权的巩固》,《中国书法》2019 年第 2 期,第 192—195 页。

作批量镂于碑石的制度起点。

天禧四年（1020）十一月，"诏从丁谓等请作天章阁奉安御集"，五年三月阁成，除收录御书御制诗文草本外，又"以御书石本为九十编，命中使岑守素等主其事"，"藏天章阁"，至四月毕功①。所谓"御书石本"即将皇帝手书刻石而后拓为墨本，共九十编。《直斋书录解题》著录《真宗御制碑颂石本目录》一卷，凡九十名件，乾兴所刊板"②，所谓"乾兴所刊"与史不合，不过这条记载明确指出九十本皆为真宗手笔，而不涉太祖、太宗两朝。《玉海》"三圣御书"条提到真宗时曰："御书石本九十轴，藏天章阁。　景德三记、祥符七条　龙图有歌诗、清景有书事、元良有述、六艺有箴，《正说》《春秋要言》《承华要略》，欹器之论，三惑之歌、玉宸殿四谕五论。　龙阁有赞、泰山有铭、庇民有述、书籍有记、箴著自戒、歌写念农。　宸翰则真游太极之篇、澶渊回銮之诗、汾阴铭记。"③这段文字乍看来似是详述天章阁所藏御书石本的具体篇目，其中末句"澶渊回銮之诗"当即本文所论《契丹出境将议回銮》，则该诗在真宗在世时已然刊刻。不过，细审之下犹有疑焉。《玉海》一书乃杂糅不同资料而成，拼合后的文本不能看作铁板一块的叙述，上引文段中各句间多有空格，暗示了可能存在不同来源，首句"御书石本九十轴"与其后各句并非统属关系而是并列关系，且其中包含真宗著书若干，如《正说》凡十卷，《春秋要言》三卷，《承华要略》十卷，这些显非真宗手书，更不可能全书勒石。末句开首有"宸翰"二字，指真宗亲笔墨迹，然此段主题本就是御书，按理说自"景德三记"以下皆应属"宸翰"之列（事实情况并非如此），末尾之强调只能理解为该句与前文所据史源不同，且抄撮之际未及整饬划一，留下了文本缝隙。要之，《玉海》此段恐系杂录关于真宗著作、御书的不同记载，从中可知回銮诗确有真宗手迹存于天章阁，至于是否属于天禧五年所刻御书石本九十轴的内容则未可遽断。

有证据显示，真宗御书回銮诗的首次刻石、入藏天章阁可能要晚至仁宗

---

① 刘琳等点校：《宋会要辑稿》崇儒 6 "御制"，上海：上海古籍出版社，2014 年，第 2861 页。

② 陈振孙撰，徐小蛮、顾美华点校：《直斋书录解题》卷 8 "目录类"，上海：上海古籍出版社，1987 年，第 232 页。

③ 王应麟：《玉海》卷 27《帝学》，第 540 页下。

庆历年间。据《长编》载,庆历八年(1048)三月甲寅,"幸龙图、天章阁召近臣、宗室观太宗《游艺集》、真宗幸澶渊诗碑及三朝瑞物"①,所谓"幸澶渊诗碑"显即回銮诗之刻石,相应史事在《玉海》中被表述为"幸二阁召近臣、宗室观太宗《游艺集》及三朝瑞物、新刊真宗幸澶州回銮诗碑文"②,与李焘所记大体相同而多出"新刊"二字。按《长编》《玉海》两处记载之史源当皆为宋朝实录或国史,只不过采撷各有不同,后者所见"新刊"二字当非王应麟妄加,而是保留了更为原始的信息③。自天禧五年至庆历八年不足三十载,其间天章阁未经水火兵患,倘回銮诗于真宗生前已经镂刻,断不至有"新刊"之举,由此看来,该诗上石乃是仁宗中期以后的事情。彼时天章阁已由单纯的收藏之所演变为经筵、召对乃至政务决策之要地④,其中所藏御书石刻成为仁宗君臣时常观摩的对象,回銮碑于庆历八年增与其列,实与历史情境的变化有密切关联,后文将有进一步解说。

区别于天章阁中的其他真宗御书石刻,回銮诗在仁宗晚年又经历了第二次立碑,也就是澶州回銮碑的营造。此次立碑固然属于御书刻石传统在地方的延伸,但又不再只是作为御书御制诗文石刻群中的一员,而是与真宗御容殿的修造结合起来,呈现出独具一格的特殊性。皇祐五年(1053),应殿中丞、通判滁州王靖之请,于滁州、并州、澶州分设太祖、太宗、真宗三圣御容殿⑤,其中设于澶州者名信武殿。关于此名由来,仁宗有诏曰:"恭惟真宗归契丹于澶州,是偃武之信也,宜即其旧寺建殿,名曰信武殿。"⑥所谓"即其旧寺建殿"在《长编》中明确记为奉安真宗于"澶州开福院信武殿"⑦,则此信武殿建在开福院中。时任翰林侍读学士的胡宿作《澶州信武殿告迁权奉安

---

① 李焘:《续资治通鉴长编》卷163,第3922页。

② 王应麟:《玉海》卷27《帝学》,第538页下。

③ 按《玉海》乃杂抄诸书而成,时常会有拼合失当之处,惟其书随意篡改、无故增加信息之例则较为罕见。

④ 参见汪潇晨:《从"天章召对"到"神御所在"——宋代天章阁政治职能的演变》,《河北大学学报(哲学社会科学版)》2017年第4期,第9—13页。

⑤ 李焘:《续资治通鉴长编》卷174,皇祐五年二月庚辰,第4197页。

⑥ 《宋会要辑稿》礼13"神御殿",第719页。

⑦ 李焘:《续资治通鉴长编》卷174,皇祐五年三月甲子,第4203页。

真宗御容青词》曰："伏以灵旐所次，原庙斯崇，主者上言，修廊云构，议迁法座，暂御梵宫。祇告于灵，孚鉴兹垦。"① 此文正为皇祐五年迁御容而作，其中所谓"原庙"即指御容殿，"暂御梵宫"即指开福佛寺，而回銮诗再次立碑的地点正在此寺院之中。

据《玉海》载，"至和二年三月丙戌诏：澶渊御制亲书回銮诗存于州廨，其令刻石藏之"，"嘉祐二年二月戊申，命宰臣彦博篆书澶州信武殿真宗御诗碑额"②。关于至和二年（1055）诏，南宋章如愚《山堂考索》记曰："仁宗至和二年诏：真宗幸澶渊，有御制亲书回銮诗存于州廨，其令刻石以藏之。"③ 两书所载诏文当同出一源，或即《三朝国史》之本纪，而《山堂考索》文字似更详明。据此看来，真宗当年曾有《契丹出境将议回銮》诗手迹留于澶州衙署，信武殿建成后两年，仁宗令当地据以刻石，又过了两年方由文彦博篆书碑额于信武殿，是为回銮碑正式树立之标志。这一过程表明，澶州所刻《契丹出境将议回銮》与天章阁所刻者并非简单的复制关系，可能是同时写就的一式多份，亦可能源于真宗不同时期的手迹，澶州碑出自缔结盟约后的即兴挥毫，天章阁藏本则是返京后重新书写的结果，如此同诗异书、分别上石的过程，在宋代御书石刻中恐亦属绝无仅有。

围绕回銮诗的再次上石，值得追问的是，该碑与真宗御容殿为何皆设在开福院中？此地与真宗究竟有何关联？《宋会要辑稿》存有一则关键史料："（景德元年）十一月二日车驾驻澶州，幸开福寺、城南临河亭。"④ 此处记录了景德元年末真宗在澶州临幸的两个主要地点。宋初澶州由黄河分为南北二城，据《长编》，真宗于景德元年十一月二十六日至澶州，二十八日始移御北城之行营，十二月一日见辽使韩杞于行宫前殿，三日幸城南临河亭，四日幸北寨，六日御行宫之南楼观大河，九日设宴于行宫，作回銮诗，

---

① 胡宿：《文恭集》卷33《澶州信武殿告迁权奉安真宗御容青词》，《四库提要著录丛书》影印北京大学藏清抄本，北京：北京出版社，2010年，集部第87册，第485页。是书今本乃四库馆臣自《永乐大典》辑出，通行《武英殿聚珍版书》本及《文渊阁四库全书》本皆已删落此篇。

② 王应麟：《玉海》卷30《圣文》，第578页下。

③ 章如愚：《山堂先生群书考索·前集》卷17《正史门·真宗北征回銮诗》，《中华再造善本·金元编》影印元延祐七年（1320）圆沙书院刻本，北京：国家图书馆出版社，2005年，叶11A。

④ 《宋会要辑稿》礼52"巡幸"，第1293页。

十四日再宴于行宫,十五日离开澶州①。两相对照可知《宋会要辑稿》"十一月二"下当有脱文,临河亭当为真宗在南城行幸之所,而开福寺则可能对应其在城北驻跸之行宫,真宗前后在此居住约半月,《契丹出境将议回銮》诗亦作于此,这应该是后来设御容殿、树回銮碑的缘由所在,历史发生地的相同造就了两种政治文化景观的合体。自正统《大名府志》以下,现存濮阳地区方志多称真宗曾于此筑皇城、挖御井,然当时两军对垒,真宗仅在澶州北城停留十数日,恐无暇筑城修井,方志所记当系讹传,或皆由驻跸开福院衍生而来。与此类涵盖区域较小的方志不同,雍正《畿辅通志》中反倒保留了相对准确的记载:"皇城,在开州城西南,宋真宗驻跸处,内有离宫,文彦博尝刻御题幸澶渊诗于其中。"②基本如实地反映出回銮碑所在地与真宗驻跸行宫间的渊源关系。另据嘉庆《开州志》引旧志,"宋皇祐中遣使奉安真宗御像于澶州,立原庙,金时毁"③,则信武殿毁于金代,未知彼时回銮碑是否已有残损。

将以上考证结果放置在相对长时段的脉络中,我们或许更能理解回銮碑的特别之处。单纯着眼于御书刻石的传统,宋以前御书石刻存世不多,以诗为主题者更属罕见,故回銮碑应是现存最早的御书御制诗刻,对于研究古代石刻文献的生成衍化过程具有重要意义;即就真宗本人而言,书法作品传世者甚鲜,特别是行草作品似仅此一见④,故极富书法史研究价值。同时亦需关注,北宋自太祖朝始设御容殿,至真宗朝大规模推行,其间基本构件仅为先帝圣像及配享功臣像,未见在御容殿外将御撰亲书诗文刊刻立石之先例,仁宗朝澶州信武殿与回銮碑的结合,使得原本各具象征意义的两种景观

① 李焘:《续资治通鉴长编》卷58,第1287—1296页。

② 唐执玉等修:(雍正)《畿辅通志》卷54"古迹·大名府",国家图书馆藏雍正十三年(1735)刻本,叶31A。检康熙《畿辅通志》尚无相关记载。

③ 李符清修:(嘉庆)《开州志》卷2"坛庙",国家图书馆藏嘉庆十一年(1806)刻本,叶16A。按明修《开州志》无相应记载,清前期惟康熙朝一修,检国家图书馆藏康熙《开州志》,其中卷4《秩祀志》记载祠庙之九、十两叶已佚,"宋真宗原庙"一则可能正在其中,即嘉庆志"旧志"之所指。

④ 传世其他真宗御书者如山西万荣县《汾阴二圣配飨铭》、郑州晋王庙《灵显王庙赞碑》、洛阳《龙门铭》及题额、钱币等皆或篆或楷,未见有行草之例。

构成效果叠加的意象群，传递出强烈的政治文化信号，其背后的历史图景亦值得深入剖析。

三、作为政治文化景观的回鸾碑

树立于宋仁宗嘉祐二年的澶州回鸾碑，是真宗御容殿的配套建置。那么，这一景观究竟反映出怎样的历史情境？透露出哪些政治文化内涵？我们应该如何理解其所具有的"纪念碑性"？本节试从两方面略加勾勒。

其一，三圣并尊与祖宗形象的塑造。

仁宗朝是北宋政治文化体系基本定型的时期，"祖宗之法"的概念被正式提出①。关于这一问题，以往研究似乎关注不足的是，当时的政治话语常常将太祖、太宗、真宗三者打包为一个整体，齐举并尊，各有侧重，共同构成神圣的"祖宗"形象。刘后称制时，三圣并举就被士大夫用作对抗女主的政治资源，如王曾即称："太祖、太宗、先帝之天下，非刘氏之天下也！奈何使两宫异位，不共天下之政？"②成书于天圣八年（1030）的《三朝国史》与成书于明道元年（1032）的《三朝宝训》或许也可以在此视角下观察到别样的意味。这样三圣并尊的倾向在明道二年仁宗亲政以后表现得愈加明显，景祐二年（1035）十一月，仁宗亲政后首次南郊，"祀天地于圜丘，以太祖、太宗、真宗并配，大赦天下"③，一改配侑一主的古制，出现所谓"三圣并侑"的局面，且在皇祐五年（1053）著为定制④。景祐二年之祀，礼官宋祁曾上《祖宗配侑议》，历数三圣功业，其实就是从历史形象的角度为礼典革新寻求依据。

---

① 邓小南：《祖宗之法——北宋前期政治述略》，北京：生活·读书·新知三联书店，2006年，第362—369页。

② 孙逢吉：《职官分纪》卷3"沮太后临朝"，台北"国家图书馆"藏明抄本，叶26A。王称《东都事略》卷51（《"国立中央图书馆"善本丛刊》影印南宋眉山程舍人宅刻本，台北："中央图书馆"，1991年，第763页）引首句作"太祖、太宗之天下，非刘氏之天下也"，疑夺"先帝"二字；朱熹《五朝名臣言行录》卷5之1《丞相沂国王文正公》引《政要》（《中华再造善本·唐宋编》影印宋淳熙刻本，叶5B）作"天下者，太祖、太宗、先帝之天下，非陛下之天下也"，表义亦不若《职官分纪》确当。

③ 李焘：《续资治通鉴长编》卷117，景祐二年十一月乙未，第2762页。

④ 李焘：《续资治通鉴长编》卷175，皇祐五年八月，第4230—4231页。

此外,冠以"三朝"之名的著作在这一时期更加集中地涌现出来,包括庆历三年《三圣政范》(亦称《三朝政事》)、庆历四年《三朝太平宝训》(又称《三朝政要》)及皇祐元年《三朝训鉴图》等。仁宗亲政后并尊三圣的举动,一个重要意图或在于与刘太后进行切割,拉开距离,以辟新局;跳过刘氏,重归三圣,似可视作总结赵氏家法、塑造祖宗形象的最初因由,而实际的做法则表现为分别选取三圣的光辉业绩、历史片段,加以连缀、编织,形成一套完整的历史叙述。这样的意识形态经营始于刘后问题,却并未因该问题的解决而终结,而是逐渐延伸、衍化为整个王朝的核心政治文化,前文所论皇祐五年真宗御容殿信武殿的设立,只有在此脉络下方能得到充分的理解。时仁宗谓辅臣曰:"朕览自古帝王凡起义及立功之地皆崇建浮图,以旌示后人,如唐太宗之诏是也。恭惟太祖擒皇甫晖于滁州,是受命之端也;太宗取刘继元于并州,是太平之统也;真宗归契丹于澶州,是偃武之信也。功业若此而神御缺然,是朕不能显扬祖宗之盛美也。"[1] 在这套话语中,滁州、并州、澶州被选为三圣"起义及立功之地",建御容殿以"旌示后人",正为逐一剪裁历史叙述,同时又遥相呼应,构成整体的教化体系。

　　三圣之中,真宗距仁宗朝最近,历史形象的采撷与塑造亦最为棘手。就真宗本人而言,最看重的功业当然是天书封禅、汾阴之祀,其次才可能提到澶渊之盟,但在仁宗君臣那里似乎从一开始即有意淡化天书之类事件的影响。真宗死后不久,刘后及仁宗即用王曾、吕夷简之议,以天书从葬永定陵,称"殊尤之瑞,专属先帝,不可留于人间"[2]。至上引景祐二年(1035)宋祁《祖宗配侑议》述及真宗功业时曰:"真宗皇帝,乾粹日昭,执竞维烈,重威抚和,休宁北方。顺斗布度,先天作圣。遂考夏谚,乩虞巡,秘牒岱宗,育谷冀壤,翕受瑞福,普浸黎元,肖翘跂行,罔有不宁。百度已备,眷授明辟。"[3] 将"重威抚和,休宁北方"作为真宗首功,"秘牒岱宗""翕受瑞福"云

　　① 李攸:《宋朝事实》卷6 "庙制",《景印文渊阁四库全书》,台北:台湾商务印书馆,1986年,第608册,第76页上。

　　② 李焘:《续资治通鉴长编》卷99,乾兴元年八月己卯,第2297页。

　　③ 吕祖谦编,齐治平点校:《宋文鉴》卷105《祖宗配侑议》,北京:中华书局,1992年,第1452页。

云虽仍在列,但排序靠后。现藏台北故宫的《景德四图》被认为源出皇祐元年编成的《三朝训鉴图》[1],以图画形式集中反映真宗的重要事迹,包括《契丹使朝聘》《北寨宴射》《舆驾观汴涨》《太清观书》四幅,前两者皆与澶渊和戎有关。很显然,仁宗是将澶渊和戎开出太平盛世作为塑造真宗形象的重中之重,认为此功足与太祖创业垂统、太宗混一华夏相提并论、联贯传承,而澶州信武殿的设置,特别是回銮碑的建立,正可看作当时一系列政治文化符号的关节所在,基本上确立了围绕真宗历史形象的宣传口径,永久地昭示于后人。

其二,庆历增币与华夷秩序的强调。

景德元年澶渊之盟,宋辽约为兄弟之国,宋助辽军旅之费岁币三十万。对于此次盟约,到底是盛世和戎还是城下之盟,当时即有争议,但主流声音仍是神佑天助以开万世太平,这样的幻想直到庆历增币后方化为泡影。庆历二年(1042),辽朝乘宋夏战争之机大兵压境,索取关南地,迫使宋廷将岁币增至五十万,且往来国书以"纳"称之,似有以下事上之意,象征着澶渊盟后的平等体制有所松动,对南北双方都产生巨大影响。在辽朝看来,此举无异于宣示其地位高于宋朝,合当主导天下秩序,极大地刺激了兴宗君臣的正统性诉求。这种诉求对内表现在立法、礼制、史书编纂等多个领域的迅速华夏化,对外则表现为强调两朝对峙中北重于南,锐意与宋争锋[2]。就宋朝而言,增纳岁币的屈辱在士人中引发轩然大波,造成了一系列政治后果,时人对澶渊之盟的性质与意义亦多有反思乃至批判[3],宋廷需以实质行动予以回应,对内以正视听、定基调,对外以辨华夷、明秩序。上文所论庆历八年仁宗召近臣、宗室观天章阁御书,特别提到"新刊真宗幸澶州回銮诗碑",想必也是此种历史背景下的产物。刊刻先帝亲笔,瞻拜前朝遗迹,当然亦不止于纪

---

① 参见汪圣铎、周立志:《台北故宫博物院藏〈景德四图〉研究》,《兰台世界》2013年第11期,第62—63页;尹承:《北宋佚名〈景德四图·契丹使朝聘图〉考释》,《故宫博物院院刊》2015年第1期,第27—36页。

② 参见苗润博:《重构契丹早期史》,北京:北京大学出版社,2024年,第223—225页。

③ 林鹄:《忧患:边事、党争与北宋政治》(上海:上海人民出版社,2022年)认为庆历增币引发的危机意识是北宋中后期诸多政治变动的根由所在。此说能否成立尚待验证,不过如仅就仁宗朝而言,庆历增币的影响确实无可置疑。

念先烈,而更像是在现场观摩、集体学习之中商讨、理顺历史叙述与当时现实的关系,对澶渊和戎的功过是非给出官方的解释与权威的裁断,并通过刻石将其彻底固化,传之永久。皇祐五年信武殿的设置与嘉祐二年回銮碑的建立正可看作这条脉络的延伸与升格。

除了时间线索,空间方面的信息亦值得玩味。有明确资料显示,回銮碑曾长期位于宋辽两国使节往来的交通要道上。澶渊之盟以后,宋辽双方形立了十分成熟的交聘体制,每年正旦、生辰、告哀、即位等常规往来及临时突发事件引出的外交活动均会遣使,使者入境后由本国馆伴接引,沿相对固定的线路抵达皇帝所在之地。关于宋使入辽后的线路,记载纷纭,前人讨论亦多,而对辽使在宋经行之处的讨论则略显单薄。研究这一问题最重要的史料是熙宁四年(1071)王瓘奉诏所作《北道刊误志》,其中详载"自东京至雄州辽客往来所经郡县之道","本以备迎送北客问答之间"[①],由南向北依次记载了三十四个府、州、军、县,将这些点在地图上勾连起来,就是当时北宋境内的使节通行驿道,以州军一级可简述为开封—澶州—德清军—大名府—恩州—冀州—瀛洲—莫州—雄州[②]。这条线路其实是唐末五代以来使用最频繁的南北通道,直至熙宁十年(1077)因黄河改道,澶州至瀛洲段废弃不用,方改走相、磁、邢、赵州一路。与本文直接相涉者,见于该书关于澶州治所顿丘县(即今濮阳县)的记载:"晋迁于德胜,县并徙焉,即今治所。泉源祠在县北三十五里,诗云'泉源在左'。开福□(引者按:此处阙一字,疑原作'院')在县西一里,本周高祖旧第,显德元年置曰兴龙,五年改曰启圣,今有信武殿,以奉真宗圣容。"[③]这段材料提供了许多宝贵信息,如真宗御容所在的开福院原来是周太祖郭威旧里,后改作佛寺,按澶州乃郭威"黄袍加身"之地,其旧宅改寺或亦有纪念、颂功之意,当具备一定规模及配套设施,这或许是当初真宗选择开福院作为行宫的重要缘由。更为关键的是,这条史料提示

---

① 晁载之:《续谈助》卷2《北道刊误志》,国家图书馆藏嘉靖四十一年(1562)姚咨茶梦斋抄本,叶1A、27B。

② 参见李孝聪:《〈北道刊误志〉残本及其反映的历史地理问题》,《中国历史地理论丛》1988年第2期,第62—68页。

③ 晁载之:《续谈助》卷2《北道刊误志》,叶15A。

我们，自景德二年至熙宁十年，宋辽双方每年派遣的众多使节，均会途经澶州治所，而安放真宗御容的信武殿就在县治西一里，实乃必经之地。从至和二年（1055）的刘敞，到嘉祐四年（1059）的沈遘，再到治平四年（1067）的苏颂，都曾在使辽途中以诗歌的形式记录下经过信武殿时的感怀①，足证王瓘所言非虚。换言之，嘉祐二年树立的回銮碑，曾经在二十余年的时间里，招引过可能数以百计的宋辽使节的驻足。高大的碑体，御制亲书的碑文，与不远处的真宗圣容、贤臣群像一道，本身就构成了典型的神圣空间和"记忆之场"，即便只是顺道远观，信口谈论，恐怕也会在不知不觉间置身于立碑者所希望营造的权力话语与历史叙述当中；倘若得暇俯仰碑上诗句，宋人的目光或许更多专注于"继好安边境，和同乐小康"所渲染的盛世和戎幻景，而辽使的神经不知能否被"锐旅怀忠节，群胡窜北荒"所宣示的胜负论断与华夷秩序刺激、灼伤？——这一切正是回銮碑作为政治文化景观所不得不承载的符号意义。

　　本文原刊《中华文史论丛》2025年第2期，收入本集时有修订。

---

① 刘敞：《公是先生集录·朝谒信武殿》，国家图书馆藏明钞本，叶40B—41A；沈遘：《西溪文集》卷3《信武殿》，《中华再造善本·明清编》影印清初影宋抄本《沈氏三先生文集》，北京：国家图书馆出版社，2013年，叶4B—5A；苏颂撰，王同策等点校：《苏魏公文集》卷13《前使辽诗·和国信张宗益少卿过潭州朝拜信武殿》，北京：中华书局，1988年，第160页（按诗题"潭州"当为"澶州"之误）。

《宋史·职官志》的溯源与探析

——以《总序》与户部为例

尹　航

在宋代政治制度史研究中,《宋史·职官志》的重要性毋庸置疑,其利用又颇有难度。《宋史·职官志》(以下简称"宋志")是对于宋代制度最为系统和完整的记载,但复杂的形成过程和大量的文本错误,又成为利用其研究宋代制度史的难点。几代学者对宋志的工作构成了宋代制度史研究的基础。邓广铭《〈宋史·职官志〉考正》比对了宋志与其他宋代官制史料的异同,辨析了其中的传抄错漏与宋志编者的有意更改,同时也将制度沿革的一些要点与细节附于按语①。龚延明《宋史职官志补正》全面接续了文献比勘与正误的工作②。在内容的辨正以外,孔繁敏从宋志序言的交代、文本中沿袭旧志的痕迹、其他史料中相似文本的对比几方面,在宏观上指出了《宋史·职官志》的主要来源为宋代国史职官志,而非直接沿袭《文献通考》③。

---

① 邓广铭:《邓广铭全集》第 9 卷,石家庄:河北教育出版社,2005 年。

② 龚延明:《宋史职官志补正》(增订本),北京:中华书局,2009 年。

③ 孔繁敏:《〈宋史·职官志〉史料来源考辨》,《史学史研究》2014 年第 4 期。

宫崎市定的《宋代官制序说——宋史职官志的读法》①，注重制度框架和文本结构，及其与宋代制度分期之间的关系，将宋志作为理解宋代官制的工具。

近年来学界的许多进展有助于进一步思考《宋史·职官志》对宋代制度史研究的意义。首先，与宋志存在文本联系的重要官制史料如《文献通考》《宋会要辑稿》已经整理点校，如《宋会要辑稿》更出现了从形成过程到编纂结构的系统研究②。其次，宋代史学史研究摸清了宋代官方史学修纂的基本框架，梳理了各部重要官私史著的纂修经过，这是《宋史》编纂的"前史"③。最后，梁太济对《宋史·食货志》编纂的研究④，以及近来学界对史料溯源和"史料批判"的强调，提供了可以借鉴的研究方法。细节的文本问题已经梳理，文本关系的研究方法、宋代官方史学编纂的基本框架已经揭示，似已具备从《宋史·职官志》这类层累文本的形成过程拆解其中信息的条件。

一、问题的界定

探讨《宋史·职官志》这类层累文本中传递的信息，其前提是确定具体文本的"作者"。由于《宋史》的编纂过程，确认其中文本与作者之间的关系也是一项复杂工作。

从元代的编纂工程出发，大体可以界定出三类影响《宋史》文本的"作者"。其一，是承担《宋史》编纂之责的史臣，他们决定内容的剪裁去取，也是一些篇章、段落的直接作者。其二，是《宋史》所依据的材料的著者和编者。

---

① 宫崎市定撰，于志嘉译：《宋代官制序说——宋史职官志的读法》，《大陆杂志》第78卷第1期。

② 陈智超：《解开〈宋会要〉之谜》，北京：社会科学文献出版社，1995年；北京：研究出版社，2022年增订版。

③ 如蔡崇榜：《宋代修史制度研究》，台北：文津出版社，1991年；王盛恩：《宋代官方史学研究》，北京：人民出版社，2008年。

④ 梁太济、包伟民：《宋史食货志补正》绪论《〈宋史·食货志〉的史源和史料价值》，北京：中华书局，2008年。

《宋史》最主要的编纂资料是宋代的国史和基于国史抄撮而成的宋元类书，由于宋代官方修史制度的发达，先后存在多部形成于不同年代、记载不同时段内容的国史，对《宋史》的影响程度也不同。其三，是抄撮、整理《宋史》文字的基层文吏，他们有意无意之中，也影响了《宋史》的文字，在一定程度上也是《宋史》的作者。

上述三类作者对应着不同的问题。对元代担纲编纂的史臣，这类作者，问题是界定史臣的原创写作和对素材的因袭、剪裁，并分析他们在其中的个人表达。对宋代国史等官方史著的编者，问题是面对已经支离的文本，从诸多可能中辨认出真正的来源。至于参与编纂的文吏，主要的困难来自海量的细节辨正工作。

学界传统上对于《宋史·职官志》的评价不高，批评其由于编辑失当，未能全面反映两宋不同时期的制度面貌，且信息错漏不少。宋志的这些缺憾，主要来自其编纂过程，这些缺憾也成为材料来源与编辑工作的痕迹，是进一步分析的入手点。前辈学者的工作基本扫清了文本细节错误，并参照现存的宋代官制史料，指出了它们与宋志一些段落的承袭关系。近来的研究开始系统地溯源《宋史·职官志》文本，陈文龙、许柳明逐段检讨了《宋史·职官志八》合班之制的记载，分析其史料来源与元代史臣的编纂痕迹，从杂糅的文本中复原了其中北宋前期合班之制的内容①，证实了溯源分析的可行性。笔者以为，运用相似的方法，也可以宋志自身为考察目标，分梳不同层面的"作者"呈现在宋志中的表达。下文分别以《职官志》的总序和户部记载为例展开。

二、《宋史·职官志》总序的解析

《宋史·职官志》总序一直受到学界的重视。一方面，其中提供了对于官、职、差遣分离的经典表述，即"官以寓禄秩、叙位著，职以待文学之选，而别为差遣以治内外之事"，且论述了这一现象的起源和发展。另一方面，总

---

① 陈文龙、许柳明：《论〈宋史·职官志八〉"建隆以后合班之制"史料的形成》，《文史》2021年第1期。

序与《文献通考·职官考》之《官制总序》多有文字雷同，揭示了《宋史》编纂中利用其他宋元史料的突出现象。然而，正史职官志的总序，其定位应当是概述朝代基本的政治体制，前后历代正史大抵如此。《宋史》独以官位与职任的分合为总序的线索，是其中的异类。这一不同寻常的选择，究竟来自元代史臣，抑或承袭自《文献通考》或是其所据史料的面貌？

要回答这一问题，首先需说明宋志总序与《通考·官制总序》在文本与篇章结构方面的异同。首先以宋志为比较的基准，其与《通考》最显著的相同部分是介绍北宋官制的文字：

> 宋承唐制，抑又甚焉……其官人受授之别，则有官、有职、有差遣……时人语曰："宁登瀛，不为卿；宁抱椠，不为监。"虚名不足以砥砺天下若此。外官，则惩五代藩镇专恣，颇用文臣知州，复设通判以贰之。阶官未行之先，州县守令，多带中朝职事官外补；阶官既行之后，或带或否，视是为优劣。
>
> 大凡一品以下，谓之"文武官"；未常参者，谓之"京官"；枢密、宣徽、三司使副、学士、诸司而下，谓之"内职"；殿前都校以下，谓之"军职"。外官则有亲民、厘务二等，而监军、巡警亦比亲民。此其概也。
>
> 故自真宗、仁宗以来，议者多以正名为请……而文武官制益加详矣。
>
> 大抵自元祐以后，渐更元丰之制……乃请设局，以修《官制格目》为正名，亦何补矣。

整段文字横跨元丰改制前后，涵盖了整个北宋时期。其中除画线部分的文字之外，只少数文字细节与《通考》不同，唯段落起首的"宋承唐制，抑又甚焉"在《通考》中为"宋朝设官之制，名号品秩一切袭用唐旧"。引文在《通考》中的对应段落篇幅更长，其中"官人受授之别"一句之前，还介绍了中央政府中其他职位，以及环卫官、正任遥郡、诸司使副等"居其官而不知其职"的情况[①]。邓广铭通过对比《通考》、宋元类书及《宋会要辑稿》中引用的国史

---

① 参见脱脱等：《宋史》卷 161《职官一》，北京：中华书局，1985 年，第 3768—3770 页；马端临撰，上海师范大学古籍整理研究所、华东师范大学古籍研究所点校：《文献通考》卷 47《职官考一》，北京：中华书局，2011 年，第 1360—1363 页。

职官志内容,辨明是《通考》编辑宋国史内容成文,《宋史》又抄自《通考》,乃至沿袭了其中错误①。二者一致的文字,在《通考》的《职官总序》中是涉及宋代制度的全部内容,在《宋史》的《职官志》总序中约占全文的一半。

画线部分的文字,不见于其他宋代史料,即便不是元代史臣所撰,也是被史臣刻意挑选出来,放在总序现有的位置上。这段文字的加入,改变了文章原本的段落结构。《通考》中的整段文字首先详细叙述了政治体制各方面均出现了官位与职任分离的状况,再以官、职、差遣的分离及其弊端总结,然后转入改制的准备、经过、流变,整体以官位与职任的分合为线索。而在《宋史》的编排中,只举例呈现并指出官、职、差遣的分离,结合加入的划线文字,概述北宋元丰改制以前的整体官制面貌,之后再进入改制的相关内容。整段以官制变迁为叙述线索,而官位与职任的分离是其中一项。元代史臣的调整,令文章整体更符合《职官志》总序的定位。另外需要指出,点校本《宋史》在"大凡一品以下"处另起一段,与改制的准备和实施过程合为一段,直至引文结尾,或不够贴合篇章结构。

若以《通考·职官总序》为基准,又能观察到不同的情况。"总序"这一文体不是《文献通考》各部分的固定要素,在《职官考》外,只有《经籍考》《物异考》《舆地考》以"总序"开篇。《官制总序》的内容涵盖了先秦至北宋末年,与《文献通考》的一般情况相比,明显缺少了南宋嘉定以前的部分。同样突出的是《官制总序》的体例问题。《文献通考》在编纂的体例和目标上均与《通典》关系密切,凡《通典》已经涵盖的内容,均"效《通典》之成规",只"增益其事迹之所未备,离析其门类之所未详",唐天宝至宋嘉定末年,"则续而成之"②。《职官总序》唐开元以前内容的正文和注文基本沿用了《通典》之《历代官制总序》的全文,唯有上古至陶唐氏的内容后附一段按语,或是《通考》作者所作。这部分内容描述了宰相的名号、职掌以及中央政府的机构和员额设置。

唐开元以后的文字体例稍有差异,由前文的文中夹注改为段落结尾附

① 邓广铭:《〈宋史·职官志〉考正》,《邓广铭全集》第9卷,第27—33页。
② 《文献通考》马端临自序,第2—3页。

注，注文不再是解释正文，改为补充例证：

> 唐自太宗时已有员外置，其后又有特置同正员。至于检校、兼、守、判、知之类，皆非本制。又有置使之名，或因事而置，事已则罢；或遂置而不废，其名类繁多，莫能遍举。肃、代以后，盗起兵兴，府库无蓄积，朝廷专以官爵赏功，诸将出征，皆给空名告身，自开府、特进、列卿、大将军，下至中郎将，听临事注名。其后，又听以信牒授人官爵，有至异姓王者。诸军但以职任相统摄，不复计官资高下。及清渠之败，复以官爵授散卒。由是官爵轻而货重，大将军告身一通才易一醉。凡应募入军者，一切衣金紫，至有朝士僮仆衣金紫，称大官而执贱役者。名器之滥，至是而极。（张巡在雍丘，才领一县千兵，而大将六人，官皆开府、特进……）[1]

对唐中后期的记述不试图接续前文的各个方面，而是紧扣"名器之滥"的产生和发展。员外、同正、检校等名目，已见于前文。上段引文文字和例证许多来自司马光的《百官表总序》，如肃宗以后的财政困局，官爵赏功、空名告身、临事注名等[2]。这段文字之后直至全文结尾，即是前文《宋史》引文的对应段落，以官、职、差遣分离的产生至结束为中心。从唐后期到北宋的内容，延续了《百官表总序》追溯北宋前期官、职、差遣分离的历史过程的做法，但略去了五代的历史过程。

总的来说，《文献通考·官制总序》是一篇杂糅的文字，整体的完成度不高。从上古至唐开元年间的内容承袭了《通典》之《历代官制总序》，介绍中央政府设官分职的概况。唐开元以后至北宋的内容，大体由司马光《百官表总序》发展而来，聚焦官、职、差遣分离的产生与解决。北宋元丰改制以后的部分，由宋代国史（可能是《神宗正史》之后形成的《四朝国史》）的职官志编辑得来。唐代制度的叙述主题前后有异，因而在衔接唐宋时采取了宋承继唐制，但机构与官职失去职事的说法。站在元代史臣的立场上，由于体例和

---

① 《文献通考》卷47《职官考一》，第1360—1361页。

② 司马光撰，李文泽、霞绍晖校点：《司马光集》卷65《百官表总序》，成都：四川大学出版社，2010年，第1361—1362页。

内容的问题,《通考·官制总序》只能作为其北宋部分的资料来源,而难以提供编写《宋史·职官志》总序的基本框架。

《宋史》要求的体例与《通考》不同。断代史的体裁要求诸志序文只需简单关照宋以前的情况,但内容必须涵盖整个两宋时期。《宋史》编者在撰写《职官志》总序时,除了充分利用《通考·官制总序》的北宋内容,还凝聚了主题,贴合主题撰写宋之前的内容,补全了南宋部分,使全文在主题和结构上趋于完整。

宋志总序将两宋官、职、差遣的分合纳入更广阔的历史时空中观察,概括出官位与职任的分合作为全文的主题。今列出总序开篇至宋代以前的内容如下:

> 昔武王克商,史臣纪其成功,有曰:"列爵惟五,分土惟三,建官惟贤,位事惟能。"后世曰爵,曰官,曰职,分而任之,其原盖始乎此。然周初之制,已不可考。周公作六典,自天官冢宰而下,小大高下,各帅其属以任其事,未闻建官而不任以事,位事而不命以官者;至于列爵分土,此封建诸侯之制也,亦未闻以爵以土,如后世虚称以备恩数者也。秦、汉及魏、晋、南北朝,官制沿革不常,不可殚举。后周复《周礼》六典官称,而参用秦、汉。隋文帝废《周礼》之制,惟用近代之法。唐承隋制,至天授中,始有试官之格,又有员外之置,寻为检校、试、摄、判、知之名。其初立法之意,未尝不善。盖欲以名器事功甄别能否,又使不肖者绝年劳序迁之觊觎。而世戚勋旧之家,宠之以禄,而不责以猷为。其居位任事者,不限资格,使得自竭其所长,以为治效。且黜陟进退之际,权归于上,而有司若不得预。殊不知名实混殽,品秩贸乱之弊,亦起于是矣。①

引文建立了官位与职任之分合在北宋以前的历史线索。开篇引伪古文《尚书》之《武成》篇,指出西周建立时确立爵、官、职三者的分离,是相关历史过程的开端。继以《周礼》所见设官分职的情况,作为当时官位与职任匹配的证明。来自经典的记载既是历史缘起,也赋予官位与职能名实相副以正当

---

① 《宋史》卷 161《职官一》,第 3767—3768 页。

性。之后,总序略过了秦汉魏晋南北朝时期具体的制度演变,只区分了“《周礼》之制”与“近代之法”,概括从三公九卿到三省六部的沿革历史。

至唐代,总序接续之前的线索,不再介绍唐代的制度框架,只点明武周以后官位名号与实际职任分离的趋势,其论述利用了《通考·职官总序》承袭自《通典》的概述唐代制度的内容。总序随后以更多的笔墨分析这一趋势的利弊,将之总结为“名实混淆,品秩贸乱”。

总之,总序宋代以前的部分,完全是呈现北宋前期官、职、差遣分离状况的铺垫,改变了《通考·官制总序》主题断裂的状况,因而以“宋承唐制,抑又甚焉”的递进关系进入宋制。

总序北宋的内容已见前文,大抵在延续《通考·官制总序》对于北宋官、职、差遣分合的论述的同时,以北宋文武、中外官职的分类平衡了体例的要求。更值得注意的是总序南宋部分的文字和全文的总结。

进入下一步讨论之前,需要首先确定,总序南宋部分的文字尽管不见于其他宋元史料,是否有可能来自传布不广的宋代官方史著,特别是整体状况不甚清晰的《中兴四朝国史·职官志》? 笔者认为可以基本排除这一可能。其一,马端临之父马廷鸾于南宋晚期多次任职史馆,《文献通考》中不乏直接引用中兴四朝志者,且比对《职官考》与《宋史·职官志》的内容,其南宋部分的内容多有重合,可以确定《文献通考》编纂时,马端临得见并利用了《中兴四朝国史》职官志的志草。若其中存在通论南宋制度的内容,则没有理由不在《官制总序》中引述。其二,从内容考虑,《宋史·职官志》总序元丰改制至北宋末年的内容沿袭《文献通考》,而《文献通考》此部分系以《四朝国史》志等为基础编纂形成,已呈现出与国史不同的论述[①],而如下文所论,总序南宋部分的内容又延续了这段内容的线索。因此,总序南宋部分的段落应当出现在《通考》成书之后,而非此前的阶段。

总序南宋部分的内容主要包括:建炎年间吕颐浩主导的“三省合一”及乾道八年(1172)改宰相官名为左右丞相;南宋时期出现的各类宰执兼职;六部长贰、郎官的省并与兼任;官名文武、清浊在南宋的变化;陈傅良“定史

---

① 参见邓广铭:《〈宋史·职官志〉考正》,《邓广铭全集》第9卷,第27—35页。

官迁次之序"与洪迈"改三衙军官称谓"两项未实施的建议。

陈傅良与洪迈的建议尚需进一步追索。陈傅良的文字是他在光宗朝所上的《论史官札子》。陈傅良指出,由于当时朝中史官多是兼职,成为近臣积累资历与赏赐的阶梯,"更出迭如,有同传舍",史书编修却推进缓慢。为此他建议设立专职的史官,并完善史官的升迁序列,使他们任职之后能够以史官的身份累积资历,专注于修史工作①。修史问题的产生缘于兼职泛滥导致史官由职任变为身份,解决的办法则是令史官回归职任。洪迈的建议见于其《容斋五笔》,针对南宋三衙管军阶官化且在南宋军制下难以被任命为各军统帅的状况,主张恢复管军职位的任命,并将三衙军队的建制恢复为北宋前期的面貌②。

南宋时期发生的制度变化甚多,总序所涉及的显然不全是其中最重要者。这样的内容安排服务于全文开篇奠定的主题:官名与实际职任的分合。宰执、六部等出现的兼职现象,史官、三衙管军在南宋的除授状况,均是名实再度分离的迹象,而陈傅良、洪迈的建议试图回归名实相副的状况,得到了正面评价。至于文武、清浊官称混同的情况,虽然导致名实不副,但也有其正面作用。

在总序的最后,《宋史》编者从官名与职任的分合中,总结了两宋政治制度的变化趋势:

> 考古之制,量今之宜,盖自元祐以逮政和,已未尝拘乎元丰之旧;中兴若稽成宪,二者并行而不悖。③

元丰改制与元祐以降的调整,被辨识为两种制度设计的思路,共同存在于南宋的政治体制中。从全文内容判断,所谓"元丰之旧",指元丰改制为代表的官名与职任严格符合的思路;至于"元祐以逮政和",则是制造和利用官名与

---

① 陈傅良著,周梦江点校:《陈傅良先生文集》卷22《论史官札子》,杭州:浙江大学出版社,1999年,第308—309页。

② 洪迈撰,孔凡礼点校:《容斋随笔·五笔》卷3《三衙军制》,北京:中华书局,2005年,第864—865页。

③ 《宋史》卷161《职官一》,第3771页。

职任之间的差异，服务于其他目标。如总序的各段论述所示，两种思路同时存在于南宋的制度调整之中。

官名与职任的分合及其利弊，绝非《宋史》编者的新发现。但作为总序的主题，元代史臣的提炼、铺陈和修辞，将《通考·官制总序》中以事实枚举呈现的片段式观点，发展为结构完整、主体一致的系统论述。

值得注意的是，同时期编纂的《辽史》，在对应部分也有照应的观点。《辽史·百官志》总序云：

> 官生于职，职沿于事，而名加之。后世沿名，不究其实……沿古官名，分今之职事以配之，于是先王统理天下之法，如治丝而棼，名实淆矣。契丹旧俗，事简职专，官制朴实，不以名乱之，其兴也勃焉……朝廷之上，事简职专，此辽所以兴也。[①]

《辽史·百官志》总序的主题，同样是官名与职任的分合问题。宋代"正名"的官制改革试图令官名与职任同时回到经典制度，《宋史》也从儒家经典出发论证名实相副的正当性。但《辽史》与之不同，认为不存在超越时空条件的绝对理想的政治制度，把握当下的统治需要才是真正的"先王统理之法"，任何试图寄当下的统治需要（今之职事）于经典制度（古之官名）之上的做法，最终只会得到名实的混淆。因此，《宋史·职官志》总序以官名与职任的分合为主题，不可能是因袭《文献通考》既有文字的迁就，而是元代史臣的刻意选择，其中蕴含着他们对理想制度的看法。

回到前文的问题，《宋史·职官志》总序的内容，尽管论述北宋制度的文字大部分承袭自《文献通考·官制总序》，但元代史臣有自己的贡献。在体裁上，总序最终成为符合正史体例要求的文章，得益于元代史臣的调整；在结构与修辞方面，总序主题贯通、结构完整，大体出自元代史臣的手笔；文章的核心主题，是元代史臣基于自身认识的选择。

---

① 脱脱等：《辽史》卷 45《百官志一》，北京：中华书局，1974 年，第 685—686 页。

三、《宋史·职官志》户部记载溯源

《宋史》各志的序文由于近似文章的体例，难以从宋代国史中照搬，必然需要《宋史》的编者倾注更多的个人意志。进入分门别类的具体记载，剪裁、拼接宋代各部国史的内容就成为《宋史》编修的主要工作。然而，宋代各部国史的编纂过程复杂，内容存在重叠，又缺少系统、完整的原始文本，要分析《宋史》诸志，不得不首先分梳宋代各部国史对志文的具体影响。对《职官志》进行系统的考索显然远非本文所能容纳，下文仅以《职官志》中对户部的记载为例，尝试分析。

户部制度的叙述大体依照《宋史·职官志》元丰改制以后机构的一般体例，先从北宋前期户部机构的残余职掌开篇，再分左右曹概述元丰改制后户部的职能。随后，介绍神宗朝从改革三司管辖权开始逐渐重建户部的过程，以及元祐至北宋末年对元丰制度的调整。再接着，以户部（包括户部司）和下辖的度支、金部、仓部三司为单位，逐一论述部门职能与部内各职位在流程和分工中的角色，并说明部门内部的分案与吏额。

前辈学者在清理文本的过程中，已经指明了《宋史·职官志》户部大部分段落现存的平行或更为原始的出处。简要来说，叙述户部职掌的内容，与《神宗正史·职官志》《四朝国史·职官志》目前留下的文字基本相同。论述财政主管机构三司经过熙宁年间的过渡最终转变为户部，在《神宗正史·职官志》叙述三司的文字和《文献通考·职官考》的户部内容中可见全貌。户部侍郎和左右曹郎中、员外郎的职掌，与《文献通考·职官考》的文字基本相同。度支、金部、仓部三司的职掌，与《文献通考·职官考》中的宋代户部相似，但以《宋史》稍详①。其余各司具体分案设吏的情况以及机构内部的行政流程，尚不能确认其来源。最后，《宋史》述户部职掌与沿革，在元丰改制"罢三司归户部左、右曹"之后，有一段文字梳理元祐至北宋末年的制度变化，亦不知出处。

① 《文献通考》卷 52《职官考六》，第 1520 页。文字比对，见邓广铭《〈宋史·职官志〉考正》、龚延明《宋史职官志补正》及马元元《北宋〈国史·职官志〉的辑佚与校注》（河北大学博士学位论文，2012 年）的相应部分。

要将文本上的相同、相似现象落实为文献的流传关系，需要结合两点前提。一是宋代官方史著特别是官制史料的内部关系，二是利用现存文本推定已经散佚的文献来源。

宋代的国史按君主的在位时期编修，分别是《三朝国史》《两朝国史》《四朝国史》《中兴四朝国史》。编年、传记类的内容断限清晰，相比之下《职官志》等制度文献不可能完全割裂与此前制度的关系，故存在重复记述。由于元丰改制对于北宋中央行政体制的重塑，诸省部寺监的记载，理论上应当主要依据《四朝国史·职官志》，或是编纂在《四朝国史》之前的《神宗正史》《哲宗正史》等著作的职官志。而改制之后的南宋制度，最主要的参考应当是《中兴四朝国史》，但现存史料中很少有注明来自《中兴四朝国史》之职官志者。

确定《宋史·职官志》中具体文本的来源，通常依赖《宋会要辑稿》中保留的宋代国史片段以及宋元类书中引述的宋国史内容，如此所得虽然相对准确，但大多零散。然而，现存宋代国史片段不仅可以提供具体的文本和制度信息，更可以从中分析各部国史职官志的撰写体例和描述制度的方式。这或是推测《宋史·职官志》中缺少现存相似段落的文本的来源的新手段。

回到宋志对户部的记载，难以确认其来源者集中有两类。其一是对各司分案治吏以及机构内部行政流程的记载，如度支司：

> 参掌计度军国之用，量贡赋税租之入以为出。凡军须边备，会其盈虚而通其有无。若中外禄赐及大礼赏给，皆前期以办。岁终，则会诸路财用出入之数奏于上，而以其副申尚书省。凡小事则拟画，大事咨其长贰；应申请更改举行勘审者，则先检详供具。分案六，置吏五十有一。<u>凡上供有额，封桩有数，科买有期，皆掌之。有所漕运，则计程而给其直。凡内外支供及奉给驿券，赏赐衣物钱帛，先期拟度，时而予之。分案五</u>：曰度支，曰发运，曰支供，曰赏赐，曰知杂。乾道四年，置会稽都籍，度支掌之。裁减吏额，置五十人。淳熙十三年，又减四人。①

整段文字有几点值得注意。首先，画线部分的文字又见于《文献通考》记述

---

① 《宋史》卷 163《职官三》，第 3849—3850 页。

户部的部分,粗体部分的相似段落见于《宋会要辑稿》度支部分南宋时期的篇首①。其次,段落整体叙述存在拼凑。关于度支司分案置吏的记载出现了两次,基本信息和细节程度均有差异,显然来源不同。以此为界整段记载明显被分为两段,前后两部分虽然内容差异不小,但在段落中的作用显然重复。二者各自的来源是什么?

这类前后重复的情况在《宋史·职官志》以及其他宋代官制材料中不是通例,但也不鲜见。《宋史·职官志》关于户部的记载中,记载尚书、侍郎职能的段落也存在类似的情况,出现了两次结构相似的论述,且设吏置案的详略程度不同,但其中第二段明确以"建炎兵兴"起首,表明是南宋的官制面貌。仓部的记载同样出现了两次设吏置案的记载,首次只有案与吏的数目,接元祐后的制度调整,二次出现有诸案的名称,接南宋的制度调整②。又如《宋会要辑稿》之来自"宋续会要"的门下中书后省记载,也存在相同的情况③。

前一段的内容当来自《神宗正史·职官志》或是据之编成的《四朝国史·职官志》。《古今合璧事类备要》引《神宗正史》志:"参掌计度天下之经费,以贡赋租税之入而为之出,小事则拟画,大事则咨其长。"④可以判断,《宋史·职官志》前一段对于职能的描述均源自《神宗正史》志,类书中的差异是编者对《神宗正史》原文的节录后转相因袭而成。度支司前半段的职能描述也符合《神宗正史》官制记载的特征。《宋会要辑稿》中保留的《神宗正史》片段较类书更加完整、原始,是认识《神宗正史》官制记载特征的基准。从《宋会要辑稿》中的《神宗正史》片段观察,其明显的特征包括:重视政务运作特别是行政流程的记载,包括政务的分类以及机构在不同类别事务中

① 《文献通考》卷52《职官考六》,第1520页;刘琳、刁忠民、舒大刚、尹波校点:《宋会要辑稿》食货51之43,上海:上海古籍出版社,2014年,第7163—7164页。《会要》中的记载稍详于《宋史》。

② 《宋史》卷163《职官三》,第3848—3849页。

③ 《宋会要辑稿》职官1之78,第2980页。

④ 谢维新:《古今合璧事类备要后集》卷28"度支郎中",《中华再造善本》影印宋刻本,第10b页。马元元调查了宋元类书中引用的北宋国史职官志片段,见马元元:《北宋〈国史·职官志〉的辑佚与校注——兼与〈宋史·职官志〉之比较》。

的职责；对分案的记载存在详略之别，三省诸房、案具体至各自职掌，六部、寺监的分案记载更略，多数唯有官吏数量，少数包括分案名称。度支部分前半段的记载中，无法通过直接文本证据确认的文字，均符合以上特征，可以推定来自《神宗正史》或是后续容纳了《神宗正史》内容的《四朝国史》。从元代修纂工作的便利考虑，结合梁太济先生揭示的《宋史·食货志》编纂手法，元代史臣应当直接采用了《四朝国史》。

与《文献通考》文字相同的部分尚难以确认其来源，但观察其内容特征，也可以推断其在各类史料中的存在。这部分制度记载的特征包括：记载范围大体为南宋，设计制度的概述主要集中于南宋前期；在叙述职能时，更注重政务本身的表述，而相对不关心机构内外的行政流程；关于分案设吏的记载明显更为具体，基本保留了诸案名称，少数情况下具体到诸案职掌，对吏员的记载不仅有其总数，许多时候具体到名目及其数量，且在论述南宋制度调整时，尤其重视"裁减吏额"带来的变化。在《宋史·职官志》中，这类记载广泛分布于元丰改制后对中央政府省部寺监机构的记述中，且与户部度支司的记载相似，经常与《神宗正史》志(《四朝国史》志)搭配出现。

除了《宋史·职官志》，类似的官制记载也存在于《宋会要辑稿》中，其基本特征相同。所不同者，是不与《神宗正史》志搭配出现，而多接在《两朝国史》志的内容之后，后续也没有南宋前期裁减吏额的情况。类似记载，如《会要》职官13之1的礼部，13之16的祠部司，14之1的兵部，18之1、2的秘书省，24之1、2的大理寺，等等[①]。

综合来看，对于宋志户部度支司记载的后半段，以及宋志、《宋会要辑稿》中其他类似段落有如下特征：记载的时段主要是南宋前期，特别是高宗朝的情况，可能在南宋后续的编纂中加入了孝宗朝裁减吏额等信息，最终在元代进入《宋史》；职能记述方面，重视政务的分类项目，但不像《神宗正史》

---

① 《宋会要辑稿》，第3369页，3378页，3395页，3471页，3655页。在《宋会要辑稿》中，这类段落一些题在《宋会要》下，一些题在《宋续会要》下，但并不能简单认定它们是与之对应的某部会要的内容。在进入《宋会要辑稿》前身的集合文本之前，其中内容又经过南宋人的编辑，这些内容当是编辑过程中进入的。其证据如类似段落对祠部吏额的记载题在《宋会要》下，但符合隆兴二年裁减吏额以前的状况。

注重行政流程中承担的责任；分案设吏的记载，与《神宗正史》相比更加详细，包含诸案名称，一些案例中有吏员职名。能够推断，这些内容来自一项南宋时期记述南宋前期制度的官方史学工作。

张良考证认为《中兴四朝国史》在南宋实已修纂完成，且在纂修完毕前已流传于外①。《宋史》中的这类南宋制度文本，即当是《中兴四朝国史》的《职官志》。但问题并未就此终结。首先，现存的各类史料中，鲜有明确征引《中兴四朝国史·职官志》者，《中兴四朝》志的基本面貌仍不清晰。《宋史·职官志》对于《中兴四朝》志的系统利用，令我们有机会系统地认识这一文献。其次，由于《中兴四朝国史》成书在宝祐二年（1254），《宋会要辑稿》中的记载却往往不含孝宗以后的制度因革，与《中兴四朝》志基本一致的片段，是志文成文以前的一个早期阶段，其准确的认定，有待较本文更为系统的讨论。

在当前阶段，通过文本的分层和特征认定，可以基本判定《宋史·职官志》户部记载的来源：户部尚书、侍郎职能的段落，拼接了《四朝国史》和《中兴四朝国史》的文字，以"建炎兵兴"为断；户部郎中、员外郎的职能，来自《中兴四朝国史》；度支司如前，以"凡上供有额"为断，拼接了《四朝国史》与《中兴四朝国史》；金部司主要采用了《中兴四朝国史》，但前半叙述职能的文字或是《中兴四朝》志沿袭自《神宗正史》志；仓部司以"分案六：曰仓场……"为界，拼接了《四朝国史》与《中兴四朝国史》②。

在此之外，梳理户部从元丰至北宋末年调整的段落尚需进一步分析来源。首先列整段文字如下：

> 元祐初，门下侍郎司马光言："天下钱谷之数，五曹各得支用，户部不知出纳见在，无以量入为出。乞令尚书兼领左、右曹，钱谷财用事有散在五曹、寺监者，并归户部，使尚书周知其数，则利权归一；若选用得人，则天下之财庶几可理。"诏尚书省立法。三年，三省言："大理寺右治

① 张良：《高斯得经筵进讲修史故事发覆——〈中兴四朝国史〉的成书时间》，《文献》2020年第3期。

② 《宋史》卷163《职官三》，第3848—3851页。

狱并罢，依三司旧例，户部置推勘、检法官，治在京官司凡钱谷事。"增置干当公事二员。绍圣元年，罢户部干当公事，置提举管干官，复行免役、义仓，厘正左右曹职，依元定官制。三年，右曹令侍郎专领，尚书不与。建中靖国元年，复干当公事官二员。政和二年五月，诏依神宗官制，委右曹侍郎专主行常平，自今许本部直达奏裁。又诏依熙、丰旧制，本部置都拘辖司，总领户、度、金、仓四部财赋。宣和六年，诏户部辟官依元丰法。①

上段引文中涉及的制度调整不少。其中一部分事项主题明确，主要围绕新法产生的各类经济事务在元丰改制归属户部右曹以后，与户部尚书之间的统属关系。包括元祐元年（1086）闰二月因司马光建议立法、绍圣元年（1094）恢复元丰改制的设置"厘正左右曹职"、绍圣三年恢复户部右曹由侍郎掌管而户部尚书不得过问、政和二年（1112）允许户部右曹侍郎"直达奏裁"。另一部分事项是户部的"提举管干官""干当公事"在哲宗朝置与废的反复。值得注意的是，"干当公事""管干官"在宋代制度中多是"勾当公事""管勾官"因避高宗讳而改。各条记事基本只系年，唯许"直达奏裁"一事至月。以下先在文献上分析这段文字的来源。从更为原始的材料，可以确认"干当公事""管干官"是因避讳而后改的文字。《宋会要辑稿》中对应的记载为：

> 哲宗元祐元年，诏增置勾当公事官二员。（此据《职官志》，不得其日月。）

> （元祐三年）五月二日，三省言："大理寺右治狱并罢。请依三司旧例，于户部置推勘、检法官，治在京官司应干钱谷公事。"从之。又增置勾当公事官二员。（此据《职官志》增入，不得其时，今附此。）

> 绍圣元年闰四月二日，诏："六曹准备差遣、户部勾当公事，皆元祐所置，悉罢之。"

> （绍圣元年）六月八日，户部言："右曹昨因废提举司，罢免役、常平、义仓等，事务简少，准朝旨，右曹侍郎兼领金、仓二部。今已依旧置提

---

① 《宋史》卷163《职官三》，第3847—3848页。标点与点校本稍有差别。

举、管勾官,复行免役、义仓,欲厘正左、右曹职事,并依元定官制施行。"
从之。①

因避讳而改的官职名称,原为户部勾当公事、提举官、管勾官。《宋史·职官志》记载的建中靖国元年(1101)复设二员勾当公事官一事,不见于《宋会要辑稿》。《宋会要辑稿》有关增置户部勾当公事的两条记载,均在注文中说明材料来自《职官志》,未注明具体月日。第二条的三省建言获准清楚地系于元祐三年五月二日,注文又称不得其时,是因"增入"的内容唯"又增置勾当公事官二员"一句,不确定日期。《宋会要辑稿》这段文字的编者将此条内容附于三省建言之后,当是因为所据《职官志》的内容与今《宋史·职官志》相仿,增置户部勾当公事附于三省建言获准事之后,而《会要》编纂时有原始资料能够确定三省建言的时间。目前点校本《宋史》将"增置干当公事"作为三省建言一部分的标点当予更正。

一般来说,会要编纂的主要资料是较国史更为原始的官方史著乃至政府档案。国史诸志应当在叙述这一时段某方面制度的基本状况以后,从时段内诸多制度调整中选取其中重要的事项,概述其制度变化。理论上,会要的选材较国史更宽,最终呈现面貌也更为原始。从《宋史》《文献通考》以及宋元类书中引述的国史内容来看,国史诸志在记述制度调整时不具体到月日。因而,会要在机构、职位的职能描述以外,在分类系年罗列制度调整之政令的部分从国史的职官志中取材,令人疑惑。《宋会要辑稿》的这部分内容应来自《续国朝会要》,涵盖神宗至钦宗四朝的内容,集中修纂于绍兴三十一年(1161)至乾道六年(1170),主要由汪大猷主持编修。由于徽宗朝编纂的会要在南宋时散佚,需要重新搜集北宋后期的各类材料,国史因而成为会要的资料来源②。至于资料来源的《职官志》,当来自《哲宗正史》而非《四朝国史》,《四朝国史》自乾道四年集中开馆纂修,淳熙十三年(1186)方最终成书,而据淳熙六年入馆的吕祖谦所言,《职官志》的进度尤在诸志之

① 《宋会要辑稿》食货56之27至30,第7296—7300页
② 《续国朝会要》的纂修经过以及基本内容,参见陈智超:《解开〈宋会要〉之谜》,第66页;蔡崇榜:《宋代修史制度研究》,第154—158页。

末①，《续国朝会要》能够参阅的只能是徽宗朝修成的《哲宗正史·职官志》。国史内容补入会要，意味着户部勾当公事在《续国朝会要》的资料搜集和筛选时未被采纳，但却被理应记载更为重要的事项的《哲宗正史》收录。

回到《宋史》记述户部北宋后期制度调整的这段文字。其中统一避高宗讳，应来自同一南宋编纂的史著，避讳内容涉及哲宗朝和徽宗朝，哲宗部分的内容与《哲宗正史》高度相同。据此推测，《宋史》这段文字的来源当是《四朝国史·职官志》②。这也能解释为何建中靖国元年复设户部勾当公事不见于《宋会要辑稿》：为修纂《续国朝会要》而进行的资料搜集未将户部勾当公事的设与罢筛选入内，只在翻检《哲宗正史·职官志》时将两条记载补入，徽宗朝以降当时尚无国史可以参阅；而在修纂《四朝国史·职官志》时，编者需接续哲宗《职官志》的内容，因此又加入了同一线索在徽宗朝时的变化，并随之在元代进入《宋史》。

文献源流的清理显示，户部勾当公事的设与罢，被有意突出纳入宋代各部国史的职官志中，并且与推勘、检法等官一同构成了北宋后期户部调整的一条线索。那么，从几部国史职官志到《宋史·职官志》相承不改的这条线索是什么，与段落开篇重点引述的司马光奏议之间存在怎样的联系？

要解答以上问题，首先需要追溯元祐年间新设诸官职的职能。元祐元年，户部增设了两员勾当公事官，职位设置的诏令中没有说明其职责，只能从相似职位的情况推测。勾当公事之名见于宋代的许多机构，与此时户部增设直接相关的是三司的勾当公事。康定元年（1040）十二月三司使叶清臣建议设置推官四员，朝廷批复设置二员，选通判资序官员担任。庆历元年（1041）正月，任颛首次被任命为三司勾当公事③。此后屡有兴废。三司勾当

---

① 吕祖谦著，黄灵庚点校：《东莱吕太史集·外集》卷5《与李侍郎》，杭州：浙江古籍出版社，2017年，第647页。

② 钱大昕推测，《宋史》中存在许多避高宗讳的官职是因为"神宗以后，《四朝国史》成于淳熙之世，多追改字，史家承其旧文，未及改正尔"。钱大昕：《廿二史考异》卷78《宋史》12，收入陈文和主编：《嘉定钱大昕全集》（增订本），南京：凤凰出版社，2016年，第1293—1295页。

③ 李焘撰，上海师范大学古籍整理研究所、华东师范大学古籍整理研究所点校：《续资治通鉴长编》卷130，庆历元年正月丁巳，北京：中华书局，2004年，第3079页；卷186，嘉祐二年十月乙丑附考，第4493页。

公事的职责,据《宋史·职官志》,为"分掌左右厢检计、定夺、点检、覆验、估剥之事"①,主要与检查和审计相关。所谓左、右厢,是开封府的分管划片,新、旧城各分为左、右厢,合称京城四厢。可以推测,户部勾当公事的职能,也是对于在京仓场库务经济事务的管理与审计。

元祐三年五月,户部又设置了推勘、检法官,"治在京官司应干钱谷公事"②。推勘官与检法官的设置同样被称为"三司旧例"。有关三司检法官的记载不多,从宋代官职的一般命名方式看,应负责司法相关事务。至于三司推勘官,据《职官分纪》以京朝官一人担任,"专领推勘公事",治平年间三司奏罢,熙宁二年(1069)九月复置③。《宋史·职官志》称三司推勘公事"掌推劾诸部公事"。结合上述说法,户部的检法官与推勘官负责在京各机构财政相关的法律事务。

相应地,大理寺右治狱在元祐三年废罢。元祐元年正月,三省就以"右治狱近勘断公事全少"为由,削减了机构组织和吏员。至三年五月正式废罢,改以三司旧例,在户部"治在京官司应干钱谷公事",由上文提到的推勘、检法官负责。右治狱的职能为"在京百司事当推治,或特旨委勘及系官之物应追究者"④,户部勾当公事和推勘官、检法官的出现,正和大理寺右治狱的闲废对应。这并不意味着将财政、经济相关的法律事务全部归入户部管辖。元祐三年五月,就在大理寺右治狱废罢的同时,户部又特别强调,旧三司事务中从六部、寺监收归户部的是其中的"钱谷事",其余不在户部左右曹职权范围之内的司法事务,"如合推治,自当送开封府"⑤。

以上元祐年间各项被记入《哲宗正史·职官志》的制度调整,多在元丰改制前的三司中能够找到痕迹,这似乎自然落入元祐全盘反对神宗朝政治,希望回到元丰改制以前体制的解释。但若将上述各项举措放到元丰改制前后的脉络之中,则可能有更为贴近的理解。

---

① 《宋史》卷162《职官二》,第2811页。

② 《宋会要辑稿》食货56之27,第7298页。

③ 孙逢吉:《职官分纪》卷13,《景印文渊阁四库全书》第923册,台北:商务印书馆,1986年,第303页。

④ 《宋会要辑稿》职官24之4引《神宗正史·职官志》,第3657页。

⑤ 《宋会要辑稿》食货56之27,第7298页。

神宗朝中央财政主管机构从三司到户部的转变中，剥离了工程、修造等事务性的职能，仓场库务的直接管理也由寺监承接，对于这些事务部门的财政审计、司法处置也在改制以后被分入其他中央政务机构管辖。这使元丰官制下的户部被设置为相对单纯的政务机构，关注国家财政事务的若干方面。

司马光札子的全文以《论钱谷宜归一札子》为名收入文集中。与札子全文相比，《职官志》的节录明显转移了主题。在完整的札子中，司马光更系统地列举了户部相对于三司的弊端，除了批评户部在财政信息上的限制，也指出户部需要有能力控制其他机构的财政支出，干预其他机构的财政立法申请，才能"尽公共利害"。札子提出的建议，不见于《职官志》节文者，还包括收拢至户部的仅限于原系三司主管的财政事务，且六部、寺监的财物支出需要户部下符确认①。与札子全文相比，《职官志》的节文将现状的问题聚焦于职能收缩之后户部获取财政信息的能力和财政信息的准确性无法保证（"不知出纳见在"），建议的核心目标在于让户部长官掌握充分的财政信息（"知其数"）。

元祐年间的一系列制度调整正围绕着令户部掌握财政信息的目标展开。在司马光建议之后，各机构、地方的账册向户部集中，且户部有权审计②。元祐元年八月户部设立催辖司后，即在尚书办公厅审计账目，并有权派驻官员前往场务实地审计③。户部勾当公事、推勘官、检法官的设置也是如此，其固然扩张了户部的权力，但其核心目标在于通过审计和司法职能获得对基层的支配能力，确保户部对财政信息的掌控。

《宋史·职官志》沿袭自《哲宗正史》的叙述哲宗朝制度调整的段落，呈现出两条线索。其一是元祐年间回向元丰改制前体制的倾向，希望户部扩张权力，向三司的定位靠拢。其二是对于元丰官制的调整，在不改变户部基本定位的前提下，通过审计和司法官职的设置，完善户部获取、掌控财政信息的权力。《哲宗正史》的编纂中，与财政信息有关的动机得到了加强，勾当

---

① 《司马光集》卷 51《论钱谷宜归一札子》，第 1066—1068 页。

② 《宋会要辑稿》食货 56 之 25，第 7297 页。

③ 《宋会要辑稿》食货 56 之 26，第 7297 页。

公事等官职的设置视其配套措施。

《哲宗正史》的首次编成在宣和年间,重新修订在绍兴前期,去元祐时代不远。通过文本段落的溯源,两宋之际对北宋元丰以后制度调整的认识,经由《四朝国史》的中介,保留在了《宋史·职官志》中,得以为我们所知。元祐年间的制度调整,在政治上的新旧分野之外,具备了制度设计的意义。《宋史·职官志》总序"中兴若稽成宪,二者并行而不悖"的论点,或许正是在对宋国史的琢磨和剪裁中体贴所得。

结　论

上文尝试梳理了《宋史·职官志》中两个部分的编纂工作,从中反映出两类情况。在《职官志》总序这类文本中,元代的编者主导了文本的主题和结构。总序文中观点、论据和一些文字片段,已见诸前人的著作,但元代史臣不止于蹈袭前人故智,而是将前人所著的文字、枚举的事实与提出的观点,作为论证自身主题的素材。因此,《宋史》虽然向以抄撮前史著称,但元代作为《宋史》最终编成的阶段,元代史臣作为最终定稿的责任人,对于其内容的影响不容忽视。

《宋史·职官志》记述中央官制的部分中,宋代各部国史之《职官志》的影响占主导地位。通过对元丰改制后户部职能记载的文本溯源,我们能够辨认出《四朝国史》与《中兴四朝国史》的拼接痕迹,也在元祐以降制度调整的叙述中观察到了宋代国史编者对于元祐制度设想的认识。

本文难以系统地考察整部《宋史·职官志》的编纂工作,然而从上文有限的讨论中,我们仍不难发现《宋史·职官志》所具备的独特史料价值。《宋史·职官志》的文本并没有在复杂的编纂过程中丧失原始性,相反,由于元代史臣编纂具体制度条目时改动不多,《宋史·职官志》在各类宋代官制史料中又最为系统和完整,《宋史》实质上相对忠实地呈现了各部宋代国史的原始面貌。通过对《宋史·职官志》的文本溯源,既可以逐层清理编纂痕迹,找到最贴近制度实态的原始记载,也可以反其道而行,将《宋史》的编辑工作和各部国史《职官志》当作研究对象,还原其基本面貌,并进一步分析渗透在不同编纂阶段的文字之中的制度观念。

《宋史》拼合多种文献但不标注文字具体来源，是进一步利用《宋史·职官志》的突出障碍。前文对于户部部分的溯源和分析，依赖于一系列特定条件，对应了《宋史·职官志》中文本相对简单的情况，不可能径直照搬解释宋志全篇。但笔者认为，发展本文采用的方法，以《宋会要辑稿》中标识明确、内容完整的片段为基准，确定各部国史《职官志》在体例和叙述方面的特征，再回到《宋史》文本中验证，可以在相当程度上确定《宋史·职官志》文本的来源。

《宋史·职官志》元丰改制之后的内容，《四朝国史》与《中兴四朝国史》职官志是最主要的资料来源。然而，《四朝国史》与《中兴四朝国史》的编纂均迁延甚久，若深入到二者的编纂过程中，不同阶段对最终文本的影响相去甚远。对于《四朝国史·职官志》，《神宗正史》奠定的叙述框架是决定性的，在《中兴四朝国史·职官志》中，我们虽尚未识别出其中具体的编纂阶段，但叙述高宗朝制度的这一编纂阶段，构成了其内容的主体。

宋代的制度史研究，归根结底受宋代官制史料面貌的影响。《两朝国史》《四朝国史》《中兴四朝国史》各自另起炉灶的做法，与当下对两宋政治体制的三段分期对应。近年来学界关注元丰官制，从北宋前期到元丰改制的体制转换过程、元丰官制的行政运作入手，多有创获，也与《神宗正史》的叙述特征息息相关。官制史料对于制度史研究的制约，除了文本中制度信息的有无、多寡，还体现在结构、修辞、叙述方式等"著述"的层面。宋代制度史研究的推进，亦依赖对史料的持续反思。

"地方" 视角与财政史中人的能动性

——重读包伟民《宋代地方财政史研究》

张亦冰

一、引言

包伟民《宋代地方财政史研究》(以下简称"包著")[①]是宋代财政史领域的重要论著。此书问题意识突出,围绕宋代央地权力关系、财税结构特点、民户负担情况等重要研究领域,提出诸多新见,被认为具有典范意义[②]。"包著"出版后二十余年间,学界围绕宋代财政研究积累了大量成果,对于研究议题与方法亦多有总结、反思[③]。在此过程中,"包著"富有启发性的思路及论点,

① 上海:上海古籍出版社,2001年;北京:中国人民大学出版社,2010年。两版具体内容基本一致。本文页码据中国人民大学出版社2010年版。

② 刘光临:《市场、战争和财政国家——对南宋赋税问题的再思考》,《台大历史学报》第42期,2008年;陈锋:《近40年中国财政史研究的进展与反思》,《江汉论坛》2019年第4期。

③ 杨宇勋:《宋代财政史研究的取径与方法》,林文勋、黄纯艳主编:《中国经济史研究的理论与方法》,北京:中国社会科学出版社,2017年;黄纯艳、宋佳俪:《宋代财政史研究的主要方法及其检讨——兼论如何构建中国古代财政史研究的学术体系》,《厦门大学学报(哲学社会科学版)》2020年第6期;孙朋朋:《中国古代地方财政史研究方法的演进与取径》,《财政科学》2021年第5期。

成为研究推进的基础；而其存在的问题或引而未发的"留白"，也随着研究深化逐渐显露，商榷、补正时有所见。本文旨在梳理近年相关研究，重审"包著"在学术史中的意义，并思考如何进一步深化宋代地方财政史研究①。

"包著"的主旨与各章主要论点，方震华在书评中已有详细介绍②，本文仅就其议题与论证逻辑略作归纳。"包著"的核心关切，在于从财政制度这一国家主导的资源分配行为切入，思考集权王朝在财政运作过程中，国家与社会、中央与地方间呈现出怎样的权力与责任关系。"包著"之所以以宋代为考察对象，则因其是首个全面推行以资产为宗的两税法的王朝，同时也是首个全面施行募兵制的王朝。宋代财政管理的具体内容、面临的主要问题及因应路径，如税额计征、摊派，筹措钱物供军等，不但较前代颇具特点，对后世亦影响深远。对于宋代地方财政运作的基本特点，"包著"在理论层面进行了阐释，这也是该书的主要论点，即宋代地方财政呈现出"阶层性集权"与"地方无序"并存的局面：前者指"上级政权总是试图不断地将下级的有效资源集权到自己手中，同时又将更多的财政负担推卸给下级"；后者则主要指地方政府面对财政压力，不得不采用各类中央法规之外的征敛手段应付开支。

该书的具体论证分三个板块。第一、二章，考察央地财政管理体系的组织方式、权力层级。"包著"在分析转运司与州、县职掌基础上，辨析其作为财政管理主体的性质，明确其是否构成独立的财政核算层级，以及彼此间的权、责关系。此部分主要为论证"阶层性集权"何以成立，"地方无序性"如何出现的制度前提。第三、四章，考察两宋央地财赋分配的基本格局及其演化，特别是中央财赋征调持续性增长的原因、措施与影响。"包著"认为，随着征调财赋名目的增多，宋廷为保证中央催征钱物不被地方挪用，在以两税正赋为基础，依托漕司、州郡展开的正额上供体制外，逐渐形成了由提举常平、提点刑狱、通判等负责拘催的"第二征调系统"。在此基础上，"包著"分析了财赋征调怎样造成地方政府财政窘况的局面，以及各级官府应付开支

---

①　本文所列论文、论著，主要针对地方财政制度及关联问题者，并非面面俱到综述财政史研究成果，难免挂一漏万。

②　方震华：《书评：包伟民〈宋代地方财政史研究〉》，《台大历史学报》第30期，2002年。

的具体方式,并分析其间的"非制度"因素。此部分主要考察"阶层性集权"在财赋征调中的表现,及其与财政"地方无序"现象的关联。第五、六、七章,主要结合宋代财税结构特点与计征模式,分析各级官府财赋筹措之举,如何影响财政收入结构以及赋税负担的地域、阶层差异。此部分,作者主要强调"阶层性集权""地方无序"特点对社会经济的影响,思考两税、权利等财赋征调过程中,各种制度与非制度性因素,如何造成赋税负担阶层不平等、地域不平衡局面。

总的来说,"包著"所谓宋代地方财政的"阶层性集权"与"地方无序",是一体两面的现象,其实质是集权王朝统治目标与实践中权力、责任分配张力的表现。作为高度集权的王朝,宋代官府的财赋管理活动,往往基于三重目标展开:第一,高层为应付支用,多倾向于汲取下层财赋;第二,高层试图充分监管下层财赋管理权,收支如臂使指;第三,高层负责下层不同机构间财赋的调剂通融,取盈补缺。如果说前两点属于权力范畴,第三点则属于责任范畴;但三者的权重存在错位:当行政技术有局限且高层财政困难的情况下,三大目标无法同时达成,只能优先保证目标一,至于目标二、三,即高层对下层的财政监管权与调剂责任,往往难以充分落实。最终,由朝廷主导设计的中央集权财政体制在实践中走向异化,地方为应付开支需要,在中央规定之外形成了诸多钱物筹措手段,财政管理体制也呈现出"地方化"现象。接下来,本文拟将"包著"置于学术史中,重点分析其对于前人研究的扬弃,以及尚待拓展的问题空间,冀以充分理解其学术意义。

二、"包著"对既有研究的继承与深化

刘光临评价"包著"贡献,认为"包氏实际上对宋代税制作了一个病理学的诊断,即通过对宋代赋税各个方面的分析,找出其问题和病症,强调宋代'专制官僚国家所带给社会生产的沉重负担''中央集权与地方无序并存,是宋代中央与地方财政关系的一个主要特征'"[①]。这一理解相当准确,

① 刘光临:《市场、战争和财政国家——对南宋赋税问题的再思考》,《台大历史学报》第42期,2008年,第222页。

需要进一步指出的是，"包著"上述认识，特别是对所谓宋代财税"病理"的理解，乃是建立在宋代财政史深厚研究积累基础上的，其分析视角与思考方向，很大程度上也依托于对前人既有论域的扬弃与反思。

　　20世纪有关宋代财政史的研究成果，堪称汗牛充栋，在财政制度的各板块，均出现了高水准专题研究。杨宇勋、包伟民、汪圣铎等，曾就20世纪宋代财政史研究的主要领域、重要论点与研究方法详加述论[①]，兹不赘言。"包著"在"研究史与资料"部分，梳理此前宋代财政史研究，认为存在"制度阐释"与"论题研究"的"凉热之别"：前者侧重赋税名目、管理制度的具体考察，积累已然相当丰富，特别是全国性的制度内容，已得到充分论述；后者则从宋人面对的理财问题和财政学理论出发，归纳、分析宋代国家财政的运作模式与特征，当时议题发掘尚属有限[②]。"包著"立足自身论题，针对上述两方面成果，进行了充分吸收与对话。因此，欲检验"包著"之于学术史的意义，必须分析其如何扬弃既有研究，并思考其认识得以推进的原因。

（一）有关宋代税赋制度的启发

　　赋税制度，是宋代财政史研究中积累最为丰富的领域。宋人自言"古者刻剥之法，本朝皆备"[③]，或称本朝"赋敛烦重，可谓数倍于古矣"[④]，极言赋税征收繁杂、沉重。学界相关研究，也主要由此出发，考察宋代财政收入中各类赋税的比例结构，分析其演化过程、征收模式、收入数量与民户负担。至本世纪初，周藤吉之、梅原郁、王曾瑜等学者已基本完成对主要赋税制度内

[①]　杨宇勋：《南宋地方财政研究的回顾与展望（1950—2000）》，《史耘》2000年第6期；包伟民：《宋代财政史研究述评》，收入包伟民主编《宋代制度史研究百年：1900—2000》，北京：商务印书馆，2004年；汪圣铎：《宋辽金夏元财政史研究概要》，叶振鹏主编《20世纪中国财政研究概要》第5章，长沙：湖南人民出版社，2005年。

[②]　包伟民：《宋代地方财政史研究》，第6页；在此后发表的对于20世纪宋代财政史的全面述评中，作者又重申了这一观点。参包伟民：《宋代财政史研究述评》，收入《宋代制度史研究百年：1900—2000》。

[③]　黎靖德编，王星贤点校：《朱子语类》卷110，北京：中华书局，1986年，第2708页。

[④]　蔡戡：《定斋集》卷5《论州县科扰之弊札子》，《影印文渊阁四库全书》第1157册，台北：台湾商务印书馆，1986年，第610页上栏。

容的梳理①。"包著"的主要贡献,不在于补充、修正制度细节,而是在此前制度阐释的基础上,分析财赋征收机制如何影响社会经济与央地财政关系。今天来看,其研究思路仍具启发意义。

其一,从制度层面分析赋税负担"不均",即赋税数量与承担能力不匹配问题的成因。学者对于宋代文献所载杂赋横出,民户负担"不均"现象早有关注,但缺乏对"不均"具体表现的分析,且大多从国家财政集权、强化征敛及吏职腐败等角度予以解释。事实上,集权与腐败在帝制中国各级官府的行政运作中普遍存在,若讨论局限于此,很难切实理解宋朝赋税"不均"的具体因由与时代特点。相比之下,"包著"首先辨析"不均"现象的两类表现形式:区域不平衡与阶级不平等,并从税制、区域财政功能定位、征榷模式演化等角度,对其原因进行了多方面解释。相比前人多重视发生在税赋征收、缴纳及其他行政过程中的诸多"非制度"性因素,如法外杂敛、税外加增与官吏乞觅贿赂等,作者对于制度本身的作用更为重视,着力分析其怎样影响不同区域、不同人群的负担,以及如何导致"非制度"做法的出现。譬如,"包著"在王曾瑜、周藤吉之研究基础上,把握住两税计征无统一税则,以及税额长期稳定这两大特征,地方官府因此有必要、也有可能在旧额基础上自主增税,这是促成赋税负担不均的重要原因②。此外,"包著"充分吸收戴裔煊、漆侠、李华瑞、郭正忠等有关盐酒榷利制度及其性质的研究,以及宫泽知之对榷利如何刺激跨区域物流的思考,针对不同类型榷利的性质进行了细致分析,解释了榷法如何造成财赋负担不均③。

其二,从赋税征收机制入手,对两宋税制繁杂、规定严密而实际运作"混乱"等现象,做出合理解释。作者注意到,宋朝中央政府应付日益扩大的财政开支,并非一味创制新税或增加税额,更多通过调整财赋征调的数量、内容,或改变榷法以达目的④;而地方政府因应财政压力,则多以两税税额为基

---

① 相关梳理,参杨宇勋:《南宋地方财政研究的回顾与展望(1950—2000)》,《史耘》2000年第6期。

② 包伟民:《宋代地方财政史研究》,第138—199页。

③ 包伟民:《宋代地方财政史研究》,第200—219页。

④ 包伟民:《宋代地方财政史研究》,第54—113页。

础摊派各类增税，或新创権利窠名①。之所以出现这一局面，一方面因为中央政府规定两税、権利课额，并在此基础上征调财赋；另一方面，则因两税、権利无全国统一税则，为地方官府调整征收形式、数量提供了灵活空间。换言之，作为宋朝税赋基础的两税与各类権利，其计征机制与营运模式，既造成中央无法彻底垄断制税权与监管权，必须默许地方政府留有机动余地，又使得中央不必直接背负补助地方财计、增收民户赋税之责任。由此观之，中央与地方政府的权责错位，以及制度规定与实践的落差，虽历朝皆有，但"阶层性集权"与"地方无序性"这对看似矛盾现象之所以长期并存，且未动摇国家财政根基，实与宋代税制自身特点密切关联。

当然，由于史料不足，"包著"对于税赋"不均""混乱"现象的描述与分析，仍以定性为主，对于少数个案的定量分析，也只能梳理大体结构与趋势。譬如考察赋税阶级不平等时，"包著"根据方志记载，尝试核算连州、福州田赋负担，其着眼于不同等次田亩税则与财政开支数量，并结合垦田数、户数及亩产量等因素，算出了亩均正税、增税构成，户均赋税负担，以及赋税所占亩产量的比例②。但上述核算结果，只能表明田赋增重与税负程度，难以直接证明各阶级赋税"不均"。事实上，"包著"考察民户税赋负担，对家户生计经营模式、收入结构、不同类型产业价值分析不足，对坊郭、乡村户差异也较少措意，这多少影响了讨论的严密性。此外，福州的例子比较特殊，当地行万户酒法，酒利摊入田亩，盐钱也是依产钱等次摊卖，随两税征纳，与大多数州军権卖酒或行钞盐之法不同。"包著"将福州财政收入直接摊入垦田亩数，计算赋税负担，这种做法恐怕未必适用于其他州军。至于権利收入是否确如"包著"所言，有悖于两税法带来的赋税"均平"趋势，学界也多有不同意见。"包著"主要以征権中收入最多的権盐为例展开讨论，而盐属于生活必需品，在许多区域确实成为了变相的人头税。但方震华、刘光临质疑，権利重要组成部分的茶、酒、商税，特别是对地方财政较为重要的権酒，不同区域、不同群体消费差异颇大，城乡権法也有差异，其権利负担情况仍须详

---

① 包伟民：《宋代地方财政史研究》，第 118—136 页。

② 包伟民：《宋代地方财政史研究》，第 185—190 页。

论①。事实上,由于榷货性质不同,各地不同榷法的课税对象与纳税主体也存在差异,目前还很难对各类榷利负担进行全面的定量考察,更难直接比较其对税赋"均平"的具体影响。但总的来说,正因"包著"尝试细化考察对象,定量分析比较,多角度解释历史现象,上述问题才得以为学者注意;而其提出的议题与分析思路,仍是相关研究进一步深化的重要基础。

(二)对不同层级官府财政关系的新见

据李心传所言:"今之天下,多有不可为之县,而未有不可为之州。间有不可为之州,而未有不可为之漕"②,宋代财赋征调之烦苛,州县财计之困窘,是颇受学者关注的现象,围绕财赋管理与征调制度,也已积累丰厚成果。相关研究大体包括两方面:其一,制度阐释,集中梳理财政管理机构的设置沿革、职能内容;其二,主要围绕王朝"积贫""中央集权""赋重役轻"等命题,考察各类财政收入与财权归属的演化③。学者考辨了宋代不同机构统计的收支数据,厘清了财赋管理的基本架构、税赋橐名的演变过程,但缺乏对财政运作机制及权责关系的分析。

相比之下,"包著"的推进主要集中在两方面。

其一,对财政管理机构性质及权责关系的细致讨论。关于转运司性质,学界长期存在争议,或以其为中央派出机构,或认为属地方机构。"包著"注意到,上述分歧很大程度上缘于学者对转运司职能演化认识不够充分,忽略了其在不同时期的性质差异。"包著"认为,转运司在制度创设之初,确属中央派出机构,主要职能在于应付中央"足上供",以及调盈补缺"足郡县之费";但随着中央财政的紧张,不但增加对转运司财赋的征调,乃至挪用其"移用钱"等机动经费,更难以支应转运司对所属州军的通融调拨,最终促使

---

① 方震华:《书评:包伟民〈宋代地方财政史研究〉》,《台大历史学报》第30期,2002年;刘光临:《市场、战争和财政国家——对南宋赋税问题的再思考》,《台大历史学报》第42期,2008年。

② 李心传撰,徐规点校:《建炎以来朝野杂记》甲集卷15《财赋二·曲引钱》,北京:中华书局,2000年,第326页。

③ 相关综述,参包伟民:《宋代财政史研究述评》,收入《宋代制度史研究百年:1900—2000》,2004年。

转运司不得不自主筹措本路用度，其财政运作的地方色彩更为突出①。此外，"包著"对于中央、州军、属县间的财政关系亦有洞见，其并非笼统讨论"财权"归属，而是具体析分财赋收入截留权（由谁决定本级官府截留财赋数量、内容）、岁计支配权（由谁决定本级官府开支项目、数量，是否掌握机动财源）以及钱物出纳审核权（本级官府是否设有独立仓库，有无独立收支帐册）等不同层面权力，据此考察州军、县司是否为独立财政层级，以及上级如何掌控、汲取下级官府财赋②。需要强调的是，"包著"考察漕司、州军、属县财政收支及其管理职能，最终目的并非明确各级财政是否"独立"，而是理解不同层级官府间的财权分配方式以及权责演变过程，这正是"阶层性集权与地方无序并存"局面产生的制度基础。

其二，对财权分配演化过程及影响的考察。学界对各类财赋征调制度（如上供、经总制钱、月桩钱、进纳羡余）已多有研究，对于中央如何依托茶盐酒榷法调整（特别是钞法）与地方争夺财赋，亦有详论③。相比之下，"包著"的贡献，在于分阶段讨论央地财赋分配关系的演变过程，考察中央持续征调地方财赋的诸多措施，以及推卸统筹调剂责任的具体做法。"包著"创见之一，在于指出了"仓宪倅丞"财赋征调体系的存在与长期持续，并认为宋廷安排漕司、知州以外官员专职从事财赋催拘，其主要目的是防止漕司、州县因地方财计困窘移用钱物④。除此之外，"包著"还尝试理解财赋分配关系变化对不同层级官府利益诉求的影响，并以此解释制度落实过程中的"法外""无序"现象，譬如其关注县司财计逐渐独立，财赋支配灵活性增强，认为这是对州军施加财政压力，转嫁开支责任的因应⑤。

总的来说，考虑到宋代财政史研究此前积累的深度与广度，"包著"对于学术史的意义，不仅在于制度细节的考辨，更在于更新了立足财政"中央集权"的研究范式——其不仅关注中央"集权"的制度设计与"混乱"的实践效

---

① 包伟民：《宋代地方财政史研究》，第10—25页。

② 包伟民：《宋代地方财政史研究》，第42—47页。

③ 参杨宇勋：《南宋地方财政史研究的回顾与展望（1950—2000）》，《史耘》2000年第6期；包伟民：《宋代制度史研究百年：1900—2000》，2004年。

④ 包伟民：《宋代地方财政史研究》，第80—89页。

⑤ 包伟民：《宋代地方财政史研究》，第118—136页。

果,更注意从权力分配、实际运行机制及其影响切入,分析制度落实过程中各层级官府间的权责关系及张力,如何造成初始目标的异化。此外,"包著"充分整合既有成果,分析税赋征收中的各类制度因素如何影响不同区域、不同群体的财赋负担,为理解宋代财政体制的时代特点与社会效益,提供了新角度。

(三)"地方"视角下重视人的能动性

"包著"上述贡献,主要属于史事知识与历史解释层面,其在研究视角与方法层面的意义,仍有待阐发。进一步说,"包著"之所以取得上述新见,盖因其自觉的问题意识,以及对财政制度内外综合因素的关注,而这一切,都与其研究中秉持"地方"视角,以及重视制度中"人"的复杂能动性密切关联。具言之,此前很长一段时间,财政史研究主要集中对财政收支结构的分析以及财政制度要素的考释。如汪圣铎、八木充幸等,也曾全面考察宋代"地方财政"管理机构与收支结构,并注意到中央对地方财赋征调的增重及地方财政的困窘[1],但对于制度的具体实践及地方性影响措意不多,很难充分讨论不同层级官府的因应方式,也未注意中央实际管控中松弛的一面。

相比之下,"包著"中的"地方",不仅是研究对象,更是重要的分析视角,由此切入,对财政运作过程中各行政主体乃至具体人群的"能动性"给予充分关注,并尝试解释其行为、关系形成的基本逻辑。如"包著"前言所论,其之所以选择"地方财政"为研究对象,是为便于由此切入,分析国家与社会、中央与地方的关系演化——既能观察特定时期国家财税制度如何影响社会经济,又可考察前近代行政技术局限下,大一统集权王朝财政如何运转、维系,中央如何保持其独占性地位,又需要付出怎样的成本。基于"地方"视角,"包著"不但关注制度在具体历史场景中的落实过程、演化路径、实际影响,更注意不同行政层级、不同类型人群因应制度的行为逻辑,并尝试分析其与财政体制的关联。毕竟,王朝行政体系错综复杂,人们参与其中,利害考量与彼此关系也并不一致。如包氏所论,从宋代财政史的例证

---

① 汪圣铎:《两宋财政史》,北京:中华书局,1995年,第520—560页;八木充幸:《南宋地方财政の一检讨》,《集刊东洋学》第44期,1980年。

看，"针对某一具体的赋役法令，在中央的决策（宰执）、行政（计司）与地方的督察（漕司）、执行（州县）等各不同层面，都可能有着不同的理解与利益诉求，从而造成它或多或少的法内与法外的变异。因此从各不同层面来观察它，既可加深对它的前因后果的理解，同时也唯有如此，才可能触及它在实施过程中的实际状态"①。这丰富、深化了前人"制度阐释"的面向，一些常识性的"印象""说法"，也成为得以深化的议题。由此看来，"地方"视角是"包著"串联起国家机器内部关系与国家、社会关系的研究取径，也是其重要的分析工具，为从财政制度角度观察宋代社会提供了可能性。

至于包氏何以采用"地方"视角考察财政制度这一"传统"议题，或与其学术经历及问题意识变化密切相关。包氏完成于 1988 年的博士论文《宋朝财政管理体制简论》，已着力注意央地财政关系，但研究主要集中于"制度阐释"层面，重点关注中央、地方财政管理与征调制度。对读可知，"包著"第五、六、七章，完全是博士论文完成后新作，问题意识更加明确，集中考察了财赋征调与官僚体系、社会经济间的关联，阐述了地方政府面对财赋征调的因应方式及影响。从博士论文完成到书稿出版，十多年间，包氏除了协助梁太济先生完成《宋史食货志补正》，更全面地搜集资料，一方面坚持其"眼光向下"的问题取向，重视中下层群体的活动与地方因素的作用，这使其关注点聚焦于基层的官吏与民户；另一方面，其参与近代江南市镇研究项目，在讨论江南市镇如何因应工业化大生产的过程中，面对汗牛充栋的材料，训练了提炼议题与综合分析的能力②。上述学术经历中的积累与反思，或许是其研究视角调整、问题意识更新的重要契机。

三、近年的研究推进：基本概念与制度运作

作为宋代地方财政史领域的重要论著，"包著"既是相关研究推进的基

---

① 包伟民：《从宋代财政史看中国古代国家制度的地方化》，《史学月刊》2007 年第 7 期，第 16 页。

② 包伟民：《史学从业简述》，收入姜锡东主编：《宋史研究论丛》第 36 辑，北京：中国社会科学出版社，2024 年。

础,也是学界难以回避的对话对象。方震华书评指出,"包著"对于征榷如何违背赋税公平化趋势,南宋地方财政何以长期稳定维持等问题,解释尚不充分,对"间接税""地方财政"等概念的理解与使用,亦有可商[①];刘光临曾就财税结构、数量、变动趋势及民户实际负担等问题加以商榷[②];赵冬梅在综述宋代央地关系时,也曾对"包著"有关"转运司地方性转变"等论点提出质疑[③]。但总的来说,学界对于"包著"的批评,主要集中在具体概念使用与论点表达方面,对其研究思路的反思,既欠系统,也不充分。随着近年来学界对财政史研究范畴、地方财政内涵认识的深化,以及对财务运行机制、官僚管理制度以及区域社会经济研究的积累,我们更有可能循由"包著"提示的研究理路,拓展宋代地方财政史的问题空间[④]。

(一)"财政"范畴的拓展

"财政"是"包著"核心考察对象,但其作为现代社会科学概念,未必与帝制中国的政务类型相契合,适用性有待检验。"包著"辨析了古代典籍中"国用""国计""食货"等概念,认为其相对"财政",在内涵、外延方面存在差异[⑤];具体研究中,也未局限于现代财政学范畴,仅仅关注政府的收支活动,而是将差役等人力征发活动视为地方重要的财政资源,着力考察了各地差役内容、轻重程度的差异,并分析其如何造成全国各地役钱征敛方式的纷繁多样,进而导致了各区域户均役钱负担不均衡。在此基础上,学者探讨了唐宋差役机制演化,同地方财政的关联,不同类型职役向役钱转化过程,役钱的征发、调用机制以及负担情况,对唐宋役法与地方财政的关系形成了更

---

①　方震华:《书评:包伟民〈宋代地方财政史研究〉》,《台大历史学报》第 30 期,2002 年。

②　刘光临:《市场、战争和财政国家——对南宋赋税问题的再思考》,《台大历史学报》第 42 期,2008 年。

③　赵冬梅:《近十年来宋代"央—地关系"研究阅读笔记》,日本中国史学会编:《中国史学》第 21 号,京都:朋友书店,2011 年。

④　关于近年宋代财政史研究的核心议题、争议焦点与研究方法,参黄纯艳、宋家俪:《宋代财政史研究的主要方法及其检讨——兼论如何构建中国古代财政研究的学术体系》,《厦门大学学报(哲学社会科学版)》2020 年第 6 期,第 40—48 页;孙朋朋:《中国古代地方财政研究方法的演进与取径》,《财政科学》2021 年第 5 期,第 138—146 页。

⑤　包伟民:《宋代地方财政史研究》,第 1—3 页。

为深入细致的认识①。

诚然，"包著"的议题设置，基本仍在经过修正的"财政"范畴内展开，具言之，即"国家为实现其职能，参与社会产品与国民收入分配及其间形成的关系"。因此，"包著"主要聚焦央地财赋征调制度，而对货币、物价、市场等因素关注较少，难免忽略财政运作中的一些重要面向。譬如，筹措粮草以备军资、上供，是宋代地方官府的重要责任，但其中相当部分并非直接来自田赋征收，而是籴买所得。特别是南宋东南各州军，多承担着为行在、江上大军籴买粮草之责；而籴买粮草内容、数量，籴买方式、区域以及籴本来源，往往由中央计司、总领所等机构统筹计度，层层指令摊派，是央地财政关系的重要组成部分。有关籴买在财政中的地位及其具体管理制度，研究积累颇为丰富②，但"包著"对此关照不多。事实上，南宋晚期的财政困难，很大程度上是因籴买军粮开支过大导致的。而要理解宋廷何以长期依赖市场化手段供应军需，籴买活动、籴本筹措又如何加剧地方财政压力与民户负担，恐怕还需要结合赋役计征、催纳机制加以解释，如两税税额为何"凝固"，增税筹粮难点何在，官户田产赋役特权又如何阻碍赋税均平与催纳③。

---

① 关于中国宋代职役制度的梳理与方法论反思，参刁培俊相关综述（刁培俊：《当代中国学者关于宋代职役制度研究的回顾与展望》，《汉学研究通讯》2002 年，第 22 卷第 3 期；《整体史视域下宋朝乡村职役研究的方法反思》，《中国史研究动态》2023 年第 4 期），刁氏本人对于职役制度也有细致研究；关于唐代役法纳资纳课方式，色役向职役的演变，以及诸多色役名目的个案考察，近年以吴树国的综述及系列研究较为重要（《唐前期色役的资课合流及其影响》，《经济社会史评论》2022 年第 1 期；《马端临"职役"概念及其意义》，《历史研究》2023 年第 2 期；《职役与中国古代役制宏观研究的新取向》，《中国史研究动态》2023 年第 4 期；《唐前期色役基本问题再认识》，《陕西师范大学学报（哲学社会科学版）》2023 年第 6 期）；关于役钱的征发方式与利用，参黄敏捷：《宋代役钱计征方式的演变——兼论朝廷与地方在财政变革中的作用与关系》，《中国经济史研究》2018 年第 2 期。

② 如斯波义信、朱家源、王曾瑜、袁一堂的相关论著，相关综述参杨宇勋：《南宋地方财政史研究的回顾与展望（1950—2000）》，《史耘》2000 年第 6 期。

③ 梅原郁、斯波义信、岛居一康曾讨论相关问题（梅原郁：《北宋时代の布帛と财政问题—和预买を中心に》，《史林》1964 年 47 卷 2 号；斯波义信著，方健、何忠礼译：《宋代江南经济史研究》，南京：江苏人民出版社，2000 年，第 248—290 页；岛居一康：《南宋の上供米と两税米》，《东洋史研究》1993 年 51 卷 4 号）；包伟民《宋代地方财政史研究》出版后，西奥健志（西奥健志：《宋代市籴制度的财政的背景：储备的获得を中心として》，《社会经济史学》2004 年 70 卷 3 号）、李晓（李晓：《宋朝政府购买制度研究》，上海：上海人民出版社，2007 年）亦曾全面考察宋朝官府购买活动对财政管理、社会经济、民户负担的影响，但对于税额凝固的解释，以及籴买制度与财政、货币体系的整体关联，分析仍欠充分。

　　另外,宋代各类纸币及专卖凭证的发行、流通,也与籴买活动,特别是籴本的数量、构成与来源密切相关。前人多认为,南宋纸币的财政功能主要体现为支付手段,其保值依靠税收回笼与兑界、称提等措施,而贬值则与南宋中后期军资开支增加、纸币滥发有关[1]。近年王申、俞菁慧等学者进一步深化对货币财政功能的研究,考察政府如何依托货币易移财赋,整合不同层次市场、不同区域物流,又如何依托榷货制度维持货币价值[2]。考虑到货币由朝廷决策发行,凡此种种,均体现其作为财政工具的意义,也是理解央地财政关系的关键。此外,刘光临曾批评"包著",在评估财赋征调数量与赋役负担演化时,未充分考虑物价因素影响[3],这虽未动摇其核心结论,但影响了论证逻辑的完整性,也是需要注意的。

　　"包著"上述"缺失",或多或少是囿于"财政"定义的研究范畴,对考察对象有所取舍。事实上,学界对于财政研究中如何定位货币与市场因素的作用,莫衷一是。近年刘志伟提出"食货经济""贡赋经济"等概念,在方法论层面提示我们,研究中国古代财政与社会经济,除了关注"赋入供惠"

---

①　高聪明:《宋代货币与货币流通研究》,保定:河北大学出版社,1999 年;汪圣铎:《两宋货币史》,北京:社会科学文献出版社,2003 年。

②　如王申的系列研究,即特别关注相关问题(王申:《论南宋前期东南会子的性质与流通状况》,《清华大学学报(哲学社会科学版)》2019 年第 3 期;《论小面额东南会子对南宋货币流通的影响》,《浙江学刊》2020 年第 5 期;《淮南交子与南宋两淮地区的财政运作——兼与东南会子比较》,《安徽史学》2021 年第 1 期;《湖北会子与南宋国家财政格局变迁》,《湖北社会科学》2021 年第 6期);近年邱永志、严诗威亦曾讨论相关议题,并比较宋明货币运作机制(邱永志、严诗威:《宋明时期货币分区流通的形成与运行机制比较——以四川、北边为例》,《中国经济史研究》2023 年第 2 期)。此外,自宫泽知之以降,学者一直非常关注北宋中期财政货币化现象,俞菁慧对此问题重加考察,将青苗、免役法结合考察,思考王朝财政统筹与结算模式的变化(俞菁慧:《王安石变法中国家经济与财政行为的货币化导向——基于青苗、免役二法的考察》,《首都师范大学学报(社会科学版)》2022年第 5 期)。此外,近年不少学者对宋代交子产生及行用模式的演变过程,与其他货币的关系,进行了再研究,如姜锡东、李金闯:《北宋初期四川地区的货币供应与交子诞生原因再探》,《河北师范大学学报(哲学社会科学版)》2021 年第 3 期;何平:《成都"交子"产生的信任机制与"官方交子"发行的历史意义》,《光明日报》2023 年 9 月 11 日;邱永志、冯全镇:《北宋交子新论——纪念官交子诞生一千年》,《清华大学学报(哲学社会科学版)》2024 年第 3 期。

③　刘光临:《市场、战争和财政国家——对南宋赋税问题的再思考》,《台大历史学报》第 42期,2008 年,第 229 页。

等税赋征调问题，还应重视以"懋迁有无"为目标的货币、市场及物流体系，如何与王朝统治结构套嵌，这也是帝制中国财赋管理体制的重要特点①。事实上，"财政"本为一历史概念。帝制中国"国计""食货"等概念与现代财政概念间的差异，以及背后牵涉的统治原则、理念与行政逻辑，可能正是比较不同类型政权资源配置模式的切入点，也是深入理解"财政"概念、重新梳理其学术史的抓手。

（二）对地方财政制度理解的深化

如前所述，"包著"指出宋代地方财政征调存在"漕司—州县""仓宪倅丞"两大系统，这是针对宋代财政管理体制演化特征的重要创见。具体论述中，"包著"对于两大征调系统之间的密切关联有所自觉，但主要强调其分工差异，对财务行政运作中彼此配合与纠葛着墨不多。事实上，杨宇勋曾指出本世纪初宋代地方财政研究中存在两方面问题：一方面，"集中于政府层级的财政纵向联系方面，较忽略横向联系方面的研究"；另一方面，就纵向联系而言，"收税——库藏——漕运的行政作业流程之研究也不多见"②。前人制度梳理的局限，可能是"包著"未曾详论相关问题的原因。近年来，学界对于"地方财政"概念及其运作已有更细致的讨论，有助于深化我们对地方财政范畴与权责关系的理解。

其一，对于"地方财政"概念适用性的反思。作为本书核心考察对象，作者在前言部分曾就"地方财政"内涵详加阐述，认为应包括不同层级地方政府的收入、支出与管理体制③，但并未将其置于"中央财政"的参照系下，厘清其外延。值得注意的是，作者在考察不同类型财政管理机构性质，辨析其是否属于独立"财政层级"时，曾以较多篇幅，着力探讨了转运司、州军的"中央""地方"财政性质④。方震华对此有所批评，认为本书第一章考察转

① 刘志伟：《中国王朝的贡赋体制与经济史——在云南大学"中国经济史研究的理论方法与发展趋势"课程上的演讲》，收入氏著《贡赋体制与市场：明清社会经济史论稿》，北京：中华书局，2019年，第1—32页。

② 杨宇勋：《南宋地方财政史研究的回顾与展望（1950—2000）》，《史耘》2000年第6期。

③ 包伟民：《宋代地方财政史研究》，第3—4页。

④ 包伟民：《宋代地方财政史研究》，第10—11页，第24页。

运司,有强分中央、地方之嫌[1]。如前所述,作者第一、二章的立意,主要在于阐明中央持续征调地方财赋,怎样影响不同财政管理层级间的互动关系,其辨析"央地财政",主要是为梳理各级官府财政权责的划分模式。值得一提的是,作者辨析各官司是否为独立财政层级,主要依据是"岁计"是否独立核算,是否挂账他司。这种做法有一定道理,但财计独立与否,毕竟属于行政技术层面问题,其与财权划分关系密切,却未必直接影响财赋支配方式。毕竟,不论漕司还是县司,当其"地方性"色彩显露前,即使挂账上级机构,却未必没有自己独立收支核算的"私账";而当其"地方性"凸显,出现独立"漕计""县计",中央与州军也从未放弃对其申报收支帐册的监管。

近年来,学界对"地方财政"概念理解逐渐深化[2]。如申斌、赵思渊等所论,所谓央地财政区分,不仅意味着财政管理职能的划分,更与地方与中央政府各自的权力合法性来源有关。中国历史上,中央与地方的财赋"留州——上供""存留——起运"之分,某种意义上都只是中央主导下对财赋支配权的分解,唯其形式在不同时期有所区别。直到清雍正年间"耗羡归公"改革后,才形成相对独立的地方经费体系,至于基于地方自治形成的地方预算,则到清末新政时方才出现[3]。由此可见,"地方财政"概念的引入与借用,虽有利于辨析不同层级官府的职掌与权责,但其范畴与适用性,本身存在模糊之处。事实上,中国古代史研究中借用现代社会科学概念,难免方枘圆凿,不尽适配;必须在辨析史事基础上,对概念含义加以修正,方可作为分析工具[4]。正如学者所言,我们似不必过多纠缠不同理论背景下"地方财政"的定义与标准差异,而应当将其作为分析概念,聚焦于财权分配方式与

---

[1] 方震华:《书评:包伟民〈宋代地方财政史研究〉》,《台大历史学报》第 30 期,2002 年。

[2] 关于"地方财政"概念在古代财政史研究中的适用性及其争议,参黄纯艳、宋佳俪:《宋代财政史研究的主要方法及其检讨——兼论如何构建中国古代财政史研究的学术体系》,《厦门大学学报(哲学社会科学版)》2020 年第 6 期;孙朋朋:《中国古代地方财政史研究方法的演进与取径》,《财政科学》2021 年第 5 期。

[3] 赵思渊、申斌:《明清经济史中的"地方财政"》,《中山大学学报(社会科学版)》2018 年第 1 期。

[4] 陈明光等曾以"农业税"为例说明此问题,参陈明光、何世鼎、毛蕾:《中国古代财税史的概念与史实探讨》,《厦门大学学报(哲学社会科学版)》2019 年第 2 期。

央地关系本身，观察地方政府不同类型的权力与责任①。

其二，关于财政管理结构、运作机制研究的推进。财政管理结构方面，黄纯艳的研究最为重要。黄氏重点观察央地财权分配模式的演化，认为北宋前期央地财赋基本据税收总额分成，是为"总量分隶"；而熙丰新政至南宋，央地根据不同税种名目，按比例分成，是为"窠名分隶"。在此基础上，黄氏考察了窠名分隶体制下的财政管理模式，特别是"税赋窠名"与"征调窠名"之间的关系②。上述研究思路，揭示出两宋央地财权分配的重要面向，颇具启发性。除此之外，对于地方财赋征调中的行政技术与运作机制，学界近年进展颇多。特别是随着黑水城文书、舒州酒务文书、庆元府酒库帐以及其他纸背文书、族谱所载籍簿、户帖等"新史料"的发现与整理，学界对财务册籍、赋税帐簿逐渐关注，对于经界与税赋计征、财务审核、钱物出纳与分隶运作的制度细节，有了更为系统的认识③，对于州县官府的行政成

① 孙朋朋：《中国古代地方财政史研究方法的演进与取径》，《财政科学》2021 年第 5 期。

② 黄纯艳：《总量分配到税权分配：王安石变法的财权分配体制研究》，《北京大学学报（哲学社会科学版）》2020 年第 5 期；黄纯艳：《南宋财政窠名与窠名分隶》，《社会科学战线》2021 年第 10 期。关于经总制钱中诸项窠名的性质及筹措方式的细致考察，参陈明光、毛蕾：《宋代头子钱的类型与财政性质考论》，《文史哲》2022 年第 3 期；张全婷：《宋代经总制钱窠名考释》，姜锡东主编：《宋史研究论丛》第 37 辑，北京：中国社会科学出版社，2024 年。

③ 相比汉唐，宋元财政史研究缺乏传世官文书及档册性材料，但并非完全阙如。黑水城文书方面，孙继民、陈瑞青等曾全面整理俄藏黑水城文书，并研究其中有关宋军军粮筹措、军资管理等事的财务文书（孙继民：《俄藏黑水城所出〈宋西北边境军政文书〉整理与研究》，北京：中华书局，2009 年；孙继民、宋坤、陈瑞青等：《俄藏黑水城汉文非佛教文献整理与研究》，北京：北京师范大学出版社，2012 年；陈瑞青：《黑水城宋代军政文书研究》，北京：知识产权出版社，2014 年）；此外，杜立晖对黑水城西夏、元代财务文书的研究，对理解宋代西北财政运作也有帮助（杜立晖、陈瑞青、朱建路：《黑水城元代汉文军政文书研究》，天津：天津古籍出版社，2014 年）。纸背文书方面，叶德辉很早就注意到宋多以公文纸背印书现象（《书林清话》卷 8 "宋元明印书用公牍纸背及各项旧纸"，北京：中华书局，1957 年，第 224—227 页），日本学者竺沙雅章更充分利用此类纸背公牍材料，并对其存留情况进行了较全面调查（竺沙雅章：《汉籍纸背文书の研究》，《京都大学文学部研究纪要》第 14 卷，1973）；其中南宋龙舒本《王文公文集》纸背文书（《宋人佚简》），李华瑞在讨论南宋央地酒课分配问题时，已利用此材料论述舒州官酒务酒课分隶情况（李华瑞：《宋代酒的生产和征榷》，保定：河北大学出版社，1995 年，第 367—368 页），此后孙继民、魏琳等系统整理了这批文书，并就其中的酒课核算方式、分隶机制进行了深入考察（孙继民、魏琳：《南宋舒州公牍佚简整理与研究》，上海：上海古籍出版社，2011 年）；近年元代公文纸本《增修互注礼部韵略》纸背所在元至元年间湖州路户籍文书（王晓欣、郑旭东、（转下页）

本,收支项目以及税制变迁,考察也更为深入①。至于中央理财机构如何与地方财赋征调体系相配合,学界亦有新说。譬如,"包著"讨论较少的总领所,是南宋联结央地财政,维持供军的重要理财机构。雷家圣、何玉红、周曲洋等,关注四总领所的钱物调度与军资供给机制,并深入分析了总领所体制与边防驻军形势的关联②。此外,学者对于计司、朝廷、内藏钱物及粮草的

(接上页)魏亦乐编著:《元代湖州路户籍文书——元公文纸印本〈增修互注礼部韵略〉纸背公文资料》,北京:中华书局,2021年)颇受学界关注,戴建国曾利用这批资料,分析南宋晚期户籍制作情况(戴建国:《从南宋户籍制度看新见元湖州路户籍文书的制作》,《文史》2023年第2期);耿元骊则据此分析南宋江南农村的建置、户口与生业情况(耿元骊:《宋末元初湖州乡村的建置、人口与生计——基于〈元代湖州路户籍文书〉的考察)》,《首都师范大学学报(社会科学版)》2022年第5期);此外,张恒曾利用上海图书馆藏南宋江东漕司公文纸印本《后汉书》纸背明初小黄册,分析宋元明浙东义役模式的流变(张恒:《南宋义役制度的产生及流变》,《历史研究》2023年第5期)。至于族谱所载赋役文书,冯剑辉(冯剑辉:《宋代户帖的个案研究》,《安徽史学》2018年第3期)、黄忠鑫(黄忠鑫:《寄庄户的成立与长期延续——徽州富溪程氏家族宋元明文书考析》,《中国经济史研究》2021年第6期)、周曲洋(周曲洋:《"结甲自实"与"打量画图":南宋经界法推行的两种路径》,《学术研究》2021年第7期)均曾利用徽州《富溪程氏族谱》所载户帖,考察宋代经界过程及户帖体式、立户定税,乃至寄庄户的长期延续,深化了尚平、刘云、刁培俊(尚平:《宋代户帖的性质及其使用》,《广西社会科学》2007年第5期;刘云、刁培俊:《宋代户帖制度的变迁》,《江西师范大学学报(哲学社会科学版)》2009年第6期;刘云:《税役文书与社会控制:宋代户帖制度新探》,《保定学院学报》2010年第2期)此前基于传世文献对于宋代户帖的认识;栾成显也根据方志、族谱记载,分析了绍兴年间经界中的砧基簿、鱼鳞图帐等文书(栾成显:《鱼鳞图册起源考辨》,《中国史研究》2020年第2期)。此外,在尚平研究的基础上(尚平:《南宋砧基簿与鱼鳞图册的关系》,《史学月刊》2007年第6期),王晓欣、郑旭东等还利用元代江西地区石刻资料,讨论了宋代砧基簿的体式、制作方式及行用变化(王晓欣、郑旭东:《宋代砧基簿问题再探——以两件未被讨论过的元代砧基文书为中心》,《文史》2024年第2期);胡铁球则依托明代"由帖""户由"等文书,分析"份地制"取消后宋元明税户纳税通知单的变迁(胡铁球:《宋元明初纳税通知单的形式与内容》,《浙江社会科学》2023年第2期)。

① 王晓龙:《宋代地方政府行政成本问题研究》,北京:科学出版社,2018年;杨帆:《宋代县级财政研究》,河北大学博士学位论文,2015年;柯稀云:《南宋县级财政困境成因及影响新论》,姜锡东主编:《宋史研究论丛》第27辑,北京:科学出版社,2020年;吴业国、王棣:《南宋县级税赋征收体制检讨》,《中国经济史研究》2008年第1期;田晓忠:《宋代田赋制度研究》,北京:中国社会科学出版社,2016年。

② 何玉红:《南宋川陕边防行政运行体制研究》第3、4章,上海:上海古籍出版社,2012年;雷家圣:《聚敛谋国:南宋总领所研究》,台北:万卷楼,2013年;周曲洋:《南宋荆湖地区军事补给体制的构建与运作——兼论宋元襄樊之战失利之原因》,《学术研究》2016年第3期。

来源、构成、具体用途，及其如何征调税赋，如何应付灾荒赈济，进而影响央地财政关系乃至国计民生，讨论也更为细致①。然而，对于中央财政管理体系的一些基本问题，譬如南宋户部与地方财政的对接机制，目前的认识依然含混。乾道四年（1168），度支郎中赵不敌进奏："赋用之窠名猥多，而分隶于户部之五司，如僧道免丁、常平免役、坊场酒课之类，则左右曹掌之；如上供折帛、经总、无额、茶盐香矾之类，则金部掌之；度支则督月桩；仓部则专委本催理。虽散于五司，悉经于度支"②，可见南宋户部内部分工，基本围绕地方财赋窠名的催督展开，而由度支总领计度。这种分工模式是怎样形成的？其中常平、免役、坊场等钱，在北宋本属朝廷封桩钱物，至南宋户部左右司通掌，这一转变又是如何实现的？征调管理过程中，户部又如何与寺监、总领所、州军协作？这些问题，都与中央财赋征调的落实，以及央地财政关系演化密切相关，也是我们理解财权分配制度下"非制度"做法如何产生的基础。

四、人的"能动性"与"非制度"背后的逻辑

如前所述，在财政史基本概念、财政结构和管理制度等方面，学界近年进展颇大，许多认识已较"包著"更为细致，但对制度参与者的行为逻辑，仍缺乏深入、具体的分析与解释，所论某种意义上成为"包著"前述论点的补充。事实上，"包著"并非题无剩义，譬如其常以地方财政运作的"非制度化"，同中央设计的财权分配制度对举，论证"地方无序"的表现与成因。但"非制度"是否必定造成"无序"？其实，"包著"所谓"非制度"，更类似于所谓"非正式制度"，其与"正式制度"间，往往存在长期的伴生过程与依存关系③，这是国家治

① 杨宇勋：《先公庾后私家：宋朝赈灾措施及其官民关系》，台北：万卷楼，2014年；李华瑞：《宋代救荒史稿》，天津：天津古籍出版社，2014年；董春林：《宋代内藏财政研究》，北京：中国社会科学出版社，2019年；刘世梁：《储以待非常：宋代朝廷封桩钱物与财政运行研究》，武汉大学博士学位论文，2022年；杨芳：《宋代仓廪制度研究》，上海：上海古籍出版社，2019年。

② 刘琳等点校：《宋会要辑稿》食货51之46，上海：上海古籍出版社，2014年，第7165页。

③ 周雪光：《论非正式制度——中国官僚体制研究的启示》，阎步克等著：《多面的制度：跨学科视野下的制度研究》，北京：生活·读书·新知三联书店，2021年。

理中的常态,但在不同历史场景下呈现多种形式。揭示"非制度"背后的权力秩序与行政逻辑,是理解南宋地方财政运作特点的关键。当学界对制度概念、财政结构与运行机制有了更细致、清晰的认识,我们或许有必要循由"包著"的"地方"视角,重拾人的"能动性",从而深入分析财政制度运作中官吏的具体行为与互动关系,充分阐发各类"非制度"做法得以生成的"制度"土壤。

与中国历史上其他帝制王朝相似,宋朝财政管理的核心任务,乃是通过财赋资源(人、物、钱货)的收、支、移、易,维持王朝国家的存续,实现特定的政治目标。这决定了王朝财政制度首先考虑的是"政治账",即如何维稳、如何分卸权责,从而确保中央的资源独占性与正当性;在此前提下,王朝也须尽量兼顾经济与社会成本、行政效率等因素。就管理内容与方式来说,难点主要在三方面:1)如何依托行政指令与货币手段,应付实物财赋生产与国计用途的时、空错位? 2)税赋摊派前以怎样的标准完成计征核算,以维持税赋"均平"从而实现可持续性征发? 3)如何设置、监管与激励官僚系统,并有效协调其内部及其与不同社会群体间的关系,保证行政效率。这意味着在具体研究中,我们不但应充分关注财政管理中的组织架构与行政技术因素(如财赋计度、册籍审核机制),更应充分注意人的行为逻辑。此处的"人"并非抽象的制度执行或参与者,而是身处具体历史环境中的行为主体,必须在特定时空场景与制度环境下,考察其面临的任务、问题与因应方式。

具体到南宋,情况又和统治中心立足华北的大一统王朝有所差别。长期军事压力,背海立国的形势,朝廷财政集权的诉求,与现实中回归"完整制"的地方行政结构,以及中央集权的相应削弱[①],为我们观察传统国家地方财政运作"能动性",提供了独特样本:王朝国家如何定义不同财政区位,供军供国压力怎样传导于不同区域、层级,又如何形塑地方财政议程的轻重缓急,进而影响地方官员的行政模式;不同官员面对压力,基于各自考课要求以及社交舆论环境,有哪些共同的底层逻辑,又有哪些具体考量,这都是值得研究的问题。特别是南宋财政史中颇具时代特点的两大问题:1)财政货币化程度何以快速提升,2)朝廷为何长期不增加两税正额以应付供军困境,

---

① 余蔚:《完整制与分离制:宋代地方行政权力的转移》,《历史研究》2005年第4期。

除了考虑财政收支结构与税制的整体性变化,恐怕还需从制度参与者行为逻辑中寻求解释。

　　本文重点讨论空间因素与地方财政运作的密切关联。余蔚曾比较两宋财政地域结构差异,认为南北宋"综合政治区"结构不同,北宋为"圈层式"结构,财赋供输、军事防御等职能相互分工,各地域板块彼此依赖,利于中央集权;而南宋为加强边防,各区域主要采用军政、财政权力相对集中,彼此职能相近的"分块式"格局①。此外,余蔚还考察了财政事务与政区划分关系,提出宋廷为统筹不同区域内特定财政事务,设置了"财政督理型政区"②。陈晓珊也曾关注熙宁年间各项理财新政在全国各地展开时呈现的区域特点③。上述学者从历史地理角度出发,特别重视特定地理空间因素如何影响制度结构与运作模式,颇具启发性。由于区域资源禀赋、人群生计模式、交通条件存在差异,王朝对各地区财政功能的定位亦有所不同,有供给军国中枢的所谓"基本经济区"④,也有专职边防供军的羁縻化外之地,还有处于交通枢纽的转输节点,其财赋征调任务、央地财政关系以及官员财政职能,显然有别。两宋王朝长期面对边防压力,不同区域的财政任务各具特点而又关联密切,使得不同财政管理机构与社会群体组成了多元化的权责关系,这在跨区域物资筹措、调配(如边防供军、京师供输)、榷货行销区、税额分配等方面,表现尤其显著。学界对于路分财政管理机构的建置、两宋物资运输与交通地理格局,京师、运河沿线、河北陕西沿边地区以及行在周边的钱粮调配、转输体制以及其中仓储、船运等技术问题,已有较多关注⑤;对于南宋行在周边路分州军、沿江总领所的财赋征调体系,以及政区类型、榷货制度、财赋征

　　① 余蔚:《两宋政治地理格局比较研究》,《中国社会科学》2006 年第 6 期。

　　② 余蔚:《宋代的财政督理型准政区及其行政组织》,《中国历史地理论丛》2005 年第 3 期。

　　③ 陈晓珊:《历史地理视角下的王安石变法》,北京大学博士学位论文,2011 年。

　　④ 关于"基本经济区"的概念界定及其对于国家财政的突出意义,参冀朝鼎著,朱诗鳌译:《中国历史上的基本经济区与水利事业的发展》,北京:中国社会科学出版社,1981 年。

　　⑤ 程龙:《北宋西北战区粮食补给地理》,北京:社会科学文献出版社,2006 年;程龙:《北宋粮食筹措与边防:以华北战区为例》,北京:商务印书馆,2012 年;张勇:《宋代淮南地区经济开发若干问题研究》,北京:中国社会科学出版社,2019 年;吴同:《北宋汴河、淮南运河的通航能力与漕粮定额》,《中国经济史研究》2020 年第 5 期。

发制度如何影响区域经济、跨区域物流,学者均有所讨论①。但目前的讨论多集中于总领所层面,关注路分间跨区域财赋转拨现象。对于理解州县财政管理主体的行为逻辑而言,这样的观察尺度仍显模糊。如"包著"所言,宋朝地方财政运作的重要原则,是"以一路之财,供一路之费;以一州之财,供一州之费"②,考虑到监司、州郡是财赋调拨的重要层级,同一路分,甚至同一州军内部的财赋征调职能差异,需要充分重视。杨宇勋曾指出,宋代地方财政研究,对"地方钱物的调拨移用、贫富州县的协调补助、经济先进地带及落后地带的赋税差异"等议题关注不足③。事实上,不同等次、不同地理条件的州县政区,其居民生计模式、财政资源配置方式、官员权责关系以及财务行政机制也不尽相同,而所谓"协调补助"的条件与手段,也是因地而异。本文认为,至少有以下议题值得关注。

其一,财政区位、资源配置与财赋管理的关系。"包著"曾指出,北宋后期及南宋,朝廷已难以全面承担政区间钱物取盈补缺、通融调剂之职,多以一地之资供一地之费,甚至通过调整政区层级与归属,纾解其财政困境与赋役负担④。吴业国进一步细化了相关讨论,曾考察南宋繁难大县设置与东南财赋重心的关系⑤。吴氏相关结论或有可商之处,但其关注政区层级、官吏配置与财政地位的密切关联,思路颇具启发性。由此出发,可以思考中央政区调整与财赋资源配置的关系,分析不同区域、不同层级官府中的官吏作为责任主体,其行为逻辑与诉求有何区别,可调动的财政资源、移用财赋的灵活裁量空间又有何差异,彼此又存在何种利益纠葛。

有关政区层级调整与地方财政的关联,学者已围绕具体个案展开探讨,

---

① 宫泽知之较早注意到榷法、商税与供军财政的关系,并提出了"财政性物流"概念及研究思路,相关学说,参宫泽知之著、李晓译:《日本关于唐宋变革时期流通经济史的研究》,李华瑞主编:《"唐宋变革"论的由来与发展》,天津:天津古籍出版社,2010年。关于榷法改变如何影响地方财政与货币运作,相关研究甚多,参黄纯艳:《宋代茶法研究》,昆明:云南大学出版社,2002 年;梁庚尧:《南宋盐榷:食盐产销与政府控制》(重订版),台北:台湾大学出版中心,2010 年。

② 包伟民:《宋代地方财政史研究》,第 231 页。

③ 杨宇勋:《南宋地方财政史研究的回顾与展望(1950—2000)》,《史耘》2000 年第 6 期。

④ 包伟民:《宋代地方财政史研究》,第 72 页。

⑤ 吴业国:《南宋"四十大邑"考论》,《中国史研究》2022 年第 2 期。

如来亚文、王旭曾结合财政因素,讨论江阴军、高邮军等军级政区升降、辖区调整①。此处主要讨论另一个问题:同级政区,因所处地理形势、财政区位不同,其官员面临的财赋征调任务与因应方式有何区别。举例言之,学者已关注到州郡长官财赋措置的机动空间与灵活手腕,如黄纯艳所论,宝祐年间吴潜知庆元府,将通判负责征收的经总制钱等窠名转归知府,自催自给,除供给定海水军,还以此兴修水利,是讨论州郡长官如何腾挪财力以应付支用的重要例证②。但明州系南宋海防中枢、水军驻地,吴潜身为前任宰执,又为庆元府知府兼定海水军制置使,本身负有统军、供军之职,其责任、权力乃至可调动的政治资源,均大于一般州郡长官,筹措财赋的手段可能较为特殊。譬如,理宗朝同为临安"辅郡"的浙西平江府,知府徐鹿卿因前任放免税赋,任上经常面临财赋欠负、支用不济的情况,只得通过借支常平钱物,左支右绌,寅吃卯粮,甚至不得不顶着"病民"之嫌,长期加耗以维持用度,乃至喟叹"在任一年四月,皆是取耗之时"③。此外,知州、通判作为州军内部财政管理的主要负责人,其职权划分与配合关系亦颇复杂。淳熙以降,经总制钱施行知州、通判通掌之制,以便二者共同任责,彼此协济。但嘉泰三年(1203),户部臣僚奏论此制"各欲取赢,义不相济"之弊,并分析其原因:"盖郡有大小,势有难易。大郡帅守位貌尊严,通判既入签厅,凡事不敢违异,往往将经、总制钱窠名多方拘入郡库,不肯分拨,为通判者,亦无如之何;至于小郡,长贰事权相若,守臣稍不振立,通判反得以制其命,督促诸县,殆无虚日,本州合得之钱,亦以根刷积欠为名,掩为本厅经、总制名色积聚,虽有盈羡,不肯一毫为州县助。"④据此,不同类型州军,知州、通判的权力地位与可调动资源存在差异,财政管理中的权责关系与互动模式也不尽相同,需要具体分析,譬如两浙东、西路,虽

---

① 来亚文:《宋代江阴军的政区废复与财政盈亏——兼论军政区的不稳定性》,《苏州大学学报(哲学社会科学版)》2021 年 3 期;王旭:《宋代高邮军行政地位的升降及其驱动力——兼论军政区设置的意义》,《中国历史地理论丛》2023 年第 3 期。

② 黄纯艳:《制度如何成为手段:吴潜在庆元府治理中对财政制度的运用》,《中国社会经济史研究》2021 年第 4 期。

③ 徐鹿卿:《清正存稿》卷 1《九月朔,有旨令伺候内引,壬子入国门,是日内引奏札·第三札》,《影印文渊阁四库全书》第 1178 册,第 828 页下栏。

④ 《宋会要辑稿》食货 64 之 108,第 7792 页。

然都密迩京畿,但后者较前者承担更多军资征调任务,各州县承受国防供军压力也更大,这对地方行政与区域社会形态均有所影响①。

其二,地理条件、资源禀赋与民户生计模式,对财赋征调机制的影响。据宫泽知之所言,宋代财赋计度管理,很大程度上是为实现其作为供军物资的"使用价值"②。宋代财政运作中,实物的调运与收支,仍占据相当比例。如前所述,不论钱帛、金银还是粮草,其生产、转输与消费间往往存在时、空落差,而如何克服交通、产地等制约因素,合理筹措钱物以应付用度,则是财政管理部门的难题。以南宋四川为例,蜀口作为御前大军驻扎地,总领所需籴买军粮以供用度,其中"通水运州军,本所自行和籴,水运所不通者,和籴于民,又以不足之数兑籴利路沿边诸州税米";而在成都府路西部的彭、汉、绵州、石泉军,当地屯戍将兵军粮,须由总领所安排,自绵州支移两税秋粮应付,再由彭州节级支移至威、茂等州城寨,充"远仓军粮"③,可见根据所处地理位置与交通条件差异,总领所的粮食筹措方式亦有不同。此种情况,在两宋漕运、边防军需中相当常见,交通不便、物产不足的州军,常由其他州军代纳财赋以应征调,如所谓"淮福衣""代发和买绢"等,即属此类。资源禀赋、交通条件等因素,除了造成"区域负担不平等",又如何影响不同政区间的财政关系,仍是值得讨论的问题。此外,不同自然地理与条件下,民户生计模式与税产登记、核算方式不同,国家的资源需求与汲取方式也存在差异。近年,学者对于徽州、浙南山区的产业核算与赋税计征制度及其与江南平原区的差异,已有所讨论④,此外,如湖田、沙田、滩涂、砂岸等不同类型土地资源

① 浙西方面,黄宽重在讨论刘宰乡居与镇江社会关系时,特别关注镇江等沿江各州供军压力对地方社会的影响,认为此类负担不但造成社会秩序不安,举业不振,还使得当地很难出现大型士人家族,地方利益诉求须与供军供国任务关联,方能引起朝廷重视(黄宽重:《居乡怀国:南宋乡居士人刘宰的家国理念与实践》,台北:三民书局,2023年)。浙东方面,张亦冰考察了湖田财赋管理中地方士人家族同官府的博弈与共谋,特别关注地方家族利害如何转变为朝廷国政话题。

② 宫泽知之:《北宋的财政与货币经济》,收入刘俊文主编:《日本中青年学者论中国史》,上海:上海古籍出版社,1995年。

③ 《宋会要辑稿》食货40之51至52,第6905页。

④ 杜正贞:《明清以前东南山林的定界与确权》,《浙江社会科学》2020年第6期;郑栋:《南宋经界后徽州田亩数剧增问题考论》,《史学月刊》2024年第6期。

的赋税征收模式，也受到学界关注。在此基础上，围绕某些史料存留相对丰富且财赋转输体系较具特点的区域，我们有可能藉助区域社会史的视角，就财赋征调对王朝与社会秩序的影响，得出更深入的认识。譬如南宋行在临安，关于其物资消费的研究积累颇多；但两宋之际，临安都城职能逐渐形成的过程中，中央财政需求如何与浙西、浙南山区以及浙东沿海地区的财赋征发、转输建立关联，仍是有待深化的领域①。总之，不同区域财政管理中，州县官员的事权、财权与支出责任存在差异，其所处的区位因素、得以依托的政治、经济资源，也差异甚大，我们仍须深入区域内部，辨析地方官员职掌、财赋的具体类型与征调机制，方能推动研究的深化。

除了空间因素，财赋开支、征调中的时间因素与事项权重，亦值得充分注意。具体说来，不同类型财赋窠名征收、变易的时间，与钱物征调、用度的时限、周期怎样协调，其间轻重缓急如何统筹，是州县官必须考虑的问题。南宋军队按月给俸，定期赏设，需要消耗大量的钱币与绢帛。南宋初，宋廷为供给江东兵马俸给，遂要求各州从按季起发的经制钱等征调项目中分出部分钱物，按月起发，形成所谓"月桩钱"；完颜亮南侵时，为应付军资，京湖战区各州一度将按季征调的总制钱，改为按月征调②。这些时间上的调整，虽未必直接改变财政收支数量，但仍会影响地方官府财赋征调的日程安排与轻重缓急。特别是考虑到南宋财政开支大部用于供军，而宋廷面临的军事攻防形势有别，军队在不同时期屯驻地点、方式有所变化，这些因素也会影响财赋调度与开支方式③。此外，役钱、和预买绢等税赋，多随两税夏秋两料分限征收，周期较为漫长，而榷酒等课利收入往往逐日收纳起解，"诸场务课利次日纳军资库……外县镇寨次月上旬并纳，先具起离月日报纳处拘催"④，考虑到南宋是实物财政向货币财政转化的重要时期，场务课利额的调整也

---

① 包伟民：《行都的意义：南宋临安城研究再思考》，《江西社会科学》2022 年第 5 期。

② 李心传撰，徐规点校：《建炎以来朝野杂记》甲集卷 15，第 317—318 页，第 322 页。

③ 如小岩井弘光即曾指出，南宋军队出战使用凭证请给"生券"，其待遇优于驻地所用"熟券"（小岩井弘光：《宋代兵制史の研究》第 4 章，东京：汲古书院，1998 年）。

④ 戴建国点校：《庆元条法事类》卷 36 引《场务令》，杨一帆、田涛主编：《中国珍稀法律典籍续编》第一册，哈尔滨：黑龙江人民出版社，2002 年，第 538—539 页。

较田赋灵活,地方官府如何利用课利提供的及时性货币收入支绌用度,可能是颇为有趣的问题。

地方官吏的财政活动,是在官僚管理制度框架下进行的,受财务课绩制度影响尤大。《庆元条法事类》《吏部条法》中,有关财赋出纳、征调的审核、监管,以及课绩、奖惩之规定,条目繁多;徐谓礼担任县官的印纸上,亦有关于两料赋役收纳情况、是否兑借常平钱物等批书项目,可见人事管理制度乃是财赋征调体系得以运作的重要保障。在财赋收纳与征调立额管理的情况下,原额不仅是王朝财政计度的重要依据,更是据此课绩官员,使得财政制度得以落实的抓手。但如前所述,不同财赋征调任务的奖惩标准不一致,钱物收纳的周期与难易程度有所不同,原额的确立与增减、折科也需要多方协调;而在南宋财赋征调中,往往又由朝廷规定相应窠名,窠名之外的筹措手段,则成为法外聚敛。因此,分析分隶与立额间的配合与张力,思考各级政府其间可能的运作空间,可能正是理解"制度"与"非制度"何以共生乃至依存的重要角度。譬如经总制钱、月桩钱之类"征调窠名",设置之初均由不同类型税赋、课利窠名分成汇总而来,其中各项酒利、契税等收入盈亏不常。但至南宋中叶,宋廷大多实施立额征调,而窠名分隶与立额征调两类方式天然存在矛盾——假如坚持按税赋实际收入分成征调,则难以保证征调足额完成。这本质上是财政管理"量入为出"与"量出制入"原则冲突的又一表现。问题在于,两种看似矛盾的原则,在南宋的财赋征调中长期并存,彼此又是如何协调?围绕这一问题,主导权利经营的知州与负责经总制催督的通判,彼此既须协作,也经历了反复博弈。如何理解征调"立额"对于财赋管理实践与央地财权分配的意义?为应付开支与课绩,知州、通判等管理主体是否存在两个乃至更多功能不同的帐册,其财务信息汇总、申报机制如何?这些都是有待思考的话题。

地方财政运作,是在复杂的官僚生态、社会关系以及特定政治、文化环境中展开的。官府财赋的核算摊派、催督征调、蠲除损免,需要依托乡里组织,在与当地社会群体的互动中完成。宋代官箴书往往提醒州县官员注意关防吏人、揽户等群体;而《名公书判清明集》等判词汇编以及士人文集中,也多载地方官户、形势户乃至府第干人干扰赋役差派的案例。事实上,在两税法据产立户制度下，由于南宋赋役征发与和籴摊派对象大多集中于高等、高产户头（多为三等以上户），这一原则，极易导致析户隐漏税产等行为，进而造成征税对象难以监管甚至税源流失，加之官户、形势户与地方官吏勾结，利用身分特权，寻租套利，遂成为南宋地方财政长期困窘又难以解决的严重问题。近年，学者对于乡里体系怎样与财赋计征、催科模式相配合[①]，官府取民、养民的制度细节及民户因应方式[②]，已有所讨论；对于国家、民户之间社会"中间层"的理解，也逐渐深化，譬如宋代文献常见的"富民""兼并之家""形势户"等群体如何参与官府财赋征发，其权力来源为何，均有专题研究[③]。此外，我们还应充分关注乡居官员、士人对于地方财政管理的影响，特别是其作为享有限田免差特权的官户以及府第权势之家，如何扰动地方赋役与社会秩序[④]。

就政治文化因素而言，杨宇勋曾注意到南宋前期政治话语对财政政策及地方赋役制度的影响，以及官府税赋征派中面临的舆论与道义压力[⑤]。方

---

① 包伟民：《近古乡村基层催税单位演变的历史逻辑》，《北京大学学报（哲学社会科学版）》2021 年第 1 期。

② 杨宇勋：《取民与养民：南宋的财政收支与官民互动》，台北：台湾师范大学历史研究所，2004 年。

③ 李华瑞：《宋代"兼并之家"考析》，《历史研究》2022 年第 2 期；廖寅、杜洋洋：《走向细化：宋代的乡村组织与乡村治理》，《清华大学学报（哲学社会科学版）》2021 年第 3 期；廖寅：《宋代的公吏与"公吏世界"新论》，《史学月刊》2021 年第 12 期；廖寅：《烟火公事在宋代基层治理中的转型》，《历史研究》2023 年第 2 期；廖寅：《何以称"形势"：宋代形势户溯源辨正》，《深圳大学学报（人文社会科学版）》2021 年第 6 期；廖寅、李大秀：《在法律与事实之间：宋代官户再议》，《山东社会科学》2023 年第 7 期；耿元骊：《宋代官户免役的政策调整、法律诉讼与限田折算》，《中国史研究》2020 年第 3 期；耿元骊：《催科：宋代乡村社会秩序的扰动与平衡》，《史学集刊》2022 年第 1 期；田晓忠：《"富民"与宋朝乡役制度的变迁》，《中国经济史研究》2020 年第 4 期。

④ 梁庚尧很早注意到相关问题（梁庚尧：《豪横与长者：南宋官户与士人居乡的两种形象》，《宋代社会经济史论集（下）》，台北：允晨文化实业股份有限公司，1997 年）；近年黄宽重、童永昌等更细致地分析各类乡居官员、士人如何参与、影响地方财赋运作（黄宽重：《居乡怀国：南宋乡居士人刘宰的家国理念与实践》第 4、5 章；童永昌：《溧阳县相府献田案所见十三世纪财政压力下的南宋地方社会》，《新史学》2023 年第 4 期）。

⑤ 杨宇勋：《休兵讲好苏民力：绍兴和议后减免税役的政策论述》，《国际社会科学杂志（中文版）》2020 年第 3 期。

诚峰注意到道学意识形态、身份认同及其社交网络,往往影响州县官员的财赋措置,如施行经界、代输征调等,这些活动符合道学家"善政"期待,号称纾解民生,但实际操作中不免"剜肉补疮",甚至将财计责任推卸于后任[①]。这类来自社会文化乃至士林"舆论"的无形压力(或动力),深刻影响了南宋中晚期地方官员的行政方式。上述研究提示我们,解释地方官府的财政管理活动,不应仅聚焦于制度自身的合理与效率,也应重视考课、社会关系乃至文化等财政制度以外因素的影响,如此方能充分理解财政管理主体的具体关系与行为逻辑。

小　结

本文结合近年宋代财政史研究的新进展,重新考量了包伟民《宋代地方财政史研究》的学术意义。本文认为"包著"最重要的贡献,不在于对具体制度细节的补正,也不限于"仓宪倅丞征调体系""阶层性集权与地方无序并存"等重要论点,更在于其提供的"地方"研究视角,以及对复杂制度环境中具体人的"能动性"的解释。在此基础上,我们得以由财政制度切入,理解国家官僚体系内部、国家与社会间的权力、责任分配机制,并有可能对制度演化过程中,制度目标与实践间的张力,提出合理解释。至于本书在研究对象选择、论证逻辑以及具体论点方面的问题,或因概念定义制约,或因着力于制度结构的阐述,而对具体细节有所忽略。随着学界对中国古代财政内涵的理解的深化,我们在分析"包著"研究思路,扬弃其具体论点的基础上,完全可以进一步拓展宋代地方财政的研究空间。学人近年的诸多研究实践,已然提供了可能的方向。

最后,需要补充两点。一方面,宋代财政史研究议题、思路的推进,除了借助其他学科的分析工具,更需要跨王朝跨断代对话。金元明清地方财政运作,其赋税同样以两税法为基础,也同样曾面临差役征发、赋役货币化带来的诸多财政技术问题。考虑到不同政权各时期统治方略差异甚大,文

---

① 方诚峰:《君主、道学与宋王朝》,北京:北京大学出版社,2024年,第197—266页。

献记载丰富度不一，史事图景清晰度有别，通过比较宋明制度运作与演化路径，比较宋金元南北面临财赋问题与因应方式，或能启发我们注意宋代财政制度中暧昧不清乃至未曾措意的面向，从更长时段理解帝制中国后期财政体系变迁的整体进程与基本逻辑，进而合理评价宋代制度对中国历史的长期影响。

另一方面，史料搜集与文本批判，是历史研究推进的重要基础。就宋代地方财政史而言，学界已充分搜集政书文献记载，对于宋代文集、方志、石刻乃至新出文书的利用也愈发重视，但对宋代类书以及明清方志、族谱等材料中的零散史料，尚措意不足。此外，学人对财政史相关记载的文本批判，似仍缺乏自觉。作为考察地方财政的基础史料，各类方志"财赋""版籍"门的资料来源与编纂方式，其与地方财务册籍的关系，以及在地方行政中发挥的实际作用，仍缺乏具体研究，需进一步追问。此外，李心传《建炎以来系年要录》《建炎以来朝野杂记》是我们理解南宋前中期财政体制的核心文献，而李氏本人曾长期参与南宋修史工作，对于官方编修的国史、会要系统文献亦有影响。因此，当我们对勘不同文献的制度记载时，相关叙述可能已为李心传"垄断"，很难发现其中破绽。在此情况下，我们有必要借助《群书考索》等类书，并结合集部材料，检验《要录》《杂记》所言有无缺误、是否成立，在此基础上尝试辨析李氏可能依据的史源，以及来自其考证、推理的历史叙述。惟其如此，我们方能对南宋财政制度的沿革与运作过程，获得更切实的认识。

本文原刊《中外论坛》2024 年第 4 期，收入本集时有所修订。

宋代水利史研究若干问题的回顾与反思

梁建国

中国水利史研究是备受学术界关注的热点领域之一[①]。宋代水利史研究虽然较之明清等朝代显得较为落后,但多年来也积累了不少研究成果[②]。本文不求面面俱到,拟从水利建设与成本、区域水利与农业、洪涝灾害与救灾、河患治理与漕运以及治水官员与机构等五个方面予以回顾和反思,不当之处,敬请方家指正。

一、水利建设与成本

正如伊懋可(Mark Elvin)《大象的退却:一部中国环境史》(2004)所言,中国水利建设的代价极其高昂,需要投入大量的劳动、资金、物料和技术

---

① 晏雪平:《二十世纪八十年代以来中国水利史研究综述》,《农业考古》2009 年第 1 期;[日]森田明著,孙登洲、张俊峰译校:《中国水利史研究的近况及新动向》,《山西大学学报》2011 年第 3 期;王大伟:《近三十年来中国水利史研究综述——基于 CNKI 的文献计量分析》,《浙江档案》2014 年第 2 期。

② 王琳珂:《宋代水利史研究的回顾与思考》,《华北水利水电大学学报》2017 年第 1 期;王战扬:《20 世纪以来宋代水利史研究述评》,《云南社会科学》2017 年第 4 期。

来维持。该书认为,治水经济的高昂代价不利于技术创新与应用,因此中国在 18、19 世纪出现 "技术锁定(technological lock-in)" 现象,即已有的次好技术因其较先确立所带来的优势而继续居于支配地位,阻碍了更好技术的发明和使用;利润增长机制和利润回报规律,使社会经济被 "锁定" 在较差的发展道路上[①]。而对于宋代水利建设而言,投入的成本也值得深入思考。

张念祖《中国历代水利述要》(1932)介绍历代王朝的水利工程、治水思想、农田水利灌溉等,其中有部分内容简明扼要地介绍宋代水利状况[②]。郑肇经《中国水利史》(1937)介绍河流、水利建设类型、水利职官等内容[③]。长瀬守《宋元水利史研究》(1983)提出水利共同体理论,认为水利共同体包括上至国家下至农村各基层单元的水利社会[④]。姚汉源《中国水利史纲要》(1987)论述 1949 年前历代水利事业的发展,着重对各种水利建设的兴衰及其和政治经济的关系展开分析,并对宋代水利史也有较为细致的介绍[⑤]。《中国水利史稿》(1987)阐述我国水利发展的简要进程及其和政治、经济之间的关系,用现代科学技术知识分析中国各个历史时期水利科学技术的发展水平,其中有章节论及宋代的治河问题[⑥]。

水利建设主要是通过河防夫役来完成,具体到宋代的夫役征调问题,梁太济、傅筑夫、张泽咸、程民生、淮建利、郭志安等学者从制度层面有过不少精当的研究[⑦]。这些成果深刻揭露了夫役负担的沉重以及阶级关系的对立。

---

① 伊懋可著,梅雪芹等译:《大象的退却:一部中国环境史》,王利华:《中译本序言》,南京:江苏人民出版社,2014 年。本书英文版于 2004 年初版。

② 张念祖:《中国历代水利述要》,天津:华北水利委员会图书室,1932 年。

③ 郑肇经:《中国水利史》,上海:商务印书馆,1939 年;北京:商务印书馆,1998 年。

④ 长瀬守:《宋元水利史研究》,东京:国书刊行会,1983 年。

⑤ 姚汉源:《中国水利史纲要》,北京:水利电力出版社,1987 年。

⑥ 武汉水利电力学院编:《中国水利史稿》(中册),北京:水利电力出版社,1987 年。

⑦ 梁太济:《两宋的夫役征发》,载《宋史研究集刊》第 1 集,杭州:浙江古籍出版社,1986 年,后收入氏著《两宋阶级关系的若干问题》,保定:河北大学出版社,1998 年;傅筑夫:《中国封建社会经济史》第 5 卷,北京:人民出版社,1986 年;张泽咸:《略论六朝唐宋时期的夫役》,《中国史研究》1994 年第 4 期;程民生:《中国古代北方役重问题研究》,《文史哲》2003 年第 6 期;淮建利:《宋朝厢军研究》,郑州:中州古籍出版社,2007 年;郭志安:《北宋黄河水灾防治与水利资源开发研究》,北京:人民出版社,2021 年。

关于春夫的入役时间,吉冈义信《宋代黄河史研究》(1978)认为是从正月下旬至二月半,结束时正是进入农忙期的寒食节前,其后大概代以役兵[①]。关于夫役,梁太济《两宋的夫役征发》(1986)认为,一些夫役项目已雇人代役,纳钱免役在少数地方成为常制。关于北宋的河防夫役,该文认为,《兵考八》说的"悉役厢军"太夸张,有点绝对和片面,而《职役考一》所言比较符合历史实际,"罕调丁男"不等于不调丁男[②]。对于兵夫同役的现象,张泽咸《略论六朝唐宋时期的夫役》(1994)也曾有论述[③]。关于河防夫役向代役税转化的演进趋势,葛金芳《两宋摊丁入亩趋势论析》(1988)指出,摊丁入亩的实质就是封建国家加在民户身上的徭役和人头税逐步向田亩税转化和归并的历史过程,其在宋代有两大表现,一是部分力役转化为代役税,二是尚未转化的部分开始依据民户资产摊派;《宋辽夏金经济研析》(1991)认为,两宋力役从总体上看呈减轻趋势,可用"一代(厢军代役)二雇(和雇夫役)三转化"来概括,所谓转化,是指各类徭役向代役税转化,这是摊丁入亩在宋代的主要表现;《两宋摊丁入亩趋势补证》(1991)指出,在两宋水利役中依据田亩广狭来征调夫役的办法日趋普遍,且有私约文为之约束,此后逐步演变为地方性水利法规,有些地方"计田出丁"渐向"履亩纳税"转化[④]。

宋代的水利设施兴建,多有厢军参加。关于宋朝兵制,王曾瑜《宋朝兵制初探》(1983)指出,每逢灾年招募流民、饥民当兵,是宋朝的一项传统国策[⑤]。杨世利《宋朝以工代赈述论》(2005)认为,自熙宁年间河防夫役改为雇佣,作为农田水利法的辅助措施,这种以工代赈的救济措施逐渐制度化。淮建利《宋朝厢军研究》(2007)论述了厢军参与水患防治和水利事业的情

---

① 吉冈义信:《宋代黄河史研究》,东京:御茶の水书房,1978 年;吉冈义信著,薛华译:《宋代黄河史研究》,郑州:黄河水利出版社,2013 年。

② 梁太济:《两宋的夫役征发》,载《宋史研究集刊》第 1 集,杭州:浙江古籍出版社,1986 年;后收入氏著《两宋阶级关系的若干问题》,保定:河北大学出版社,1998 年。

③ 张泽咸:《略论六朝唐宋时期的夫役》,《中国史研究》1994 年第 4 期。

④ 葛金芳:《两宋摊丁入亩趋势论析》,《中国经济史研究》1988 年第 3 期;《宋辽夏金经济研析》,武汉:武汉出版社,1991 年;《两宋摊丁入亩趋势补证》,《暨南学报》1991 年 3 期。

⑤ 王曾瑜:《宋朝兵制初探》,北京:中华书局,1983 年。

况,其中涉及河清兵的分布、来源和任务,厢军与汴河的维护和治理等[①]。王琳珂《北宋政府水利建设若干问题研究》(2017)认为,北宋政府水利建设中的人工来源主要分为三类:一是兵丁,主要包括禁军、厢军、乡军与各种专业水利军;二是丁夫,主要包括应役丁夫、因紧急河汛而征调的"急夫"、雇募丁夫;三是专业水利建设人员,包括水利建设中各种专业人工,如水工、木石匠等[②]。梁建国《"民力不宜妄有调发"——北宋河防夫役的征调理念与实践》(2022)认为,所谓"不调丁男""悉役厢军",只不过是宋廷标榜的夫役征调理念,在治水实践中并未完全落实。所谓"民力不宜妄有调发",在实践中主要是调整和优化力役的征派方式,在完成工役与节省民力之间寻求相对的平衡,以减轻民力负担,缓解社会矛盾,体现出宋廷更加理性、务实的治理风格[③]。

水利管理机构也引起学界关注。冯鼎《北宋水利管理考述》(2008)论述了北宋水利机构、水利管理等内容[④]。关于北宋的治河体制,郭志安《论北宋治河的体制》(2009)指出,在北宋时期河道治理的频繁开展中,从地方治河情况的及时上报制,到治水官员的严格选任制、河堤岁修制与巡护制的实施,都有利于治河活动的顺利开展和中央监控的良好运行。而治河技术的创新与传统河堤植树等经验的利用,也成为北宋河道治理中的重要组成部分。较之前代,北宋河道治理体制已发展到一个较高的水平,总体上逐步趋于完备[⑤]。任贵松《北宋黄河埽所研究》(2011)指出,北宋治河机构庞大而完备,在黄河下游形成专职河官与地方河官相结合的河防体系,在黄河河患的防治与河堤的维护上发挥着巨大作用[⑥]。

关于宋代水利工程,特别是黄河水利经费来源与支出,学界有过不少论述。施正康《宋代两浙水利和人工经费初探》(1987)考察宋代两浙地区水

---

① 淮建利:《宋朝厢军研究》,郑州:中州古籍出版社,2007 年。

② 王琳珂:《北宋政府水利建设若干问题研究》,河北大学硕士学位论文,2017 年。

③ 梁建国:《"民力不宜妄有调发"——北宋河防夫役的征调理念与实践》,《中国史研究》2022 年第 4 期。

④ 冯鼎:《北宋水利管理考述》,四川师范大学硕士学位论文,2008 年。

⑤ 郭志安:《论北宋治河的体制》,《安徽师范大学学报》2009 年第 5 期。

⑥ 任贵松:《北宋黄河埽所研究》,河南大学硕士学位论文,2011 年。

利工程建设及其人工经费来源问题①。汪圣铎《两宋财政史》(1995)认为，宋朝兴建的农田水利设施颇不少，其中有些工程规模宏大，但用于农田水利方面的财政开支却微不足道。由于治河人力原则上不需宋朝官府出资召募，官府只负担物料、口食等支费，这就使得宋朝财政上用于治河的开支不大，不占重要位置。治河的重负主要是由细民百姓承担②。马玉臣《试论熙丰农田水利建设的劳力与资金问题》(2005)专门探讨熙丰兴修水利中的劳力与资金问题③。冯鼎《北宋水利管理考述》(2008)认为，北宋水利治理的经费来源多样化，主要包括中央政府支出、地方政府支出或自筹资金、相关水利机构支出、平均摊派及民间募集等五个方面，其中中央、地方政府支出及平均摊派是主要方式④。石涛《北宋时期自然灾害与政府管理体系研究》(2010)论及政府灾害投入的成本收益分析、预期、绩效、管理策略等⑤。康武刚《宋代江南水利建设中劳动力的筹措》(2014)认为，宋代江南地区的水利事业勃兴，宋政府为此组建了名为捍江兵、开江兵、堰军的常设性水利工程部队，多设置于重要的江河地段、漕运沿线等，并以这些士兵充当修建水利工程的劳动力，缓解了由于劳动力供需紧张带来的社会矛盾⑥。张俊飞《宋代江南地区水利建设经费来源讨论》(2014)指出，宋代江南地区水利建设经费的来源多元化，存在以国家财政拨款为主、地方与民间合作或民间独立承担等多种方式⑦。祁琛云、苗书梅《下户出钱：宋代南方水利募捐主体的再认识》(2022)认为，两宋时期的农田水利建设资金，以民众自筹为重要来源，而从事农业生产的乡村下层民众是水利兴修经费的主要承担者⑧。需要

---

① 施正康：《宋代两浙水利和人工经费初探》，《中国史研究》1987年第3期；周生春：《试论宋代江南水利田的开发和地主所有制的特点》，《中国农史》1995年第3期。

② 汪圣铎：《两宋财政史》，北京：中华书局，1995年。

③ 马玉臣：《试论熙丰农田水利建设的劳力与资金问题》，《宋史研究论丛》第6辑，保定：河北大学出版社，2005年。

④ 冯鼎：《北宋水利管理考述》，四川师范大学硕士学位论文，2008年。

⑤ 石涛：《北宋时期自然灾害与政府管理体系研究》，北京：社会科学文献出版社，2010年。

⑥ 康武刚：《宋代江南水利建设中劳动力的筹措》，《农业考古》2014年第3期。

⑦ 张俊飞：《宋代江南地区水利建设经费来源讨论》，《宁波大学学报》2014第6期。

⑧ 祁琛云、苗书梅：《下户出钱：宋代南方水利募捐主体的再认识》，《中国农史》2022年第3期。

注意的是,这些经费来源并非同时存在,其具体背景和演变过程还有待进一步厘清。

关于治河兵卒和物料管理。魏华仙《北宋治河物料与自然环境——以梢芟为中心》(2010)指出,北宋政府采取组织人力就近采伐、科配于民、购买等方式获取治河物料,最终导致社会上盗伐、滥伐林木的现象,不仅毁坏河堤,加剧黄河决溢的发生,而且对黄河流域的自然环境也造成一定破坏①。郭志安、淮建利《论北宋黄河物料的筹措与管理》(2011)认为,宋廷在物料的筹措、使用、管理等诸多环节逐步确立一套较为严格的组织和运行机制,从而保障治河的有序进行,同时围绕物料设立相关奖惩制度,也进一步推动物料管理的完善②。郭志安、王晓薇《论北宋黄河治理中的物料检计》(2015)认为,朝廷逐渐在物料的准备、使用、保管等多重环节加强检计,形成一整套较为完善的体制,对黄河水患防治发挥了积极作用③。学界以往对于治河物料的研究主要是围绕黄河来展开,多是正面肯定北宋黄河物料管理的经验,从制度层面予以肯定,认为宋廷逐步确立一套较为严格的组织和运行机制,并围绕物料设立相关奖惩制度,从而保障治河的有序进行,也进一步推动物料管理的完善。但从实践效果来看,仍存在诸多问题,更值得探究。

二、区域水利与农业

中国版图广袤,早期的水利史研究就注意到区域之间的差异。冀朝鼎《中国历史上的基本经济区与水利事业的发展》(1936)认为,西北地区的水利更多突出农业灌溉功能,而黄河、淮河和长江中下游的水利,大都以防治水患为主。冀朝鼎统计了唐、北宋和南宋的公共水利工程项目的数量,指出北宋时就开始更加注重南方的发展,而忽略北方的水利④。实际上,北

---

① 魏华仙:《北宋治河物料与自然环境——以梢芟为中心》,《四川师范大学学报》2010年第4期。

② 郭志安、淮建利:《论北宋黄河物料的筹措与管理》,《历史教学》2011年12期。

③ 郭志安、王晓薇:《论北宋黄河治理中的物料检计》,《保定学院学报》2015年第6期。

④ 冀朝鼎:《中国历史上的基本经济区》,北京:中国社会科学出版社,1981年;原书《中国历史上的基本经济区与水利事业的发展》用英文写成,1936年在英国首次出版。

宋并没有忽略对于北方特别是京畿地区的水利工程建设，只不过主要是以防洪、泄洪以保障京城及州县的城市安全为目的，而不是以农业经济建设为目标。

20 世纪 60 年代以后，日本宋史学者的研究进一步细化，逐步转向区域水利史的议题。周藤吉之从乡村制度的角度探讨了宋代陂塘的政策、管理机构及其与水利规约的关系，重点考察了南宋水稻栽种的地域分布，尤其是江南东、西路各县的陂塘[①]。此外还有本田治对浙东海塘的讨论[②]，西冈弘晃对苏州浦塘管理和围田构筑的研究[③]，小野泰对浙东地区城市水利的研究[④]，西冈弘晃对杭州、成都及扬州等城市水利事务的探讨[⑤]。

20 世纪 80 年代以后，伴随着国内社会经济史研究的热潮，水利史重新受到宋史学界的关注，研究成果主要集中于农田水利、漕运等问题。邹逸麟《历史时期黄河流域水稻生产的地域分布和环境制约》（1985）探讨黄河流域水稻种植地域分布的历史变迁和兴衰问题，对宋代黄淮平原的情况略有提及[⑥]。李孝聪、刘啸《论我国古代陂塘水利工程堙废的原因》（1986）认为，宋代陂塘的分布已从淮汉流域扩展到长江以南，大片土地由于得到适时浇灌而被开垦成农田，南方的农业经济逐渐超过北方。但是，伴随着北宋时期稻作农业在中原地区的推广，在一定程度上为北方农业经济的复苏注入一

① 周藤吉之：《宋代の陂塘の管理机构と水利规约》，载《唐宋社会经济史研究》，东京：东京大学出版会，1965 年。

② 本田治：《宋元时代の濱海田开発について》，《東洋史研究》，京都：京都大学文学部内东洋史研究会，40—4，1982 年；《宋代杭州及び後背地の水利と水利组織》，梅原郁编：《中国近世の都市と文化》，京都：京都大学人文科学研究所，1984 年；《宋代餘姚县における水利开発》，《布目潮渢古稀记念論集・東アジアの法と社会》，东京：汲古书院，1990 年。

③ 西冈弘晃：《宋代江南における水利开発の一考察——華亭县東郷を中心として》，中国水利史研究会编：《佐藤博士退官记念中国水利史論叢》，东京：国书刊行会，1984 年。

④ 小野泰：《宋代浙東の都市水利—台州の修築と治水对策—》，《中国水利史研究》20，1990 年；《宋代の水利政策と地域社会》，东京：汲古书院，2011 年。

⑤ 西冈弘晃：《南宋杭州の都市水利》，《中国水利史研究》22，1992 年；《四川成都の都市形成と水利问题》，《中国の歷史と经济—東洋经济史学会记念論集—》，福冈：中国书店，2000 年；《唐宋期楊州の盛衰と水利问题》，《中村学園大学・中村学園大学短期大学部研究纪要》34，2002 年。

⑥ 邹逸麟：《历史时期黄河流域水稻生产的地域分布和环境制约》，《复旦学报》1985 年 3 期。

剂强心剂 ①。漆侠《宋代经济史》(1987)从经济史的角度详细论述了宋代北方、两浙路、江南东路、福建路等地区的水利事业的发展 ②。韩茂莉《宋代农业地理》(1993)认为，尽管横遭非议，水稻仍以较高的产量，吸引着人们放弃原来的旱作生产方式而开修水田，播布稻秧 ③。周生春《试论宋代江南水利田的开发和地主所有制的特点》(1995)主要以太湖平原和丹阳湖平原为例，探讨、分析了水利田开发和土地集中的关系 ④。陈雄《论隋唐宋元时期宁绍地区水利建设及其兴废》(1999)认为，宁绍平原湖陂围垦的原因并不仅仅是社会发展、人口增加造成的，同时也是本地区区域水利形势变化的必然结果 ⑤。

进入 21 世纪以后，宋代农田水利史研究方兴未艾，研究取向更加注重区域社会与农业开发等问题，相关研究呈现井喷的局面。邓小南《追求用水秩序的努力——从前近代洪洞的水资源管理看"民间"与"官方"》(2004)重点研究了山西洪洞的地方精英对水资源的管理和经营，其中有部分内容涉及宋代水利 ⑥。陆敏珍《唐宋时期宁波地区水利事业述论》(2004)认为，唐宋时期，宁波地区的开发逐渐从以陂湖为水源的坡地向濒江沿海低湿地带移动，其中水利灌溉事业的发达在这一过程中起着决定性的作用 ⑦。关于宋代江南地区的农业，研究成果最为集中 ⑧。陈艳《两宋时期淀山湖地区的水

---

① 李孝聪、刘啸：《论我国古代陂塘水利工程堙废的原因》，《中国农史》1986 年第 3 期。

② 漆侠：《宋代经济史》，北京：人民出版社，1987 年。

③ 韩茂莉：《宋代农业地理》，太原：山西古籍出版社，1993 年，第 207—209 页。

④ 周生春：《试论宋代江南水利田的开发和地主所有制的特点》，《中国农史》1995 年第 3 期。

⑤ 陈雄：《论隋唐宋元时期宁绍地区水利建设及其兴废》，《中国历史地理论丛》1999 年第 1 期，第 48 页。

⑥ 邓小南：《追求用水秩序的努力———从前近代洪洞的水资源管理看"民间"与"官方"》，《暨南史学》2004 年创刊号。

⑦ 陆敏珍：《唐宋时期宁波地区水利事业述论》，《中国社会经济史研究》2004 年第 2 期。

⑧ 庄华峰：《古代江南地区圩田开发及其对生态环境的影响》，《中国历史地理论丛》2005 年第 7 期；马雷：《唐宋时期的江南运河对农田水利的影响研究》，复旦大学硕士学位论文，2008 年；曹强：《宋代江南圩田研究》，安徽师范大学硕士学位论文，2005 年；孙垂利：《从在水利事业中的作用看宋代的民间力量———以江南地区为中心考察》，《井冈山学院学报》2006 年第 2 期；钱克金、张海防：《宋代太湖地区农业水利的治理及其社会环境因素的制约》，《中国经济史研究》（转下页）

利与社会》(2008)、殷旭《南宋淀山湖区圩田水利系统的初步探讨》(2011)讨论了宋代淀山湖地区的区域社会发展和水利开发之间的关系①。陈曦《宋代荆湖北路的水神信仰与生态环境》(2009)分析宋代荆湖北路水神崇拜的对象、水神庙址的分布特点与职能,探讨水神信仰所体现出的本区人地关系尤其是人与水环境之间关系的基本特征②。钱克金、张海防《宋代太湖地区农业水利的治理及其对社会环境因素的制约》(2009)认为,就宋代太湖地区水涝灾害的骤增,固然有气候的反常、人口的集中、田产的密布等诸多因素,然水利修建的局限也是一大因素③。廖寅《宋代民间强势力量与治水工程研究——以荆湖南、北路为中心的考察》(2010)指出,宋代的治水工程在有些地方已明显呈现出以民间强势群体为主导力量的趋势④。游修龄、曾雄生《中国稻作文化史》(2010)认为,长期以来,小麦等旱作农业是京畿地区粮食种植的主流,而稻作在京畿地区的推广,主要是通过淤田的方式实现⑤。张博《北宋农田水利法规研究》(2010)探讨了北宋农田水利法规制定的历史背景,介绍其执行机构及其运行机制,并评析其实施效果⑥。马祥芳《北宋北方淤田若干问题初步研究》(2011)论述了北宋河南沿黄河、汴河的淤田活动以及淤田所带来的效益,阐述淤田的措施⑦。关于农田水利开发与生态环境

(接上页)2009年第1期;郭凯:《两宋时期江南圩田的发展及其影响》,南京农业大学硕士学位论文,2009年;周晴:《唐宋时期太湖南岸平原区农田水利格局的形成》,《中国历史地理论丛》2010年第4期;王文昌:《唐宋时期太湖地区水利问题研究》,扬州大学硕士学位论文,2011年;张俊飞:《宋代对江南地区水利管理之探析》,《江南大学学报》2014年第4期;白硕:《宋代江南东路、浙西路圩田的几个问题研究》,陕西师范大学硕士学位论文,2014年。

① 陈艳:《两宋时期淀山湖地区的水利与社会》,上海师范大学硕士学位论文,2008年;殷旭:《南宋淀山湖区圩田水利系统的初步探讨》,陕西师范大学硕士学位论文,2011年。

② 陈曦:《宋代荆湖北路的水神信仰与生态环境》,《湖北社会科学》2009年第9期。

③ 钱克金、张海防:《宋代太湖地区农业水利的治理及其对社会环境因素的制约》,《中国经济史研究》2009年第1期。

④ 廖寅:《宋代民间强势力量与治水工程研究——以荆湖南、北路为中心的考察》,《求索》2010年第5期。

⑤ 游修龄、曾雄生:《中国稻作文化史》,上海:上海人民出版社,2010年。

⑥ 张博:《北宋农田水利法规研究》,郑州大学硕士学位论文,2010年。

⑦ 马祥芳:《北宋北方淤田若干问题初步研究》,陕西师范大学硕士学位论文,2011年。

的关系,亦有不少研究成果进行了深入探讨。李相楠《宋都开封的兴衰与黄
河生态环境变迁》(2013)考察有关水环境及生态环境的问题①。郭志安《宋
代水柜简论》(2013)论述宋代水柜在调节运河水势、农田水利乃至军事、园
林景观等领域的用途②。聂传平《宋代环境史专题研究》(2015)以环境史为
主要研究角度,探讨宋代自然环境和不同地区人群的互动关系③。王星光、张
强、尚群昌《生态环境变迁与社会嬗变互动:以夏代至北宋时期黄河中下游
地区为中心》(2016)论及北宋时期黄河中下游地区社会变迁与生态环境互
动④。赵瞳《北宋农业研究》(2017)探讨北宋土地开发与农田水利建设,其
中涉及汴河两岸引浊放淤的情况⑤。王琳珂《北宋政府水利建设若干问题研
究》(2017)从政府的角度对北宋的水利建设进行探讨,并紧紧抓住北宋政
府水利建设的特性,但对水利技术层面的内容探讨有所欠缺⑥。张雪葳、王向
荣《陂塘水利对城市及地域景观格局的影响——以杭州西湖为例》(2018)
以杭州西湖为主要案例,讨论了陂塘水利对杭嘉湖地域景观及杭州城市景
观格局的影响⑦。徐桂红《宋代两浙围湖与复湖之争》(2020)探讨两宋中
央政府、州县级地方政府、豪民、主张围湖的官员士大夫及当地乡民围绕围
湖与复湖展开的博弈⑧。杜洋洋《国权与民权博弈视角下的宋代水利社会》
(2020)以浙西路为中心,从国权与民权博弈的角度,探讨水利兴建、农田水
利以及与水相关的水利争论等内容⑨。周于睫《宋元时期福建地区水利与社
会研究》(2021)通过考察宋元时期福建地区水利与社会,分析官方与民间

---

① 李相楠:《宋都开封的兴衰与黄河生态环境变迁》,《宜春学院学报》2013年第2期。

② 郭志安:《宋代水柜简论》,《兰台世界》2013年第6期。

③ 聂传平:《宋代环境史专题研究》,陕西师范大学博士学位论文,2015年。

④ 王星光、张强、尚群昌:《生态环境变迁与社会嬗变互动:以夏代至北宋时期黄河中下游
地区为中心》,北京:人民出版社,2016年。

⑤ 赵瞳:《北宋农业研究》,郑州大学博士学位论文,2017年。

⑥ 王琳珂:《北宋政府水利建设若干问题研究》,河北大学硕士学位论文,2017年。

⑦ 张雪葳、王向荣:《陂塘水利对城市及地域景观格局的影响——以杭州西湖为例》,《中国
园林》2018年第6期。

⑧ 徐桂红:《宋代两浙围湖与复湖之争》,华南师范大学硕士学位论文,2020年。

⑨ 杜洋洋:《国权与民权博弈视角下的宋代水利社会——以浙西路为中心》,河北大学硕士
学位论文,2020年。

在水利建设与维护中扮演的角色,探究福建水利与社会的发展道路[①]。这些研究关注的多是江南地区,而对于北宋京畿地区的陂塘问题,特别是陂塘与洪涝灾害之间的关系,学界尚缺乏足够的关注。王琳珂《北宋水利技术跨区域传播论析——以士人的社会流动为线索》(2022)认为,水利技术本质上的共性,使不同区域的水利技术具有了相互传播的可能,虽然地域特性限制了水利技术的跨区域交流,但是北宋士人的社会流动有力推进了水利技术的跨区域传播[②]。总的来看,关于宋代农田水利的研究,侧重于南方地区,而北方尚未引起足够重视。

三、洪涝灾害与救助

洪涝是一种常见的自然灾害,因而也是救灾史的重要内容。20世纪的相关研究成果主要有邓云特《中国救荒史》(1936)、王德毅《宋代灾荒的救济政策》(1970)、吴松弟《中国移民史·辽宋金元时期》(1997)等[③]。21世纪以来,相关研究进一步走向专深。张文《对流民的救济与安置:宋朝社会控制的实践途径》(2002)考察宋代流民的成因、构成与流动规律,认为宋廷对流民的救济与安置是社会控制的重要实践途径;《季节性的济贫恤穷行政:宋朝社会救济的一般特征》(2002)指出,由于传统农业经济的季节性波动,使得宋朝的济贫恤穷行政往往呈现出季节性特征,仍属于传统的被动性救济;《两宋赈灾救荒措施的市场化与社会化进程》(2003)指出,纯行政性的救济措施在南宋之前一直占据着主要地位,但是在南宋以后逐渐减少,相反市场性措施在仁宗熙丰年间以后开始出现并为后世一直沿用,对后世的灾害救济和社会救济产生重要影响,宋朝国家职能也相应地发生变化,逐渐向参与经营救灾的方向转变,这是宋代救济措施与方式发生的一个新的

---

① 周于睫:《宋元时期福建地区水利与社会研究》,河北大学硕士学位论文,2021年。

② 王琳珂:《北宋水利技术跨区域传播论析——以士人的社会流动为线索》,《历史教学》2022年第4期。

③ 邓云特:《中国救荒史》,北京:商务印书馆,1936年;王德毅:《宋代灾荒的救济政策》,台北:中国学术著作奖助委员会,1970年;吴松弟:《中国移民史·辽宋金元时期》,福州:福建人民出版社,1997年。

变化①。郭文佳《论宋代灾害救助程序》（2004）认为，宋代灾害救助程序主要包括诉灾、检放和抄札三部分；《常平仓与宋代灾荒救助》（2006）认为常平仓对灾荒救助起着重要作用，暂时解决百姓的日常饮食，但也存在常平钱谷挪用严重等问题；《论宋代政府赈灾的资金来源》（2010）认为，中央资金在宋代赈灾所用的资金中占主要地位，资金来源有常平仓储存的米粮和钱财以及其他政府部门的资金，同时上供米和军队的军粮以及地方省仓等也构成了宋代灾害救济中救灾资金的主要来源②。李华瑞《北宋荒政的发展与变化》（2010）指出，北宋的救荒措施及仓廪制度集汉唐以来之大成，对缓和社会矛盾起了积极作用；《劝分与宋代救荒》（2010）论述劝分的具体实施状况，赏格与劝分的对象，劝分救荒的管理方式，性质由劝诱发展为官府强制；《抄劄救荒与宋代赈灾户口的调查统计》（2012）指出，抄札制度调查登记的对象是所有受灾人口，最大限度地扩大受灾人口调查统计范围，能够更加全面地统计受灾人口数量，为救济政策的制定提供依据；《略论宋朝临灾救助的三项重要措施》（2013）认为，宋朝在汉唐以来荒政基础上推陈出新，实施以工代赈、召募饥民为兵、鬻卖度牒三项措施，对缓和社会矛盾起了积极作用；《论宋代的自然灾害与荒政》（2013）论述宋代自然灾害、荒政政策与制度、荒政实效蠡测、荒政与宋朝社会，总结和概括了宋代自然灾害与荒政的十五个特点；《关于救荒政策与宋朝民变规模之评说》（2014）认为，宋代救荒政策一直包含着抑制兼并、抑制豪强的思想和方针，使全国缺乏形成一个全国性农民战争的条件③。这些论作后来多结集成书，分别是张文《宋朝社会

---

① 张文：《对流民的救济与安置：宋朝社会控制的实践途径》，《西南师范大学学报（人文社会科学版）》2002年第2期；《季节性的济贫恤穷行政：宋朝社会救济的一般特征》，《中国史研究》2002年第2期；《两宋赈灾救荒措施的市场化与社会化进程》，《西南师范大学学报（人文社会科学版）》2003年第1期。

② 郭文佳：《论宋代灾害救助程序》，《求索》2004年第9期；《常平仓与宋代灾荒救助》，《商丘师范学院学报》2006年第6期；《论宋代政府赈灾的资金来源》，《中州学刊》2010年第1期。

③ 李华瑞：《北宋荒政的发展与变化》，《文史哲》2010年第6期；《劝分与宋代救荒》，《中国经济史研究》2010年第1期；《抄劄救荒与宋代赈灾户口的调查统计》，《历史研究》2012年第6期；《略论宋朝临灾救助的三项重要措施》，《淮阴师范学院学报》2013年第1期；《论宋代的自然灾害与荒政》，《首都师范大学学报》2013年第2期；《关于救荒政策与宋朝民变规模之评说》，《辽宁大学学报》2014年第6期。

救济研究》(2001)、郭文佳《宋代社会保障研究》(2006)、李华瑞《宋代救荒史稿》(2014)等 [1]。总的来说,宋代救灾荒政的研究已经取得丰硕成果,在社会保障和社会救济等方面的研究最为深入。不过,这些成果多以黄河流域为中心,而对于其他区域的情况关注较少,相关救灾举措能否适用于全国,还有待其他区域的研究成果进行验证。

宋廷在灾荒时期暂缓征收租税及其他杂税,称之为倚阁。学界从不同角度对赋税倚阁制度有过不少讨论,比如邓云特《中国灾荒史》(1984)、汪圣铎《两宋财政史》(1995)、张文《宋朝社会救济研究》(2001)、刘春德《宋朝倚阁制度初探》(2006)、徐东升《展限、住催和倚阁——宋代赋税缓征析论》(2007)、王战扬《宋代赋税倚阁制度与地方灾害救助》(2015)等 [2]。

赈贷是我国传统社会缓解灾害的主要手段之一,赈贷的实施离不开仓储系统。关于宋代备荒仓储等荒政制度,成果相当多,比如郑丽萍《宋代的备荒仓储制度及其弊端探析》(2009)、魏伟《宋代荒政研究》(2010)、杨芳《宋代仓廪制度研究》(2011)、王志航《宋代荒政思想》(2012)、韦双龙《两宋仓储与救荒探析》(2013)等 [3]。李华瑞《宋代救荒中的赈济、赈贷与赈粜》(2014)区分了同为赈恤措施的赈济、赈贷与赈粜,认为赈贷一般多是在灾害发生后的恢复阶段,受灾民众的生产和生活难以为继而需要救助 [4]。黄晓巍《宋代赈贷初探》(2014)从赈贷较赈粜赈给之利、赈贷资金来源的丰富、赈贷实施及效用的多样化三个方面,论述宋代赈贷的地位和作用,最后讨论宋代赈贷的弊病、利息、蠲贷和倚阁等问题,力图勾勒宋代赈贷的发展框架,

① 张文:《宋朝社会救济研究》,重庆:西南师范大学出版社,2001年;郭文佳:《宋代社会保障研究》,北京:新华出版社,2005年;李华瑞:《宋代救荒史稿》,天津:天津古籍出版社,2014年。

② 邓云特:《中国灾荒史》,上海:上海书店,1984年影印本;徐东升:《展限、住催和倚阁——宋代赋税缓征析论》,《中国史研究》2007年第4期;刘春德:《宋朝倚阁制度初探》,厦门大学硕士学位论文,2006年;王战扬:《宋代赋税倚阁制度与地方灾害救助》,《德州学院学报》2015年第3期。

③ 郑丽萍:《宋代的备荒仓储制度及其弊端探析》,《华北水利水电学院学报》2009年第3期;魏伟:《宋代荒政研究》,山东大学硕士学位论文,2010年;杨芳:《宋代仓廪制度研究》,首都师范大学博士学位论文,2011年;王志航:《宋代荒政思想》,四川师范大学硕士学位论文,2012年;韦双龙:《两宋仓储与救荒探析》,《农业考古》2013年第4期。

④ 李华瑞:《宋代救荒中的赈济、赈贷与赈粜》,《西北师范大学学报》2014年第5期。

并评价了宋代赈贷的地位和作用①。王方舟《宋代赈贷制度研究》（2018）认为，两宋的赈贷制度经历从无到有，从政府主导到官民合办的演变过程，体现了政府降低制度运行成本与提高制度效率的追求。同时，赈贷制度作为赈恤措施的一环，与其他措施如赈济、赈粜、蠲免相辅相成，赈贷的施行频次与力度也能侧面反映时局情况与国力盛衰②。

关于水灾应对及灾后重建，近年来从不同角度进行了不少探讨。石涛《北宋时期自然灾害与政府管理体系研究》（2010）考察了北宋时期自然灾害对经济的影响，论述了政府应对危机的思路、措施及工作流程问题，探讨了政府的赈灾投入和灾害管理思想③。王宇飞《宋诗与宋代灾害探研》（2012）对宋诗与宋代灾害进行综合研究，论述了宋代灾害及其应对的基本状况④。郑颖《北宋时期的灾害应对研究》（2012）论述了北宋灾害应对中的信息传递、遣使救灾、灾害社会政治影响与应对等问题⑤。金勇强《宋元时期政府救荒应对与区域关系研究》（2013）选取灾后阶段政府的救荒行为为研究焦点，在宋元时期中国东部政治经济核心区这个大的地域框架下，集中探讨灾后救荒中的政府应对与区域关系⑥。焦提静《北宋时期的灾后救助》（2014）论述北宋时期的自然灾害概况，分析民间和官府的灾后救助情况及特点⑦。董煜宇《两宋水旱灾害技术应对措施研究》（2016）根据《天圣令》的田令、赋役令、杂令中有相关记载，将其概括为受灾田地的争议处置、灾后赋役的差派管理以及公私财产的灾后处置等三个方面⑧。周浩《北宋中期水灾处置研究》（2016）通过分析宋代中期在水灾问题上的分歧以及救灾人力、物力的投入，探讨了宋代政府灾后处置中的社会管理等相关问题⑨。

---

① 黄晓巍：《宋代赈贷初探》，《中国经济史研究》2014年第3期。
② 王方舟：《宋代赈贷制度研究》，西北农林科技大学硕士学位论文，2018年。
③ 石涛：《北宋时期自然灾害与政府管理体系研究》，北京：社会科学文献出版社，2010年。
④ 王宇飞：《宋诗与宋代灾害探研》，四川师范大学硕士学位论文，2012年。
⑤ 郑颖：《北宋时期的灾害应对研究》，暨南大学硕士学位论文，2012年。
⑥ 金勇强：《宋元时期政府救荒应对与区域关系研究》，陕西师范大学博士学位论文，2013年。
⑦ 焦提静：《北宋时期的灾后救助》，辽宁大学硕士学位论文，2014年。
⑧ 董煜宇：《两宋水旱灾害技术应对措施研究》，上海：上海交通大学出版社，2016年。
⑨ 周浩：《北宋中期水灾处置研究》，重庆师范大学硕士学位论文，2016年。

随着研究的深入,有学者还注意到宋廷根据水患等级采取相应举措,从而使得救灾活动更加科学和高效。张文《宋朝社会救济研究》(2001)将宋代的水旱灾害分为轻度、中度、重度三个等级[1]。邱云飞《宋朝水灾初步研究》(2006)列表分析了宋朝的水灾史料,归纳出水灾的时空特征和频繁发生的原因,并重点论述了黄河水患的特征和治理方法[2]。邱云飞《中国灾害通史·宋代卷》(2008)总述宋代灾害概况,对每一年的灾害情况进行分类统计,并介绍了宋代赈灾的情况以及成效[3]。刘双怡《农业自然灾害与宋代粮食安全》(2011)按受灾面积、持续时间及灾情等三项标准进行计分量化分析,将水灾分为6个等级。1级(个别地区轻度水灾):小于等于10分;2级(个别地区较大水灾或局部地区的轻度水灾):11—23分;3级(局部地区较大水灾或全国大范围的轻度水灾):24—36分;4级(全国大范围地区中度水灾):37—49分;5级(全国大范围地区较大水灾):50—62分;6级(局部地区或全国大范围地区特大、极大水灾):63—75分[4]。程民生《北宋开封气象编年史》(2012)对北宋时期的气象进行系统的考证和编年,并对雨涝等灾害记录进行了统计[5]。楚纯洁、赵景波《开封地区宋元时期洪涝灾害与气候变化》(2013)提取文献中的相关信息,将宋元时期开封地区洪涝灾害划分为四个等级,说明相应的受灾状况,并统计受灾频次,对比探讨两个时期洪涝灾害的特征及其反映的气候变化[6]。

以往关于救灾的研究多关注地方官员与民众这些角色,而忽略了皇帝个人的表现。近年来,伴随着政治文化的研究,有学者注意到宋代君主通过祈神、罪己诏、求直言及发德音等方式来应对自然灾害。姜家霖《从灾害祈报文看宋朝自然灾害》(2020)以祈报文为中心,总结宋朝自然灾害的时空

---

① 张文:《宋朝社会救济研究》,第36页。

② 邱云飞:《宋朝水灾初步研究》,郑州大学硕士学位论文,2006年。

③ 邱云飞:《中国灾害通史·宋代卷》,郑州:郑州大学出版社,2008年。

④ 刘双怡:《农业自然灾害与宋代粮食安全——以水、旱、蝗灾为中心》,四川师范大学硕士学位论文,2011年。

⑤ 程民生:《北宋开封气象编年史》,北京:人民出版社,2012年,第335页。

⑥ 楚纯洁、赵景波:《开封地区宋元时期洪涝灾害与气候变化》,《地理科学》2013年第9期。

情况,并探讨其灾害祈报信仰神的选择问题①。吴春光《北宋元丰以前汴河治理研究》(2020)论及汴河祭祀的问题,指出汴口问题治理困难是汴口祭祀形成与发展的重要原因②。臧婧婧《宋代皇帝罪己研究》(2016)探讨宋代罪己诏令的分类、君主的悔过举措、臣民对皇帝罪己言行的反馈建议、皇帝自我责罚的特点、原因及影响③。求直言是皇帝在面临灾害或危机时,号召士大夫极言时政阙失,发现施政弊端。关于求直言,陈晓俭《北宋皇帝诏求直言研究》(2017)分析了北宋皇帝求言的类型和原因,依据不同时期求言的时代背景,探讨求言的内容、运作、动机和效果④。李潇阳《宋代皇帝诏求直言研究》(2019)将范围扩展到两宋时期,分析宋代皇帝诏求直言的原因、范围和禁令,探讨臣民上言的信息渠道与处理,总结宋代皇帝诏求直言的特点和效果⑤。这些研究聚焦于皇帝这一角色来考察水患应对,这是水利史与政治文化史研究相互渗透的一个例证。

四、河患治理与漕运

对于河患问题的研究,早期主要是以黄河作为研究对象的通论性著作。20 世纪 20 年代,德国水利史专家赫·恩格司《制驭黄河论》(1924)探讨黄河河患及其治理问题时,对两宋时期略有论述⑥。郑肇经《中国水利史》(1939)认为,鸿沟、汴河等人工运河的开凿加剧了黄河的河患⑦。岑仲勉《黄河变迁史》(1957)从历史地理的角度分析治河技术,较为详细地论述了宋代黄河河道变迁及河患,认为河患频繁是宋人探索改进治河技术的重要因

---

① 姜家霖:《从灾害祈报文看宋朝自然灾害》,西南大学硕士学位论文,2020 年。

② 吴春光:《北宋元丰以前汴河治理研究》,河南大学硕士学位论文,2020 年。

③ 臧婧婧:《宋代皇帝罪己研究》,河南大学硕士学位论文,2016 年;臧婧婧:《宋代政治文化探析:以两宋皇帝罪己为例》,北京:中国社会科学出版社,2020 年。

④ 陈晓俭:《北宋皇帝求直言研究》,河北大学硕士学位论文,2017 年。

⑤ 李潇阳:《宋代皇帝诏求直言研究》,河南大学硕士学位论文,2019 年。

⑥ [德]赫·恩格司著,郑肇经译:《制驭黄河论》,《江苏水利杂志》1924 年。

⑦ 郑肇经:《中国水利史》,北京:商务印书馆,1939 年。

素①。谭其骧《何以黄河在东汉以后会出现一个长期安流的局面——从历史上论证黄河中游的土地合理利用是消弭下游水害的决定性因素》(1962)认为,东汉以后黄河中游土地生产方式由农耕为主演变为以畜牧为主,减轻了水土流失,这些因素促成了东汉至唐约八百年间的黄河长期安澜;然而安史之乱以后,由于实际人口增加等诸多因素的交织,土地兼并加剧,黄河中游土地利用方式变更,使下游河患频繁②。之后,邹逸麟《黄河下游河道变迁及其影响概述》(1980)、史念海《由历史时期黄河的变迁探讨今后治理黄河的方略》(1985)、邹逸麟《黄河流域诸河流的变迁与治理》(1999)等论著对历史时期黄河的河道路线、水源开凿工程、河道淤废及变迁做了详细论述,其中也涉及宋代的情形③。直到 20 世纪 50 年代,才出现专门关注宋代河患问题的论文。张家驹《宋初水利建设》(1954)探析了宋初治理黄河、整顿运河以及杰出的水利专家陈承昭、宋初水利建设的特殊意义等内容④。

1978 年以后,海内外的相关研究层出不穷。吉冈义信《宋代黄河史研究》(1978)论述了宋代黄河四季水情、堤防修筑、治黄机构和策略⑤。周魁一《元丰黄河曹村堵口及其他》(1985)、《北宋河患与治河》(1992)论述了北宋元丰时期黄河曹村的决口与堵口、堵口技术、放淤、防洪等问题,注重分析其自然原因和社会因素⑥。香港学者周卓怀《宋代河患探源》(1990)分析了宋代河患产生的基本原因及其治理,并认为宋代经济重心的南移与河患有密切联系⑦。刘菊湘《北宋黄河及其治理》(1990)、《北宋河患与治河》(1992)认为,河患加速了经济重心的南移,北宋派遣大量弓箭手在黄河中游

---

① 岑仲勉:《黄河变迁史》,北京:人民出版社,1957 年。

② 谭其骧:《何以黄河在东汉以后会出现一个长期安流的局面——从历史上论证黄河中游的土地合理利用是消弭下游水害的决定性因素》,《学术月刊》1962 年第 2 期。

③ 邹逸麟:《黄河下游河道变迁及其影响概述》,《复旦学报》1980 年第 S1 期;邹逸麟:《黄河流域诸河流的变迁与治理》,西安:陕西人民出版社,1999 年;史念海:《由历史时期黄河的变迁探讨今后治理黄河的方略》,《中国历史地理论丛》1985 年第 2 辑。

④ 张家驹:《宋初水利建设》,《历史教学问题》1954 年第 3 期。

⑤ [日]吉冈义信:《宋代黄河史研究》,东京:御茶の水书房,1978 年;薛华译,郑州:黄河水利出版社,2013 年。

⑥ 周魁一:《元丰黄河曹村堵口及其他》,《水利学报》1985 年第 1 期。

⑦ 周卓怀:《宋代河患探源》,香港:奔流出版社,1990 年。

地区垦荒，加剧了水土流失，是北宋河患的根源。北宋治河没有整体观念，只着眼于局部，黄河下游泥沙量增大，河床淤积过高，导致河患泛滥①。王元林《宋金元时期黄渭洛汇流区河道变迁》(1996)、《历史上黄渭洛汇流区河道变迁及沿岸的治理开发》(1997)，杨金辉《历史时期关中平原的渭水河道变迁》(2008)，考察了宋代黄渭洛汇流区河道变迁、沿岸治理开发等问题②。《黄河水利述要》(2003)主要探讨了黄河河道变迁、治河措施、农田灌溉等③。程遂营《12世纪前后黄河在开封地区的安流与泛滥》(2003)指出，在影响开封社会发展的诸多外部因素中，黄河在开封地区的安流与泛滥十分关键。12世纪以后，随着宋室南迁，元、明、清时期黄河在开封地区的泛滥加剧，严重制约着开封社会的复兴与进步④。王尚义、任世芳《唐至北宋黄河下游水患加剧的人文背景分析》(2004)分析唐、五代至北宋510年的黄河下游水患发展过程，认为唐初水患较轻，但以后逐步加剧，至晚唐已相当严重；五代、北宋则几乎年年决溢，且灾情远较前代为重⑤。袁冬梅《对宋代黄河水灾原因的分析》(2004)指出，宋代自然环境恶化与经济发展息息相关，人们环境保护意识淡薄是黄河水灾频发的重要原因之一⑥。王照年《北宋黄河水患研究》(2005)论述北宋时期黄河水患的基本情况、主要成因以及治理情况⑦。北宋时期黄河水系决溢频繁，给两岸的城市带来巨大的水患威胁。李大旗《北宋黄河流域的河患与城市水患》(2006)以时间为系制成北宋城市河患资料一览表，通过文献整理的方法来展现北宋城市与水环境互

---

① 刘菊湘：《北宋黄河及其治理》，《陕西师范大学学报》1990年第2期；《北宋河患与治河》，《宁夏社会科学》1992年第6期。

② 王元林：《宋金元时期黄渭洛汇流区河道变迁》，《中国历史地理论丛》1996年第4期；《历史上黄渭洛汇流区河道变迁及沿岸的治理开发》，《地域研究与开发》1997年第2期；杨金辉：《历史时期关中平原的渭水河道变迁》，陕西师范大学硕士学位论文，2008年。

③ 《黄河水利史述要》编写组：《黄河水利史述要》，郑州：黄河水利出版社，2003年。

④ 程遂营：《12世纪前后黄河在开封地区的安流与泛滥》，《河南大学学报》2003年第6期。

⑤ 王尚义、任世芳：《唐至北宋黄河下游水患加剧的人文背景分析》，《地理研究》2004年第3期。

⑥ 袁冬梅：《对宋代黄河水灾原因的分析》，《乐山师范学院学报》2004年第9期。

⑦ 王照年：《北宋黄河水患研究》，西北师范大学硕士学位论文，2005年。

动关系①。石涛《黄河水患与北宋对外军事》(2006)探讨黄河河患对北宋对外军事的影响②。李华瑞《北宋治河与防边》(2007)论述北宋治河政策的发展与演变,进而指出防御辽朝始终是北宋朝野人士考虑的主要因素之一③。郭志安《北宋黄河中下游治理若干问题研究》(2007)论述北宋黄河中下游水患的情况与灾后赈济的相关措施,分析黄河中下游地区的治理与北宋政治军事的关系,也探讨河道整治与农田治理、漕运的关系④。李华瑞、郭志安《北宋黄河河防中的官员奖惩机制》(2007)探讨北宋黄河河防中对官员的奖励和惩罚制度及其产生的积极作用⑤。周珍《北宋仁宗时期黄河水患应对措施研究——以河北东路为中心》(2008)论述北宋仁宗时期黄河河患的具体情况、河务机构的构成、治河决策的形成过程,并分析评价了河患治理的具体措施⑥。郭志安、李京龙《北宋黄河水患与河北农业生产条件的恶化》(2009)认为,北宋黄河水患对河北境内劳动力、农田、资金等方面造成严重影响,在很大程度上限制了区域内农业发展⑦。郭志安《北宋黄河治理弊病管窥》(2009)认为,宋廷频繁的兴河役既造成自然环境破坏,也增加普通百姓的赋役负担与能够尽量避免的人员伤亡,同时官员在河政管理中存在严重的渎职行为,甚至贪污河防资财,欺压修筑河防工程的河卒,这些消极现象都对黄河治理活动顺利进行产生严重的阻碍作用⑧。李华瑞《北宋治理黄河的技术和费用》(2008)认为,经过多年防治黄河泛溢的实践,北宋时期对黄河的涨落、汛期及洪水预报已有较为科学的认识,并采用埽法及埽岸、铁龙

---

① 李大旗:《北宋黄河流域的河患与城市水患》,《三门峡职业技术学院学报》2006年第4期。
② 石涛:《黄河水患与北宋对外军事》,《晋阳学刊》2006年第2期。
③ 李华瑞:《北宋治河与防边》,载《宋夏史研究》,天津:天津古籍出版社,2006年,第349—370页。
④ 郭志安:《北宋黄河中下游治理若干问题研究》,河北大学博士学位论文,2007年。
⑤ 李华瑞、郭志安:《北宋黄河河防中的官员奖惩机制》,《河北大学学报》2007年第1期。
⑥ 周珍:《北宋仁宗时期黄河水患应对措施研究——以河北东路为中心》,上海师范大学硕士学位论文,2008年。
⑦ 郭志安、李京龙:《北宋黄河水患与河北农业生产条件的恶化》,《保定学院学报》2009年第6期。
⑧ 郭志安:《北宋黄河治理弊病管窥》,《中州学刊》2009年第1期。

爪与浚川杷、造林治水等技术 ①。戴庞海、陈峰《北宋政府治理黄河的主要措施》（2009）指出，北宋政府高度重视黄河治理工作，设立专门治河机构，采取了疏导、堵塞决口，修筑埽岸、开渠分水、植树护堤、浚川排沙、机械浚河等一系列措施 ②。程佩《北宋黄河泥沙的淤积及其危害问题初探》（2010）论述北宋黄河泥沙产生的渊源、泥沙淤积及后果等问题，认为黄土高原植被的破坏严重导致了黄河泥沙淤积加剧，进而造成黄河改道，不仅对沿河农业造成巨大威胁，给两岸人民带来深重灾难，而且还对汴河航运、政府财政产生消极影响 ③。王军《北宋河议研究》（2011）围绕北宋官员关于黄河治理方案的议论，探讨宋仁宗、宋神宗、宋哲宗朝河议内容的嬗变，分析北宋河议发生的原因及河议中的政治、经济、军事因素，讨论北宋河议对治河决策及效果的影响 ④。薛春汀、刘健、孔祥淮《1128—1855 年黄河下游河道变迁及其对中国东部海域的影响》（2011）以地理学视角审视北宋时期黄河水入淮问题，认为 1194 年黄河改道没有造成大的影响，黄河泥沙量从明代 1494 年起才明显增加 ⑤。孟昭锋《论宋代黄河水患与行政区划的变迁》从行政区划角度分析宋代黄河改道与黄河水患情况及治所的迁徙，并论述河患导致的行政区划变迁 ⑥。张芹、陈诗越《历史时期黄河下游地区的洪水及其对东平湖变迁的影响》（2013）指出，北宋仁宗时期的黄河洪水造成河道变迁，并对东平湖变迁产生重要影响 ⑦。张全明《两宋生态环境变迁史》（2016）系统考察两宋时期的水环境，重点论述黄河、淮河、长江等河道，而未涉及汴河等运河的情

---

① 李华瑞：《北宋治理黄河的技术和费用》，《历史地理学研究的新探索与新动向——庆祝朱士光教授七十华诞暨荣休论文集》，西安：三秦出版社，2008 年，第 147—152 页。

② 戴庞海、陈峰：《北宋政府治理黄河的主要措施》，《华北水利水电学院学报》2009 年第 3 期。

③ 程佩：《北宋黄河泥沙的淤积及其危害问题初探》，《郑州航空工业管理学院学报》2010 年第 2 期；李丞：《北宋二股河地上河问题研究》，《历史地理》2013 年第 2 期。

④ 王军：《北宋河议研究》，东北师范大学硕士学位论文，2011 年。

⑤ 薛春汀、刘健、孔祥淮：《1128—1855 年黄河下游河道变迁及其对中国东部海域的影响》，《海洋地质与第四纪地质》2011 年第 5 期。

⑥ 孟昭锋：《论宋代黄河水患与行政区划的变迁》，《兰台世界》2012 年第 33 期。

⑦ 张芹、陈诗越：《历史时期黄河下游地区的洪水及其对东平湖变迁的影响》，《聊城大学学报（自然科学版）》2013 年第 1 期。

况①。郭志安《北宋黄河水灾防治与水利资源开发研究》(2021)紧扣北宋黄河的"防弊"与"兴利"两大主线,对有关北宋黄河水灾防治和水利资源开发的诸多方面予以细致探讨②。林建《从暂离到永徙:北宋时期对黄河下游水患流民的管控》(2024)注意到北宋政府对于黄河下游水患流民的态度以及与之适配的管控措施所造成的影响③。可以说,关于北宋黄河治理的研究成果丰硕④,但大都是着眼于全流域的视角,侧重于黄河下游水患频发的河北、山东等地区。

　　河患与城市的关系是近年来水利史研究的一个新领域。李大旗《北宋黄河河患与城市的迁移》(2017)以北宋黄河经流区域为线索,分别论述北宋时期京东故道、北流诸道、黄河中下游稳固河道及漳河两岸三个区域迁城避水的情况⑤。实际上,对于开封及京畿地区来说,水患主要并不是来自于黄河。刘顺安《开封研究》(2001)指出,宋代以前的黄河距开封较远,对开封还没有构成严重威胁。金代明昌五年(1194),河决阳武(今原阳县),黄河南徙,迁徙到封丘县境,离开封仅四十里,已经影响开封的安全⑥。据刘顺安《开封城墙》(2003)统计,自金代以来,黄河在开封决口达370余次,开封城被黄河水围困达15次之多⑦。程遂营《12世纪前后黄河在开封地区的安流与泛滥》(2003)认为,唐末、五代、北宋黄河虽然已进入第二个泛滥期,但由于开封距离黄河较远、政府重点加以保护等原因,开封的社会发展并没有受到黄河的直接威胁⑧。据吴庆洲《中国古城防洪研究》(2009)统计,宋代开封

---

①　张全明:《两宋生态环境变迁史》,北京:中华书局,2016年。

②　郭志安:《北宋黄河水灾防治与水利资源开发研究》,北京:人民出版社,2021年。

③　林建:《从暂离到永徙:北宋时期对黄河下游水患流民的管控》,《山东社会科学》2024年第6期。

④　关于宋代黄河史的相关研究状况,可参见郭志安《北宋黄河水灾防治与水利资源开发研究》绪论,第5—18页。

⑤　李大旗:《北宋黄河河患与城市的迁移》,《史志学刊》2017年第1期。

⑥　刘顺安主编:《开封研究》,郑州:中州古籍出版社,2001年,第81页。

⑦　刘顺安:《开封城墙》,北京:北京燕山出版社,2003年,第4页。

⑧　程遂营:《12世纪前后黄河在开封地区的安流与泛滥》,《河南大学学报》2003年第6期。

城水患有 11 次①。

城墙与城壕的功能除了军事防御，还有蓄水和防洪。关于城市防洪的研究成果，有吴庆洲《中国古城防洪的历史经验与借鉴》（2002）、张涛等《中国古代城市排洪防灾解析与借鉴》（2011）、李合群《论中国古代城墙排水》（2016）、肖晔《中国古代城墙墙体防排水措施初探》（2019）等，梳理中国古代城墙的排水、防洪措施和手法，分析总结其特征与规律②。斯波义信《宋代江南经济史研究》（1988）重点关注宋代江南城市的防卫情况，在其所列《宋代城郭规模资料一览表》中收集了 37 个城市护城河的相关资料③。黄宽重《宋代城郭的防御设施及材料》（1990）对两宋城市包括护城河在内的防御设施作了宏观描述，并在文后所附《宋代城郭防御设施及材料表》中收集 27 个州级城市护城河的修建情况④。黄登峰《宋代城池建设研究》（2007）指出，北宋一朝不仅对东京的外城、女墙、水道壕堑等进行维护，还增筑新城、新旧城墙、瓮城等设施，使开封的城池防御体系更趋完备⑤。吴红兵《宋代护城河研究》（2018）收集宋代护城河史料，制作《北宋开封城、南宋临安城、明清顺天城护城河对照表》《宋代州级城市护城河资料汇编表》《宋代县级城市护城河资料汇编表》3 个表格，一共统计北宋开封城前后 14 次修浚，南宋临安城外 7 条护城河流、146 个州级城市护城河 280 次修浚，74 个县级城市护城河84 次修浚，合计 222 个宋代城市 378 次修浚。该文还对城市护城河的规格按照都城、军事重镇、区域中心城市和一般城市的层级进行比较研究，对影响两宋护城河规制和修浚频率变化的因素等问题进行探讨⑥。林建《北宋时期

①　吴庆洲：《中国古城防洪研究》，北京：中国建筑工业出版社，2009 年，第 330 页。

②　吴庆洲：《中国古城防洪的历史经验与借鉴》，《城市规划》2002 年第 4 期；张涛、项永琴：《中国古代城市排洪防灾解析与借鉴》，《行政管理改革》2011 年第 11 期；李合群：《论中国古代城墙排水》，《安徽建筑》2016 年第 2 期；肖晔：《中国古代城墙墙体防排水措施初探》，《建筑与文化》2019 年第 5 期。

③　［日］斯波义信：《宋代江南经济史の研究》，东京：汲古书院，1988 年；斯波义信著，方健、何忠礼译：《宋代江南经济史》，江苏：江苏人民出版社，2009 年。

④　黄宽重：《宋代城郭的防御设施及材料》，台北《大陆杂志》1990 年第 2 期；后收入氏著：《南宋军事与文献探索》，台北：新文丰出版公司，1990 年。

⑤　黄登峰：《宋代城池建设研究》，河北大学博士学位论文，2007 年。

⑥　吴红兵：《宋代护城河研究》，西北大学博士学位论文，2018 年。

黄河下游流域濒河城邑应对水患的举措》(2024)探究北宋黄河下游流域濒河城邑的防洪、排涝技术以及此时期黄河下游流域的环境与社会①。

关于城市的排水问题也有学者关注。杜鹏飞、钱易《中国古代的城市排水》(1999)回顾了中国古代城市排水的发展历程,着重分析北宋东京等古代城市在排水方面取得的成就,总结中国古代城市排水设施的特点与管理经验②。程遂营《唐宋开封生态环境研究》(2002)、牛素娴《两宋都城的用水及水源卫生》(2009)、杨瑞军《北宋东京治安研究》(2012)对于开封环境卫生及用水排水等问题进行探讨③。关于东京的水系等地貌,程遂营《唐宋开封生态环境研究》(2002)、刘芳心《北宋开封水系研究》(2012)、李合群《北宋东京城营造与布局研究》(2017)、刘昱《北宋汴京城市水系与园林关系研究》(2019)等论著有过系统考证,惜未进一步探讨地貌与洪涝灾害的关系④。

关于赵宋定都开封与汴河的关系,学界多有讨论。全汉昇《唐宋帝国与运河》(1946)和邹逸麟《唐宋汴河的淤废及其过程》(1962)均认为,运河被视为王朝的立国之本和京城的经济命脉,而尤以汴河最为重要⑤。刘益安《汴河与开封》(1978)认为,北宋时期汴河漕运对于开封十分重要,这是北宋政府定都开封的重要原因,统治者非常重视对汴河的修治与管理⑥。关于汴河给开封带来的消极影响,马强《论北宋定都汴京》(1988)论述了开封频频因汴河水患引发危机,汴河水患是宋政府面临的一大困扰⑦。柴俊星《北

---

① 林建:《北宋时期黄河下游流域濒河城邑应对水患的举措》,《历史教学》2024 年第 10 期。

② 杜鹏飞、钱易:《中国古代的城市排水》,《自然科学史研究》1999 年第 2 期。

③ 程遂营:《唐宋开封生态环境研究》,北京:中国社会科学出版社,2002 年;牛素娴:《两宋都城的用水及水源卫生》,河北大学硕士学位论文,2009 年;杨瑞军:《北宋东京治安研究》,首都师范大学博士学位论文,2012 年。

④ 刘芳心:《北宋开封水系研究》,上海师范大学硕士学位论文,2012 年;李合群:《北宋东京城营造与布局研究》,北京:中国建筑工业出版社,2017 年;刘昱:《北宋汴京城市水系与园林关系研究》,西安建筑科技大学硕士学位论文,2019 年。

⑤ 全汉昇:《唐宋帝国与运河》,上海:商务印书馆,1946 年;邹逸麟:《唐宋汴河的淤废及其过程》,《复旦学报》1962 年第 1 期;邹逸麟:《从定陶的兴衰看古代中原水运交通的变迁》,《中华文史论丛》第 8 辑,1978 年 10 月。

⑥ 刘益安:《汴河与开封》,《开封师范学院学报》1978 年第 6 期。

⑦ 马强:《论北宋定都汴京》,《中国史研究》1988 年第 2 期。

宋汴河的经济地位》（1990）认为，皇族外戚的耗费、重叠臃肿的官僚机构以及东京驻扎庞大的军队，加之北方城市粮食生产少，导致北宋政府不得不每年通过汴河从南方运送粮食，使得汴河漕运具有重要的经济地位[①]。周宝珠《宋代东京研究》（1999）认为，汴河的漕运能力是北宋统治者选择定都开封的重要因素，并且简单介绍汴河的使用、修理与改造情况[②]。曹家齐《运河与两宋国计论略》（2001）分析北宋建都开封最重要的原因是运河，汴河在其中占重要位置，以汴河为主的漕运阻塞，是导致北宋亡国的重要原因[③]。孙烨《北宋汴河水运述论》（2017）介绍汴河与汴梁的关系，指出汴河水运的一些局限性和北宋政府为改善水运的应对举措[④]。苑博文《因水兴衰——北宋开封经济生活研究》（2018）论述北宋时期以汴河为主的开封水运网络，认为由于北宋后期政府的无能与腐败，对汴河缺乏治理，导致汴河漕运功能下降，影响到开封市民生活[⑤]。这些研究成果不仅从不同角度揭示了汴河漕运作用是定都开封的重要原因，而且论述了汴河漕运给开封带来的消极影响。除了开封，汴河流经的重要城市还有郑州。近年来大运河郑州段的考古发现与研究也有不少成果[⑥]。

　　汴河漕运问题受到学界的持续关注。青山定男《唐宋汴河考》（1934）认为，汴河河道自隋炀帝开凿以来，自雍邱附近向东南流，至泗州入淮河，河道因而缩短，遂成为南北水路交通干线，对于交通贡献极多，唐宋均受其恩

①　柴俊星：《北宋汴河的经济地位》，《海南师范学院学报》1990年第2期。
②　周宝珠：《宋代东京研究》，开封：河南大学出版社，1999年。
③　曹家齐：《运河与两宋国计论略》，《徐州师范大学学报》2001年第2期。
④　孙烨：《北宋汴河水运述论》，《华北水利水电大学学报》2017年第2期。
⑤　苑博文：《因水兴衰——北宋开封经济生活研究》，华中师范大学硕士学位论文，2018年。
⑥　朱瑞增：《隋唐大运河郑州荥泽枢纽申遗与保护利用研究》，《华北水利水电学院学报》2011年第5期；李静兰：《隋唐大运河郑州段历史价值及遗产廊道构建研究》，郑州大学硕士学位论文，2012年；朱瑞增、张维华、赵炜、周平：《隋唐大运河郑州荥泽枢纽活态遗产体系研究》，《华北水利水电学院学报》2013年第6期；顾万发：《大运河通济渠郑州段考古发现与走向初步研究》，《古都郑州》2014年第4期；李瑞：《郑州都市区建设中促进大运河通济渠郑州段保护的对策思考》，《华夏文明》2016年第6期；鲍君惠：《世界文化遗产——中国大运河通济渠郑州段的历史考述》，《聊城大学学报》2017年第3期。

泽①。程民生《北宋汴河漕运新探》（1988）考察汴河漕运对南北方经济的影响，认为通过汴河漕运将南方物资运送到北方消费，稳定了南方地区的物价，因此汴河漕运并不仅仅是对南方经济的掠夺②。王艳《论北宋汴河漕运制度》（1999）考察北宋时期汴河的漕运规模与安排情况，并对转般法进行探讨③。杨慧淑《北宋年间汴河漕运》（2000）考察汴河漕运量的发展和汴河漕运的管理情况，论述了对汴河的维修与养护，以及北宋中期为改善汴河漕运所进行的导洛入汴工程④。吴海涛《北宋时期汴河的历史作用及其治理》（2003）认为，北宋时期的汴河治理分为汴口治理、清理淤积与疏浚河道、采取汴河防汛与设置水柜、注重堤防工程等方面⑤。卢向阳《北宋东京水运体系研究》（2015）论述北宋时期汴河上货物输送，汴河的水运设施以及对汴河水运的管理⑥。黄纯艳《宋代运河的水情与航行》（2016）考察汴河的水源、水深和变化情况，分析汴河不同时期的航行条件⑦。刘春迎《北宋时期汴河的治理及其漕运管理》（2016）论述北宋时期汴河的河患及其多种治理方式⑧。吴同《北宋汴河、淮南运河的通航能力与漕粮定额》（2020）认为，北宋时汴河沿线及东南长期保持稳定，社会经济持续发展，人口持续增加，但运河通航能力未能有根本改善，北宋前期运河实际货运量即已逼近其通航能力的上限⑨。

关于汴河与生态环境的关系，学界早有关注。邹逸麟《唐宋汴河淤塞的原因及其过程》（1962）通过对比唐宋不同时期的情况，揭示宋代汴河之所以淤塞严重，既有汴河水源泥沙含量多等自然因素，也有宋廷对汴河利用加强的人为因素；《从地理环境角度考察我国运河的历史作用》（1982）从地理

---

① 青山定男：《唐宋汴河考》，《水利月刊》1934 年第 4 期。

② 程民生：《北宋汴河漕运新探》，《晋阳学刊》1988 年第 5 期。

③ 王艳：《论北宋汴河漕运制度》，《信阳师范学院学报》1999 年第 1 期。

④ 杨慧淑：《北宋年间汴河漕运》，《中州今古》2000 年第 1 期。

⑤ 吴海涛：《北宋时期汴河的历史作用及其治理》，《安徽大学学报》2003 年第 3 期。

⑥ 卢向阳：《北宋东京水运体系研究》，华中师范大学硕士学位论文，2015 年。

⑦ 黄纯艳：《宋代运河的水情与航行》，《史学月刊》2016 年第 6 期。

⑧ 刘春迎：《北宋时期汴河的治理及其漕运管理》，《开封大学学报》2016 年第 3 期。

⑨ 吴同：《北宋汴河、淮南运河的通航能力与漕粮定额》，《中国经济史研究》2020 年第 5 期。

环境的角度探析我国运河的历史作用①。李亚《历史时期濒水城市水灾问题初探——以北宋开封为例》（2003）透过大量历史材料对历史上濒水城市水灾的基本特征、发生原因以及造成的影响做了初步分析,揭示历史时期城市生态系统的脆弱性②。井红波、杨钰侠《唐宋汴河的变迁及其对生态环境的影响》（2012）认为,北宋时期的汴河分担了黄河的水量,减少了黄河泛滥,但也使得汴河本身淤积严重,并造成北宋中期汴河漕运量下降③。赵晴《汴河生态环境演变及其对沿岸社会经济及文化的影响研究》（2019）论述汴河流域对唐宋立国、两岸经济发展及文化的影响,探讨汴河治理、兴衰与国家长治久安的关系④。

关于汴河治理,20 世纪 80 年代以来学界多有讨论。黎沛虹、纪万松《北宋时期的汴河建设》（1982）介绍狭河工程、导洛通汴工程,以及汴河减水措施,水柜济运、汴堤固护、汴河防汛等建设⑤。古林森广《北宋熙宁—元丰年间的汴河水路工事》（1984）也有相关研究⑥。关于汴河治理过程,徐伯勇《开封汴河与州桥》（1986）认为,汴河治理分为两个阶段,第一阶段采取以木材作为河堤护堤,但是造成水流速度湍急,并且没有解决汴河淤积问题;第二阶段采取清汴工程,导洛水进入汴河,改善了汴河泥沙多的问题⑦。王艳《北宋时期漕渠的治理》（1996）认为,北宋政府通过清理淤积、加强防汛、

---

① 邹逸麟:《唐宋汴河的淤废及其过程》,《复旦学报》1962 年第 1 期;《从地理环境角度考察我国运河的历史作用》,《中国史研究》1982 年 3 期,后收入氏著《椿庐史地论稿》,天津:天津古籍出版社,2005 年。

② 李亚:《历史时期濒水城市水灾问题初探——以北宋开封为例》,《华中科技大学学报》2003 年第 5 期。

③ 井红波、杨钰侠:《唐宋汴河的变迁及其对生态环境的影响》,《河南科技大学学报》2012 年第 3 期。

④ 赵晴:《汴河生态环境演变及其对沿岸社会经济及文化的影响研究》,河南大学硕士学位论文,2019 年。

⑤ 黎沛虹、纪万松:《北宋时期的汴河建设》,《史学月刊》1982 年第 1 期。

⑥ ［日］古林森广:《北宋熙宁—元丰年间的汴河水路工事》,《佐藤博士退官纪念 中国水利史论丛》,东京:东京国书刊行会,1984 年。

⑦ 徐伯勇:《开封汴河与州桥》,杭州:浙江人民出版社,1986 年。

导洛入汴、沿堤植树等方式来治理汴河①。陈峰《北宋的漕运水道及其治理》（1997）指出，北宋政府从汴口管理、汴河河道疏浚、改善汴河水源和导洛清汴等方面着手以维持漕运②。粘振和《宋神宗时期的汴河利用政策与清汴工程》（2004）认为，神宗时期为了降低汴河的利用成本，积极采取新的治理与利用方式，虽然改变了之前依靠巨大成本投入来维持漕运的局面，但也存在很大弊端③。关于导洛通汴工程，王红《北宋"导洛通汴"考略》（2004）进行了详细考证④。粘振和《北宋汴河的利用与管理》（2009）考察整个北宋时期宋政府对汴河的利用与管理情况⑤。陈万卿《北宋导洛入汴工程考》（2009）分析北宋政府开展导洛入汴工程的原因、可行性论证，以及导洛入汴工程的实施情况，认为导洛入汴工程减少了汴河治理花费，改善了汴河的航运条件⑥。这些论著对导洛入汴工程进行细致研究，论述了该工程的建造原因、过程及影响。刘春迎《北宋时期汴河的治理及其漕运管理》（2016）指出，北宋时期通过开挖汴口、河底清淤、植树固堤、导洛通汴等措施加强汴河的治理，保证了汴河漕运的正常运行⑦。张聪聪《北宋汴河与诗歌研究》（2018）利用诗歌中的相关史料，考察了北宋时期的汴河治理⑧。李泉《汴河及其在中国运河开发史上的地位》（2020）指出，北宋政府十分重视汴河的维护治理，采用修狭堤岸、变更水源和设置水柜等创新举措，保证了汴河的畅通⑨。吴春光《北宋元丰以前汴河治理研究》（2020）认为，宋神宗之前，对汴河治理主要集中在两个方面：一是汴口治理，主要通过任用精通水利者管理汴口，注

① 王艳：《北宋时期漕渠的治理》，《洛阳师专学报》1996 年第 3 期；《北宋汴渠水利工程考》，《安徽农业科学》2009 年第 2 期。

② 陈峰：《北宋的漕运水道及其治理》，《孝感师专学报》1997 年第 3 期。

③ 粘振和：《宋神宗时期的汴河利用政策与清汴工程》，《人文与社会学报》2004 年第 4 期。

④ 王红：《北宋"导洛通汴"考略》，《河南教育学院学报》2004 年第 3 期。

⑤ 粘振和：《北宋汴河的利用与管理》，新北：花木兰文化出版社，2009 年。

⑥ 陈万卿：《北宋导洛入汴工程考》，《历史文献研究》第 28 辑，上海：华东师范大学出版社，2009 年。

⑦ 刘春迎：《北宋时期汴河的治理及其漕运管理》，《开封大学学报》2016 年第 3 期。

⑧ 张聪聪：《北宋汴河与诗歌研究》，河北师范大学硕士学位论文，2018 年。

⑨ 李泉：《汴河及其在中国运河开发史上的地位》，《运河学研究》第 5 辑，北京：社会科学文献出版社，2020 年。

重汴口管理者相互配合,制定每年启闭与疏浚汴口的政策,以保证汴口进水量的稳定;二是汴河河道的治理,主要从河道危机的预防与治理、河堤加固与防护、减水分洪措施、河道疏浚等方面着手①。

学界在讨论北宋漕运问题时,多是着眼于汴河,而对于惠民河、广济河等其他漕渠的关注明显不足,相关研究成果屈指可数。邹逸麟《宋代惠民河考》(1978)探讨惠民河的流经、水源、通航情况以及淤废原因等问题②。陈有忠、陈代光《北宋时期的惠民河》(1983)考证惠民河开凿的过程及流经的地方③。近年来,伴随大运河被列入世界文化遗产名录,大运河研究渐成显学。张义祥《北宋大运河功能及社会影响研究》(2021)围绕汴河、惠民河、广济河、金水河等水系,探讨北宋大运河的运输功能、对农业生产的影响及其与经济文化的关系④。

五、治水官员与机构

治水的主体涉及各级官员和机构,因而水利史研究离不开制度层面的探讨。北宋的治水官员多是从大小使臣中选拔,因而有关使臣的研究成果值得注意。吉冈义信《宋代黄河史研究》(1978)认为,太祖朝的治理黄河使臣基本上由环卫官、禁军将领和正任以上的武阶官构成;太宗朝文臣稍多,但武官,尤其是三班使臣仍占主要地位;真宗以后,文臣数量才超过武臣和宦官,后者在所遣官员中始终保持有四成以上的数量⑤。小岩井弘光《北宋の使臣》(1982)论述了北宋使臣的入仕途径和地位⑥。友永植《北宋三班使臣考》(1988)探讨了三班使臣的活动、临时差遣、出身特色、三班使臣的阁职以及阁职兼带的政治意味等问题。其中三班使臣的活动和临时差遣主要

① 吴春光:《北宋元丰以前汴河治理研究》,河南大学硕士学位论文,2020年。

② 邹逸麟:《宋代惠民河考》,《开封师院学报》1978年第5期。

③ 陈有忠、陈代光:《北宋时期的惠民河》,《史学月刊》1983年第2期。

④ 张义祥:《北宋大运河功能及社会影响研究》,郑州大学博士学位论文,2021年。

⑤ [日]吉冈义信:《宋代黄河史研究》,东京:御茶の水书房,1978年;《宋代黄河史研究》,薛华译,郑州:黄河水利出版社,2013年。

⑥ [日]小岩井弘光:《北宋の使臣》,《集刊东洋学》卷48,1982年。

是知军州、都监监押、巡检、监当等维持基层治安和管理基层经济类职务①。香港学者赵雨乐《唐宋变革期军政制度史研究(一)——三班官制之演变》(1993)从三班官的升迁途径入手,展示了三班使臣从皇帝亲信家臣逐步演变为普通武阶官的过程②。赵冬梅《文武之间——北宋武选官研究》(2010)考察了武选官由唐末五代的皇帝家臣演变为帝国普通武阶官的过程,并揭示武选官在北宋国家机器中的地位和生存状态。该书指出,以武臣为治河使臣的做法应是延续五代而来,五代以武将和内职为使,这些朝廷内职在宋初经过数量的膨胀和外任差遣的发展,逐渐形成了以武阶标识品位的官僚群体,派遣这些以内职为名的武阶官前往治河,一方面便于行事,另一方面这些官员多有"董兵戎""厘事任"的实践,承担工程兴修组织更加有力③。余蔚《中国古代地方监察体系运作机制》(2014)认为,遣使的目的和重点在不同时期有明显变化④。张雅萍《北宋小使臣选任研究》(2016)指出,北宋定都开封,水系发达,又紧邻黄河,所以防洪、水运等措施至关重要,小使臣经常参与水利建设⑤。束保成《宋代环卫官考》(2016)探讨两宋以来环卫官的承袭及发展变化,介绍两宋以来环卫官对于宗室、外戚、外臣、归降君臣及藩夷归附者等的除授⑥。李鸿东《宋代武官与军职关系研究——以大、小使臣为中心的考察》(2019)指出,北宋前期,使臣的职能包括监督修造、赈济灾民。在河流的维修上,使臣基本参与修河、塞河、疏通漕运、维护河堤等具体工作,并逐渐形成一套由使臣等武官主导的临时修河机制。灾害降临时,往往临时分遣使臣置场减价卖出常平仓粟麦,赈济灾民,调节物价⑦。

军职、宦官、使臣及诸使都有参与治水事务,至于这些人员的具体分工

① [日]友永植:《北宋三班使臣考》,大分县别府市:《别府大学短期大学部纪要》第7号,1988年。
② 赵雨乐:《唐宋变革期军政制度史研究(一)——三班官制之演变》,台北:文史哲出版社,1993年。
③ 赵冬梅:《文武之间:北宋武选官研究》,北京:北京大学出版社,2010年,第103—104页。
④ 余蔚:《中国古代地方监察体系运作机制》,上海:上海古籍出版社,2014年。
⑤ 张雅萍:《北宋小使臣选任研究》,河南大学硕士学位论文,2016年。
⑥ 束保成:《宋代环卫官考》,安徽大学硕士学位论文,2016年。
⑦ 李鸿东:《宋代武官与军职关系研究——以大、小使臣为中心的考察》,西北大学硕士学位论文,2019年,第15页。

与合作,丁义珏《北宋前期的宦官——立足于制度史的考察》(2013)认为,宋初主要由武官担纲,宋太宗开始逐渐参用宦官,真宗朝以后,这更成为一种常态。规模较小的工程常独任一员宦官主持,规模较大的工程,仿照行营都部署,设修河都部署,而宦官则在其中担任钤辖与都监等职。以内职亲信或环卫官作为大型工程的主持者,辅以宦官或使臣,就逐渐成为后来大型河防工程用人的常见配备①。从文献记载来看,参与者并没有明确的主副分工,而是视具体情况或独立主持,或共同参与,或由其中一方主导,很难一概而论。

另外,地方官也参与治水事务。关于治水官员的奖惩问题,吉冈义信《宋代黄河史研究》(1978)和李华瑞《北宋治河管理机制述论》(2004)论述了奖惩机制对于制约和激励官员勤于河政发挥了极大作用②。李华瑞《北宋治河与边防》(2006)探讨了北宋的治河政策、治河与边防等③。李华瑞、郭志安《北宋黄河河防中的官员奖惩机制》(2007)指出,北宋王朝在黄河防治中逐渐形成一套较为完整的官员奖惩机制,通过行政升黜、经济赏罚乃至刑事制裁等多重手段的综合运用和实施,从而对激励和制约治河官员致力河政发挥了重要作用④。陈界妃《宋初武臣李允则研究》(2008)论及李允则浚治汴水的事迹⑤。周珍《北宋仁宗时期黄河水患应对措施研究——以河北东路为中心》(2008)指出,武臣在河防工事上担当重任,而河务中的上书建议、检视河务、赏罚官员等几乎全部由文臣担任,宋初河务中文武官员比例的变化也间接反映了北宋朝廷对黄河河务重视程度的逐渐加深⑥。王战扬《宋代河道管理研究》(2016)、《北宋河道巡查管理机制初探——以黄河、汴河为中心》(2017)论述北宋时期河道巡查机制的构建,河道巡查官员责任

---

① 丁义珏:《北宋前期的宦官——立足于制度史的考察》,北京大学博士学位论文,2013年。

② 李华瑞:《北宋治河管理机制述论》,中韩"辽宋金元史"研讨会论文,2004年。

③ 李华瑞:《北宋治河与边防》,载《宋夏史研究》。

④ 李华瑞、郭志安:《北宋黄河河防中的官员奖惩机制》,《河北大学学报》2007年第1期。

⑤ 陈界妃:《宋初武臣李允则研究》,四川师范大学硕士学位论文,2008年。

⑥ 周珍:《北宋仁宗时期黄河水患应对措施研究——以河北东路为中心》,上海师范大学硕士学位论文,2008年。

的追究,以及河道巡查中的治安管理①。

关于治水机构,以往的研究主要集中于一些个案。青山定雄《发达的宋代内河运输》(1981)认为,京畿地区汴、索等河流是北宋漕运要道,关乎国家命脉,各运河发运司在运河的运输和修治方面居于主导地位,所以都水监很难插手②。宋仁宗朝以后,都水监及其所属专职治水官员参与治水事务,相关研究比较多。毛韶华《北宋的河务与都水监》(2013)、郑成龙《北宋都水监研究》(2014)、牛楠《北宋都水监与治水体制研究》(2014)认为,都水监成立后的河务运行机制与宋初有着明显不同,那就是都水监取代各路转运司、中央使臣等成为河务的中心负责机构,并且作用更大,管理区域更广③。吴春光《论北宋都城修缮机构东西八作司》(2019)考察东西八作司的设置情况、人员安排、具体职能,论述人员、工程物料及质量的管理考核问题④。治水活动往往有多个机构共同参与,而对于这些机构的合作关系,目前的研究还不够。

宋代制度史研究有着丰厚的学术积淀,如何把"活的制度史"、文书运行与信息渠道等前沿的研究路径运用于水利史的研究,无疑是值得开拓的方向⑤。喻学忠、周浩《水灾信息传递中的宋代基层官员》(2015)指出,宋代基层官员长期在社会底层与广大百姓接触,对来自百姓的信息反应较为迅速,水灾发生之后能及时了解到灾情信息并上报,具有接触水灾受灾地点距离近、收集的受灾信息量大等特点⑥。梁建国《北宋京畿地区洪涝的协同治理》

---

① 王战扬:《宋代河道管理研究》,河南大学硕士学位论文,2016年;《北宋河道巡查管理机制初探——以黄河、汴河为中心》,《中国历史地理论丛》2017年第4期。

② 青山定雄:《发达的宋代内河运输》,《中国史研究动态》1981年第5期。

③ 毛韶华:《北宋的河务与都水监》,中国人民大学硕士学位论文,2013年;郑成龙:《北宋都水监研究》,广西师范大学硕士学位论文,2014年;牛楠:《北宋都水监与治水体制研究》,安徽师范大学硕士学位论文,2014年。

④ 吴春光:《论北宋都城修缮机构东西八作司》,《惠州学院学报》2019年第4期。

⑤ 邓小南主编:《政绩考察与信息渠道——以宋代为重心》,北京:北京大学出版社,2008年;邓小南、曹家齐、平田茂树主编:《文书·政令·信息沟通:以唐宋时期为主》,北京:北京大学出版社,2012年。

⑥ 喻学忠、周浩:《水灾信息传递中的宋代基层官员》,《重庆社会科学》2015年第6期。

（2019）通过考察京畿地区洪涝治理机构和职官的置废变迁,讨论它们相互之间的沟通与协作,进而管窥宋廷如何不断调整与优化京畿地区洪涝的治理模式①。王战扬《北宋黄河、汴河基层管理机构及其治水实践——兼论缘河地方政府的协同管理机制》（2019）指出,北宋在严峻的河患治理中形成多层级的基层河道管理组织,其级别最高者是外都水监,外监之下设修河司,修河司之下设河埽司,河埽司之下又设埽所、铺屋,构成隶属关系,汴河沿岸则设堤岸司与导洛通汴司,其基层管理机构的置废及运行受朝中政局影响颇深,使河患治理陷入被动②。王战扬《闻达与督察：北宋河患奏报及检视制度研究》（2023）认为,宋廷在长期的黄河水患治理过程中逐步建立起河患奏报与检视制度,使其成为河患治理非常重要的两个程序,在河政运行中发挥着重要作用③。

综上所述,宋代水利史取得了丰硕成果,特别是近二十年来,议题更加多元,跨领域的研究方兴未艾。目前存在的问题主要有三点：

首先,学界以往的研究多侧重于农田水利的开发与黄河水患的治理,而对于城市水利及洪涝治理的研究则相对薄弱,只是在探讨其他问题时略有涉及,尚缺乏深入研究,且多是正面肯定,而对于治理过程的弊端和教训则认识不足,因而尚存在较多的拓展空间。

其次,学界虽然对都水监等个别机构有过考察,但是由于北宋官制的复杂多变,还有其他的相关机构在洪涝治理中发挥过重要作用,因而还有待进一步综合考察这些机构的置废变迁以及它们之间的协作互动。

最后,对于洪涝治理中的制度和人事要素尚缺乏足够的认识,比如水利机构的设置和官员的任免、管理,不同机构和官员之间的分工与协作,不同利益群体的互动关系等一系列问题,值得探讨的余地还比较大。

---

① 梁建国：《北宋京畿地区洪涝的协同治理》,《厦门大学学报》2019 年第 1 期。

② 王战扬：《北宋黄河、汴河基层管理机构及其治水实践——兼论缘河地方政府的协同管理机制》,《社会科学辑刊》2019 年第 6 期。

③ 王战扬：《闻达与督察：北宋河患奏报及检视制度研究》,《山东社会科学》2023 年第 4 期。

近百年南宋川陕军政问题研究述评 *

陈希丰

前 言

  南宋王朝的一个基本特点是诞生于错综纷乱的战火与危难中,并长期处于北方民族政权的军事强压之下的战时状态或准战时状态[1],属于典型的"生于忧患,长于忧患"[2]。在这一基本立国背景下,依托江淮、京湖、川陕三大战区(宋人称为"三边")为核心的边防体系,南宋与金、蒙(元)北族政权持续对抗达一百五十年之久。

---

  * 国家社科基金西部项目"南宋边防格局的形成与演变研究"(19XZS007)阶段性成果。

  ① 张邦炜:《战时状态与南宋社会述略》,原载《西北师范大学学报》2014年第1期,收入氏著《恍惚斋两宋史论集》,保定:河北大学出版社,2020年,第148页。

  ② 邓小南:《王安石与他的时代(一)》,《文史知识》2016年第1期,第97页。

作为南宋"三边"之一，川陕 [①] 是南宋王朝抗击金、蒙北族政权的重要区域与战场。南宋初年，张浚、吴玠保固陕蜀，"以形势牵制东南" [②]，分担江淮战场防守压力，使高宗政权得以在东南站稳脚跟；至晚宋时，宋祚之延续亦有赖于川陕战区调整防御机制，抵挡住蒙元的持续进攻。宋人因有"无蜀是无东南" [③] 之语。同时，川陕又是空间上距离南宋中央最为遥远的地区。宋廷一方面适度容忍川陕地方势力——特别是地方武将势力的存在，作为抵御北族、稳固边防的中坚力量；另一方面派遣以文臣为主体的宣抚使、制置使、宣谕使及总领财赋等任职蜀地，赋予其不同程度的便宜权，使之充当朝廷治理川陕、限制地方势力的代理人。回顾过往百年的宋史研究历程，川陕军政问题在南宋各区域研究中的受关注程度最高，成果积淀最为深厚，成为宋史学界长盛不衰的研究领域，绝非巧合。

所谓"军政"，狭义为与军队、兵防、边备、戎马相关之政事及政令，同民政、财政等政事相对；广义亦包含军事与政治之关系 [④]。本文所回顾与述评之"南宋川陕军政"，既包括南宋川陕地区与军队、兵防、边备相关之政事，川陕军事与政治、主要军事制度与政治制度之关系，也涵盖南宋川陕的军事防御体制、与金／蒙北族政权的军事战争。

（一）

20 世纪二三十年代，中国现代史学形成相对独立的宋史研究 [⑤]。不过，

---

① 南宋所设宣抚司、制置司等"军管型准行政组织"，其军事战略属性、空间统辖范围等与现代军事学概念"战区"存在较大程度的相似性，故本文以"战区"指称南宋宣抚司、制置司辖区，宋人或称"防区"。就川陕而言，南宋中央设有川陕宣抚司、四川宣抚司或四川制置司予以统辖，其地域包含南宋利州、夔州、潼川府、成都府四路，大致相当于今四川省、重庆市大部及甘肃、陕西、贵州、湖南省一部。何玉红对川陕的界定与本文不同，他认为川陕战区的地理范围大致相当于今陕西省南部、四川省北部、甘肃省南部三省交叉地带，也即以今汉中盆地为中心及其周边地区，大致与南宋利州路相当，见氏著《南宋川陕边防行政运行体制研究》，上海：上海古籍出版社，2012 年，第 3 页。

② 朱熹撰，郭齐、尹波点校：《朱熹集》卷 95 上《少师保信军节度使魏国公致仕赠太保张公行状上》，成都：四川教育出版社，1996 年，第 4825 页。

③ 脱脱等撰：《宋史》卷 398《余端礼传》，北京：中华书局，1985 年，第 12105 页。

④ 参见陈峰、王军营：《宋代军政研究七十年》，《中国史研究动态》2020 年第 4 期，第 39 页。

⑤ 王曾瑜：《宋史研究的回顾与展望》，《历史研究》1997 年第 4 期，第 146 页。

蒙文通、张荫麟、邓广铭等宋史研究开创者对南宋川陕军政的关注并不多。史学界较早涉及南宋川陕军政的专论出现于40年代，杨效曾钩沉南宋初年李彦仙据陕州抗金史事，以激励国人抗战；张政烺广引群书，对晚宋四川制置副使彭大雅生平及帅蜀筑重庆府城事作了梳理，极见功力①，二文之论题亦体现人物研究作为中国传统史学的特点与路径。值得一提的是，这一时期集中出现了几部对国史叙述脉络产生深远影响的中国通史著作。在铺陈南宋史事时，吕思勉《自修适用白话本国史》（1923）略及南宋初年张浚富平兵败、吴氏保蜀及晚宋王坚坚守合州城事②，范文澜《中国通史简编》（1942）则述及余玠据山险筑城、蒙哥南征病死钓鱼城事③，而钱穆《国史大纲》（1940）则全然未涉南宋川陕史事。

　　进入20世纪下半段，大陆与港台由于社会政治环境的差异，史学研究的整体发展呈现出不同的面貌。然就南宋川陕军政而言，无论大陆还是台湾地区，在研究议题上都侧重于人物与战争。五六十年代，由大陆前往台湾、以蒙元史见长的姚从吾整理辑录《蒙古与南宋争夺巴蜀始末史料选辑》，并据此发表了一系列有关晚宋四川守将余玠与山城设防、抵御蒙军的论文。这些论文基本遵循传统的史料考据之法（如详考《合川县志》所载熊耳夫人事迹），并就此开创了台湾宋史学界的宋蒙战史研究传统④。70年代初，黄宽重即以晚宋另一位守蜀名将孟珙事迹的梳理及宋元襄樊之战研究崭露头角⑤。稍后，鉴于姚从吾对晚宋川陕战场的探索偏重于余玠帅蜀与山城防

---

① 杨效曾：《艰苦抗金的民族英雄李彦仙》，《文史杂志》1942年第2卷第1期；张政烺：《宋故四川安抚制置副使知重庆府彭忠烈公事辑：黑鞑事略的作者彭大雅》，《国学季刊》第6卷第4号，1946年，收入氏著《张政烺文史论稿》，北京：中华书局，2004年，第196—218页。

② 吕思勉：《吕思勉全集·白话本国史》，上海：上海古籍出版社，2016年，第309、330页。

③ 范文澜：《中国通史简编》，《民国丛书》第一编第74册，第446页。

④ 姚从吾：《宋余玠设防山城对蒙古入侵的打击》，《大陆杂志》1955年第5期；《宋蒙钓鱼城战役中熊耳夫人家世及王立与合州获得保全考》，《历史语言研究所集刊》第29辑下册，1958年；《元宪宗（蒙哥汗）的大举征蜀与他在合州钓鱼城的战死》，《台大文史哲学报》第14辑，1965年；《余玠评传》，收入《历史语言研究所庆祝李济先生七十生日论文集》，1967年，又收入《宋史研究集》第四辑，台北"国立编译馆"，1986年，第95—158页。

⑤ 黄宽重：《宋元襄樊之战》，《大陆杂志》1971年第4期；《孟珙年谱》，《史源》第4辑，1973年。黄氏后来还发表过《孟珙与四川》一文，载《思与言》1990年第2期。

御体系,李天鸣发表了有关余玠北伐汉中、蒙军假道蜀口、宝庆蜀口之役等一系列宋蒙战争川陕战事的论文①,汇入 1988 年出版的多卷本《宋元战史》中。《宋元战史》"取材广博、史实详赡","对战争军事层面之考析透彻"②,是台湾宋蒙战史研究集大成之作③。

大陆方面,50 年代末 60 年代初,华山、李蔚相继发表有关吴玠、吴璘兄弟在川陕战场抗金事迹的论文④。此后是整整二十年的学术停滞期。80 年代后,宋史研究逐步复苏。这一时期,出于对以论代史的反省,学界普遍追求文献考索的实证学风。1983 年出版的王曾瑜《宋朝兵制初探》即是典型,该书对南宋蜀口屯驻大军的形成、建制、发展过程与晚宋四川新军设置、兵力分布等议题作了扎实扼要的梳理,可谓无一空言⑤。与此同时,学者们接续此前的战史研究脉络,对宋金、宋蒙 / 元川陕战事开展进一步研究。王曾瑜、胡昭曦、陈世松是这一时期最重要的代表。王曾瑜的关注点主要在宋金战争前期,针对富平、和尚原、饶风关、仙人关、德顺之战发表多篇论文⑥。胡、陈则侧重宋蒙 / 元战争,分别出版有《蒙古定蜀史稿》《宋元战争史》《宋蒙(元)关系研究》《宋蒙(元)关系史》等著作⑦。值得指出的是,胡昭曦在开展宋元战争研究时,注重引导学生共同参与,培养研究团队,并特别重视对四川境

---

① 李天鸣:《余玠北伐汉中之役》,《中华文化复兴月刊》,1984 年第 10 辑;《绍定四年蒙军强行假道宋境考》,《大陆杂志》1985 年第 6 期;《宝庆蜀口之役及事后宋人的防务改进建议》,《大陆杂志》1986 年第 1 期等。

② 萧启庆:《宋元战史研究的新丰收:评介海峡两岸的三部新著》,收入氏著《蒙元史新研》,台北:允晨文化实业股份有限公司,1994 年,第 403 页。

③ 李天鸣:《宋元战史》,台北:食货出版社,1988 年。

④ 华山:《南宋初年的宋金陕西之战》,《历史教学》1955 年第 6 期;李蔚:《吴玠吴璘抗金史迹述评》,《兰州大学学报》1963 年第 3 期。

⑤ 王曾瑜:《宋朝兵制初探》,北京:中华书局,1983 年,第 137、142、146—148 页。

⑥ 王曾瑜:《宋金富平之战》,《中州学刊》1983 年第 1 期;《和尚原和仙人关之战述评》,《西南师范学院学报》1983 年第 2 期;《南宋对金第二次战争的重要战役述评·德顺之战》,载《纪念陈寅恪先生诞辰百年学术论文集》,北京:北京大学出版社,1989 年,第 321—324 页。

⑦ 胡昭曦等:《宋末四川战争史料选编》,成都:四川人民出版社,1984 年;陈世松:《蒙古定蜀史稿》,成都:四川省社会科学院出版社,1985 年;陈世松、匡裕彻、朱清泽、李鹏贵:《宋元战争史》,成都:四川省社会科学院出版社,1988 年;胡昭曦、邹重华编:《宋蒙(元)关系研究》,成都:四川大学出版社,1989 年;胡昭曦主编:《宋蒙(元)关系史》,成都:四川大学出版社,1992 年。

内晚宋山城遗址的实地考察。

海峡两岸之所以共同形成并承续战争史研究的传统,很大程度上是因为近代以来国人对南宋一朝的评价十分低下,"认为它是凭人欺侮的软弱之国"[①]。故部分宋史学者希望通过研究南宋军民对金、元北族政权的抗击,试图扭转这一认知。不过,相关研究以战争经过的平面叙述为主,缺乏在战术战法、军事地理、军队组织、军事后勤等层面具有较强分析力、解释性的论作。

(二)

80 年代后,受欧美学界社会科学理论的影响,港台地区有关南宋川陕军政的研究率先发生问题意识与研究路径的转向。1980 年,林天蔚发表《南宋时强干弱枝政策是否动摇——四川特殊化之分析》一文,从军政制度(宣抚司)、选举制度(类省试)与财政制度(总领所)三方面论述了南宋中央对四川的特殊政策,并注意到宣抚司制度与吴氏集团的关系,认为宣抚使位尊权大,其与吴氏三世为将相结合,最终发展成为吴曦之变。该文对南宋四川的特殊性与南宋中央对四川的特殊治理政策作出了颇具眼光的把握,并呈现出一种联通制度、人物与事件的研究取向,成为日后中国宋史学界讨论南宋四川军政问题的重要基点[②]。

八九十年代,黄宽重集中发表了抗金义军、飞虎军、摧锋军、左翼军、两淮山水寨等一系列有关南宋地方武力与基层社会的研究成果[③],同时回应了

① 李华瑞:《改革开放以来宋史研究若干热点问题述评》,《史学月刊》2010 年第 3 期,第 15 页。

② 林天蔚:《南宋时强干弱枝政策是否动摇——四川特殊化之分析》,原刊香港大学《东方文化》第十八卷第一、二期,1980 年,收入氏著《宋代史事质疑》,台北:台湾商务印书馆,1987 年,第 178—219 页。当然,林文也存在一些不足,如就军政制度而言,该文主要关注宣抚司制度在南宋四川的长期施行。然事实上,仅乾道年间四川保留宣抚使带有较大特殊性。制置司制度作为南宋四川长期实行、更具特殊性质的军政制度,林氏却基本未涉。

③ 如黄宽重:《南宋高宗孝宗之际的抗金义军》,《历史语言研究所集刊》第 51 辑第 3 册,1980 年;《南宋初期抗金义军的组织与性质》,收入许倬云、毛汉光、刘翠溶同编:《第二届中国社会经济史研讨会论文集》,1983 年,第 123—152 页;《南宋宁宗、理宗时期抗金的义军》,《历史语言研究所集刊》第 54 辑第 3 册,1983 年;《南宋飞虎军:从地方军到调驻军的演变》,《历史语言研究所集刊》第 57 辑第 1 册,1986 年;《南宋对地方武力的利用和控制:以镇抚使为例》,《"中央研究院"第二届国际汉学会议论文集》,1989 年,第 1047—1080 页;《广东摧锋军——南宋地方军演变的个案研究》,(转下页)

宋代"强干弱枝"国策及刘子健关于南宋政权"包容政治"的特性,指出南宋王朝在强敌威胁下,能够在一定程度上突破、但又不致太过偏离"强干弱枝"的集权国策,这是南宋能够维持百余年国祚的有利因素①。黄宽重有关南宋川陕军政的论著虽不多,但其结合自身研究经验,在两岸宋史学界大力倡议开展地方行政与地方势力、中央与地方关系的研究②。在林天蔚与黄宽重的带动下,这一时期的台湾新生代学者如陈家秀《吴氏武将对四川之统治及南宋的对策》、蔡哲修《张浚与川陕的经营》都明显呈现出探索南宋中央与地方关系的问题意识③。

　　相较而言,大陆地区的研究取径转型稍显迟缓。正如李华瑞在新世纪初所总结:"建国以来特别是 1980 年以后,宋代经济史、典章制度和人物评价一直是众多研究者关注的重点。"④ 八九十年代,就南宋川陕军政而言,大陆地区在注重战史的同时,仍延续此前注重人物考订与评价的传统。学者对曲端、张浚、吴玠、吴璘、余玠等南宋川陕重要军政人物予以事迹考辨与功过评述⑤。其中,南宋初年发动富平之战、诛杀曲端的首任川陕宣抚使张浚成

<hr />

（接上页）《历史语言研究所集刊》第 65 辑第 4 册,1994 年;《福建左翼军：南宋地方军演变的个案研究》,《历史语言研究所集刊》第 68 辑第 2 册,1997 年;《政局变动与政治抉择：以宋元之际东南地区三支地方军的遭遇为例》,《台大历史学报》第 21 卷,1997 年;《两淮山水寨：南宋中央对地方武力的利用与控制》,《历史语言研究所集刊》第 72 辑第 4 册,2001 年等。

　　① 黄宽重:《南宋地方武力——地方军与民间自卫武力的探讨》,台北：东大图书公司,2002年,第 348 页。

　　② 黄宽重:《南宋史研究与教学的几个议题》,收入氏著《宋史论丛》,台北：新文丰出版公司,1993 年,第 293—309 页;《海峡两岸宋史研究动向》,《历史研究》1993 年第 3 期。

　　③ 陈家秀:《吴氏武将对四川之统治及南宋的对策》,《台北师专学报》第 11 期,1985 年;蔡哲修:《张浚与川陕的经营(1129—1133)："南宋偏安局面的形成"研究之二》,《大陆杂志》第 99 卷第 1 期,1999 年。

　　④ 李华瑞:《建国以来的宋史研究》,《中国史研究》2005 年增刊,第 8 页。

　　⑤ 如李蔚:《略论曲端》,《兰州大学学报》1981 年第 1 期;胡汉生等:《余玠治蜀刍论》,《西南师院学报》1981 年第 1 期;陈世松:《余玠传》,重庆：重庆出版社,1982 年;周恩棠、郝玉屏:《力战抗金确保巴蜀的英雄——吴玠、吴璘》,《甘肃社会科学》1983 年第 4 期;萧化:《西北抗金双节——吴玠和吴璘》,《西北师院学报》1983 年第 4 期;顾吉辰:《宋代名将曲端事迹考述》,《固原师专学报》1991 年第 2 期;王智勇:《吴璘抗金事迹述评》,《宋代文化研究》第 4 辑,1994 年;王智勇:《论曲端》,《宋代文化研究》第 8 辑,1999 年等。

为最大的焦点①。

1996年王智勇发表的《吴氏世将与南宋政治》则是这一时期反映大陆地区南宋军政研究新视野的佳作。该文对吴氏家族何以四世掌川陕重兵之权以及南宋君臣采取了何种防范措施作了集中梳理与分析,认为吴氏四世掌兵正是宋代抑制武将专权的祖宗之法与世代为将的武臣之间冲突的典型实例,而无论是吴玠及吴璘去世以后南宋中央恢复以文制武的体制,还是吴挺去世后全面铲除吴氏世将的努力,实际上都是成功的②。

此外,90年代中期,在两岸宋史学界大力倡导家族研究的风潮影响下③,大陆宋史学界出现了王智勇《南宋吴氏家族的兴亡——宋代武将家族个案研究》与杨倩描《吴家将——吴玠吴璘吴挺吴曦合传》两部以吴氏武将家族兴衰为主线研究南宋川陕军政的重要成果④。二书在侧重吴玠、吴璘、吴挺、吴曦个人事迹叙述的同时,都特别重视吴氏所指挥、参与的宋金川陕战争,并对以前较为薄弱的南宋中期宋金川陕战场的研究有明显推进。

(三)

进入新世纪后,受传统政治史研究消退的影响,加之港台宋史学界整体呈现后继乏人的趋势,除雷家圣发表《南宋四川总领所地位的演变——以总

---

① 李蔚:《张浚与富平之战》,《西北史地》1981年第3期;杨德泉:《张浚事迹述评》,载邓广铭、郦家驹等主编:《宋史研究论文集》,郑州:河南人民出版社,1984年,第563—592页;闫邦本:《对〈张浚事迹述评〉的几点商榷》,《四川师范学院学报》1989年第2期;魏隽如:《关于张浚的评价问题》,《历史教学》1990年第12期;王德忠:《张浚新论》,《东北师大学报》1992年第3期;闫邦本:《对〈张浚事迹述评〉的几点商榷之二》,《四川师范学院学报》1992年第5期;方健:《再论张浚——兼答闫邦本同志》,《岳飞研究》第4辑,北京:中华书局,1996年;闫邦本:《读〈再论张浚:答闫邦本同志〉》,《四川师范学院学报》1998年第1期等。

② 王智勇:《吴氏世将与南宋政治》,《中国史研究》1996年第4期。

③ 粟品孝:《组织制度、兴衰沉浮与地域空间——近八十年宋代家族史研究走向》,《社会科学战线》2010年第3期。

④ 王智勇:《南宋吴氏家族的兴亡——宋代武将家族个案研究》,成都:巴蜀书社,1995年;杨倩描:《吴家将——吴玠吴璘吴挺吴曦合传》,保定:河北大学出版社,1996年。

领所与宣抚司、制置司的关系为中心》一文^①外,已鲜有关于南宋川陕军政研究的重要成果问世。与之形成鲜明对比的是,大陆地区出现了南宋川陕军政研究成果的小规模井喷。2020 年,曹家齐在回顾新世纪前二十年大陆南宋史研究时,即将"南宋前期军政"与"南宋城市坊厢制、农村乡里制等基层社会""财政体制及运行"列为"推进最为突出"的研究领域^②。

这一时期,受到注重关系、结构的社会学、政治学等社会科学研究的影响,同时在邓小南"活"的制度史研究取径的指引以及黄宽重倡议的感召下,大陆地区研究南宋川陕军政的新生代主力何玉红、王化雨等已将中央与地方关系、中央治理川陕、川陕军政权力关系与制度运行作为研究的基本问题意识,大大推进了南宋川陕军政研究的广度与深度。

2012 年出版的何玉红《南宋川陕边防行政运行体制研究》是这一时期有关南宋川陕军政的代表性成果。该书共分五章(分别为:一、南宋川陕战区的战略地位与军事戍防体系;二、中央与地方之间:南宋川陕宣抚处置司的运行;三、兴州地域集团与南宋川陕边防;四、南宋川陕边防财政运营;五、南宋川陕边防后勤保障),以制度与体制的运行、"以文驭武"与"强干弱枝"祖宗家法的变通与坚守、中央与地方权力划分作为基本研究导向,对大陆学界过往侧重人物评价、战争过程、经济发展的研究范式形成了较大的突破^③。王化雨则在王智勇、何玉红等人的基础上,通过分析蜀帅、武将、财臣间的人事关系与权力分配,探讨南宋中央对蜀地的治效,将南宋前中期川陕军政研究进一步引向深入^④。余蔚从地方行政组织与政治地理的视角对南宋地方行政体系的设计理念、各区域板块的定位与功能作了更具宏观性的把控,

---

① 雷家圣:《南宋四川总领所地位的演变——以总领所与宣抚司、制置司的关系为中心》,《台湾师大历史学报》第 41 期,2009 年。

② 曹家齐:《中国大陆南宋史研究二十年回顾》,《中国社会科学报》2020 年 9 月 14 日。

③ 何玉红:《南宋川陕边防行政运行体制研究》,上海:上海古籍出版社,2012 年。

④ 王化雨:《南宋绍兴前期的中央遣蜀帅臣》,《四川师范大学学报(社会科学版)》2014 年第 1 期,第 23—24 页;《宋高宗朝的遣川陕特使与四川政局》,《宋史研究论丛》第 17 辑,保定:河北大学出版社,2015 年;《南宋中期朝廷对四川的经营:以吴挺事迹为例》,《四川师范大学学报(社会科学版)》2016 年第 6 期。

同样有助于深化学界对南宋川陕军政的认知①。

近年来,围绕着沟通中央与地方的"信息渠道"这一论题,宋史学界展开了广泛的讨论,成为宋代政治制度史研究的新趋向②。就南宋川陕军政而言,曹家齐对南宋中央与川陕间文书传递的实际状况进行了梳理,并通过考证开禧三年(1207)韩侂胄致吴曦书与宁宗御札的传递时间,精彩剖析了宋廷对吴曦之变的应对③。

以往对于南宋川陕军政的研究,长期集中在个别代表性人物与重大军政事件之上。代表性人物如南宋初年的曲端、张浚、吴玠,晚宋的孟珙、余玠;重大军政事件不外张浚经略川陕、曲端之死与吴曦之变。近二十年来,研究"点"明显更为丰富、立体。人物研究逐渐从个体走向群体,学者对王庶、王似、胡世将、郑刚中、吴挺、吴拱、孙应时、安丙等都有不同程度的讨论。人物研究的方式也从考辨人物事迹转变为探寻多方面的"关系",从塑造"脸谱化"人物转变为揭示历史人物更为复杂的面相。重大军政事件研究也不再把"'讲清楚'史实"④本身作为研究的最终目标,而是从"就事论事"转变为将事件作为考察政治、制度、社会结构的路径与视角的"事件路径"⑤。

---

① 参见余蔚:《完整制与分离制:宋代地方行政权力的转移》,《历史研究》2005 年第 4 期;《两宋政治地理格局比较研究》,《中国社会科学》2006 年第 6 期;《论南宋宣抚使和制置使制度》,《中华文史论丛》2007 年第 1 期;

② 相关研究成果参见李全德:《宋代的信息沟通与文书行政研究述评》,收入邓小南主编:《宋史研究诸层面》,北京:北京大学出版社,2020 年,第 20—83 页。

③ 曹家齐:《南宋朝廷与四川地区的文书传递》,《中国社会科学》2014 年第 5 期;亦可参见陈希丰:《南宋朝廷与地方间文书传递的速度——以四川地区为中心》,《国学研究》第 45 卷,2021 年。

④ 包伟民:《"理论与方法":近三十年宋史研究的回顾与反思》,《史学月刊》2012 年第 5 期,第 26 页。

⑤ 蔡东洲、胡宁:《安丙研究》,成都:巴蜀书社,2004 年;何玉红:《地方权威与中央控制:论郑刚中之死》,《社会科学战线》2010 年第 3 期;王化雨:《宋高宗朝的遣川陕特使与四川政局》,《宋史研究论丛》第 17 辑,2015 年;王军营:《南宋初期陕西军政之危机——以"王庶被拘"事件为中心》,《甘肃社会科学》2016 年第 5 期;王化雨:《南宋中期朝廷对四川的经营:以吴挺事迹为例》,《四川师范大学学报(社会科学版)》2016 年第 6 期;黄宽重:《孙应时的学宦生涯:道学追随者对南宋中期政局变动的因应》,台北:台大出版中心,2018 年;陈希丰:《吴璘病笃与蜀口谋帅:南宋高孝之际四川军政探析》,《中华文史论丛》2020 年第 3 期;陈希丰:《王似帅蜀与南宋初年川陕军政》,《成都大学学报(社会科学版)》2022 年第 4 期等。

必须强调的是，以上港台、大陆学界关于南宋川陕军政研究的"进展"，是建立在中国宋元史学界学术自身发展、学术范式转换的脉络中的。事实上，南宋川陕军政研究开展的近百年间，不论港台抑或大陆，不论老一辈还是新生代学者，对于日本学术界研究成果的参考一直都极为有限。宋史研究一直是日本学界中国史研究的重点。其关于南宋川陕军政的研究，主要以五六十年代的山内正博、七八十年代的伊原弘以及新世纪初的高桥弘臣为代表[①]，研究脉络明显呈现为注重制度运行、央地关系、财政与军政关系等特点。若将日本学界关于南宋川陕军政的研究成果一并纳入讨论，那新世纪以来大陆宋史学界在南宋川陕军政领域所取得的推进就可能会稍打折扣。

以下试从宣抚 / 制置司制度与川陕军政研究、总领所制度与川陕军政研究、吴氏武将家族、宋金蒙 / 元川陕战争、川陕军事防御体系五个方面，对近百年来南宋川陕军政研究详作述评。挂一漏万，疏误之处，敬请方家批评指正。

一、宣抚 / 制置司制度与川陕军政研究

宣抚 / 制置司制度是南宋王朝出于加强军事防御而设置的可统率多个路级政区，集区域军政、财政、民事权于一的"军管型准行政组织"制度，也是有关南宋川陕军政最重要的制度。四川（川陕）宣抚 / 制置司的稳定辖区大体包括成都府、潼川府、利州、夔州四路。与京湖、江淮地区随宋金 / 蒙战和时设时罢不同，自建炎三年（1129）初设川陕宣抚处置司至景炎三年（元

---

① 山内正博：《武將對策の一環として觀たる張浚の富平出兵策》，《东洋史研究》19—1，1960年，第37—56页；山内正博：《南宋の四川における張浚と吴玠—その勢力交替の過程を中心として—》，《史林》第44卷第1号，1961年，第98—124页。伊原弘：《南宋四川における吴氏の勢力——吴曦の亂前史》，收入东洋文库宋代史研究室编：《青山博士古稀紀念：宋代史論叢》，东京：省心书房，1974年，第1—33页；伊原弘：《南宋總領所の任用官—「開禧用兵」前後の四川を中心に》，载矶部武雄编：《アジアの教育と社會—多賀秋五郎博士古稀記念論文集》，东京：不昧堂，1983年，第126—138页。高桥弘臣：《南宋初期の川陝地方における宣撫処置使・宣撫使について》，《愛媛大學法文學部論集〈人文〉》第13卷，2002年，第25—45页。

至元十五年,1278)四川制置使张珏镇守的重庆失陷,宣抚/制置司制度在川陕的运行从未间断。如袁燮所说:"孝宗皇帝……切切焉惟蜀是忧,命执政大臣继踵宣威者,至于三四,又诏制置司同诸帅臣,铨择兵将庸懦不堪倚仗者,而易置之。夫宣威之设,不于他路,而独于蜀;兵将之易置,不施之他路,而独施之蜀。圣哲之心,深知天下安危,实系乎此。重此一方,所以重国势也。"① 这既是南宋四川宣抚/制置司制度的一项突出特点,也是学者所谓南宋四川特殊化政策的重要表征。

据《宋史·职官志》记载,宋代宣抚使"掌宣布威灵、抚绥边境及统护将帅、督视军旅之事,以二府大臣充",制置使"掌经画边鄙军旅之事"②。以此而言,二者在职掌上似乎并无太大区别。只是就地位而言,多数情况下,宣抚使要高于制置使③。至于四川宣抚/制置使的职能,李心传在《建炎以来朝野杂记》有更为详尽的说明,称四川制置使"掌节制御前军马、官员升改、放散、类省试举人、铨量郡守、举辟边州守贰,其权略视宣抚司,唯财计、茶马不与"④。虽然宣、制二使同为南宋川陕最高军政长官,《宋史》《朝野杂记》等史籍对其职能规定的记述也较为接近,但实际上,二者仍存在重要区别。概言之,川陕/四川宣抚使偏重军事,四川制置使则更重民政⑤。特别是当二者并置之时,这一职能分工尤为明晰。如开禧三年(1207)五月,诏"四川宣抚、制置司分治兵民"⑥。

余蔚《论南宋宣抚使和制置使制度》是目前有关南宋宣抚/制置司制度

① 袁燮撰,王瑞明校点:《絜斋集》卷4《论蜀札子二》,《儒藏》(精华编二三八),北京:北京大学出版社,2012年,第722页。

② 《宋史》卷167《职官志七》,第3957、3955页。

③ 姚建根:《宋朝制置使制度研究》,上海:上海古籍出版社,2010年,第142页。

④ 李心传撰,徐规点校:《建炎以来朝野杂记》甲集卷11《制置使》,北京:中华书局,2000年,第220页。

⑤ 余蔚:《论南宋宣抚使和制置使制度》,《中华文史论丛》2007年第1期,第144页。杨倩描认为吴玠所领川陕宣抚司,其管辖范围局限在利州路的范围内。川陕宣抚司其实只不过是宋王朝四川地区的一个边防军司令部而已。掌握四川地区大权的最高机构乃是席益的四川制置大使司。即宣司与制司职权范围存在空间上的差异,见《吴家将——吴玠吴璘吴挺吴曦合传》,第96页。

⑥ 《宋史》卷38《宁宗纪二》,第745页。

最重要的研究。该文主要从地方行政组织着眼，考察了宣抚／制置使在唐宋时期的演变过程、宣抚／制置使在南宋地方行政方面的职权、宣抚／制置使与南宋政治的关系等问题。余氏认为，到绍兴五年（1135）左右，宣抚、制置使基本完成由军事长官向军事、民事、财政合一的地方长官的演变，并在四川、京湖和江淮地区形成较为稳定的辖区范围。宣抚／制置使是南宋政权加强军事防御的产物，但它们增加了地方行政层级，导致中央集权的力度减弱。该文还注意到，四川、京湖、江淮三大宣抚／制置使的连续性、稳定性与职权依次递减。距离都城越远的地区，央地之间的信息传递越困难，就越需要具备统一指挥和独立行动的全面权力①。郑丽萍《宋朝宣抚使制度研究》、姚建根《宋朝制置使制度研究》是有关宋代宣抚／制置使制度的两部专著，对南宋宣抚／制置使的源流变革、辖区、职能、任官、属官及与其他地方机构间的关系等问题作了基础性梳理②。

有关南宋四川制置使治所的变迁，李昌宪作过专门考察，并将其分为三个阶段：一是绍兴五年至嘉定二年（1209），基本置于成都；二是嘉定二年至淳祐初，因吴曦叛变和金蒙相继入侵，南宋将制置司治所移至靠近前线的兴元（今陕西汉中）、利州（今四川广元），甚至河池（今甘肃徽县）；三是淳祐二年（1242）余玠入蜀后，因沔州（今陕西略阳）、兴元、利州、成都一再被蒙军摧毁，四川制置司被迫转移至川东的重庆③。余蔚亦曾梳理四川宣、制二司的治所变迁过程，指出因军事形势不断变化，四川宣抚司徙治次数甚多；而民事格局较为稳定，故四川制置司大部分时间驻于成都。宣、制二司的治所变迁，其实是稳定的民事格局与不断变化的军事形势的反映④。此外，利州路作为川陕战区主要边防作战区域与吴氏世将的主要活动区域，朝廷对其行政建制的调整十分频繁，时而分利州路为东、西两路，时而又合二为一，前后达十数次之多。大要，合则治于兴元府，分则以兴元、兴（沔）州为帅府。李昌

---

① 余蔚：《论南宋宣抚使和制置使制度》，《中华文史论丛》2007年第1期，第129—179页。

② 郑丽萍：《宋朝宣抚使制度研究》，河北大学博士学位论文，2009年。

③ 李昌宪：《宋代四川帅司路考述》，原载《文史》第44辑，北京：中华书局，1998年；收入氏著《五代两宋时期政治制度研究》，北京：生活·读书·新知三联书店，2013年，第151—155页。

④ 余蔚：《论南宋宣抚使和制置使制度》，《中华文史论丛》2007年第1期，第146—148页。

宪、熊梅等皆曾梳理南宋利州路分合过程,并尝试作出解释,大致认为合则为收兵权,分则以利战守及镇抚军民、弹压盗贼①。

具体到南宋四川(川陕)宣抚/制置司制度以及运行,山内正博、王智勇、杨倩描、高桥弘臣、何玉红、王化雨等都曾作过精彩研究。文臣宣抚/制置使与以吴氏家族为代表的武将势力、掌管财政的四川总领、南宋中央之间形成多重矛盾,深刻影响着南宋川陕军政权力格局与历史演进过程。

(一)

建炎三年(1129)五月,处于风雨飘摇中的宋高宗任命张浚为宣抚处置使,许其在川陕地区享有军、政、财务一切支配权,"黜陟之典,得以便宜施行"②,由此开启了南宋川陕的新局面。梁天锡、蔡哲修、高桥弘臣等皆曾撰文梳理张浚任职川陕宣抚处置使之经历作为,评论其功过③。

有关川陕宣抚处置司的设置背景,蔡哲修《张浚与川陕的经营(1129—1133)》从南宋初年"以藩屏宋"的呼声、川陕特殊的战略位置两方面予以阐述④。高桥弘臣《南宋初期の川陕地方における宣撫処置使・宣撫使について》则从张浚与高宗对陕西战略地位的重视、陕西因金军进攻而陷入混乱、南宋中央疲于奔命无法对川陕政务逐一裁决三方面加以剖析⑤。山内正博认为,张浚出使川陕的目的在于有效怀柔、压制陕西武将群体,以巩固南宋朝

---

① 李昌宪:《宋代四川帅司路考述》;熊梅:《南宋利州路分合考论》,《历史地理》第22辑,上海:上海人民出版社,2007年,第90—97页。

② 朱熹著,郭齐、尹波点校:《朱熹集》卷95上《少师保信军节度使魏国公致仕赠太保张公行状上》,第4817页。

③ 蔡哲修:《张浚与川陕的经营(1129—1133):"南宋偏安局面的形成"研究之二》,《大陆杂志》第99卷第1期,1999年,第13—30页;梁天锡:《张浚执政兼宣抚处置使考》,原刊《华冈文科学报》第19期,1993年,收入宋史座谈会编:《宋史研究集》第26辑,台北"国立编译馆",1997年,第307—370页;高桥弘臣:《南宋初期の川陕地方における宣撫処置使・宣撫使について》,《愛媛大学法文学部論集〈人文〉》第13卷,2002年,第25—45页。

④ 蔡哲修:《张浚与川陕的经营(1129—1133):"南宋偏安局面的形成"研究之二》,《大陆杂志》第99卷第1期,1999年,第14—15页。

⑤ 高桥弘臣:《南宋初期の川陕地方における宣撫処置使・宣撫使について》,《愛媛大学法文学部論集〈人文〉》第13卷,2002年,第26—31页。

廷在该地区的统治[①]。何玉红《时变与应对：南宋川陕宣抚处置司设置原因述论》将川陕宣抚处置司的设立置于两宋之际川陕地区时局变动与中央应对的关系中加以讨论，认为两宋之际的川陕地区战略地位突出；川陕地区地方行政运行中弊端丛生，将帅之间内讧不断，相互扯皮，武将不听节制，对金兵的进攻无法组织起有效的抵抗；朝臣关于加强地方权力与整合地方力量的呼声日益兴起等，共同促成了川陕宣抚处置司的设置。中央派出的宣抚使可全权掌管川陕诸路军政事务，由此确立起一个强有力的地方权力中心，将川陕各地分散的力量统一指挥、资源统一调配，这是南宋中央对北宋地方权力削弱弊端所作出的一项制度革新[②]。

张浚进入川陕后，通过拔擢亲信、更易帅臣[③]，很快改变了陕西六路各自为战的局面，但又与曲端为代表的陕西地方武将产生了冲突。山内正博认为，蜀地财政上的优势，是张浚借以怀柔与压制陕西武将势力最有力的武器[④]。在任期间，张浚诛杀了陕西大将曲端。该事件一直是历代文人学者争讼的焦点。曲端原为泾原路经略司统制官，张浚入陕，拜为宣抚处置司都统制、泾原路安抚使，后以"谋反"罪将其诛杀。后世或以曲端专横跋扈，死有余辜；或以曲端之死乃浚罗织罪名，残害忠良。现代学者中，李蔚认为曲端善于训练军队，长于兵略，在南宋属一流爱国将领，他的死"是南宋初年仅次于岳飞的最大冤案"[⑤]，杨德泉、李贵录并持此论[⑥]。与之相对，闫邦本以为曲

① 山内正博：《武將對策の一環として觀たる張浚の富平出兵策》，《东洋史研究》19—1，1960 年，第 46—47 页。

② 何玉红：《时变与应对：南宋川陕宣抚处置司设置原因述论》，《中华文史论丛》2009 年第 3 期，第 281—304 页。

③ 可参阅王泽青：《能动与被动：再论张浚与宋金富平之战》，《绵阳师范学院学报》2022 年第 9 期，第 142—143 页。

④ 山内正博：《武將對策の一環として觀たる張浚の富平出兵策》，《东洋史研究》19—1，1960 年，第 52—53 页。

⑤ 李蔚：《略论曲端》，《兰州大学学报（社会科学版）》1981 年第 1 期，第 59 页。

⑥ 杨德泉：《张浚事迹述评》，载邓广铭、郦家驹等主编：《宋史研究论文集》，郑州：河南人民出版社，1984 年，第 563—592 页；李贵录：《"曲端冤狱"与南宋初年的陕西失陷》，《南开学报（哲学社会科学版）》2002 年第 6 期，第 91—97 页。

端有专杀、失律、慢令之罪,曲端之死并非张浚罪过①。王曾瑜指出,罢黜曲端在相当程度上是张浚和曲端的意见存在分歧,张浚主战,曲端主守②。王智勇指出,曲端"借抗金之名,行扩大自己势力之实"③,这是张浚诛杀曲端最重要的原因。何玉红则进一步将曲端之死置于地方武将势力与南宋中央权威的冲突中加以审视,他在《地方武力与中央权威:以曲端之死为中心》一文中指出,两宋之际,中央对陕西的控制力减弱,以曲端为代表的地方武将乘势崛起,成为影响地方政局变动的关键因素。川陕宣抚处置司设置后,与曲端为代表的陕西地方武将势力冲突不断,最终导致宣司对武将势力的打击。该文认为,曲端之死是确保川陕宣抚处置司正常运行的需要,也是南宋中央在川陕地区重建权威的一个关键环节④。

在任川陕宣抚处置使期间,张浚虽遭富平兵败,失陕西六路,但一则树立起中央对川陕的权威,二则得保全蜀,并使朝廷获得宝贵的喘息与立足之机。不过,矫枉往往过正,张浚在川陕的权力过重、杀伐太专,其对"便宜"权的"过度"使用(即所谓"事任已重,处断太专"⑤)又成为中央集权的威胁所在。

有关宣抚处置司的职权,梁天锡《张浚执政兼宣抚处置使考》对张浚以"便宜"除易帅守、监司、将帅之事例逐一统计,并细致梳理了张浚的其他"便宜"之事,如止禁兵屯戍、增印钱引、印造度牒、路郡废置与拨隶、遣外交使节、置司类省试赐出身、封神等⑥。高桥弘臣将张浚的权限与职务分为军事、

---

① 闫邦本:《对〈张浚事迹述评〉的几点商榷》,《四川师范学院学报》1989 年第 2 期,第 3—12 页;《对〈张浚事迹述评〉的几点商榷之二》,《四川师范学院学报》1992 年第 5 期,第 29—36 页;《读〈再论张浚:答闫邦本同志〉》,《四川师范学院学报》1998 年第 1 期,第 6—9 页等。

② 王曾瑜:《宋金富平之战》,《中州学刊》1983 年第 2 期,第 112 页。

③ 王智勇:《论曲端》,《宋代文化研究》第八辑,成都:巴蜀书社,1999 年,第 96 页。

④ 何玉红:《地方武力与中央权威:以曲端之死为中心》,《国学研究》第 23 卷,北京:北京大学出版社,2009 年,第 49—72 页。

⑤ 黄淮、杨士奇编:《历代名臣奏议》卷 239《任将》,章谊又奏,上海:上海古籍出版社,1989 年,第 3144 页。

⑥ 梁天锡:《张浚执政兼宣抚处置使考》,宋史座谈会编:《宋史研究集》第 26 辑,第 317—322 页。

财政、其他（民政、科举、外交等）三方面加以归纳。何玉红《"便宜行事"与中央集权——以南宋川陕宣抚处置司的运行为中心》从制度运作角度进一步梳理归纳了张浚"便宜"之权的行使以及朝廷对宣司"便宜"之权的制约。该文注意到，除上述便宜之事外，还出现有中央诏令在先，宣司改而行之，以及因宣司"便宜行事"在先，中央诏令失效，不得不"改命"而行的现象；从权力行使主体看，"便宜之权"不仅限于宣抚处置使，还延伸到宣司属官。在宣司运行过程中，朝廷不断采取措施对其"便宜"之权加以约束与削弱，如严格宣司"行事"中的上奏程序，对与法令不符的"便宜行事"予以否定或更改，对有违中央旨意之"行事"予以禁止，缩小宣司统辖区域，设置宣抚处置副使等。何氏认为，在"便宜"之权使用与制约的背后，其实质是南宋央地间在权力分配问题上的失衡与冲突。川陕地方行政运行的现状背离宋朝祖宗家法的要求，这必然为皇权绝对集中的国策所不容。在这种格局下，罢免"跋扈"之臣，取消"便宜"之权，就是应有之事 [①]。

（二）

绍兴二年（1132）末，南宋中央宣布召还张浚，代之以王似、卢法原。陈希丰《王似帅蜀与南宋初年川陕军政》从央地权力关系、军事战略角度考察分析了王似继任川陕宣抚处置使的原因与施为。该文认为，限制宣司长官职权、防范"张浚式"人物再度出现乃是彼时宋廷治蜀方略的基本出发点。为此，召还张浚的同时，朝廷采取了一系列措置，如收回"便宜黜陟权" [②]，将宣司规制由"准朝廷"降格为地方跨路级行政机构，缩减其辖区，并用"威望素轻"的"无功侍从"王似、卢法原同掌川陕宣抚司。该文还指出，张浚之所以被召还，除地方权力过分集中外，还在于其与宋廷在川陕战区攻守战

---

① 何玉红：《"便宜行事"与中央集权——以南宋川陕宣抚处置司的运行为中心》，《四川大学学报（哲学社会科学版）》2007 年第 4 期，第 26—36 页。

② 关于朝廷宣布"罢宣抚司便宜黜陟"，余蔚注意到在绍兴三年至五年之间，朝廷仍允许川陕宣抚司"保持一种与朝廷处在竞争状态的任命权"。川陕地区任何一种差遣，宣司所遣与朝廷所差官，先到任者得之，后至者"别与本等差遣"，见余蔚《论南宋宣抚使和制置使》，《中华文史论丛》2007 年第 1 期，第 167 页。

略问题上存在严重分歧:陕西六路既丧,朝廷希望宣司在川陕实施收缩防御战略,全力固守蜀口;张浚则仍孜孜谋求进取之计,"以图再举"。相较于张浚,王似"镇重宽厚""能坚守"的特质符合当时朝廷对川陕战场"据险坚壁""谨守关塞"的战略目标。从王似掌领宣司后的情形来看,他与卢法原充分继承了张浚遗留下的财政、军队人事格局①。

张浚去职后,川陕军政格局的两大重要走向是:第一,蜀口守将吴玠迅速崛起,很快掌控川陕兵柄,进而于绍兴六年(1136)全面掌领川陕宣抚司,直至绍兴九年病逝。其间,川陕宣抚司经历了王似、卢法原、范正己、邵溥四位文臣长官;绍兴五年末,朝廷又设安抚制置大使司于成都,席益、胡世将先后入蜀履职。以上这些蜀帅均被认为旨在节制吴玠,却又无力节制②。卢、范、席甚至与吴玠爆发激烈冲突。对此过程,杨倩描、高桥弘臣、陈希丰皆曾作过梳理。何玉红认为,张浚罢免后,如何有效节制吴玠,是南宋中央处理川陕战区行政事务时的一个重要任务。朝廷"虽屡派宣抚使以节制吴玠,但效果并不明显",随后又改宣抚使称号为安抚制置大使,"以此更好地发挥节制吴玠的作用"③。高桥弘臣注意到,南宋中央对吴玠采取了各种抑制措施,但另一方面,不仅承认其专权,有时甚至赋予其更大的权限,中央的抑制政策孕育着矛盾④。山内正博指出,南宋中央对宣司的政策为武将吴玠的抬头提供了极为有利的形势。吴玠之所以能够迅速崛起,固然是因为他运用天才的军事能力保固川陕的战绩获得了中央的认可,但南宋政权对待宣抚使

---

① 陈希丰:《王似帅蜀与南宋初年川陕军政》,《成都大学学报(社会科学版)》2022年第4期,第62—70页。

② 如王智勇谓"尽管此时吴玠上面还有王似、卢法原,但他们事实上已经不能节制吴玠"(《南宋吴氏家族的兴亡》,第111页);杨倩描谓"事实上,王似和卢法原也无法、无力指挥吴玠"(《吴家将》,第73页),"尽管名义上是邵溥节制吴玠,但实际上却是吴玠节制邵溥"(第94页);王化雨谓席益"无法凌驾于吴玠、赵开之上"(《南宋绍兴前期的中央遣蜀帅臣》,第23页)。

③ 何玉红:《武将知州与"以文驭武"——以南宋吴氏武将知兴州为中心》,《中国史研究》2011年第4期,第114页。

④ 高桥弘臣:《南宋初期の川陕地方における宣抚处置使·宣抚使について》,《爱媛大学法文学部论集〈人文〉》第13卷,2002年,第55页。

的政策也加速了他的崛起①。陈希丰认为，张浚去职前后，南宋中央治蜀方略的基本出发点并非武将专权，而是削弱宣司长官职权、防范"张浚式"人物的再度出现。为此，朝廷默认吴玠在军事实力上的坐大，同时不刻意压制吴玠政治地位的上升，借以对宣司长官形成掣肘与制衡。吴玠的迅速坐大固然得益于宋金战争情势及其过人的军事才能，但也是朝廷"制造"出来的。绍兴四、五年间，卢法原、范正己等宣司长贰与吴玠的冲突应在此背景下加以理解②。

第二，川陕宣抚处置司经过数年的运行，在绍兴六年确立为武将吴玠领宣抚司"专治兵事"、文臣席益掌制置司专管"选举、差注、民事"、赵开都转运司专理财政——即三司分立的新格局。山内正博初步梳理了张浚去职后川陕宣抚使职格与职权逐渐缩减以及宣司最终一分为三的过程③。陈希丰《以武制文与三司分立：南宋初年川陕高层的权力格局》同样关注张浚去职后川陕高层权力格局与宣抚处置司的发展走势，认为宣司存在一个明显的分权趋势，并体现为由人事对立到职能分化再到机构分立的演化过程。

之所以形成三司分立的局面，王化雨认为是由于这一时期川陕战场相对沉寂、边防压力减少与张浚入主中枢后对吴玠疑虑降低所致④。陈希丰则认为，三司分立局面的形成，一方面是张浚去职后，朝廷对川陕军政采行分权制衡政策的结果；另一方面又与绍兴五年后张浚全面负责南宋军政事务、兴师北伐的时局有关。看似"分权"的制度设计，实则是以"集权"为出发点的——宣司、制司、计司集权于张浚的都督府。不过，因张浚本人滞留江淮，未能按计划视师荆襄、川陕，反而造成三司无人统筹、交争相斗的局面。这

① 山内正博：《南宋の四川における張浚と呉玠—その勢力交替の過程を中心として—》，《史林》44—1，1961年，第98—124页。

② 陈希丰：《以武制文与三司分立：南宋初年川陕高层的权力格局》，《文史》2021年第4期，第65—86页。

③ 山内正博：《南宋の四川における張浚と呉玠—その勢力交替の過程を中心として—》，《史林》44—1，1961年，第98—124页。

④ 王化雨：《南宋绍兴前期的中央遣蜀帅臣》，《四川师范大学学报（社会科学版）》2014年第1期，第23—24页。

与绍兴四年末赵鼎帅蜀未成有一定相似之处 ①。

　　有关绍兴六年至绍兴和议前后的川陕军政运行,王化雨《南宋绍兴前期的中央遣蜀帅臣》一文细致梳理了席益、胡世将、郑刚中三位蜀帅的职权与治效,重点考察了宣抚使、制置使、都转运使、总领财赋等川陕军政权力主体间的人事关系与权力分配。蜀口大军的军粮,大部须由成都府路、潼川府路远道北运。军粮运输则有陆运和水运两种方式。如时人周秘所言:"水运稍远,其行虽迟,而所费至少;陆运稍近,其行虽速,而所费至多。宣抚司欲其速至,则必以陆运为便;总制官欲其省费,则必以水运为便。"② 围绕军粮馈运方式、军费开支问题,宣抚使吴玠与都转运使赵开(后为李迨)的矛盾十分尖锐 ③。制置大使席益入蜀后,亦介入到吴玠与都漕的冲突中。他先是协助吴玠催督赵开,而与开"不咸";继而又支持水运粮饷,与吴玠"关系趋于恶化"。王化雨指出,席益与赵开、李迨、吴玠的矛盾冲突,其根源在于川陕军、政、财三权分离的体制。各机构利益不一致,相互间利益与矛盾的协调势必困难 ④。何玉红《地理制约与权力博弈:南宋绍兴前期川陕军粮论争》详细考察了吴玠与赵开、李迨就军粮转运方式的论争,认为军粮转运的地理制约问题虽客观存在,却并非核心,财政官与军事官的权力博弈才是论争的根本所在 ⑤。

　　绍兴七年(1137)十一月,席益在政争的阴霾下去职,朝廷选派胡世将为四川安抚制置使。稍后,朝廷罢免与吴玠不协的都转运使李迨,改命宣司

　　① 陈希丰:《以武制文与三司分立:南宋初年川陕高层的权力格局》,《文史》2021 年第 4 期,第 83—85 页。

　　② 李心传:《建炎以来系年要录》卷 102,绍兴六年六月辛酉,第 1937 页。

　　③ 杨倩描认为,四川内地的军粮水运,须先顺岷江、沱江、涪江南航至长江,继沿长江东行至今重庆,再溯嘉陵江而上至兴州,路线迂回,路途遥远,比陆运要多花一倍多的时间。然而。水运却比陆运费用要少。以成都府路为例,水运一石军粮至兴州,费用为四贯三百文;而陆运费用则高达十三贯,是水运的 3 倍(《吴家将——吴玠吴璘吴挺吴曦合传》,第 100—101 页)。

　　④ 王化雨:《南宋绍兴前期的中央遣蜀帅臣》,《四川师范大学学报(社会科学版)》2014 年第 1 期,第 23—24 页。

　　⑤ 何玉红:《地理制约与权力博弈:南宋绍兴前期川陕军粮论争》,《宋史研究论丛》第 17 辑,保定:河北大学出版社,2015 年,第 219—243 页。

属官陈远猷、高士瑰掌领都转运司。山内正博认为,吴玠的职权由此得到了"飞跃性的增强"①。王化雨认为,此举使宣司获得了更多的财权,三权分立的格局已在一定程度上被打破。在新的格局中,制置司处于相对弱势的境地。故胡世将入蜀后,只得采取隐忍之术,先是主动与吴玠改善关系,继而"对制司权力进行主动收缩",避免与吴发生冲突②。

绍兴九年(1139)六月,四川宣抚使吴玠病逝。七月,制置使胡世将迅速兼权主管宣司职事。九月,朝廷正式任命胡世将为川陕宣抚副使,诸路并听节制;同时,裁撤四川制置司。至此,川陕三司分立的局面完全被打破,且南宋在最为遥远的川陕战区率先实现了"以文驭武"。王化雨注意到,胡世将所以能迅速接任宣司,朝廷派往陕西的宣谕使楼炤以便宜权"先次差权,然后降旨"是关键③。

翌年,金方撕毁第一次绍兴和议,大举进攻陕西。大敌当前,朝廷进一步令"胡世将军前合行黜陟,许以昨张浚所得指挥"④,付以重权。胡世将随即指挥吴璘、杨政诸将击退金军,使川陕局势转危为安。然而,此时已全面掌控川陕军政大权的胡世将在陕西划界问题上与朝廷产生分歧,拒不执行朝命,协同吴璘、杨政等武将一起反对割让战略要地和尚原,引发高宗与秦桧君臣的猜忌与不满。绍兴十一年十月,为确保第二次绍兴和议顺利缔结,朝廷命郑刚中为川陕宣谕使,"得预边事",意在"分化、架空胡世将"⑤。

绍兴十二年(1142)三月,胡世将病逝于川陕军前,宣谕使郑刚中接任川陕宣抚副使。十四年,改四川宣抚副使。十七年七月,罢。后身陷囹圄,含恨而亡。史载:"刚中在蜀六年,事或专行,其服用往往逾制。"⑥关于郑刚

---

① 山内正博:《南宋の四川における張浚と呉玠—その勢力交替の過程を中心として—》,《史林》44-1,1961年,第107页。

② 王化雨:《南宋绍兴前期的中央遣蜀帅臣》,《四川师范大学学报(社会科学版)》2014年第1期,第24—25页。

③ 王化雨:《宋高宗朝的遣川陕特使与四川政局》,《宋史研究论丛》第17辑,第199—200页。

④ 《要录》卷135,绍兴十年五月庚子,第2530页。

⑤ 王化雨:《南宋绍兴前期的中央遣蜀帅臣》,《四川师范大学学报(社会科学版)》2014年第1期,第26页。

⑥ 《要录》卷156,绍兴十七年七月庚辰,第2963—2964页。

中之死,史籍多记载为其与秦桧的个人恩怨。何玉红《地方权威与中央控制:论郑刚中之死》从央地权力关系的角度重新考察了郑刚中之死,认为一开始,作为宣抚副使的郑刚中很大程度上代表中央,并成功节制驾驭吴璘、杨政等川陕地方武将;但其后,郑氏奏"省四川都转运司,以其事归宣抚司",集军权、行政权、财权于一身,导致地方权力膨胀,从而成为朝廷制约甚至打击的对象。绍兴十五年末,宋廷任命赵不弃为四川总领财赋。赵不弃到任后,罗织郑刚中罪名,致其罢职贬死①。

郑刚中离任后,朝廷再次对川陕军政体制作出调整:改行营右护军为御前诸军,命右护军都统制吴璘为利州西路(又称兴州)驻扎御前诸军都统制;绍兴十八年(1148)五月,废罢四川宣抚司,恢复安抚制置司体制,并规定"制置司行宣抚司职事,案牍、人吏、钱物……拨隶制置司",宣司都统制杨政为利州东路(又称兴元府)驻扎御前诸军都统制②。新的制置司"掌节制御前军马、官员升改、放散、类省试举人、铨量郡守、举辟边州守贰,其权略视宣抚司,唯财计、茶马不与",其职权较之总领所设置之后的宣司,看似并无太大差别。王化雨认为,以制置使取代宣抚使,关键在于制置使驻节成都,与蜀口大军的距离遥远,势必使得制司对于军队的实际控制力度较宣使有所弱化。此外,宋廷赋予总领所"专一报发御前军马文字"之权,在军政方面对前者构成了制衡。制置使无财权,军权又受限制,便难以再成为郑刚中那样的跋扈之臣。但另一方面,制置使在制度上有权节制诸军,又可保证川陕军权不致旁落于武将之手。经过多年的摸索,南宋中央在集权、分权的模式切换过程中找寻到了治蜀的最佳平衡点③。

除宣抚、制置使外,高宗一朝还曾陆续派遣多名特使赴川陕,执行特定的政治任务,以强化对川陕的控制。王化雨《宋高宗朝的遣川陕特使与四川

① 何玉红:《地方权威与中央控制:论郑刚中之死》,《社会科学战线》2010年第3期,第74—80页。

② 《要录》卷156,绍兴十七年七月戊子,第2965页;卷157,绍兴十八年五月甲申,第2988页。刘琳、刁忠民、舒大刚、尹波等点校《宋会要辑稿》职官41之38,上海:上海古籍出版社,2014年,第4018页。

③ 王化雨:《南宋绍兴前期的中央遣蜀帅臣》,《四川师范大学学报(社会科学版)》2014年第1期,第28页。

政局》考察分析了楼炤、郑刚中、虞允文三位特使的任职经历，认为通过特派专使，朝廷在一定程度上克服了临安与川陕之间路途遥远、信息交流不畅的不利条件，使朝廷在与川陕地方势力的博弈中逐渐占据了优势。但另一方面，特使与川陕地方势力不时爆发的冲突，也增加了朝廷经营川陕的难度①。

（三）

绍兴三十一年（1161）十月，完颜亮大举南侵，打破了宋金二十年的和平。战前，南宋川陕战区由文臣王刚中任制置使，王之望任总领，吴璘、姚仲、王彦分任兴州、兴元、金州都统制。为御强敌，朝廷重启宣抚司体制；且高宗并未选用王刚中，而是委任六十岁的老将吴璘为四川宣抚使。吴璘率军击退金兵，并一度收复了秦陇、熙河大片故土。乾道三年（1167）五月，吴璘病逝于兴元，其任四川宣抚使凡五年有余。

吴璘病逝是南宋孝宗朝前期的重大政治事件。陈希丰《吴璘病笃与蜀口谋帅：南宋高孝之际四川军政探析》考察了高孝之际朝廷与四川制置/宣抚使、总领等治蜀代理人围绕吴璘病笃的反应及由此引发的蜀口谋帅事宜。"辛巳之役"前，朝廷迅速调整"以文制武"方针，将川陕十万大军的兵权全数交予吴璘，令其保固蜀口。然而，战事进行期间，对于四川总领王之望调吴氏子弟吴拱归蜀、出掌兴州都统司的建请，朝廷迟迟不肯应允。随着陇右战事进入白热化阶段，为稳定川陕局势，吴拱最终被放回蜀口。乾道初年，孝宗一方面对来朝的吴璘恩遇无二，并承认其子吴挺袭掌兴州大军的局面；另一方面又频频征求治蜀代理人意见、宣召蜀口将领入朝，试图绕过吴氏子弟另觅兴帅人选。在兴州都统制继任者问题上，孝宗希望摒弃吴氏子弟别谋良将，而王之望、汪应辰、虞允文等治蜀代理人则属意于吴璘之侄吴拱。吴璘去世后，朝廷本已命任天锡、吴胜分掌兴州、兴元大军，就此终结了吴氏将门对蜀口兵柄的主宰。但任、吴二将才能不济，无法担负保蜀重任。最终，在川陕无将可用的窘境下，宣抚使虞允文与孝宗达成一致，从京湖战场调员琦出任兴州都统，并起用吴拱接掌兴元都统司。在物色兴州都统制人

---

① 王化雨：《宋高宗朝的遣川陕特使与四川政局》，《宋史研究论丛》第17辑，第195—218页。

选问题上,朝廷始终摇摆于"抑制吴氏世将"与"保固四川"两种背道而驰的思路①。

之所以任命吴拱为兴元都统制、利州路安抚使,王智勇的解释是,吴拱无论是人望、才识、谋略都难与吴挺相提并论,不足使宋廷产生太大忧虑;吴拱、吴挺之间的隔阂,亦有利于宋廷对吴氏家族成员的驾驭;且兴州都统司并不掌握在吴氏家族成员的手中②。王化雨则认为,吴拱曾因吴璘弹劾而遭到责降,朝廷重用吴拱,既可收市恩之效,又可借否定吴璘前见以彰显自己的权威。朝廷任用吴拱,说明对吴氏子弟既有防范亦有倚重③。

吴拱任职利州路安抚使、兴元都统制期间,名臣虞允文于乾道三年(1167)六月至乾道五年六月、乾道八年九月至淳熙元年(1174)二月两任四川宣抚使,晁公武于乾道四年至六年任四川制置使,王炎于乾道五年三月至乾道八年九月任四川宣抚使。张香宁、孔凡礼、傅璇琮等分别考述其在任期间的治绩④,但目前学界尚缺乏对该时期川陕军政权力运作的深入考察。

淳熙元年初,四川宣抚使虞允文卒于任上。吴挺随即受命出任兴州都统制,重返蜀口。此后,吴挺掌领南宋川陕边防主力军——兴州屯驻大军长达二十年之久。王化雨《南宋中期朝廷对四川的经营:以吴挺事迹为例》从吴挺事迹的梳理入手,考察南宋中期朝廷对四川的经理及四川军政格局。关于吴挺回归四川,王智勇认为,吴璘去世后,孝宗一直未能在吴氏家族之外找到统帅川陕重兵的合适人选。当虞允文去世后,放眼当时的统兵将帅,唯有吴挺是兴州都统司帅臣的最合适人选。这固然同吴挺的抗金业绩、在川陕的人望及才识密不可分,但吴挺在中央任职期间的卓越表现也深得宋

---

① 陈希丰:《吴璘病笃与蜀口谋帅:南宋高孝之际四川军政探析》,《中华文史论丛》2020年第3期,第241—265页。

② 王智勇:《南宋吴氏家族的兴亡——宋代武将家族个案研究》,第188页。

③ 王化雨:《南宋中期朝廷对四川的经营:以吴挺事迹为例》,《四川师范大学学报(社会科学版)》2016年第6期,第152页。

④ 张香宁:《虞允文研究》,浙江大学硕士学位论文,2011年;傅璇琮、孔凡礼:《陆游与王炎的汉中交游》,《杭州师范学院学报》1995年第5期,第1—7页;傅璇琮、孔凡礼:《陆游南郑从军诗失传探密——兼论南宋抗金大将王炎的悲剧命运》,《文学遗产》2001年第4期,第76—82页。

廷赏识①。王化雨则进一步指出，朝廷在时隔七年后重新将川陕主力部队的统帅权交给吴氏子弟，与孝宗的恢复之志密切相关。王氏还注意到吴挺出掌兴州都统司的同时，吴拱被调离川陕，出任三衙管军，认为这样既可预防吴拱、吴挺在川陕联手，又可对吴挺形成制约，一旦吴挺在兴州任上的表现不符合预期，朝廷可以吴拱取而代之②。

吴挺执掌兴州大军，朝中舆论如何？王智勇据《宋史·李繁传》《赵汝愚传》、袁说友《论蜀当考其变》、卫泾《与四川制置丘崈侍郎札》、韩元吉《上贺参政书》认为吴挺于淳熙元年归蜀重掌川陕重兵，在南宋政治生活中引起了一场轩然大波，引发了朝野内外的一片非议。王化雨在辨析史料后发现，相关言论大多发表于吴挺返蜀很长时间之后，而非孝宗任命吴挺为兴州都统制之时；并且，有关吴挺跋扈的说法常含有夸张成分，有些甚至完全经不起推敲。诚如王智勇所说："吴挺入蜀后，并无非份之想，由于受到吴曦之叛的影响，史籍所载有关吴挺的事迹已很不全面，偏重于言吴挺的骄横跋扈，而对其治绩却语焉不详。"③

吴挺归蜀后，宋廷再次对川陕军政体制作出调整。自绍兴三十一年宋金战起而重新设立的四川宣抚司在运行十三年后再度被废罢，四川制置司重新成为四川最高军政机构。之所以改宣司为制司，杨倩描推测是孝宗北伐中原的雄心突然冰消雪释④。王化雨认为，最重要的一点是虞允文死后，一时难以找到合适的宣帅人选；同时，因武将一般不担任四川制置使，此举亦可消除吴挺成为四川最高军政长官的可能。不过，由于制司的权力弱于宣司，改宣司为制司，吴挺面临的政争风险随之增大。其后，吴挺屡屡被指为跋扈，"从根源上看，实滥觞于宋廷对四川军政体制的调整"（154页）。这是颇有见地的意见。

关于吴挺执掌兴州大军近二十年的川陕军政格局，王化雨发现其与朝

---

① 王智勇：《南宋吴氏家族的兴亡——宋代武将家族个案研究》，第192页。

② 王化雨：《南宋中期朝廷对四川的经营：以吴挺事迹为例》，《四川师范大学学报（社会科学版）》2016年第6期，第153—154页。

③ 王智勇：《南宋吴氏家族的兴亡——宋代武将家族个案研究》，第197页。

④ 杨倩描：《吴家将——吴玠吴璘吴挺吴曦合传》，第208页。

廷关系良好,却与蜀中文臣时有龃龉。吴挺与四川总领李蘩、赵彦逾,四川制置使胡元质,都曾发生过激烈冲突。有关吴挺与李蘩围绕买马、军粮问题展开的斗争,杨倩描在《吴家将》一书中作了详细梳理①。胡元质因吴挺弹劾遭罢,更是极引人瞩目。这些都成为吴挺跋扈难制的证据,并促使之后的四川制置使留正、赵汝愚、丘崈等人皆极力主张抑制吴氏势力。

通过史料梳理,王化雨发现,吴挺与蜀中文臣的斗争,多为文臣率先发难;就斗争结果而言,则是各有胜负;至于胡元质被罢事件,则有着更为"复杂的内情"(156页)。南宋川陕文武官员因利益分配,常发生激烈斗争。王化雨认为,到孝、光时期,四川官员内斗已基本可控;利用之,朝廷正可收"异论相搅,则各自不敢为非"之效,从而强化对四川的控制;并且,以吴挺为代表的四川武将,已无法如南宋初年那样对宋廷构成威胁,而更多转化为朝廷在四川的代理人。王氏进而提出:吴曦之叛只是一次偶然事件,而非以往学者所认为的是四川武将势力发展的必然结果②。这点与王智勇的看法相一致,后者同样认为"吴曦返蜀并叛变,是宁宗朝政治斗争造成的偶发事件,彼此之间没有必然的联系"③。

绍熙四年(1193)五月,兴州都统制、知兴州、利州西路安抚使吴挺病逝。四川制置使丘崈闻讯,急命身在利州的四川总领杨辅赶赴兴州"权帅事",摄利西安抚使,并"就近节制诸军"。杨辅"索印即益昌领事",同时令利州提刑杨虞仲前往兴州"权州事"④。在兴州都统制问题上,因光宗不豫,朝廷"久未遣代"⑤,丘崈乃以李世广权摄。翌年,朝廷方定议命荆鄂都统制张诏掌领兴州都统司。为限制兴州都统制的权力,朝廷采取了三大措施:其一,吴璘、吴挺任都统制,皆兼知兴州、利州西路安抚使,张诏则不再兼任知州、安抚使;其二,合利州东、西路为一,以兴元知府章森任利州安抚使;其三,设

① 杨倩描:《吴家将——吴玠吴璘吴挺吴曦合传》,第213—215页。

② 王化雨:《南宋中期朝廷对四川的经营:以吴挺事迹为例》,《四川师范大学学报(社会科学版)》2016年第6期,第151—158页。

③ 王智勇:《南宋吴氏家族的兴亡——宋代武将家族个案研究》,第207页。

④ 《宋史》卷397《杨辅传》,第12096页;卷398《丘崈传》,第12111页。

⑤ 叶适著,刘公纯、王孝鱼、李哲夫点校:《叶适集》卷17《运使直阁郎中王公墓志铭》,北京:中华书局,1961年,第323页。

置副都统制，以制衡张诏。对此过程，杨倩描、王智勇及黄宽重《孙应时的学宦生涯》相关章节皆予以初步关注①。王智勇认为，吴挺去世前后的一系列措施，是宋廷防止吴氏世将的一切努力中"最坚决、最彻底亦最全面的一次"；并指出，四川制置使丘崈之议之所以能顺利实施，除顺应了宋代臣僚士大夫的心态和得到杨辅、孙应时等许多臣僚的协助外，最主要的是他同朝廷当权重臣留正等不谋而合，从而得到南宋朝廷的全力支持②。不过，有关吴挺去世至吴曦变乱十余年间的四川军政格局及制置司之运行状况，目前尚无全面、有深度的专论。

（四）

开禧三年（1207）正月，蜀口大将、四川宣抚副使、兴州都统制、利州西路安抚使吴曦在兴州自称蜀王，叛宋降金，史称"吴曦之乱"，又称"武兴之乱"。仅仅四十一天后，吴曦即被杨巨源、李好义等蜀中义士诛杀。随后，随军转运使安丙被推戴为权四川宣抚使，川陕局势迅速得以稳定。

有关吴曦发动变乱，《宋史》《鹤林玉露》《四朝闻见录》等史籍存在颇多弯曲之词。对此，杨倩描、王智勇分别予以辨正。《宋史》称吴曦"潜畜异志"、"吴曦有逆谋，求归蜀"、"曦有异志"③，王智勇认为"吴曦还蜀前后的很长一段时期内并无反谋"（217 页），杨倩描《"吴曦之乱"析论》也认为"吴曦之乱并非蓄谋已久，而是一场迫不得已、仓促为之的叛乱"④。《宋史》称"（韩）侂胄日夜望曦进兵，曦阳为持重，按兵河池不进"，杨倩描则通过梳理《金史》相关记载，发现开禧用兵期间，吴曦并非按兵不动，而是主动出击，与金激战；并指出吴曦本意是想通过建功立业，依托韩侂胄，重振吴氏势力（108 页、111 页）。又，《宋史》称"（吴曦）阴遣客姚淮源献关外阶、成、和、凤

---

① 杨倩描：《吴家将——吴玠吴璘吴挺吴曦合传》，第 230—235 页；黄宽重：《孙应时的学宦生涯：道学追随者对南宋中期政局变动的因应》，第 65—80 页。

② 王智勇：《南宋吴氏家族的兴亡——宋代武将家族个案研究》，第 205 页。

③ 《宋史》卷 475《吴曦传》，第 13811 页；卷 394《陈自强传》，第 12035 页；卷 397《杨辅传》，第 12096 页。

④ 杨倩描：《"吴曦之乱"析论》，《浙江学刊》1990 年第 5 期，第 108 页。

四州于金,求封为蜀王"①,杨倩描、王智勇皆指出吴曦并未主动降金,其叛乱乃是金方主动策反、诱降的结果。

吴曦为何发动变乱?学界的看法较为一致。张邦炜《吴曦叛宋原因何在》一文认为"吴曦之叛是四川地方势力与南宋中央政府、吴氏武将集团同南宋文官政权长期矛盾和对立的产物"(364页),王智勇也指出,"宋廷铲除吴氏家族在四川的势力的一系列作为,是引发吴曦之叛最重要、最直接的原因"②,杨倩描也认为吴曦之所以向金纳款"是吴氏军事集团与南宋朝廷的矛盾"(111页)。至于吴曦之所以能够发动变乱,王智勇认为主要是利用了当时的一些客观条件:第一,吴曦事实上控制了四川的兵权、财权乃至政权;第二,宋军军事上的全面失利,促使吴曦下定决心接受金人的诱降;第三,孝、光时期,雅州等地发生了数起少数民族反抗及绍熙三年泸州的张信起义,使四川境内战争频仍,社会经济遭到极大破坏,而宋廷沉重的赋役更使阶级矛盾日益尖锐,政局不稳;第四,韩侂胄以程松节制吴曦,是人事安排上最大的失算(291—293页)。张邦炜则认为"吴曦叛宋降金,以地方与朝廷的矛盾、武将与文臣的对立为背景,以四川易守难攻、经济自给自足的地理环境为凭借,以引诱其投降的金朝为依托,以韩侂胄既急于北伐又昏聩无能为条件"(364页)。

何玉红认为应区分吴曦之所以兵变与能够成功兵变的原因。吴曦为何兵变,主要取决于主观愿望、环境迫使、金人诱惑等,而其能够成功实现兵变,则需要诸多条件的支持,最重要是拥有足够的财力、军力支持。为此,何氏在《南宋四川总领所制度与吴曦之变》一文中分析了财权与财政性官员在吴曦兵变中的重要角色,并指出,吴曦之变能成功实现,是因为总领所的权力在运行中步步丧失,直至最后被吴曦所剥夺。何玉红还撰文分析了蜀口兵力部署与吴曦之变的关系,认为兴州驻军力量过于强大是吴曦据兴州叛变的关键因素。平叛之后,南宋对兴州军事力量予以分化,则又导致兵力

---

① 《宋史》卷 475《吴曦传》,第 13812 页。

② 张邦炜:《吴曦叛宋原因何在》,原刊《天府新论》1992 年第 5 期,收入氏著《宋代政治文化史论》,北京:人民出版社,2005 年,第 354—364 页。王智勇:《南宋吴氏家族的兴亡——宋代武将家族个案研究》,第 221 页。

分散和不利于边疆防御的弊端①。

吴曦变乱得以迅速平定，杨倩描认为乃是由于吴曦发动变乱乃出于迫不得已，仓促为之，缺乏应有准备②。王智勇总结为三点：一是金朝国力衰落，无法给予吴曦强有力的支持；二是吴曦叛宋降金的行为得不到大多数川陕抗金将士的支持；三是安丙等平叛者的主观努力，加速了吴曦政权灭亡的进程③。伊原弘指出吴氏对四川的统治具有脆弱性；他还注意到，阻碍吴氏世袭，粉碎吴曦君临四川野心的，正是吴挺时代成长起来的四川官僚，他们都渴望宋治下四川的安定④。何玉红则注意到财政官员与变乱失败的关系。他指出，吴曦兵变仅仅四十一天即告失败，乃源于其财政权力的不稳定性。事发之后，四川宣抚副使、随军转运使安丙与监兴州合江仓杨巨源联手反正，意味着在吴曦兵变队伍中，上层财政官员与基层财政官员首先动摇；其他财政官员如利州路转运判官陈咸、前利州路转运判官游仲鸿、夔州路转运判官李壂等也都予以抵制或积极参与平叛⑤。

作为此次平乱的主要功臣与最大的受益者，安丙在开禧、嘉定年间历任四川宣抚副使、四川制置大使、四川宣抚使，掌领川陕军政长达十年之久。朱瑞熙《论南宋中期四川的官员安丙》列述安丙生平与功过，认为其功绩包括：推翻吴曦伪蜀政权，恢复宋朝在四川的统治；镇压红巾军叛乱，维持四川的社会稳定；治理四川军事和财政方面的政绩。其过失则是嫉贤妒能，残杀平乱功臣杨巨源、李好义；缺乏治蜀之雄才大略，"每忌蜀帅之自东南来者"；致蜀口"军政不立，戎帅多不协和"⑥。蔡东洲、胡宁《安丙研究》是关于安丙研究最重要的学术著作，该书对安丙家族、安丙与吴曦之乱、安丙与蜀

---

① 何玉红：《南宋川陕战区兵力部署的失衡与吴曦之变》，《中国历史地理论丛》2008 年第 1 辑，第 66—73 页。

② 杨倩描：《"吴曦之乱"析论》，《浙江学刊》1990 年第 5 期，第 108—111 页。

③ 王智勇：《论吴曦之叛》，《宋代文化研究》第 5 辑，成都：巴蜀书社，1995 年，第 286—299 页。

④ 伊原弘：《南宋四川における呉氏の勢力——呉曦の亂前史》，《青山博士古稀紀念：宋代史論叢》，第 21 页。

⑤ 何玉红：《南宋四川总领所制度与吴曦之变》，《文史哲》2011 年第 6 期，第 103—111 页。

⑥ 朱瑞熙：《论南宋中期四川的官员安丙》，《暨南史学》第 4 辑，广州：暨南大学出版社，2005 年，第 130—140 页。

中政要之关系、安丙镇压红巾军、安丙对巴蜀的治理、安丙遗迹等诸多问题进行了开拓性的研究。关于安丙与吴曦之乱的关系，蔡东洲、胡宁认为安丙在结识杨巨源、李好义之前，没有独立平叛的勇气和实力，处于观望和犹豫之中，而在结识杨、李之后，成为平叛集团的首领，成功地领导平定了"吴曦之乱"①。

吴曦变乱平定后仅仅数月，平乱首倡者与主要功臣李好义、杨巨源先后被杀。对此，《鹤林玉露》《诛吴录》《丁卯实编》《吹剑录》《续编两朝纲目备要》等史籍皆谓安丙为独占功劳而冤杀杨巨源，而王喜毒杀李好义则被认为是与安丙同谋，铲除异己。现代学者如朱瑞熙、陈振也大抵承袭此说②。晁芊桦《安丙冤杀蜀中义士献疑》在分析吴曦伏诛后的四川政局时，引入"平叛功臣"与"兴州旧将"的群体分类概念，突破了既有认识。该文认为，除安丙外，杨巨源、李好义等平叛功臣皆属四川军政体系中的边缘人物；吴曦伏诛后，朝廷超擢杨、李等人进入四川宣抚司、兴州都统司高层，以制衡王喜为首的兴州旧将，稳定川陕边防。在收复关外四州的战事中，杨、李等人成为主要领军将领，进一步激化了他们与兴州旧将间的矛盾。同时，作为下层官吏与军将，他们的政治行为与四川原有的军政制度也发生了冲突，并最终失去宣抚使安丙的信任，被兴州旧将杀害③。

（五）

吴曦之变平定后，吴氏武将势力被铲除，朝廷对川陕军政权力予以重新配置，一方面重用平叛功臣安丙为四川宣抚副使、兼知兴州，巩固平叛成果；另一方面又任命或选派杨辅、刘甲、吴猎、黄畴若等一批官员帅蜀，意在防范与制约安丙。蔡东洲、胡宁《安丙研究》初步梳理了这些官员与安丙的关系。其中，杨辅、刘甲是四川在地官员。吴曦之变甫平，朝廷以四川制置使杨辅为宣抚使，安丙为宣抚副使。但安丙奏乞"两宣抚分司"，不愿居杨

---

①　蔡东洲、胡宁：《安丙研究》，成都：巴蜀书社，2004 年，第 34 页。

②　陈振：《宋史》，上海：上海人民出版社，2016 年，第 495 页。

③　晁芊桦：《安丙冤杀蜀中义士献疑》，《成都大学学报（社会科学版）》2022 年第 5 期，第70—79 页。

之下，朝廷遂仍以杨辅为四川制置使，并诏令四川宣抚、制置司分治兵、民。杨辅不但无法插手宣抚副司之事务，而且还不得不协助宣司处置某些蜀地事务。蔡东洲、胡宁认为"宋廷信用杨辅并没有达到制约安丙的效果"（63页）。开禧三年八月，朝廷密授利州东路安抚使、知兴元府刘甲为"四川宣抚使，随所在置司"。然而，作为"宋廷选定的防范安丙和应对蜀地突发事件的'暗帅'"（63页），刘甲很快便同杨辅奉旨离蜀。吴猎、黄畴若则是平乱之后朝廷派往蜀地的帅臣。吴猎先以宣谕使入蜀，后代杨辅为四川制置使，在任三年。蔡东洲、胡宁认为其"与安丙的关系有一个由友好到冲突的过程，在这一过程中安丙的权力也没有得到太多的制约"，而只有"黄畴若入蜀确实实现了宋廷制约安丙的意图"（69页）。

军队层面同样如此。安丙帅蜀后，以便宜命王喜、王钺、薛九龄为都统制，掌控军队。嘉定二年（1209），朝廷委派荆鄂都统制王大才入蜀，任沔州都统制。其后五年间，安丙与王大才的矛盾不断升级，最终导致安丙被罢。蔡东洲、胡宁对此过程作了初步梳理，认为嘉定七年安丙出蜀的原因有二，一是"安丙在四川权势的膨胀"，二是他"拒绝执行宋廷的对北政策"（74页）。韦兵也认为嘉定七年安丙罢制置大使就是因为不执行以史弥远为首的朝廷对金和好政策，擅自发动对金秦州之役[1]。

安丙去位后，朝廷所任用的董居谊、崔与之等人都倾向于对外缓和。崔与之作为南宋后期名臣，其任四川制置使数载的作为受到了一定关注。刘复生师勾勒了崔与之的治蜀政绩[2]。韦兵则认为，嘉定中后期川陕军政大员从安丙到董居谊，再到安丙，再到崔与之，显示朝廷在力图把控蜀口军政一种"尴尬的平衡"，即"南宋四川制置司（宣抚司）既不能久战，也不能久和"（116页）。

理宗朝前期，蜀口宋军在与金、蒙军队的交锋中连战连北。为此，四川

---

[1] 韦兵：《陇南过渡地带夷夏互动个案之一：从〈鼎勋堂记〉看南宋嘉定年间陇蜀军政与人物》，收入氏著《完整的天下经验：宋辽夏金元之间的互动》，北京：北京师范大学出版社，2019年，第110—134页。

[2] 刘复生：《南宋名臣崔与之治蜀简论》，《西华大学学报（哲学社会科学版）》2009年第4期，第32—35页。

制置使郑损、桂如渊等人的失职被认为是重要原因。《宋史·余玠传》称：
"自宝庆三年至淳祐二年，十六年间，（四川）凡授宣抚三人，制置使九人，副
四人，或老或暂，或庸或贪，或惨或缪，或遥领而不至，或开隙而各谋，终无成
绩。"①据此，陈世松曾撰文考证这一时期四川制置/宣抚使的任官情况②，认
为郑损、桂如渊只是忠实执行了朝廷授予的对蒙"和约密旨"，当他们的一系
列屈辱做法遭到了朝野强烈谴责之后，理宗又将其当作替罪羊处理③；王超
指出，懂政治，是吴曦之变后朝廷对四川主事者的基本要求，至于是否懂军
事，似乎并非宋廷选任帅臣时的首要考虑④。

　　大体说来，嘉定中期以后，一方面，困扰南宋川陕多年的吴氏武将问题
被彻底根除；另一方面，南宋川陕战区由承平期向持续战争期过渡，对军政、
民政、财政权力的集中有着强烈的需求。于是，到嘉定末，不仅宣抚/制置司
节制都统司的两级统兵体系已基本形成⑤；蜀口丧失后，四川制置使往往兼
任四川总领，类似"合官、民、兵为一体，通制（置）、总（领）司为一家"⑥的格
局也逐步常态化，南宋前中期四川制置/宣抚使、总领、都统制三司相争的局
面遂基本不复存在。

　　然而，绍定四年（1231）后的十年间，川陕战区先是在成都与兴元分置
四川制置使、副；蜀口丧失后，四川制置使、副又分设成都与重庆。于是，川
陕军政又呈现为四川制置使、副间的嫌隙和矛盾。如蜀口丧失后，四川制置
使赵彦呐"以丁（黼）有暂行制司事之命"，制置副使丁黼"以陈隆之有暂权
制置副使之举"，皆"引嫌远逼"，"称疾不视事"⑦；嘉熙朝的四川制置使陈隆

---

　　①　《宋史》卷416《余玠传》，第12469页。

　　②　陈世松：《南宋四川历任制置使》，《西南师范学院学报（哲学社会科学版）》1982年第3
期，第66—70页。

　　③　陈世松：《余玠传》，重庆：重庆出版社，1982年，第31页。

　　④　王超：《宋蒙（元）四川战局演变新探——以军事指挥模式和地方权力转移为中心》，中山
大学硕士学位论文，2017年，第30页。

　　⑤　参见王曾瑜：《南宋军制初探》（增订本），第227—237页。

　　⑥　《宋史》卷403《赵方传》，第12206页。

　　⑦　魏了翁撰，张全明校点：《鹤山先生大全文集》卷31《左丞相》，《儒藏》（精华编二四二），
北京：北京大学出版社，2022年，第504页。

之与副使彭大雅"不协,交章于朝","勇于私斗"①。这样的局面在淳祐二年（1242）余玠入蜀、被赋予重权后才得以改善。囿于资料的缺失、零散,目前学界对于嘉定以后四川宣抚/制置司及四川军政权力关系演变过程的认识尚十分模糊,亦未见有学者做过专门考察。

二、四川总领所制度与军政研究

关于总领所的起源,《宋史·职官志》载:"建炎间,张浚出使川陕,用赵开总领四川财赋,置所系衔,总领名官自此始。"②据此,总领官始于南宋初年四川的赵开。不过,魏了翁却称赵开"虽云总赋,未以名官也"③。一些学者也认为,赵开担任的职务乃是随军转运使,当时的"专一总领四川财赋"并非官衔④。

绍兴十五年(1145)十一月,宋廷任命赵不弃为四川宣抚司总领官,以分宣司之财权;旋改赵不弃为四川总领财赋官。此为学界公认的四川总领所设置之始。赵不弃到任后,承秦桧意旨,罗织四川宣抚副使郑刚中罪名,致后者罢职贬死。对此过程,何玉红、王化雨、雷家圣都作了专门研究⑤。此后,总领所成为南宋川陕重要的财政、军政及监察机构。

南宋四川总领所的核心职能有两项:一是"掌措置移运应办诸军钱粮"⑥,即以各种手段筹措钱粮、军器,供给蜀口的兴州、兴元府、金州三支屯

①《宋史》卷412《孟珙传》,第12377页。

②《宋史》卷167《职官志七·总领》,第3958—3959页。

③ 魏了翁撰,张全明校点:《鹤山先生大全文集》卷44《重建四川总领所记》,《儒藏》(精华编二四二),第713页。

④ 胡宁:《论赵开总领四川财赋》,《西华师范大学学报(哲学社会科学版)》2004年第3期,第131—134页。

⑤ 何玉红:《地方权威与中央控制:论郑刚中之死》,《社会科学战线》2010年第3期,第74—80页;王化雨:《南宋绍兴前期的中央遣蜀帅臣》,《四川师范大学学报(社会科学版)》2014年第1期,第22—29页;雷家圣:《聚敛谋国:南宋总领所研究》,台北:万卷楼图书股份有限公司,2013年,第37—42页。

⑥《宋史》卷167《职官志七·总领》,第3958页。

驻大军；二是"与闻军政"，"专一报发御前军马文字"①，制约、监察武将都统制与御前诸军，制衡宣、制司②。这里需要指出两点，第一，"专一报发御前军马文字"的含义，雷家圣认为"意谓御前诸军欲向朝廷有所乞请，朝廷对诸军的指挥，其文书皆须经由总领"③，这一解释有误。《朝野杂记》明确记载"御前军者……得自达于朝廷"④，显示御前诸军与朝廷间的联络无须经过总领官。绍兴末，四川总领王之望在朝札中称"某职总四川财赋，专一报发御前军马文字，有大利害、公上所宜知者，不敢不以上闻"⑤；绍定中，淮西总领吴潜在奏疏中称"臣以报发御前军马文字为职，唯是平日小小疆场之故，不足以仰尘圣听"⑥，可见所谓"报发御前军马文字"，乃指总领有权单独向朝廷呈报有关御前诸军动向的信息，类似"监军"之职。

第二，史籍中在"各专一报发御前军马文字"之后，往往还有"诸军不/并听节制"一句。"不"与"并"一字之差，含义截然相反。对此，雷家圣曾予辨析，认为当作"不"字，即总领所并没有御前诸军的节制权。王曾瑜亦"疑以'不'字为准"⑦。笔者赞同此说。但也有学者以"诸军并听节制"为是。

除此之外，南宋四川总领所的职能尚有：1.荐举与监督、按劾地方官员；2.参与、监督屯驻大军招选士卒、删汰老疾；3.负责纸币的发行与管理；4.参与赈济灾荒；5.对外支付等。对此，山内正博、何玉红、雷家圣等曾作过初步归纳与阐述⑧。

① 《宋会要辑稿》职官 41 之 44，第 4021 页。

② 关于总领所对军政的介入程度，学者存在不同意见，汪圣铎认为总领虽带"专一报发御前军马文字"衔，实并不干预军务（《两宋财政史》，北京：中华书局，1995 年，第 131 页）。

③ 见雷家圣：《聚敛谋国：南宋总领所研究》，第 144 页。

④ 李心传撰，徐规点校：《建炎以来朝野杂记》甲集卷 18《御前诸军》，第 404 页。

⑤ 王之望：《汉滨集》卷 8《论吴璘多病乞吴拱自襄阳归蜀朝札》，《景印文渊阁四库全书》第 1139 册，第 766 页。

⑥ 吴潜撰，汤华泉编校：《吴潜全集》卷 10《奏论今日进取有甚难者三事》，合肥：安徽大学出版社，2020 年，第 268 页。

⑦ 王曾瑜：《宋朝军制初探》（增订本），第 228 页。

⑧ 山内正博：《南宋总领所设置に关する一考察》，《史学杂志》64 卷 12 号，1955 年，第 81—83 页；何玉红：《试析南宋四川总领所的职能》，《四川师范大学学报（社会科学版）》2008 年第 5 期，第 121—125 页；雷家圣：《聚敛谋国：南宋总领所研究》，第 58—63 页。

由于四川和临安的空间距离过于遥远，与淮东、淮西、湖广三总领不同，四川总领所的经费收支最为独立，同时也承担了更大的责任。故李心传称："东南三总领所掌利权，皆有定数，然军旅饥馑，则告乞于朝。惟四川在远，钱币又不通，故无事之际，计臣得以擅取予之权；而一遇军兴，朝廷亦不问。"① 这是南宋四川"特殊化"政策的一项重要内容，即地方财政完全独立。

就本文所关注的军政关系而言，一般认为，设置四川总领所的目的在于削夺战区长官宣抚使的权力，将军政权与财政权分离，以达到中央集权之效果。绍兴十五年初设时，即诏令总领所"与宣抚司别无统摄，止用公牒行移"；淳熙中，四川总领李蘩在奏疏中称："总领所与宣抚司平牒往来，其职事则诸司不得与"②，显示总领所与宣抚司乃是互不隶属的平行机构。至于总领所与制置司的关系，朝廷亦有制置司"财计、茶马不与"的规定，二司分庭抗礼。正因四川总领独立掌控财权，又有与闻军政之权，故其在行使权力过程中，时常因财赋、供军等问题与宣、制司长官及都统制发生冲突。

有关四川总领与宣、制司长官间的矛盾，宋人有着清晰的认知与表述。绍定中，蜀人魏了翁撰《重建四川总领所记》，称"饷所主财粟，宣制司主军民，二司之不相为谋也久矣"，并列述南宋前期吴玠与赵开、席益与赵开、吴玠与李迨、郑刚中与赵不弃、沈介与王之望的种种"不咸"，称"大抵三十四年之间，二司纷纷，殆如先正所谓'三司取财已尽，而枢密益兵无穷'者，实矛盾之术使然耳"③，认为南宋四川总领所与宣、制司分立的做法，完全承袭自北宋中央三司理财、枢密掌兵的权力分割精神。

有关南宋初年总领与宣、制司"不咸"的具体过程，何玉红有专文考述。他认为，南宋初年川陕宣抚使吴玠与赵开、李迨等人围绕军粮运输方式的争论，表面看来是川陕军粮转运的地理制约问题，核心则是财政官与军事官的权力博弈问题。并且，在此过程中，始终有南宋中央的"在场"与"遥

---

① 李心传：《建炎以来朝野杂记》甲集卷17《四川总领所》，第393页。

② 魏了翁撰，张全明校点：《鹤山先生大全文集》卷78《朝奉大夫太府卿四川总领财赋累赠通奉大夫李公墓志铭》，《儒藏》（精华编二四三），北京：北京大学出版社，2022年，第1215页。

③ 魏了翁撰，张全明校点：《鹤山先生大全文集》卷44《重建四川总领所记》，《儒藏》（精华编二四二），第713页。

控"①。王化雨指出，席益与赵开、李迨、吴玠的矛盾冲突，其根源在于川陕军、政、财三权分离的体制。

至于南宋中期以后四川总领与宣、制使的关系演变过程，雷家圣《南宋四川总领所地位的演变——以总领所与宣抚司、制置司的关系为中心》作了探讨。该文将不同时期的四川总领概括为"抗衡型""合作型"与"僚属型"三种类型。淳熙中，四川总领李蘩与兴州都统司吴挺相争。雷氏认为，让李蘩担任四川总领，以牵制权力过大的吴挺，是承袭高宗以来"军政权、财政权分立"的政策。然而，宁宗时韩侂胄以兴州都统制吴曦为四川宣抚副使，为保证北伐行动之顺利，给予宣司"节制财赋"之权，"且许（宣司）按劾（总领）"，由是总领所完全成为宣司下属，吴曦独掌军权与财权。吴曦叛乱弭平后，新任四川宣抚副使安丙举荐陈咸为总领，陈对安惟命是从，"总领所隶属于宣抚司"的架构并未改变。直到嘉定初，王釜继任总领，重申"军政、财赋各专任责"的机制，得到朝廷支持，方再现"总领、制置使抗衡"之局面。其后，王铅任四川总领，成功迫使安丙去职②。

对于南宋中期即孝、光时代至吴曦兵变前夕总领的情形，雷家圣着墨不多，何玉红作了颇具价值的补充，他更关注四川总领与统兵大将间的关系。淳熙年间，李蘩任四川总领，"于吴氏之专横尤切切致意焉"③；赵彦逾担任总领，裁减吴挺军中虚籍，"挺不敢隐"。绍熙四年，吴挺病逝，杨辅为总领，受命"就近节制诸军"，"遂革世将之患"④。据此，何玉红认为孝、光时代"四川总领所对武将发挥了较好的制约作用"（104 页）。而在吴挺去世后的数任总领中，王宁屡与兴州都统制郭杲就核实兴州大军军籍、关外营田及减损军中马料发生冲突，最终因马料事被罢；陈晔以所籴军粮粗恶、赵善宣以支遣军粮违慢先后遭罢；至刘崇之时，朝廷甚至以"总计隶宣司，副使得节制按

---

① 何玉红：《地理制约与权力博弈：南宋绍兴前期川陕军粮论争》，《宋史研究论丛》第 17 辑，第 219—243 页。

② 雷家圣：《南宋四川总领所地位的演变——以总领所与宣抚司、制置司的关系为中心》，《台湾师大历史学报》第 41 期，2009 年，第 27—66 页。

③ 魏了翁撰，张全明校点：《鹤山先生大全文集》卷 78《朝奉大夫太府卿四川总领财赋累赠通奉大夫李公墓志铭》《儒藏》（精华编二四三），第 1222 页。

④ 《宋史》卷 247《赵彦逾传》，第 8768 页；卷 398《丘崈传》，第 12111 页。

劲"。何氏认为，从吴挺去世后到吴曦兵变之前的几任四川总领对武将未能起到制约作用，反而导致自身被罢；并指出，早在朝廷赋予宣司"节制财赋"之权以前，总领所的权力已逐步丧失，四川总领在节制武将中陷于束手无策的窘境，这也是吴曦得以成功发动叛变的重要原因①。此外，伊原弘注意到川籍总领官李蘩、游仲鸿、杨辅都未屈从于吴氏，阻碍了吴氏的权力继承，忠实于总领官的任务②。

南宋这种区域军政权与财政权相分离的制度设计更适用于承平时期，其优点是可以有效防范地方势力的过分扩张，有助于中央集权；缺陷则是不利于在战区层面统合力量，应对战争需要。如若战争持续时间较短，尚可勉强维系应付；若战争持续时间较长，势必难以为继。

总领所在战时状态下扮演何种角色？其运行实态如何？何玉红通过考察绍兴三十一年（1161）末至三十二年末秦陇之役期间四川总领王之望的作为，试图回应这一问题。何氏发现，就军务而言，王之望积极参与谋划用兵方略、约束军队；在调解四川宣抚使、兴州都统制吴璘与金州都统制王彦间的冲突中，王也发挥了至关重要的作用。在粮饷调度方面，王之望与吴璘融洽合作，协调一致；但与兴元都统制姚仲却发生了冲突。何氏认为秦陇之役期间，王之望在粮饷供应与制约武将两方面都较好履行了总领的职责，受到时人尤其是高宗的肯定。然而，由于军权与财权分离的制度设计，王之望仍不免在协调武将间关系及处理其自身与武将的冲突中陷入困境，反映出四川总领一职在战时履职之艰难③。

嘉定十年（1217）后，宋金爆发持续战争，接踵而来的则是宋蒙战争的全面打响。雷家圣认为，一方面，战争的迫切形势要求地方不断集权，加重宣、制司权力成为必然之举。如在王铅与四川制置使董居谊对立的情形下，宋廷选择支持董而将王撤换。另一方面，总领所的钱粮供给对象——御前

---

① 何玉红：《南宋四川总领所制度与吴曦之变》，《文史哲》2011年第6期，第103—111页。

② 伊原弘：《南宋四川における呉氏の勢力——呉曦の乱前史》，《青山博士古稀紀念：宋代史論叢》，第18页。

③ 何玉红：《战争状态下南宋四川总领所的运行：以王之望为中心》，《西北师大学报（社会科学版）》2013年第3期，第26—33页。

诸军日趋萎缩,不堪作战;而四川地区的军费筹措也已到了山穷水尽的地步,总领所供军体制濒临崩溃。早在开禧年间,四川总领陈咸对于财赋筹措便已无计可施,依赖宣抚使安丙"为之移屯、减戍、运粟、括财",才勉强维持四川财政与供军。嘉定年间,总领任处厚更只能"惟沂公(按指宣抚使安丙)与南海崔正子(按指制置使崔与之)是依"①。四川总领职权日低,逐渐成为宣、制司的附庸机构。而征收到的财赋,由宣、制司统筹运用,供应财赋的对象,也不再仅限于御前诸军。淳祐二年(1242)以后,四川制置使兼任四川总领成为制度惯例。四川总领所独立理财的功能,至此名存实亡②。当然,这并非四川之特例,而是三大战区的普遍现象。

总的来说,对于南宋四川总领与宣/制司及统兵大将间的关系,学界已有一些成果,但总领所本身的军事财政运行机制,如总领所如何为蜀口屯驻大军调配军粮、其日常运行机制、总领所与各州县之间的日常财政关系等"军事财政"层面的问题,尚待深入。

三、吴氏武将家族

南宋立国之初,面对金军强大的攻势,终能保有四川者,蜀口守将吴玠厥功甚伟。吴玠亦得以凭借军功,受任四川宣抚使,成为南宋王朝在川陕的最高军政长官。绍兴九年(1139)吴玠去世后,吴氏家族的吴璘、吴拱、吴挺、吴曦又相继掌领川陕军权近五十年,并在开禧年间(1205—1207)发生了两宋历史上极为罕见的武将割据为王事件——吴曦之变。南宋一朝,三世建节者,仅吴氏一门。其权位之高,兴盛时间之长,影响川陕之深远,在南宋历史上绝无仅有。晚宋杨成称:"夫吴氏当中兴危难之时,能百战以保蜀,传之四世,恩威益张,根本益固,蜀人知有吴氏而不知有朝廷。"③吴氏武将家族长期掌领川陕军权与习惯中宋朝强干弱枝、以文驭武的国策显得格格不

---

① 魏了翁撰,张全明校点:《鹤山先生大全文集》卷44《重建四川总领所记》,《儒藏》(精华编二四二),第713页。

② 雷家圣:《南宋四川总领所地位的演变——以总领所与宣抚司、制置司的关系为中心》,《台湾师大历史学报》第41期,2009年,第27—66页。

③ 《宋史》卷416《余玠传》,第12472页。

入，成为南宋川陕军政一大突出现象，引发了学者持续的研究兴趣。

较早对吴氏家族势力作专题研究的是日本学者山内正博。60 年代初，山内正博在《南宋の四川における張浚と呉玠—その勢力交替の過程を中心として—》一文中详细考察了吴玠获取川陕战区军权与财权的过程。其后，伊原弘《南宋四川における呉氏の勢力——呉曦の亂前史》在山内研究的基础上，进一步梳理了吴璘、吴挺掌领军权的过程，试图解答南宋蜀口大军如何在吴玠、吴璘、吴挺间传承的问题，并注意到利州路在南宋的频繁分合与朝廷对吴氏的政策变化的关系①。台湾学者陈家秀亦曾发表《吴氏武将势力的成长与发展》《吴氏武将对四川之统治及南宋的对策》二文，前文历述吴玠兄弟的崛起与发展，后文讨论吴氏家族对四川经济的剥夺以及南宋中央的对策②。

90 年代中期，两部关于吴氏武将家族研究的专著几乎同时问世。王智勇《南宋吴氏家族的兴亡》分为四章：第一章，吴玠、吴璘早期行迹考述；第二章，吴玠抗金事迹详述；第三章，吴璘抗金保蜀事迹述评；第四章，走向衰亡的吴氏家族。杨倩描《吴家将——吴玠吴璘吴挺吴曦合传》分为十二章：第一章，动乱年代；第二章，富平之战；第三章，和尚原之战；第四章，饶风关之战；第五章，仙人关之战；第六章，休兵罢战；第七章，蜀中三大将；第八章，秦陇之战；第九章，德顺之战；第十章，权力危机；第十一章，整军护塞；第十二章，吴曦之乱。二书都属典型的吴氏家族兴衰史，侧重吴玠、吴璘、吴挺、吴曦个人事迹的陈述；又都特别重视吴氏所指挥、参与的宋金川陕战争。二书在写作风格上存在较大差异。王书专论性更强，主旨明晰，抓大放小，且史料引证丰富；杨书之行文颇类目前流行的"非虚构性写作"，论述更绵密、丰富，对史料的解读较细致，但问题意识稍弱。

在《南宋吴氏家族的兴亡》一书中，王智勇提出"吴氏军事集团"的概念，认为"在仙人关之战后，吴氏军事集团开始形成"，并对杨政、田晟、姚仲、王彦、雷仲、王俊、王喜等吴氏军事集团主要成员的行迹逐一作了考述，总结

---

① 伊原弘：《南宋四川における呉氏の勢力——呉曦の亂前史》，《青山博士古稀紀念：宋代史論叢》，第 1—33 页。

② 陈家秀：《吴氏武将势力的成长与发展》，《台北师专学报》第 11 期，1984 年；《吴氏武将对四川之统治及南宋的对策》，《台北师专学报》第 12 期，1985 年。

出吴氏军事集团的几大特点：一、具有鲜明的地缘特色，集团成员主要来自川陕地区；二、集团形成的主要原因，是抗金事业的共同要求；三、婚姻是维系该集团的主要方式之一；四、呈波浪型发展，在宋廷的压制、削夺中，集团规模不断缩小，其家族血源的性质越来越突出；五、强大的经济势力①。

稍后，王智勇又发表《吴氏世将与南宋政治》一文，在《南宋吴氏家族的兴亡》研究基础之上，对吴氏家族何以独能四世掌川陕重兵之权，以及南宋君臣采取了哪些防范措施作了集中梳理与分析。该文认为，吴玠成为西部宋军的主帅主要是其彪炳的抗金业绩。吴玠去世后，朝廷本已完成川陕地区以文制武的步骤，结束了武将专权的局面。胡世将、郑刚中皆能较好节制吴璘、杨政等武将。绍兴末宋金战火重燃，迫使朝廷任命当时川陕唯一的宿将吴璘为四川宣抚使，"统一三军，以捍全蜀"，川陕战区遂重现武将统兵专权的局面。吴璘去世后，朝廷成功阻隔吴挺继任兴州都统制，任命虞允文为四川宣抚使，再次恢复以文制武体制。然而，至虞允文去世，朝廷始终未能在吴氏家族以外找到统帅川陕大军的合适人选。力图抗金有为的孝宗，在无人可择的情况下，只得任命吴挺为兴州都统制。吴挺返蜀后，朝廷作了一系列限制，如削弱吴挺所辖势力、在吴挺病重之际定策不准吴氏后人袭位等。吴挺死后，朝廷铲除吴氏在蜀势力的努力是成功的。但宁宗朝宋廷内部的政治斗争，促使吴曦返蜀职掌兴州都统司，宣告了宋廷铲除吴氏家族在川陕势力企图的破产。王氏认为，无论是吴玠及吴璘去世以后以文制武的体制，还是吴挺去世后全面铲除吴氏世将的努力，都是成功的②。

在处理南宋川陕军政及吴氏家族时，鉴于以往多强调吴氏武将的家族性而忽略其地域属性，何玉红提出"川陕地方武将势力"与"兴州地域集团"的概念。他认为川陕地区在南宋很长时间内都能看到地方武将势力的影子，"以曲端之死为界，地方武将势力的活动前期是以曲端为代表，后期以吴玠、吴璘、吴挺、吴曦为代表"③。有关"兴州地域集团"，何玉红认为，在南宋川

① 王智勇：《南宋吴氏家族的兴亡——宋代武将家族个案研究》，第89—104页。
② 王智勇：《吴氏世将与南宋政治》，《中国史研究》1996年第4期，第74—82页。
③ 何玉红：《地方武力与中央权威：以曲端之死为中心》，《国学研究》第23卷，2009年，第51页。

陕边防行政运行中，由于特殊的战略地位、战略形势等原因，在川陕军事重镇兴州为中心的地区形成了以吴氏武将为代表的地域性政治势力，即所谓"兴州地域集团"，该集团控制了这一地区的军事与行政事务，对南宋川陕边防行政运行的影响极大，其具体表现为：武将世代统兵，兴州驻军大多来源于当地，兴州军队数量多、实力大、军队长期屯驻一地，军中武将与将士联系密切及武将知州干预地方行政事务等。为分化兴州地方势力，朝廷采取了诸多措施：设置制置/宣抚使节制武将，以文驭武；将西兵调入中央或他处，削弱兴州兵力，实现强干弱枝；将川陕大军分隶三大都统制，再到后来分为四都统制，实现武将之间的制衡；实行兵民分离之策，将军队移屯他处就粮，防止军队与地方结成利益集团；实行兵将分离之策，限制武将在士兵招募与将领辟置中的权力；在行政区划中，通过控制利州路的分合，突出兴元府在川陕战区中的地位，削弱兴州的影响力；实施总领所制度，将兵权与财权分离，并以之监督军队动向①。

具体到不同时期吴氏武将与川陕军政大员、机构间的关系，以及吴氏武将的覆灭，已见前文，此处不再赘述。需要指出的是，学界在谈论吴玠、吴璘、吴挺、吴曦担任川陕统兵大将问题时，多使用"世袭为将"或径用"吴氏世将"的说法。（宋人已有类似说法，如《宋史·李蘩传》称李蘩"念吴氏世袭兵柄必稔蜀乱"；《宋史·留正传》载："朝廷议更蜀帅，正言：'西边三将，惟吴氏世袭兵柄，号为吴家军，不知有朝廷。'"②）吴玠、吴璘、吴拱、吴挺、吴曦祖孙三代确实掌领川陕边防主力军超过五十年，但事实上，他们之间并非直接继承的关系。从吴玠到吴璘、从吴璘到吴挺、从吴挺到吴曦，其间都存在不同程度的断裂，或者说朝廷都轻易实现其承袭关系的阻断。所谓"世握蜀兵"，更多是朝廷主动为之。特别是吴挺与吴曦握兵柄。将吴挺调回蜀口，并在其后"纵容"其掌领兴州大军二十年，显然来自孝宗的委信，而非中央对所谓地方武将势力的屈从；吴曦同样如此，若非韩侂胄与吴曦结成政治联盟，前者又谋求北伐，吴曦并无回归蜀口掌兵的可能。吴氏武将家族与中唐时期魏博、成德镇的田氏、王氏世袭节度有着明显区别。

① 何玉红：《南宋川陕边防行政运行体制研究》，第109—209页。
② 《宋史》卷398《李蘩传》，第12119页；卷391《留正传》，第11974页。

四、宋金、宋蒙／元川陕战争

宋金、宋蒙／元川陕战争始于建炎二年（1128）初金军对陕西的进攻，终于景炎三年（元至元十五年，1278）合州钓鱼城的陷落。川陕战场对于南宋政权的维系与稳固起到了至关重要的支撑作用，历来受到宋史学界与蒙元史学界的重视。以下试分别就宋金川陕战事与宋蒙／元川陕战事的既有研究成果略作回顾与评述。

（一）宋金川陕战事

较早展开宋金川陕战事专题研究的是华山与李蔚。华山在 1955 年发表《南宋初年的宋金陕西之战》一文，简要梳理了富平、和尚原、饶风关、仙人关四次战役。李蔚于 1963 年发表《吴玠吴璘抗金史迹述评》的长文，对川陕秦陇地区的战略意义、富平之战前后陕西地区的抗金形势、吴玠吴璘保卫川陕秦陇地区的主要战绩作了详尽的勾勒与分析，其中的一些见地如今读来依旧颇具启发[①]。此后的宋金川陕战争研究，以王曾瑜、王智勇、杨倩描为代表。

建炎四年（1130）九月，川陕宣抚处置使张浚集合陕西六路兵马约二十万与金军主力会战于耀州富平（今属陕西），遭遇失利，致使陕西五路全部失陷。有关此战的背景、胜负原因及影响等，王曾瑜、吴泰依据《系年要录》《三朝北盟会编》《齐东野语》《金史》《宋史》等文献作了专文分析，杨倩描《吴家将》一书亦有论述[②]。大体来说，囿于史料的缺失，至今仍难以复原此战之细节过程。并且，学者多据史料所呈现之张浚"脸谱化"形象勾勒此战宋军失利原因（如主帅刚愎自用、盲目自信、不懂兵法、贻误战机等），跳脱出宋人书写、客观分析史料的意识尚待加强。此外，一般认为张浚发动富平之战的动机在于缓解东南压力，王泽青认为，张浚还存在向朝廷传递救驾

---

① 华山：《南宋初年的宋金陕西之战》，《历史教学》1955 年第 6 期，第 19—23 页；李蔚：《吴玠吴璘抗金史迹述评》，《兰州大学学报》1963 年第 2 期，第 23—56 页。

② 王曾瑜：《宋金富平之战》，《中州学刊》1983 年第 1 期，第 111—114 页；吴泰：《南宋初宋金陕西"富平之战"述论》，《西南师范学院学报》1983 年第 3 期，第 36—43 页；杨倩描：《吴家将》，第 27—35 页。

信号、缓解朝廷猜忌的动机①。

"方富平之败，秦凤皆陷"，金军"一意睨蜀"②，意欲先占川陕，再顺江而下，与东路军合击江南。此后数年间，川陕成为金军进攻的重点区域，川陕战场也由此成为"宋金战争最主要的甚至是唯一的主战场"③。绍兴元年（1131）五月与十月，以数千残兵据守和尚原（在今陕西宝鸡西南）的吴玠在极为不利的局势下，两度大败金军，成功遏止住宋军在川陕战场的颓势。绍兴三年初，金军自熙河、秦州（今甘肃天水）、商州（今陕西商县）三路南下蜀口。撒离喝率主力在洵阳（今陕西旬阳）、饶风关（在今陕西石泉西北）先后击败王彦、吴玠部，攻取兴元，一度进逼川蜀门户利州，后因粮草不济而退兵，途中为吴玠邀击于武休关（在今陕西留坝南），死伤惨重。绍兴四年二、三月间，兀术、撒离喝率金军主力进攻仙人关（在今甘肃徽县南），再次惨败于吴玠之手。吴玠利用蜀口地利指挥的和尚原、饶风关、仙人关等一系列战役，有力保障了川蜀内地的安全，使宋、金西线战场得以相持于秦岭一线。这几场战役的背景、过程、胜败原因及影响等，李蔚、王曾瑜、王智勇、杨倩描皆有详细论述④。关于吴玠守蜀的战术战法，王曾瑜总结为四点：第一，依托要塞坚垒，实行纵深防御；第二，发挥强弓劲弩优势；第三，"番休迭战"战术；第四，实行劫营夜战和白刃近战。董春林专文讨论了吴家军所使用的"驻队矢"与"番休迭射"战法⑤。王超则指出，南宋初四川的几次大战，均是从各处迅速集结重兵，抓住战机，在关隘处击败攻坚的金军。前线大将有权自主决策，及时调派各处兵力，展开大型的拦截会战，是南宋前期蜀口防线

---

① 王泽青：《能动与被动：再论张浚与宋金富平之战》，《绵阳师范学院学报》2022年第9期，第147—148页。

② 《宋史》卷366《吴玠传》，第11414页。

③ 王智勇：《南宋吴氏家族的兴亡》，第59页。

④ 王曾瑜：《和尚原和仙人关之战述评》，原刊《西南师范学院学报》1983年第2期，收入氏著《凝意斋集》，兰州：兰州大学出版社，2003年，第130—147页；王智勇：《南宋吴氏家族的兴亡——宋代武将家族个案研究》，第43—66、71—81页；杨倩描：《吴家将——吴玠吴璘吴挺吴曦合传》，第36—49、60—71、79—84页。

⑤ 董春林：《南宋吴家将弓弩战术再探》，《河北大学学报（哲学社会科学版）》2020年第2期，第9—16页。

得以守住的重要原因①。

仙人关战役后,金、齐战略重心东移。此后数年间,川陕战场未有大规模战事发生。绍兴十年(1140),金方撕毁第一次绍兴和议,撒离喝率军大举进攻陕西。宋金双方在凤翔、泾州(今甘肃泾川)等地展开激战。绍兴十一年九月,吴璘率师主动出击,进攻秦州,大败金军于剡家湾。与和尚原、仙人关之战中金军"以失地利而败"不同,剡家湾之战乃宋军在川陕战场为数不多的进攻型大捷,"比和尚原、杀金平,论以主客之势、险易之形,功力数倍"(胡世将语)②,故尤为可贵。值得指出的是,李蔚先生早在20世纪60年代初即已注意到剡家湾之战的价值。王智勇、杨倩描、韩志远对绍兴十年至十一年川陕战事之经过作了不同程度的复原③。

绍兴三十一年(1161),金主完颜亮举倾国之兵,分五路南下攻宋,史称"辛巳之役"。此战之中,徒单合喜所率西路军仅对蜀口作牵制性进攻。吴璘随即指挥宋军北上反击,相继收复整个秦陇与熙河地区,但亦遭遇了原州(今甘肃镇原)之败的重大失利。绍兴三十二年,吴璘以重兵死守德顺军(今宁夏隆德),欲图保住秦陇战果,金方则不断增兵强攻。围绕德顺的争夺战历时半年,成为秦陇之役的关键。岁末,孝宗从史浩之请,强令吴璘退兵。宋军在仓促撤退过程中,为金军邀击,死伤惨重。兴州都统司"正军三万余人","实收到人未及七千"④。王曾瑜、王智勇、杨倩描对秦陇之役及德顺之战皆作过专门研究。其中,杨倩描对德顺之战的过程复原尤为详尽⑤。近年,何冠环

---

① 王超:《宋蒙(元)四川战局演变新探——以军事指挥模式和地方权力转移为中心》,中山大学硕士学位论文,2017年,第21页。

② 《要录》卷142,绍兴十一年十月条,第2678页。

③ 王智勇:《南宋吴氏家族的兴亡——宋代武将家族个案研究》,第121—135页;杨倩描:《吴家将——吴玠吴璘吴挺吴曦合传》,第118—130页;韩志远:《南宋金军事史》,《中国军事通史》第13卷,北京:军事科学出版社,1998年,第241—243页。

④ 王之望:《汉滨集》卷6《乞遣重臣入蜀镇抚奏札》,第735页。

⑤ 王曾瑜:《南宋对金第二次战争的重要战役述评·德顺之战》,原载《纪念陈寅恪先生诞辰百年学术论文集》,北京:北京大学出版社,1989年,收入氏著《点滴编》,保定:河北大学出版社,2010年,第424—432页;王智勇:《南宋吴氏家族的兴亡——宋代武将家族个案研究》,第141—162页;杨倩描:《吴家将——吴玠吴璘吴挺吴曦合传》,第141—190页。

对秦陇之役又作新考,但实质性推进不多①。

关于宋军德顺之败的原因,王智勇认为"从总的战局而言,德顺退师之前,形势是有利于宋军的。宋廷的遥控对战争的失利起了决定性的作用"。何冠环也持此论,谓"宋廷的错误决策导致吴璘兵败"②。但根据杨倩描的研究,德顺退师前,宋军形势已颇为不利,不仅在德顺周边的战事中宋军败多胜少;更为重要的是,金军袭取水洛城(今甘肃庄浪),截断了宋军由德顺南退秦州的主路,"断其饷道","扼璘归路"③。王曾瑜也指出"德顺之败的关键在于水洛之失"。不过,王曾瑜还是认为"吴璘军在德顺、秦州一带与金军对峙,处境固然困难,但并非已至不班师则丧师的地步","德顺之败,吴璘本人固然负有责任,而宋廷不动用淮南和京湖战区兵力,积极配合川陕宋军,又迫令吴璘班师,自然负有更大的责任"④,这一意见较为中肯。

开禧二年(1206),在韩侂胄的主持下,南宋对金发动战争。六月至九月,四川宣抚副使吴曦数次遣军北进,进攻秦、巩一线。因吴曦叛宋伏诛,宋方文献对其在开禧年间的用兵作战几无记载。金方文献则显示吴曦发起的针对巩州盐川寨(在今甘肃陇西西)、秦州的几次进攻皆以失败告终。是年冬,陕西金军五路南下,转守为攻,连下旧岷州、西和州、成州等地,迫使吴曦附金叛宋。学界对于此期宋金川陕战事的关注较少,仅杨倩描《吴家将》依据金方文献作了基本勾勒⑤。

嘉定十年(金宣宗贞祐五年,1217),金朝因受蒙古所逼,决意"取偿于宋",遂连岁南侵,史称"贞祐南侵"。川陕成为此期金军进攻的重点。嘉定十年十一月,陕西金军分出巩州、秦州、凤翔,三路攻蜀。此后数月间,金、宋

---

① 何冠环:《绍兴三十一年至隆兴元年宋金秦陇之役新考》,《宋代文化研究》第 27 辑,2020年,第 92—135 页。

② 王智勇:《南宋吴氏家族的兴亡——宋代武将家族个案研究》,第 163 页;何冠环:《绍兴三十一年至隆兴元年宋金秦陇之役新考》,《宋代文化研究》第 27 辑,2020 年,第 125 页。

③ 《金史》卷 87《徒单合喜传》,北京:中华书局,1975 年,第 1943 页;楼钥撰,顾大朋点校:《楼钥集》卷 98《太师保宁军节度使致仕魏国公谥文惠追封会稽郡王史公神道碑》,杭州:浙江古籍出版社,2010 年,第 1706 页。

④ 王曾瑜:《南宋对金第二次战争的重要战役述评·德顺之战》,《点滴集》,第 429、431 页。

⑤ 杨倩描:《吴家将——吴玠吴璘吴挺吴曦合传》,第 244—254 页。

双方在蜀口外围来回拉锯,宋之"西和、成州及河池、栗亭、将利、大潭县莽为盗区"①,金帅完颜赟、阿邻亦相继战死。嘉定十二年末,金军再次大举南下,兴元都统制吴政战死黄牛堡,金军攻陷兴元府,进至大安军(今陕西宁强阳平关镇),为宋将石宣所败。嘉定十三年九月,四川宣抚使安丙联合西夏发动秦巩之役,宋军五路出师,一度攻克巩州外沿的来远、盐川诸寨,旋罢兵而还。由于嘉定朝已非吴氏守蜀期,相关战事信息又散见于宋金文献之中,极不成系统,故学界对这一阶段川陕战事的关注更少,仅粟品孝等《南宋军事史》以两百余字的篇幅简述金军向南拓地之川陕战事②。此外,胡宁撰文讨论安丙所发动的秦巩之役,分析其失利原因,认为宋夏各怀目的,战略不统一,是秦巩之役无功的主要原因;而发动此役未得朝廷应允,蜀口将帅内部意见不一则是另一重要原因③。

总的说来,有关宋金战争,学者的关注点明显集中于战争的前半段,后期开禧以后——特别是嘉定以后宋金战争的研究,受限于材料的缺失、分散,以及蜀势衰微、宋军败多胜少的客观现实,尚十分薄弱。王曾瑜先生在1997年发表的《宋史研究的回顾与展望》一文中指出:"宋宁宗和理宗时对金战争的研究较为薄弱。"④多年以后,这一状况略无改观。并且,有关宋金战争的研究多为战争经过的平面叙述,缺乏在战术战法、军事地理、军队组织、军事后勤等层面具有较强分析力、解释性的力作。

(二)宋蒙/元川陕战事

蒙古对南宋的军事进攻,始于川陕,前期的进攻重点也一直都在川陕⑤。

————————

① 魏了翁撰,张全明校点:《鹤山先生大全文集》卷69《显谟阁直学士提举西京嵩山崇福宫许公神道碑》,《儒藏》(精华编二四三),第1049页。

② 粟品孝等:《南宋军事史》,上海:上海古籍出版社,2008年,第201页。

③ 胡宁:《论安丙发动联夏攻金的"秦巩之役"》,《西华师范大学学报(哲学社会科学版)》2007年第1期,第65—68页。

④ 王曾瑜:《宋史研究的回顾与展望》,《历史研究》1997年第4期,第154页。

⑤ 胡昭曦指出,蒙古贵族的攻宋战争大体可分为三个阶段。第一阶段,从端平元年(1234)到淳祐十一年(1251),蒙古贵族进攻的重点在四川。第二阶段,是蒙哥汗统治时期,从淳祐十一年到开庆元年(1259)蒙哥汗死于前线,蒙古贵族攻宋的重点仍在四川。第三阶段,从景定(转下页)

宝庆三年（1227），蒙军偏师由洮岷宕阶道南下，破阶（今甘肃武都）、文（今甘肃文县）二州，围西和，并于兰皋（属将利县，今甘肃康县）大败宋军。时任四川制置使郑损"画守内郡"①，致使关外多地惨遭蒙军摧残，史称"丁亥之变"。对此战经过，李天鸣《宝庆蜀口之役及事后宋人的防务改进建议》一文依据李曾伯《可斋杂稿·丁亥纪蜀百韵》及魏了翁《鹤山先生大全文集》做了基本复原②。陈世松等认为，蒙军此次行动既是"蒙、宋关系史上的第一次武力交锋"，也是"蒙古军为实施借道攻金而采取的一种武装侦查性的行动"③。

　　绍定四年（1231）初，正在凤翔与金激战的蒙军一面遣使至宋境索粮，一面"纵骑焚掠"。对此，四川制置使桂如渊令诸将"毋得擅出兵沮和好"，随后又"悉召西和、天水凡并边之师，入保七方（关）"④，作出弃五州、守三关的决议。三月，为实施"假道灭金"战略，拖雷率三万蒙军由陈仓道南下，连破凤州（今陕西凤县凤州镇）、兴元、洋州（今陕西洋县）等地，宋利州路安抚使郭正孙阵亡；西路蒙军由祁山道南下，攻陷天水、西和、成州（今甘肃成县），南宋损失惨重。是冬，蒙军先是攻占蜀口军政中心沔州，又在大安军击溃利州副都统制何进部，随后更是深入利州路南部，"略地至西水县而还"⑤。蒙军武力假道的成功，暴露出南宋川陕边防的脆弱与桂如渊等地方要员的无能。

（接上页）元年（1260）到元世祖至元十七年（1280）最后攻占四川全境，忽必烈改变进攻路线，集中力量突破襄汉地区，以控制长江中下游，截断东西联系，直趋临安。参见氏撰《略论南宋末年四川军民抗击蒙古贵族的斗争》，收入《宋蒙（元）关系研究》，第16—17页。新近出版的张帆、陈晓伟、邱靖嘉、林鹄、周思成著《辽夏金元史：冲突与交融的时代》仍持此说，谓："蒙古对南宋的军事行动早已开始，但很长时间内一直将攻宋重点放在四川。"（北京：中信出版集团，2023年，第267页）

　　① 魏了翁撰，张全明校点：《鹤山先生大全集》卷76《朝请大夫利州路提点刑狱主管冲佑观虞公墓志铭》，《儒藏》（精华编二四三），第1049页。

　　② 李天鸣：《宝庆蜀口之役及事后宋人的防务改进建议》，《大陆杂志》1986年第1期，第7—20页。

　　③ 陈世松、匡裕彻、朱清泽、李鹏贵：《宋元战争史》，呼和浩特：内蒙古人民出版社，2010年，第21、23页。

　　④ 魏了翁撰，张全明校点：《鹤山先生大全集》卷82《故太府寺丞兼知兴元府利州路安抚郭公墓志铭》，《儒藏》（精华编二四三），第1049页。

　　⑤ 《金史》卷111《完颜讹可传》，第2446页。

李天鸣《绍定四年蒙军强行假道宋境考》对此役经过有详细描述①。

端平元年(1234),南宋贸然发动三京之役,为窝阔台全面启动对宋战争提供了口实。川陕再次成为蒙军进攻的首要目标。陈世松认为,窝阔台之所以首先选择四川作为攻宋的目标,很大程度上是当时客观历史条件决定的,如:这是出于追歼聚集于秦、巩、兰、会一带亡金残余势力的需要;金亡以后,中原成为无人之区,当时唯一可供驻军用兵之地,便是秦、蜀一线;当时蒙军尚无水军,西线用兵可扬长避短,发挥骑兵优势②。邹重华在分析蒙哥何以以四川作为战略进攻重点时,同样强调了蒙军长于陆地野战而短于水战的因素③。

端平二年(1235)八月,蒙军南下再破沔州。四川制置使赵彦呐被困于青野原,赖利州都统曹友闻救援才得以脱险。随后,曹友闻又在阳平关、鸡冠隘击败蒙军。何以沔州被破后,赵彦呐却进到沔州以北的青野原?王超分析了青野原之战中赵彦呐的战略意图,认为此战是四川制置使针对此前主帅远离战场之弊而亲上前线的一次尝试④。

端平三年秋,蒙军再攻蜀口。穆直率西路蒙军攻占阶、文、龙州。阔端率东路蒙军击败兴元都统李显忠,攻占兴元府。赵彦呐檄令仙人关守将曹友闻退守大安。最终,曹友闻在阳平关阵亡,南宋蜀口全部丧失。陈世松认为,"这是蒙古入蜀以来所遭遇的最激烈的正规作战"⑤。关于曹友闻的个人素质、作战特点、战绩及阳平关鸡冠隘之战的战术,李天鸣《宋元战史》作了梳理与检讨,认为曹友闻运用伏击、夜袭、数路夹击、内外夹击的战法,但由于宋军准备不充分、数量上以寡对众、形势上以弱对强、装备棉袍而非铁甲,故而不幸战败⑥。

---

① 李天鸣:《绍定四年蒙军强行假道宋境考》,《大陆杂志》1985年第6期,第8—24页。

② 陈世松、匡裕彻、朱清泽、李鹏贵:《宋元战争史》,第63—64页。

③ 邹重华:《略论蒙哥、忽必烈的攻宋战略》,原刊《四川大学学报丛刊》第32辑,1986年,收入《宋蒙(元)关系研究》,第353页。

④ 王超:《宋蒙(元)四川战局演变新探——以军事指挥模式和地方权力转移为中心》,中山大学硕士学位论文,2017年,第31—33页。

⑤ 陈世松、匡裕彻、朱清泽、李鹏贵:《宋元战争史》,第68页。

⑥ 李天鸣:《宋元战史》,第557—561页。

　　曹友闻败亡后，蒙军遂长驱直入，连岁南下，残酷蹂躏包括成都在内的四川大部地区，四川制置副使丁黼、制置使陈隆之先后战死，全蜀"五十四州俱陷破，独夔州一路，及泸、果、合数州仅存"①。最后依仗京湖制置使孟珙率军西上协防四川，加之当时蒙军志在抄掠，并无强烈的略地意识，南宋才得以勉强守住川东防线。对于孟珙坐镇夔门、协防应援四川的方略，陈世松称"襄蜀联防"②。黄宽重《孟珙与四川》对孟珙主政四川时的军事施设作了梳理与探讨，认为孟珙守蜀，主要在巩固长江上流边防，虽非以四川为主，却是把四川纳入整个边防体系之中，而非孤立于宋上流守备圈之外③。

　　淳祐二年（1242）末，宋廷派余玠入蜀主政，将四川制置司迁至川东的重庆。余玠抵达四川后，以重庆为中心，先后在川东地区修筑了神臂（在今四川合江西）、大获（在今四川苍溪东）、钓鱼（在今重庆合川东北）、云顶（在今四川金堂东南）、青居（在今四川南充南）等十余座山城，"因山为垒，棋布星分，为诸郡治所，屯兵聚粮为必守计"④，渐次构建起新的防御体系。依托山城体系，余玠多次击退蒙军的进攻，逐步扭转四川颓势。随着蒙军攻蜀步伐的放缓，余玠还于淳祐十一年（1251）组织了旨在收复兴元府的北伐行动。李天鸣、裴一璞对余玠北伐兴元之役有专文研究⑤。对于余玠在四川的诸般作为及其在任期间宋蒙四川战场情势，姚从吾、陈世松作了详尽梳理⑥。

　　宝祐五年（蒙哥汗七年，1257）春，蒙哥汗诏令诸王出师攻宋。翌年夏，蒙哥亲率右翼军（西路军）四万进攻四川。除在苦竹隘（在今四川剑阁南）、长宁寨遭遇抵抗外，沿途各山城寨堡如大获、运山、青居、大良（在今四川广

---

　　①　佚名撰，王瑞来笺证：《宋季三朝政要笺证》卷1，端平三年十二月，北京：中华书局，2010年，第94页。

　　②　陈世松、匡裕彻、朱清泽、李鹏贵：《宋元战争史》，第94—95页。

　　③　黄宽重：《孟珙与四川》，原载《思与言》1990年第2期，收入氏著《南宋军政与文献探索》，台北：新文丰出版公司，1990年，第163—182页。

　　④　《宋史》卷416《余玠传》，第12470页。

　　⑤　李天鸣：《余玠北伐汉中之役》《中华文化复兴月刊》1984年第10期；裴一璞：《南宋余玠出师兴元府之役述论》，《宜宾师范学院学报》2009年第5期，第50—53页。

　　⑥　姚从吾：《余玠评传》，原载《历史语言研究所庆祝李济先生七十生日论文集》，1967年，收入《宋史研究集》第四辑，第95—158页；陈世松：《余玠传》，重庆：重庆出版社，1982年。

安前锋区境）等悉皆投降。蔡东洲等对苦竹隘之战的经过及其对巴蜀战局之影响有专文讨论①。开庆元年（1259）二月，蒙哥大军进至合州（今重庆合川），围攻钓鱼城。但宋将王坚、张珏据险死守，蒙军顿兵坚城长达半年。七月，蒙哥汗病逝于钓鱼城前线。

钓鱼城之战是过往有关宋蒙川陕战事研究的重点。早在1955年，姚从吾在《宋余玠设防山城对蒙古入侵的打击》一文已采掇《元史·宪宗纪》《汪德臣传》《董文蔚传》略叙蒙哥攻宋失败之经过②。其后如西南师范学院历史系编《钓鱼城史实考察》、傅宗文等《钓鱼城之战浅论》、陈世松等《宋元战争史》、李天鸣《宋元战史》等都对钓鱼城之战的战前形势、宋蒙军事部署、战斗经过作了详细论述③。1981年、1989年、2015年曾召开"钓鱼城历史学术讨论会""中国钓鱼城暨南宋后期历史国际学术讨论会""2015年钓鱼城国际学术会议"，皆出版有论文集④。在围困钓鱼城的同时，蒙哥又命都元帅纽璘前往重庆一带阻截南宋援军。宋将吕文德率京湖水军在涪州蔺市一带江面与蒙军相持达七十日，最终突破蒙军层层封锁，进入重庆城。裴一璞对此战经过、宋蒙兵力、胜败原因及影响有专文论述⑤。其后，吕文德欲进一步入援钓鱼城，但面对蒙军独创的水陆协同、三面夹击的水战战法，未能成功。

---

① 蔡东洲、汪建辉、方超：《宋蒙蜀道争夺中的苦竹隘之战》，《西华师范大学学报（哲学社会科学版）》2019年第4期，第1—8页。

② 姚从吾：《宋余玠设防山城对蒙古入侵的打击》，《大陆杂志》1955年第5期，收入《宋史研究集》第一辑，台北"国立编译馆"，1980年，第215—226页。另有张靖海：《钓鱼城抗元事迹简述》，《历史教学》1955年6月号，第27—29页；吕小园、艾小惠：《钓鱼城卫国战争的民族英雄——余玠、王坚、张珏》，《史学月刊》1955年第12期，将钓鱼城战役置于"卫国战争"的背景下加以叙述。

③ 西南师范学院历史系编：《钓鱼城史实考察》，成都：四川人民出版社，1980年；傅宗文、吴如嵩：《钓鱼城之战浅论》，《厦门大学学报（哲学社会科学版）》1982年第2期，第105—111页；陈世松、匡裕彻、朱清泽、李鹏贵：《宋元战争史》，第147—159页。

④ 西南师范学院历史系、合川县历史学会编：《钓鱼城历史学术讨论会论文资料集》，1982年；刘道平主编：《钓鱼城与南宋后期历史——中国钓鱼城暨南宋后期历史国际学术讨论会文集》，重庆：重庆出版社，1991年；包伟民、孙华编：《二零一五年钓鱼城国际学术会议论文集》，重庆：重庆出版社，2016年。

⑤ 裴一璞：《宋蒙涪州蔺市之战》，《长江文明》第7辑，郑州：河南人民出版社，2011年，第72—78页。

对于蒙哥汗以四川作为灭宋主攻方向的战略，邹重华直言其为"战略失误"[①]；陈世松同样认为蒙哥"把战略主攻方向选择在远离南宋政治、军事中心的四川，把主攻战场确定在有利于宋军防御、而不利于蒙古军进攻的崇山峻岭地区，犯了战略决策的错误"[②]。忽必烈即位后，蒙军放弃重点进攻四川的战略，转而以荆襄为突破口，开启了长达六年的襄樊战役（1267—1273）。在此期间，蒙军对四川罕有大规模的攻势。李则芬指出，忽必烈时代对四川的经略有三大原则：第一，政治重于军事；第二，军事先取守势，待全面伐宋开始，始命四川蒙古汉军配合行动，转取攻势；第三，军事行动避开合州钓鱼山。取守势的表现，一是派到四川主持军政的人物多以政治见长；二是在川蜀到处筑城[③]。然而，通过李天鸣《宋元战史》所梳理襄樊战役期间四川战事进程，可知这几年间，蒙军仍不分季节地攻掠四川，继续攻势筑城战略，只是未发动大规模的进攻罢了，故不存在所谓蒙军"取守势"之说。陈世松也认为"整个襄樊战役期间，川蜀战区没有大规模战斗，双方继续处于相持态势"[④]。李天鸣还认为，这一时期，"无论是水战或陆战，宋军都是十战九败"[⑤]。只是到咸淳八、九年间（1272—1273），南宋成都路安抚副使、嘉定守将昝万寿突袭成都，一度攻破外城。关于昝万寿的抗蒙事迹，刘砚月有专文考察[⑥]。

至元十一年（南宋咸淳十年，1274），与忽必烈灭宋战争同步，西川行院也速带儿率军围攻南宋在川西的重要据点嘉定（今四川乐山）。翌年夏，昝万寿以嘉定、三龟、紫云诸城降。蒙军随即顺江而下，与东川行院合剌部合

---

① 邹重华：《略论蒙哥、忽必烈的攻宋战略》，《宋蒙（元）关系研究》，第352—367页。马强亦认为蒙哥发动四川战役的总体战略是失败的，并指出对川东南地理因素的忽略是其败亡的一个重要因素，见氏撰《关于宋蒙钓鱼城之战几个问题的再探讨》，《长江师范学院学报》2015年第6期，第13页。

② 陈世松、匡裕彻、朱清泽、李鹏贵：《宋元战争史》，第379页。

③ 李则芬：《宋合州守城始末及传奇故事的破惑》，收入氏著《文史杂考》，台北：台湾学生书局，1979年，第209—212页。

④ 陈世松、匡裕彻、朱清泽、李鹏贵：《宋元战争史》，第223—224页。

⑤ 李天鸣：《宋元战史》，第1098页。

⑥ 刘砚月：《宋元之际南宋降将昝万寿生平事迹钩沉——兼论平宋之初元廷对西南地区的经略》，《宋史研究论丛》第33辑，北京：科学出版社，2023年，第48—62页。

围南宋在川东的军政中心重庆,但因东、西二川行院各自为战,重庆竟久攻不下。嘉定、重庆二战之经过,陈世松在《宋元战争史》中作了详述①。

到景炎二年(元至元十四年,1277),王世昌镇守的神臂城失陷;景炎三年(元至元十五年,1278),张珏镇守的重庆、张起岩镇守的白帝城(在今重庆奉节东北)、王立镇守的钓鱼城亦相继失陷,元军占领四川全境,宋蒙四川战事宣告结束。相关战事经过,陈世松、李天鸣皆有较为详尽的论述②。杨国宜对《宋史·张珏传》与《元史·世祖本纪》关于钓鱼城投降时间的不同记载作了考析,认为当以《宋史·张珏传》所载至元十五年三月为是③。韦兵根据新出土《贺仁杰墓志铭》证实了这一点④。胡昭曦对张珏是否降元及张珏殉节地点两大问题作了考证,认为《元史·世祖本纪》所载张珏被俘后投降属曲笔;而张珏殉节地点,《宋史·张珏传》所载"安西赵安庵"与《元史·世祖本纪》"京兆"之说相一致,皆为安西王驻地所在⑤。今人论述钓鱼城之战及王坚、张珏、王立守城事,多引《合川县志》所载《钓鱼城记》,姚从吾依据元人文集对该文所述熊耳夫人家世作了精彩考证,并勾沉出王立获得保全的原因⑥。李则芬亦对熊耳夫人的记载有所质疑,但其论未能超越姚氏的研究⑦。

13 世纪,宋蒙川蜀战事旷日持久,双方反复拉锯。在李天鸣、陈世松整体勾勒宋蒙川陕战局的基础上,选取某一座山城或城池为空间坐标切入,通过纵向时间轴梳理不同时期该区域所发生的战事经过,并探讨其在整个宋蒙战争中的意义,成为宋蒙战争研究的一个重要模式。相关研究很多,如裴一璞对宋

① 陈世松、匡裕彻、朱清泽、李鹏贵:《宋元战争史》,第 283—292 页。

② 陈世松、匡裕彻、朱清泽、李鹏贵:《宋元战争史》,第 351—358 页。

③ 杨国宜、萧建新:《王立以合州城降西院众因考实》,载《钓鱼城与南宋后期历史——中国钓鱼城暨南宋后期历史国际学术讨论会文集》,第 35—37 页。

④ 韦兵:《〈贺仁杰墓志〉与钓鱼城约降、王立系狱事》,收入《二零一五年钓鱼城国际学术会议论文集》,第 204—213 页。

⑤ 胡昭曦:《略论南宋末年四川军民抗击蒙古贵族的斗争》,收入《宋蒙(元)关系研究》,第 36—43 页。

⑥ 姚从吾:《宋蒙钓鱼城战役中熊耳夫人家世及王立与合州获得保全考》,《历史语言研究所集刊》第 29 辑下册,1958 年。

⑦ 李则芬:《宋合州守城始末及传奇故事的破惑》,收入氏著《文史杂考》,第 216—220 页。

蒙川东战场之开州（今重庆开县）、涪州（今重庆涪陵）、夔州（今重庆奉节）、万州、忠州（今重庆忠县）战事的逐一论述①，蔡东洲对苦竹隘战事，蒋晓春对礼义城（在今四川渠县北）战事，胡宁、高新雨对大良城与虎啸城战事，罗洪彬、王杰对青居城战事，钟倩对皇华城（在今重庆忠县东）战事分别进行了梳理②。

在蒙古进攻四川的战争中，巩昌汪氏家族、天水杨氏家族作为蒙军的两支重要力量，参与了战争的许多进程。胡小鹏、赵一兵都曾梳理巩昌汪氏家族三代在蒙元进攻四川战争中的事迹③；蔡东洲、刘菊则撰文探讨了杨大渊家族在宋蒙/元川东战局中的作用，指出自宝祐六年（1258）归降蒙古到至元十五年（1278）平定夔州路，杨大渊、杨文安叔侄经略川东地区长达二十年，指挥或参加攻打川东地区大小六十余战，劝降大批宋朝将领，并摸索出"以城对城"作为突破宋军山城防御体系的办法，对宋蒙/元川东乃至整个宋蒙/元战争战局产生了巨大而深刻的影响④。

就军事战术而言，擅长守城与水战是川陕宋军战术上的两大优势。蜀口丧失后，川蜀战场构建的山城防御体系即是宋军对这两大优势的综合运用。宋军利用江河水系，发挥水战优势，将原本孤立的山城据点有机联结。开庆元年（1259），蒙哥顿兵坚城的钓鱼城之战、吕文德救援钓鱼城的蔺市之战，更是

---

① 裴一璞：《宋蒙涪州战事述论》，《长江师范学院学报》2009年第3期，第79—83页；《宋蒙忠州战事述论》，《长江文明》第3辑，北京：光明日报出版社，2009年，第56—63页；《宋蒙开州战事述论》，《乐山师范学院学报》2009年第9期，第83—86页；《宋蒙（元）之战中的万州》，《长江文明》第5辑，郑州：河南人民出版社，2010年，第58—65页。

② 蔡东洲、汪建辉、方超：《宋蒙蜀道争夺中的苦竹隘之战》，《西华师范大学学报（哲学社会科学版）》2019年第4期，第1—8页；胡宁、高新雨：《宋蒙战争中的大良城与虎啸城》，《西华师范大学学报（哲学社会科学版）》2016年第1期，第41—47页；蒋晓春：《礼义城与宋蒙战争》，《长江文明》2021年第2辑，第32—39页；罗洪彬、王杰：《宋蒙战争中的青居城》，《西华师范大学学报（哲学社会科学版）》2018年第5期，第46—53页；钟倩、蒋晓春：《皇华城与宋蒙（元）战争》，《长江文明》2023年第1辑，第23—31页。

③ 胡小鹏：《元代巩昌汪氏家族事略》，《西北师大学报（社会科学版）》1990年第3期，第57—62页；赵一兵：《试论巩昌汪氏家族在蒙元时期进攻四川战争中的作用》，《内蒙古社会科学》2008年第6期，第54—58页。

④ 蔡东洲、刘菊：《杨大渊家族归降与宋蒙（元）东川战局》，《西华师范大学学报（哲学社会科学版）》2016年第1期，第48—55页。

宋军守城与水军优势的集中体现。其后,蒙军展现出极强的环境适应能力、学习能力与包容性。依托汉军降将,蒙军一方面采取以山城制山城的战术,利用从宋军手中夺取的蓬溪、大获、青居诸城,并在嘉陵江、渠江沿岸创设虎啸、武胜等山城,构筑蒙军的山城体系。过去对于蒙军修建山城寨堡的关注相对较少,新近出版的蒋晓春、蔡东洲等《巴蜀地区宋蒙山城遗址考古调查与研究》一书对于蒙军山城体系的建立、特点、历史作用作了论述[①]。另一方面,蒙古的水军与攻城部队也在短时期内从无到有,迅速壮大。萧启庆《蒙元水军之兴起与蒙宋战争》详细论述了蒙元水军从无到有、由弱到强的过程及其在宋蒙战争中所起作用,指出蒙元水军壮大是对环境的适应和充分利用中原的人力、物力与技术的结果[②]。李天鸣探讨了蒙元水军在宋蒙战争中所采用的旨在发挥蒙军骑兵优势的水陆协同、三面夹击的水战战法[③]。

五、川陕军事防御体系

(一)蜀口防御体系

南宋立国凡一百五十年,川陕作为一个独立的军事战区,前一百年的主要边防作战区域是北部的利州路,更确切地说,是利州路巴山以北的区域,即宋人所谓蜀口(或称川口)地区,约略相当于今陕西南部、四川北部与甘肃南部的三省交叉地带。南宋川陕战区在蜀口长期屯驻重兵,并利用秦岭南北山脉的特有地形,构筑了一个军队、城池、关隘、道路有机结合的军事防御体系。有学者称之为"川陕军事戍防体系",笔者称"蜀口防御体系"。正如何玉红所指出的:"以往学界在评价南宋川陕抗金与边防巩固的原因时,多突出吴玠、吴璘等抗金将领的重要功绩……在川陕边防的巩固中,独特的军

---

① 蒋晓春、蔡东洲、符永利、罗洪彬:《巴蜀地区宋蒙山城遗址考古调查与研究》,北京:学苑出版社,2024 年。

② 萧启庆:《蒙元水军之兴起与蒙宋战争》,原刊《汉学研究》1990 年第 2 期,收入氏著《内北国而外中国:蒙元史研究》,北京:中华书局,2007 年,第 346—370 页。

③ 李天鸣:《宋元战争中元军的水陆协同、三面夹击水战战法》,《国际宋史研讨会论文集》,台北:中国文化大学史学研究所,1988 年,第 270—278 页。

事戍防体系也发挥了重要作用。"①然而，与宋蒙川陕战争的研究极为重视四川山城防御体系不同，过往学界对于蜀口防御体系的关注明显不足。宋金／蒙川陕战史研究多年来难有提升，亦与此密切相关。以下仅从军队、城池、关隘、道路等要素予以简要梳理：

首先是军队。南宋川陕战区的边防军以蜀口守将吴玠的右护军为班底，而右护军的兵力则主要来自吴玠对曲端、刘子羽、王庶、关师古及宣司直辖部队的整合。此过程，李心传《建炎以来朝野杂记》"关外军马钱粮数"条已有简要勾勒②。山内正博则作了更为详尽梳理与分析③。吴玠死后，川陕大军由吴璘、杨政等分领。绍兴和议后，蜀口大军逐步形成兴州、兴元府、金州三支御前屯驻大军，由兴州、兴元府、金州三大军的都统制分别统领。乾道初定额，兴州屯驻大军管军六万，兴元屯驻大军两万七千，金州屯驻大军一万一千。南宋后期，四川军队数量持续下滑。开禧年间，四川兵力降至七万余人。到理宗初年，四川边防军仅剩六万余。及至端平三年（1236）蜀口丧失前夕，四川兵力已不足三万。王曾瑜《宋朝军制初探》对蜀口屯驻大军的建制、总兵力情况及变迁作了基本梳理④。然而，蜀口大军具体如何分布于各缘边关隘、边州、本司及内里州郡？不同时期的分布格局存在怎样的演变？屯戍机制如何？目前尚无专门研究。

其次是道路。地理交通形势往往极大影响军事行动与军队部署。川、陕间最主要的交通要道，如陈仓道、祁山道等，往往成为金、蒙大军南下进攻川蜀的通道，其沿线关隘、城池自然也是宋军布防的重点。有关南宋川陕间古道的研究主要参考历史地理学者的论著。首推史念海《秦岭巴山间在历史上的军事活动及其战地》，其他如严耕望《唐代交通图考·秦岭仇池区》中相关篇章、黄盛璋《川陕交通的历史发展》、李之勤《论故道在川陕诸驿中的特殊地位》、高天佑《陇蜀古道考略》以及苏海洋、王宏谋编著《陇蜀古道历

---

① 何玉红：《南宋川陕军事戍防体系考述》，《中国边疆史地研究》2010年第4期，第32页。

② 李心传撰，徐规点校：《建炎以来朝野杂记》甲集卷18《关外军马钱粮数》，第406页。

③ 山内正博：《南宋の四川における張浚と呉玠—その勢力交替の過程を中心として—》，《史林》44—1，1961年，第107—115页。

④ 王曾瑜：《宋朝军制初探》（增订本），第178—181页。

史地理研究》中相关论文等都对南宋蜀口道路、行军路线的认识与研究有重要参考价值①。

再就是蜀口防线与相关的城池、关隘。南宋蜀口地区自北向南大致分为北秦岭、徽成西礼盆地、南秦岭、汉中盆地与米仓山五大东西向的自然地理板块,蜀口防线的构建即依托于此。李天鸣在《宋元战史》中对南宋利州路的自然地形、战略地位、秦岭巴山军事交通作了基本介绍,提出南宋蜀口的三层防线:第一层是位于北秦岭弧上的大散关、黄牛堡与皂郊堡,即宋人所说的蜀口"外三关";第二层是"外三关"以南的阶州、成州、西和州、凤州与天水军,即宋人所说的"关外五州";第三层则是南秦岭弧上的武休关、仙人关与七方关,宋人称"内三关";并勾勒了晚宋蜀口四大都统司的大致防区②。何玉红《南宋川陕军事戍防体系考述》对蜀口地区重要的城池、关隘,如兴州、金州、兴元府、阶州、成州、西和州、凤州、和尚原、大散关、饶风关、仙人关、武休关等在进攻与防御中的战略地位作了简要勾勒与分析,指出南宋川陕军事戍防体系以兴州、金州与兴元府为屯驻重心,阶、成、西和、凤等关外诸州为外部屏障,以关隘与堡寨等为战略据点,形成一个有机的整体。何氏认为,兴州、金州、兴元府三大军事屯驻重心中,兴州处于防线西部,抵御金蒙以秦州、宝鸡为基地发起的进攻,是川陕防线西部的指挥中心;金州处于川陕防线东部,抵御金蒙以商州为基地发起的进攻;兴元府处于兴州、金州之间,不但承担抵御金蒙以西安为基地发起的进攻,而且地处川陕防线居中位置,发挥着连接兴、金的战略作用③。梁中效亦对兴元与金州的战略地位

---

① 参见黄盛璋:《川陕交通的历史发展》,《地理学报》1957年第4期,收入氏著《历史地理论集》,北京:人民出版社,1982年,第215—216页;严耕望:《唐代交通图考》第三卷《秦岭仇池区》,台北:历史语言研究所,1985年;史念海:《秦岭巴山间在历史上的军事活动及其战地》,收入《史念海全集》第四卷《河山集四集》,北京:人民出版社,2013年,第183—187页;李之勤:《论古驿道发展的特点和长安在全国驿道网中的地位》,收入氏著《西北史地研究》,郑州:中州古籍出版社,1994年,第3—8页;高天佑:《陇蜀古道考略》,《文博》1995年第2期,第60—67页;苏海洋、王宏谋编著:《陇蜀古道历史地理研究》,北京:科学出版社,2019年。

② 李天鸣:《宝庆蜀口之役及事后宋人的防务改进建议》,第7—8页;另见氏著《宋元战史》,第75—81页。

③ 何玉红:《南宋川陕军事戍防体系考述》,《中国边疆史地研究》2010年第4期。

作了专门阐述①。王超《宋蒙（元）四川战局演变新探》对蜀口防御体系的认识有进一步突破。该文认为,蜀口宋军沿北秦岭、徽成盆地、南秦岭、汉中盆地、米仓山五块地形区及其连接区部署了五道东西向排列的防线,外三关、关外五州、内三关、兴元府、沔州、大安军、利州分别应对五道防线。从洮州、秦州、凤翔入蜀的交通线,"呈现为倒三角的形状,与五层南北排列的地形区和防线叠合,可模型化为一种多层扇形结构"（14页）,并认为"蜀口防务的首要目的是围堵,外三关围堵敌军进入徽成盆地,内三关围堵敌人进入汉中盆地,大安、利州围堵敌人进入四川盆地",只要某层防线中有一处据点被攻破,同层防线中几路宋军便共同退守下一层②。

有学者指出:"南宋川陕军事成防体系有一个建立、完善、变化与解体的过程。"③这是很重要的认识。然而,目前学界有关蜀口防御体系的认知尚处于大致轮廓层面与静态描述层面。南宋蜀口所打造的军事据点,如兴元府、仙人关、皂郊堡、西和州,究竟在蜀口防御体系中扮演怎样的角色? 相较于中国古代其他南北对峙时期,其战略价值有何特殊性? 兴州、金州与兴元府三大屯驻中心的格局如何形成? 三大都统司的防区存在怎样的演变过程? 川陕兵力如何在蜀口防御体系中具体分布? 诸战略要地在不同的军事形势下存在怎样的变化? 兵力分布又呈现怎样的变化? 在中国古代川陕交通变迁史中,南宋川陕军事交通线路是否存在特殊性? 凡此皆有待进一步梳理、廓清。

再者,一些重要关隘、堡寨的具体位置尚不明确,如仙人关、隔芽关、黄牛堡、青野原等。这既不利于对蜀口防御体系研究的开展,亦极大限制了宋金／蒙川陕战史研究的深入。类似冯岁平对武休关的文献考索与田野踏勘工作有待进一步系统展开④。

---

①　梁中效:《汉中安康在南宋时期的战略地位》,《汉中师范学院学报》1996年第1期,第33—41页。

②　王超:《宋蒙（元）四川战局演变新探——以军事指挥模式和地方权力转移为中心》,第21页。

③　何玉红:《南宋川陕军事成防体系考述》,《中国边疆史地研究》2010年第4期,第33页。

④　冯岁平:《武休古关今尚在?——结合于文献考索与田野踏勘》,《陕西理工大学学报（社会科学版）》2019年第6期,第34—37页。

(二)晚宋四川山城防御体系

端平三年(1236)后,蜀口沦陷,蒙古兵锋直指略无防备的川蜀腹地,各州县只得将治所与民众迁往周边山地避难。淳祐三年(1243),余玠入蜀主政,以川东地区的重庆城为核心,有计划地新建或增筑了约二十座山城据点,屯兵、积粮、保民、战守,各山城据点之间相互声援,又以各通航江河或官道为联络线,点线结合,很快形成一套新的四川防御体系。胡昭曦将其概括为"依山筑城、恃险拒守的战术"[①]。余玠去职后,继任的四川军政长官蒲择之、朱禩孙等人又不断修筑山城据点,完善山城体系。

对于晚宋四川山城防御体系的系统研究始于20世纪50年代,姚从吾《宋余玠设防山城对蒙古入侵的打击》一文探讨了余玠构筑山城防御体系的大略经过、山城构筑的自然条件,并列举出余玠所筑山城十座[②]。其后,李天鸣、胡昭曦、陈世松、何平立、孙华、周思言、王超、蒋晓春等都对晚宋四川山城防御体系作过专门研究。

对于晚宋四川山城防御体系,学者多强调余玠的重要性。如胡昭曦指出,晚宋四川山城寨堡的修筑,并非完全始自余玠,而是在此以前就开始构筑,但构成一个防御体系,则是从余玠开始的[③]。陈世松扼要列举了余玠入蜀前四川境内的结寨筑城活动,并将其分为挈家筑寨、在旧城基础上加固增筑(如泸州城、重庆城、成都城)、创筑新的驻兵城寨(如大获城、三江碛城、钓鱼城、赤牛城)、搬迁府州治所于新城(如迁遂宁府于蓬溪寨、徙隆庆府于苦竹隘、移夔州治于白帝城)四类[④]。蒋晓春等则以余玠帅蜀期作为节点,将晚宋四川山城体系的构建过程分为三个阶段:一是余玠主持四川防务之前(1243年前)。这一阶段已建成一批据点,这些城寨是蜀口防线内迁的必然结果,但规制简陋,防御能力不强,只能算作孤立的军事据点。

---

① 胡昭曦:《略论南宋末年四川军民抗击蒙古贵族的斗争》,收入《宋蒙(元)关系研究》,第20页。

② 姚从吾:《宋余玠设防山城对蒙古入侵的打击》,《大陆杂志》1955年第5期,收入《宋史研究集》,第215—226页。

③ 胡昭曦:《略论南宋末年四川军民抗击蒙古贵族的斗争》,收入《宋蒙(元)关系研究》,第24页。

④ 陈世松:《余玠传》,第52—53页。

二是余玠主持四川防务期间（1243—1253）。这一阶段实现了城寨建设由零散军事据点向完备战略体系的转变。三是余玠离职之后（1253—1278）。这一阶段修建山城主要集中于长江沿岸和夔达一线，数量众多，使宋军山城体系在这两个区域更加完备，一定程度上解决了蜀口和内水防线大量山城失陷所带来的防守难题①。

具体到余玠主政期内的山城修筑，陈世松将其分作三个阶段：一是普遍创筑阶段（1243—1244），共修建、扩建山城十六座；二是重点充实加固阶段（1245—1248），创筑了小宁城；三是进一步完善阶段（1249—1251），创筑青居、得汉、平梁三城②。蒋晓春等则在陈氏基础上，将二、三阶段合并，分作前、后两期：前期为淳祐三年（1243）到淳祐四年；后期为淳祐五年至宝祐元年（1253）③。尽管余玠修建了众多山城，但当时四川仍存在许多城池是郡治所在地。故李天鸣认为，余玠所实施的战略是"一种山城城池混合的防御战略"④。

关于晚宋四川诸山城选址之条件，陈世松总结为四点：其一，多坐落于天生的险崖峭壁之上；其二，在壁立四周的峰峦上，山顶宽平，周回数十百亩至数十里不等，有田土可耕，有林木可用，有泉水可饮；其三，各山城大多依凭江河，或居两江、三江之会，或座峻峡、险滩之旁，或以水陆舟车可与大江相联；其四，多数山城与旧城相距不远，彼此互为犄角之势⑤。胡昭曦亦有四点总结：一、恃险凭夷，控扼要冲；二、交通较便，利于攻守；三、水源不竭，粮秣有继；四、就地取材，修筑较便⑥。大抵内容接近。

有关山城防御体系的空间布局，陈世松较早正面探讨。考虑到晚宋四川防线以长江北部为防御正面、以南部为防御纵深的基本格局，他将余玠构筑的山城划分为前后两组：一组是后卫线上的，以重庆为中心，西起嘉定，东

---

① 蒋晓春、蔡东洲、符永利、罗洪彬：《巴蜀地区宋蒙山城遗址考古调查与研究》，第28—32页。

② 陈世松：《余玠传》，第54—59页。

③ 蒋晓春、蔡东洲、符永利、罗洪彬：《巴蜀地区宋蒙山城遗址考古调查与研究》，第29—30页。

④ 李天鸣：《宋元战史》，第519页。

⑤ 陈世松：《余玠传》，第62—63页。

⑥ 胡昭曦：《略论南宋末年四川军民抗击蒙古贵族的斗争》，收入《宋蒙（元）关系研究》，第26页。

抵夔门,横贯长江沿线的嘉定(凌云)、紫云、神臂、重庆、天生、白帝、瞿塘以及梁山赤牛,共八座城。"重庆为保蜀之根本,夔门为蔽吴之根本,嘉定为镇西之根本",三城鼎立。一组是前沿线上的,以钓鱼城为支柱,由会注于合州的三条南北向江上的十一座城(嘉陵江沿线的苦竹、大获、运山、青居、钓鱼、多功;渠江沿线的得汉、平梁、小宁、大良;涪江沿线的铁峰城)以及沱江沿线的云顶城所组成,形成一道以合州钓鱼城为支柱的天然叉状防御网。这一前一后的两组山城,交相掩翼,蜀江为之连接,钓鱼城在前屏障,重庆大本营居中指挥,从而结成一个完整的防御体系①。陈世松等还提炼出晚宋四川山城防御体系的四大特点:第一,防守层次分明;第二,防御重点突出;第三,防御阵地坚固;第四,充分发挥地理优势,有力扬长避短②。

在陈世松等研究的基础上,何平立将余玠所构筑的山城防御体系进一步细分作三个层次:一是前沿阵地带,有得汉、小宁、平梁、大获、苦竹等城,主要作用为警戒,阻滞延缓蒙军进攻,为主力军赢得准备时间;二是主要防御地带,以合州钓鱼城为支柱,有赤牛、运山、青居、蓬溪、铁峰、云顶等城,其中以钓鱼城作为防御要点,以控制渠江、嘉陵江、涪江而屏障重庆;三是后方阵地带,以指挥中枢和预备队控制地域的重庆为中心,东起夔门,西至嘉定,横贯长江沿线的有瞿塘、白帝、天生、多功、神臂、紫云等城。这三条防线上的山寨城堡互相联系,前后支援,交相掩护。防线之间,有由岷江、沱江、涪江、嘉陵江、渠江与长江组成的交通网络,联结各要点与指挥中枢重庆,从而形成一个完整的点、线、面结合的山城防御体系③。

近年来,周思言、蒋晓春、王超等皆有山城防御体系布局结构的论述发表。蒋晓春等指出,晚宋四川山城体系主要由"两个核心"(重庆城、钓鱼城)、"三条防线"(蜀口、内水、外水)、"八大支柱"(云顶、运山、大获、得汉、白帝、钓鱼、青居、苦竹)构成④。王超认为,晚宋四川山城防御体系的布局是一种放射状缓冲结构,以重庆为中心,山城建设沿着几条大江以犄角的形式向五个方

---

① 陈世松:《余玠传》,第65—66页。
② 陈世松、匡裕彻、朱清泽、李鹏贵:《宋元战争史》,第79—80页。
③ 何平立:《略论南宋时期四川抗蒙山城防御体系》,《军事历史研究》1996年第1期,第112页。
④ 蒋晓春、蔡东洲、符永利、罗洪彬:《巴蜀地区宋蒙山城遗址考古调查与研究》,第32—36页。

向（金牛道＋岷江＋长江、嘉陵江、米仓道＋渠江、大理＋思播、京湖＋夔万）延伸,分别遮蔽五条重要交通路线。这一结构的特点是各支犄角相对独立,即使砍断一角,其他犄角仍可正常发挥功能①。

晚宋四川山城多有遗址留存。早在20世纪80年代,以胡昭曦、陈世松为代表的四川地方学者已开始重视山城遗址的调查与考察。胡昭曦将考察成果撰成三十多篇札记,汇集于《四川古史考察札记》一书,陈世松对以泸州神臂城为代表的川南地区山城着力尤多②。大致同时,第二次全国文物普查开展,四川地方文物部门对所属区域开展了大量调查工作,在80年代末90年代初的《四川文物》上形成了一批调查研究文章③。进入21世纪后,随着考古、调查工作的进一步推进,学者对于钓鱼城④、神臂城⑤、云顶城⑥、得汉城⑦、青居城⑧、大良城⑨、天生城⑩、

① 王超:《宋蒙(元)四川战局演变新探——以军事指挥模式和地方权力转移为中心》,第42—46页。

② 胡昭曦:《四川古史考察札记》,重庆:重庆出版社,1986年;陈世松、喻亨仁、赵永康:《宋元之际的泸州》,重庆:重庆出版社,1985年。

③ 此处不枚举,详参蒋晓春、蔡东洲、符永利、罗洪彬:《巴蜀地区宋蒙山城遗址考古调查与研究》,第4页。

④ 谢璇:《钓鱼城山地城池构筑特征》,《广州大学学报(社会科学版)》2007年第3期,第91—94页;蔡亚林:《重庆合川钓鱼城城坊设施的考古学观察》,《四川文物》2018年第5期,第79—87页;重庆市文物考古研究院、钓鱼城古战场遗址博物馆编著:《钓鱼城遗址考古报告集》,北京:科学出版社,2021年。

⑤ 符永利:《泸州神臂城调查纪略》,《长江文化论丛》第9辑,2013年,第100—114页;蒋晓春、林邱:《宋代泸州神臂城城防体系分析》,《中国国家博物馆馆刊》2017年第9期,第59—73页。

⑥ 刘炜、任瑞龙:《四川云顶城防御空间形态研究》,《华中建筑》2020年第6期,第99—102页;符永利、周南西、付蓉:《云顶城军事遗迹的调查与初步认识》,《长江文明》2021年第1辑,第24—38页。

⑦ 刘欢欢:《通江得汉城历史遗存的调查与研究》,西华师范大学硕士学位论文,2016年。

⑧ 龙鹰、王积厚:《南宋抗元遗址淳祐故城》,《四川文物》2003年第2期,第69—71页;符永利、罗洪彬、唐鹏:《四川南充青居城遗址调查与初步研究》,《西华师范大学学报(哲学社会科学版)》2015年第2期,第18—27页。

⑨ 符永利、于瑞琴、蒋九菊:《广安大良城寨堡聚落浅析》,《西华师范大学学报(哲学社会科学版)》2016年第1期,第34—40页。

⑩ 蔡亚林:《万州天生城布局结构与沿革变迁新探》,《文物鉴定与鉴赏》2018年第15期,第67—69页;重庆市文物考古研究院、重庆三峡移民纪念馆:《重庆万州天生城宋代遗址2019年度发掘简报》,《中国国家博物馆馆刊》2023年第10期,第6—28页。

白帝城①、平梁城②、礼义城③、小宁城④、多功城⑤、皇华城⑥等山城的选址原则、城防要素、修筑技术、构造特征、防御系统等问题形成了更多详尽的个案研究与报告。2024 年出版的蒋晓春、蔡东洲、符永利、罗洪彬合著《巴蜀地区宋蒙山城遗址考古调查与研究》是有关四川山城防御体系的集大成之作。该书对云顶城、苦竹隘、鹅顶堡、大获城、青居城、得汉城、平梁城、虎头城、神臂城、钓鱼城、重庆城、白帝城十二座宋军山城遗址和武胜城、虎啸城等蒙军山城遗址的地理环境、创建过程、战事经过、城防遗址、建筑基址、城防特点一一作了详细梳理，并对南宋山城防御系统、内部格局等进行了归纳性研究，认为余玠所建的山城体系实际上是带有进攻性质的积极防御体系，不能简单视为"山城防御体系"⑦。

以陈世松、胡昭曦为代表的前辈学人较少论及四川山城体系的隐患与弱点问题。对此，蒋晓春指出，余玠所建山城体系中的山城有明显的控扼水陆两路意图；并且，在控扼陆路和水路方面，似乎更倾向于水路。正因为余玠的防御体系过于注重水路，导致对夔州路北部的达州、开州至夔州一线防范不够，留下了严重隐患，给宋蒙战争后期的四川战局带来很大困难⑧。这是很重要的意见。彭锋注意到四川山城防御体系"各自为战的特点较为突出"，其后勤补给一方面考验山城的独立生产能力，另一方面则对于水运舟

---

① 重庆市文化遗产研究院、奉节县文物管理所：《重庆奉节白帝城遗址 2017 年度发掘简报》，《江汉考古》2018 年增刊，第 76—93 页。

② 罗洪彬、李修正：《四川巴州平梁城城防设施调查简报》，《西华师范大学学报（哲学社会科学版）》2021 年第 1 期，第 50—57 页。

③ 郭健：《南宋抗元遗址——礼义城》，《四川文物》2007 年第 3 期，第 67—70 页；四川省文物考古研究院、达州市博物馆、渠县博物馆：《四川渠县礼义城遗址调查简报》，《四川文物》2020 年第 1 期，第 39—53 页。

④ 四川省文物考古研究院、西华师范大学历史文化学院、平昌县文物局：《四川平昌县小宁城遗址调查简报》，《四川文物》2019 年第 1 期，第 32—43 页。

⑤ 重庆市文化遗产研究院：《重庆两江新区多功城遗址 2017 年度考古发掘简报》，《江汉考古》2018 年增刊，第 94—105 页。

⑥ 袁东山、王胜利：《忠县皇华城遗址文物调查简报》，《江汉考古》2018 年增刊，第 13—28 页。

⑦ 蒋晓春、蔡东洲、符永利、罗洪彬：《巴蜀地区宋蒙山城遗址考古调查与研究》，第 256 页。

⑧ 蒋晓春、蔡东洲、符永利、罗洪彬：《巴蜀地区宋蒙山城遗址考古调查与研究》，第 256—257 页。

楫的传送功能要求较高。随着蒙军筑城技术和舟师水战能力的提升,一旦蒙军集中力量各个击破,切断城池与外部联系,尤其是切断水路支援,城池坚守将非常艰难①。

总的来说,有关晚宋四川山城防御体系的研究积淀极为深厚。不过,既有研究仍呈现为"静态描述"的特点,学者极少关注晚宋四川山城防御体系可能存在的演变问题。王超认为,晚宋四川山城防御体系存在一个分化、独立的过程。具体来说,宝祐、景定间,四川山城间的紧密联系被严重破坏,开始分化为三个相对独立的攻防区:一是以开州为中心的四川东部攻防区,核心区域包括夔州、开州、达州、礼义城(渠州)、龙爪城(洋州)、宁西城(广安);二是以重庆为中心的四川中部攻防区,核心区域包括重庆、钓鱼城(合州)、神臂城(江安)、涪州、咸淳(忠州)、播州;三是以嘉定为中心的四川西部攻防区,核心区域包括嘉定、登高城(叙州)、长宁。宝祐六年(1258)后,东部和西部攻防区逐渐脱离重庆制置司的权威,形成相对独立的内部权力网②。类似观察未必全然正确,但值得重视与提倡。

结　语

回顾近百年南宋川陕军政问题的研究历程,研究议题整体呈现为以考评人物、叙述战争经过为主到探讨军政权力运行、央地关系为主的转向。21世纪以来,大陆地区在南宋川陕军政领域所取得的成绩,尤为引人瞩目。最后,笔者结合前文综述,试就"新""老"研究议题提出一些可能的方向:

第一,军政人物研究。近二十年来有关南宋川陕军政人物研究的面向已大为拓宽,研究方式也朝着探寻多方面的关系转变,但仍有一些颇具牵动性、且材料较为丰富的重要军政人物尚未进入研究者视野,如孝宗朝前期守蜀十余载的吴氏家族第二代领军人物吴拱、理宗朝前期曾任四川总领的安

---

① 彭锋:《"筑城固守"与"荆蜀相资":晚宋川蜀防御政策的调整及影响——以钓鱼城战役前后为中心》,《四川师范大学学报(社会科学版)》2016年第2期,第164页。
② 王超:《宋蒙(元)四川战局演变新探——以军事指挥模式和地方权力转移为中心》,第50—65页。

丙之子安癸仲、理宗朝前期的蜀口统帅赵彦呐等。

第二,川陕战史研究。南宋川陕战史研究曾是两岸宋元史研究的热点,涌现出不少学术经典。然自《宋元战史》《宋元战争史》问世后,有关南宋川陕战史的研究基本停滞不前。这大致是由于过往研究范式主要是整体军事战略检讨与战事过程的复原、叙述,在未有新材料出现的情况下,欲循袭旧路,进一步细化、丰富战事过程,难度较大。但川陕战史研究绝非题无剩意。若能关注战争与南宋四川军政制度、边防体制、军队人事间的多元关系,在战术战法、军队组织、军事地理、军事后勤等层面用力,有关宋金、宋蒙/元川陕战争研究必将焕发新的生机。

第三,川陕军政权力关系与运行研究。在研究时段上,"前重后轻"的格局十分明显。如曹家齐所观察的,近年南宋川陕军政的研究推进"突出"在"前期";何玉红也说,其论著标题"虽为'南宋',但所阐述之川陕边防行政运行体制的演变主要发生在南宋中前期"[①]。南宋中期以后,特别是宁宗嘉定后数十年间的情况,相关研究还十分薄弱。此外,就政务分层的视角而言,宣抚、制置、总领、都统、安抚、转运诸司相关机构、属员在川陕军政事务运作中的角色,亦待进一步揭示。

第四,川陕军事防御体系研究。学界有关南宋蜀口防御体系的研究尚处起步阶段,有关认识仅停留于大致轮廓描述层面。蜀口防御体系诸要素,从防区的划分、军队的部署与调动、边州守臣的任命、边防指挥中心与军事据点的打造,到军队屯驻地、就粮地、大军仓分布地、军粮中转地、粮产地与军粮运输线路所构成的军事补给网络,军政指挥中心与军队的信息传递网络等,皆不甚明晰。甚至蜀口一些重要的军事据点、军事交通路线的定位尚未摸清,更不用说蜀口防御体系运作方式、演变过程的呈现。相较而言,晚宋四川山城防御体系的研究积淀要深厚得多,但也同样存在变化过程不明的缺陷。军事防御体系研究的深入开展,或将成为激活南宋川陕军政研究的一把钥匙。

南宋川陕军政是一个各军政主体、要素相互牵动、多元动态的体系。近

---

① 何玉红:《南宋川陕边防行政运行体制研究》,第3页。

年来,有关南宋川陕前期军政制度与军政格局的研究之所以取得一定进展,原因之一在于对具体运行过程的揭示。然就整体而言,不论是川陕军事财政体制、人物群体,抑或川陕战争、边防体系的研究,仍偏于静态描述,演变路径不明。同时,相关研究多呈现为点状或条状,议题之间的铆合不够紧密,缺乏宏观视野。正因如此,很多研究只能带来史实细节层面"量的丰富",而难以形成认识论层面"质的推进"。欲求新的学术增长点,仍在于努力实现各议题版块的进一步融通,在全局中、在比较中凸显意义。此外,不论是探讨川陕军政运行与格局演变,抑或考察边防体系、军队屯驻体系、供军体系、文书信息传递系统的运转,在时间维度上重视"演变"的同时,更应强调空间视角,重视地理空间维度下的"位移"。

本文原刊《宋代文化研究》第 33 辑(上海古籍出版社,2024 年),收入本集时有修订。

南宋徐谓礼文书整理研究成果目录及索引
（2012—2024）

刘　江

　　长期以来,宋史研究依赖的史料类型与数量相对稳定,缺乏大规模新出史料对学术研究的刺激与牵动。2011—2012 年,浙江武义警方从盗发者手中追回了一批南宋徐谓礼墓出土文书。这批文书共计十五卷,包含录白敕黄一卷、录白告身二卷和录白印纸十二卷(一说十七卷,除十五卷文书外,还包括二卷封纸),其蕴含的珍贵史料价值引起学界高度关注①。

　　十余年来,学界利用徐谓礼文书中的丰富材料,围绕以徐谓礼为代表的基层官员仕宦履历、授官文书与政务运作、考核制度等多方面议题展开讨

---

　　① 参见邓小南:《力度·厚度·深度——学术研究如何兼顾原创性与时代性》,《探索与争鸣》2018 年第 5 期,第 13—16 页;邓小南:《覆载之间无非是道,进退运用存乎一心》,《华中国学》2020 年"秋之卷",第 6—11 页;戴建国:《大力开拓宋代文献史料源 不断提升学术创新力》,《历史教学》2019 年第 2 期,第 8—12 页;平田茂树:《宋代政治史研究的新视野——以科举社会的"人际网络"为线索》,《史学月刊》2014 年第 3 期,第 22—27 页;曹家齐:《突破史料和家法之局限——对宋代政治史研究的一点思考》,《史学月刊》2014 年第 3 期,第 18—22 页;刘后滨:《古文书学与唐宋政治史研究》,《历史研究》2014 年第 6 期,第 56—59 页;何玉红:《史事·视角·解释——走向"南宋"的南宋政治史研究》,《中国史研究动态》2021 年第 4 期,第 57—62 页。关于徐谓礼文书的专门介绍和研读示例,可参考下文研究目录中包伟民和方诚峰两位先生的文章。

论，切实推进了宋代官僚政治制度史研究。本文搜集中国大陆学界利用徐谓礼文书取得的各类研究成果，据不完全统计近五十种。现按整理成果、学术论著、学位论文分类，按作者姓氏首字母音序胪列如下，并制成单件文书研究索引，供学界参考使用①。

一、整理成果

1. 包伟民、郑嘉励编：《武义南宋徐谓礼文书》，北京：中华书局，2012年。（以下简称"中华本"）

2. 武义博物馆编、傅毅强主编：《南宋徐谓礼文书》，杭州：浙江古籍出版社，2019年。（以下简称"浙古本"）

3. 武义博物馆编，傅毅强、李林注：《南宋徐谓礼文书（注释本）》，杭州：浙江大学出版社，2021年。

二、学术论著

1. 包伟民：《南宋徐谓礼文书概况及其学术价值》，《中国书法》2013年第4期，第127—147页。

2. 陈文龙：《嘉定十七年十月徐谓礼转官非因"进宝赦恩"》，《中华文史论丛》2013年第1辑，第166页。

3. 戴建国：《宋代官员告身的收缴——从武义徐谓礼文书谈起》，《浙江学刊》2016年第4期，第32—38页。

4. 邓小南：《再谈宋代的印纸历子》，《国学研究》第32卷，北京：北京大学出版社，2013年，第1—32页；另见氏著《宋代历史探求——邓小南自选集》，北京：首都师范大学出版社，2015年，第207—250页；氏著《宋代文官选任制度诸层面》（修订本），北京：中华书局，2021年，第404—446页。

5. 范学辉：《宋代县令兼衔考》，《中国史研究》2018年第3期，第111—

---

① 本人指导的硕士研究生方情雨、杜可心协助搜集整理研究成果并编制了附录的文书对照表，在此谨致谢忱。

128 页。

    6. 方爱龙、邵路程：《武义出土南宋徐谓礼文书书手考》，《中国书法》2013 年第 4 期，第 166—171 页。

    7. 方诚峰：《南宋徐谓礼文书》，载倪玉平主编：《文书档案中的历史》，北京：清华大学出版社，2024 年，第 109—145 页。

    8. 冯盛：《宋代胥吏"曹级"与"典级"小考》，《宋代文化研究》第 28 辑，北京：线装书局，2022 年，第 359—369 页。

    9. 高天、苗书梅：《南宋文臣京朝官资序关升历程再探——以〈徐谓礼文书〉为考察对象》，《宋史研究论丛》第 30 辑，北京：科学出版社，2022 年，第 44—53 页。

    10.龚延明：《南宋文官徐谓礼仕履系年考释》，《中国史研究》2015 年第 1 期，第 35—52 页。

    11.胡坤：《宋代基层文官的初仕履历——以〈武义南宋徐谓礼文书〉为中心》，《史学月刊》2014 年第 11 期，第 29—37 页。

    12.李晖达、邵路程：《武义南宋徐谓礼墓》，《东方文博》第 46 辑，杭州：浙江大学出版社，2013 年，第 20—29 页。

    13.李灵均：《宋代任官制度中的零考问题》，《史学月刊》2022 年第 9 期，第 32—45 页。

    14.李全德：《从〈武义南宋徐谓礼文书〉看南宋时的给舍封驳——兼论录白告身第八道的复原》，《中国史研究》2015 年第 1 期，第 53—70 页。

    15.李全德：《宋代文书行政中的"备申"》，《唐宋历史评论》第 7 辑，北京：社会科学文献出版社，2020 年，第 154—163 页。

    16.李全德：《信息与权力：宋代的文书行政》，北京：社会科学文献出版社，2022 年。

    17.李永卉：《试论南宋地方官员的离任审计法律》，《中原文化研究》2017 年第 4 期，第 18—25 页。

    18.李永卉：《宋代审计机构职能与关系研究》，《中原文化研究》2021 年第 2 期，第 85—92 页。

    19.刘本栋：《宋代科举担保新论》，《宁波大学学报（人文科学版）》2015

年第 1 期,第 64—69 页。

　　20.刘江:《〈宋西北边境军政文书〉所见荫补拟官文书类型再考释》,《首都师范大学学报(社会科学版)》2015 年第 6 期,第 6—14 页。

　　21.马德才:《试析南宋政府公文处理效率——从"徐谓礼告身"说起》,《珞珈史苑》2013 年年刊,第 91—107 页。

　　22.乔楠:《〈武义南宋徐谓礼文书〉之"嘉定献宝"考辨》,《北京社会科学》2015 年第 8 期,第 90—95 页。

　　23.宋哲文:《宋代敕黄文书略探》,《广州文博》2015 年年刊,第 192—206 页。

　　24.石声伟:《徐谓礼文书签押附注词考》,《中华文史论丛》2016 年第 4 期,第 143—152 页。

　　25.束保成:《从〈徐谓礼文书〉看〈吏部条法〉所载南宋常调差遣关升制度》,《浙江学刊》2021 年第 1 期,第 136—147 页。

　　26.王刚:《宋代印纸的概念和流转程序——兼及印纸作为仕宦象征的意义》,《兰州学刊》2013 年第 7 期,第 47—52 页。

　　27.王杨梅:《徐谓礼告身的类型与文书形式——浙江武义新出土南宋文书研究》,《浙江社会科学》2013 年第 11 期,第 121—126 页。

　　28.王杨梅:《南宋中后期告身文书形式再析》,《唐宋历史评论》第 2 辑,北京:社会科学文献出版社,2016 年,第 178—211 页。

　　29.王宇:《〈武义南宋徐谓礼文书〉与南宋地方官员管理制度的再认识——以知州的荐举和考课为例》,《文史》2013 年第 4 辑,第 199—216 页。

　　30.魏峰:《宋代印纸批书试论——以新发现"徐谓礼文书"为例》,《文史》2013 年第 4 辑,第 181—198 页。

　　31.薛彦乔:《宋代泉州市舶官员辑补》,《福建文博》2020 年第 4 期,第 50—55 页。

　　32.杨芹:《宋代制诰文书研究》,上海:上海古籍出版社,2014 年。

　　33.余蔚:《南宋后期东南军需供应与两淮浙西发运司》,邓小南主编:《过程·空间:宋代政治史再探研》,北京:北京大学出版社,2017 年,第 252—271 页;亦见沈翔、何忠礼主编:《第三届中国南宋史国际学术研讨会论文集》,杭州：浙江大学出版社,2017 年,第 123—137 页。

34.张祎：《徐谓礼〈淳祐七年十月四日转朝请郎告〉释读》,《中国史研究》2015 年第 1 期,第 71—81 页。

35.赵彦昌、朱效荣、朱宝君：《南宋武义徐谓礼文书研究》,《兰台世界》2015 年第 31 期,第 158—160 页。

36.郑嘉励：《南宋徐谓礼墓出土文书发现记》,《中国书法》2013 年第 4 期,第 149 页。

37.周佳：《南宋基层文官履历文书考释——以浙江武义县南宋徐谓礼墓出土文书为例》,《文史》2013 年第 4 辑,第 163—180 页。

38.周佳：《宋代官衔带"新授"现象研究》,《史学月刊》2024 年第 2 期,第 37—47 页。

39.周曲洋：《奏钞复用与北宋元丰改制后的三省政务运作》,《文史》2016 年第 3 辑,第 185—207 页。

40.祝辰阳：《南宋告身文书对比研究——以徐谓礼文书为中心》,《兰台世界》2023 年第 9 期,第 149—153 页。

三、学位论文

1. 江月：《宋代科举担保连坐法研究》,硕士学位论文,河南大学,2014 年。

2. 李萌：《唐宋告身略论》,硕士学位论文,厦门大学,2014 年。

3. 李永卉：《宋代财政审计研究》,博士学位论文,安徽师范大学,2016 年。

4. 宋哲文：《宋代奏授告身与外制告身问题研究——以文官授受为主》,硕士学位论文,中山大学,2013 年。

5. 王逸临：《南宋提举常平司及其运作研究》,硕士学位论文,山东大学,2022 年。

6. 杨娟：《南宋幕职官研究》,硕士学位论文,华中师范大学,2022 年。

7. 张云梦：《宋代书铺研究》,硕士学位论文,西北大学,2021 年。

四、索引

为便于学界全面了解单件文书的研究前沿,避免重复研究,以下按照浙古本编排次序①,汇集相关成果,以发表/出版日期为序,摘录其中利用某件文书开展研究的主要论点,提示学术贡献②。为节省篇幅,本文以编号代替文书题名,C 代表录白敕黄,G 代表录白告身,Y 代表录白印纸,字母后的数字代表浙古本中的文书序号;论著只列出作者及发表/出版年份,研究者可据此在成果目录中查阅详细信息。另附中华本和浙古本文书标题及编次对照表,以便研究者使用。

C1

1. 包伟民考释此件敕牒内容,以此为例分析敕黄与告身的形式与功能区别。(包伟民,2013)

2. 胡坤指出,徐谓礼当在嘉定十四年或之前不久,以父任荫补为承务郎,从而进入仕途。作者根据此件敕牒第四、五行内容,解释了徐谓礼"成资阙"的含义及其与"年满阙"的区别,指出徐谓礼因其前任官蒋杞尚未"到任"而需要"待阙"。(胡坤,2014)

3. 参见 Y1。(束保成,2021)

C2

1. 周佳据此件敕牒指出,徐谓礼到任吴县丞的确切日期为绍定三年十二月,并由此阐述"成资"与"满任",及"成资阙"和"年满阙"的区别。又,作者考释指出,牒尾押字"葛"是葛洪,"薛"是薛极,末尾押字应是史弥远,并据"假"字推测史弥远当时正在告假。(周佳,2013)

2. 龚延明考释此件敕牒中"知平江府吴江县丞"含义。(龚延明,2015)

---

① 中华本以录白告身、录白敕黄、录白印纸为序,浙古本将录白敕黄置于录白告身之前,并调整了录白告身中因拼接错误导致的错简,又根据学界研究将中华本"录白印纸"第 28 则拆分为两件印纸,该本印纸总数为 81 则。

② 一些研究成果仅就徐谓礼文书中相关内容做归纳式、举例式论述,未一一注明文书题名等详细信息,难以将其学术观点和贡献落实到单件文书的索引之中。又,《南宋徐谓礼文书(注释本)》各件文书疏解中,注者亦参考转述了相关研究观点,但与本文体例不同。

4. 束保成结合此件敕牒与《吏部条法》指出，徐谓礼除授"吴江县丞"在格法之内，其在此任上共历两考并零考三个月零十四日，已然成资，因此徐谓礼可理为历过县丞一任。加上之前监临安府粮料院任上零考二十三日，现共历两任四考及零考四个月零七日（以每月三十日计）。然《吏部条法》规定监当满两任六考、举主四人方可关升知县资序，故徐谓礼此时仍处第二任监当资序。（束保成，2021）

5. 参见 Y19。（李灵均，2022）

C3

1. 周佳据此件敕牒指出，徐谓礼从平江府吴县丞任满后到获得权知建康府溧阳县这一新差遣，中间隔了近两年时间。文末押字中的"陈"是陈贵谊，"乔"是乔行简，右丞相是郑清之。另据"假"字推测此牒签发之日，参知政事乔行简、郑清之二人正在告假中。（周佳，2013）

2. 龚延明指出此件敕牒以"差"授徐谓礼知溧阳县，属差遣官。（龚延明，2015）

3. 李萌以此件敕牒为例，说明敕牒文书比告身行文简短，略去告身前半部分承载诏书的符文内容，未受制于文书制成下发的整个政务运行过程，体现了行政中对高效差遣体制的需要。（李萌，2014）

4. 束保成结合此件敕牒与《吏部条法》指出，徐谓礼此时官衔"权知建康府溧阳县主管劝农营田公事兼弓手寨兵军正"当属知县兼兵，按照江南东路注阙格法，即便破格注授，仍要注初任知县资序人，且徐谓礼亦非酬奖改官人，故不在注授资格内，只能采取降等注授的方法，以监当资序注县，故官衔中需带"权"字。（束保成，2021）

5. 高天、苗书梅据此件敕牒指出，徐谓礼第三任差遣系衔"权知建康府溧阳县、主管劝农营田公事、兼弓手寨兵军正"，因徐谓礼此时还没有满足关升至知县资序的条件，仍为监当资序，所以在除授差遣时，新任差遣以"权"字系衔。（高天、苗书梅，2022）

6. 参见 Y29。（李灵均，2022）

C4

1. 龚延明考释此件敕牒中"主管官告院"含义。（龚延明，2015）

2. 石声伟考释此件敕牒及 C5 中史嵩之签押附注词"都督"含义，指出文书签发时史嵩之正以右丞相都督在外，故以此附注词说明。（石声伟，2016）

3. 束保成据此件敕牒指出，徐谓礼此时恰为初任知县资序，故按照格法可注授主管官告院。（束保成，2021）

C5

1. 龚延明考释此件敕牒中"添差仍厘务""通判军建昌军""借绯"含义。（龚延明，2015）

2. 参见 C4。（石声伟，2016）

3. 束保成据此件敕牒指出，徐谓礼除授添差通判建昌军兼管内劝农营田事，同时言明"仍厘务"，故其在添差通判建昌军任上所历年月仍按照正常程序进行考任。又，徐谓礼尚不及通判资格，官衔前应带"权"字，然文书中未见"添差通判建昌军"前有"权"字。（束保成，2021）

C6

1. 龚延明考释此件敕牒中"主管台州崇道观"含义。（龚延明，2015）

2. 束保成指出，此件敕牒中"陶铸"乃"堂除"之意，即徐谓礼所除"主管台州崇道观"非吏部注授。（束保成，2021）

3. 高天、苗书梅指出，对于初改为京朝官的选人来说，两任差遣方可关升通判资序。其中一任需为实历知县差遣，另一任可为除宫观岳庙外的其他差遣。而徐谓礼任主管台州崇道观，此祠禄差遣不能当作关升通判资序中的一任。（高天、苗书梅，2022）

4. 周佳指出，徐谓礼"主管台州崇道观"的授官日期，本件敕牒作淳祐二年十一月，Y45 录作十月二十五日，因为到任批书印纸中登记的授官时间以省札为准，所以一般要比敕牒早。当省札与告敕的授官时间不一致时，印纸批书以省札为准。（周佳，2024）

C7

1. 龚延明考释此件敕牒中"权通判建康军府"含义。（龚延明，2015）

2. 束保成据此件敕牒、C8 及 Y53 指出，淳祐四年四月徐谓礼除授"权通判建康府事兼管内劝农营田事"，同八月即改差"两浙西路两淮发运副使司主管文字"，期间未见权通判建康府事零考的录白印纸，可认定徐谓礼被除授权通判建康府事后未及赴任便遭改差，因而没有到任后的任何批书记载。（束保成，2021）

3. 高天、苗书梅指出，徐谓礼被除为权通判建康军府兼管内劝农营田事，从"权"字可看出，此时徐谓礼的资序仍为知县资序，尚未关升。（高天、苗书梅，2022）

C8

1. 方爱龙、邵路程比勘此件告身与 G6、Y46 图版"奉议郎新差权通判建康军府兼管内劝农营田事"等内容相近或相同的书迹，指出徐谓礼文书中"敕黄""告身""印纸"的录白者为同一书手。（方爱龙、邵路程，2013）

2. 龚延明考释此件敕牒中"权通判建康军府""两浙西路、两淮发运副使司主管文字"含义。（龚延明，2015）

3. 束保成指出，浙西两淮发运副使司主管文字的差注资格应与诸司主管文字官大致相当，先注通判资序人，如无则次注第二任知县资序并曾经历任亲民人。徐谓礼先前以初任知县资序历过添差通判建昌军一任满，故此时当理为第二任知县资序，加之前任知平江府吴江县丞与权知建康府溧阳县均为亲民官，因此徐谓礼除授浙西两淮发运副使司主管文字基本符合《吏部条法》的差注资格。另见 C7。（束保成，2021）

4. 高天、苗书梅指出，徐谓礼任"两浙西路两淮发运副使司主管文字"差遣第一考印纸（Y50）记载到任时间为淳祐四年七月十六日，官称为"浙西两淮发运司主管文字"，告身（笔者按，当为敕牒，即 C8）上的时间却是淳祐四年八月，官称为"两浙西路两淮发运副使司主管文字"。作者对二者记载出入的解释如下：徐谓礼在待阙期间，被两淮浙西发运司差辟为"浙西两淮发运司主管文字"，随后两淮浙西发运司长官请求将差辟之人理为资任，并申请朝廷下发告身。在徐谓礼以"浙西两淮发运司主管文字"的官称办理完到任、帮行请给文书之后，朝廷下发告身的官称却称之为"两浙西路两淮发运副使主管文字"。尽管如此，当地长官不以告身的官称为准，仍以"浙西两淮发运司主管文字"批书。又，作者指出，徐谓礼该任历一年九个月后，随司解任。知县资序关升至通判资序通历任及六年满替，且实历一任已全部达标,可以申请关升资序,并根据徐谓礼后任"权知信州"推测具体申请关升的时间应是随司解任,返回行在之际。(高天、苗书梅,2022)

C9

1. 龚延明考释此件敕牒中"监三省枢密院门""兼提辖(Y40作'提领')封桩上库"含义。(龚延明,2015)

2. 周佳指出,徐谓礼"监三省枢密院门兼提辖封桩上库"的授官日期,此件敕牒作淳祐二年八月,Y39以省札为准,作淳祐二年七月三日,比敕牒日期早。(周佳,2024)

C10

1. 龚延明考释此件敕牒中"权知信州军州事"含义指出,徐谓礼先后充任添差通判建昌军与通判建康府,通判建康府才三个月即调任发运司主管文字,达不到两任通判资序,故带"权"字知信州军州事。(龚延明,2015)

2. 石声伟考释此件敕牒及G10出现的三例"督视",指出此三例均是时任枢密使兼参知政事赵葵督视在外时的签押注附词。(石声伟,2016)

3. 束保成指出,诸路监司提举官差合入第二任通判资序人,徐谓礼此时已为初任知州资序,故可按资格直接除授提举福建市舶司公事。又,徐谓礼先前任"添差通判建昌军"一任二考任满,之后又以通判资序除授"权知信州"历三考并零考五个月零二十三日,也可理为任满通判一任,满足淳祐元年所定两任通判终满才可注授州郡差遣的规定。(束保成,2021)

4. 周佳指出,徐谓礼"权知信州军州兼管内劝农营田事"的授官日期,本件敕牒作淳祐八年二月,Y73作淳祐七年十二月二十四日,因为到任批书印纸中登记的授官时间以省札为准,所以一般要比敕牒早。当省札与告敕的授官时间不一致时,印纸批书以省札为准。(周佳,2024)

G1

1. 宋哲文以此件告身为例,考释宋代除授二人以上的外制告身中的制词行文体式。(宋哲文,2013)

2. 王杨梅根据包括此件告身在内的十一道录白告身(敕授告身五道、奏授告身六道),复原了南宋中后期敕授告身与奏授告身的一般形式,指出除授阶官与差遣时文书用语不同,告身签署环节反映南宋三省制变化。(王

杨梅,2013）

3. 参见 G8。（马德才,2013）

4. 李萌以此件告身为例指出,唐宋时告身处于由准文种向规范文种转变的阶段。（李萌,2014）

5. 胡坤据此件告身指出,徐谓礼此时虽尚在待阙,但因恰逢宁宗"祇受神宝",进官一阶。（胡坤,2014）

6. 李全德以此件告身为例,分析敕授告身形成过程中所体现的南宋政务运行程序,并将此件告身与北宋元祐三年（1088）《王伯虎权知饶州告》和唐代《敕授告身式》比较,揭示其中签署环节体现的建炎三年（1129）后宰辅体制新变化,借助徐谓礼文书及相关材料进一步论证南宋给、舍封驳职能并未因所谓"三省合一"而混一。（李全德,2015）

7. 龚延明考释此件告身中"承奉郎""兼装卸纲运"含义。（龚延明,2015）

8. 乔楠从此件告身记载的"嘉定献宝"一事出发,认定嘉定十三年（1220）大臣贾涉进献玉宝的真实性,指出该玉宝可能为徽、钦玉宝,并论述嘉定十五年朝廷围绕献宝举行盛典庆贺的基本情况。（乔楠,2015）

9. 王杨梅对比《大观二年十月七日刘况授通直郎致仕告》与此件告身,指出此件告身签署环节中给舍并立,取旨、覆奏程序体现在同一部分的情况,与北宋时期告身不同。（王杨梅,2016）

10.戴建国推测徐谓礼初仕寄禄官承务郎告身缺失的原因,有可能因为违法被追夺,并由此探讨宋代官员告身收缴问题。（戴建国,2016）

G2

1. 陈文龙指出,此件告身与 Y3 可说明,嘉定十七年徐谓礼转官原因并非"进宝敕恩",而是宋理宗即位敕恩。（陈文龙,2013）

2. 方爱龙、邵路程比勘此件告身与 Y2 图版"承奉郎新差监临安府粮料院……兼监镇城仓"内容相同的书迹,指出"告身""印纸"两部分出自同一人录白。（方爱龙、邵路程,2013）

3. 参见 G1。（王杨梅,2013）

4. 参见 G8。（马德才,2013）

5. 胡坤据此件告身指出，徐谓礼以理宗即位阶官转为承事郎。（胡坤，2014）

6. 龚延明考释此件告身中"承事郎"含义，并指出距嘉定十五年徐谓礼寄禄官升为承奉郎不到三年，徐谓礼寄禄官又升一阶至承事郎，这是他巧遇上了宋理宗于嘉定十七年闰八月登上皇位，臣僚得以普受恩典，正如诰词中所谓"丕承骏命"之故。（龚延明，2015）

G3

1. 包伟民将此件告身内容划分为三部分并分别考释，以此探讨体现告身文书格式严谨的各个环节、南宋时期"三省合一"对文书形式的影响以及告身制作的具体程序。（包伟民，2013）

2. 宋哲文以此件告身为例，说明南宋绍定时期奏授告身的格式。（宋哲文，2013）

3. 周佳指出此件告身为徐谓礼寄禄官由承事郎升为宣义郎的奏授告身，并解释此件告身形成的不同程序及其中的行政术语。（周佳，2013）

4. 参见 G1。（王杨梅，2013）

5. 参见 G8。（马德才，2013）

6. 龚延明考释此件告身中"宣义郎"含义，并指出文书中的"吴县"疑为"吴江县"之误。

7. 刘江比较此件告身与《宋西北边境军政文书》中一件被称为《拟补状》的文书，指出奏授告身中所记录的尚书省制作奏抄的环节并不能完全反映奏抄在尚书省运作的实际流程。（刘江，2015）

8. 周曲洋指出，此件告身、G5、G6、G7、G10 涉及磨勘转官事务，以此说明吏部使用奏钞文书处理政务时援引"条"与"例"的情况。（周曲洋，2016）

9. 石声伟指出，此件告身中的"分书"与"免书"属于性质相同的附注，内涵类似，即免签书之意。（石声伟，2016）

G4

1. 参见 G1。（王杨梅，2013）

2. 参见 G8。（马德才，2013）

3. 龚延明考释此件告身中"宣教郎""凡我京官"含义。（龚延明，2015）

G5

1. 参见 G1。（王杨梅，2013）

2. 参见 G5、G8。（马德才，2013）

3. 龚延明考释此件告身中"通直郎"含义。（龚延明，2015）

4. 参见 G6。（李全德，2015）

5. 参见 G3。（周曲洋，2016）

G6

1. 宋哲文以此件告身为例，考察南宋嘉熙时期奏授告身的格式。（宋哲文，2013）

2. 参见 C9。（方爱龙、邵路程，2013）

3. 参见 G1。（王杨梅，2013）

4. 马德才指出，此件告身内容缺失，据 G5 中第 9—17 行的内容补充此件告身所缺失的部分，并进一步指出两件告身如实反映南宋中后期尚书吏部奏授转官的整个程序流程和行政效率。（马德才，2013）

5. 李全德指出，中华本此件告身复原文本（即"复原文本二"）主要缺失有二：首先是奏抄不全，缺失奏抄结语及奏上门下省部分；其次是过门下后的审核与进人画闻环节全部缺失。作者借助 G5、G9 有关内容，复原此件告身自第 9 行"等言"至第 10 行尚书省吏人承受文书之间缺失的内容，并指出中华本的复原文本虽然恢复到了书手所录的"录白告身"的"原貌"，但却并非徐谓礼告身原本的复原。（李全德，2015）

6. 参见 G3。（周曲洋，2016）

7. 石声伟考释此件告身中史嵩之签押附注词"都督"含义指出，文书签发时，史嵩之正以右丞相都督在外，故以此附注词说明。（石声伟，2016）

8. 束保成指出，添差官本不同于正任官，因此在除授资格上或有不同。作者将徐谓礼此时官职与同时期的赵汝柄官职相比较，推断至少理宗时期添差通判阙可以知县资序人除授，与正任通判阙有所不同。（束保成，2021）

G7

1. 宋哲文以此件告身为例,复原宋代奏授告身格式及其反映的文书行政运作流程。(宋哲文,2013)

2. 参见 G1。(王杨梅,2013)

3. 参见 G8。(马德才,2013)

4. 龚延明考释此件告身中"承议郎"含义。(龚延明,2015)

5. 李全德以此件告身为例,分析尚书吏部所拟转官文书自下而上报请中央和君主批准的政务运行程序,及其间给事中的角色,并将其与唐代《奏授告身式》和北宋《赵德诚拟补承节郎事》进行比较,说明从北宋晚期到南宋后期,尽管中枢体制有过数次调整,但奏抄公文的处理机制及文书体式并没有明显改变,其中给事中的职能与作用至为稳定,所谓"给舍混一"的说法并不可靠,给、舍各司其职,无从混一。(李全德,2015)

6. 王杨梅指出,徐谓礼敕授告身从敕文形成到敕命付省一般经历三至十一日,奏授告身磨勘文字形成与奏上的日期没有明确的记载,但此件告身十二月某日由户部郎中上,直到正月十九日,才由都事受、郎官付吏部,或许与赶上年下有关。(王杨梅,2016)

7. 参见 G3。(周曲洋,2016)

8. 石声伟考释此件告身及 G10、Y66、Y71 中的签押附注词"未上",指官员已授官而未到任。此件告身中出现宰相、执政、吏部侍郎三位官员未到任的特殊情况,其政治背景是当时朝中出现大规模的人事调整。(石声伟,2016)

G8

1. 参见 G1。(王杨梅,2013)

2. 马德才比较此件告身与 G5、G6,说明敕授告身与奏授告身形式上的差别反映了两者在文书形成过程中所历程式不同,并据此件告身与除残缺的 G11 外其他九件告身,指出南宋政府任命官员这项事务,以最短时间计算,平均每次告身从拟敕至下发所需时间至少 13 天,认为行政效率较慢。(马德才,2013)

3. 参见 Y53。(邓小南,2013)

4. 杨芹以此件告身为例,说明因功转官制文武官员可命词,并考释此件告身内容,以此分析南宋"三省合一"体制下外制告身制作、签署流程,讨论南宋中央政务体制的演变和运作。（杨芹,2014）

5. 龚延明考释此件告身中"承议郎""朝奉郎"含义。（龚延明,2015）

6. 王杨梅指出,此件告身中有两处李性传签署,分别在淳祐五年十二月十七日取旨环节与二十六日敕命付吏部后、行下之前,署衔均为签书枢密院事兼权参知政事,然据《宋史·宰辅表五》"（淳祐五年十二月十八日）李性传自端明殿学士、签书枢密院事除同知枢密院。……十二月癸未（二十二日）,李性传除职予郡",故十二月二十六日李性传不应再以签书枢密院事兼权参知政事的职衔签署,这说明告身文字中对时间的记录并非总是符合实际政务运行流程。（王杨梅,2016）

G9

1. 宋哲文以此件告身为例,说明南宋淳祐时期奏授告身的格式,并指出此件告身涉及准恩例转阶。（宋哲文,2013）

2. 王杨梅指出,此件告身虽然不是磨勘转官官告,但不论是流转程序还是告词内容,都体现了奏授告身的特征,恰好弥补了徐谓礼磨勘转官告身皆为多人同制的缺憾。另见 G1。（王杨梅,2013）

3. 参见 Y53。（邓小南,2013）

4. 参见 G8。（马德才,2013）

5. 龚延明考释此件告身中"朝散郎"含义。（龚延明,2015）

6. 参见 G6。（李全德,2015）

7. 周曲洋指出,此件告身涉及推赏转官事务,以此说明吏部使用奏钞文书处理政务时援引"条"与"例"的情况。（周曲洋,2016）。

8. 周佳指出,据 Y66,淳祐六年十月六日朝廷颁下省札,任命徐谓礼将作监主簿,徐谓礼在当月十二日就职。徐谓礼拿到此件告身后,要向所在机构将作监及其上级主管部门工部报备并批书印纸,但将作监报备文书、工部印纸批书中,只称其为"朝奉郎、行将作监主簿",并不带"新除"。而就职五个多月后,淳祐七年四月五日,吏部颁给他转朝散郎的告身（即此件告身）,称"朝奉郎、新除将作监主簿",仍带"新除"。作者以此为例,指出官员上任后数月仍带"新授"的现象，主要出现在官员与中央往返文书上，进而揭示宋代地方官上任后存在类似"试用观察期"的情况。（周佳，2024）

G10

1. 参见 G1。（王杨梅，2013）

2. 参见 G8。（马德才，2013）

3. 张祎考释此件告身内容及相关制度，并与复原后的唐代《开元奏授告身式》比较，指出南宋告身体式仍在很大程度上保留着三省体制下的基本格局，由此指出所谓"三省合一"的简单概括其实掩盖了南宋中枢体制下颇为复杂的层次、格局，容易引起误解。（张祎，2015）

4. 龚延明考释此件告身中"朝散郎""朝请郎""行太府寺丞"含义。徐谓礼寄禄官朝请郎（正七品）高职事官行太府寺丞（正八品）一品以上，故太府寺丞带"行"。又，告身命词用"新除"，不用"新差"，是任命职事官之文书用语。（龚延明，2015）

5. 王杨梅指出，此件告身与 G11 存在记录时间先后的矛盾，说明告身上所书时间，或许并不完全符合真实行政程序完成时间。另见 Y73。（王杨梅，2016）

6. 参见 G3。（周曲洋，2016）

7. 石声伟考释此件告身签押附注词"未上"，指官员已授官而未到任。又此件文书签押附注词"督视"含义，参见 C10。（石声伟，2016）

8. 参见 Y71。（李全德，2022）

G11

1. 宋哲文指出此件文书类型为告身，其内容与 G10 抵牾并推测原因，或此件告身误将"朝散郎"书作"朝请郎"，或两件告身一为除授职事官，一为除授寄禄官。又，作者以此件告身为例，考释绍兴四年六月后外制告身在职事官除授中的使用范围。（宋哲文，2013）

2. 参见 G1。（王杨梅，2013）

3. 龚延明考释此件告身中"朝请郎""行太府寺丞"含义。（龚延明，2015）

4. 参见 G10。（王杨梅，2016）

5. 高天、苗书梅据此件告身认为,徐谓礼以嘉赏特授行太府寺丞,这也是徐谓礼两任差遣批书只批"在任历过月日"的原因,而不似主管官告院时的零考批书。(高天、苗书梅,2022)

6. 方诚峰结合 Y73"在任未准职告间,续准淳祐柒年拾贰月贰拾肆日尚书省札子"差知信州的内容指出,太府寺丞应该是有告身(职告),而一直到淳祐七年十二月徐谓礼离任时也还没收到该告身,并推测告身 11 的(下发)时间当在此之后。(方诚峰,2024)

Y1

1. 包伟民以此件印纸为例,兼及同类型的印纸批书,归纳和探讨了批书所具备的书头、批书内容、结语、签押四部分格式特征,并指出在京任职时,批书结尾由具体负责部门及其上级部门的官员签押,按职衔从低到高排列。又,此件印纸第七行在"守当官周隽卿押"下,复有一"给"字,表明当时徐谓礼系初入仕,需由考功司出给印纸,以供逐任批书。(包伟民,2013)

2. 魏峰指出,此件印纸记载了吏部颁给徐谓礼京官印纸时说明的批书原则。作为京官第一则印纸,并无本人申状,而是直接由吏部批讫给出。(魏峰,2013)

3. 胡坤指出,此件印纸第八行押字者是诸葛安节、第十行押字者是薛极,并根据其时诸葛安节所任之职,认定这件徐谓礼的考课印纸由吏部左选司颁下;又指出自元丰五年出现吏部四选,京朝官印纸的颁给官司乃系吏部尚书左选司。通过此件印纸可知,在"得替"之时,或者赴吏部参加磨勘铨选之际,批书后的印纸要交到吏部考功司,且印纸是与差遣联系在一起的,其颁给的时间是在差遣除授之初,而与官员是到任还是待阙无关。(胡坤,2014)

4. 龚延明考释此件印纸中"承务郎""监临安府粮料院兼装卸纲运兼监镇城仓"含义(龚延明,2015)。

5. 李全德据此件印纸指出,宋代官员在得到吏部所颁给的印纸后,负责批书的在地方和中央分别为州和所属上级部门。(李全德,2020)

6. 束保成据 C1 及此件印纸指出,徐谓礼自荫补入仕成为京官承务郎,嘉定十四年五月初授"监临安府粮料院兼装卸纲运兼监镇城仓",系任监当

资序,完全属于常规程序。(束保成,2021)

7. 高天、苗书梅指出,徐谓礼靠父荫以任子法入仕,此件印纸说明其初授资序为监当资序,初授差遣为监临安府粮料院、兼装卸纲运、兼监镇城仓,这一差遣属于繁剧差遣,所以其首先考虑的是具备亲民资序的官员,其次才是具备监当资序的官员。恩荫入仕的官员也可担任该差遣。(高天、苗书梅,2022)

Y2

1. 包伟民以此件印纸为例指出,徐谓礼印纸中绝大多数批书,仅摘录官员提请批书的申状;在外州军任职时,批书结尾由幕职官与长贰签押。又,作者以此件印纸、Y7、Y37为例,说明批书结语的格式化。(包伟民,2013)

2. 参见 G2。(方爱龙、邵路程,2013)

3. 胡坤据此件印纸指出,徐谓礼此时应该在婺州武义县家中待阙,以申状申请批书。(胡坤,2014)

Y3

1. 陈文龙论证嘉定十七年徐谓礼转官的真正原因是宋理宗继位赦恩,因此宝庆元年二月录白印纸拟名应改为《宝庆元年二月 日皇帝即位赦恩转承事郎》。(陈文龙,2013)

2. 胡坤认为,徐谓礼转承事郎的原因不是"进宝赦恩",而是"登宝位赦恩",因此中华本此件文书似应题作《宝庆元年二月 日登宝位赦恩转承事郎》。另外,作者指出本次批书是先由徐谓礼向武义县申乞,然后武义县再以申状向婺州申乞给徐谓礼批书,此为地方官司代为陈乞批书之实例,再一次证明徐谓礼待阙期间一直家居的事实。(胡坤,2014)

Y4

1. 包伟民据此件印纸、Y12、Y16、Y51、Y74、Y75指出,徐谓礼文书中少量保状批书签押十分规范。幕职官、长贰等签押俱全。多数保状批书签押相当简化,仅大书一"官"字,下面再写"押"字。(包伟民,2013)

2. 胡坤据此件印纸指出,徐谓礼此时仍居家待阙,而在此期间凡发生合当批书的事件,均由婺州进行批书。其中,徐谓礼为国学生洪溥、张鸣凤

出具赴国子监参斋注籍的保状,是其申请批书的依据,此事构成了徐谓礼待阙期间的一项考核内容。(胡坤,2014)

3. 李全德指出,此件印纸是文书中所见徐谓礼第一次委保,并以此件印纸为例说明保状批书由本人直接申州或所属。(李全德,2020)

Y5

1. 魏峰以该件印纸为例指出,批书格式包含书头、批书内容、结语及签押四部分,徐谓礼印纸批书基本依此格式。(魏峰,2013)

2. 胡坤据此件印纸指出,徐谓礼监临安府粮料院到任后,临安府知府应照验徐谓礼的告身,经徐谓礼申乞,临安府知府还要取索徐谓礼出身以来所有的官方文件进行辨验,并批书印纸,最后"帮放请给"。又,作者推测,此件印纸签署中空日,批书日期当不晚于正月二十日。(胡坤,2014)

3. 李全德以此件印纸、Y6、Y8为例指出,徐谓礼的第一任差遣是监临安府粮料院,对任上相关的到任、帮放请给、考课等事的批书,徐谓礼直接向临安府提交申状。(李全德,2020)

Y6

1. 魏峰以此件印纸为例指出,官员到任批书需明确到任时间、前任为何阙。(魏峰,2013)

2. 胡坤以此件印纸为例指出,徐谓礼办理完到任手续后并不意味着立马就能够履职,其到任之后与前任进行职事交割仍须耗费时日。(胡坤,2014)

3. 李永卉考察此件印纸所载徐谓礼到任临安府粮料院与前任蒋杞交割职事的时间。徐谓礼于宝庆三年正月初十日到任,二月份交割完毕并呈报临安府,交接时间一个多月。又,从徐谓礼到任粮料院交割文书后的签名可知,交割过程需包括通判等在内的所在机构官员的监督,属于离任后审计。(李永卉,2016;李永卉,2017)

Y7

1. 包伟民据此件印纸指出,此时徐谓礼任职于临安府,监临安府粮料院,但因委保人赵溁夫为宗子,陈乞推恩,所以这一保状的批书部门为负责此项事务的"行在礼部"。另见Y2。(包伟民,2013)

2. 胡坤据此件印纸指出，徐谓礼在第二考任上，曾委保宗室赵溁夫陈乞推恩，而此事需要批书印纸，一是防止诈冒不实，二是为日后追究责任提供事实依据。（胡坤，2014）

Y8

1. 王宇指出，徐谓礼监临安府粮料院的成考、到罢由临安府批书，且批书流程非常简单。（王宇，2013）

2. 胡坤指出，此件印纸从第 2 行的后半部分到第 7 行的后半部分是徐谓礼申乞罢任批书的申状。由于替官杨基未到任，徐谓礼又继续任该差遣一段时日，这段时日被称为"零考"。第 8—13 行是徐谓礼在第二考内合行批书的六项事件，符合《庆元条法事类》中"命官批书印纸式"的规定；但徐谓礼作为监临安府粮料院、兼装卸纲运、兼监镇城仓的监当官，在任满得替之际，其印纸上无"所收课利"的条目，这一情况或是批书制度形式化的表现。（胡坤，2014）

3. 李永卉指出，此件印纸记载徐谓礼满任后，由于接替徐谓礼的后官未到任，导致继续留任 23 天，直到替官杨基到任，交割职事完毕才离任。此情况与嘉泰三年官员离任审计法令契合。（李永卉，2016；李永卉，2017）

4. 束保成据此件印纸制作《徐谓礼历任零考一览表》，此任零考时间为二十三日。徐谓礼任监临安府粮料院共历一任二考并零考二十三日，以二年成资计解任后可理为第二任监当资序。（束保成，2021）

5. 李灵均据此印纸指出，官员申请零考印纸批书，应由本人先提出申请，然而现存徐谓礼文书中并非所有零考都有单独的印纸批书，绍定二年正月初九日徐谓礼完成监临安府粮料院第二考时，本应就第二考考成事宜进行考核，然而徐谓礼并未申请使府批书印纸，而是将第二考与候得替官产生的二十三日零考合并一起进行考核，以此可见宋代铨选机构对零考的统计、考核机制的灵活性。（李灵均，2022）

Y9

1. 包伟民据此件印纸指出，此时徐谓礼仍在监临安府粮料院任上，但因委保杨璪应吏部铨试，所以负责批书的部门就是"行在吏部"。（包伟民，2013）

Y10

1. 周佳指出此件印纸为徐谓礼磨勘转官的临安府批文。绍定二年，徐谓礼寄禄官由承事郎升为宣义郎，收到告身后向临安府申请批书印纸。作者考释批书印纸的流程环节，考证末尾押字应是赵立夫。（周佳，2013）

Y11

1. 周佳指出此件印纸是新知吴县丞徐谓礼在到任并完成交割事宜后，平江府给出的批书证明。又，作者依据《吴郡志》考证出文书最后一行押字者应是时任平江府知府朱在。（周佳，2013）

2. 参见 Y19。（李灵均，2022）

3. 周佳指出，绍定二年五月朝廷颁发敕牒 C2 授徐谓礼"平江府吴江县丞"，同年八月，磨勘转宣义郎印纸 Y10 批书时，尚称其"新知平江府吴县丞"。次年二月，到任印纸批书（即此件印纸）时，去掉"新"字，直接称其为"知平江府吴县丞"。又，作者指出，徐谓礼差遣、职事官前的"新授"等字样，都是在到任印纸批书时才去除的。这也符合五代以来"未领事不得擅落新授字"（《五代会要》卷一四"左右仆射"条）的规定。

Y12

1. 参见 Y4。（包伟民，2013）

2. 魏峰考释此件印纸的批书内容、结语、签押，并对比《庆元条法事类》中规定与此件印纸、Y50、Y75 所存保状，指出将保状简化录入批书的情况在徐谓礼文书印纸所存 33 则保状批书中普遍存在。（魏峰，2013）

Y13

1. 包伟民指出，由地方州军负责的批书，按制度所有幕职官、长贰都应签押，此件印纸书头明言"平江府知通"，签押部分只有知、通二人，据此指出随着文书制度日趋程序化，是否存在简化省略的情形。（包伟民，2013）

2. 周佳指出，此件印纸功能为知平江府吴县丞徐谓礼就任并通过资格审核后，由上级部门平江府开具的证明其可以领取俸禄的批文。文书中的"帮"通"旁"，应是唐宋时期官府发放钱物的收支文字凭证。徐谓礼可凭此批文，前往平江府下属粮料院领取俸禄。签署环节的"人吏 练民"说明此件印纸由吏人按规定格式书写。（周佳，2013）

Y14

1. 包伟民据此件印纸、Y18、Y19、Y29、Y37、Y38 指出,在州军属官中,州院诸曹官均不列名印纸签押,但如果事涉考课,须由法曹负责审核"功过事件",则司法参军也列入签押之列。(包伟民,2013)

2. 王宇以此件印纸为例指出,徐谓礼知平江府吴县丞的成考、到罢批书流程比较复杂,徐谓礼向吴县提交申状,请求启动成考批书的流程。吴县知县接到徐谓礼申状后,"押引差人监勒诸案人吏,供具到本官考内即未了事件",然后保明申请平江府放行批书。平江府得到吴县知县保状后,还要派出州本级的曹官复核,最终的批书由知州完成。(王宇,2013)

3. 魏峰以此件印纸与 Y37 为例,指出州军属官中,州院诸曹官均不列名批书签押,但如果事涉考课,须由法曹审核"功过事件",则司法参军也列入签押之列。(魏峰,2013)

4. 周佳指出,此件印纸是平江府对其所属吴县丞徐谓礼的一份年度考课文书,文末押字应是知府吴渊。又,作者对比此件印纸与《庆元条法事类》中所列南宋官员考课批书印纸的格式,指出二者高度吻合,并解释此件印纸中多出"考内所催常平官租钱米及秋苗米,并夏秋两料役钱等,并于省限内催纳敷足"一项的原因在于《庆元条法事类》中"考课令"的规定。另见Y19。(周佳,2013)

5. 邓小南指出,此件印纸除去签署部分,批书文字分为"申请流程"与"依条批书"两个板块。作者以此为例进一步说明徐谓礼文书录白印纸当中反复强调的不是官员的业绩功过,而是与勘验复核相关的表达,反映印纸批书作为验证依据和"照会"凭证的基本功能。(邓小南,2013)

6. 李全德指出,徐谓礼自第二任差遣知吴县丞到知信州之前,按照制度规定,批书的事情,"于所在州依条式批书(或在京于所属)",需要通过直属上级部门申州或者申省来完成。在这个阶段,徐谓礼本人以及相应官司都大量使用申状,在徐谓礼的申状中也开始出现"备申"一词。作者以此件印纸、Y18、Y19 为例说明徐谓礼知吴县丞期间,通过申吴县向州申请批书。(李全德,2020)

7. 参见 Y19。(李灵均,2022)

Y16

1. 参见 Y4。（包伟民，2013）

Y17

1. 包伟民以此件印纸为例指出，徐谓礼个别批书省略格式化结语。（包伟民，2013）

Y18

1. 参见 Y14。（包伟民，2013）

2. 魏峰以此件印纸与 Y19、Y28 为例指出，官员成考离任时，官司要审核其任内职务，还需吏人责立文状以保证审核内容的真实性；又，此件印纸说明对亲民官的考课，依靠严格的批书来规范官员管理。（魏峰，2013）

3. 周佳指出，此件印纸为平江府对其所属吴县丞徐谓礼在任第二年度的考课文书（即第二考文书），当时地方基层官员从到任之日算起，满一年为一考。又，作者指出徐谓礼第二考文书与第一考文书的四点不同之处，末行押字应是知平江府邹应博。另见 Y19。（周佳，2013）

4. 参见 Y14。（李全德，2020）

5. 参见 Y19。（李灵均，2022）

Y19

1. 参见 Y14。（包伟民，2013）

2. 参见 Y18。（魏峰，2013）

3. 周佳指出，此件印纸与 Y14、Y18 在内容与格式上高度一致，文末押字与第二考押字高度一致，文书中"零考"的"零"可理解为"零余"之意，据三份考课文书统计徐谓礼在吴县丞任上供职时间一共二十七个月零十四天。（周佳，2013）

4. 参见 Y14。（李全德，2020）

5. 束保成据此件印纸制作《徐谓礼历任零考一览表》，此任零考时间为三个月零十四日。（束保成，2021）

6. 王逸临据此件印纸指出，《绍兴常平敕令格式》对常平仓钱米确切数量的要求未被严格执行，更不用说通过批书印纸中数字的计算强化对地方储备资源的调动。（王逸临，2022）

7. 李灵均以徐谓礼任知平江府吴县丞期间系列任官文书（C2、Y11、Y14、Y18、Y19）为例，讨论因等候替任者而产生的零考及其处理机制的运作实态。作者指出，此件印纸反映南宋时期铨选机构通过印纸等文书行政，对官员任期进行严格管理，即便是短至三个月零十四天的零考，印纸文书的格式、内容均与成考印纸相同；零考印纸格式、内容的程式化，一定程度上也反映出当时的印纸文书的重点在于"记录"，而非考课。又，作者认为此件零考印纸批书应拟名为"零考"而非"零考成"，拟名为《绍定五年五月日知平江府吴县丞零考》。参见 C2。（李灵均，2022）

Y20

1. 包伟民据此件印纸指出，徐谓礼因贾似道叔父贾直夫之请，出保状委保贾似道已故父亲贾涉"合得恩例三次"，因此其子贾似道可"作磨勘收使"。又，此件印纸及 Y43、Y44、Y54、Y56、Y65 结尾签署无"官"字，仅有"押"。（包伟民，2013）

Y25

1. 魏峰以此件印纸为例，说明官员到任首先由上级官司辨验告身等"出身以来文字"，付身等文字由上级官司"从条辨验是实"，然后批书印纸，表明经审验官员告札等出身文字并无伪冒。（魏峰，2013）

2. 李全德以此件印纸、Y26、Y27、Y28 为例指出，徐谓礼第三任差遣是权知建康府溧阳县，据此四份印纸记载，徐谓礼提出申请批书，不再是"申"县，而是"牒"县，然后由县再向建康府出具申状。（李全德，2020）

3. 高天、苗书梅据此件印纸及 Y26、Y27、Y28 指出，徐谓礼第三任差遣系衔"权知建康府溧阳县"中落"权"字的变化，乃就任关升所致。（高天、苗书梅，2022）

4. 李灵均将此件印纸拟名为《端平元年五月□日权知建康府溧阳县辨验印纸》。（李灵均，2022）

Y26

1. 魏峰以此件印纸为例，说明官员到任批书需明确到任时间、前任为何阙，及官员到任后与前任交接完毕，需由上级官司批书印纸。（魏峰，2013）

2. 参见 Y25。（李全德，2020）

3. 参见 Y25。（高天、苗书梅，2022）

4. 李灵均将此件印纸拟名为《端平元年五月□日权知建康府溧阳县到任印纸》。（李灵均，2022）

Y27

1. 龚延明考释此件印纸中"通直郎""权知建康府溧阳县""主管劝农营田公事""兼弓手寨兵军正"含义。

2. 参见 Y25。（李全德，2020）

3. 参见 Y25。（高天、苗书梅，2022）

4. 李灵均将此件印纸拟名为《端平元年□月□日权知建康府溧阳县到任出给供给料历印纸》。（李灵均，2022）

Y28

1. 包伟民以此件印纸为例指出，南宋时期，对于一个知县而言，其"功过事件"主要就是负责催缴的各项赋税是否如期完成。又，此件印纸中出现的日期与其结尾签署的日期之间有出入，且存在文意无法衔接的情况，故估计此件印纸上下两部分实属两份不同的批书，中间另有卷帙遗失。又，作者指出此件印纸及 Y29 详细记载了端平元年夏秋两税及常平租课的数据，与周应合《景定建康志·田赋志》记载比较，可见两宋时期税额凝固化现象存在。（包伟民，2013）

2. 参见 Y28。（魏峰，2013）

3. 王宇指出，徐谓礼知溧阳县第一考批书过程与知吴县丞一样，先由本人申县，县命吏人核实保明，然后申州（府），府命司法参军复核，最后由府批书上印纸。当然，此时徐谓礼是溧阳县最高长官，溧阳县的核实环节实际上只是具文。（王宇，2013）

4. 邓小南指出，此件印纸录文第 1—75 行是徐谓礼治溧阳县第一考批书，录文第 76—144 行，应是其第二考之后的零考批书，两件文书皆有残缺，其间还应有徐谓礼知溧阳县第二考批书。又，作者指出，根据印纸批书的记录，在徐谓礼知县任内，既"不曾获强盗"，亦"无未获强盗"等事项，不过是依例填报，非关地方实际情形和任内实际表现。（邓小南，2013）

5. 参见 Y25。（李全德，2020）

6. 李永卉以此件印纸中相关内容说明地方审计机构包含磨勘司。（李永卉，2016；李永卉，2021）

7. 高天、苗书梅指出，徐谓礼在溧阳县任职的第一考考状中官称已落了"权"字，可以看出其已满足关升条件，并判断由监当资序关升为知县资序的时间应该在端平元年四月二十六日至端平二年十月二十五日之间。（高天、苗书梅，2022）

8. 李灵均考察中华本录白印纸卷四图四至图九、卷五图一至六错简文书缀合过程中的拟名问题。作者指出，徐谓礼知平江府吴县丞经二考零三个月十四日，已顺利满任，但仅完成一任监当、一任县丞，并不构成知县资序，因而权知溧阳县结衔中"权"字不可省去。此件印纸拟名当为《端平二年肆月日权知溧阳县第一考成》。（李灵均，2022）

Y29

1. 参见 Y14、Y28。（包伟民，2013）

2. 高天、苗书梅指出，徐谓礼知溧阳县不满三考离任，不能理作实历一任，但其因丁忧而不是因犯罪离任，可以理为"实历知县一任"，且徐谓礼之后再没有担任过知县差遣，因此可以断定此任差遣必在实际到任的五个月七日内就已关升至知县资序。（高天、苗书梅，2022）

3. 杨娟以此件印纸及 Y32 为例，指出《徐谓礼文书》中几乎所有录白印纸需要点对是否差出，若有差出，缘由为何，及差出时间如何折算考数。（杨娟，2022）

4. 李灵均以徐谓礼任权知建康府溧阳县期间系列任官文书（C3、Y29、Y30）讨论因丁忧而产生的零考及其处理机制的运作实态。作者指出：一，丁忧原因产生的零考，其特殊性在于，官员可能会在无法及时办理零考离任批书的情况下返乡，而后续的零考批书的发出机构、所在地与丁忧期间官员的居住地略有差异。不过，这一文书流程是否为异地办理，仍待更多史料支持。二，南宋时期，亲民资序的州县官零考批书中有关夏秋二税、常平租课等财政收入的记录与考课的计算方式，如果在零考印纸批书之时已经完成了夏秋二税的起征，则印纸中记录、考课的是当年的总额。又，作者将此件印纸拟名为《端平三年十二月日权知溧阳县零考》。参见 Y28。（李灵均，2022）

Y30

1. 包伟民指出，此件印纸点明徐氏祖茔具体地点为"武义县长安乡第壹都地名湖山"，应该就是徐谓礼夫妇墓葬所在位置。（包伟民，2013）

2. 魏峰以此件印纸为例指出，官员丁忧从吉也需要批书在印纸上。宋代官员迁转不易，多有匿丧不报等弊，印纸此条批书的目的是核查官员是否持服期满。（魏峰，2013）

3. 龚延明考释此件印纸中"丁忧""服阙从吉""硕人"含义，并判断徐谓礼嘉熙三年正月服阙起复。（龚延明，2015）

4. 束保成据此件印纸制作《徐谓礼历任零考一览表》，此任零考时间为五个月零七日，并指出徐谓礼丁忧期间的历过月日不在考任范围内，加上溧阳县上所历考第，此时徐谓礼共历三任六考并零考九个月零十四日，可关升初任知县资序，其中六考已收入关升考任中，多出的零考九个月零十四日可于后任通理考第。（束保成，2021）

5. 王逸临据此件印纸考察批书管理常平钱米官员印纸的内容。（王逸临，2022）

6. 李灵均根据此件印纸指出南宋时存在未能在行政时效内完成离任零考印纸批书的情况。另见 Y29。（李灵均，2022）

Y31

1. 魏峰指出，徐谓礼于嘉熙三年主管官告院，而此件印纸中批书仅作"主管职事讫"，推测此任并非替任，因此未见交割职事的批书。（魏峰，2013）

2. 龚延明考释此件印纸中"主管官告院"含义。（龚延明，2015）

3. 李全德指出，此件印纸及 Y32 为徐谓礼主管官告院时期的批书，分别为到任及零考批书。徐谓礼先牒官告院，然后由官告院出申状向吏部申请批书。（李全德，2020）

Y32

1. 魏峰以此件印纸及 Y45 为例，说明印纸记录的"过犯"指对官员的处分，包括公罪、私罪、勒停、冲替、罚铜等。（魏峰，2013）

2. 方爱龙、邵路程比勘《徐谓礼妻林氏圹志》"符核平江府百万仓，得所以欺弊之实"与此件印纸图版"平江府百万东西两仓……委的有无欺弊"

书迹,指出《圹志》与《印纸》出自同一人所书。(方爱龙、邵路程,2013)

　　3. 邓小南据此件印纸指出,徐谓礼于嘉熙三年被"臣僚上言"解罢主管行在官告院职事,但行在吏部批书,只在"差出"项下照录"起发前去浙西提刑司"至"解罢本院职事讫"之经过,并不叙述其过失原委。(邓小南,2013)

　　4. 龚延明指出徐谓礼于嘉熙三年解罢主管官告院。(龚延明,2015)

　　5. 余蔚据此件印纸及徐谓礼妻《有宋孺人林氏圹志》指出,徐谓礼在主管官告院任内"受尚书省札子差委,前去浙西提刑司取索平江府百万东、西仓簿历干照"并遭外力中断之事,反映了当时百万仓以"都司(尚书省左、右司)提领,宪司措置"的体制。(余蔚,2017)

　　6. 参见 Y31。(李全德,2020)

　　7. 束保成据此件印纸制作《徐谓礼历任零考一览表》,此任零考时间为两个月零十七日。又,作者结合此件印纸与《吏部条法》指出,徐谓礼差往浙西提刑司所历月日可理为考任,印纸所记"在任两个月零一十七日"即包括差出所历月日。又,徐谓礼除授主管官告院后成为行在职事官,按照宋制,常调官员任在京职事官时,仍比照一般差遣资序进行关升,在任零考两个月零一十七日,加上之前多出的零考九个月零十四日,因此徐谓礼解任主管官告院后所历考第共计一考并零考一日。(束保成,2021)

　　8. 李灵均将此件印纸拟名为《嘉熙三年七月日主管官告院零考》。(李灵均,2022)

　　9. 李全德据此印纸指出,徐谓礼在主管官告院任上不足一个月,接到省札(这也是徐谓礼文书中第一次出现省札),使命是审核浙西宪司所关平江府百万仓收支情况。又,徐谓礼于嘉熙三年五月二十一日启程去平江府百万仓,然尚未回京复命,又于六月接到第二份省札,别有差遣。作者据徐谓礼自作《有宋孺人林氏圹志》指出,徐谓礼的审计工作受阻。七月,其两受省札的经历,批入此件零考印纸中。(李全德,2022)

　　Y34

　　1. 龚延明考释此件印纸中"奉议郎""管内"含义。(龚延明,2015)

　　Y37

　　1. 参见 Y2、Y14。(包伟民,2013)

2. 参见 Y14。（魏峰，2013）

3. 李全德据此件印纸及 Y38 指出，徐谓礼嘉熙四年添差通判建昌军，淳祐元年四月第一考成，二年四月第二考成，均"申军，乞照条式批书"。（李全德，2020）

Y38

1. 参见 Y14。（包伟民，2013）

2. 魏峰指出，徐谓礼历任地方官批书中，皆未见本路监司的签押，其任内考课主体始终是州级官司。此件印纸中相关内容说明其职事涉及茶盐事务，但印纸亦只由建昌军批书，未见提举常平司介入其中。作者由此推测监司对地方官员的监察另成系统，印纸批书并非监司监察重点。（魏峰，2013）

3. 王宇指出，建昌军通判与知军同驻一处，其成考、到罢任批书更简单。（王宇，2013）

4. 参见 Y31。（李全德，2020）

5. 束保成据此件印纸指出，徐谓礼通理主管官告院所历考第，此时已历过三考及零考一日。虽然徐谓礼之前任"权知建康府溧阳县"业已成资，可理为实历知县一任，但当前考数尚不满五考，故其在添差通判建昌军解任后当仍为知县资序。（束保成，2021）

6. 高天、苗书梅指出，按照正常情况，徐谓礼需两任五考方可关升至通判资序，然而出现丁忧这类特殊情况后需前后在任满六年，得替之后方可申请关升资序。添差官为正常员额之外新增之官，不需要继任官员接替，任满即可离任。徐谓礼担任添差通判建昌军兼管内劝农营田事，在任整两年，知县资序已历两任四考有余，两年之内便可关升为通判资序。（高天、苗书梅，2022）

Y39

1. 包伟民以此件印纸为例指出，徐谓礼在行在任职时，其印纸由所任职的中央部门负责批书。（包伟民，2013）

2. 李全德据此件印纸、Y40、Y41、Y42 指出，徐谓礼监三省枢密院门兼提辖封桩上库，两差遣职任不同，主管部门不一样，因此需要向两个不同的上级部门分别提交文书申请批书。又，作者指出，此件印纸中三省枢密院门申状前半部分照录了徐谓礼申状，后云"备录在前"，并不是说将徐谓礼的公文单独重新抄录，而是指本门申状的前半部分所录徐谓礼状。又，结合 Y40、Y42 中"申所"，作者认为，"备申"一词用于申请人希望直属上司部门向更高一级部门转达自己的请求时所呈上的申状中。作为文书运作的程序，备申，即备录原状以申，此原状并不是单独抄录，而是将申请人的原状备载于呈于上级部门之申状中，即"备录在前"。所有徐谓礼需要本司主管部门申上的文书运作中，不管是"申"还是"备申"，主管部门的申状中不管是否有"备录在前"的措辞，实际上都是按照"备申"的程序在运行。（李全德，2020）

3. 束保成据此件印纸指出，徐谓礼此时为知县资序，故可按格法注授。然到任不久，于淳祐二年八月二十七日便遭臣僚论罢，在任仅一个月零二十日。然所历月日仍可通理补考，故虽遭罢任，通理考第后所历共计三考及零考一个月零二十一日。（束保成，2021）

4. 李全德针对此件印纸所录省札指出，嘉熙三年八月徐谓礼奉敕添差通判建昌军，次年四月到任。淳祐二年四月添差通判建昌军第二考成，七月三日接到省札差监三省枢密院门兼提辖封桩上库，七日到任供职。（李全德，2022）

5. 方诚峰指出，徐谓礼监三省枢密院门兼提辖封桩上库到、罢各有两次批书。此官衔分为两部分，一是监三省枢密院门，二是提辖左藏封桩上库。根据印纸批书，徐谓礼兼任的两个官职在管理上是分开的。前者由三省枢密院门保明上申，检正左右司批书；后者由行在左藏库保明上申，提领左藏封桩库所批书，故此件印纸的名称应调整为《淳祐二年七月 日监三省枢密院门到任》。又，作者指出，"检正左右司"出现在此件印纸及 Y41 开头，意味着它是三省枢密院门的上级机构；尚书右司员外郎、左司郎官、中书门下省检正诸房公事三名官员集体签押于末尾，说明检正与左右司二者实际已融合为一司，这意味着南宋中书门下省、尚书省并立的两省制，在宰属的层次上实际有"一省制"的倾向。（方诚峰，2024）

Y40

1. 龚延明考释此件印纸中"监三省枢密院门""兼提领封桩上库"含义。另见 C6。（龚延明，2015）

2. 参见 Y39。（李全德，2020）

3. 方诚峰指出,此件印纸及 Y42 的提领左藏封桩库所批书,最后都由守将作少监、兼权左司郎官、提领陈大猷签押,并不是因为其都司官身份,而是其提领官的身份。《宋史·职官志》云左藏封桩库系"都司提领"并非指都司是左藏封桩库的管理机构,而是指定的都司官员提领,形成"提领左藏封桩库所"。（方诚峰,2024）

Y41

1. 邓小南据此件印纸及 Y42 指出,徐谓礼于嘉熙三年八月添差通判建昌军,次年四月到任。两考离任之后,淳祐二年七月差监三省枢密院门兼提辖封桩上库,九月即"准尚书省札子,臣僚论列罢黜"。这两年的印纸都只在本人申请部分照录降黜结果,具体批书项目未涉及其差错过失及罢黜原因。作者据徐谓礼本人在其夫人圹志所述指出,徐谓礼得祸与"核平江府百万仓"事相关,促使朝廷贬黜的事由是臣僚论列,而非记载常行事项的印纸。又,作者指出,此件印纸拟题当作《淳祐二年九月 日监三省枢密院门零考成》。（邓小南,2013）

2. 龚延明考释此件印纸中"监三省枢密院门""兼提领封桩上库"含义。（龚延明,2015）

3. 参见 Y39。（李全德,2020）

4. 束保成据此印纸制作《徐谓礼历任零考一览表》,此任零考时间为一个月零二十日,但所历月日仍可通理补考,故虽遭罢任,通理考第后所历共计三考及零考一个月零二十一日。（束保成,2021）

5. 李灵均将此件印纸拟名为《淳祐二年九月日监三省枢密院门兼提领左藏封桩上库零考》。（李灵均,2022）

6. 李全德根据此件印纸中所录省札指出,徐谓礼接到差监三省枢密院门兼提辖封桩上库正式任命敕牒后不久,于淳祐二年八月二十七日,接到省札,因被臣僚论列而罢职。（李全德,2022）

7. 方诚峰指出,此件印纸名称应调整为《淳祐二年九月 日监三省枢密院门零考》。另见 Y39。（方诚峰,2024）

Y42

1. 参见 Y41。（邓小南,2013）

2. 参见 Y39。（李全德，2020）

3. 李灵均将此件印纸拟名为《淳祐二年九月日监三省枢密院门兼提领左藏封桩上库零考》。（李灵均，2022）

Y43

1. 参见 Y20。（包伟民，2013）

Y44

1. 参见 Y20。（包伟民，2013）

Y45

1. 魏峰指出，徐谓礼在监三省枢密院门兼提辖封桩上库的任上仅一个月二十日，即被臣僚论列罢黜，随后被降为主管台州崇道观，任便居住。此件印纸及 Y32 说明，印纸记录的"过犯"指对官员的处分，包括公罪、私罪、勒停、冲替、罚铜等。（魏峰，2013）

2. 龚延明考释此件印纸中"主管台州崇道观"含义。（龚延明，2015）

3. 参见 C6。（周佳，2024）

Y46

1. 魏峰指出，此件印纸中徐谓礼降为宫观官的批书，印证了洪迈所论南宋考课徒为虚文之说（所谓任宫观官却批上"不曾差出"）。（魏峰，2013）

2. 参见 C9。（方爱龙、邵路程，2013）

3. 龚延明考释此件印纸中"权通判建康军府"含义。（龚延明，2015）

4. 束保成据此印纸制作《徐谓礼历任零考一览表》，此任零考时间为五个月零六日。又，作者据《吏部条法》指出，徐谓礼并非现任宰执或台谏子孙，其祠禄官上所历一考及零考五个月零六日无法用于通理关升资序，故解任主管台州崇道观后所历考第仅三考及零考一个月零二十一日。（束保成，2021）

5. 李灵均将此件印纸拟名为《淳祐四年月日主管台州崇道观零考》。（李灵均，2022）

Y47

1. 龚延明考释此件印纸中"浙西、两淮发运司主管文字"。（龚延明，2015）

Y49

1. 龚延明考释此件印纸中"承议郎"含义。（龚延明,2015）

Y50

1. 参见 Y53。（邓小南,2013）

2. 参见 Y53。（束保成,2021）

3. 参见 C9。（高天、苗书梅,2022）

Y51

1. 包伟民据此件印纸指出,徐谓礼委保常德军通判孟继华陈乞荫补第三男孟文虎,仍由徐谓礼当时任职的平江府负责批书,由此可见如保状这样的批书事件,只要有官司愿意为属官承担批书之责,便可提请落实印纸批书。另见 Y4。（包伟民,2013）

2. 参见 Y12。（魏峰,2013）

Y52

1. 魏峰以此件印纸和 Y70 为例,说明印纸主记功过,因此任内的奖惩都需由上级官员批上印纸,"劳绩推赏"则被列在成考批书第一条目。（魏峰,2013）

2. 参见 Y53。（邓小南,2013）

3. 龚延明考释此件印纸中"承议郎""朝奉郎"含义。（龚延明,2015）

4. 余蔚据此件印纸指出,徐谓礼在淮浙发运司主管文字任上的淳熙四、五年,和籴数约仅次于宝祐五年,故得以在任上由承议郎转朝奉郎。（余蔚,2017）

Y53

1. 邓小南指出,徐谓礼印纸中,此件印纸及 Y78 中批书记载了其任内劳绩所得推赏,但"劳绩"皆非通过印纸记载使朝廷获知。作者以此件印纸及 G8、Y50、Y52、Y70、G9 为例指出,因淳祐四年"发运和籴所招籴淳祐四年分米斛"事,徐谓礼于淳祐五年十二月得告转朝奉郎,但这一劳绩在其淳祐五年七月得到的浙西两淮发运司主管文字第一考批书中,却未予以记录。当时的劳绩并非由印纸上报,而是由浙西两淮发运司申报,朝廷以此作为推赏的依据。又,淳祐七年,由于同一功业,徐谓礼再转朝散郎,告身中吏部奏

文以"发运和籴所申"为依据，发运和籴所的申报显然是经由个人印纸批书之外的途径。（邓小南，2013）

2. 龚延明考释此件印纸中"随司解任"含义。（龚延明，2015）

3. 余蔚据此件印纸指出，两淮浙西发运司最重要的属官是主管文字，但并非常置。（余蔚，2017）

4. 李全德指出，此件印纸中发运司申省状中并无"备录"云云用语，但从文书内容来看，实际上仍是按照"备申"程序，将徐谓礼申状"备录在前"。（李全德，2020）

5. 束保成据此件印纸制作《徐谓礼历任零考一览表》，此任零考时间为九个月。徐谓礼被除授权通判建康府事后未及赴任便改差两浙西路两淮发运副使司主管文字，因而没有权通判建康府事后的任何批书记载；又，作者据Y50及《吏部条法》指出，徐谓礼除授浙西两淮发运副使司主管文字符合第二任知县资序曾经历任亲民人差注资格，任务结束后，发运副使除授刑部侍郎归行在，徐谓礼也随司解任，在此期间共历一考并零考九个月，通理前任考第后共计四考及零考十个月零二十一日。（束保成，2021）

6. 李灵均指出，中华本将此件印纸拟名冠以"随司解任"，实际上这仅是徐氏离职的原因之一，更为妥当的拟名应为《淳祐六年闰四月日浙西两淮发运司主管文字零考》。（李灵均，2022）

7. 李全德根据此件印纸中所录省札指出，徐谓礼在任职浙西两淮发运司主管文字期间，曾受省札差遣，往来镇江府转般仓，督运百万仓米斛六十万石，但具体时间和省札措辞不详。此事为临时差遣，故在此件印纸中批入"差出"一项中；此件省札中出现"节次札"一词，与"节次准省札"含义接近，即陆续多次接到省札之意。又，作者针对此件印纸中所录另一件省札，考释徐谓礼"因发运魏侍郎被命归班，合行随司解任"的申报批书流程。又，此件省札是所有省札中最完整的，正文为原札照录，先札付官司，再札送当事人，乃徐度《却扫编》所谓"照札"。（李全德，2022）

Y54

1. 参见Y20。（包伟民，2013）

Y55

1. 包伟民指出,此件印纸批书签押"官"、吏名全无,仅有两个"押"字,形式化明显。(包伟民,2013)

Y56

1. 参见 Y20。(包伟民,2013)

Y57

1. 包伟民据此件印纸及 Y58 指出,徐谓礼文书中保状批书有部分抄写吏人的押字。(包伟民,2013)

Y58

1. 参见 Y57。(包伟民,2013)

Y60

2. 江月指出,此件印纸包含徐谓礼为包志轼免解担保的保状,包志轼因遇明堂恩赦得到免解机会,由徐谓礼担保其身份真实,不存在假冒情况,并且符合朝廷恩赦的规定。(江月,2014)

Y61

1. 江月以此件印纸所载保状为例指出,宋代考生需要服丧的不得应举,如果取解成功而因为守丧未能参加省试,服丧期满可以免解参加省试,但需要特别担保。(江月,2014)

2. 刘本栋以该件印纸包含的保状为例,说明考生如果发解试成功因为守丧未能参加省试,服丧期满可以免解参加省试,但需要保官出具保状。(刘本栋,2015)

Y64

1. 江月指出,此件印纸包括徐谓礼为不在籍贯地获得文解的举子参加省试作保的保状,说明了在具备一定条件的情况下,考生获得担保后可以被允许在籍贯以外的地方参加考试。(江月,2014)

2. 刘本栋以此件印纸所载保状为例,说明在具备一定条件的情况下,科举应举者取得担保后允许在籍贯地以外考试。(刘本栋,2015)

3. 张云梦以此件印纸所载保状为例,指出南宋流寓试也要求举子须有保识官担保。(张云梦,2021)

Y65

1. 包伟民据此件印纸指出，徐谓礼委保国子进士中选人贾鑛陈乞给据赴省，所以负责批书的部门是行在国子监。另见 Y20。（包伟民，2013）

Y66

1. 龚延明考释此件印纸中"行将作监簿"含义。根据此件印纸，朝廷任命徐谓礼将作监簿的日期为淳祐六年十月。又，此时徐谓礼寄禄官为朝奉郎，高于职事官"将作监簿"一阶，故其职事官衔前带"行"。（龚延明，2015）

2. 参见 G7。（石声伟，2016）

3. 李全德指出，此件印纸中所录徐谓礼申状中称"乞保明申省部"，而不云"乞保明备申"，但实际上将作监仍需要"备申"尚书工部。将作监的申状，将徐谓礼"申监"的申状"备录在前"，并为之保明。申尚书工部，也就是"备申省部"之意。徐谓礼申状中无"备"，可能是疏漏。（李全德，2020）

4. 束保成据此件印纸指出，徐谓礼除授"行将作监簿"，所谓"行"是指寄禄官高于职事官一品。南宋延续元丰改制规定，与差遣资序无关，之后徐谓礼除授"行太府寺丞"。（束保成，2021）

5. 李全德根据此件印纸中所录省札指出，徐谓礼于淳祐六年四月解淮浙发运司主管文字之任，同年十月除将作监簿，并于当月十二日赴监供职。据 Y71，当年十二月，朝廷下发省札两月后给告身除授此任差遣，告身不见于徐谓礼文书，仅诰词见于刘克庄文集。作者总结，徐谓礼将作监簿之命，有省札，续有告身，无敕牒。（李全德，2022）

Y68

1. 江月指出，此件印纸包含徐谓礼为国子监学生上官子直等人参加国子监补试所做的保状，担保其身份属实，符合朝廷诏令，有资格参加国子监补试，如有假冒情况，连坐受罚。（江月，2014）

Y70

1. 魏峰以此件印纸和 Y52 为例指出，印纸主记功过，因此任内的奖惩都需由上级官员批上印纸，"劳绩推赏"则被列在成考批书第一条目。（魏峰，2013）

2. 参见 Y53。（邓小南，2013）

3. 李全德指出，此件印纸中所录徐谓礼因转朝散郎上将作监申状，其状末用辞与Y66中徐谓礼所上申状几乎相同。而将作监申省之状，在照录徐谓礼申状后，保明备申的行文与Y66完全相同。（李全德，2020）

Y71

1. 石声伟考释此文书签押注附词"奉使"的签署人为权工部郎官方岳，此时担任督视行府参议官奉使在外。另见G7。（石声伟，2016）

2. 李全德指出，此件印纸可见徐谓礼另有任太府寺丞之命，须批书将作监主簿在任月日印纸，徐谓礼申将作监，将作监申工部。其文书行文格式，如Y66，Y70，都是徐谓礼乞"保明备申省部"，将作监则"备录"其状，为之保明申省。（李全德，2020）

3. 束保成据此件印纸制作《徐谓礼历任零考一览表》，此任零考时间为六个月零二十二日。徐谓礼自淳祐六年十月二十日于将作监供职，至淳祐七年十月四日解任，在任共计十一个月零十四日；通理前任考第后共计五考并零考十个月零五日，满足关升通判资序的条件，故当徐谓礼解任行将作监簿后可升为初任通判资序，多出的零考十个月零五日可通理下一资序。（束保成，2021）

4. 李灵均指出，中华本将此件印纸拟名"在任历过月日"，而在任月日仅是考成批书、零考批书中的一项内容而已，更为妥当的拟名应为《淳祐七年十月日行将作监簿零考》。（李灵均，2022）

5. 李全德据此件印纸中所录省札指出，徐谓礼在接到此省札的当日，据将作监一考成仅有数日之差。又据G10，徐谓礼受此省札当日即申将作监批书印纸，并于同日磨勘转官。另见Y66。（李全德，2022）

Y73

1. 王杨梅指出，徐谓礼转朝请郎告身（G10）于淳祐七年十月四日行下，此件印纸批书时间已是次年正月，印纸中的空日无法简单以御画制度残余来理解。（王杨梅，2016）

2. 李全德指出，此件印纸可见徐谓礼上申状于太府寺，"乞寺廷保明，备申省部，从条批书施行"。太府寺的申状将徐谓礼申状"备录在前"，保明申部。（李全德，2020）

3. 束保成据此件印纸制作《徐谓礼历任零考一览表》，此任零考时间为两个月零二十日，通计前任剩余考第后共计一考并零考二十五日。（束保成，2021）

4. 李灵均指出，中华本将此件印纸拟名"在任历过月日"，而在任月日仅是考成批书、零考批书中的一项内容而已，更为妥当的拟名应为《淳祐八年正月日行太府寺丞零考》。（李灵均，2022）

5. 李全德据此件印纸中所录省札指出，徐谓礼在受省札除太府寺丞后仅两个月零二十日，即在太府寺丞告身尚未下时，再获省札差知信州。当日主管太府寺丞职事，淳祐八年正月申尚书户部批书太府寺丞在任历过月日印纸。淳祐八年二月，徐谓礼权知信州敕牒下。（李全德，2022）

6. 参见 C10。（周佳，2024）

7. 参见 G11。（方诚峰，2024）

Y74

1. 参见 Y4。（包伟民，2013）

Y75

1. 参见 Y4。（包伟民，2013）

2. 参见 Y12。（魏峰，2013）

Y76

1. 冯盛指出，徐谓礼任权知信州后，其印纸由曹级批书，而在此之前其印纸多由人吏、典级、手分等批书，尤以典级批书次数为多。（冯盛，2022）

Y77

1. 王宇根据徐谓礼知信州第一、二、三、零考四份录白印纸（Y77、Y78、Y80、Y81），统计信州各下属职位得到荐举的分布情况，指出徐谓礼在知信州三年又五个多月期间，对其下辖二十七个职位进行了接近于全覆盖的推荐，说明知州荐举主要是一种正向激励，从而维持他本人与僚属、下级的密切关系，但并不意味着知州荐举完全失去甄别和选拔功能。这一过分发达的荐举体系，具有与考课体系高度近似的周期性，在客观上抑制了南宋形成健全的、有效的考课臧否体系。徐谓礼知信州的四份成考批书，没有监司介入的痕迹，但监司以事后监督等方式介入批书过程。又，作者统计徐谓礼在第一考批书中举改官 2 员、从事郎以上任使 1 员、朝请大夫以下升陟任使 2 员、迪功郎充县令任使 1 员、廉吏 2 员、特荐 1 员。（王宇，2013）

2. 参见 Y78。（邓小南，2013）

3. 束保成结合此件印纸与 Y78、Y80、Y81 指出，徐谓礼在此职任上历职时间最长，于一任二考将满时有旨再历一任，最终共历三考并零考五个月零二十三日解任，通计前任考第后，徐谓礼此时已历过四考并零考六个月零十八日，满足通判关升知州资序的条件，故其解任权知信州后可关升初任知州资序。（束保成，2021）

Y78

1. 邓小南指出，此件印纸中批书记载徐谓礼获得转行推赏以及再任的安排，都是由于其"职事修举"，但通过其知信州第一考批书 Y77 可知，经尚书省"勘会"的"职事修举"这一推赏缘由显然也不是通过州司批书劳绩获知的。另见 Y53。（邓小南，2013）

2. 方爱龙、邵路程比勘《徐谓礼妻林氏圹志》中倒数第二行徐谓礼结衔"朝请郎新权知信州军州兼管内劝农营田事"与此件印纸图版中"朝请郎宜差权知信州军州兼管内劝农营田事"书迹，指出《圹志》与《印纸》当出于同一人所书。（方爱龙、邵路程，2013）

3. 王宇统计徐谓礼在第二考批书中荐举改官 1 员、从事郎以上任使 1 员、迪功郎充县令任使 1 员，所知 6 员，特荐 2 员。另见 Y77。（王宇，2013）

4. 参见 Y77。（束保成，2021）

5. 李全德考释此件印纸中所录两份省札指出，徐谓礼待阙数月后，于淳祐八年十二月十八日知信州到任，次年十二月一考成，淳祐十年九月，特转一官再任。徐谓礼在接到转官再任省札后，具申状辞免，十年十月收到辞免不允省札。此次因"职事修举"的转官，在三个月后二考成批书中批入"劳绩推赏"。同年十二月二十一日特授朝奉大夫告下，二十三日，磨勘转朝散大夫。又，作者指出，徐谓礼文书中所引用的省札，存在"奉圣旨"与"备奉圣旨"两种叙述方式。此件印纸第一件省札所见"准省札奉圣旨"云云的方式，以下基本是对省札行文的直接引文，根据行文意图，可能会是原札照录或是节文，不计文字多少，"某月日奉圣旨"是最基本的文本形态；第二件

省札所见"备奉圣旨"，表示随后的行文只是对札子的间接引述或撮要，绝不会出现全文备录的情况。（李全德，2022）

Y79

1. 龚延明考释此件印纸中"朝奉大夫""朝散大夫"含义。（龚延明，2015）

2. 李全德考释此件印纸中"备奉圣旨"用语含义，参见Y78。（李全德，2022）

Y80

1. 王宇统计徐谓礼在第三考批书中荐举改官2员、从事郎以上任使1员、朝请大夫以下升陟任使1员、迪功郎充县令任使1员、廉吏2员、所知2员、特荐2员。另见Y77。（王宇，2013）。

2. 参见Y77。（束保成，2021）

3. 高天、苗书梅指出，徐谓礼在权知信州第三考结束时，已满足关升知州资序的两任四考。权知信州三考再辅以行将作监主簿、行太府寺丞时的"一考"，恰为四考。两任应是将行将作监主簿、行太府寺丞时的"一考"与权知信州的第一考通理为第一个"一任两考"，后两年为第二个"一任两考"。朝廷任命徐谓礼"福建市舶兼知泉州"，新的官称中没有"权"字说明其知州资序已关升成功。（高天、苗书梅，2022）

4. 李全德考释此件印纸中"备奉圣旨"用语含义。另见Y78。（李全德，2022）

Y81

1. 王宇统计徐谓礼在零考批书中荐举改官1员、从事郎以上任使1员、迪功郎充县令任使1员、廉吏1员、所知1员。另见Y77。（王宇，2013）

2. 魏峰考订此件印纸所载"任内即不曾违法收叙经罢吏人"一条批书的制度渊源，并指出此条内容仅见于信州任内批书。（魏峰，2013）

3. 邓小南指出，此件零考印纸批书内容一应俱全，徐谓礼印纸批书的内容与功用，与官员的业绩相关，其重点在于政务仕履。批书本身不是考较，而是对于考勤、事任、推赏、黜责的记录，是考较殿最的依据之一；决定官员升陟、降黜的信息，往往另有来源。（邓小南，2013）

4. 龚延明考释此件印纸中"福建市舶兼知泉州"含义。（龚延明，2015）

5. 范学辉据此件印纸指出，淳祐十二年（1252），铅山县即有"承信郎差监信州铅山县银铜场蔡汝进"，可见铅山县的场务在铜铅之外至少又加上了银场。又，作者利用徐谓礼文书中的官员系衔，讨论了宋代县令、知县的普遍性兼衔和区域特殊性兼衔。（范学辉，2018）

6. 薛彦乔指出，徐谓礼被除提举福建市舶兼知泉州后，在待汪应元（淳祐十二年至宝祐二年在任）阙时去世，继任者为赵隆孙。（薛彦乔，2020）

7. 束保成据此件印纸制作《徐谓礼历任零考一览表》，此任零考时间为五个月零二十三日。作者结合《吏部条法》指出，徐谓礼先前任"添差通判建昌军"一任二考任满，之后又以通判资序除授"权知信州"历三考并零考五个月零二十三日，也可理为任满通判一任，满足淳祐元年所定两任通判终满才可注授州郡差遣的规定。然徐谓礼未及赴任便卒去，因此没有徐谓礼赴任提举福建市舶司公事兼知泉州后的批书考任。另见Y77。（束保成，2021）

8. 李灵均将此件印纸拟名为《淳祐十二年六月日知信州零考》。（李灵均，2022）

9. 李全德考释此件印纸中所录两份省札指出，淳祐十一年十二月徐谓礼知信州三考成，大约在十二年四月，省札除知泉州，徐谓礼申省辞免，不允，遂于六月十二日交割职事，合计在职信州任上三年五个月零二十三日。另见Y78。（李全德，2022）

10.方诚峰指出，《宋史·牟子才传》载徐谓礼因知信州任上发生玉山饥民起事而被谪而去，此事发生于淳祐十二年五月二十二日，而据此件印纸，朝廷至晚在当年四月就已任命徐谓礼为福建市舶、兼知泉州，五月九日徐谓礼接受该任命，六月十二日交割职事。徐谓礼并不是因辖区内发生农民起义才被调离，他在交割之前已经将玉山饥民起事平定，从知信州（军事州）到知泉州（节度州）其实是高升而不是黜降。（方诚峰，2024）

通过上文的梳理，关于徐谓礼文书的研究现状及其史料价值，可再赘述一二。本文与不少学者的观察相近，就激发新议题或激活旧议题而言，徐谓礼文书的覆盖面与重要性显然不如简牍之于战国秦汉史研究，石刻、敦煌吐鲁番文书之于中古史研究。这是因为新史料价值的发掘，不仅受史料本身性质和规模所限，也与一个时代的学术范式、学术积淀有着密切关联。徐谓礼文书是以其个人任官经历为中心的政务文书组合，学界对徐谓礼文书的研究和利用，往往依赖学者研究专长，关注其与传世典籍"契合"的部分，聚焦行政运作、官阶迁转、差遣任命以及考核等制度史研究成果丰厚的领域。这些是学界得以在徐谓礼文书发现不久即展开深入研究的基础和优势，相关成果确实推进了我们对于宋代政治制度的理解。当然，徐谓礼文书中还存在不少目前难以解释或无法解释的问题，真正由文书本身引发的议题还不够丰富，关于文书纸张、书法、保存等跨学科研究还比较单薄。正如邓小南先生所言，材料与议题，是历史学者"永远的挑战"[①]。对于徐谓礼文书，我们依然满怀学术期待。

附录：中华本、浙古本徐谓礼文书标题及编次对照表[②]

	中华本	浙古本
录白敕黄 1	嘉定十四年五月 日差监临安府粮料院牒	嘉定拾肆年伍月□日差监临安府粮料院兼装卸纲运兼监镇城仓牒
录白敕黄 2	绍定二年五月 日差知平江府吴江县丞牒	绍定贰年伍月□日差知平江府吴县丞牒
录白敕黄 3	端平元年三月 日差权知建康府溧阳县牒	端平元年叁月□日差权知建康府溧阳县主管劝农营田公事兼弓手寨兵军正牒
录白敕黄 4	嘉熙三年四月 日差主管官告院牒	嘉熙叁年肆月□日差主管官告院牒
录白敕黄 5	嘉熙三年八月 日添差通判建昌军牒	嘉熙叁年捌月□日添差通判建昌军兼管内劝农营田事牒
录白敕黄 6	淳祐二年十一月 日差主管台州崇道观牒	淳祐贰年拾壹月□日差主管台州崇道观牒
录白敕黄 7	淳祐四年四月 日差权通判建康军牒	淳祐肆年肆月□日差权通判建康军府兼管内劝农营田事牒
录白敕黄 8	淳祐四年八月 日改差充两浙西路两淮发运副使司主管文字牒	淳祐肆年捌月□日改差充两浙西路两淮发运副使司主管文字牒

---

① 邓小南：《永远的挑战：略谈历史研究中的材料与议题》，《史学月刊》2009 年第 1 期，第 50—54 页。

② 文书题名迻录自整理本目录，其中日期数字大小写不一，不做统一修改。

续表

	中华本	浙古本
录白敕黄 9	淳祐二年八月 日差监三省枢密院门兼提辖封桩上库牒	淳祐贰年捌月□日差监三省枢密院门兼提辖封桩上库牒
录白敕黄 10	淳祐八年二月 日差权知信州牒	淳祐捌年贰月□日差权知信州军州兼管内劝农营田事牒
录白告身 1	嘉定十五年五月二十三日授承奉郎告	嘉定十五年五月二十三日敕授承奉郎告
录白告身 2	嘉定十七年十月二十八日授承事郎告	嘉定十七年十月二十八日敕授承事郎告
录白告身 3	绍定二年七月二十六日转宣义郎告	绍定二年七月二十六日磨勘转宣义郎告
录白告身 4	淳祐五年正月十九日转承议郎告	绍定四年六月二十六日敕授宣教郎告
录白告身 5	淳祐五年十二月二十六日授朝奉郎告	绍定六年十一月八日磨勘转通直郎告
录白告身 6	绍定四年六月二十六日授宣教郎告	嘉熙四年正月十一日磨勘转奉议郎告
录白告身 7	绍定六年十一月八日转通直郎告	淳祐五年正月十九日磨勘转承议郎告
录白告身 8	嘉熙四年正月十一日转奉议郎告	淳祐五年十二月二十六日敕授朝奉郎告
录白告身 9	淳祐七年四月五日转朝散郎告	淳祐七年四月五日奏转朝散郎行将作监主簿告
录白告身 10	淳祐七年十月四日转朝请郎告	淳祐七年十月四日磨勘转朝请郎行太府寺丞告
录白告身 11	淳祐七年十月 日授行太府寺丞牒（残）	淳祐七年十月□日敕授行太府寺丞告（残）
	复原文本一：绍定二年七月二十六日转宣义郎告	
	复原文本二：嘉熙四年正月十一日磨勘转奉议郎告	
录白印纸 1	嘉定十四年五月 日拟注监临安府粮料院	嘉定拾肆年伍月□日差监临安府粮料院兼装卸纲运兼监镇城仓印纸
录白印纸 2	嘉定十五年十二月 日进宝敕恩转承奉郎	嘉定拾伍年拾贰月□日进宝敕恩转承奉郎印纸
录白印纸 3	宝庆元年二月 日进宝敕恩转承事郎	宝庆元年贰月□日登宝位敕恩转承事郎印纸
录白印纸 4	宝庆二年九月 日洪溥等保状	宝庆贰年玖月□日委保洪溥、张鸣凤印纸

续表

	中华本	浙古本
录白印纸 5	宝庆三年正月 日监临安府粮料院到任乞帮放请给	宝庆三年正月□日监临安府粮料院辨验帮放印纸
录白印纸 6	宝庆三年二月 日监临安府粮料院到任交割职事讫	宝庆三年二月□日监临安府粮料院到任印纸
录白印纸 7	绍定元年三月 日赵浣夫保状	绍定元年三月□日委保赵浣夫印纸
录白印纸 8	绍定二年二月 日监临安府粮料院第二考任满并零考	绍定二年二月□日监临安府粮料院第贰考并零考印纸
录白印纸 9	绍定二年六月 日杨璪保状	绍定贰年陆月□日委保杨璪印纸
录白印纸 10	绍定二年八月 日磨勘转宣义郎	绍定二年八月□日磨勘转宣义郎印纸
录白印纸 11	绍定三年二月 日知平江府吴县丞到任	绍定三年二月□日知平江府吴县丞到任印纸
录白印纸 12	绍定三年二月 日赵与懋保状	绍定三年二月□日委保赵与懋印纸
录白印纸 13	绍定三年二月 日知平江府吴县丞帮放请给	绍定三年二月□日知平江府吴县丞辨验帮放印纸
录白印纸 14	绍定四年三月 日知平江府吴县丞第一考成	绍定四年三月□日知平江府吴县丞第壹考印纸
录白印纸 15	绍定四年四月 日陈常武父母保状	绍定四年四月□日委保陈常武父母印纸
录白印纸 16	绍定四年五月 日陈刚中保状	绍定四年五月□日委保陈刚中印纸
录白印纸 17	绍定四年八月 日庆寿赦恩转宣教郎状	绍定四年八月□日庆寿赦恩授宣教郎印纸
录白印纸 18	绍定五年二月 日知平江府吴县丞第二考成	绍定五年二月□日知平江府吴县丞第贰考印纸
录白印纸 19	绍定五年五月 日知平江府吴县丞零考成	绍定五年五月□日知平江府吴县丞零考印纸
录白印纸 20	绍定五年八月 日贾涉等保状	绍定五年八月□日委保贾直夫弟贾涉与弟男贾似道印纸
录白印纸 21	绍定五年八月 日王瀥保状	绍定五年八月□日委保王瀥印纸
录白印纸 22	绍定五年八月 日王潮保状	绍定五年八月□日委保王潮印纸
录白印纸 23	绍定五年十二月 日赵櫓夫保状	绍定五年十二月□日委保赵櫓夫印纸
录白印纸 24	端平元年正月 日磨勘转通直郎	端平元年正月□日磨勘转通直郎印纸
录白印纸 25	端平元年五月 日知溧阳县到任	端平元年五月□日知建康府溧阳县辨验印纸

续表

	中华本	浙古本
录白印纸 26	端平元年五月 日知溧阳县到任交割完毕	端平元年五月□日知建康府溧阳县到任印纸
录白印纸 27	端平元年 月 日知溧阳县到任出给供给料历	端平元年□月□日知建康府溧阳县到任出给供给料历印纸
录白印纸 28	端平三年十二月 日知溧阳县第一考成	端平贰年伍月□日知建康府溧阳县第壹考印纸（残）
录白印纸 29	嘉熙三年正月 日丁母忧服阕从吉	端平叁年拾贰月□日知建康府溧阳县零考印纸（残）
录白印纸 30	嘉熙三年四月 日主管官告院到任	嘉熙叁年正月□日丁母忧服阕从吉印纸
录白印纸 31	嘉熙三年七月 日主管官告院零考成	嘉熙叁年肆月□日主管官告院到任印纸
录白印纸 32	嘉熙三年九月 日陈巩耕保状	嘉熙叁年柒月□日主管官告院解任零考印纸
录白印纸 33	嘉熙四年正月 日磨勘转奉议郎	嘉熙三年九月□日委保巩耕父母妻印纸
录白印纸 34	嘉熙四年二月 日戴衍保状	嘉熙四年正月□日磨勘转奉议郎印纸
录白印纸 35	嘉熙四年四月 日添差通判建昌军到任	嘉熙四年贰月□日委保戴衍妻印纸
录白印纸 36	淳祐元年 月 日添差通判建昌军第一考成	嘉熙四年肆月□日通判建昌军到任印纸
录白印纸 37	淳祐二年四月 日添差通判建昌军第二考成	淳祐元年□月□日通判建昌军第壹考印纸
录白印纸 38	淳祐二年七月 日监三省枢密院门兼提辖封桩上库到任	淳祐二年四月□日通判建昌军第贰考印纸
录白印纸 39	淳祐二年八月 日提领左藏封桩库所到任	淳祐二年七月□日监三省枢密院门兼提辖封桩上库到任印纸
录白印纸 40	淳祐二年九月 日提领左藏封桩库零考成	淳祐贰年捌月□日监三省枢密院门兼提辖封桩上库到任印纸
录白印纸 41	淳祐二年九月 日提领左藏封桩库所零考成	淳祐贰年玖月□日监三省枢密院门兼提辖封桩上库解任零考印纸
录白印纸 42	淳祐三年八月 日林子庶等保状	淳祐贰年玖月□日监三省枢密院门兼提辖封桩上库解任零考印纸
录白印纸 43	淳祐三年十二月 日邵弥大等保状	淳祐三年八月□日委保林子庶、吕焘印纸
录白印纸 44	淳祐三年十二月□日主管台州崇道观第一考成	淳祐三年十二月□日委保邵弥大、章斌龙印纸

续表

	中华本	浙古本
录白印纸 45	淳祐四年 月 日主管台州崇道观零考成	淳祐叁年拾贰月□日主管台州崇道观第壹考印纸
录白印纸 46	淳祐四年 月 日浙西两淮发运司主管文字到任	淳祐肆年□月□日主管台州崇道观解任零考印纸
录白印纸 47	淳祐四年 月 日浙西两淮发运司主管文字帮行请给	淳祐肆年□月□日浙西两淮发运司主管文字到任印纸
录白印纸 48	淳祐五年 月 日磨勘转承议郎	淳祐肆年□月□日浙西两淮发运司主管文字辨验帮行印纸
录白印纸 49	淳祐五年七月 日浙西两淮发运司主管文字第一考成	淳祐伍年□月□日磨勘转承议郎印纸
录白印纸 50	淳祐五年八月 日孟文虎保状	淳祐伍年柒月□日浙西两淮发运司主管文字第壹考印纸
录白印纸 51	淳祐六年正月 日浙西两淮发运司招籴推赏转朝奉郎	淳祐五年八月□日委保孟继华男孟文虎印纸
录白印纸 52	淳祐六年闰四月 日浙西两淮发运司主管文字随司解任	淳祐六年正月□日推赏转朝奉郎印纸
录白印纸 53	淳祐六年七月 日章斌龙等保状	淳祐六年闰四月□日浙西两淮发运司主管文字解任零考印纸
录白印纸 54	淳祐六年八月 日石莘叟等保状	淳祐六年七月□日委保章斌龙等印纸
录白印纸 55	淳祐六年八月 日郭天麟保状	淳祐六年八月□日委保石莘叟、黄伯澄印纸
录白印纸 56	淳祐六年十一月 日刘忝孙保状	淳祐六年八月□日委保郭天麟印纸
录白印纸 57	淳祐六年十二月 日傅大逵保状	淳祐六年十一月□日委保刘忝孙印纸
录白印纸 58	淳祐六年十二月 日何子元保状	淳祐六年十二月□日委保傅大逵印纸
录白印纸 59	淳祐六年十二月 日包志轼保状	淳祐六年十二月□日委保何子元印纸
录白印纸 60	淳祐六年十二月 日姜埏保状	淳祐六年十二月□日委保包志轼印纸
录白印纸 61	淳祐七年正月 日薛据等保状	淳祐六年十二月□日委保姜埏印纸
录白印纸 62	淳祐七年正月 日马世颖保状	淳祐七年正月□日委保薛据等印纸
录白印纸 63	淳祐七年正月 日倪梦龙保状	淳祐七年正月□日委保马世颖印纸
录白印纸 64	淳祐七年正月 日贾黼保状	淳祐七年正月□日委保倪梦龙印纸
录白印纸 65	淳祐七年三月 日行将作监簿到任	淳祐七年正月□日委保贾黼印纸

续表

	中华本	浙古本
录白印纸 66	淳祐七年四月 日徐邦度等保状	淳祐柒年叁月□日行将作监簿到任印纸
录白印纸 67	淳祐七年四月 日上官子直等保状	淳祐七年四月□日委保徐邦度等印纸
录白印纸 68	淳祐七年四月 日杨元泽等保状	淳祐七年四月□日委保上官子直等印纸
录白印纸 69	淳祐七年 月 日浙西两淮发运司招籴推赏转朝散郎	淳祐七年四月□日委保杨元泽、杨元溥印纸
录白印纸 70	淳祐七年十月 日将作监主簿在任历过月日	淳祐柒年□月□日推赏转朝散郎印纸
录白印纸 71	淳祐七年十一月 日黄依龙保状	淳祐柒年拾月□日行将作监簿解任零考印纸
录白印纸 72	淳祐八年正月 日太府寺丞在任历过月日	淳祐七年十一月□日委保黄依龙印纸
录白印纸 73	淳祐八年八月 日林子勋保状	淳祐捌年正月□日行太府寺丞解任零考印纸
录白印纸 74	淳祐八年十一月 日洪志冲保状	淳祐捌年捌月□日委保林子勋妻吕氏印纸
录白印纸 75	淳祐八年十二月 日知信州到任	淳祐捌年拾壹月□日委保洪若拙长男洪志冲印纸
录白印纸 76	淳祐九年十二月 日知信州第一考成	淳祐捌年拾贰月□日知信州到任印纸
录白印纸 77	淳祐十年十二月 日知信州第二考成	淳祐玖年拾贰月□日知信州第壹考印纸
录白印纸 78	淳祐十一年二月 日知信州任内磨勘转朝散大夫	淳祐拾年拾贰月□日知信州第贰考印纸
录白印纸 79	淳祐十一年十二月 日知信州第三考成	淳祐拾壹年贰月□日磨勘转朝散大夫印纸
录白印纸 80	淳祐十二年六月 日知信州零考成	淳祐拾壹年拾贰月□日知信州第叁考印纸
录白印纸 81		淳祐拾贰年陆月□日知信州解任零考印纸

邓广铭《王安石》的诞生史

——人民出版社藏书稿档案中的书信整理①

聂文华

  谱传史学是邓广铭学术研究的重要特色,其中《王安石》一书更是他的代表作,他曾于 1953 年、1975 年、1979 年和 1997 年四写此书(1979 年是修正 1975 年版的时代痕迹,准确讲不算重写),体现了他学术上的精益求精。其实,每次写作都各有特殊的时代背景,特别是 1975 年版《王安石》的诞生和修改,就与中日建交、儒法斗争运动等政治事件紧密联系在一起。以往对该书撰写过程的论述,多基于作者所撰《再版后记》《序言》。十年前,人民出版社的陈鹏鸣在《档案里看邓广铭四写王安石》(《中国编辑》2015 年第 5 期)一文中,依据该社所藏《王安石》书稿档案,对《王安石》的出版过程有了更准确细致的描述,让我们意识到出版社书稿档案的史料价值。稍感不足的是,陈文并未全面公开这批珍贵的史料,本文现据该社翟金明编辑 2021 年 8 月提供的该书稿档案中邓广铭书信照片,重新整理一过,并对书信中相

  ① 本文系国家社科基金西部项目(项目批准号:22XZS009)"邓广铭年谱长编"阶段性成果之一。2022 年 4 月,曾请中国社会科学院大学硕士研究生吴灵杰做过 7 通书信的录文,特此致谢。另,要特别感谢邓小南老师和翟金明老师,有了他们的帮助,才能拿到这份珍贵的资料。感谢方诚峰师兄提供的及时反馈意见。

关背景略作解释,以便读者更切实了解此书的诞生过程,体会作者是如何在学术和时势之间取得平衡。有两点需要特意说明:

一,出版社书稿档案详细记录了一本书的诞生史,类似医院产检记录,是书籍史研究中值得重视的一种档案形式。这类档案以出版社审读意见以及和作者来往信件为主,作者来信上可能还会附有出版社相关负责人的处理意见,更能展示一本书出版的曲折过程,但出版社以外的人员不一定有机会接触到。具体到1975年版的《王安石》,相关档案就包括了外界反馈过来的书稿审查意见多份、作者与出版社编辑书信数十通。如果再结合撰者的其他私人信件以及《王安石》书稿的多个版本,如1972年手稿、征求意见稿、1974年修改稿、最后定稿等,该书的撰写、出版过程或可成为研究特殊时代学术写作的绝佳案例,也能增进对撰者特殊时期行实的同情之理解。略感遗憾的是,书稿档案中出版社的相关文件,暂未能获睹,只能寄诸将来,好在陈文中已有简略概述。

二,本文在整理这批书信时,主要采取类似"纪事本末体"的方式编排,兼顾编年和收信人。常见的书信集多是按年份或收信人编排,类似史书编纂中的编年体或纪传体,虽看似眉目清楚,但容易造成同一件事分散在不同年份或收信人的名下。本文所整理的书信,来自人民出版社所藏两份《王安石》书稿档案,一份是1953年版,以三联书店名义,时间自1951至1953年;一份是1975年版及1979年修订版,自1973至1978年(不完整)。两书从约稿到最终出版,都经过数年时间,中间还经过多位编辑之手,按年或人编排,都容易打乱原来的顺序。为更好保存书稿档案的原始面貌,也为方便读者了解该书的出版始末,本文采取类似民间文献整理中的归户整理法,以《王安石》一书出版之事为中心,将21通邓广铭书信按照该书出版的时间先后分为两篇,然后再以年代为序排列。每篇前有导言性文字,对该书撰写和出版的经过有简略介绍。每封信都著录了所用信笺的物质特征,或有助于落款时间的推定;对信中疑难,结合其他材料,整理者添加了一些必要的注释。准确的录文、编年推定尽可能提供详细的依据、必要的背景性注释是笔者认为的书信整理三个基本要求。是否得当,还请读者批评指正。另外,1949年9月27日,中国人民政治协商会议决定,新中国采用公元纪年,邓广铭在第二天校勘《续资治通鉴长编》时留有题记,特意注明"本日为改用公元纪年之第一日也",故书信中所记时间均为公历。落款年份不具者,经考证后,用阿拉伯数字括注在具体月日前。

一、致 1953 年三联书店版《王安石》编辑等 5 通

1953 年 11 月三联书店版的《王安石》,是人民出版社组织编写的"中国历史小丛书"最后一本 [1],繁体竖排,印数 2.5 万册。1951 年 8 月,三联书店正式并入人民出版社,作为该社副牌,学术性书籍多以三联书店名义出版。这套丛书与 1958 年吴晗主编的"中国历史小丛书"同名,但并非同一套书,后者规模更大,每本篇幅更小,影响也更深远,由中华书局出版,简体横排。

邓广铭认领《王安石》一书,并预估"两个月内大约可以交稿",应与他在北宋历史研究上的积累有关。若自 1934 年在北京大学选修蒙文通宋史课算起,邓广铭研读宋史已近二十年;从 1943 年起,他先在重庆北碚的复旦大学史地系,1946 年后改在北京大学史学系任教,一直担任中国通史和宋史专题课的讲授,对宋史已初步形成系统性认识;1949 年前后,他又花大量时间校读李焘《续资治通鉴长编》(520 卷,校本现藏北京大学图书馆古籍部)这部研究北宋史最重要的史籍,对王安石研究的关键材料已颇为熟悉。此外他也有通俗历史读物的写作经验,所撰《岳飞》一书,1945 年 8 月由重庆的胜利出版社出版,是第一部现代学术意义上的岳飞新传。他首先从史源学上厘清了岳飞史料记载的不同系统,然后再以经过考证的材料,撰写出一部事迹可信而文字又通俗的新传记,全书对话均用白话文。后《王安石》一书对话使用白话文,于他本应是自然之举,但在新的时代下,号称是参考马列史学名家范文澜书中的做法,亦属合理。此时,邓广铭已经主动学习、利用

---

[1] 人民出版社和三联书店的这套小丛书,据查似只出版了 6 本,最早的一本,是党内历史学家叶蠖生撰写的《明末农民起义军联明抗满小史》小册子,1951 年 2 月由人民出版社出版。1951 年 8 月,三联书店正式并入,作为人民出版社副牌,出版社编号为 002。故王士菁《鲁迅》、丁易《中国的文字》、游国恩《屈原》、李长之《李白》,都以三联书店名义出版。

马列主义的思想方法来研究新历史,如从革命立场讨论唐宋农民起义[1],从阶级分析立场来研究王安石变法等。有些观点,在主要出版马列主义等政治读物的人民出版社看来,甚至略显过犹不及。

1.1951 年 1 月 26 日致人民出版社总编室

人民出版社总编室同志:

接奉贵室来信,要我写一本《王安石》,我很愿意接受这项任务。我现时粗略地估计了一下,在两个月内大约可以交稿,字数也可不至超过三万。

在"暂拟书目"中,我看到有叶蠖生先生担任撰写的《岳飞》一种。六七年前,我也曾写过一册《岳飞传》,是由国民党的一家书店印行的。但其中痛骂赵构、秦桧的一些话,有许多处却是针对着蒋介石等人而发的。在撰写时,对于岳飞的事迹,颇费过一些蒐考辨证的工夫,其中或有可供叶先生参考之处;至于观点立场方面,则谬误之处必甚多,我极诚恳地期待着叶先生的指正,以便将来我能将这本书改写重印。今附上一册,盼能转奉叶先生,如叶先生肯将书中荒谬之处随手加以批改,再将原书掷还,更所盼感。

邓恭三敬上 一、廿六、五一。[2]

2.1951 年 2 月 1 日致人民出版社总编室

人民出版社总编室负责同志:

元月廿九日来信敬悉。嘱写《辛稼轩》一书,我可以遵命办理。我过去曾写过一本《辛稼轩年谱》和《稼轩词编年笺证》,对于他的生平事迹,我搜集到大量的材料,所以现时写这一小册,当不至有何等困难。《王安石》一书,我打算提前半个月写成,希望能在三月中旬交稿。如能这样做到,则《辛

---

[1] 据北京大学档案馆藏 1949—1950 年度课程表(档案号 3031949010),邓广铭开设"宋代的革命与反革命""新史学论文写作"二三四年级选修课,上下两学期,每学期三学分;与张政烺合开"社会发展史"一学期三学分的选修课。

[2] 竖排直行,1 页,毛笔,原藏人民出版社王安石书稿档案,下同,顺序号为 2。叶蠖生(1904—1990),江苏沭阳人,中央大学肄业,1932 年加入中国共产党,抗战后奔赴延安,党内历史学家,撰有《中国近代史》,中华人民共和国成立后曾任中央出版总署编审局局长等职,并在报刊上连载《现代中国革命史话》《简明中国史》等。

稼轩》一书可以在四月底或五月中旬交稿。

我过去写的那本《岳飞传》，其内容需要修改之处甚多，现正向各方面广泛征求意见，待汇集起来，当即着手改写，也希望能在上半年内把它写成。顺闻，并致

敬礼！

邓恭三敬上（1951）二月一日 ①

3.1951 年 4 月 24 日致人民出版社总编室

人民出版社总编室负责同志：

前曾应允为贵社所编历史小丛书写《王安石》及《辛稼轩》各一册，原本打算在三月内写完《王安石》，五月内写完《辛稼轩》，却不料计划初定，便遭逢母丧，遂致久久未能执笔。现时《王安石》已写成初稿两万字，大约再有十数日之时间便可将初稿全部写起，但其中应大加修改之处甚多。在行文方面，虽力求通俗化，并力求加强其故事性，却全未能作得适如其分，因而也得大改一番。依目前进行情况推算，在五月下旬必可将《王安石》全稿写成请教，《辛稼轩》一种大约得在七月底才可写成。专覆，并致

敬礼！

邓恭三敬复

（1951）四月廿四日 ②

贵社来信的信封上每次都把我的地址错写为"东四、九条、六三号"，幸皆展转递到，以后祈加改正。

---

① 竖排直行，1 页，毛笔，顺序号为 6。落款时间据前后信和陈鹏鸣《档案里看邓广铭四写王安石》（《中国编辑》2015 年第 5 期）一文依据人民出版社所藏王安石书稿档案的时间推定。下同。邓广铭认领《辛稼轩》，颇易理解。他早年的学术重心之一就是辛弃疾的整体研究，有着丰厚的积累，在文史学界有不错的影响。故由他撰写辛弃疾传，"当不至有何等困难"。但不知何故，1956年上海人民出版社出版的邓著《辛弃疾（稼轩）传》，篇幅、体例都与这套"中国历史小丛书"不合，应该是另起炉灶的结果，而非本次认领的成果。

② 竖排直行，1 页，毛笔，顺序号为 9。

4.1953 年 6 月 28 日致朱南铣

南铣同志①:

前承过访,指示修正拙撰《王安石》一稿的三项意见,经我多月来考虑结果,仍觉难以从命:

一、推行新法的流弊,除出之于旧党诸人之口、难以信据者外,实在找不到具体材料,故无法照尊见补入。

二、谈新法的时代背景与王安石面临的历史任务一段,我至今还觉得不能移作第一章。

三、关于王安石所具有的"井田制"一类的幻想,本自不成体系,且亦无关重要,我至今也还是以为不应写入书中。

为此种种,关于拙稿出版一事,可即作为罢论。贵社如觉历史小丛书中应有《王安石》一种,可另约专家写述,在写述之前,凡有关材料之取舍、章节之次第,以及对于每一新法之评价等等,先将贵社意见详细告知,则写成之后当不至再有甚大分歧之处也。

五一年冬,拙稿经贵社几次提出意见,经我几度修改之后,贵社最后认为已经可用,故曾预付稿费一百万元②,但迄今并未签订合同,因亦不发生所谓毁约问题。在上项提议(即拙稿不再印行)取得贵社同意之后,当立即将预支之一百万元如数奉还。

敬礼!

弟邓广铭

(1953)六月廿八日③

---

① 朱南铣(1916—1970),江苏无锡人,1936 年入清华大学哲学系,红学家。1949 年 10 月进上海的三联书店(后并入人民出版社)任编辑。

② 按照 1950 年《新华书店总管理处书稿报酬暂行办法草案》,3 万字的书稿,约有 240 万元的旧币稿酬,一般在书稿合同签订之后和书籍发行之前发放,特殊情况可预支稿酬。1955 年发行新人民币,旧币 1 万元可兑换新币 1 元。

③ 竖排直行,1 页,红色格子纸,原信几乎每行都有编辑红色三角标注。右边有第三编辑室主任史枚的红色批示:"已由朱南铣于上周往访作者面谈,解释一切。结果:稿已送翦伯赞阅,允于阅毕后即送来。枚七,十五。"附一小便条,上有出版社处理此事的记录,首先是朱南铣签注意见:"前与邓晤谈结果,他明白表示在暑假开始继续搜集材料(不易找到)进行修改。但今天来信,又推(转下页)

5.1953 年 8 月 29 日致人民出版社办公室

办公室负责同志：

来信和所附稿酬办法及出版合同稿都已收到，对贵社 415 号函中所提各项办法，我都同意。

413 号函[①]中所举《王安石》稿中把文言翻成白话事，我的意见是：（一）我在写此稿时，是依照范老写《通史简编》的办法办理的，《简编》中把古史中的一些对话全都改为白话了。（二）我们在今天写古人传记，对他们的言谈是必须翻作白话的。例如我们写篇周公的传，处处都是照《尚书》中的文字，是合理的办法吗？又如我们倘把王安石的传拍为电影，使他满口之乎者也，合理吗？（三）在王安石和文彦博等人谈话时，也必是用的口语，而不是用的文言，故其时各种史册中所记载的，乃是把口语改为文言的，我们再依照文义而改为白话，反而是更较为近真的。有此三项理由，我的意思是以为不应恢复"原文"的。

专复，并致

敬礼！

邓广铭（1953）八月廿九日 [②]

（接上页）翻原议，措词很激烈，实出意外。不知在此段时期中何以会有这样大的变化？第一点，具体材料找不到，无法增补，当然不能勉强。第二、三点也只是多一参考，并非不如此便不能出书。他又将作罢与在约稿前应详细告知写法二事相混（后者似不可能，至多把小丛书的性质说明一下，对具体稿件很难先有安排）。且这些出入恐还谈不上'有甚大分歧之处'！求其症结，殆在'五一年冬，拙稿经贵社几次提出意见，经我几度修改之后，贵社最后认为已经可用'一点，但'认为已经可用'并不等于'不许再提意见'。关系之难搞如此！应如何处理，请领导上决定。朱Ⅵ/30"（红笔）史枚红笔批注："请稿件科登记后送来。枚三十。"总编办公室主任梁涛然钢笔批注（黑色）："首先应承认我们处理此稿有严重的拖沓和多次往返现象，难怪作者表示不满，似应尽速处理。涛 7.16"。另外，此信自称和用笔都发生变化，之前自称"邓恭三"、用毛笔，此信开始用钢笔，自称"邓广铭"。

① 原信"413 号"被红笔圈起，上有出版社红色三角着重号三个，"函"字前补"来"字，疑 413 为 415 笔误。

② 竖排直行，1 页，顺序号为 20。信末三种红笔批示：一，"作者未明了我们的意见。我们是因不统一才提出的。请朱同志才拟函说明。"二，朱南铣意见："九月中旬拟去北大历史系谈五四年选题中的中国分期史部分，此事似以面谈较好，免得信件往返，反把问题弄大，不易求得一致。朱Ⅸ/1"。三，"可以，三室阅。"

二、致 1975 年版《王安石》编辑 16 通，附录 1 通

1975 年版的《王安石》撰写，是因缘际会的结果。一方面，邓广铭在"文革"前即有改写《王安石》的打算。以传记形式呈现学术成果，比以论文或专著形式更容易随着立场、人物评价和认识的变化而出现重写的现象。另一方面，该版《王安石》的撰写，在一定程度上说，也是一种政治任务。1972 年 9 月，日本新任首相田中角荣访华后，中日正式建交。毛泽东主席在接见田中时，称他此举有宋代王安石"三不足"之精神。人民出版社是首家出版马列经典著作等政治出版物的国家出版社，受中宣部领导，对上层政治的动向颇为敏感。而当时全国研究过王安石，并在书中着力表扬过王安石"三不足"精神的，且与人民出版社有联系的，大概只有邓广铭一人了。尽管这是人民出版社交待的一项政治任务，但他仍然坚持学术的原则，认为不经过全面改写，旧书无法直接重印。1973 年 5 月，邓广铭已经交稿，该书在出版社也即将进入三校，却因政治上的"批林批孔"运动和"儒法斗争"相结合，如何在书稿中贯彻这一政治精神，是出版社、作者需要面临的首要问题。

虽然该书的撰写，给邓广铭带来很小的工作"特权"（如不用上课，暂不参加法家著作注释的编写），但更多的是政治压力，如何在学术标准和主流政治舆论间保持平衡①，可能是他后来修改时一直"拖延"的原因。政治压力既有来自他对时代的感知，但更多是通过出版社的传导。具体文本上的体现，需要通过细致的文献比对，才能有更好说明，此处不赘。

0.1973 年 7 月 23 日沈昌文致范用（附录）

范用同志：

《王安石》稿，肖远强同志作了一些修改，并不多。我们意见就这样发了。

刘元彦同志提供一个情况：据北大汤一介同志说，毛主席曾讲过，王安石是法家的继承者（大意）。他们现正据此意在写一本介绍"儒家、法家、道家"的小册子（系商务所约）。这传说说的较可靠。刘说，将来可拿清样给哲

---

① 据刘浦江《不仅为了纪念》（《仰止集》，石家庄：河北教育出版社，1999 年，第 510 页），邓晚年回忆道："老实说，我在'文革'中没有吃过太大的苦头，我的原则是好汉不吃眼前亏。"

学系看看。

组内同志仍反映，对此稿把握不大。我看，在这情况下，还是多打校样征求意见为是。

至于书名，现在就叫《王安石》如何。将来可考虑把法家的继承者的意思加进去，假如这是可靠的话。所虑者，邓广铭写时并不知道这精神，怕题文不符，反而不妙。

沈昌文

73.7.23[①]

1.1973 年 9 月 5 日致江平

江平同志[②]：

《王安石》不知已付排否。出版社的同志对此稿审查之后，想有许多需加改动之处。我自己也考虑到有些需要修改和补充之处（例如，我现在又写成了一节"王安石变法改制是在法家思想的指导下进行的"，即须插入中间），因此，我希望在初校时即送我自己校改一下，如等最后一校才送我看，那就怕不易改动了。

此致

敬礼！

邓广铭（1973）九月五日[③]

---

① 1 页，人民出版社横格稿纸，社址：北京朝内大街 166 号，电报挂号：1003，原红色编号 19。左侧有范用铅笔批示"争取在年内出版"。范用（1923—2010），江苏镇江人，时任人民出版社副总编辑、领导小组副组长。沈昌文（1931—2021），生于上海，人民出版社学术著作编辑室主任。刘元彦（1928—　），刘文辉之子，华西协合大学毕业，1956 年入人民出版社哲学编辑室工作。据 1974 年 9 月 20 日邓广铭致许怀林信说："自从主席接见田中、提到王安石之后，人民出版社就来约我写一本关于王安石的书，到去年五月份，我写好交稿（约十二万字）。出版社也已付排，且已校完二校了。"而此信是 1975 年版《王安石》出版过程中关键性的信，无此信，该书应在 1974 年就出版了，就无此后之修订波折。此信编号为 19，18 号前应有一些邓广铭来信，此信本应附录于邓信后。但没有相关照片可作录文，故特作 0 号，以作后续书信的缘起。

② 江平，人民出版社编辑，曾参与人民出版社范文澜、蔡美彪主编《中国通史》一书的编辑。

③ 1 页，无格纸，原红色编号 23。落款年份据前后信推定，下同。

2.1973 年 9 月 6 日致江平

江平同志：

今天上午和你谈过之后，系里的同志又建议我把已写成的那一节《王安石的变法改制是在法家思想的指导下进行的》最好先送编辑部的同志们审阅，如能用，最好即尽快送往印刷厂，插入《王安石变法的目的和性质》那一小节之后。兹由我女可蕴将此段短稿送上，请你斟酌处理，如现已来不及在初校前发排，那就只好等初校之后再说了。此致

敬礼！

邓广铭

（1973）九月六日下午七时 ^①

3.1973 年 10 月 14 日致肖远强

远强同志 ^②：

《王安石》校稿，看邮戳，你是十月五日寄出的，但到十日上午才由系里交给我，由于有此延误，所以我到昨晚才校改完毕。其中有三处稍有一些补充，盼能照排、照补。

你的来信说，社里同志们的意见，要来当面告诉我，但等了这几天，你没有来，昨天打了两次电话，也没有找到你，不知需要修改之处多不多，大不大？

我到明早就要与学员十来人一同到牛栏山的维尼龙厂去"以社会为工厂"，大约在廿五日前我可先回来，以便能看《王安石》的清样。因有这次较多的增补，所以估计还需要由社里同志进行一两次校对，才能出清样，大约三五天内做不到。也因有这次的增补，怕有我搞得不清楚之处，所以我也必须看一下清样。廿五日前回校，想不至误事。

---

① 400 字红色格子信纸，1 页，左边栏有"北京市电车公司印刷厂出品 七三·六"，原红色编号 24。

② 肖远强，重庆人，肖华清之子，北京大学历史系 1958 级学生，毕业后分配至人民出版社历史组工作。

封面设计，不知已定下来否。此致

敬礼！

邓广铭

（1973）十月十四日下午 ①

4.1973 年 11 月 2 日致肖远强

远强同志：

昨天田余庆同志转告，说你们编辑部准备把《王安石》先印若干本出来向各面去征求意见，集中了这些意见再进行一次修改之后，才正式出版。

我觉得这样做很好，这样可以使这本小册子的内容减少许多错误。

征求意见的本子，似乎也应当搞得尽量清楚些、完善些，而不应披头散发地拿出去。因此，我以为，你处各同志的审查意见仍应先行告知，由我遵照修改，做成"定稿"的样子，然后付印才好。不知你意如何。此致

敬礼！

邓广铭

（1973）十一月二日 ②

5.1974 年 3 月 15 日致肖远强

远强同志：

《王安石》印样，还未及全看，偶尔翻到第 41、42 两叶，看到有好几行文字都排错了，请于发出请人提意见之前，把这几行错误改正一下，以免叫人莫名其妙。排错的几行是：

第 41 页的第一、二行，应移至第 42 页的第三行之下。

第 41 页的第三、四行，应加以颠倒，把第三行移在第四行之下。

费神之处，先此致谢。顺致

敬礼！

---

① 400 字红色格子信纸，1 页，左边栏文字照片模糊，原红色编号 40。

② 400 字红色格子信纸，1 页，左边栏文字照片模糊，原红色编号 4*。

其余各页内是否还有这类较大的误排,还未看到。你如发现了,也请代为改正为盼。

邓广铭

(1974)三月十五日晚①

6.1974 年 4 月 19 日致吕一芳

吕一方同志②:

《画像册》一本奉上。王安石的画像较历史博物馆所照的那一张清楚一些,放大制版想无问题。重照时连同周围的(园)[圆]圈也照上,是否可以?

我对这幅画像又写了几句说明,是根据《王荆公年谱考略》廿九页《抚州府志书王文公祠记》和卅三页《入蜀记》下所附《考略》写成的。如果你觉得没有问题,最好就把它排印在这幅像的下面。

我从本月廿五日起,很可能要到远郊区去呆十来天,所以很希望能在下去之前看到《王安石》的二校样。有几处的字句必须再改正一下才行。这次的改动决不会再牵动到版面了,请放心。

专此,顺致

敬礼!

邓广铭

(1974)四月十九日③

7.1974 年 5 月 6 日致吕一芳

吕一芳同志:

二校样今天未到,可能要在明天上午递到了。

---

① 400 字红色格子信纸,1 页,左边栏有"北京市电车公司印刷厂出品 七三·九",原红色编号 51。邓广铭档案中存有供讨论用的 1974 年打成的《王安石》清样本,有大量增删批改痕迹,几乎每页都有,应是后来根据出版社意见,贯彻"儒法斗争"精神改写的结果。

② 吕一方即后文的吕一芳,女,南开大学毕业,1951 年分至人民出版社工作。与邓广铭好友臧克家的夫人郑曼是同事。

③ 400 字绿色格子信纸,1 页,左边栏文字照片模糊,原红色编号 62。

封面上的"王安石"三字，不知究是从何处钩勒来的，我总觉得不像是王羲之的字，而且也嫌太草（安字）。因此，我还是希望能从王羲之的《兰亭序》上钩勒三个字才好。《兰亭序》有文物出版社的印本甚好，姑不论它是否真出于王羲之之手，但字是写得很好的。文物出版社的这个印本想极〔易〕找到。如果在《兰亭序》中找不全这三个字，则借用其中的偏旁拼凑一个也可以。请与设计封面的同志商谈一下，希望能参照鄙意改换一下。专此，顺致

敬礼！

邓广铭

（1974）五月六日晚①

8.1974 年 5 月 8 日致吕一芳

吕一芳同志：

昨天二校样仍未到，不知是什么原因。

昨发一函谈封面上的"王安石"三个字的问题。信发出后又想到，假如在《兰亭序》中找不全这三个字，也可到智永所写的《千字文》或褚遂良所写的《圣教序》中去找一下。这两篇东西，虽都是应严加批判的黑货，但智永所写的和褚遂良所写的，却都是摹拟王羲之字体的，甚至有人认为所谓王羲之的《兰亭序》，实即智永所写。而现时流传的《兰亭序》之一种，则又是褚遂良所临摹的。所以，从以上两文中去找"王安石"三个字，也无不可。这两篇东西的拓本也都不难找。日本的《书道》杂志中也都把这两种东西收进去了，也许更易找到。请即与设计封面的同志商洽，这样做想不至有什么困难吧。致敬礼！

邓广铭

（1974）五月八日早

今天上午邮递员已经来过，二校样依旧未到，不知究系何故，极所挂念。

---

① 400 字绿色格子信纸，1 页，左边栏有"北京市电车公司印刷厂出品 七四·五"，原红色编号 67。最后一行后有编辑红笔批注"五月六日寄去校样"。后来甚至出现了一种误会，以为封面题签是夏承焘所书。

是否把我的住址写错了？还是印刷厂迄未送到？

八日上午十时 ①

9.1974 年 5 月 12 日致吕一芳

吕一芳同志：

二校样看过两遍,只在第 33 页和第 194 页上作了较多的改动,但也都不会牵动到版面,只是我涂抹得有些乱,希望负责校对的同志仔细清理一下。

第 213 页上有四首七言绝句 ②,初校时我就提议改为每行排两句,以便和前面的七言诗排印格式一致。但这次校样并没有改,不知是什么原故。我以为,这是必须改从一致的。这里虽然要发生捅版子的问题,但其后已经只余几页,问题并不太大了。

为了抓紧时间,我要我的女儿将此校样亲自送回。希望你能就近催请社中负责校对的同志也能尽快校对完毕,送还印刷厂,并请印刷厂能于本月二十日把三校样搞出来,并多打若干份,以便我系进行教学之用,不胜感荷。专此,顺致

敬礼!

邓广铭
（1974）五月十二日 ③

10.1974 年 5 月 26 日致吕一芳

吕一芳同志：

廿日下午在电话中承你允许把《王安石》的初校样和二校样凑拢三数份赐下,以便我系学生进行课堂讨论时阅读之用,但到今天我还没有接到此件,不知原因何在。既然"三校样"不可能最近打出,则只好"不得已而求其次",在份数上也是如此。我所任课程定于下周举行讨论,讨论关于王安

---

① 400 字绿色格子信纸,1 页,左边栏有"北京市电车公司印刷厂出品 七四·五",原红色编号 68。

② 当指张舜民《画墁集》中《哀王荆公》七绝四首。

③ 400 字绿色格子信纸,1 页,左边栏"北京市电车公司印刷厂出品 七四·五",原红色编号 69。

石变法的问题。如果尚未将前两次的校样寄出，务请你费神立即把它寄出。我和四十多名学员都在迫切地等待着。

二校样上，我作了一些改动，有的地方且有混乱不清之处，因此，三校样我仍希望能看一下。这次不再作改动了，主要是看看我所改动诸处是否有弄颠倒错乱了的。专此，顺致

敬礼！

邓广铭

（1974）五月廿六日 ①

11. 1974 年 6 月 16 日致吕一芳

吕一芳同志：

听说你这几天下乡去参加麦收的劳动了，不知道哪一天回来。

三校样迄今未到，这回想是印刷厂拖延了。

忽然想到封面设计的一个问题。既采用横排版式，则封面上文字行列，也应采取从左往右的顺序，如此则把"中国十一世纪时的改革家"这一副标题摆在"王安石"三字的左下方便不合适了。我此刻回想到你上次来北大时提出的一个方案，忽然又受到启发，认为：最好把这十一个字的副标题移在"王安石"三字的左上角，作为书名前的一个冠词（扉页上，也将此十一字移在"王安石"三字之上），作者的名字排在黄色框框的右下角，封面的左下角就可以排入"人民出版社"了。这其实是你上次提到的一种办法，到今天我才感觉到它是最合适的一种办法。封面想必还未付印，改动必还来得及吧。专此，顺致

敬礼！

邓广铭

（1974）六月十六日 ②

---

① 400 字绿色格子信纸，1 页，左边栏有"北京市电车公司印刷厂出品 七四·五"，原红色编号 70。邓广铭时给工农兵学员讲授中国通史。

② 400 字绿色格子信纸，1 页，左边栏有"北京市电车公司印刷厂出品 七四·五"，原红色编号 75。这是本来准备用于 1974 年出版的《王安石》封面设计，但因政治上贯彻"儒法斗争"精神的需要，被撤回改写，1975 年出版时未采用此方案。

12.1974 年 12 月 22 日致胡文彬

胡文彬同志[①]：

《王安石》稿本中一些措词不太妥当之处，都已遵照你所提出的意见加以改正了。在《逝世后儒家反动派对他的恶毒攻击》一节内，也加添了关于林贼的一段[②]，还加添了几句结尾的话。不知加添的这些话是否合适，如还有不妥当处，就等进行初校时再改正吧。

你要我把庆历年间的农民起义的叙述再加详一些，你还要我把《王安石是政治改革家，不是改良主义者》一节的论述再展开一些，这两点，都因一时想不出适当的话语，所以未能照办，如还觉得非加不可，那就也等到进行初校时再说吧。

专此，并致

敬礼！

邓广铭

（1974）十二月廿二日[③]

---

① 胡文彬，1939 年生，1961 年考入东北人民大学历史系，1966 年毕业留校，1968 年入人民出版社历史组工作，后成为红学家、中国古典小说研究者。

② 据 1975 年版《王安石》第 217 页，关于林彪的相关论述如下："叛徒卖国贼林彪就紧跟在自宋以来的反动儒生们的屁股后边，学着他们的腔调，大力宣扬《辨奸论》和《拗相公》，对王安石进行咒骂，含沙射影地攻击社会主义的新生事物，攻击坚决贯彻执行毛主席革命路线的革命人民。他以百倍的疯狂要去实现孔丘的'克己复礼'的反动说教，妄图实现其复辟资本主义的罪恶目的。在阴谋暴露之后，他又叛国投敌，以至落得折戟沉沙、自取灭亡的可耻下场。这种种罪恶行径，正说明林彪是历史上那些一贯奉行投降主义路线的儒生衣钵的继承人。"系遵出版社意见添加。

③ 400 字绿色格子信纸，1 页，左边栏有"北京市电车公司印刷厂出品 七四*"，原红色编号 80。此次修改系在 1974 年清样本送外审查后，依据审查意见，做了大幅度修改，已经是第二稿。1974 年 9 月 20 日邓广铭致许怀林函中言："这时儒法斗争的问题才又提出。于是出版社又要我以儒法斗争为纲来处理王安石变法期间新旧两派斗争的问题。迟至今年暑假我才开始考虑如何改写的事。现在已经开学，系里也未安排我任何教学任务，只要我集中力量把此稿改写完毕。我现在主要地就是搞这一工作，几乎等于完全重写。到目前只改写了四万字左右，出版社催我九月底交稿。看来，我如能在十月底赶得完，就算很不错了。"11 月 23 日他在写给臧克家信中又说："我所以到此刻才写回信的理由之一，是我到此刻（半小时以前）才把《王安石》的稿子全部改写完毕。（转下页）

13.1976 年 3 月 31 日致江平

江平同志：

《王安石》中讲青苗法的一节，有一段引文的题目标错了，最近才经校内友人告知，我自己在进行校读时竟一直未能觉察到 ①，可算得粗心之至了。此书如果能重印，当即将此处改正过来。目前的问题是，延边人民出版社既要将此书译为朝鲜文，不知他们是只译大意，还是逐字逐句翻译，如采用后一办法，则此一错误就必须先改正过来。今将这一误处改正于下，请你斟酌，请有必要，就请把这一正误表转寄译者。专此，顺致

敬礼！

邓广铭

（1976）三月卅一日

《王安石》正误表

页码	行数	误	正
103	12	《与王介甫书》	《乞罢条例司常平使疏》
107	22	助长召人	助长名人
179	20	度其差，雇所宜	度其差、雇所宜 ②

（接上页）你前次信上提到评价方面的过犹不及的问题，也确实是我自己所经常考虑的问题。好处是，现在报刊上关于王安石的文章发表得比较多，可供参考的意见也比较多，我也尽量在参考以至吸取；坏处是，北大历史系的同志们每个人都有一份繁重任务在身，因而使得我极不容易有就近与人交换意见或进行讨论的机会。到今晚，总算勉强把它完稿了，被这个修改任务压了几个月，到此我总算可以松一口气了。至于出版社看了之后，再提出重大修改意见与否，暂时也只有不去想它了。"经过四个月，才完成修改。

① "校内友人"，疑指田余庆。据 1976 年 3 月 27 日邓广铭致臧克家信："《王安石》中具体记述几种新法的部分，我劝你也不必再看了。看那些与现实极少联系的规章条文之类，会使人特别感觉劳累。只是在 103 页上我把一段引文的题目搞错了，请你改正一下吧：103 页第十二行，《与王介甫书》应该为《乞罢条例司常平使疏》。这是昨天这里的一位中年教师同志特来告知的。我自己竟一直没有察觉。这位中年教师同志与纪彬也很熟，《论语新探》也送他了。"因田余庆和赵纪彬分别是"文革"后期著名的"梁效"和"中共中央党校写作组"成员，见面机会多，故"很熟"。

② 400 字绿色格子信纸，1 页，左边栏有"北京市电车公司印刷厂出品 七五·十二"，原红色编号 93。× 号、着重号应系编辑所标，用红笔。

14.1976 年 10 月 4 日致刘志金

志金同志：

日前江平同志告知，拙著《王安石》准备重排，并说打算在封面上注明"修订本"字样，问我有何意见。我意以为，这次的修改，主要只是增加了关于"河湟之役"一节 ①，在理论和史料方面，虽也增加了几段引文，但为数极为有限。此外则只是属于文句方面的小改动，在观点方面既无所修改，在资料和论据方面也未加更换。这与范老《中国通史简编》修订本的情况大不相同 ②。如在封面上注明"修订本"字样，似有过分夸大之嫌。而且，我前此所提建议，把列宁所说"中国十一世纪时的改革家"一句移置书名的右上角 ③，江平同志谓已蒙采纳，如此则重印本出，读者一望即可知其为改排之本。再则版权页上也必然标明第二版字样。如此等等，似已足够，似不须再在封面上的注明（如必欲注出，则在版权页的书名之下，加括号注明"增订本"也行，但我意终以不加为好）。不知尊意以为如何。

又，此书不知何时可以发排，到最后一校时，也盼能把校样交我一看。此致

敬礼！

邓广铭

（1976）十月四日 ④

---

① 1979 年版在 1975 年版的第七章"为加强对内的镇压和边防上的防御能力而制定和推行的几种新法"与第八章"在辽人两次制造衅端时的对策"间，插入了新章节"断西夏右臂的河湟之役"。

② 范老即著名马克思主义史学家范文澜（1893—1969）。20 世纪 40 年代范文澜在延安组织编成《中国通史简编》一书，1949 年后即着手修订，"实际上为重写"（赵庆云：《范文澜与中国通史撰著》，《史学理论研究》2017 年第 4 期）。因此，以此标准衡量，《王安石》的情况自然"大不相同"。老先生观念中"修订本"和"增订本"所指修改程度，似与现在用法正相反。

③ 当时流行引用马列经典作家语录，但据朱瑞熙《正确理解经典作家对王安石的论述》（《光明日报》1986 年 2 月 19 日"史学"版），列宁只是在 1906 年的《修改工人政党的土地纲领》一文中注释普列汉涅夫相关言论时提及王安石，称王为中国十一世纪时的改革家，并非别有独特的认识。故此后学界不再以列宁此语评价王安石。1979 年版的封面和版权页设计，出版社完全遵从撰者意见，与 1975 年版有别。

④ 400 字红色格子信纸，1 页，左边栏有"北京市电车公司印刷厂出品 七六·五"，原红色编号 95。照片中收信人姓名模糊，此据 1975 年 12 月 18 日陈振致邓广铭信推定，云："人民出版社第四编辑室主管历史组的副主任刘志金同志来宿舍送别。他说《王安石》一书，月内出书，市上见到将在春节以后了。并说及由人民出版社寄发 30 本书的事，他说请您将名单开给他们。""我在给刘志金的信中，提出请江平便中去您处取名单，也许稍停数日，即去您处。"

15.1976 年 11 月 14 日致江平

江平同志：

《王安石》我又检查了一遍，仍未发现有渗透着"四人帮"的谬论之处。稍有污染嫌疑的，只有第 74 页的第一个自然段，就请把那一整段的七行文字全部删除罢①。

另外，有一些"法家"字样可改为"改革家"的，就等初校样送来后再作改动。但我意以为，也不一定全部"法家"字样都改，因为，在 73 年周总理传达毛主席关于儒法斗争的指示时，就已经把王安石列入法家系统人物之内了。

《再版附记》早已写好，原想等候初校样校过后一并送上，现又想到，初校样一时还未必能来，就先把此文交卷罢。可不知其中有不妥之处否。此致

敬礼！

邓广铭

（1976）十一月十四日②

16.1978 年 9 月 1 日致肖远强

远强同志：

来函收到。《再版后记》须完全另写，下周内当可写好寄上。王安石的变法，是在法家思想指导下进行的，这一点，我迄今仍认为是不错的，因而那一章的标题似可不改。第十三章的标题，你如觉得改动一下较好，是否可改

---

① 1975 年版第五章《爱国主义的思想与路线》首段，"在我国封建社会的历史时期内，有一个颇为分明的历史现象是：在执政当权的人物当中，凡是法家多半执行爱国主义路线，凡是儒家多半执行卖国主义的路线。在北宋王朝的最高统治集团当中，特别是在北宋中叶的最高统治集团当中，就其对待契丹贵族和党项贵族所建立的两个割据政权——辽与西夏的对策来说，法家王安石和以他为首的变法派，儒家司马光和以他为首的保守派，又为这个颇为分明的历史现象提供了最确切的例证"。这段话是"文革"后期"儒法斗争"中比较流行的"定律"，邓广铭与李培浩在《北京大学学报》1978 年第 1 期发表《剥掉罗思鼎"史学权威"的画皮》，专门批驳这一观点。1979 年版此章题目改为"爱国主义的主张与实践"。据下一段，可见此时邓广铭反对的是"四人帮"式的"儒法斗争"观点，并不反对毛泽东指示中的提法。

② 400 字红色格子信纸，1 页，左边栏有"北京市电车公司印刷厂出品 七六·五"。

为"王安石身后继续受到守旧派、反动派的恶毒攻击"①。如无不妥,即请代改、发排,内容似不必再改动了。

《中国史纲要》第一册中的"战国"和"先秦思想文化"诸章节,吴荣曾同志尚未交来②。当再催问一下。但即使最近交来,我还得把这一册全部翻读一下,估计也得用三五天时间,因此,最早大概也得九月中旬才能交付给你了。

专此奉复,顺致

敬礼!

邓广铭

（1978）九月一日③

---

① 天头有铅笔批注"此题似不妥,最好请作者改一下。已和刘元彦同志商量了。陈汉孝"。原题为"王安石逝世后儒家反对派对他的恶毒攻击",1979 年版将"儒家反对派"改成"守旧派反动派"。

② 《中国史纲要》是 1961 年高等学校文科教材委员会委托北京大学历史学系的翦伯赞主编的一套中国通史教材,"文革"前由人民出版社先后出版了第三、四、二册,第一册由吴荣曾和翦伯赞撰写,但未完稿,直至 1979 年 3 月全书始成完璧。吴荣曾,1928 年生,江苏苏州人,1954 年毕业于北京大学历史系,先后任教于北京大学、内蒙古大学,1975—1982 年在中国社会科学院《历史研究》编辑部工作,长于先秦秦汉史研究。

③ 400 字绿色格子信纸,1 页,左边栏有"北京市电车公司印刷厂出品 七八·四",右下角有蓝色印戳 002。